인문학, 동서양을 꿰뚫다

※ 본 저서는 2013년도 상명대학교 교내연구비 지원을 받았습니다.

인문학, 동서양을 꿰뚫다

ⓒ박석 2013

초판 1쇄 발행일 2013년 11월 15일
초판 2쇄 발행일 2014년 12월 24일

지 은 이 박석
펴 낸 이 이정원

출판책임 박성규
기획실장 선우미정
편집진행 김상진
편   집 유예림 · 구소연
디 자 인 김지연 · 김세린
마 케 팅 석철호 · 나다연
경영지원 김은주 · 이순복
제   작 송세언
관   리 구법모 · 엄철용

펴 낸 곳 도서출판 들녘
등록일자 1987년 12월 12일
등록번호 10-156
주   소 경기도 파주시 회동길 198번지
전   화 마케팅 031-955-7374 편집 031-955-7381
팩시밀리 031-955-7393
홈페이지 www.ddd21.co.kr

I S B N 978-89-7527-689-7(03100)

인문학, 동서양을 꿰뚫다

들여다보고 내다보는 인문학 읽기

박석 지음

들녘

일러두기

1. 중국 인명의 경우 신해혁명 이후의 인물은 현대 중국어 발음으로 표기하되 그 이전의 인물은
   우리 한자음으로 표기한다. 중국 지명은 우리 한자음으로 표기한다. 처음 나오는 인명, 지명에
   는 한자를 함께 표기한다.

2. 서양 인명의 경우 외래어표기법에 따라 표기한다. 철학사, 문학사, 미술사, 음악사 등에 등장하
   는 유명한 인물은 로마자 표기를 하지 않고 근래의 학자나 표기가 필요하다고 판단되는 인명
   에만 표기를 한다.

3. 참고문헌은 외국서적이나 논문 류는 싣지 않았고 원전 자료도 직접적으로 많이 이용한 것 외
   에는 가급적 생략하였다. 주로 일반인들이 쉽게 읽을 수 있는 국내의 이차 자료를 중심으로
   소개하였다.

'대교약졸'로 꿰뚫는 동서 인문학

이 책은 동양과 서양의 인문학 전반을 비교하는 책이다. 동서의 종교·철학·문학·회화·음악·건축 등 여러 분야를 거론하고, 마지막으로 동서양 문화사의 흐름을 종합적으로 정리하였다. 단순히 동서 인문학의 여러 분야를 백화점식으로 나열하는 것이 아니라 동서 문화 전체를 관통하고 있는 하나의 핵심적인 특징을 찾아서 일목요연하게 설명하는 것을 추구하고 있다. 그러므로 다루는 분야는 방대하지만 내용은 의외로 단순하고 명료하다.

그 하나의 핵심이란 바로 노자의 『도덕경』에 나오는 '대교약졸大巧若拙'이라는 구절이다. 대교약졸이란 "큰 기교는 마치 서툰 듯이 보인다"라는 뜻이다. 별것 아닌 것 같은 말이지만 이 책을 읽어보면 그 짧은 한 구절 속에 얼마나 많은 의미가 담겨 있는지 크게 놀라게 될 것이다. 그리고 그 한 구절을 통해 동양문화와 서양문화 각 영역의 차이점들을 일목요연하게 꿰뚫어볼 수 있다는 것에 놀라게 될 것이다. 어떤 의미에서는 이 책 전체가 '대교약졸'이라는 짧은 구절의 주석서라 할 수 있다. 그러나 단순히 노자사상을 주석한 것이 아니라 대교약졸을 통해 나 자신의 사상을 펼치는 책이다.

내가 노자의 『도덕경』을 처음 만난 것은 30여 년 전 중문학과 2학년 때이다. 동양사상에 대해 아무것도 모르는 풋내기였지만 왠지 심오하다는 느낌을 받았다. 그러다 그해 겨울 명상의 세계에 발을 들이면서 『도덕경』의 세계에 깊이 빨려 들어갔다. 동양철학은 지적 탐구보다는 체득과 실천 궁행을 더욱 중시한다는 것 정도는 알고 있었기에 나는 노자의 구절 하나하나를 나의 명상 수행의 지침으로 여기고 삶 속에서 실천하기 위해 곱씹고 또 곱씹었다.

그렇게 열심히 노자의 세계를 깊게 들여다보던 중 지금으로부터 20년 전 여름방학 때 새로운 시야가 열리는 체험을 하게 되었다. 당시 나는 도가사상, 불교철학, 힌두교철학에서 흔히 말하는 인식 주체와 객체를 초월한 궁극의 의식세계를 실제적으로 체험하기 위해 무기한 단식명상을 하고 있었다. 그러다 49일째 아침에 마침내 내가 원하던 그 세계를 깨치게 되었고 곧 회복식을 시작하였다. 그런데 회복식 사흘째 새벽, 나는 기존의 깨달음과는 전혀 다른 새로운 차원의 통찰을 얻게 되었다. 그것은 바로 궁극적인 도는 주객과 시공을 초월한 절대의식에 있는 것이 아니라 다시 평범한 일상의 현재의식으로 되돌아오는 데 있다는 통찰이었다.

그 새로운 통찰을 잘 대변해주는 말로 머릿속에 떠오른 구절이 바로 노자의 화광동진和光同塵이었다. "빛을 감추고 티끌과 하나가 된다." 빛이란 성스러움의 세계, 초월의 세계를 가리키는 것이고 티끌은 일상의 범속한 세계를 가리키는 것이므로 화광동진이 고결한 초월의 빛을 감추고 먼지 나는 현실 세계로 다시 돌아오는 것을 의미한다는 것쯤은 알고 있었다. 이전까지는 깨달음의 빛을 감추고 범속한 사람들과 어울려 사는 의미 정도로 이해하였다면 그날의 새로운 통찰을 통해 나는 진정한 화광동진이란 초월적 성스러움과 일상적 범속함을 통합하는 것이라는 걸 깨달았다. 또한 이를 위해서는 현실 사회를 제대로 알고 현실에서 더욱 치열하게 살아야 한다는 것을 깨쳤던 것이다.

화광동진에 대한 새로운 통찰은 나의 삶을 크게 바꾸었다. 사실 나는 어릴 적부터 은둔적이고 소극적인 삶의 태도를 지녔고 명상을 하면서 현실 사회의 역사와 문명과 더욱 멀어졌다. 그러나 그날의 그 통찰 이후 현실 사회를 제대로 알기 위해 뒤늦게 사회과학과 문명사, 동서문화를 공부하기도 하고, 현실 문제에 대해서도 적극적인 관심을 가지고 시민단체 활동도 하기 시작하였다. 오랫동안 내면의 세계만 들여다보다 비로소 세상을 내다보기 시작한 것이다.

화광동진을 깨치고 난 뒤 얼마 되지 않아 대교약졸에 대해서도 눈이 열렸다. 그리고 대교약졸과 화광동진이야말로 동양문화의 밑바닥을 흐르는 근본적인 특징이라는 것도 깨치게 되었다. 이런 통찰을 바탕으로 7년 전에는 『대교약졸: 마치 서툰 듯이 보이는 중국문화』라는 책을 출간하였다. 작년 봄에 출판사로부터 『대교약졸』의 개정판에 대한 요청이 있었다. 원래는 개정판을 생각하였으나 원고를 진행하는 도중 새로운 구상이 떠올라 이전의 책과는 전혀 다른 방향으로 나아가게 되었다. 결국 새로운 책을 출판하게 되었다. 이전의 책이 중국문화를 중심으로 대교약졸에 대한 큰 밑그림을 그려본 것이라면, 이 책은 대교약졸의 키워드로 동서 인문학 전체를 꿰뚫는 데 중점을 두고 있다.

1장은 도입부로 노자와 그가 남긴 『도덕경』을 소개하는 것으로부터 시작하여 이 책의 키워드인 대교약졸과 화광동진에 대한 기존의 설을 제시하고 마지막으로 나 자신의 관점과 해석을 피력하였다. 2장은 대교약졸에 담긴 미학적 코드를 탐색하는 장이다. 여러 코드가 있지만 크게 수렴미와 발산미로 나눌 수 있다. 발산미는 밖으로 뻗어가는 것이기 때문에 대체로 내다보는 것이고, 수렴미는 속에 감추어져 있기 때문에 깊게 들여다보아야 한다. 이 두 아름다움이 우리의 탐사여행에 나침반과 지도 역할을 한다. 이들을 잘 이해하면 동서 인문학의 핵심을 바로 꿰뚫어볼 수 있고 그 다양한 아름다움을 마음껏 즐길 수 있다.

3장과 4장은 종교 영역으로 가장 심혈을 기울인 대목이기도 하다. 나는 어릴 때부터 종교적 성향이 강하여 이런저런 종교를 기웃거렸다. 또한 명상의 세계에 입문한 이래 꾸준한 수련을 통해 여러 가지 종교현상들을 체험하였고, 그 체험들을 학문적으로 정립하기 위해 많은 관련 서적들을 읽으면서 연구를 계속해왔다. 이런 오랜 종교적 수양과 학문적 연구를 통합하여 정리한 것이어서 다른 저서에서는 찾아볼 수 없는 독특함이 있을 것이라고 생각한다. 특히 화광동진의 관점에서 예수와 공자의 삶과 깨달음을 비교하고 대교약졸의 미학으로 기독교와 유교의 특징을 비교하는 것은 지금껏 한 번도 시도된 적이 없는 것으로 알고 있다. 또한 대교약졸의 미학으로 인도 불교 및 힌두교의 깨달음과 중국 선종의 깨달음을 비교하는 것 또한 이 책에서만 볼 수 있는 것이다.

5장은 철학 영역이다. 철학이라고 하면 대개 추상적이고 난해한 개념들의 나열과 까다롭고 치밀한 논리의 행진을 떠올린다. 혹은 아무런 정의나 설명도 없이 모호한 단어들을 짤막하게 내던지고 있어 도대체 무슨 말을 하고 있는지 감을 잡기 어려운 문장들을 떠올린다. 이 책에서는 그런 까다롭거나 모호한 철학을 직접 다루지 않는다. '왜 서양철학에서는 그렇게 난해한 추상명사와 까다로운 논리가 난무하고 동양철학은 모호한 말들을 내던지기를 좋아하는가'에 대해 사유의 미학이라는 관점에서 이해하기 쉽게 설명하고 있다. 아름다움의 관점에서 동서 철학을 비교하는 것 또한 이 책만의 특징이라 생각한다.

6장에서 9장까지는 문학과 예술의 영역으로 종교와 철학에 비해 훨씬 읽기 쉬울 뿐만 아니라 동서양 미학의 차이도 쉽게 볼 수 있다. 특히 회화와 건축은 시각적 자료를 많이 첨부하여 눈으로 보면 바로 이해할 수 있다. 종교나 철학 부분에서 이해가 조금 미진하였던 부분들도 이 장들을 읽으며 고개를 끄덕일 것이다. 사실 어느 한 문화권의 종교, 철학, 문학, 예술은 모두 같은 문화적 토양에서 태어난 형제자매들이기 때문에 서로 닮지 않을 수 없다. 그 문화적 토양 속에 담겨 있는 근본적인 미감을 잘 들여다보면 그 자식들은 모두 하나로 꿰뚫을 수가 있다. 마지막 장에서는 수천 년에 걸친 동서의 문화사를 압축하고 앞으로의 방향을 언급하였다. 이 장을 읽고 나면 앞에서 쭉 설명해오던 동양과 서양의 차이가 보다 입체적으로 이해될 것이고 인류문명사의 대략적인 흐름이 이해될 것이다.

이 책에서 동서문화의 비교라는 말을 자주 사용했는데, 사실 엄밀히 말하면 서양과 중국의 비교이다. 근대 서구문명이 물밀 듯이 밀려오기 전까지 우리나라에 가장 큰 영향을 미친 나라는 중국이었다. 우리는 정치·사회 제도뿐만 아니라 종교, 철학, 문화, 예술 전반에 걸쳐 중국을 열심히 따르고 배웠다. 과거의 우리 문화는 자세히 살펴보면 우리 고유의 특징이 있지만 큰 틀에서 보자면 소중화라 불릴 만큼 중국문화를 많이 닮았다. 그러다 얼마 전부터 우리는 서양의 문물을 열심히 배우고 있다. 정치, 경제, 사회, 문화, 예술 전반에 걸쳐 서구의 제도와 문물을 적극 수용하는 것은 물론이고 심지어 종교에서도 기독교를 열렬하게 추종하고 있다. 사실 종교는 문화의 밑바닥을 구성하는 것으로 좀처럼 변하지 않는다. 영국이 인도를 수백 년 지배하였지만 인도의 기독교인은 극소수이고, 일본이 그렇게 자발적으로 근대화를 추진하였지만 일본의 기독교인도 1%가 넘지 않는다. 이런 면에서 볼 때 우리나라는 아시아에서는 가장 확실하게 서구화를 달성한 나라라고 할 수 있다.

짧은 시간 안에 너무 급격한 변화가 일어나면 아무래도 부작용과 혼란이 있기 마련이다. 근래 우리는 많은 갈등과 부작용을 겪고 있다. 가치관의 혼란, 종교 간의 갈등, 세대 간의 갈등 등도 큰 문제이지만 인문학자의 관점에서 볼 때 문화적 정체성의 혼란과 방향감각의 상실 등은 그 무엇보다 심각한 문제가 아닐 수 없다. 이 시점에서 과거 우리에게 가장 큰 영향을 주었던 중국문화와 현재 우리를 지배하고 있는 서양문화를 좀 더 깊게 들여다볼 필요가 있다. 내 속에 들어와 주인행세를 하고 있는 타자의 정체를 올바로 볼 수 있을 때 나의 본래의 모습을 알 수 있기 때문이다. 이 책은 우리 문화의 정체성을 찾고 앞으로의 방향을 모색하는 데 도움을 줄 수 있을 것이다. 뿐만 아니라 여러분 자신의 정체성을 바로 알고 삶의 방향을 찾는 데에도 도움을 줄 것이다. 우리가 인문학을 공부하는 가장 큰 이유는 결국 나를 제대로 알기 위함이고 내 삶의 방향성을 찾기 위함이다.

끝으로 이 책을 쓰기까지 나에게 직접적으로 간접적으로 많은 가르침과 깨우침을 주신 모든 스승들에게 머리 숙여 감사드린다. 나에게 아낌없는 사랑과 지지를 보내준 가족들에게도 감사의 마음을 전한다. 그리고 항상 나를 격려하시고 깨우쳐주시다 올봄 세상을 떠나신 아버지께 삼가 이 책을 바친다.

| 차례 |

1장

대교약졸에서
문명의 코드를 발견하다

'대교약졸大巧若拙'이라는 말은 그리 자주 접하는 말이 아니다. 그러나 자세히 살펴보면 우리의 사고방식, 감정표현 방식, 행동양식, 문화, 예술 등 곳곳에서 대교약졸의 흔적은 쉽게 발견된다.

1988년 서울올림픽이 열렸을 당시 우리나라 대통령은 노태우盧泰愚 대통령이었다. 그의 이름을 풀이하면 크게 어리석다는 뜻이다. 대개 이름 속에는 부모의 희망이 담겨 있다. '철수哲秀'는 지혜가 빼어나다는 뜻이고, '영희英姬'는 꽃다운 여자라는 뜻이다. 이름처럼 지혜롭게, 예쁘게 살기를 바라는 마음에서 나온 것이다. 그런 의미에서 태우라는 이름은 정말 이상하다. 세상의 어느 부모가 자식이 크게 어리석게 되기를 바랄까?

이름의 뜻이 이상한 사람을 조금 더 살펴보자. 현재 우리나라 불교의 주류인 조계종을 만든 사람은 고려 후기의 지눌선사知訥禪師이다. '눌訥'

은 말을 더듬거린다는 뜻이다. 글자 모양만 보아도 말이 안으로 기어들어가는 형국이다. 지눌을 직역하면 '말 더듬을 줄 안다'는 뜻이다. 그는 왜 하필이면 지눌이라는 이름을 택했을까?

사실 이 두 이름은 대교약졸과 관련이 있다. 관련이 있는 정도가 아니라 대교약졸의 논리를 그대로 이름에 사용한 것이다. 이 외에도 대교약졸은 동아시아문화 곳곳에 꼬리를 감추고 숨어 있다. 이 책이 끝날 즈음에는 대교약졸이 동아시아문화에 얼마나 큰 영향을 끼쳤는지에 대해 감탄을 하게 될 것이다.

대교약졸이라는 말은 지금으로부터 약 2500년 전 공자와 비슷한 시기에 살았다는 노자가 지은 『도덕경』에 나오는 구절이다. 이 장에서는 노자에 대한 이야기로 시작해서 대교약졸이란 어떤 뜻이 담겨 있는지, 그리고 노자는 어떻게 대교약졸의 심오한 경지를 깨쳤는지에 대해 살펴보도록 하자.

모호한 노자,
보는 만큼 보이는 도덕경

노자는 처음부터 모호하다

유사 이래 중국이 낳은 가장 영향력이 큰 사상가 한 명을 들라고 하면 사람들은 대부분 공자를 들 것이다. 그리고 두 번째를 들라고 하면 노자를 들 것이다. 둘 다 지금으로부터 약 2500년 전에 태어났다. 근대 이전에 중국의 삼대 사상이라고 하면 유교, 불교, 도교를 들 수 있는데, 그중 불교는 인도에서 건너온 외래사상이고 유교와 도교는 중국 고유의 사상이다. 이 중국의 양대 사상을 창시한 사람이 바로 공자와 노자이다.

공자의 사상은 현실세계의 사회윤리 내지는 정치윤리에 중심을 두었기 때문에 동아시아인들의 삶에 훨씬 직접적인 영향력을 행사해왔다. 그래서 싫든 좋든 훨씬 가깝게 느껴진다. 이에 비해 노자의 사상은 현실을 초월한 오묘한 도의 세계를 말하기 때문에 일반인들에게는 다소 어렵고 낯설다.

공자와 노자는 사상적으로만 대립적인 것이 아니다. 삶의 자취에서도 정반대이다. 공자는 고대의 위대한 사상가 가운데 동서양을 통틀어 삶의 자취가 가장 뚜렷한 데 비해 노자는 도무지 종잡을 수가 없을 만큼 신비에 싸여 있다. 노자에 대한 역사적 기록으로는 한나라 사마천司馬遷의

『사기열전史記列傳』이 유일한데, 이에 따르면 노자의 일생은 대략 다음과 같다.

　노자는 초나라 사람으로 이름은 이耳고, 자는 담聃이며, 성은 이李씨다. 주나라 황실의 도서관에서 장서를 관리하는 직책을 맡았다.
　공자가 노자를 찾아가서 예를 물었다. 노자는 그것들은 이미 죽은 옛사람들의 말로 껍질에 불과하니 추구할 필요가 없다고 말하였다. 또한 공자더러 자신의 명성을 드러내지 말고 자중하라고 충고했다. 공자는 노자를 깊이를 알 수 없는 용과 같다고 찬탄했다.
　노자는 도덕을 수양함에 있어 스스로 숨기고 이름이 알려지지 않도록 하는 데 힘썼다. 주나라가 점차 쇠퇴해가는 것을 보고 마침내 떠났다. 관문에 이르러 문지기 윤희의 부탁으로 『도덕경』 5천 자를 남기고 떠났는데 아무도 그가 죽은 곳을 알지 못한다.
　어떤 사람은 공자와 동시대 사람인 노래자老萊子가 노자라고도 한다. 또한 공자 사후 129년 뒤에 주나라의 태사 담儋이라는 사람이 진나라의 헌공에게 천하의 미래를 논했다는 기록이 있는데, 이 사람이 노자라는 설도 있다. 노자는 160여 세까지 살았다고도 하고, 200여 세까지 살았다고도 한다. 그의 아들은 위나라의 장군을 지냈고, 그의 6대손은 한나라 효문제 때 벼슬을 했다.

　옛날 사람들은 대부분 사마천의 기록을 사실로 믿었다. 그러나 사실 사마천의 기록은 지극히 막연하고 모호하여 그 사실성에 대해 의심이 가지 않을 수 없다.
　우선 성씨부터 문제다. 우리가 알고 있는 공자, 맹자, 순자, 묵자 등은 모두 그들의 성씨에다 '자子' 자를 붙인 것이다. '자'는 존경의 의미를 담고 있는 글자로 현대식으로 풀이하면 선생님 정도의 의미가 될 것이다. 만약 노자의 진짜 성이 이씨라면 노자가 아니라 이자李子가 되어야 한다. 그런데 왜 노씨도 아닌데 노자라고 하였을까?

또 하나의 문제가 있다. 고증에 따르면 이씨라는 성은 공자가 살았던 춘추시대 말기에는 없었고 전국시대에 들어서 등장한 성씨다. 만약 노자의 성씨가 정말 이씨라면 노자는 전국시대 사람인 셈이다. 참고로 노씨는 춘추시대에 이미 존재했던 성이다.

그리고 전체 기록에서 제일 중요한 사건이라고 할 수 있는 공자와 노자의 만남은 문헌적 근거가 희박해서 역사적 사실로 보기 어렵다. 아마도 유가와 경쟁관계에 있던 도가계열에서 만들어낸 전설일 가능성이 높다. 너희 스승 공자는 우리 스승 노자님께 한 수 배움을 청했고 게다가 그 현묘한 도의 기운에 압도되어 우리 스승님을 용으로 비유하며 찬탄했다는 식의 유치한 전설일지도 모른다. 특히 한나라 초기에는 노자의 사상이 크게 유행하여 그런 전설이 만들어질 여건이 되었다. 그 전설이 워낙 크게 유행했기 때문에 사마천도 역사적 사실로 여겼던 것으로 보인다.

공자와의 만남 외에는 도서관에서 근무하였다는 것, 자신의 이름을 드러내지 않기 위해서 노력하였다는 것, 말년에 주나라를 떠나 서쪽으로 가기 전에 관문지기의 부탁으로 『도덕경』을 남겼다는 것 정도가 주요한 정보이다. 특히 서쪽으로 관문을 나섰다는 이야기는 노자의 이미지를 잘 보여주는 것으로 후대 많은 화가들이 그림의 소재로 삼았다.

사실 그렇게 유명한 사람에 대한 기록치고는 너무나 소략하다. 그 뒤에 나오는 이야기도 모두 애매모호한 추측들일 뿐이다. 분명히 앞에서 아무도 노자의 죽음에 대해서 모른다고 해놓고 나이가 160세니 200세니 하는 것은 앞뒤가 맞지 않는다. 이로 보아 사마천 당시에 이미 노자에 대한 정보는 너무나 모호하고 사마천 자신도 별로 자신이 없었다는 것을 알 수 있다.

노자의 큰 귀는 샤머니즘과 관련이 있다

　　사마천이 말하는 노자의 이름은 사실 실제적인 이름이라기보다는 상징적인 이름일 가능성이 많다. 노자의 이름은 귀를 가리키는 '이耳'이고, 자는 귀가 길고 크다는 뜻의 '담聃'이다. 예로부터 동양에서는 귀가 큰 것을 복의 상징으로 보았다. 지금도 할아버지, 할머니들은 손주의 귀가 크면 나중에 큰 복을 누릴 것이라고 기대한다. 그러나 노자의 큰 귀는 단순히 복을 의미하는 것에 그치지 않는다. 그것은 성스러움과 관련이 있다.

　　'聖' 자의 갑골문은 'ᣔ' 혹은 'ᣔ'인데 전자는 귀가 큰 사람의 모습이고 후자는 거기에다 입 '口' 자를 더한 것이다. 성 자는 원래 청각기능이 뛰어난 것을 말한다. 성 자는 들을 '청聽' 자와 소리 '성聲' 자와 같은 뿌리에서 나온 글자라고 한다. 발음이 서로 비슷하지 않은가? 고대 중국에서 성스러운 사람은 보통 사람보다 청각 기능이 발달한 사람이었던 것이다.

　　후대에 가서 귀와 입 아래에 '壬' 자가 더해져 오늘날의 글꼴이 되었다. '壬'은 'ng' 발음을 나타내는 성부聲部이지만 맡는다는 뜻도 있기 때문에 뜻으로만 풀이하면 '聖'자는 귀와 입이 제 임무를 다한다는 의미가 된다. 중국문화 특유의 문화적 코드가 읽혀진다.

　　다른 문화권의 성스러움이 초월적·종교적 성향과 많은 관련이 있는 데 비해 중국의 성인의 개념은 현실적 정치와 더 많은 관련이 있다. 고대 중국인들이 생각하는 성인은 종교적 성자와는 별로 상관이 없고 정치적 군왕을 가리키는 것이었다. 요임금, 순임금을 포함한 전설상의 삼황오제三皇五帝는 물론이고 하나라를 세운 우임금, 은나라를 세운 탕왕, 주나라를 세운 문왕 등이 그들이 생각하는 성인의 이상형이었다. 그러면 성왕과 귀와 입은 어떤 관계가 있을까?

고대 중국의 제정일치 사회에서 군왕은 바로 샤먼이었다. 샤먼들은 하늘의 소리를 듣고 그것을 백성들에게 전달해주는 중간매개자 역할을 했다. 하늘의 소리를 듣기 위해서는 귀가 필요하고, 백성들에게 전달하기 위해서는 입이 필요하다. 이 두 가지가 제대로 잘 기능하는 사람이 바로 성인이다. 세월이 흐르고 역사가 발전하면서 샤먼은 권력의 주역에서 밀려났지만 그 권위의 흔적은 성스러울 '성' 자에 남아 있었던 것이다.

중국의 양대 사상인 도가와 유가도 바로 샤먼에서 분화되어 나왔다고 주장하는 학설이 있다. 그에 따르면 정치·사회의 윤리를 강조하고 지식인 관료를 배양하기 위한 유가사상은 입에 해당하고, 초월적 도의 소리에 귀를 기울이며 말없이 도의 뜻에 따르라는 도가사상은 귀에 해당한다.

공자는 제자를 가르칠 때 덕행도 중시하였지만 언어를 다듬는 것도 매우 중시하였다. 유가 경전의 첫째가 '시경'이다. 공자가 시를 중시한 이유는 여러 가지가 있지만 외교 사절로 나갔을 때 적절한 언어를 구사하는 것 또한 중요한 목적 중 하나였다. 또한 공자의 주요 사상 중에는 이름을 바로 잡아야 한다는 정명론正名論이 있다. 이름 '명名' 자는 쪼개 보면 저녁 '夕' 자에 입 '口' 자이다. 저녁이 되어 사물이 눈에 보이지 않을 때 입으로 분간해서 부르는 것이 바로 이름이다. 정명론은 결국 말의 올바른 쓰임을 강조하는 것으로 입과 관련된 것이다.

이에 비해 도가는 말을 그다지 중요시하지 않는다. 노자와 장자는 곳곳에서 궁극적인 진리는 말로 표현할 수 없음을 강조하고 말을 잘하는 것을 경멸한다. 귀를 더욱더 중시하기 때문이다. 도가사상의 시조인 노자의 이름과 자가 모두 귀와 관련이 있는 것은 많은 것을 말해준다.

귀와 입 가운데서 샤먼의 본래 직무에 더욱 가까운 것은 귀이다. 먼저 하늘의 소리를 들은 다음 사람에게 전할 수 있기 때문이다. 노자의 이름과 자에 귀가 등장하는 것은 노자가 공자보다 고대 샤먼의 전통에 더욱 가까운 사람임을 말해준다. 물론 노자가 샤먼이라는 뜻은 아니다. 노자의 귀가 향하는 대상은 고대 샤먼들이 접신의 상태에서 듣던 신의 목소리가 아니다. 그보다는 훨씬 더 고아하면서도 심오한 도의 소리이다. 노자의 귀는 철학적으로 훨씬 세련된 귀였다.

물론 '聖' 자를 샤머니즘과 관련시켜 풀이하는 방식은 하나의 가설로 문자학적인 엄밀한 해석과는 약간의 거리가 있다. 그렇지만 중국문화의 코드를 이해하고 노자라는 인물을 이해하는 데 많은 도움을 줄 것이다.

비범한 신선에서 마침내 창조의 신으로

가장 신빙성이 있어야 할 역사서가 이렇게 모호할 뿐만 아니라 상징으로 가득 차 있으니 후대로 갈수록 노자의 생애가 신비화되는 것은 당연한 일이라 하겠다. 신선사상이 크게 유행했던 한나라에 들어서는 노자가 주나라를 떠나 서쪽으로 가서 신선이 되었다는 설이 나오기 시작했다. 원래 고대인들은 위대한 인물은 태어날 때부터 보통 사람과는 크게 달라야 한다고 생각하는 경향이 있는데, 노자와 같이 생애에 대한 기록이 소략하고 모호한 인물에 대해서는 더욱 마음껏 신비와 기적으로 채색할 수 있었을 것이다.

『신선전神仙傳』에 따르면 우선 노자는 그의 어머니가 밤하늘의 큰 유성을 보고 임신을 했다고 한다. 남자와의 성관계를 거치지 않고 하늘의 기운이나 다른 신령스러운 존재에 의해 임신을 했다는 이야기는 사실 고대에는 그리 드물지 않은 이야기였다. 예수 또한 동정녀에게서 성령으로 잉태되지 않았던가.

그러나 출생의 신비는 여기서 그치지 않는다. 노자는 보통 사람처럼 10개월 만에 태어난 게 아니라 어머니의 뱃속에서 무려 72년의 세월을 곰삭힌 뒤 어머니의 왼쪽 겨드랑이를 뚫고 세상에 나타났다. 석가도 어머니의 옆구리에서 태어났다는 설이 있는데 노자는 그보다 훨씬 더 기괴하다.

더욱 기가 찬 것은 태어날 때 이미 머리가 하얗게 센 노인이었다고 한다. 참으로 노자라는 이름에 걸맞은 발상이다. 설에 따르면 노자의 어머니는 오얏나무 아래에 이르러 노자를 낳았는데 이미 늙은 노자는 오얏나무를 가리켜 저 나무를 나의 성으로 삼겠다고 해서 이씨가 되었다고 한다. 노자의 성씨에 대한 수수께끼가 아예 황당한 신화로 풀이되고 있다.

몇 년 전 피츠 제럴드 원작의 「벤자민 버튼의 시간은 거꾸로 간다」라는 판타지 멜로 영화가 나왔다. 주인공은 머리가 하얗고 피부가 쭈글쭈글한 할아버지로 태어난다. 그래서 부모를 번뇌에 빠트리고 본인도 힘들어한다. 나이를 먹을수록 점점 젊어져 한때는 사랑하는 여인과 행복한 시절을 보내기도 하였지만, 나중에는 점점 늙어가는 애인의 곁을 떠나는 고통을 겪어야만 했고 결국은 갓난아기가 되어 죽는다.

중국에는 서양보다 무려 2000년 전에 '노인의 출생' 판타지가 있었다. 범상한 벤자민과는 달리 비범한 노자는 처음부터 전혀 다른 길을 걷는다. 태어나자마자 스스로 자신의 성씨를 정하더니 나이를 먹을수록 더욱 원숙해지다가 나중에는 결국 신선이 되어 불멸의 삶을 얻는다.

노자의 신화는 여기서 그치지 않는다. 한나라 말기에 이르면 노자에 대한 추앙심은 더욱 깊어진다. 그 시기 변소邊韶라는 사람이 쓴 「노자명老子銘」을 보면 노자는 혼돈의 기를 흩뜨리고 모을 수 있으며, 해와 달과 별의 처음과 끝이 되며, 하늘을 관찰하여 예언을 하고, 북극성에 오르락내리락하며 시간과 더불어 없어지기도 하고 생기기도 하며, 해와 달과 별을 법도에 맞게 운행하며, 네 가지 신성한 존재를 옆에 두고 도를 이루어 몸을 변화시키고, 해탈하여 세상을 구제하니 복희, 신농 이래로 성인들의 스승이 되었다고 말한다. 보통 신선이 아니라 '울트라 슈퍼 신선'이 된 것이다.

한나라 말기에 등장한 초기 도교에서는 이것도 모자라 노자를 아예 태상노군太上老君이라는 신으로 만들고, 천지만물이 모두 태상노군에서 나왔다고 주장하기도 했다. 신출귀몰한 신선 정도가 아니라 아예 지고무상의 창조주로 모신 것이다.

나중에 도교가 좀 더 체계가 잡히자 창조주로서 노자의 지위는 흔들리게 되었다. 아무래도 역사 속에서 실존했던 인물을 우주창조의 최고신으로 모시기에는 조금 부족하다는 생각이 들었던 모양이다. 그래서 그들은 노자 대신 원시천존元始天尊이라는 새로운 신을 만들어내었고, 이에 노자는 지위가 조금 격하되어 원시천존을 보좌하는 신이 되었다.

이와는 조금 다른 이야기이지만 노자가 관문을 지나 서쪽으로 갔다는 이야기를 확대 해석하여 노자는 서역으로 가서 부처로 환생하여 인도 사람들을 교화했다는 주장도 등장했다. 이른바 노자호화설老子胡化說이다. 물론 이것은 후대 불교와 도교의 세력 다툼이 한창일 때 도사들이 불교를 공격하기 위해 만들어낸 이야기다. 앞의 공자와 노자의 만남과 마찬가지로 노자 가르침의 우위를 주장하기 위한 전설이다. 아무튼 노자는 온갖 종류의 전설과 신화의 주인공이 되었다.

노자에 대한 설은 아직도 계속되고 있다

이상으로 노자에 대한 황당한 전설들을 살펴보았는데 노자에 대한 기록 가운데는 사마천의 기록이 그나마 가장 신빙성이 있다. 그래서 근대 이전까지는 사람들 대부분이 노자를 공자와 비슷한 시기인 춘추시대 말엽에 실존했던 사상가로 여겼다. 그러나 전통 학자들 중에서도 노자라는 인물에 대해 의문을 제기하던 이들은 종종 있었으며 근대적인 학문이 시작되면서 노자에 대한 의문이 본격적으로 쏟아져 나오기 시작했다.

어떤 사람은 『도덕경』의 내용 가운데는 전국시대 후기에나 나옴직한 구절들이 있기 때문에 춘추시대의 저작으로 볼 수가 없다고 주장한다. 심지어 한대 초기로 보는 설도 있다. 따라서 노자는 전국시대 후기 사람으로 장자보다 후대 사람이 되는 것이다. 그렇다면 노장사상老莊思想이 아니라 장로사상莊老思想이 되어야 할 것이다. 또한 『도덕경』은 한 사람의 저작이 아니라는 주장도 있고, 심지어 노자는 실존 인물이 아니라고 주장하는 사람도 있다.

민간에서는 신선으로 받들어지고 여전히 신으로 추앙받고 있고 일반 사람들에게는 도가사상의 시조로 여겨졌지만, 엄밀한 학문의 세계에서는 그 권위가 추락하여 계승자인 장자보다 뒤로 밀려나고 심지어 그 실존성마저 의심받는 처량한 신세가 되어버린 것이다. 그러다 20세기 후반에 들어 『도덕경』과 관련된 경천동지할 두 개의 유물이 발견되는 바람에 노자의 지위에 다시 큰 변동이 일어났다.

1973년 호남성湖南省 장사長沙 지방의 마왕퇴馬王堆 고분에서 비단 위에 쓴 백서본帛書本 『도덕경』 두 종류가 발견되자 노자 연구자들의 눈이 휘둥그레졌다. 이들 백서본은 한대 초기의 것으로 그 내용은 현재의 『도덕경』과 큰 차이가 없다. 다만 두 개의 백서 모두 「덕경」 부분이 상편으로 되어 있고, 「도경」 부분이 하편으로 되어 있다는 점이 크게 다르다. 그러므로 백서는 『덕도경』이라고 불러야 되겠지만 관례상 『도덕경』으로 부르기로 하겠다.

백서의 발견으로 『도덕경』의 저작 시기는 상당히 거슬러 올라간다. 무덤에 넣은 부장품으로 쓰일 정도라면 그 당시의 유통 속도로 보아 책이 나온 지 적어도 100~200년은 걸린다고 할 때 적어도 전국시대 중기 이전에는 『도덕경』이 나왔다고 보아야 한다.

1993년에는 호북성湖北省 곽점郭店의 전국시대 중기 초나라의 고분에서 대나무조각에 기록된 죽간본竹簡本『도덕경』이 발견되어 다시 한 번 세상을 떠들썩하게 만들었다. 이 부장품의 원본은 이보다 훨씬 전에 나왔을 것이기 때문에 원래의 춘추 말기 저작설이 다시 설득력을 띠게 된다. 이에 따라 노자도 공자와 동시대인으로 되돌아가게 된다. 20세기 이후에 한참 유행했던, 노자가 장자보다 후대의 인물이라는 설은 그 빛을 완전히 잃어버리게 되었다.

그런데 죽간본은 현재의 판본에 비해 분량이 현저하게 적고 내용도 차이가 많다. 다시 새로운 주장들이 나오는데 어떤 이는 죽간본이 원래 노자가 쓴 것이고, 현재의 판본은 사마천이 언급하였던 주나라의 사관인 태사 담이 쓴 것이라고 주장한다. 물론 이에 대한 반박도 많다. 아직도 노자에 대해 확정된 설은 없다. 그것은 아마 앞으로도 마찬가지일 것이다.

끝으로 나의 설을 제시하고자 한다. 나의 관점으로는 분명 춘추 말기에 학식이 매우 깊었을 뿐만 아니라 명상을 통해 깊은 경지를 체험했던 어느 현인이 있었다고 본다. 그가 이씨인지 노씨인지는 그다지 중요하지 않다. 나는 노자의 '老' 자에서 그냥 있는 그대로 '늙은이'라는 의미를 살려서 그를 '늙은 선생'으로 부르고 싶다. 물론 그는 단순히 세월 따라 나이만 먹은 늙은 선생이 아니다. 자연과 인생, 역사와 문명에 대한 깊은 통찰을 지닌 지혜로운 늙은이다.

사마천의 기록에 따르면 그는 황실 도서관에서 일했던 사람이다. 당시 책은 아무나 접할 수 있는 것이 아니었다. 황실 도서관에서 근무하려면 상당 수준의 지식이 있어야 한다. 또한 황실 도서관에서 근무하면서 다른 사람들이 쉽게 접할 수 없는 과거의 역사와 문명에 관련된 수많은 지식을 접했을 것이다. 후한의 역사가인 반고班固도 도가의 무리는 사관史官에서 나왔다고 지적한 것으로 보아 분명 노자는 역사에 조예가 깊은 것이 틀림없다.

그리고 내가 보기에 그는 젊은 날 분명 우주의 궁극적 실체를 탐구하며 수도했던 사람이고, 아울러 깊은 깨달음을 체험했던 사람이다.『도덕경』을 읽어보면 그가 이야기하는 도는 단순한 사변적인 추리에서 나온 것이 아니라 실제적인 명상 체험에서 나온 것임을 쉽게 짐작할 수 있다. 또한 『도덕경』 속에는 당시 어지러운 현실 사회의 문제를 치유하기 위한 여러 가지 제안들이 나온다. 이로 보아 그는 단순히 현실에 아무런 관심이 없는 산중 은자隱者가 아니라 혼란스러웠던 당시의 현실에 대해 깊은 고민을 했던 지성인이었음을 알 수 있다.

이처럼 한 진지한 구도자의 깊은 깨달음의 체험, 그리고 자연과 인생과 사회에 대한 폭넓은 성찰이 나이를 먹어가면서 무르익고 곰삭아서 나타난 것이 바로 『도덕경』이다. 물론 그 속에는 노자 자신의 체험과 견해만이 아니라 당시 은자들 사이에서 유행하던 여러 가지 격언과 지혜도 함께 수록되었을 것이다. 그리하여 『도덕경』은 당시 안목이 있는 사람들 사이에서 깊은 지혜의 책으로 평가를 받으며 점차 널리 퍼져나갔을 것이다.

비단이나 대나무조각에 일일이 손으로 옮겨 적어야 하는 고대의 서적 전래 방법의 특징상 약간의 윤색과 가필 또한 있었을 것이고, 시간이 흘러가면서 내용 또한 어느 정도 변형이 있었을 것이다. 그러나 그 속에 담긴 오래되고도 깊은 지혜의 원형은 큰 변화 없이 면면히 이어져 중국문화, 나아가 동아시아문화 전체에 지대한 영향을 미쳤던 것이다.

보는 만큼 보이는 책, 『도덕경』

노자에 대한 설이 분분한 만큼 『도덕경』이 어떤 책인가에 대해서도 설이 분분하다. 형이상학적 개념인 도를 중심으로 본체론, 수양론, 정치사상 등을 펼친 철학서로 보는 견해가 가장 일반적이고, 현묘한 도와 기의 세계로 인도하는 명상수행서로 보는 견해도 있고, 고도의 통치술을 담고 있는 제왕학 교재로 보는 설도 있고, 험난한 세상 속에 지혜롭게 처세를 하는 데 도움을 주는 처세학 교재로 볼 수도 있고, 문명에 대한 비판과 새로운 대안을 제시한 문명비평서로 볼 수도 있다.

이렇게 설이 분분한 이유는 우선 『도덕경』이 짧은 분량 속에서도 다양한 내용을 담고 있기 때문이다. 게다가 문장이 워낙 심오하고 함축적이어서 여러 가지 해석이 가능하다. 정말 코에 걸면 코걸이, 귀에 걸면 귀걸이라 할 수 있는 내용들이 꽤 많이 있다.

역대로 수많은 사람들이 제각기 자신의 관점에서 『도덕경』에 주석을 달았다. 그런데 비록 전편이 아니라 부분적이기는 하지만 현재 문헌으로 남아 있는 최초의 주석은 『한비자韓非子』의 「해로解老」 편과 「유로喩老」 편이다. 한비자가 누구인가? 이상적 도덕주의보다는 현실적 부국강병만이 살길이라 주장하고, 이를 위해서는 철저한 법으로 백성을 다스리고 냉혹한 술수로 신하들의 마음을 꿰뚫어보아야 할 것을 강조하였던 법가의 완성자가 아닌가? 어찌 보면 노자와 가장 상극에 서 있는 인물인 한비자가 최초로 노자를 주석하였다는 것은 실로 아이러니컬하다.

사실 한비자 이전부터 노자의 가르침을 정치적 관점에서 이해하는 풍조가 유행하였다. 전국시대 중기에서 한나라에 걸쳐 유행하였던 황로학黃老學이 바로 그것이다. 황로라는 말은 황제黃帝와 노자를 합친 말이다. 황제는 요순임금 이전 고대 전설상의 제왕으로 노자와는 아무런 관련이 없다. 왜 황로학이라는 말이 나오게 되었는가를 설명하기에는 지면이 너무 부족하므로 생략한다. 아무튼 노자의 사상이 초기에는 주로 제왕의 통치술이라는 관점에서 읽혀졌다는 것은 역사적 사실이다.

황로학은 한나라 초기에 크게 유행하였지만 한무제가 공자의 사상을 국가의 이데올로기로 정함으로써 점차 쇠락하면서 역사의 뒤안길로 사라지게 된다. 그러나 황로학의 쇠퇴가 『도덕경』의 몰락을 부른 것은 아니었다. 다만 『도덕경』에 대한 관점에 큰 변화를 일으켰는데 제왕의 통치술에서 신선이 되기 위한 양생술 내지는 형이상학적 철학 쪽으로 그 무게 중심을 옮기게 된다. 그리고 오히려 오랜 파트너였던 황제의 그늘에서 벗어나 독립된 사상으로 자리를 잡는 계기가 되었다.

『도덕경』 전편에 대한 주석서 중 현존하는 가장 오래된 주석서는 후한의 하상공河上公이 남긴 『노자도덕경』인데 하상공은 주로 불로장생을 위한 양생술의 관점에서 해설을 하고 있다. 하상공은 주석서 곳곳에서 불로장생을 하기 위해서는 욕망을 버려야 하고, 기름진 음식을 멀리하여 오장을 깨끗이 해야 하고, 가늘고 긴 호흡을 통해 기를 잘 보존해야 함을 강조한다.

역대 『도덕경』에 대한 주석서 가운데 가장 중요하고 가장 널리 읽힌 것은 위진시대의 왕필王弼이 남긴 주석서이다. 왕필은 중국 역사상 최고로 조숙한 천재로 그가 『도덕경』의 주석서를 완성한 것은 겨우 18세 때의 일이다. 왕필은 무無의 사상을 중심으로 『도덕경』을 풀이하였는데 그 영향력은 전무후무하다고 해도 과언이 아닐 정도로 지대하다. 후대 사람들 대부분은 왕필의 눈을 통해 노자를 바라보게 되었다고 말할 수 있을 정도다.

아직 약관의 나이도 되지 않은 청년 왕필의 주석서가 사람들의 기를 죽이기는 하였지만 그 후로도 『도덕경』에 대한 주석서는 끊임없이 쏟아져 나왔으며, 지금도 계속되고 있다. 그리고 그 관점들도 천차만별이다. 참으로 『도덕경』은 보는 대로 보이는, 그리고 보는 만큼 보이는 재미있는 책이다.

말하는 순간 이미 어긋나는 도

나 또한 30년 넘게 『도덕경』을 읽으면서 나름대로 나만의 고유한 관점으로 바라볼 수 있게 되었다. 그 주요 내용을 간략하게 추려서 소개하고자 한다. 먼저 첫 장에 펼쳐진 도에 대한 담론부터 시작하자. 노자는 먼저 다음과 같이 말한다.

도를 도라고 하면 항상 있는 도가 아니고 이름을 이름이라고 하면
항상 있는 이름이 아니다. 이름이 없는 것은 천지의 시작이고 이름이
있는 것은 만물의 어머니이다.

첫 장부터 실로 현묘하다. 마왕퇴 고분에서 나온 백서본에서는 하편인
덕편이 앞에 나오고 도편이 뒤에 나오지만, 현재 판본은 도편이 앞에 나
온다. 아무래도 중국 사람들의 감각으로는 심오하고도 현묘한 이 장이 서
두에 나와야 경전으로서 권위와 품위가 더욱 돋보인다고 생각했기 때문
일 것이다. 도를 도라고 하면 이미 항상의 도가 아니라는 이 구절은 참으
로 『도덕경』을 대표하는 현묘한 구절이 아닐 수 없다.

그러나 조금만 깊게 생각해보면 그렇게 두루뭉술하게 현묘한 것만은
아니고 그 속에는 나름대로 질서정연한 논리구조가 담겨 있다. 노자가 하
고 싶은 말은 자신이 체험한 도의 세계는 언어로 표현하기 어렵다는 것이
다. 현대적인 용어로 쉽게 풀이해보자.

언어란 사회적 약속이다. 오감을 바탕으로 하여 그 위에 여러 가지 개
념과 이미지를 더하여 사용하는 소통의 도구이다. 그런데 그 오감이나 개
념과 이미지를 서로 공유할 수 없을 때 언어는 무용지물이 된다.

예를 들어 옛날 눈을 한 번도 본 적이 없는 적도 지역의 사람들에게 알
래스카 지역의 눈을 개념적으로 설명하려면 얼마나 어려울까? 참고로 에
스키모 인들에게는 눈에 대한 단어가 무려 열일곱 개나 된다고 한다. 그
곳은 눈이 일상의 삶에서 매우 중요한 단어이기 때문이다.

오감의 세계야 그런 대로 공감대가 두터운 편이지만, 개념과 이미지의
세계로 가게 되면 같은 문화권 내에서도 사람마다 조금씩 다르다. 그래서

우리는 일상생활에서도 자신이 느끼는 미묘한 감정이나 느낌, 특이한 이미지를 언어로 표현하는 것이 얼마나 어려운 것인가를 실감하게 된다.

하물며 보통의 개념을 넘어서는 자신만의 내면 세계를, 더군다나 다른 사람들이 전혀 체험하지 못하고 상상하지 못하는 세계를 언어로 전달하려고 할 때 그것이 얼마나 어려운가는 말할 것도 없다. 노자는 자신이 체험한 도의 세계를 언어로 표현하기가 얼마나 어려운가를 토로하고 있는 것이다. 『도덕경』에는 종종 노자의 깊은 명상 체험이 드러나는 구절이 보인다. 그중 하나를 보자.

> 보려고 해도 보이지 않는 것을 '이夷'라 하고, 들으려고 해도 들리지 않는 것을 '희希'라 하며, 만지려고 해도 만져지지 않는 것을 '미微'라고 한다. 이 세 가지는 궁구하여 밝힐 수도 없는 것이니, 그러므로 어우러져 하나가 된다. 그 위가 밝지도 않고, 그 아래도 어둡지 않다. 끊임없이 계속 이어지는데 이름을 지을 수 없고, 다시 아무것도 없는 것으로 되돌아간다. 이를 모습 없는 모습, 물질 없는 형상이라 하며 '홀황惚恍'이라고 한다. 맞이하려 해도 그 머리를 볼 수 없고, 따르려고 해도 그 꼬리를 볼 수 없다.(14장)

우리가 흔히 사용하는 '희미하다'는 말은 여기서 나온 말로, 원래는 소리도 없고 형체도 없어서 감각으로 포착할 수 없는 현묘한 것을 가리키는 말이었는데, 후에 흐릿하여 잘 보이지 않는다는 뜻으로 쓰이게 되었다. 그리고 '홀황'이라는 말은 오늘날 우리가 쓰는 '황홀'과 같은 뜻으로 글자 순서만 뒤바뀐 것이다. '홀황'은 '희미'와 마찬가지로 어떤 형체나 형상을 넘어선 현묘한 경지를 가리키는 말이다. 아득하여 잘 보이지 않는 상태다.

노자는 지금 깊은 명상 속에서 일상적·감각적 차원을 넘어선 어떤 것을 체험하고 있다. 그것은 일상의 개념이나 논리 혹은 이미지로는 도저히 이해가 되지 않는 것이다. 그래서 모습 없는 모습이고 물질 없는 형상이라는 모순의 말을 하고, 앞을 보아도 머리를 볼 수 없고 뒤를 보아도 꼬리를 볼 수 없다는 수수께끼 같은 말을 하고 있는 것이다. 그것은 과연 무엇일까? 다른 장을 하나 더 보자.

> 어떤 물건이 혼연일체로 이루어져 있는데 천지보다 먼저 생겼다. 고요하고 적막함이여, 홀로 존립하여 변하지 않고 두루 운행하여도 지치지 않으니, 가히 천하 만물의 어머니라 할 만하다. 나는 그 이름을 알 수 없으니, 그래서 억지로 도라고 이름 붙이고 하는 수 없이 위대하다고 부른다.(25장)

이 장 또한 앞의 장과 마찬가지로 자신의 명상 체험에 대한 이야기다. 노자는 깊은 명상 중 천지가 생기기 이전의 그 무엇을 체험하게 되었다. 홀로 존립한다는 것은 그것이 이원성 이전, 즉 시간과 공간, 음과 양 등의 이원성이 나타나기 전의 그 무엇임을 말해준다. 시공과 음양이 나뉘기 전의 세계에 무슨 변화가 있겠는가. 그런데 변화를 초월한 그것이 온 우주의 변화를 운행한다. 그러고도 전혀 지치지 않는다. 직감적으로 분명히 그것이 천하 만물의 어머니임을 알지만 그것을 사람들에게 설명할 때 무슨 이름으로 말할 것인가?

그 세계를 같이 체험한 사람이라면 어떤 언어도 필요 없이 서로 빙그레 웃으며 고개를 끄덕이면 그만이지만, 그것을 모르는 보통 사람들에게 현묘하고도 신비한 그것을 어찌 언어로 표현할 수 있겠는가? 그래도 자신의 체험을 전하기 위해서는 언어로 표현하지 않으면 안 된다. 노자는 이런저런 단어를 찾다가 하는 수 없이 '도'라는 단어를 택한다.

땅 위의 길을 하늘 위로 올리다

도는 원래 그냥 사람이 다니는 길이다. 의미를 조금 확장해보면 어떤 사람이 다닌 길, 즉 그 사람의 행적이 되고 또한 인생의 길을 가리키기도 한다. 나아가 어떤 문제를 해결하는 방법을 가리키기도 하고 이치, 질서, 도리를 가리키는 의미도 될 수 있다.

공자는 일찍이 아침에 도를 들으면 저녁에 죽어도 좋다는 말을 했다. 그 도는 과연 무엇일까? 아마도 공자의 최대 관심사였던 어지러운 천하를 구할 수 있는 방법 정도의 의미가 아닐까? 혹은 인생의 궁극적인 진리일 수도 있을 것이다.

그러나 노자가 말하는 도는 그보다 훨씬 심오한 의미가 담겨 있다.『도덕경』에는 "도가 하나를 낳고, 하나가 둘을 낳고, 둘이 셋을 낳고, 셋이 만물을 낳았다(42장)"라는 말이 있다. 이 문장은 천하 만물의 생성에 대한 이야기이다. 여기서 하나, 둘, 셋은 각각 무엇을 가리키는 것일까? 노자는 어떠한 단서도 남겨놓지 않았다. 그래서 역대 이래로 그것들이 무엇을 뜻하는가에 대해 수많은 설들이 있다. 어쨌든 이 문장을 압축해보면 도는 만물을 낳는다는 주장이 된다.

노자 이전에 중국 사람들이 생각하던 최고의 형이상학적 개념이자 본체론적 개념은 하늘이었다. 그들은 하늘이 사람을 포함한 만물을 낳았다 생각하고 동시에 길흉화복을 관장한다고 생각했다. 그래서 억울한 일이 있으면 하늘에 하소연을 하고 간절한 소망이 있을 때는 하늘에 간절히 기도했던 것이다. 그러나 노자는 하늘보다 더 높은 개념으로 도를 제시했다.

사람들이 다니는 땅 위의 길이 노자에 의해 하늘보다 더 높이 올라가게 된 것이다. 이후 도라는 말은 이들 사상가들의 핵심 개념이 되었다. 그래서 우리는 지금도 노자와 장자 등의 사상가들을 도가라 부른다.

노자가 말하는 도는 또한 최고의 섭리라는 의미도 지닌다.『도덕경』에는 "사람은 땅을 본받고, 땅은 하늘을 본받고, 하늘은 도를 본받고, 도는 자연을 본받는다(25장)"라는 구절도 있다. 길은 땅 위에 나 있는 것으로 땅의 지형에 의해 만들어지는 것인데, 그 길이 노자에 의해서 하늘보다 더 높은 곳으로 올라가버린 것이다. 도가 본받아야 할 것은 자연 하나밖에 없다.

참고로 여기서 말하는 자연은 요즈음 우리가 흔히 말하는 자연보호의 자연이 아니다. 그것은 일본인들이 19세기말 개화기 때 서양어 'nature'를 한자어로 옮긴 것이다. 요즈음 쓰는 자연은 노자의 용어로는 땅 정도에 속한다. 노자가 말하는 자연이란 철학적 개념으로 '스스로 그러함'이다. 그 것은 도의 속성을 말하는 것이다. 도는 스스로 그러하다는 뜻이다.

자연과 아울러 도의 속성을 나타내는 중요한 용어로는 무위無爲가 있다. 무위란 글자 그대로 풀이하면 함이 없다는 뜻이다. 그러나 그것은 아무것도 하지 않는다는 의미보다는 무엇인가를 하려고 하는 작위가 없다는 뜻이다. 37장에 "도는 항상 함이 없다"라 말하고, 그 외에 여러 곳에서 무위의 중요성을 강조한다. 흔히 이 둘을 합쳐 무위자연無爲自然이라고 하는데 도가의 특징을 가장 잘 설명하는 말로 널리 인용되고 있다.

사물이 있고 이름이 있는가, 이름이 있고 사물이 있는가

노자는 도로써 먼저 말문을 열고 그 뒤에 이름을 말하였다. 말할 수 있는 도가 항상 있는 도가 아니듯이 말할 수 있는 이름은 항상 있는 이름이 아니라고 주장하였다. 곧이어 이름이 없음은 천지의 시작이고 이름이 있음은 만물의 어머니라고 했다.

천지가 만들어지기 전에는 어떤 이름도 없는 것이 당연한 것이다. 그런데 이름이 있음은 만물의 어머니라는 말은 무슨 뜻일까? 현대적으로 풀이하면 이름이 있음으로써 만물들이 나타나게 되었다는 뜻이다. 일반적으로 우리는 삼라만상이 먼저 있고, 그것을 지칭하는 이름이 필요한 것으로 여긴다. 그런데 노자는 반대로 이름이 있음으로써 만물이 나타나게 된다고 주장한다.

상식적으로는 잘 납득이 되지 않을지도 모른다. 그러나 현대 언어철학에서는 이런 주장을 하는 사람들이 꽤 있다. 미국의 20세기 중반의 언어 인류학자인 사피어Edward Sapir도 같은 말을 했다.

그는 "인간은 보통 생각하듯이 객관적인 세계에 살고 있는 것이 아니고 언어를 매개로 살고 있는 것이다. 언어는 단순히 표현의 수단만이 아니다. 실세계라고 하는 것은 언어습관의 기초 위에 세워져 있다. 우리는 언어가 노출시키고 분절分節시켜 놓은 세계를 보고 듣고 경험하는 것이다"라고 했다. 언어학자인 워프Benjamin Lee Whorf도 "언어는 우리의 행동과 사고의 양식을 주조한다"고 하여 비슷한 주장을 했는데, 흔히 둘을 묶어서 '사피어 워프 가설'이라고 한다. 이러한 주장은 우리가 객관세계를 있는 그대로 보고 경험하는 것이 아니라 언어를 통해서 인식한다는 뜻이다.

일본의 저명한 언어철학 연구자이자 동양철학자이자 신비주의 연구자인 이즈쓰 도시히코井筒俊彦도 같은 견해를 피력한다. 서양철학, 불교, 도교, 유교, 힌두교, 이슬람교, 유대교를 넘나들면서 사물의 본질과 그 본질을 인식하는 의식의 문제를 다룬 『의식과 본질』의 앞머리에서 그는 노자의 이 구절을 인용하면서 언어의 힘을 설명한다. 그는 언어 이전의 세계는 어떠한 구분도 없는 무분절의 세계이며 언어에 의해서 무분절의 존재가 삼라만상으로 나뉘어져 우리에게 경험된다고 주장한다.

조금 더 쉽게 설명해보자. 당신은 무지개의 색깔이 몇 가지라고 생각하는가? 습관적으로 빨주노초파남보 일곱 가지라고 생각할 것이다. 그러나 근대 이전에 동아시아의 사람은 오색찬란한 무지개라고 했다. 조선시대의 우리 조상들은 무지개를 일곱 가지 색으로 보지 않았다. 과연 무지개의 색은 몇 가지인가?

사실 무지개의 색은 셀 수가 없다. 가장 낮은 주파수에서 높은 주파수까지 수없이 많은 색들이 존재하는데 우리는 문화적 습관에 따라 그것을 몇 가지로 나누어 부를 뿐이다. 그러면 무지개의 색이 아니라 그냥 색깔의 수는 몇 개일까? 그 집단의 언어에 의해서 색깔의 수가 결정된다.

이것을 좀 더 확장해서 적용하면 우리가 이 세상을 삼라만상이라는 여러 모습으로 나누어 바라보는 데는 언어가 주요한 작용을 하고 있다고 말할 수 있다. 즉 이름이 있음으로써 우리는 삼라만상을 구분할 수 있고, 그 구분에 따라 세상을 바라본다.

생각해보자. 당신은 세상이 하늘과 땅, 산과 강, 나무와 풀 등으로 이루어져 있음을 본다. 그리고 당신뿐만 아니라 사람들 대부분도 그렇게 본다. 그래서 우리는 세상이 원래 이런 모습이라고 생각한다. 그러나 개나 고양이도 우리와 똑같이 세상을 바라볼까? 개미나 고추잠자리도 우리의 눈과 귀에 비친 그런 모습의 세상을 바라보는 것일까? 분명 그렇지는 않을 것이다.

그러면 이 세계의 진짜 모습은 과연 어떤 모습일까? 그것을 알기는 어렵다. 그러나 우리의 오감에 비친 이 세상이 절대 객관적으로 실재하는 모습이 아니라는 것은 분명하다. 우리가 우리 밖에서 객관적으로 실재한다고 생각하는 이 세계는 사실 인간이라는 생명체의 오감에 나타난 세계일 뿐이다. 그리고 세계를 이렇게 바라보게 만드는 틀을 형성하는 데는 분명 언어와 개념이 큰 작용을 하고 있을 것이다.

물론 나는 반드시 언어가 먼저 있고 그런 다음 삼라만상이 존재한다고 생각하지는 않는다. 언어와 삼라만상 중 어느 쪽이 먼저인가를 따지는 것은 마치 닭과 계란 중 어느 쪽이 먼저인가를 따지는 것처럼 난해하다. 사실 언어와 삼라만상은 상호 영향을 미치면서 발전해가는 관계이다. 다만

한 가지 확실한 것은 흔히 생각하는 것처럼 삼라만상이 존재한 뒤에 그 것을 부르는 언어가 생긴 것은 아니라는 사실이다.

이상이 이름이 있음은 만물의 어머니라는 구절에 대한 나의 해석이다. 물론 여기에 대해서는 여러 가지 많은 반론이 있을 수 있을 것이다. 이런 저런 주장들을 다 떠나서 아무튼 2500년 전의 아득한 옛날에 살았던 노자가 이름에 대해 이렇게 심오한 사유를 했다는 것은 실로 놀라울 따름이다.

이원성을 넘어서 무위의 정치로

1장의 첫머리에서 심오한 도의 세계, 언어와 삼라만상의 관계를 이야기하여 우리를 놀라게 한 노자는 2장의 첫머리에서는 "천하 사람들이 모두 아름다움을 아름답다고 여기지만 그것은 추한 것이고, 선을 선하다고 여기지만 그것은 악한 것이다"라는 파격적인 주장을 펼친다. 이 말은 세상 사람들이 굳건하게 믿고 있는 미와 추, 선과 악 등은 사실은 모두 상대적이라는 뜻이다.

소쉬르의 구조주의 언어학을 더욱 발전시킨 야콥슨은 언어의 이원적 대립성을 주장한다. 예컨대 우리가 아름답다는 말을 할 때, 아니 아름답다는 개념을 떠올리는 순간 사실 우리의 무의식 속에는 아름다움의 반대 개념인 추함이 동시에 작용한다는 것이다. '희다'는 단어를 떠올리면 무의식중에 이미 '검다'를, '크다'를 말하는 순간 '작다'를, '닫혀 있다'를 생각하는 순간 '열려 있다'를 무의식적으로 연상한다는 것이다.

노자는 선악과 미추에 이어서 있음과 없음, 어려움과 쉬움, 깊과 짧음, 높음과 낮음 등등의 여러 가지 이원의 항목들을 제시하고 난 뒤 그것들이 모두 상대적인 것임을 강조한다. 서양에서 언어의 이원적 대립성이라는 개념은 20세기 중반이나 되어서야 등장한 것인데 무려 2500년 전 아득한 고대에 이런 생각을 하였다는 것 자체가 놀랍다.

보통 사람들은 이원성의 세계를 절대적으로 실재하는 것이라고 여기지만 노자는 그것은 그저 상대적으로 존재하는 것일 뿐임을 강조한다. 이러한 태도는 장자에게 이어져 도가사상의 중요한 축의 하나가 된다. 장자는 선악, 미추, 시비뿐만 아니라 심지어 삶과 죽음조차도 한갓 상대적인 것에 불과하다 주장하고 그러한 상대성을 초월한 절대자유의 세계에서 노닐것을 강조하였다.

그러나 노자는 단순히 이 세상의 상대적 이원성을 넘어선 초월의 세계에서 노닐 것을 주장하지는 않는다. 그는 미추로부터 시작해서 여러 가지 이원성을 제시한 뒤 성인은 무위의 일에 처하고 말없는 가르침을 행한다고 말한다. 노자의 관점에서는 선과 악, 미와 추 등의 이원성들은 인위적인 문화시스템, 사회시스템이 만들어낸 작위적인 관념에 불과하다. 그래서 진정한 도를 아는 성인은 그러한 이원성을 넘어선 무위의 정치를 펼쳐야 한다고 주장한다.

3장에서는 무위의 정치의 구체적인 방법으로 백성들로 하여금 지혜를 숭상하지 않게 하고, 금은보화를 추구하지 않게 하고, 그저 배는 채우되 마음은 텅 비게 하고, 무지무욕의 상태에 머물도록 하는 것이 중요하다는 것을 역설한다.

정치에 대한 관심은 춘추전국시대에 나타난 제자백가 공통의 패러다임이다. 어지러운 천하를 어떻게 다스릴 것인가에 대한 고민은 당시 사상가들 대부분이 공유하고 있던 주요한 과제였던 것이다. 도가가 경쟁상대로 생각한 것은 유가였다. 유가는 기본적으로 정치사상이다. 공자는 예와 인을 통해 스스로의 덕성을 함양하고 덕으로써 세상을 다스리는 덕치주의를 주장했다. 노자는 공자가 주장한 예와 인이라는 것은 인위적 형식이거나 상대적 개념에 불과한 것임을 강조하고 그보다 근원적인 무위자연의 도를 내세웠다. 아울러 덕의 정치 대신 무위의 정치를 주장한 것이다.

백성들의 배는 채우되 마음을 비게 하고 무지무욕의 상태에 머물게 한다는 것은 어찌 보면 우민정치로 보일지도 모른다. 그러나 그것은 오해다. 우민정치의 본질은 위정자가 자신의 권력을 유지하거나 강화하기 위해 백성들을 어리석게 만드는 것인 반면 노자의 무위정치는 먼저 위정자가 무위의 도를 터득한 뒤 그것을 정치적으로 실천하는 것이다. 이를 위해서는 위정자 스스로 먼저 무지무욕의 상태에서 배를 채우고 마음을 비워야 한다.

보통 배를 채운다고 하면 욕심을 채우는 것을 의미한다. 그러나 노자가 말하는 배는 사리사욕과는 정반대의 의미이다. 노자가 말하는 배는 생명력을 상징하는 것이고, 배를 채운다는 것은 생명력을 잘 기르는 양생養生의 도를 실천하는 것을 의미한다. 양생의 도를 실천하기 위해서는 먼저 마음에 헛된 욕심과 망상을 비워야 한다.

위정자가 무지무욕을 실천하여 백성들로 하여금 무지무욕하게 한다는 이야기는 사실 지나치게 이상적이어서 현실성은 거의 없다. 때문에 오랜 세월 중국의 현실 정치에서 노자의 주장은 그다지 중시를 받지 못하였다. 그러나 요즈음같이 욕망의 과열과 지식의 범람으로 사람들은 지쳐가고 건강한 생명력이 점차 고갈되어가는 시대에는 노자의 이러한 무지무욕의 주장을 새롭게 조명할 필요성이 있다.

하늘과 땅처럼 오래가려면 물과 같아야 한다

다음으로 『도덕경』에서는 수양론과 처세론이 자주 등장한다. 도가 이 우주의 근원이자 최고의 규범이라면 사람은 마땅히 도를 체득해야 되고, 도를 따라야 되는 것이다. 노자는 도를 체득하기 위한 방법으로 감각기관을 막고 내면으로 향하고, 마음속의 욕심과 갈등을 내려놓고,

마음을 텅 비게 하고 고요하게 하는 수양의 도를 제시했는데, 이 허정虛靜의 경지에 이르면 만물의 근원을 볼 수 있다고 주장했다. 수양론에 대한 구체적인 이야기는 바로 뒤에서 본격적으로 다룰 것이다.

이렇게 제대로 수양을 하여 허정의 경지에 이른 사람은 자신을 내세우지 않지만 그 때문에 오히려 길게 오래 남는다. 『도덕경』 7장에는 '천장지구天長地久'라는 유명한 구절이 있다. '천지는 길고 오래간다'는 뜻이다. 노자는 하늘과 땅이 길고 오래가는 까닭은 사사로이 살려고 하지 않기 때문이라고 말한다. 천지의 도를 깨친 성인도 자신을 뒤로 돌리지만 오히려 앞서게 되고, 자신을 버리지만 도리어 살아남는다고 주장하였다.

이어서 8장에는 '상선약수上善若水'라는 유명한 구절이 있다. '최고의 선은 물과 같다'는 뜻이다. 노자는 세상만물 가운데 도에 가장 가까운 것은 물이라고 하면서 물의 여러 가지 미덕을 칭송하는데, 그중 가장 큰 미덕은 세상만물을 이롭게 하면서도 남과 다투지 않고 낮은 곳에 처하는 것이라고 말한다. 이 또한 도를 체득한 성인이 살아가는 모습을 형용한 것이라고 할 수 있다. 자기를 앞세우지 않고 뒤로 물러서는 자세, 남과 다투지 않고 낮은 곳에 처하는 자세 등은 후대 중국인들의 처세관에 지대한 영향을 미쳤다.

이 외에 『도덕경』에는 당시 만연하던 전쟁의 폐해를 지적하면서 전쟁을 극력 반대하는 내용도 있고, 딱딱하고 강한 것보다는 어린아이처럼 부드럽고 약한 것을 더욱 중시하는 내용도 있고, 도의 여성성을 강조하는 내용 등도 있다. 『도덕경』은 겨우 5,000자 정도의 짧은 글이지만 그 속에 담긴 내용은 참으로 풍성하고 또한 오묘하기 그지없다. 그렇기 때문에 오랜 세월에 걸쳐서 많은 사람들의 사랑을 받아왔으리라.

『도덕경』 속에는 이렇게 많은 내용들이 펼쳐지는데 그중 대교약졸은 그리 큰 비중을 차지하지 않는다. 그래서 지금까지 크게 관심을 기울이는 사람이 없다. 대교약졸을 주제로 삼은 논문이나 저서도 없었을 뿐 아니라 노자의 사상을 소개하는 글에서도 거의 언급되지 않거나 언급되어도 비중 있게 다루어지지 않았다. 그러나 나는 대교약졸이야말로 노자사상의 깊이를 알 수 있는 매우 중요한 부분이자 후대 중국문화의 틀에 상당한 영향을 미친 중요한 사상이라고 생각한다. 이제 본격적으로 대교약졸에 대해서 살펴보자.

대교약졸,
현묘한 직관 속에 감추어진 논리

노자는 역설을 좋아한다

'대교약졸大巧若拙'이란 무엇인가? 먼저 한 자씩 뜻을 풀이해 보자. '大'는 '크다'는 뜻이고, '若'은 '마치 ~와 같다'는 뜻이다. 여기에서 중요한 개념은 '巧'와 '拙'이다. '교'는 흔히 '기교技巧', '교묘巧妙' 등에 쓰이는 말로 솜씨가 빼어난 것을 가리킨다. '졸'은 '치졸稚拙', '졸렬拙劣' 등에 쓰이는 말로 솜씨가 서툰 것을 가리킨다. '교'와 '졸'은 서로 상반된 개념이다. 이 구절을 풀이하면 '큰 솜씨는 마치 서툰 것처럼 보인다'는 뜻이 된다.

어찌 보면 참으로 황당한 말이기도 하다. 크게 솜씨가 뛰어난 것은 마치 서툰 것처럼 보인다니! 노자의 말 대부분이 그렇듯이 이 말 또한 수수께끼 같은 심오함으로 가득 차 있다. 그 뜻을 제대로 이해하기 위해서는 앞뒤의 맥락을 살펴보아야 한다. 『도덕경』 45장을 살펴보자.

크게 완성된 것은 마치 결손이 있는 듯하지만 그 쓸모가 닳지 않는다. 크게 가득 찬 것은 마치 비어 있는 듯하지만 그 쓰임이 끝이 없다. 크게 바른 것은 마치 굽은 듯하고, 크게 솜씨가 좋은 것은 마치 서툰 듯하며, 크게 말 잘하는 것은 마치 어눌한 듯하다.…(大成若缺, 其用不弊. 大盈若沖, 其用不窮. 大直若屈, 大巧若拙, 大辯若訥…)

이 단락은 매 구절 논리에 닿지 않는 역설을 계속한다. 먼저 첫 번째 두 구절을 살펴보자. 이 두 구절은 논리적으로 보면 역접의 관계다. 크게 완성된 것은 마치 결손이 있는 것처럼 보인다. 그러나 그렇게 결손이 있는 것처럼 보이는데도 그것을 사용하면 닳아서 헤지는 일 없이 계속 사용할 수 있다고 한다. 크게 완성된 것은 마치 결손이 있는 것 같다고 말하는 것도 그렇지만 그 뒤에 그 쓰임이 망가지거나 헤지는 일이 없다는 말은 더욱 이치에 닿지 않는 말처럼 보인다.

보통 상식의 세계에서는 완성도와 결함은 분명 반비례하는 것이다. 전자제품이나 자동차나 완성도가 떨어진 제품은 이런저런 결함이 많아 소비자를 실망시키지만 완성도가 높으면 결함이 없어 만족도도 높다. 그런데 왜 노자는 크게 완성된 것은 마치 결손이 있는 것과 같다고 말하는가? 그렇게 결손이 있는 것처럼 엉성해 보이는데 아무리 사용해도 고장이 나서 버리는 일이 없다고 하는 것은 또한 얼마나 황당한 말인가?

그다음 말은 또 어떠한가? 크게 가득 차 있는 것은 마치 텅 비어 있는 것과 같다는 것은 무슨 뜻인가? 가득 차 있음과 비어 있음은 분명 양립할 수 없는 말이다. 쌀독이 그득한 것과 텅 비어 있는 것이 어찌 같을 수가 있는가? 지갑이 두둑한 것이 마치 텅 비어 있는 것처럼 보인다고 이야기하면 누구나 다 궤변이라고 여길 것이다. 그런데 그렇게 텅 빈 것처럼 보이지만 실제로 그것을 사용하면 무궁무진하다는 말은 또 어떠한가? 요술 지갑이 아닌 한 불가능한 이야기다.

그것은 현묘한 도의 세계에 대한 이야기다

사실 이것은 일상의 논리가 아니다. 이것은 일상의 논리를 뛰어넘은 도道의 현묘한 작용을 이야기한 것이다. 비어 있으면서도 그 쓰임이 무궁무진하다는 이야기는 『도덕경』의 다른 곳에서도 자주 나오는 말이다. 이것들은 모두 노자의 명상과 깊은 깨달음에서 나온 새로운 차원의 논리다.

뒷부분에 가서 다시 이야기하겠지만, 노자는 마음을 비우고 고요하게 하는 수양을 통해 어느 순간 우주의 근본 자리는 텅 비어 있고 바로 그 텅 비어 있음에서 삼라만상이 생성되어 나오는 것임을 통찰했다. 후대 중국철학사에서 매우 중요한 논쟁거리 중 하나였던 '있음은 없음에서 나온다(有生於無)'고 하는 우주생성론은 바로 노자의 실제적인 체험에서 나온 것이다.

도의 세계는 분명히 텅 빈 것처럼 보인다. 그런데 바로 그 텅 빈 곳에서 온갖 삼라만상의 세계가 펼쳐진다. 그것도 무궁무진하게. 그것은 인간들이 무언가를 만드는 것과는 차원이 전혀 다르다. 이런 인식을 바탕으로 도의 작용으로 만들어진 대자연을 다시 보자. 겉보기에는 인간이 만든 거대한 성벽이나 웅장한 궁궐처럼 튼튼하지도 완성도가 높아 보이지도 않는다. 그러나 실은 인공물과는 비교가 되지 않을 정도로 완전하고 쓸모도 무궁무진하다.

이어서 나오는 대직약굴大直若屈이나 대교약졸, 대변약눌大辯若訥 또한 대성약결과 마찬가지로 모두 도의 현묘한 작용, 그리고 도의 작용으로 만들어진 천지만물의 특징을 설명하는 것임을 짐작할 수 있다.

크게 곧은 것은 마치 굽은 듯이 보인다는 말은 무슨 뜻일까? 보통 사람들은 곧은 것을 좋아한다. 그래서 집을 지을 때도 곧은 기둥을 사용해야 하고, 길을 닦을 때에도 지형지물상의 장애물이 없다면 직선으로 하려고 한다. 그리고 윤리적으로도 곧음은 주요한 덕목 가운데 하나이다. 그러나 노자가 바라보는 도의 세계에는 그러한 직선은 존재하지 않는다.

상식적으로 보면 한 점과 한 점 사이의 가장 가까운 선은 직선이다. 그 것은 의심할 여지가 없는 사실이었다. 그러나 사실 직선이라는 것은 관념 속에서 존재하는 것이지 실재 자연계 속에서 존재하는 것이 아니다. 아인 슈타인의 상대성이론에 따르면 공간 자체가 질량에 의해 휘어져 있기 때 문에 절대균질의 공간은 존재하지 않는다. 난해한 상대성이론을 빌리지 말고 쉽게 생각해보자. 운동장 한쪽 끝에서 반대편 한쪽 끝까지를 연결 하는 가장 가까운 선은 분명 직선으로 보인다. 그러나 서울에서 파리까지 최단 거리의 선을 긋는다고 생각해보자. 그것은 부분적으로는 분명 직선 으로 보일지 모르지만 사실은 곡선이다. 왜냐하면 지구는 둥글기 때문에 지구 위에 긋는 선은 결국 곡선이다. 그야말로 큰 직선은 결국 곡선이 될 수밖에 없다.

물론 노자가 이런 상대성이론이나 지구가 둥글다는 이론을 바탕으로 대직약굴을 이야기하였을 리는 만무하다. 그러나 명상적 수양을 통한 깊 은 직관으로 천지만물에 존재하는 사물은 결국 곡선일 수밖에 없다는 것 을 터득했을 것이다. 사실 인간이 만든 것 속에는 직선이 있지만 자연계 에서는 엄밀히 말해서 직선이란 존재하지 않는다. 직선은 우리의 관념 속 에서만 존재하는 것이다.

그리고 도의 솜씨로 만들어진 대자연은 사람들의 솜씨로 만든 인공물 에 비해 일견 서툰 듯이 보인다. 그러나 자연이 만든 아름다움은 인간이 만든 아름다움과는 비교가 되지 않는다. 『성경』에도 나오지 않는가? 화려 함의 극에 다다른 솔로몬의 영화가 들에 핀 백합꽃 한 송이만도 못하다고.

또한 자연은 말을 못하기 때문에 말로써 자신을 변론할 수 없다. 그러 나 어떤 뛰어난 웅변가보다 조리 있다. 봄이 되어 따스한 동남풍이 불어오면 아름다운 꽃이 피고, 여름이 와서 뜨거운 남풍이 불어오면 그 기운으로 만물이 무성해지고, 가을이 다가와 소슬한 서풍이 불면 꽃과 잎사귀들은 색이 바래져 땅에 떨어지고, 겨울이 되어 북풍이 불면 모든 것은 딱딱한 껍질에 싸여 얼어붙은 땅속으로 숨는다. 말은 하지 않지만 그렇게 질서 정연하고 조리에 합당할 수가 없다. 이에 비하면 인간이 하는 변론은 언뜻 보기에 논리 정연한 것 같지만 그 속을 파고들어가 보면 허점이 없을 수가 없다. 자연의 조리와는 비교가 되지 않는다.

'태우'와 '지눌'에 담긴 노자의 사상

『도덕경』의 전체 흐름을 보면 노자는 도의 세계에서 터득한 원리를 인간계에 적용하려고 한다. 노자가 생각하는 성인聖人은 텅 빈 도의 속성을 좇아 마음을 텅 비운 사람이고, 자기를 앞세우지 않고 천지자연의 도를 좇아 겸손을 실천하며 무위자연의 도를 좇아 무위의 정치를 펼치는 사람이다.

위에서 들었던 도의 세계를 인간사에 끌어온다면 어떻게 될까? 무언가를 만들 때 완벽하게 이루기보다는 마치 결점이 있는 듯 약간 허술하게 하고, 무언가를 꽉 채우려 하기보다는 약간 빈 듯이 하며, 일을 처리할 때도 곧게 하기보다는 둥그스레하게 하기를 좋아하고, 현란하고 인위적인 기교를 발휘하기보다는 오히려 자연스레 서툴게 하며, 화려한 수사와 정밀한 논리로 달변을 토하기보다는 적게 말하고 어눌하게 말하는 것이 미덕이 될 것이다. 이것들은 오랜 세월 중국 사람을 비롯한 동북아시아 사람들의 처세술에서 매우 중요한 요소로 작용했으며 지금도 알게 모르게 우리의 무의식을 지배하고 있다.

우리는 대체로 사람이 지나치게 똑똑하게 굴면 왠지 모르게 약간의 거부감을 느끼기도 한다. 그래서 우직한 사람을 오히려 더 많이 신뢰한다.

젊었을 때 고향 시골 마을의 노인네들에게 인사를 드리러 가면 "사람이 너무 똑똑해서는 안 된다. 약간 어수룩한 것이 더 좋은 것이다"라는 지혜의 충고를 자주 듣곤 하였다. 그때는 잘 이해하지 못하였지만 지금은 고개를 끄덕인다.

노태우 대통령의 집안어른이 자식에게 태우라는 이름을 지은 것도 바로 이 때문일 것이다. 좀 더 정확히 말하면 태우는 대현약우大賢若愚의 줄임말이다. '태'와 '대'는 둘 다 크다는 의미이다. 태우라는 이름은 크게 어리석다는 뜻이 아니라 진정한 현명함은 어리석게 보인다는 뜻이다. 일본의 선불교를 서구에 소개하는 데 큰 공을 세워 현재 영어사전에 선에 관련된 용어 대부분을 일본어로 사용하게끔 만든 스즈키 다이세쓰鈴木大拙의 이름인 다이세쓰大拙도 바로 대교약졸의 준말이다.

지눌이라는 이름 또한 마찬가지이다. 그것은 그냥 말 더듬을 줄 안다는 말이 아니라 '대변약눌'을 잘 알고 있다는 뜻이다. 전통적으로 동양인들은 달변을 썩 좋아하지 않았다. 『도덕경』의 마지막 장에는 미더운 말은 아름답지 않고 아름다운 말은 미덥지 않다는 구절이 있는데, 노자는 멋진 말을 그다지 좋아하지 않았다. 이것이 동양인의 처세관에 많은 영향을 끼쳤을 것이다.

더군다나 지눌선사는 선종을 바탕으로 교종을 통합한 사람이기 때문에 멋있는 말에 대해서는 더욱 경계하려고 하였을 것이다. '4장 복잡한 인도불교, 단순한 중국선종'에서 본격적으로 다루겠지만 정교한 논리를 중시하는 교종에 비해 선종에서는 노자의 영향을 많이 받아 언어문자를 세우지 않는 불립문자를 주장하였다. 아무튼 지눌이라는 이름 속에는 노자의 영향이 짙게 깔려 있다.

서구문화의 세례를 받은 현대적 관점에서 볼 때 이것들은 상당히 고리타분하고 소극적이며 심지어는 의뭉스럽게 느껴지기도 할 것이다. 그 장점과 단점에 대해서는 차치하고 여기서는 다시 우리의 주된 관심사인 대교약졸로 초점을 모아보자.

기교를 버려야 참 기교를 얻는다

대교약졸은 기교와 서툶에 관련된 것이기 때문에 일차적으로 음악, 미술, 공예, 건축 등의 예술분야와 관련이 있다. 노자사상의 적자라고 할 수 있는 장자 또한 이런 관점에서 대교약졸을 바라본다.

> 음률을 어지럽히고 악기를 태워 없애고 사광師曠의 귀를 막아야 천하의 사람들이 비로소 귀가 밝아질 것이다. 무늬를 없애고 아름다운 색깔을 흩어버리고 이주離朱의 눈을 붙여놓아야 천하 사람들이 비로소 밝음을 지니게 될 것이다. 고리와 줄을 부수고 자를 버리고 공수工倕의 손가락을 비틀어버려야만 천하 사람들이 비로소 교묘함을 지니게 될 것이다. 그러므로 큰 교묘함은 마치 졸박함과 같다고 했다.(『장자』, 「거협胠篋」 편)

사광은 고대 음악의 달인이고, 이주는 눈이 지극히 밝은 사람이며, 공수는 최고의 장인이다. 고대 중국에는 맹인 음악가들이 많았다. 일반적으로 시각을 잃으면 청각이 더욱 예민해진다고 한다. 그래서 맹인들 가운데는 음에 대한 감각이 보통 사람들보다 훨씬 뛰어난 사람들이 많다. 사광은 바로 그런 사람 가운데서도 음악적인 감각이 남다르게 뛰어난 사람이었다. 이주는 눈이 지극히 밝아 십 리 밖의 사물도 또렷이 보았다고 하고, 공수는 최고의 장인으로 생활에 편리한 수많은 도구들을 만들었다고 한다.

장자는 세상에 통용되고 있는 음률을 파기하고 그 음률을 따라 만들어진 악기도 없애버리고 최고의 음악가인 사광의 귀를 막아버려야 사람들의 귀가 비로소 밝아진다는 극단적인 주장을 펼친다. 시각적 아름다움이나 손의 기교에 대해서도 마찬가지의 이야기를 한다. 이 말은 모든 인위적인 기교를 완전히 부정하고 자연스러운 상태로 돌아갔을 때 비로소 진정한 기교를 알 수 있음을 강조하는 것이다. 노자의 완곡한 표현에 비해 장자의 주장이 지나치게 파격적인 면이 있기는 하지만 사실 일리가 없는 것은 아니다.

음악을 봐도 우리는 인간이 만든 악기와 소리만 음악이라고 생각하지만 자연계에도 또한 아름다운 음악이 있다. 깊은 산속 시냇물에서 나는 졸졸졸 물 흐르는 소리, 그리고 그 시냇물 소리 사이로 들려오는 이름 모를 새들의 영롱한 울음소리, 그리고 이따금씩 들리는 낙엽 떨어지는 소리 또한 하나의 음악이다. 그것은 얼핏 보기에 인간이 만든 화려하고 정교한 음악소리에 비해 단순하고 소박해서 음악이라고 말하기 어려울지도 모른다. 그러나 고요히 마음을 비운 상태에서 대자연의 합창이 주는 황홀감을 한 번이라도 체험해본 사람이라면 그것 또한 훌륭한 음악임을 인정할 수 있을 것이다.

사실 나는 산이나 숲에 가서는 인간이 만든 음악을 잘 듣지 않는다. 대자연이 주는 음악이 굉장히 아름답기 때문이다. 특히 소나무에 부는 바람이 만들어내는 음악인 솔바람 소리, 송뢰松籟를 듣고 있노라면 때로는 벅찬 감동이 밀려와 눈물이 두 뺨을 적시는 것을 느끼기도 한다. 산에 가서 이어폰을 꽂고 음악을 듣는 것은 높은 봉우리에 올라 사방에 펼쳐지는 대자연의 파노라마를 보지 않고 노트북이나 휴대폰에 있는 자그마한 풍경사진만 바라보는 것과 같은 짓이라고 생각한다.

장자의 관점에서는 자연의 소리나 색깔, 자연이 만들어낸 도구야말로 겉으로는 서툰 것처럼 보일지 모르지만 인간이 추구하는 기교로는 따를 수 없는 최상의 솜씨다. 그러나 대부분의 사람들은 화려하고 현란한 음악에만 귀가 길들여져 있고 그것만을 음악이라 알고 있기 때문에 자연이 내는 소박하면서도 은은한 음악을 들을 수가 없다. 자연이 주는 소박하고도 은은한 소리를 듣기 위해서는 일단 먼저 인간이 만든 화려하고도 현란한 소리에 물들어 있는 귀를 씻어야 한다. 다른 영역에서도 마찬가지다. 그래서 장자는 사광의 귀를 막고 이주의 눈을 붙이고 공수의 손가락을 비틀어야 한다는 다소 과격한 주장을 했던 것이다.

전통적으로 대교약졸은 노장사상의 중요한 심미이론의 하나로 중국예술, 나아가 언어의 예술인 중국문학에서 인위적 기교미技巧美를 최대한 배제하고 무위자연의 졸박미拙樸美를 중시하는 도구로 쓰였다. 여기까지가 대교약졸의 일반적인 의미다.

대교약졸, 동태적 관점으로 새롭게 읽기

지금까지 대교약졸을 해석하는 사람들은 인위적인 '교'와 무위자연의 '졸'을 서로 대립적인 것으로 상정하고 인위적인 기교미보다는 자연스러운 졸박미를 지향하는 것으로 이해했다. 『장자』의 해석이 바로 그 전형적인 예다. 물론 이 말은 맞는 말이다. 그러나 대교약졸을 자세히 들여다보면 또 다른 해석의 여지가 있다. 그것은 대교약졸에서의 '졸'이 단순히 '교'와 대립되는 개념으로 '교'를 무조건 배척하고 부정하는 '졸'이 아니라, '교'를 포괄하는 '졸'일 수도 있다는 것이다.

자, 다시 원점으로 돌아와서 '대교약졸'을 문자적으로 풀이해보자. 대교약졸은 '큰 기교는 마치 서툰 듯하다'는 뜻이다. '마치 ~인 듯하다'에서 알 수 있듯이 여기서 졸은 단순히 서툰 것이 아니라 겉으로는 서툰 듯이 보이지만 사실은 기교의 최고 경지에 있다는 것이다.

우리가 주목할 부분은 '대교'다. 대교란 '위대한 기교'라는 뜻으로, 앞에서도 보았듯이 철학적으로는 도의 작용 또는 도의 작용으로 나타나는 자연의 조화를 가리킨다. 대교라는 말에 상대되는 것은 무엇일까? 그것은 소교小巧, 즉 자그마한 기교다. 어차피 '대'라는 말은 '소'를 상정하고 나온 말이기 때문이다. 대교가 천지자연의 기교를 가리킨다면 소교는 당연히 사람들이 추구하는 인위적인 기교다. 인위적인 기교는 자그마한 기교이기 때문에 금방 밖으로 드러난다. 그러나 천지자연의 기교는 위대한 기교이기 때문에 밖으로 잘 드러나지 않는다. 그래서 겉으로는 서툰 듯이 보인다.

그런데 여기서 만약 소교와 대교를 자연과 인위의 대립으로 보지 않고 관점을 바꾸어 단순히 기교의 수준 차이로 본다면 어떻게 될까? 또 새로운 해석이 나올 수 있다. 아직 기교가 작아서 무르익지 않았을 때는 기교가 밖으로 그냥 드러나지만, 기교가 커져 무르익게 되면 기교는 안으로 감추어지고 겉으로는 다시 서툰 듯이 보인다는 것으로 풀이할 수 있다. 이 경우 졸은 단순히 교와 대립되는 것이 아니라 교를 통합하면서 한 걸음 더 나아간 새로운 차원의 졸이다.

지금까지 대교약졸을 말한 많은 사람들은 주로 천지조화의 솜씨와 인간의 솜씨라는 대립의 관점에서 졸과 교의 문제를 파악하려고 했다. 그러나 여기서는 인간의 솜씨 속에서 교와 졸이 어떻게 대립하고 나아가 어떤 방향으로 발전하게 되는지에 대해 초점을 맞추려고 한다. 즉 인간이 어떻게 대교약졸의 경지에 이를 수 있는지에 대해 이야기하려고 한다. 이를 위해 대교약졸 속에 시간이라는 요소를 넣어 동태적으로 풀이해보자.

한 개인이나 한 사회를 볼 때 초기의 상태는 기교를 모르는 상태다. 그림을 예로 들어보자. 구석기시대나 신석기시대 사람들이 동굴의 벽이나 토기의 표면에 그린 그림들을 보자. 얼마나 투박한가. 그 원시적인 투박함 속에서 싱싱한 생명력이 넘치기는 하지만 미적으로 세련되고 아름답다는 느낌을 받기는 쉽지 않을 것이다. 그리고 이제 막 유치원에 다니는 어린아이가 그린 그림을 보자. 삐뚤빼뚤하게 그은 선, 비례가 전혀 맞지 않는 얼굴, 아무렇게나 칠한 색, 이 귀여운 그림은 입가에 미소를 자아낼 수는 있다. 그러나 미적 감동은 주지 못할 것이다. 이것이 바로 초기의 '졸'의 단계다.

시간이 흐르면서 인류는 원시 상태에서 문명의 단계로 나아가게 되고, 미적 감각도 고도로 발달하여 어떻게 그리면 비례에 맞고 어떤 색을 칠할 때 전체 구도에 어울릴까 하는 안목이 생긴다. 마찬가지로 유치한 그림을 그리던 어린아이도 초등학교와 중학교를 거치면서 미술 실력이 늘어감에 따라 점차 교묘함의 단계로 나아간다. 시간이 흐를수록 기교는 더욱 무르익고 온갖 종류의 화려함과 기이함이 시선을 끌 것이다. 대부분 지역의 문명은 서툴고 소박한 상태에서 교묘하고 화려한 상태로 나아가는 방향으로 발전해왔다. 이것이 바로 '교'의 단계다.

그러나 깊은 지혜를 지닌 노자는 거기서 한 걸음 더 나아갈 것을 말했다. 노자의 관점에서 볼 때 보통 사람들이 추구하는 기교란 여전히 자그마한 기교에 지나지 않는다. 노자는 그 기교가 진짜 무르익어 큰 기교가 되면 오히려 다시 자연스럽게 졸로 돌아온다는 것을 발견했다. 졸에서 출발하여 소교를 거쳐 마침내 대교에 이르게 되면 다시 졸로 돌아온다는 이야기다.

순환과 발전을 동시에 지니고 있는 대교약졸

이렇게 '졸'에서 '교'로 나아갔다가 다시 '졸'로 돌아온다는 말 속에는 회귀回歸 또는 복귀復歸의 개념이 들어 있다. 『도덕경』 속에는 '복귀'라는 말이 자주 나오는데 복귀는 노자사상의 중요한 개념 가운데 하나다. 대교약졸의 구절도 시간의 요소를 두고 바라보면 복귀의 개념이 들어 있다. 복귀는 바로 순환을 가리키고 그것을 도형으로 표시하면 원이다.

흔히 동양사상은 원적·순환적이고 서양사상은 직선적·발전적이라고 한다. 물론 동양에는 순환만 있고 서양에는 발전만 있다는 것은 아니다. 그러나 전체 흐름으로 보았을 때 분명 일리가 있는 말이다. 종교의 내세관만 보아도 동양을 대표하는 종교인 불교는 끝없는 윤회를 거듭하다가 해탈로 나아가는 것이라고 하지만, 서양을 대표하는 종교인 기독교에서는 지상에서 영생복락의 천국이나 영원한 불지옥으로 단번에 나아가는 것이라고 말한다.

노자의 대교약졸은 바로 동양적 사유형태의 표본인 원적·순환적 모형을 잘 보여준다. 그러나 앞에서도 이야기했듯이 나중에 다시 돌아온 졸은 처음 출발할 때의 졸과는 전혀 다르다. 그것은 원시적인 졸과는 달리 기교를 다 거친 뒤에 새롭게 이른 한 차원 높은 졸이다. 그것은 노자가 말하는 복귀란 말을 곱씹어보면 좀 더 쉽게 알 수 있다. 복귀라는 말이 집중적으로 나오는 『도덕경』 28장을 보자.

수컷을 알고 암컷을 지키면 천하의 골짜기가 된다. 천하의 골짜기가 되면 항상의 덕이 떠나지 않아 다시 어린아이로 복귀한다. 흰 것을 알고 검은 것을 지키면 천하의 모범이 된다. 천하의 모범이 되면 항상의 덕이 어긋나지 않아 다시 무극으로 복귀한다. 영화로움을 알고 치욕스러움을 지킬 수 있으면 천하의 골짜기가 된다. 천하의 골짜기가 되면 항상의 덕이 넉넉하여 다시 통나무로 복귀한다.

수컷은 강하고 공격적이다. 그러나 암컷은 부드럽고 수용적이다. 암컷은 생명의 근원이다. 원시사회는 모계사회였다. 그러나 언제부터인가 대부분의 문명권에서는 부계사회가 주류가 되고, 세상은 강하고 공격적인 수컷이 지배하게 되었다. 그래서 세상을 살아갈 때도 부드럽고 수용적인 태도보다는 강하고 공격적인 태도가 더 환영받게 되었다.

노자가 살았던 춘추시대 말기는 더 말할 필요도 없을 것이다. 노자는 당시 문명의 주류를 무조건 배격하지 않았다. 먼저 수컷을 알아야 할 것을 강조했다. 그러나 거기서 머물지 않고 한 걸음 더 나아가 다시 암컷을 지킬 수 있을 때 비로소 천하의 골짜기가 될 수 있고 우주자연에 항상 있는 덕에 머물 수 있으며, 그럴 때 비로소 다시 어린아이로 복귀할 수 있다고 한 것이다. 노자가 말한 어린아이란 생명의 원초적 상태이자 부드러움의 상징이다. 그러나 그 부드러움은 마냥 부드럽기만 한 것이 아니라 강함을 다 알고 있는 부드러움인 것이다. 대교약졸의 논리와 거의 같지 않은가?

흰 것이란 밝고 지혜로움을 말하고 검은 것이란 어둡고 어리석음을 말한다. 먼저 밝음과 지혜로움을 다 알고 난 뒤 다시 그것을 감추고 어두운 듯, 어리석은 듯이 처신할 수 있을 때 만물의 근원인 무극으로 복귀할 수 있다. 그리고 모든 영예로움을 다 알고 난 뒤 그것을 감추고 세상의 모욕을 묵묵히 견뎌낼 수 있을 때 비로소 가공하지 않은 자연 상태의 통나무로 복귀한다고 했다. 앞과 같은 논리로 이해하면 된다.

이로 보아 우리는 노자가 말하는 복귀란 무조건 되돌아가는 것이 아니라 사물의 양극성을 다 겪은 뒤에 다시 원래의 자리로 돌아오는 것임을 알 수 있다. 즉 원초적 상태에서 발전의 극을 다한 다음 되돌아오는 것이다. 이 속에는 순환의 형태와 발전이 공존하고 있다.

대교약졸의 숨은 코드, 나선형과 감추기

발전과 순환을 동시에 지니고 있는 형태는 무엇일까? 평면의 차원에서 보면 이 문제는 풀리지 않는다. 그러나 차원을 바꾸어 생각하면 아주 쉽다. 삼차원적으로 생각해보자. 그러면 금방 답이 떠오를 것이다.

동양적인 세계관의 영향을 많이 받은 베르나르 베르베르의 소설 『개미』를 보면 무척 재미있는 수수께끼가 하나 나온다. 주인공이 어떤 관문을 통과해야 하는데 이를 위해서 성냥개비 여섯 개로 삼각형 네 개를 만들어야 하는 문제에 직면한다. 평면 위에서 성냥개비 여섯 개로 삼각형을 만들면 아무리 해도 네 개의 삼각형은 나오지 않는다. 그러나 관점을 바꾸어 입체적으로 생각하면 문제는 쉽게 풀린다. 그들이 풀어낸 답은 바로 피라미드이다.

앞의 형태 또한 마찬가지다. 평면의 차원에서 발전과 순환이 동시에 존재하는 것은 없다. 그러나 삼차원적인 관점에서 보면 쉽게 풀린다. 답은 나선형이다. 나선형은 순환이면서도 발전이고, 발전이면서도 순환이다. 이 차원의 평면에서 원을 그리면 처음의 출발점과 나중의 종점이 다시 완전히 만나게 된다. 이 속에는 발전의 의미는 없고 완전한 순환의 의미만이 있을 따름이다. 그러나 삼차원의 입체에서 나선형을 그리면 순환과 발전의 의미를 동시에 지니게 된다. 나선형을 위에서 투시하면 그것은 원이다. 그러나 측면에서 바라보면 그것은 나아가는 발전이다.

나선형의 구조는 사실 자연계 운동의 중요한 모형 가운데 하나다. 변기에 물을 내리면 물은 그냥 직선으로 곧바로 빠지지 않는다. 나선형으로 돌면서 아래로 빠진다. 흘러가는 강물 속에서도 소용돌이가 있다. 기압 또한 마찬가지다. 태풍이나 허리케인 등은 모두 나선형의 회오리바람이 크게 발전한 것이다. 그뿐인가, 우주의 행성과 항성도 나선운동을 한다.

멀리 우주까지 바라볼 필요도 없다. 우리의 인생 자체가 나선형이 아닌가? 매일매일 태양은 다시 떠오르고 하루는 다시 시작된다. 그것은 순환이다. 그러나 어제의 태양과 오늘의 태양은 다르다. 그리고 우리의 삶도 매일 똑같이 반복되는 것 같지만 조금씩은 다르다. 매해 맞이하는 설날도 분명 반복되지만 해마다 다르지 않은가? 나이를 먹으면서 우리가 성장하기 때문이다.

대교약졸은 바로 이 나선형 구조로 되어 있는 것이다. 그래서 다시 졸로 되돌아왔지만 그것은 이전의 졸과는 차원이 다른 졸이다. 이 '나선형

구조'야말로 대교약졸을 이해하는 데 가장 핵심적인 단어이다.

　대교약졸의 의미를 이해하는 데 또 하나의 중요한 말은 '감추기'다. 대교약졸의 졸은 단순히 교와 대립하는 졸이 아니라 교를 통합한 발전적 졸이다. 일찍이 헤겔은 모순, 대립하는 두 개의 요소가 서로 통합되고 그것에 대한 새로운 대립요소가 나왔다가 다시 통합으로 나아가는 정반합正反合의 변증법을 제시했다. 노자의 대교약졸에서의 통합을 헤겔의 변증법과 비교해보면 그 속에 유사성과 차이점이 있음을 알 수 있다.

　처음에 자연스러운 상태의 질박함을 '정正'이라고 하자. 다음에 이에 대한 반발로 인위적인 기교미를 추구하는 교의 단계는 '반反'이라고 할 수 있다. 다음의 대교약졸의 졸의 단계는 바로 이 정과 반의 '합合'이다. 기본 얼개는 서로 비슷하다고 할 수 있다. 그러나 헤겔의 변증법이 겉으로도 확실히 모순과 갈등을 통합하는 발전적 모습을 보이는 반면, 대교약졸은 실제로 분명 모순·대립되는 양자를 통합하지만 그 겉에서는 다시 초기 상태로 돌아오는 순환적인 회귀에 더 초점을 맞추고 있다. 서양과 동양의 사고방식의 차이라고 할까.

　이렇듯 겉으로 다시금 처음의 상태로 돌아오는 것처럼 보이기 위해서는 그 과정에서 나타난 발전적 요소를 안으로 감추어야 한다. 즉 졸을 밖으로 드러내고 교는 안으로 감추어야 한다. 대교약졸을 다른 말로 바꾸면 내교외졸內巧外拙이라고 할 수 있다.

　이렇게 교를 안으로 감추게 되면 안목이 없는 사람들은 대교약졸의 졸의 깊은 의미를 파악할 수 없게 된다. 마치 평면적인 차원에 있는 사람들이 나선형의 발전적 구조를 보지 못하고 다만 원적인 순환으로 보는 것과 같이. 대교약졸이 보통 사람들에게 어렵게 느껴지는 것은 바로 이 때문이다.

　'감추기'는 노자의 삶과 깨달음을 이해하는 데 매우 중요한 관건이다.

사마천의 기록에서도 볼 수 있듯이 그는 자신의 명성을 드러내지 않는 것을 수양의 종지로 삼았다고 했다. 그의 말이 모호하고 그의 삶이 수수께끼가 되어버린 것도 바로 이 '감추기' 때문이다.

대교약졸은 화광동진의
깨달음에서 온 것이다

대교약졸은 노자의 명상에서 나온 것이다

　　그러면 노자는 어떻게 해서 대교약졸의 이런 심오한 원리를 발견했을까? 나의 관점으로는 아마도 명상적 직관을 통해 우주만물의 변화 원리를 터득하지 않았을까 생각된다. 위대한 사상은 단순한 이성적인 추론과 사유작용을 넘어서는 깊은 직관에서 나오는 경우가 많은데, 때때로 그것은 명상 수양과도 많은 관련이 있다. 여기서 말하는 명상이란 요가나 불교의 명상만을 지칭하는 것이 아니라 의식을 각성시켜 더 깊은 정신세계를 체험하려는 정신수양법 전체를 가리킨다.

　　지금까지 노자의 세계관, 인생관, 문명관, 정치관 등을 사상적 관점에서 연구한 사례는 많다. 그러나 그런 사상들을 얻게 된 수양의 과정에 대한 연구는 별로 없었다. 그것은 노자의 생애가 명확하지 않고, 아울러 노자가 남겼다고 하는 『도덕경』 속에서도 그 깨달음의 내용들이 일정한 체계 없이 펼쳐져 있을 뿐 체계적인 수양 과정을 엿볼 수 있는 부분들이 별로 없기 때문이다. 심지어 노자가 실존 인물이 아니라는 설도 있는 판국이다 보니 노자의 수양 과정을 추적한다는 것은 학술적으로 별 의미가 없는 일일지도 모른다.

　그렇지만 노자의 수양 과정을 이해하는 것은 그의 사상을 체계적으로 이해하는 데 많은 도움을 줄 수 있다. 특히 대교약졸의 사상을 이해하는 데는 더욱 그러하다. 『도덕경』 속에는 대교약졸의 논리구조와 매우 흡사한 명상수련의 단계가 있다. 『도덕경』 56장을 보자.

　　구멍을 막고 문을 닫고, 날카로움을 꺾고 얽힘을 풀고, 빛을 부드럽게 해 티끌과 하나가 된다.(塞其兌, 閉其門, 挫其銳, 解其紛, 和其光, 同其塵)

　노자의 다른 구절과 마찬가지로 그냥 보아서는 무슨 말을 하는지 도무지 알 수 없는 수수께끼 같은 구절이다. 이 구절은 세 단락으로 나눌 수 있다. 첫 번째는 구멍을 막고 문을 닫는 색태폐문塞兌閉門의 단계고, 두 번째는 날카로움을 꺾고 얽힘을 푸는 좌예해분挫銳解紛의 단계며, 마지막은 빛을 부드럽게 해 티끌과 하나가 되는 화광동진和光同塵의 단계다. 하나씩 의미를 살펴보자.

　첫 번째 단계인 구멍을 막고 문을 닫는 것에 대해 역대의 많은 주석가들은 감각기관을 막아서 외부로부터의 유혹을 막고 생명 에너지를 모으는 양생養生 수련과 밀접한 관련이 있다고 여긴다. 화려한 소리와 빛깔, 그리고 자극적인 맛은 쾌락을 주는 원천인 동시에 거기에 탐닉하게 되면 우리의 생명 에너지를 고갈시키는 주범이 된다. 아울러 우리의 마음을 흔들리게 해 깊은 고요를 체험하지 못하게 한다. 그래서 예로부터 마음을 닦는 명상가들은 감각기관을 막아서 감각적 쾌락을 자제할 것을 강조했다. 노자 또한 마찬가지다. 12장에는 다음과 같은 말이 있다.

화려한 색은 사람의 눈을 멀게 하고, 화려한 소리는 사람의 귀를 멀게 하며, 화려한 맛은 사람의 입을 상하게 한다. 말달리며 사냥하는 것은 사람의 마음을 발광하게 하고, 얻기 어려운 재물은 사람의 행동을 어긋나게 한다. 이 때문에 성인의 다스림은 배를 위하지 눈을 위하지 않는다. 그러므로 그것을 버리고 이것을 취한다.

앞에서도 잠시 언급하였듯이 배란 복식호흡과 관련이 있는 것으로 근원적인 생명력을 기르는 곳을 가리킨다. 눈을 버리고 배를 취한다 함은 감각기관에서 얻을 수 있는 값싼 쾌락을 버리고 깊은 생명력을 기르는 것을 말한다. 이를 흔히 양생이라고 한다.

이렇게 생명력을 길러서 뭘 하겠다는 것인가? 노자는 어린아이가 되라고 말한다. 10장에 보면 "기를 잘 다스려 부드럽게 하여서 어린아이와 같아질 수 있는가?"라는 구절이 나온다. 기를 다스린다는 것은 양생이 상당한 경지에 이르렀음을 말한다. 그리고 양생의 경지가 깊어지면 자연스레 부드러움을 알게 된다. 왜냐하면 부드러움이야말로 생명의 상징이기 때문이다. 76장에는 "사람이 태어날 때는 부드럽고 약하지만 죽을 때는 딱딱하고 강해진다. 만물과 초목이 태어날 때는 부드럽고 야들야들하지만 죽을 때는 메마르고 딱딱해진다. 그러므로 딱딱하고 강한 것은 죽음의 무리이고, 부드럽고 약한 것은 생명의 무리다"라는 말이 있다.

노자는 생명력의 극치, 부드러움의 상징으로 어린아이를 들고 있다. 55장의 "덕이 있는 대인은 어린아이와 같다. 벌이나 뱀도 쏘지 않고, 맹수도 달려들지 않고, 날짐승도 그를 채어가지 않는다. 뼈가 약하고 근육이 부드러워도 쥐는 힘은 단단하고, 암수의 교합은 모르지만 고추가 발기하는 것은 정기의 지극함이다. 종일토록 울어도 목이 쉬지 않는 것은 조화의 지극함이다"라는 구절이 그것이다. 예수도 누구든지 어린아이와 같지 않으면 천국에 들어갈 수 없다고 했는데, 아마도 어린아이의 때 묻지 않은 순수함을 배우라는 뜻일 것이다. 이와는 달리 노자는 어린아이의 생명력을 배울 것을 강조한다.

이렇게 외부로 향하는 감각기관을 닫고 생명력을 기른 뒤에야 비로소 두 번째 단계인 날카로움을 꺾고 얽힘을 푸는 단계로 나아갈 수 있다. 이 단계부터 본격적인 마음 닦기가 시작된다. 여기서 날카로움을 꺾는다는 것은 마음의 모난 부분을 꺾는 것을 말하고, 얽힘을 푼다는 것은 마음속의 여러 가지 얽혀 있는 매듭을 푸는 것을 말한다. 마음이 모난 사람은 끊임없는 갈등 속에서 마음 편히 쉴 날이 없다. 그리고 마음에 얽힘이 많은 사람도 마음이 고요할 날이 없다.

이를 해결하기 위해 일차적으로 필요한 것은 불필요한 욕망, 특히 남을 이기고 자신을 드러내려는 욕망을 버리는 것이다. 이것이야말로 마음의 날카로움과 얽힘의 주된 원인이다. 그래서 노자는 『도덕경』의 곳곳에서 나를 앞세우려 하지 말고, 남과 다투려고 하지 말라고 충고한다.

노자는 그와 아울러서 쓸데없는 지식을 추구하지 말 것을 주장했다. 우선 20장에서는 '절학무우絶學無憂'라는 유명한 말을 했다. 배움을 끊어버리면 근심이 없다는 뜻이다. 이런저런 지식이 쌓일수록 마음은 복잡해지기 마련이고 그 속에서 이런저런 얽힘이 생기는 것이다. 쓸데없는 관념의 찌꺼기들을 버릴 때 마음은 단순해지고 갈등과 얽힘은 사라진다. 배움을 강조하는 공자의 가르침과는 정반대이다. 그래서 노자는 48장에서 "배우는 것은 날로 쌓아가는 것이고, 도를 닦는 것은 날로 덜어내는 것이다. 덜어내고 또 덜어내어 무위에 이른다"라는 말을 했던 것이다.

이렇게 헛된 욕망과 지식을 버리게 되면 점차 모난 마음이 둥글어지고 얽힌 매듭들이 풀릴 것이다. 그리고 나중에 가서는 마음은 자연 텅 비게 되고 고요하게 될 것이다. 그것이 바로 허정虛靜의 경지다. 노자는 허정의 극치에 이르렀을 때 천하 만물이 다시 근원으로 돌아가는 것을 볼 수 있다고 했다. 그리고 천하 만물이 원래 나왔던 곳이자 다시 돌아가는 그곳을 노자는 '도'라고 했다.

노자는 중국사상사에서 최초로 우주의 본체가 무엇인가 하는 문제를 제기한 사람이고 그가 도를 이야기함으로써 중국철학은 실로 엄청난 풍성함과 깊이를 더하게 되었다. 그러나 본체론을 제기한 고대 동서양의 많은 사상가들이 그러하듯, 노자의 도에 대한 이야기는 단순한 철학적인 사색이나 추리에서 나온 것이 아니다. 그것은 앞에서도 보았듯이 실제적인 체험 속에서 나온 것이다.

노자는 양생의 단계와 수심의 단계를 거쳐 일반적인 수양에서 최고의 경지로 여기는 현묘한 도의 세계를 체험하는 경지에 이르렀다. 그러면 그 다음 단계인 화광동진이란 무엇을 말하는 것인가?

여기서 말하는 빛이란 깨달음의 빛 또는 거기서 나오는 성스러움의 빛이라고 할 수 있다. 일반적으로 종교적 수도나 명상 등을 통해 일상적인 감각과 개념의 지배를 벗어나 깊은 내면세계 또는 초월적인 세계를 체험하게 되면 그 눈이나 얼굴에서 무언가 성스러움의 광채가 나오게 된다. 모세를 비롯한 수많은 유대의 선지자들은 야훼의 계시를 받거나 야훼를 만났을 때 빛을 체험하고 그 빛이 그들의 얼굴에도 나타나곤 했다. 예수 또한 마찬가지다. 불교를 창시한 석가 또한 그러하며 높은 경지에 오른 인도의 요가 수행자나 이슬람교의 성자들 또한 마찬가지다.

물론 이 빛은 육안으로 볼 수 있는 가시적인 빛은 아니다. 신비주의자들은 보통 그것을 후광後光이라고 부른다. 그들은 명상을 통해 영안을 각성시킨 사람들은 실제로 후광을 볼 수도 있다고 주장한다. 그러나 여기서는 그런 신비적 이야기는 논외로 하자.

어쨌든 성자들에게서는 보통 사람들과는 다른 성스러움의 오라Aura가 있다. 그 때문에 동서양 대부분의 종교적인 성화聖畵에서 성자들의 머리 뒤에 그려진 후광을 볼 수 있다. 예수, 석가, 크리슈나, 무함마드 등의 종교 창시자나 신의 화신은 물론이고 그 추종자들 가운데서도 성스러운 경지에 이른 사람에게는 후광이 나타난다. 중세의 유명한 수도자인 아시시의 성 프란체스코나 신라시대의 고승인 원효대사의 초상화를 비교해보면 공간적·시간적·문화적 배경이 전혀 다르지만 머리 뒤에서 성스러움의 후광이 나타나는 것은 서로 일치한다. 동서고금을 막론하고 빛은 성스러움의 대표적인 상징이다.

천지만물의 근원인 도를 체험한 노자 또한 분명 성스러움의 빛이 뿜어나왔을 것이다. 그런데 노자는 그 빛을 부드럽게 해야 한다고 말한다. 나아가 티끌과 어울려야 한다고 말한다. 여기서 티끌이란 당연히 빛과는 대립되는 개념으로 범속함의 세계를 상징한다. 화광동진이란 바로 깨달음의 성스러운 빛을 부드럽게 하여 그것을 안으로 감추고 다시 범속한 일상의 세계로 돌아와 보통 사람과 어울리는 것을 뜻한다.

화광동진이 곧 대교약졸이다

화광동진을 중심으로 하여 노자의 수행 과정을 도형으로 표시하면 바로 앞에서 이야기한 대교약졸과 마찬가지로 나선형의 구조다. 처음에는 범속함에서 출발한다. 그러다가 구멍을 막고 문을 닫고 나아가 날카로움을 꺾고 얽힘을 푸는 과정을 거쳐 깨달음으로 나아간다. 이렇게 깨달음으로 나아가면 성스러운 빛이 나타나게 된다. 그러나 최종적으로는 화광동진을 통해 성스러움의 빛을 부드럽게 해 감추고 다시 범속함으로 돌아온다.

그런데 화광동진을 하고 난 이후의 범속함은 물론 처음의 범속함과는 차원이 다르다. 그것은 겉으로는 범속해 보이지만 속으로는 범속하지 않다.

깨달음의 빛이 감추어져 있기 때문이다. 즉 범속함과 성스러움이라는 대립적인 양자가 통합되면서 더 높은 차원의 성스러움으로 나아간 것이다.

보통 사람들은 범속함에 머물러 있기 때문에 성스러움을 전혀 모른다. 이것은 분명 한쪽으로 치우친 것이다. 그러나 수도하는 사람들은 대체로 성스러움에 도취되어 범속함을 멀리한다. 그것 또한 한쪽으로 치우친 것이다. 노자는 범속함과 성스러움을 통합할 수 있을 때 비로소 한 차원 더 높은 성스러움의 경지로 나아갈 수 있음을 알았고 그것을 실천하려고 했던 것이다. 그런데 노자가 택한 통합의 구조는 나선형 구조를 지니고 있다. 그리고 그것은 '감추기'의 특징으로 말미암아 겉으로는 마치 되돌아온 것으로 보인다.

화광동진은 사실 대교약졸과 매우 비슷하다. 나선형 구조는 물론이고 감추기를 중시하는 것도 똑같다. 대교약졸의 구절에서 중간의 '교' 자와 '졸' 자만 성스러울 '성' 자와 범속할 '범' 자로 바꾸어보자. 그러면 대성약범大聖若凡이 된다. 이 말은 '크게 성스러운 것은 범속한 것처럼 보인다'고 풀이할 수 있다. 대성약범은 화광동진을 문자만 바꾼 것으로 그 속의 내용은 똑같다. 이로 보아 노자의 대교약졸의 나선형 논리는 바로 노자의 수양 과정과 매우 밀접한 관계가 있음을 알 수 있다.

그러면 과연 노자는 어떻게 이런 깊은 통찰에 이르게 되었을까? 그저 개인적인 수양을 통해 스스로 깨친 것일까? 그렇지 않으면 스승의 가르침을 통해서 깨치게 되었을까? 노자와 관련한 기록 어디에도 노자가 스승을 모셨다는 기록은 없다. 그러나 당시 노자처럼 깊은 지혜와 깨달음을 가지고 있으면서도 그것을 감추고 평범한 농사꾼으로 은둔하는 사람들은 기록에 종종 보인다. 공자가 만났던 접여接輿, 장저長沮, 걸닉桀溺, 하조장인荷蓧丈人 등이 바로 그런 사람이다. 이들은 모두 공자가 천하를 바꾸기 위해 노력하는 것을 조롱하였는데, 공자가 자신들을 만나려고 하면 피하였다. 워낙 단편적인 기록이어서 그들의 내면세계를 알 수는 없지만 이들 또한 자신의 도를 속으로 감추고 겉으로 화광동진하며 살아갔던 사람으로 볼 수도 있다. 이로 보아 노자가 체득한 화광동진의 논리는 혼자만의 깨달음이 아니라 당시 은둔 문화의 토양 속에서 나온 것이라 생각할 수도 있다.

그리고 화광동진이나 대교약졸이라는 말 자체가 노자 자신의 독창적인 말이라기보다는 당시 은자들 사이에서 유행했던 경구였을 가능성도 배제할 수 없다. 더 크게 보면 나선형의 논리와 감추기 구조는 당시 중국문화와 사상 전체의 토양 속에서 나온 것이기도 하다. 그러나 중요한 것은 노자가 화광동진과 대교약졸을 최초로 서술했다는 것이고, 비록 체계적이지는 않지만 『도덕경』 전체를 관통하는 중요한 논리구조로 사용하고 있다는 것이다. 그러므로 그것들은 노자의 사상이다.

화광동진에도 몇 개의 단계가 있다

노자는 화광동진이라는 개념을 언어화하여 기록한 사람이다. 그러나 나는 노자가 화광동진을 자기 실제의 삶 속에서 제대로 구현하지는 못했다고 생각한다. 때로 말은 하기 쉬워도 그것을 실제로 삶 속에서 실천하기는 어려운 경우가 많다. 그리고 때로 말은 했지만 그것의 더 깊은 의미는 제대로 이해하지 못하는 경우도 있다.

나는 오랫동안 화광동진의 진정한 의미가 무엇인가를 궁구해왔다. 나는 화광동진에는 두 가지 차원이 있다고 본다. 하나는 감추기에 초점을 맞춘 것으로 깨달음의 빛을 밖으로 보내지 않고 다시 범속함으로 돌아오는 것을 의미한다. 이것이 일반적인 해석이다. 또 하나는 성스러움과 범속함, 초월의 세계와 현실의 세계를 통합한다는 의미다. 이것은 나의 새로운 해석이다.

그 열쇠는 '동진'의 해석에 있다. 동진에 대한 일반적인 해석은 동진을 그저 화광의 자연스러운 결과로 보는 것이다. 즉 화광이 되면 저절로 동진이 되는 것으로 보는 것이다. 사실 이 경우 동진은 화광의 동어반복으로 수행의 경지로 보았을 때 특별한 층차가 없다.

그러나 나는 동진의 의미를 좀 더 파고들어가야 한다고 생각한다. 동진의 의미가 어찌 단지 자신의 깨달음을 감추는 행위에만 그칠 수 있겠는가. 거기서 한 걸음 더 나아가 진정으로 성과 속을 통합하는 의미도 있지 않을까? 성과 속이 제대로 통합되었을 때 비로소 진정으로 속세와 하나가 되었다고 할 수 있지 않을까?

화광동진은 찬란한 깨달음의 빛을 부드럽게 하여 안으로 감추고 다시 먼지 펄펄 나는 속세와 하나가 되는 것이다. 보통 사람들은 성스러움에 도취되면 깨어나기 힘들다. 그러므로 깨달음을 감추는 화광은 실로 대단한 경지이다. 그러나 나의 관점에서 볼 때 진정한 동진을 구현하기는 더욱 어렵다. 나는 동진의 단계를 성숙도에 따라 다음의 세 단계로 나누어 보고 싶다.

첫 번째 단계는 화광에 급급한 표피적인 동진의 단계다. 이 단계에서는 겉으로 볼 때는 보통 사람들과 어울려서 평범하게 살아가지만 실제 속으로는 자신의 깨달음을 드러내지 않는 데 더 초점이 맞추어져 있기 때문에 진정한 동진을 모른다. 그래서 몸은 사람들과 더불어 있지만 마음은 사람들과 아직 합하지 못한다. 보통 사람들의 삶의 애환과 고통에 큰 관심도 없고 그저 자기 내면의 고요와 평화를 유지하는 데 급급하다. 이것은 육신은 세상 사람들과 더불어 살고 있지만 마음은 여전히 초월적인 세계에 머무르고 있는 단계이다.

동진이 깊어지게 되면 세상 사람들과 표피적인 관계에 머물지 않고 그들의 기쁨과 슬픔을 같이 나누게 되며 깨달은 자로서 그들의 고통을 덜어주기 위해서 노력한다. 이것이 두 번째 단계다. 물론 자신의 깨달음을 자랑하거나 그들보다 우월한 관점에서 동정을 베푸는 것이 아니라 진정으로 그들의 입장을 이해하고 진심을 나누는 것을 말한다. 그리하여 말 없는 가운데 주변 사람들을 감동시키며 자연스럽게 그들의 삶의 차원을 한 단계 높여준다. 민중의 삶 속으로 들어간 동진이라고 할 수 있다. 불교식으로 말하면 깨달음을 성취하고도 다시 중생 속으로 돌아와 중생의 아픔을 함께하는 보살도의 단계다. 위대한 종교적 성자 가운데 이 단계의 동진에 이른 사람들이 종종 있다.

세 번째 단계는 사회와 문명의 혁명가의 길을 가는 경지이다. 초월적 세계에서 돌아와 진정으로 동진을 하려면 이 현실세계를 제대로 알아야 한다. 현실세계의 일상성이라고 하는 것은 깊게 들여다보면 그 사회구조와 문명의 성격과 결코 무관할 수가 없다. 사회가 모순에 빠지고 문명이 왜곡된 방향으로 나아가면 보통 사람의 일상성은 망가지고 피폐해진다. 주변의 보통 사람들의 삶이 고통 속에 있는데 나 혼자 초월적 기쁨에 빠져 있는 것은 진정한 동진이 될 수 없다. 그리고 주변의 몇몇 사람들에게 사랑과 자비를 펼치는 단계 또한 아직 동진이 무르익지 못한 것이다. 동진이 더욱 무르익게 되면 결국 사회와 문명의 문제점을 직시하면서 현실 개혁의 대안을 모색하고 그것을 실천하기 위해서 노력하게 되는 것이다. 나는 이것이야말로 동진의 지극한 경지라고 본다.

물론 이상의 주장은 나의 새로운 해석이고 어떤 의미에서는 나의 사상이다. 고전에 대해 단순한 번역이나 주석에 그치지 않고 나름대로 새로운 해석을 한다는 것은 결국 자신의 사상을 전개하는 것이다. 아무튼 화광동진에 대한 새로운 관점과 해석으로 노자의 삶과 깨달음을 다시 한 번 살펴보자.

미완에 그친 노자의 화광동진

『논어』에 보면 어지러운 세상을 떠나 사는 은자들이 종종 등장한다. 그들은 공자에게 충고를 하기도 하고 공자는 그들의 말에 귀를 기울이기도 했다. 그들 중에는 분명 깊은 깨달음을 체험하였지만 그 깨달음의 빛을 감추고 평범한 모습으로 돌아온 사람들도 있었을 것이다. 그러나 별다른 저서나 업적을 남기지 못한 것으로 보아 대부분 초보적인 화광동진에 머문 사람들이라 할 수 있다.

노자의 글 속에는 초월적인 도에 대한 이야기 외에도 천하를 어떻게 다스리고 백성을 어떻게 통치할 것인가에 대한 언급이 많이 등장하고, 전쟁의 참상을 고발하고 전쟁을 반대하는 구절들도 많이 나온다. 이는 노자가 초월의 세계에만 치우치지 않고 현실 문명과 정치에 대해서도 많은 관심을 가지고 양자를 통합하려고 했음을 보여준다.

이에 비하면 노자의 계승자인 장자는 초월의 세계에 치우쳐 있다. 『장자』의 첫머리에 나오는 대붕大鵬의 이야기는 장자의 이런 성향을 잘 대변한다. 그는 구만 리 상공을 날아가는 대붕과 같이 자질구레한 일상의 현실을 뛰어넘어 절대 자유에서 소요하며 노니는 것을 추구했지 일상과 현실 문제에 대해서는 전혀 관심이 없었다. 그리고 화광동진을 주로 자기가 지닌 지혜의 빛이나 재주를 밖으로 드러내지 않고 감추는 쪽으로만 이해했다. 그리하여 자신의 아름다움을 과시하다가 벌목당하는 미목보다는 쓸모없는 잡목으로 구석에 틀어박혀 하늘이 준 생명을 온전히 보존하기를 원했다. 나는 적어도 화광동진이라는 점에서는 노자의 경지가 장자의 경지보다 깊다고 생각한다.

그러나 노자의 화광동진 또한 미진함이 있다. 그는 분명 초월의 세계와 현실의 세계를 통합하려고 노력했지만 자신이 생각하는 이상을 구체적인 현실 속에서 실천하려고 하지는 않았다. 현실 속에서의 실천이 결여된 처방책은 지나치게 이상적이고 막연한 것이 될 수밖에 없다. 그것은 부분적인 쓸모는 있을지 몰라도 현실적인 대안이 되지는 못한다.

왜 노자는 현실 속에서 실천해 나아가지 못했을까? 그것은 아마도 무의식 깊은 곳의 두려움 때문인지도 모른다. 그의 이상이나 꿈은 너무나 고원했지만 현실은 너무나 탁하고 혼란스러워 그 속으로 뛰어들 엄두가 나지 않았을 것이다. 바로 그 두려움 때문에 고고하게 자신의 깨달음과 지혜를 감추고 그저 초야에 조용히 사는 것이 낫다고 판단했는지도 모른다.

결국 그는 글로써는 동진의 마지막 단계까지 이르렀지만 몸은 첫 번째 단계에 머물고 말았다. 그리하여 만년에는 결국 문명 세계를 등지고 역사의 뒤안길로 사라져버렸던 것이다. 그의 생애에 대한 기록이 모호하고, 후대에 여러 가지 말도 안 되는 전설과 뒤섞여 신선으로 추앙되고, 심지어는 신의 대열에 들게 되었던 것은 바로 이 미완의 화광동진 때문이라고 할 수 있다.

이상으로 대교약졸의 의미와 논리구조, 그리고 화광동진과의 관계에 대해 간략하게 살펴보았다. 대교약졸은 짧고 간단한 구절이지만 그 속을 들여다보면 실로 많은 의미가 숨겨져 있다. 더욱 놀라운 것은 이 짧은 구절이 동서 문화의 특성을 이해하는 데 결정적인 도움을 준다는 점이다. 점차 진도가 나갈수록 저절로 고개가 끄덕여질 것이다.

2장

대교약졸에서
미학의 코드를 읽다

잘 그린 그림을 볼 때 그리고 좋은 음악을 들을 때 우리는 아름다움을 느낀다. 찬란한 아침 햇살을 볼 때 밤하늘을 가득 수놓은 별들을 볼 때 좋은 경치를 볼 때도 아름다움을 느낀다. 인간 또한 아름다움의 대상이다. 얼마나 많은 남녀들이 이성의 아름다움에 매혹되어 사랑의 노예가 되곤 하였던가? 외모만이 아니라 고결한 행위나 인격에 대해서도 아름다움을 느낄 수 있다. 이렇듯 아름다움은 삶의 곳곳에서 우리 삶을 풍요롭게 해준다.

그런데 아름다움에는 보편성도 있지만 개인에 따른 차이도 많다. 그래서 "제 눈에 안경"이라는 속담도 있는 것이다. 당연히 문화권에 따라서도 차이가 있고, 같은 문화권 내에서도 시대에 따라 차이가 있다. 서구적 멜로디와 화음에 익숙한 요즘 젊은이에게 고대 동양의 음악은 별로 아름답게 들리지 않는다. 음악적 미의 기준이 전혀 다르기 때문이다.

2장은 대교약졸 속에 담겨 있는 아름다움을 탐색하는 장이다. 대교약졸이 추구하는 아름다움은 겉으로 기교를 드러내는 것이 아니라 그것을 안으로 감추고 겉으로는 다시 졸박함으로 돌아온 아름다움이다. 앞으로 중국문화의 세부 영역을 들여다보면 대교약졸의 영향력이 얼마나 큰지를 새삼 실감하게 될 것이다. 하지만 그 전에 먼저 대교약졸 속에 담겨 있는 아름다움의 의미에 대해서 개괄적으로 탐색하고자 한다. 그러고 나면 '동서양 문화의 비교'를 지금과는 전혀 다른 관점에서 흥미롭게, 숲과 나무를 아우르며 파악할 수 있을 것이다.

플라톤과는 달리
미에 관심이 없었던 노자

고대인들의 아름다움의 개념은 매우 포괄적이다

아름다움의 본질이란 무엇인지 우리는 어떻게 아름다움을 느끼는가 등을 전문적으로 다루는 학문을 미학Aesthetics이라고 한다. 미학이라는 말을 최초로 학문적 영역에서 정립한 사람은 18세기 중엽의 독일의 철학자 바움가르텐이다. 이로 보건대 미학이 하나의 학문으로 정립된 것은 아직 300년이 채 되지 않았다. 그러나 아름다움에 대한 관심은 동서를 막론하고 아득한 고래로부터 계속되어왔다. 현대의 미학은 주로 시각적·청각적 아름다움을 다루고 그 대상도 예술작품의 영역에 치중되고 있지만, 고대에는 미의 개념은 훨씬 포괄적이었다.

서양철학사에서 미를 본격적으로 다룬 사람은 플라톤이다. 플라톤은 『대 히피아스』에서 소크라테스와 히피아스의 대화를 통해 아름다움의 본질이란 무엇인가에 대해 계속 질문을 던진다. 맨 먼저 등장한 것은 소녀의 아름다움, 이어서 암말의 아름다움, 현악기 리라의 아름다움, 그리고 도자기그릇의 아름다움이 언급된다. 그리고 소녀의 아름다움이 도자기그릇의 아름다움보다는 훨씬 뛰어나지만 신의 아름다움에 비하면 아무것도 아니라고 말한다. 또한 황금이 아름다워도 도자기그릇에 수프를 끓일 때는 황금으로 만든 국자보다는 무화과나무로 만든 국자가 더 아름답다고 말한다. 그 이유는 수프를 끓일 때는 무화과나무로 만든 국자가 더욱 적절하기 때문이다. 적절함이 아름다움의 기준의 하나로 등장한다. 그 뒤로 유용함, 강력함, 유익함, 즐거움 등이 아름다움의 기준으로 등장한다. 그러나 결론적으로는 아름다움을 명확히 정의하기 어렵다는 말로 귀착된다.

그런데 대화의 도중에 아름다움의 대상으로 언급되는 것들의 범위는 무척 넓다. 인체, 말, 수탉, 상선, 군함을 위시해서 여러 가지 악기와 도구, 관습, 법률 등의 아름다움도 언급되고 나아가 어떤 행위, 어떤 삶이 아름다운 것인가도 언급된다. 이로 보아 플라톤이 생각하는 아름다움의 범주 속에는 시각·청각으로 감지되는 물리적 대상뿐만 아니라 심리적·사회적 대상 나아가 덕과 진리 등의 상위 개념도 모두 포함되어 있음을 알 수 있다.

널리 알려진 『향연』에는 본격적으로 플라톤이 생각하는 아름다움의 이데아가 소개되고 아름다움에 대한 찬사가 줄지어 나온다. 플라톤이 생각한 미의 이데아는 항상 있는 것이어서 생성되지도 소멸되지도 않고, 늘어나지도 줄어들지도 않는 것이고, 부분적으로 혹은 일시적으로 아름다운 것이 아니라 온전하고 영원한 것이다. 이 세상에서 개별적인 아름다운 대상에 대한 사랑이 소중한 것은 그것이 바로 영원한 아름다움으로 나아가는 길목이기 때문이다.

"한 아름다운 몸에서 두 아름다운 몸으로, 두 아름다운 몸에서 모든 아름다운 몸으로, 아름다운 몸들에서 아름다운 활동들로, 아름다운 활동들에서 아름다운 지식으로, 끝으로 아름다운 지식들에서 아름다운 것 자체만을 대상으로 하는 저 특별한 지식으로 나아감으로써 드디어 아름다운 것 자체가 무엇인지를 알게 되는 것이라오", "인간에게 살 만한 곳이 있다면 아름다운 것을 관조하는 이러한 경지야말로 살 만한 곳이겠지요"

등의 구절은 아름다움에 대해 플라톤이 바치는 찬사이다.

플라톤은 미의 이데아를 추구하는 것을 인생의 참된 가치로 삼았다. 그리고 아름다움의 이데아는 플라톤 철학의 궁극적인 목표인 선의 이데아와도 바로 통하는 것이다. 즉 플라톤에게는 미와 선의 구분이 그다지 명확하지 않았다.

중국 또한 마찬가지이다. 고대 중국에서는 미와 선의 구분이 그다지 명확하지 않았다. 그것은 한자 자체만 보아도 바로 알 수 있다. '美' 자와 '善' 자는 모두 양과 관련이 있는데, 한자 풀이의 최고의 경전이라 할 수 있는 한나라 때 허신許愼의 『설문해자說文解字』에서는 미와 선은 서로 같은 뜻이라고 밝히고 있다.

『논어』에는 "마을이 어진 것이 아름답다"라는 구절이 나온다. 인은 공자가 추구한 최고의 윤리적 덕목이다. 공자는 그러한 윤리적 덕목이 구현되는 것이야말로 참으로 아름다운 것이라고 말한다. 미와 선은 서로 통하는 것이다.

『맹자』에는 다음과 같은 구절이 있다. "하고자 할 만한 것을 '선善'이라 하고, 자신이 지니고 있는 것을 '신信'이라 하며, 가득 채운 것을 '미美'라 하고, 가득 차서 빛이 나는 것을 '대大'라 하며, 위대하면서 세상을 교화시키는 것을 '성聖'이라 하고, 성스러우면서도 알 수 없는 것을 '신神'이라 한다."

맹자는 먼저 인간으로서 하고자 할 만한 것을 선이라고 규정한다. 당연히 선의 반대는 악으로, 그것은 사람들이 하기 싫어하는 것이다. 그런데 우리의 마음이 선을 동경할지라도 그것을 실제로 실천하기란 쉽지 않다. 선을 항상 몸에 지녀 실천하는 사람을 볼 때 우리는 믿음이 생긴다. 한 걸음 더 나아가 선이 충만할 때 자연스레 감탄의 마음이 일어난다. 그것이 바로 아름다움이다. 이 아름다움에서 한 걸음 더 나아갈 때 위대함과 성스러움에 이를 수 있고 또한 궁극적으로 신성함에 이를 수 있다. 맹자에게 아름다움이란 선에서 출발하여 신성함으로 나아가는 과정 중 하나였던 것이다.

이렇듯 고대에는 미의 범주가 매우 포괄적이었다. 미를 시각적·청각적 대상에 국한시키거나 예술작품 내지는 자연에만 매어 두는 것은 근대인의 좁은 시각이다. 이 책에서도 미의 범주를 훨씬 폭넓게 사용하고자 한다. 3장에서 기독교와 유교를, 4장에서 인도 불교와 중국 선종을, 그리고 5장에서 서양철학과 동양철학을 대교약졸의 아름다움의 관점에서 바라보는 것은 이러한 맥락에서 나온 것이다.

아름다움은 노자와 장자의 관심 영역이 아니다

사실 노자는 플라톤과는 달리 아름다움에는 그다지 큰 관심이 없었다. 『도덕경』 전체에서 '美'자는 모두 여덟 차례 등장하는데, 대부분 미에 대한 담론이 아니라 단편적인 언급에 불과하다. 『도덕경』 속에서 그나마 아름다움에 대한 담론이라고 볼 수 있는 것은 앞에서 언급하였던 2장밖에 없다.

> 천하 사람들이 모두 아름다움을 아름다움이라고 아는데 이는 추악함이고, 모두 선함을 선함이라고 아는데 이는 악함이다. 그러므로 있음과 없음이 상대적으로 생기고, 쉬움과 어려움이 상대적으로 이루어지며, 긺과 짧음이 상대적으로 나타나고, 높음과 낮음이 상대적으로 의지하며, 음과 소리가 상대적으로 어울리고, 앞과 뒤가 상대적으로 따르는 것이다.

여기서 노자는 아름다움이니 추함이니 선함이니 악함이니 하는 것들이 사실은 항상 서로 짝을 이루어 존재하는 것임을 강조한다. 이는 좀 더 엄밀히 말하면 이원성에 대한 이야기다. 이원성의 특징은 한쪽 끝을 잡으면 다른 한쪽 끝이 반드시 따라온다는 것이다. 왜냐하면 홀로 존재하는 것이 아니라 서로 의지해서 존재하기 때문이다. 이런 이원성의 세계에서 아름다움만을 잡으려고 하는 것은 어리석은 짓이다. 아름다움을 잡는 순간 어쩔 수 없이 추함도 같이 잡게 된다. 그래서 노자는 이원성의 한계를 극복하기 위해 이것도, 저것도 잡으려고 하지 않는 무위를 강조했던 것이다.

장자는 여기에서 한 걸음 더 나아가 아름다움이나 추함에는 어떤 절대적인 기준이 없는 것임을 강조했다. 장자는 중국 고대의 절색이었던 모장毛嬙과 여희麗姬의 아름다움을 예로 들면서 "모장과 여희는 사람들이 모두 아름답다고 여기는 대상이지만, 물고기가 그를 보면 물 깊숙이 숨고 새가 그를 보면 하늘 높이 날며 고라나나 사슴이 그를 보면 재빨리 도망친다. 사람, 물고기, 새, 사슴 가운데 누가 천하의 진정한 아름다움을 안다고 하겠는가?"라고 했다.

사실 아름다움이란 매우 주관적이다. 진, 선, 미 가운데서 주관성이 가장 높은 것은 미다. 그러나 아름다움에도 많은 사람들이 공유할 수 있는 대략적인 기준은 있고, 그래서 거칠게나마 보편적인 아름다움의 기준을 끄집어낼 수도 있다. 그러나 좀 더 시야를 넓혀서 바라보면 그 보편성이라는 것 또한 절대적인 것이 아니다. 어느 집단 속에서는 통용되지만 다른 집단에 가면 통용되지 않기 때문이다.

자기 집단 속에 있는 사람들에게는 어느 정도 객관적인 기준이 될지 모르겠지만 그 집단 밖에 있는 사람들에게는 전혀 먹혀 들어가지 않을 때, 그것은 절대 객관적인 기준이 아니라 집단의 주관적인 기준이다. 근대 이전에 동아시아 사람들이 생각한 아름다움의 기준과 유럽 사람들이 생각한 아름다움의 기준, 아프리카 사람들이 생각한 아름다움의 기준은 상당히 달랐다. 이 시대는 그 집단의 규모가 엄청나게 확장되어 대략 인류 전체가 공유할 수 있는 틀이 형성되어가는 중이다. 물론 대부분 서구적인 기준이다.

장자는 참으로 사유가 깊은 사람이어서 집단의 범주를 훨씬 확장하여 논리를 전개한다. 그는 모장이나 여희가 아름답다는 것은 인류가 지니고 있는 집단주관에 불과한 것이어서 어류나 조류, 포유류에게는 통용되지 않는다는 것을 강조한다. 즉 모든 인간이 다 공감할 수 있는 절대적인 기준이 있다 해도 그것 또한 전체 생물계에서 보면 상대적인 기준에 불과하지 절대적인 기준은 될 수 없다는 것이다. 물론 이것은 아름다움과 추함의 문제만이 아니라 선과 악, 참과 거짓에도 적용된다. 장자가 이런 말을 한 뜻은 결국 아름다움이니 추함이니, 선함이니 악함이니 하는 것들은 원래 어떤 절대적인 기준이 없는 상대적인 것이니 거기에 얽매이지 말라는 이야기 정도가 될 것이다.

후대에 남겨진 숙제: 대교약졸의 아름다움을 찾아라

노자와 장자는 이렇게 아름다움에 대해 철학적이고 본질적인 질문을 던졌지 아름다움 자체에 대해서 논한 바는 없다. 물론 그들이 아름다움을 추구하지 않은 것은 아니다.

대교약졸을 논하는 45장의 문장 일부분을 보자. "大直若屈, 大巧若拙, 大辯若訥" 이 세 문장은 글자 수도 넉자로 정제되어 있지만 더욱 놀라운 것은 압운을 하고 있다는 점이다. 마지막 글자인 '굴屈', '졸拙', '눌訥'은 당시 발음으로는 모두 같은 운에 속하는 글자들이다. 물론 모든 문장이 다 그런 것은 아니지만 군데군데 운문적 요소를 쉽게 발견할 수 있다. 『도덕경』은 철학서로는 수사적 기교에 꽤 신경을 많이 쓴 작품이라고 할 수 있다.

『장자』는 또한 어떠한가? 『장자』는 『도덕경』에 비해 훨씬 산문적이지만 그 내용을 보면 문학성이 매우 뛰어나다. 장자는 자신의 사상을 쉽게 전달하기 위해 우화를 많이 사용하였는데 그 기발한 상상력과 재치와 위트는 감탄을 금치 못하게 한다. 그만큼 언어의 아름다움에 신경을 많이 썼다는 이야기다. 다만 아름다움을 사상적 주제로 삼아 본격적으로 언급하지 않았을 뿐이다.

또 하나의 문제는 아름다움에 대해 명확한 정의를 내리거나 설명을 하지 않았다는 데 있다. 그러나 그것은 노자와 장자만의 습관이 아니다. 공자 또한 그러하다. 공자는『논어』에서 인에 대해 무려 100여 차례나 언급한다. 자신의 핵심사상이기 때문이다. 그러나 인에 대한 구체적인 정의나 설명은 전혀 하지 않았다. 귀보다는 입을 더 중시하였던 유가도 그러한데 하물며 입보다는 귀를 더 중시하고 말의 한계성을 강조하였던 도가의 입장이야 더 말할 것도 없다. 그러므로 대교약졸에 숨어 있는 아름다움을 찾아내는 것은 결국 뒷사람들의 몫이 될 수밖에 없다.

오랜 세월 많은 사람들이 노자의『도덕경』을 애독하였고 송나라 이후에는 대교약졸에 담긴 깊은 뜻을 이해하면서 그것을 주요한 미학적 기준으로 삼기도 하였지만 대교약졸 속에 담긴 미학적 코드에 대해 본격적으로 논의한 사람은 없다. 근래에 나온 노자에 관련된 저서나 논문에서도 대교약졸의 미학적 의미에 대해 전문적으로 논한 것들은 없다. 결국 이 작업은 대교약졸의 의미에 대해 깊은 관심을 가진 나 자신의 몫이 되었다.

내가 대교약졸의 중요성을 느낀 것은 20년 전의 일이다. 그 뒤 오랜 세월 대교약졸의 의미에 대해 궁구해왔고 그 속에 담긴 미학적 의미에 대해서도 계속 고민해왔다. 대교약졸에 관련된 아름다움으로 일차적으로 떠오른 것은 세련된 소박미素樸美, 심오한 단순미單純美, 숙성된 평담미平淡美였다. 이것들은 중국문학사나 문예비평사에서 쉽게 찾을 수 있다.

그 뒤 계속해서 대교약졸이 지니고 있는 미학적 의미를 탐색하고 고민

하는 가운데 분산된 통일미統一美, 배경과의 조화미調和美를 새롭게 추가
하였다. 이 장의 끝에서 다시 언급하겠지만 이 두 가지는 성격이 조금 다
르다. 그래서 크게 둘로 나누어서 언급하도록 하겠다.

나선형적 발전을
보여주는 아름다움들

소박함은 화려함을 동경한다

대교약졸에 내포되어 있는 아름다움의 의미 가운데서 가장 먼저 떠오르는 것은 소박미素樸美라고 할 수 있다. 기교미技巧美에 대립되는 것으로 일차적으로 떠오르는 것이 소박미다. 기교란 무엇을 꾸미는 것이고 소박이란 아무것도 꾸미지 않은 것을 말하는 것이기 때문이다.

'소'란 원래 염색하지 않은 실을 가리키는 말이다. 염색을 하지 않은 실의 색은 흰색이다. 그래서 이 '소' 자는 '희다'는 뜻으로 쓰인다. 소복素服이라 함은 흰옷을 말한다. 가공을 가하지 않았기 때문에 '바탕'이라는 의미로도 쓰인다. 소질素質이라는 말은 여기에서 나온 말이다.

'박'이란 갓 벌채하여 아직 다듬지 않은 원목을 가리키는 말이다. 가공하지 않은 채로 본바탕을 드러내고 있다는 의미가 강하다. 그래서 바탕을 가리키는 '질' 자와 어울려 '질박質樸'으로도 쓰이고 기교가 없다는 '졸' 자와 어울려 '졸박拙樸'으로도 쓰인다. 소박이란 원래 가공되지 않은 사물의 원형을 가리키는 말로, 미학적으로는 인위적 기교가 더해지지 않은 자연스러운 아름다움을 가리킨다.

처음으로 미적 행위를 시작할 때는 모든 것이 소박하다. 아직까지 어떤 기교를 부릴 수 있는 능력이 없기 때문이다. 원시시대의 예술은 대부분 소박함이 특징이다. 어린아이들의 예술 또한 마찬가지다. 어린아이가 그리는 그림이나 부르는 동요는 얼마나 소박한가?

인간의 지혜가 열리고 사회가 발달하고 문화가 발달할수록 미적 안목이나 기교도 점차 발달한다. 미적 기교의 일차적인 발현은 주로 화려함으로 표현된다. 하얀 바탕의 실에 빨강이나 노란색 또는 파란색을 입히고 그것도 모자라 알록달록한 여러 가지 색을 입힌다. 소박한 단색보다는 화려하고 다채로운 색을 좋아하는 것은 인지상정이다. 눈길이 저절로 끌리기 때문이다. 사람들이 기교가 생길수록 원시적 소박함으로부터 벗어나 무언가 화려함을 표현하고자 하는 것은 당연한 일이다. 대부분의 문명권에서 예술의 발전은 소박함에서 화려함으로 나아가는 것이 일반적인 특징이다. 일반인들의 심미안에는 화려함이 원시적 소박함에 비해 미적으로 더 세련되고 발전된 것으로 보이기 때문이다.

요즘은 텔레비전과 인터넷의 영향으로 도시와 시골의 차이가 상당히 좁혀졌지만, 텔레비전도 없던 시절 깊은 산골에서 자란 소박한 시골 처녀가 도시에 와서 가장 먼저 놀라는 것은 바로 도시의 화려함이다. 거리에 즐비한 가게들의 현란한 간판들, 쇼윈도에 전시되어 있는 사람의 마음을 쏙 빼놓는 화려한 상품들은 시골 처녀의 마음을 선망으로 가득 차게 하기에 충분하다. 특히 밤거리를 환하게 밝히고 있는 화려한 전등들, 번쩍거리는 네온사인은 사람의 마음을 빼앗기에 충분하다.

시골의 밤은 단색이다. 그저 까만색에 불과하다. 그러나 도시의 밤은 온갖 휘황찬란한 색깔로 가득 차 있다. 화려함의 극치이다. 조금 단순화해서 말하면 문명화는 도시화고, 도시화는 바로 화려함이다.

그리하여 소박한 산골 처녀는 밋밋하고 소박한 자신의 모습을 부끄러워하기 시작하면서 소박함을 버리고 화려함을 배우기 시작한다. 물론 화려함에도 등급이 있다. 처음 화려함을 추구하는 사람들은 대부분 조잡한 화려함에서 출발한다. 싸구려 화장품일수록 조잡하다. 그러나 처음 화려함을 추구하는 시골 처녀는 그것이 조잡하다는 것을 알지 못한다. 그저 화장품을 바른다는 것 자체에 의기양양해 한다. 그러다가 미적 안목이 점차 성숙될수록 세련된 화려함으로 나아간다. 조잡한 화려함과 세련된 화려함은 상당한 차이가 있다. 그러나 일단 화려함을 기본적으로 한다는 점에서는 같다.

화려함에서 한 단계 더 나아간 무위자연의 소박미

그러나 대교약졸의 관점에서 본다면 화려함이 발전의 끝은 될 수가 없다. 화려함이 극에 이르면 다시 자연스러운 소박함으로 돌아와야 하는 것이다. 그래서 노자는 소박을 중시했다.

성스러움을 끊고 지혜로움을 버리면 백성들의 이익이 백배가 될 것이고, 인을 끊고 의를 버리면 백성들이 다시 효도하고 자애롭게 될 것이며, 기교를 끊고 이익을 버리면 도적이 없게 될 것이다. 이 세 가지는 꾸밈이기 때문에 부족하다. 그러므로 사람들로 하여금 귀속하는 바가 있게 해야 한다. 바탕을 드러내고 질박함을 지녀야 하고, 사심을 적게 하고 욕심을 줄여야 한다.(19장)

성스러움과 지혜는 사람들이 추앙하는 바다. 그러나 노자는 그것들을 버려야 진정으로 백성들이 행복하게 될 것이라고 말한다. 노자의 관점에서는 사람들이 추구하는 성스러움과 지혜는 자연스러움에서 우러나오는 진정한 성스러움과 지혜가 아니라 인위적인 것이기 때문에 도리어 참다운 행복을 추구하는 데 방해가 되는 것이다.

인仁과 의義는 유가에서 늘 강조하는 기본 덕목이다. 그러나 노자의 관점에서는 인과 의를 강조하는 사회는 사실 인과 의가 제대로 실현되지 않는 사회다. 타율적이고 작위적인 인과 의의 교육이 사라지게 되었을 때 진심에서 우러나오는 효도와 자애가 이루어질 수 있다는 것이 노자의 주장이다.

재주와 이익을 중시하는 사회에는 도적이 많아질 수밖에 없다. 이런 것들은 모두 인위적인 것으로 사람들을 진정 바람직한 삶으로 이끌 수가 없다. 그래서 노자는 이들을 대신해서 바탕을 드러내고 질박함을 끌어안으며 사심을 적게 하고 욕심을 줄여야 함을 강조했다.

여기서 바탕을 드러내고 질박함을 지니는 '현소포박見素抱樸'의 중심어는 당연히 '소박'이다. 사실 여기서 말하는 소박은 예술적 아름다움과는 거리가 있다. 문맥상으로 보아 덕성이나 인품과 관련된 말이다. 그러나 앞에서도 언급하였듯이 덕성이나 인품도 충분히 아름다움의 대상이 될 수 있다.

사실 중국의 시가비평이나 회화론에서 매우 중요한 개념의 하나인 풍격론風格論은 본래 인물의 품평에서 나온 것이다. 원래 풍격이라는 말은 사람의 개성을 표현하는 말이었다. '풍'이란 바람과 같이 느낄 수는 있지만 구체적으로 표현하기 어려운 어떤 분위기를 가리키고, '격'이란 하나의 격자 또는 틀로서 가변적인 것을 고정시키는 의미가 있다. 여기서 틀이란 다른 존재와는 구분되는 그 존재 고유의 틀이라는 의미를 지니고 있다. 그러므로 풍격이란 어떤 사람에게서 풍겨나는 그 사람만의 독특한 분위기를 가리킨다. 이것이 나중에는 어떤 작가의 작품에서 묻어나는 고유의 분위기를 가리키는 말로 쓰이게 된 것이다.

소박함의 아름다움은 그야말로 물들이지 않은 실처럼, 아직 가공하지 않은 원목처럼 원시적인 투박함에서 나온다. 그러나 그 투박함, 그 원시적 소박함이 천하의 어떤 아름다움보다 더 뛰어난 것이다. 노자를 계승한 장자 또한 소박에 대해서 최고의 찬사를 보낸다.

> 고요히 있으면 성인이 되고 움직이면 천하를 다스리게 된다. 아무것도 하지 않아도 존경을 받고 소박한 채로 있어도 천하에 그와 더불어 아름다움을 다툴 자가 없다.(『장자』「천도天道」편)

여기서 장자가 표현하고자 하는 인물은 무위자연의 도를 체득한 이상적인 인물이다. 무위자연의 도를 완전히 체득한 인물은 고요히 있을 때는 자기 속으로 깊게 들어가 내면의 덕성을 완성하여 성인의 경지에 이르고, 움직이면 세상을 향해 나아가서 천하를 다스리는 성군이 될 수 있다.

안으로 성인의 경지를 이루고 밖으로 천하를 다스리는 것을 흔히 내성외왕內聖外王이라고 하는데 이것은 『장자』의 「천하」편에 나오는 최고의 이상적인 경지다. 유가에서 추구하는 이상적인 경지인 수기치인修己治人이나 수신제가치국평천하修身齊家治國平天下도 결국은 내성외왕과 크게 다르지 않다.

이런 높은 경지에 있는 사람이기 때문에 아무것도 하지 않아도 존경을 받는 것이다. 또한 이런 사람은 아무런 꾸밈없이 소박하게 있어도 그 존재 자체에서 이미 찬연한 아름다움이 뿜어 나오기 때문에 세상의 어떤 아름다움과도 비교할 수가 없다. 무위자연의 소박미에 대한 극찬이라고 할 수 있다.

무위자연의 소박미는 도가가 추구하는 궁극적인 아름다움의 경지이다. 그런데 여기서 주의해야 할 것이 하나 있다. 과연 무위자연의 경지는 아무것도 하지 않고 가만히 있으면 저절로 이루어지는 것일까? 나는 그렇지 않다고 생각한다.

만약 보통 사람이 무위자연을 흉내 낸다고 아무것도 하지 않고 가만히 있으면 어떨까? 앞에서와 같은 그런 찬사를 받을 수 있을까? 무위자연이 아니라 무위도식無爲徒食이라는 비난을 받기가 십상일 것이다. 사실 노자가 말하는 무위란 단순히 아무것도 하지 않는다는 의미가 아니라 작위가 없다는 뜻이다. 어떻게 하면 작위가 없는 무위의 경지에 이를 수 있을까?

『도덕경』에는 무위라는 말이 자주 나오지만 무위에 이르는 방법에 대해서는 설명이 별로 없다. 단 한 군데, 48장을 보면 이런 구절이 있다. "배우는 것은 날로 쌓아가는 것이고 도를 닦는 것은 날로 덜어가는 것이다. 덜어내고 또 덜어내어 무위에 이르면 무위하되 하지 못하는 것이 없게 된다."

노자는 배우는 행위와 도를 닦는 행위를 쌓음과 덜어냄에 대비한다. 그리고 그 덜어냄은 한 번에 끝나는 것이 아니라 매일매일 이어져야 하고 그러한 부단한 노력을 통해서 무위에 이를 수 있다고 말한다. 그러면 그 덜어냄의 대상은 무엇일까? 쓸데없는 관념의 찌꺼기일 수도 있고, 불필요한 욕심이나 근심일 수도 있을 것이다. 그리고 나도 모르게 쌓아놓은 작위의 껍질들일 수도 있을 것이다.

이를 보면 무위에 이르는 길은 가만히 있는 것이 아니라 매일매일 자신 속에 있는 불필요한 찌꺼기와 껍질들을 걷어내고 덜어내는 적극적인 행위를 통해 가능하다는 것을 알 수 있다. 그리고 그렇게 적극적인 수도를 통해 마침내 무위의 경지에 이르게 되면 모든 것은 저절로 이루어진다고 주장한다. 그저 아무것도 하지 않고 가만히 있으면 무위도식에 빠지게 된다.

마찬가지로 아무런 꾸밈없이 가만히 있어도 존재의 아름다움이 저절로 뿜어 나와 사람들을 감동시키는 경지 또한 저절로 되는 것이 아니다. 오랜 수양을 통해 자기 속에 쌓여 있던 위선과 거짓 등의 아름답지 못한 요소들이 다 녹아내린 뒤에서야 나타날 수 있는 경지이다.

이런 면에서 볼 때 노자와 장자가 말하는 소박함은 원시적 상태의 소박함과는 차원이 완전히 다르다. 아름다움에 대한 깊은 통찰을 체화시켜 기교 아닌 기교를 부릴 수 있을 때 이를 수 있는 지극히 높은 경지의 소박함이다. 그것은 겉으로는 소박해 보이지만 사실 오랜 세월의 정련精鍊된 기교가 그 속에 담겨 있다. 그래서 나는 그것을 '세련된 소박미'라고 부르고 싶다.

원초적 생명력이 가득 차 있는 소박미

소박미의 가장 큰 장점은 원초적 생명력이다. 햇볕에 탄 까무잡잡한 피부 빛의 시골 아이에게는 아파트풍의 말끔하고 화사한 도시 아이들에게서 느낄 수 없는 싱싱한 생명력이 있다. 마찬가지로 아무런 가공이 없는 원시적 소박미는 우리에게 풋풋하고도 싱싱한 생명력을 느끼게 해준다. 그러나 원시적 소박미는 잘 꾸며지고 다듬어진 기교미와 비교해 볼 때 풋풋한 생명력은 있지만 고도의 미감은 주지 못한다. 아쉬움이 있다. 그래서 대부분의 경우 소박미에서 기교미를 추구하게 된다.

그런데 잘 다듬어진 기교미를 추구하다 보면 풋풋하고도 싱싱한 생명력을 잃어버리기 십상이다. 너무 기교를 많이 부린 것을 보았을 때 오히려 거부감을 느끼는 것은 그 속에 생명력이 결핍되어 있기 때문이다. 화려한 기교미를 안으로 감추고 다시 소박함으로 돌아올 때 비로소 다시 원초적 생명력을 느낄 수 있는 것이다. 이것이 바로 세련된 소박미다.

물론 최고의 이상적인 경지는 화려한 기교미를 마음껏 부리면서도 원초적 생명력이 싱싱하게 넘쳐흐르는 경지라고 할 수도 있을 것이다. 그러나 현실적으로 그 두 가지가 완벽하게 조화되기란 그리 쉽지가 않다. 하나라도 제대로 하기 어려운 게 현실이다. 노자의 대교약졸大巧若拙 사상의 영향을 받은 중국인들은 화려한 기교미를 추구하기보다는 다시 소박미로 돌아오는 길이 더 바람직하다고 여겼다.

중국 시가나 회화의 품평용어 가운데 고졸古拙, 졸박拙樸 등의 용어가 있다. 고졸이라는 말은 예스럽고 질박하다는 뜻이고 졸박이라는 말은 서툰 듯하면서도 소박하다는 의미로, 결국 소박미를 말하는 것이다. 이 용어들은 결코 낮은 단계의 품평용어가 아니다. 화려한 기교미보다는 훨씬 높은 단계의 품평용어다.

그런데 이런 용어들이 처음부터 높은 경지를 나타내는 용어로 쓰인 것은 아니었다. 처음에는 별로 세련되지 못한 경지를 품평하는 말로 쓰였다. 그러한 경향은 화려함의 아름다움을 추구하였던 위진남북조나 당대까지 계속되었다. 그러다 송대 이후에 들어와서야 비로소 높은 경지를 나타내는 품평용어로 쓰이기 시작했다. 물론 송대 사람들이 높이 평가하였던 고졸이나 졸박은 그저 원시적인 차원의 소박함을 가리키는 것은 아니다. 그것은 화려한 기교를 넘어서 다시 되돌아온 소박함이라고 할 수 있다. 왜냐하면 뒤에서도 계속 언급되겠지만 송대는 대교약졸의 미학이 본격적으로 피어난 시기이기 때문이다.

삶에도 소박함은 정말 중요한 미덕이다. 아직 삶의 기교를 모르는 어린 아이들의 천진난만한 모습을 보면 저절로 미소가 피어난다. 그러나 거친 세상을 살다 보면 때로는 자신을 방어하기 위해 이런저런 기교를 부리지 않을 수 없다. 그러는 가운데 자신도 모르게 많은 인위적 기교들을 덕지덕지 붙이고 살아가게 된다. 의식이 성숙될수록 그것이 얼마나 허망한 것임을 알게 되어 화려한 장식들을 걷어내고 소박하고 진솔하게 살아가기를 희망한다. 그러나 그게 어디 쉬운 일인가? 또렷이 깨어서 내 속의 인위들을 날마다 덜어낼 수 있어야 한다. 쉬우면서도 어려운 것이 소박미이다. 나 또한 삶의 소박미를 이루고 싶은 것이 소박한 꿈이다.

진화는 단순함에서 복잡함으로 나아간다

대교약졸에서 끄집어낼 수 있는 두 번째 아름다움은 단순미 單純美다. '단'이란 하나를 가리키고, '순'은 이런저런 색깔이 뒤섞임 없는 생사生絲를 가리킨다. 다 같이 생사를 가리키는 말이지만, '소' 자가 원래 의 바탕을 강조하는 것이라면 '순' 자는 뒤섞이지 않음을 강조하는 것이 다. 단순이란 다채로움이나 번화함의 반대말로 쓰인다. 기교미를 추구하 는 것은 대체로 다채로움과 번화함의 방향으로 나아감을 말한다. 단순미 란 다채로움과 번화함의 교와는 대립적인 개념으로 졸에 속하는 것이라 고 할 수 있다.

원시적 상태에서는 모든 것이 단순하고 간단하다. 아직 다채롭고 복잡 하게 표현할 수 있는 능력이 없기 때문이다. 신석기시대의 빗살무늬토기 를 보라. 얼마나 단순한가? 토기에다 투박한 도구로 그저 줄을 직직 그어 놓은 것이 전부다. 당시 기술로는 그 정도밖에 표현할 수 없었을 것이고, 미감 또한 그다지 발달하지 못했기 때문에 그 이상의 아름다움은 생각하 지 못했을 것이다.

그러다가 인지가 열리고 사회가 발달하게 되면 점차 모든 것은 단순하 고 간단한 데서 복잡하고 다양한 방향으로 나아가게 된다. 문명이라고 하 는 것 자체가 복잡함으로 나아가는 것이다. 아득한 고대에는 사람이 살아 가는 데 그리 많은 법규가 필요하지 않았다. 고조선시대에 사람들이 지켜 야 할 법규는 여덟 가지밖에 되지 않는다. 그러나 삼국시대만 되어도 그 정도의 단순한 법규로는 사회를 통치할 수 없다. 고도의 문명 수준에 이 른 현대 산업사회의 법규는 우리의 상상을 초월할 정도로 복잡하다.

우리의 미감도 개인마다 편차가 없는 것은 아니지만 평균적으로 보았 을 때 문명의 발달에 따라 점차 단순함보다는 다채로움 쪽으로 나아간다. 원시시대의 지극히 단순한 아름다움은 복잡한 기교의 아름다움으로 대체된다. 단순한 선율에 간단한 박자의 조촐한 음악은 다채로운 선율과 변화 있는 박자로 가득 차 있는 풍성한 음악으로 바뀌고, 몇 가지 안 되는 색깔과 단순하고 어설픈 구도로 이루어진 그림은 풍부하고 다양한 색상과 복잡하면서도 정교한 구도의 그림으로 바뀌게 된다.

왜 문명의 발달은 일반적으로 단순함에서 다채로움과 변화함으로 나아갈까? 아주 어려운 질문일 수도 있지만 어찌 보면 그 답은 매우 쉽게 찾을 수 있다. 문명의 발달도 결국 생물학적 진화의 한 형태인데 생물학적으로 볼 때 단세포에서 복잡한 고등생물로 발전하는 것은 진화의 필연적인 추세이다.

미감의 차원에서 설명하면 아마도 단순한 것은 일정 시간 이상 접하거나 반복해서 접하면 지루함을 주기 때문이 아닐까 생각한다. 우리의 감각이란 참으로 간사하다. 처음에는 신선하게 느껴지는 것도 시간이 지나서 익숙하게 되면 금방 싫증이 난다. 그래서 새롭고 신선한 자극을 추구하게 되는 것이다. 그런 점에서 볼 때 지루함을 이기기 위해 무언가 다채로운 변화를 추구하는 것은 인지상정이다. 물론 지나치게 다채로워지면 복잡해져서 오히려 부담감을 주기도 하지만, 일반적인 추세는 단순미에서 다채롭고 아름다움으로 나아가는 것이다.

심오함은 역시 단순미 속에 있다

단순함에서 다채로움으로, 간단한 데서 복잡한 양상으로 나아가는 것은 사물의 변화·발전의 자연스러운 길이다. 그러나 다채로움과 복잡함이 종점은 아니다. 미감이 점차 깊어지고 세상을 바라보는 안목이 열릴수록 다채로움과 복잡함에 대해 약간씩 불만을 느끼게 된다. 왜냐하면 그 속에는 단순함이 주는 안정감이 결여되어 있기 때문이다.

단순함 속에는 깊은 안정감이 있다. 우리의 미감이란 참으로 간사하여 단순함이 주는 지루함이 싫어서 신선한 자극을 받기 위해 다채로움과 복잡함을 추구하지만, 그것이 지나치게 되면 피로를 느끼게 된다. 자극의 강도가 부담스럽기 때문이다. 그래서 다시 단순함이 주는 안정감을 구하게 된다. 일반적으로 볼 때 에너지가 밖으로 발산하는 젊은 시절에는 다채로움과 변화함에 쉽게 매료되지만, 나이를 먹어 점차 안정감을 추구하게 되면서 자연스럽게 단순함으로 다시 눈길을 돌리게 된다. 단순함의 미학을 재발견하게 되는 것이다.

물론 가장 이상적인 경지에 이르렀다면 밖으로 다채로움과 변화함을 발산하면서도 안정감을 견지할 수 있을 것이다. 그러나 그것은 현실적으로는 상당히 어려운 일이다. 어느 한쪽을 중시하면 어느 한쪽은 자연 소략해지기 마련이다. 넓이를 갖추게 되면 깊이가 부족하게 되고 깊이를 추구하면 넓이가 부족한 것이 일반적인 현상이 아닌가? 넓고도 깊은 박이심博而深의 경지는 우리가 바라는 바이기는 하지만 자주 볼 수 있는 것은 아니다.

대교약졸의 영향을 많이 받은 중국인들은 결국 변화함을 버리고 다시 단순함으로 돌아오는 것을 택했던 것이다. 물론 이때의 단순미는 이전의 단순미와는 성격이 다르다. 복잡함과 변화함을 추구하던 기교를 내면으로 함축하고 있는 단순미라고 할 수 있다. 그것은 보통의 단순미가 아니라 실로 심오한 단순미다. 겉으로나 속으로나 그저 단순하기만 한 것은 별로 미적 감흥을 자아내지 않는다. 겉으로는 단순하지만 속으로는 무언가 깊은 기교가 함축되어 있을 때 우리는 비로소 미적 감흥을 느낄 수 있다.

중국회화이론에는 심간미深簡美라는 말이 자주 거론된다. 깊으면서도 간단한 데서 우러나오는 아름다움이야말로 서양회화에서 찾기 어려운 중국회화만의 특징 가운데 하나다. 중국회화의 특징 중 하나로 흔히 이야기되는 수묵의 아름다움은 바로 심간미에서 나온 것이다.

사실 다채롭고 번화한 아름다움을 추구하는 것일수록 그 속에 깊은 맛은 별로 없다. 왜냐하면 외적 기교에 몰두하느라 속의 깊은 맛을 응축할 여유가 별로 없기 때문이다. 속으로 깊은 맛을 지니려면 겉은 아무래도 단순하게 두는 편이 낫다. 거꾸로 말하면 단순한 것을 제대로 표현하려면 진정 깊은 내공이 필요하다. 다채로움과 번화함 속에서는 자신의 내공의 부족함을 감출 수 있는 여지가 있지만 단순함 속에서는 너무 빤히 드러나기 때문에 감출 수가 없기 때문이다.

붓글씨를 쓰는 사람들의 말을 들어보면 획수가 적은 글자일수록 잘 쓰기가 더 어렵다고 한다. 획수가 많고 복잡한 글자를 쓸 때보다 자신의 필력이 더 잘 드러나기 때문이다. 사군자를 그리는 사람들도 똑같은 이야기를 한다. 사군자 가운데서도 가장 단순해 보이는 난초를 제대로 그리는 것이 가장 어렵다고 한다. 그래서 난초 하나를 제대로 그리기 위해 무려 십 년을 단순 반복한다고도 한다.

악기를 다룰 때도 마찬가지다. 동아시아문화권에서는 진정으로 대가의 경지에 오르려면 현란하고 다채로운 변화가 있는 곡조보다는 굴곡이 별로 없는 단조로운 곡을 제대로 연주할 수 있어야 하고, 이를 위해 겉으로 보기에는 그다지 어려워 보이지 않는 곡을 몇 년 동안 수도 없이 연습해야 한다는 이야기를 많이 한다.

단순 반복을 계속하는 것은 어찌 보면 무척이나 따분하고 갑갑한 일이다. 그렇지만 많은 스승들이 그것을 강조하는 이유는 기초를 튼튼히 한다는 의미도 있겠지만, 그보다는 단순함에서 우러나는 심오함의 미학을 터득하게 하기 위함이 더 큰 이유가 될 것이다. 이런 것들은 바로 노자의 대교약졸의 미학에서 나온 것이라 할 수 있다.

우리의 삶도 마찬가지가 아닐까? 예술의 미학과 인생의 미학은 그리 멀지 않다. 앞에서도 언급했듯이 중국예술에서 쓰이는 풍격 용어들은 상당

수가 원래 사람의 품성을 논하던 말이었다.

나이를 먹고 이런저런 인생의 경험을 많이 하면 할수록 실제 삶에서 진정으로 필요한 것은 로버트 풀검이 쓴 『내가 정말 알아야 할 모든 것은 유치원에서 배웠다』에서도 주장했듯이 아주 어릴 때 배웠던 매우 기본적이고 단순한 미덕이라는 사실을 새삼스럽게 발견하게 된다.

예를 들면 "정직하라, 성실하라, 겸손하라" 등은 어릴 때부터 수도 없이 들어온 너무나 잘 아는 단순한 미덕이다. 그러나 철이 들어 자신을 제대로 바라보는 사람일수록 자신이 얼마나 끊임없이 자신을 혹은 남을 속이려 하고 있는지, 성실하지 못하고 허황되게 살고 있는지, 자신을 치켜세우며 잘난 체하고 있는지를 발견하게 될 것이다.

삶의 기초가 되는 단순한 미덕일수록 실천하기가 어렵다. 그렇기 때문에 지겨워하지 않고 부단히 연습하는 끈기가 필요하다. 현자라 불리는 삶의 대가들이란 바로 끊임없는 수련을 통해 그 심오한 단순미를 터득한 사람들이다.

나이든 현자에게 심오한 인생의 지혜를 구하러 간 젊은이들은 대부분 현자의 충고가 너무 뻔해서, 즉 너무 단순해서 실망하는 경우가 많다. 그러나 그들도 나이를 먹고 이런저런 인생의 파도를 겪고 나면 비로소 그 단순한 답 속에 얼마나 심오한 진리가 숨겨져 있었는가를 이해하게 된다. 문제는 그때는 이미 너무나 많은 시간이 흘러버린 뒤라는 것이다. 아쉽게도 삶을 꽃피울 수 있는 수많은 기회들은 이미 지나쳐버렸고 초라한 현재의 모습에 대한 회한만이 남아 있을 뿐이다.

그래도 뒤늦게나마 그것을 깨우치게 되면 다행이다. 눈을 감기 전에 자신의 삶을 제대로 정리나마 할 수 있기 때문이다. 사람들 대부분은 자신이 그린 인생이라는 그림이 어떤 그림인지 곰곰이 돌이켜볼 기회도 없이 눈을 감는다. 안타깝지만 그것이 우리의 현실이다. 아름다운 인생의 그림을 그리고 싶은 사람이라면 모름지기 기초재료가 되는 단순한 미덕을 소홀히 해서는 안 될 것이다.

기이하고 농염한 아름다움에서 다시 평담미로

대교약졸 속에서 발견할 수 있는 또 하나의 아름다움은 평담미平淡美다. '평'은 평범함 또는 평이함으로 기이하거나 난해함에 상대되는 개념이고, '담'은 맛으로 이야기하면 담백한 맛으로 농염濃艶한 맛에 상대되는 개념이다. 그래서 평담미는 '평범하면서 담백한 아름다움'으로 풀이하면 큰 무리가 없을 것이다.

미의식의 초기 단계는 기이함과 농염함을 모르는 평범하고 담백함에서 출발한다. 그것은 아직 아무런 기교가 없는 평담의 단계다. 그러다가 미적 의식이 점차 발달하고 미적 기교도 점차 발달하게 되면 사람들은 가만히 평담함에 머무르려고 하지 않는다. 더 신기하고 특이한 그 무엇인가를 찾아 나서려 하고 더 찐하고 자극적인 그 무엇을 찾게 된다. 기이하고 농염한 아름다움을 추구하게 되는 것이다.

우리의 감각이 강렬한 대상에 더 쉽게 매료되는 것은 일반적인 현상이다. 특히 젊음의 에너지가 마구 발산하는 시기에는 감각적으로 특이하고 찐한 대상에 마음이 끌리는 것은 자연스러운 현상이다. 이성을 사귈 때도 그저 평범하고 수수한 대상보다는 무언가 농염한 매력을 발산하는 대상에게 더욱 끌린다. 물론 결혼이라는 현실을 생각하면 감각적인 아름다움 외에 여러 가지 사회적 배경이나 조건을 고려하겠지만, 순수한 연애를 생각하면 농염한 매력을 발산하는 이성에게 끌리는 것이 일반적이다.

문화와 예술도 마찬가지다. 여러 가지 사회적·정치적 또는 종교적 통제로 인해 기이하고 농염한 것을 배제하는 경우도 있겠지만 그것은 일시적이거나 부분적인 것이고, 자연스러운 흐름으로 보았을 때는 기이함과 농염함을 추구하는 것이 일반적인 추세다.

세계 문명권의 문화와 예술의 발전사를 보라. 초기에는 평범하고 담백한 단계에서 출발하여 문명이 발달할수록 점차 저마다 특이하고 농염한 아름다움을 발산하고 있지 않는가. 이제는 나이를 먹어 다소곳하게 박물관에 놓여 있지만 그래도 관람객들의 경탄을 자아내는 예술작품들, 그리고 지금은 세월의 풍화 속에서 빛이 많이 바랬지만 그래도 많은 관광객들의 발길을 끌게 하는 건축물들, 이들이 갓 세상에 나왔을 그 당시에는 기발한 착상과 강렬한 개성으로 얼마나 사람들의 눈과 귀를 깜짝 놀라게 했을까.

그러나 대체로 나이를 먹어갈수록 특이하고 농염한 아름다움을 추구하는 취향은 점차 사그라지고 대신 평담함을 찾는 마음이 다시 생기기 시작한다. 왜냐하면 역동적이고 발산적인 젊음의 시기와는 달리 나이를 먹어갈수록 내면으로 에너지를 수렴시키면서 무언가 안정적인 것을 찾기 때문이다.

기이하고 농염한 것은 신선한 자극과 매력을 발산하여 우리의 시선과 관심을 끌지만, 존재감을 너무 강하게 드러내기 때문에 오랫동안 접하고 있으면 무언가 불편함을 주어 오히려 싫증을 느끼게 만든다. 이에 비해 평담한 것은 자신의 존재감을 강하게 드러내지 않고 그저 있는 듯 없는 듯 그 자리에 있기 때문에 부담 없이 편안하다. 평담한 것은 딱히 끌리는 것도 없지만 오래 있어도 싫증이 나지 않는다. 음식으로 말하면 불갈비는 농염한 맛이고, 밥은 평담한 맛이다. 불갈비가 아무리 맛있어도 몇 끼를 연달아 먹으면 물린다. 그러나 밥은 언제 먹어도 물리지 않는다.

물론 가장 이상적인 것은 기이함과 농염함을 마음껏 발산하면서도 사람을 편안하게 포용하는 경지라고 할 수 있다. 그러나 앞에서도 거듭 말했지만 그것은 그리 쉽지가 않다. 대교약졸의 영향 아래에 있던 중국 사람들은 기이함과 농염함보다는 평담함을 추구하는 방향을 선호했다. 물론 이때의 평담함은 처음의 평담함과는 달리 기이함과 농염함을 추구하던 기교미를 숙성시켜서 내재화시킨 평담함이다. 그러므로 이 평담함은 겉으로는 평이하고 담담한 것 같지만 속으로는 여러 가지 맛이 함축되어 있는 것이다. 숙성된 평담함이라고 할까.

평담미는 중국 시가詩歌 미학에서 매우 중요한 풍격용어다. 특히 대교 약졸의 미학이 본격적으로 피어나기 시작한 송대의 시가에서 평담미는 최고의 풍격용어로 각광받기 시작했다. 송시의 평담미를 개척하는 데 앞장섰던 매요신梅堯臣이라는 시인은 "시를 짓는 데는 고금을 막론하고 평담하게 쓰는 것이 가장 어렵다"고 말했다. 그러나 그가 제창한 평담은 그저 평이하고 밋밋한 평담은 아니었다. 여러 가지 깊은 맛이 함축되어 있는 평담이었다.

당시 사람들은 매요신의 시를 잘 이해하지 못했다. 당나라 시인들이 물려준 달콤하고 농염한 맛에 길들여져 있었기 때문이다. 매요신 시의 참맛을 이해하고 높게 평가한 사람은 바로 그의 친구였던 구양수歐陽脩였다. 구양수는 화려한 기교미의 변려문騈儷文을 반대하고 소박한 고문으로 돌아갈 것을 적극 주장한 인물이다. 그는 매요신을 감람시인橄欖詩人이라 불렀다. 감람나무 열매는 처음에는 쓴맛이 나지만 씹으면 씹을수록 달콤한 맛이 우러난다는 데서 붙인 이름이다.

평담미를 잘 드러내는 국화

평담미를 설명하는 데는 국화만 한 것이 없다. 일반적으로 국화는 가을을 대표하는 꽃으로 알려져 있다. 흔히 봄을 대표하는 꽃으로 많이 드는 것은 복숭아꽃과 배꽃이다. 이들은 모두 농염한 화사함의 상징으로 많이 쓰인다. 봄이란 계절이 주는 이미지와 딱 맞는 꽃이다. 이와는 달리 쓸쓸한 가을날 고즈넉한 들판에 피어 수수하고도 담백한 아름다움을 은근히 드러내는 국화는 바로 전형적인 평담의 아름다움을 간직한 꽃이 아닌가?

그래서 옛 선비들은 선비의 기상을 나타내는 사군자 가운데 하나로 국화를 들었다. 매화나무는 차가운 겨울을 뚫고 봄의 소식을 전하는 선비의 선구자적 이미지를 보여주고, 난초는 선비의 청초하면서도 고아한 정신세계를 보여주며, 대나무는 선비의 곧고도 굳센 절개를 나타낸다면 국화는 바로 농염하고 화사한 아름다움과는 대비되는 수수하고 담백한 아름다움을 나타낸다. 국화는 바로 평담미의 상징인 것이다.

예로부터 국화는 여러 가지 상징을 지니고 있었다. 국화는 선비들로부터 많은 사랑을 받기도 했지만 부귀영화와 무병장수의 염원을 담고 있어 왕궁의 귀부인이나 시정의 부녀자들로부터도 적지 않은 사랑을 받았다. 그래서 혼수감으로 마련했던 침구류에서 모란과 함께 자주 등장하기도 하였다. 또한 노란 국화는 일본의 왕실을 상징하는 꽃으로 쓰이기도 하였고 깨끗하고 깔끔하고 조용하고 엄숙한 아름다움을 나타내기도 한다. 미국의 인류학자 루스 베네딕트가 국방부의 명으로 일본인들의 정신세계를 연구하는 책을 집필하였을 때 『국화와 칼』이라는 제목을 택하였던 것이 이를 잘 말해준다.

중국문인들 사이에서 국화는 오래전부터 고결한 은자를 상징하는 꽃으로 여겨지기도 하였다. 중국 동진시대의 시인 도연명陶淵明은 젊었을 때 자그마한 벼슬을 하였지만 얼마 되지 않는 봉급 때문에 윗사람에게 굽실거리기 싫어서 고향으로 돌아와 전원생활을 즐겼다. 고향으로 돌아오는 심경을 노래한 「귀거래사歸去來辭」에는 "오솔길이 모두 황폐해졌는데 소나무와 국화만이 여전하구나"라는 구절이 있는데 소나무와 국화로써 선비의 의연한 자태를 상징하였다. 또한 유명한 「음주시飲酒詩」에서는 "동쪽 울타리 아래에서 국화를 따서는 물끄러미 남산을 바라본다"라는 구절이 있는데 은자의 한적한 심경을 잘 드러내는 구절이다. 그래서 북송의 신유학자 주돈이周敦頤는 「애련설愛蓮說」에서 도연명이 국화를 사랑하였기 때문에 국화는 꽃 중의 은자라고 말하기도 하였다.

　사실 도연명이 노래한 국화 속에는 고결한 은자의 이미지도 있지만 내가 보기에는 평담의 이미지가 더욱 강하다. 그것도 처음부터 세상을 거부하는 고결함이 아니라 이미 세상의 풍파를 다 겪은 뒤에 다시 되돌아온 대교약졸의 평담한 이미지가 숨어 있다. 도연명이 쓴 「귀원전거歸園田居」라는 시에는 "졸박함을 지키려고 전원으로 되돌아왔네"라는 구절이 있는데 이로 보아 도연명은 노자의 대교약졸의 성숙된 졸을 몸으로 체득하였던 사람이다. 그래서 그는 화려한 저자거리의 벼슬살이를 뒤로하고 다시 졸박함을 지키기 위해 전원으로 되돌아올 수가 있었다. 도연명은 대교약졸의 진정한 의미를 몸으로 체득하였기에 문학작품에 있어서도 당시 유행하였던 농염하면서도 기이한 아름다움을 추구하지 않고 평이하면서도 담백한 아름다움을 선호하였다.

　도연명의 평담미는 농염함을 추구하던 위진남북조시대의 시풍과는 맞지 않았기 때문에 당시에는 그다지 인정받지 못하였다. 당나라 때만 해도 도연명은 그저 그런 시인이었다. 도연명의 진가를 제대로 이해하고 그를 극찬하여 그의 주가를 크게 올려준 사람은 북송의 대문호 소동파였다. 소동파는 특히 "동쪽 울타리 아래에서 국화를 따서는 물끄러미 남산을 바라본다"라는 구절을 최고의 명구로 극찬하였다. 이 때문에 나중에는 동쪽 울타리라는 뜻의 '동리東籬'를 호로 삼는 문인들도 등장하였다. 북송시대는 대교약졸의 미학이 막 피어나던 시기였고 그러한 시대적 분위기 속에서 도연명을 재평가할 수 있었던 것이다. 이런 면에서 보았을 때 도연명이 좋아하였던 국화는 그의 문학작품이 풍기는 아름다움인 평담미와 바로 직결된다고 볼 수 있다.

예로부터 중국을 비롯한 동아시아권의 많은 시인들이 국화의 아름다움을 노래하였는데 내가 보기에 한국의 현대시인 서정주의 「국화 옆에서」만큼 국화에서 풍겨나는 대교약졸의 평담한 아름다움을 잘 표현한 시는 없는 듯하다.

> 한 송이의 국화꽃을 피우기 위해
> 봄부터 소쩍새는
> 그렇게 울었나 보다.
>
> 한 송이의 국화꽃을 피우기 위해
> 천둥은 먹구름 속에서
> 또 그렇게 울었나 보다.
>
> 그립고 아쉬움에 가슴 조이던
> 머언 먼 젊음의 뒤안길에서
> 인제는 돌아와 거울 앞에 선
> 내 누님같이 생긴 꽃이여.
>
> 노오란 네 꽃잎이 피려고
> 간밤엔 무서리가 저리 내리고
> 내게는 잠도 오지 않았나 보다.

이 시는 1947년에 쓴 서정주의 대표작으로, 흔히 불교의 인연사상과 생명 탄생의 지난함을 한국적 정서와 운율을 빌려 잘 표현한 수작이라고 여겨졌다. 하지만 시인의 친일 행적과 관련하여 이 시는 여러 관점에서 해석되기도 한다. 여기서는 이 시의 정치적·역사적 배경에 대한 것은 논외로 하고, 그리고 기존의 일반적인 해석과는 관점을 약간 달리해서 대교약졸의 평담미와 관련시켜 해석하고자 한다.

가을철 쓸쓸한 들판에 피어 있는 국화는 담담한 아름다움의 꽃이다. 그러나 시인의 예리한 눈에 비친 국화는 그저 평담함만을 지니고 있는 꽃이 아니다. 그 속에는 젊은 날의 그 화사함과 격정이 모두 숙성되어 녹아 있다. 기나긴 봄밤의 애처로운 소쩍새의 울음소리와 뜨거운 한여름의 사나운 천둥소리가 녹아 들어가 이루어진 평담함이다. 그리하여 마침내 '그립고 아쉬움에 가슴 조이던 머언 먼 젊음의 뒤안길에서 인제는 돌아와 거울 앞에 선 내 누님같이 생긴 꽃'이 되어버린 것이다.

젊음은 격동적이고 농염하다. 설레는 그리움과 가슴 시린 아쉬움이 있다. 그 진한 가슴앓이를 다 겪은 뒤 중년의 여인이 되어 거울 앞에서 조용히 자신을 관조하는 여인의 모습에는 예전과 같은 화사한 청춘의 아름다움도, 젊은 날의 격정도 별로 보이지가 않는다. 그저 평범하고 담백한 모습이 있을 뿐이다. 그러나 눈가에 살짝 비치는 잔주름 속에는 지나간 격정과 농염함이 감추어져 있다.

평담미는 참으로 부담이 없고 편안하다. 이 시에서 국화는 가슴을 두근거리게 하는 이성이 아니라 누님같이 생긴 꽃이다. 누님이라는 말은 얼마나 푸근한가? 그러나 그렇게 편안한 평담은 그냥 얻어지는 것이 아니다. 숙성된 평담미를 만드는 데는 봄과 여름을 거치는 긴 세월이 필요할 뿐만 아니라 많은 인고를 요구한다. 간밤에 무서리가 내리고 잠도 오지 않았다 함은 물론 생명 탄생의 지난함을 말하는 것이지만 평담미를 창출하는 것이 그만큼 지난하다는 것이라고 풀이해도 크게 어긋남은 없을 것이다.

소박미나 단순미도 그러하지만 평담미는 정말 나이가 지긋해져야 이해할 수 있는 아름다움이다. 한참 화려하고 농염한 아름다움을 추구하는 젊은이에게 평담미를 강요하는 것은 무리다. 젊을 때는 젊은이답게 삶의 에너지를 마음껏 발산하고 짜릿하고 찐한 아름다움을 추구하는 것이 더욱 아름답다. 새파란 젊은이가 평담한 것만 좋아한다면 그것은 일종의 조로무老 현상이다. 그런 평담은 그냥 밋밋한 평담에 그칠 뿐이다. 맵고 달고 시고 쓰고 짠맛을 다 겪은 뒤에야 진정 숙성된 평담미를 알 수 있다.

전체를 보아야
드러나는 아름다움들

상당한 내공이 필요한 통일미

통일미란 문자적으로 풀이하면 여러 요소들이 하나로 통합되어 나타나는 아름다움이다. 여기에는 모든 것이 획일적으로 통일되어 나타나는 아름다움도 있지만, 일반적으로 전체 속에 있는 개개의 구성체들이 서로 조화와 질서를 이룸으로써 나타나는 아름다움을 말한다. 하나하나의 세부적인 구성 요소는 아름다우나 그것들이 서로 질서와 조화를 이루지 못할 때 전체적으로 미감을 자아내지 못하는 경우가 있다. 반면 개개의 부분은 그다지 아름답지 않지만 부분과 부분들이 서로 질서와 조화를 이룰 때 훨씬 거시적인 차원에서 고도의 미감을 창출해내는 경우도 많다.

통일미를 이해하려면 적어도 전체에 대한 안목이 있어야 한다. 서예나 회화에서 부분 부분의 묘사는 뛰어나지만 전체적인 짜임새에 통일미가 없으면 훌륭한 작품이 될 수가 없다. 한 편의 글을 쓰는 데도 마찬가지다. 한 구절, 한 문장은 멋들어지게 잘 쓰지만 전체적으로 보았을 때 하나의 주제를 향해 통일된 아름다움을 보이지 못하고 산만하게 흩어져 있으면 아름다운 글이라 할 수 없다.

　더군다나 긴 이야기를 풀어나가는 장편 서사 형식의 작품들은 더욱 그러하다. 그 소재가 아무리 재미있는 것이라 할지라도 이야기의 전체적인 구성이나 사건의 전개에 통일성이 결여되어 있으면 미감을 자아내지 못한다. 서구 문학비평의 원류라고 할 수 있는 아리스토텔레스의 『시학』에서는 서사시와 극시를 쓰는 데 플롯의 통일성이 얼마나 중요한가를 역설한다.

　집단예술에서는 통일미의 중요성이 더욱 높아진다. 합주를 예로 들어보면 쉽게 알 수 있다. 합주는 여러 악기가 모여서 종합적인 소리를 만들어낸다. 합주를 할 때는 먼저 개개 악기를 다루는 사람들이 일정 수준 이상의 연주 실력을 지니고 있어야 한다. 그러나 개개 악기의 연주자들이 아무리 수준 높은 연주 실력을 지니고 있다 해도 전체적인 조화와 질서가 없으면 좋은 음악이라고 할 수 없다. 하나의 개체가 아름다움을 발휘하는 것도 그리 쉬운 일은 아니지만 그 모든 개체들이 모여서 전체적인 조화를 이루는 것은 더욱 어렵다. 그것은 고도의 미감을 요구한다.

　통일미란 이처럼 전체에 대한 미적 안목이 성숙되었을 때 나타나는 것이므로 기교의 초기 단계에서는 기대하기가 어렵다. 초기 단계에는 아무래도 각 부분의 미적 완성도를 높이는 데 관심이 가 있기 때문에 통일미에 힘을 쏟을 겨를이 없다. 그래서 부분과 부분이 따로 논다. 그러다 점차 미적 기교가 높아지게 되면 전체를 바라보는 안목이 차츰 높아지면서 부분과 부분을 어떻게 배열하고 구성할 때 전체적으로 통일미를 구현할 수 있는가를 알게 된다.

잘 보이는 집중된 통일미, 잘 보이지 않는 분산된 통일미

　그런데 통일미를 구현하는 데는 관점에 따라서 크게 둘로 나눌 수 있다. 우선 어느 한 구심점을 중심으로 전체가 일목요연하게 조화를 이루는 집중적 통일미를 들 수 있다. 여기서 집중적이라는 말의 의미를 좀 더 명확히 할 필요성이 있다. 그것은 단순히 획일적이라는 뜻이 아니라 어느 하나의 중심점이 있다는 뜻이다.

통일미의 초보적인 단계는 아무래도 모든 것이 일목요연하고 기계적으로 조화를 이루는 단계라고 할 수 있다. 이것은 획일적 통일미고 기계적 통일미다. 이 경우 통일미라는 일차적인 목적은 달성하지만 단조로움은 피할 수가 없다. 게다가 통일미가 지나치게 강조된 나머지 각 부분의 개성이 제대로 살지 못하는 폐단도 있다. 미적 안목이 깊어지게 되면 자연스럽게 각각의 부분들이 고유의 개성을 어느 정도 유지하면서도 전체적으로는 조화를 이루는 단계에 이를 수 있다. 이것이 바로 유기적 통일미의 단계다. 그러나 그것이 초보단계인 기계적 통일미든 아니면 좀 더 원숙한 단계인 유기적 통일미든 간에 적어도 하나의 중심점이 계속 유지되고 있는 것은 동일하다.

서구에서는 주로 이런 집중적 통일미를 추구한다. 우선 회화에서 초점투시焦點透視를 통해 시각적으로 사실적인 통일미를 표현하는 것을 중시한다. 서구의 회화는 시선이 하나로 고정되어 있다. 투시법이 본격적으로 발달한 르네상스 이후는 말할 필요도 없고 그 이전의 회화에서도 한 그림의 화면은 하나의 초점으로 그려진다. 드라마나 소설에서도 아리스토텔레스가 구성의 통일성을 중시한 이후 스토리의 일관성은 매우 중요한 원칙으로 여겨져왔다.

건축물에서도 마찬가지다. 서양건축의 특징 가운데 하나는 공간의 배치가 어느 한 공간을 중심으로 일목요연하게 집중되는 통일미를 드러내는 것을 추구한다는 것이다. 사실 건축은 기본적으로 회화와 비슷하다. 건축의 설계도 자체가 어떤 면에서는 하나의 회화이다. 서양회화에서 최초로 원근법을 발견한 사람이 건축가라는 사실이나 고대 중국에서 궁전 건축의 설계는 대개 화가들이 담당하였다는 사실은 이를 잘 말해준다.

그뿐인가? 오케스트라에서도 집중적인 통일미를 중시한다. 오케스트라의 모든 연주자들은 항상 그들 앞에 서서 음악 전체를 지휘하는 지휘자에게 집중해야 한다. 그리고 가장 스포트라이트를 많이 받는 사람도 역시 지휘자이고 지휘자의 음악 해석에 따라 전체 연주의 분위기도 완전히 바뀐다.

일단 우리가 쉽게 생각할 수 있고 현재 우리에게 익숙한 것은 바로 이 집중적 통일미다. 왜냐하면 일단 눈으로 쉽고 명료하게 확인할 수 있기 때문이다. 서양의 문화는 기본적으로 명료함을 중시하기 때문에 집중적 통일미를 더 많이 추구했다.

그런데 이와는 다른 성격의 통일미가 있다. 그것은 바로 분산적 통일미다. 사실 분산이라는 말과 통일이라는 말은 서로 반대되는 말이다. 통일이란 말 자체는 무언가 한 군데로 집중되는 것인데 분산은 흩어지는 것이기 때문이다. 그러나 적당한 용어가 없기 때문에 그대로 사용하기로 하자. 분산적 통일미의 특징은 뚜렷하게 가시적인 구심점이 잘 보이지 않는다는 것이다. 그렇다고 해서 모든 부분이 완전히 따로 노는 것은 아니다. 그 속에는 무언가 보이지 않는 통일미가 있다. 다만 모호해서 잘 느껴지지가 않을 뿐이다.

이렇게 분산적 통일미를 추구하게 되면 전체적인 집중도가 떨어져 약간 산만해 보이는 것이 사실이지만 대신 각 부분의 개성을 살리는 데는 더 유리하다. 앞에서 말한 집중적 통일미에서도 유기적 통일미의 단계에 이르면 각 부분들이 어느 정도의 개성을 살리면서도 얼마든지 전체적으로 조화를 이룰 수 있다. 그러나 아무래도 전체의 구심점을 잡는 데 치중하다 보면 부분에 대한 배려가 제약받는 것을 피할 수 없다. 상대적으로 볼 때 분산적 통일미가 개개 영역의 특징과 개성을 살리기가 더욱 쉽다.

중국예술은 바로 분산적 통일미를 강조한다. 먼저 회화를 보면 서양회화는 초점투시를 위주로 그림을 그리기 때문에 하나의 그림에는 하나의 시각밖에 존재하지 않는다. 반면 중국회화는 산점투시散點透視를 추구하기 때문에 하나의 그림에 여러 개의 시각이 동시에 존재할 수 있다. 물론 중국회화에도 초점투시 위주의 그림들이 있다. 그러나 중국회화의 가장 중요한 영역이라고 하는 산수화에선 산점투시를 사용하는 경우가 많다. 한 폭의 그림 속에서 산을 밑에서 위로 바라보는 시각과 멀리 펼쳐진 풍경을 바라보는 시각과 산 뒤쪽의 감추어진 그윽함을 바라보는 시각이 동시에 존재할 수가 있다. 한 폭의 그림에서 여러 개의 시각이 분산되어 나타나면 시각적 통일미는 분명 찾기가 어렵고, 산만해 보일 수도 있다. 그러나 산에 대한 다양한 시각들이 어우러져 초점투시에서는 느낄 수 없는 색다른 운치와 느낌을 표현할 수 있다.

건축물에서도 중국은 분산적 통일미를 추구한다. 서양의 대표적인 건축물, 예컨대 성당이나 궁전들이 대개 하나의 덩어리로 이루어져 있는 반면 중국의 대표적인 건축물인 궁전이나 사원들은 넓은 공간에 흩어져 있다. 이렇게 흩어져 있으면 하나로 집중된 건물에 비해 통일미가 잘 느껴지지 않는다. 특히 원림건축에서는 각각 분리된 공간들의 개성을 최대한 살리는 것을 중시한다. 그러나 거시적인 안목으로 보면 흩어진 각각의 건축물들이 어우러져 나름대로의 통일미를 이루고 있다. 이것은 분명 다른 차원의 통일미인 것이다.

음악 또한 마찬가지다. 서양의 오케스트라에는 반드시 지휘자가 있지만 중국 전통음악의 합주에는 한가운데 서서 전체 음악을 지휘하고 조율하는 지휘자가 없다. 각각의 악기들이 지휘자 없이 제각기 놀면서도 전체적인 호흡을 맞추는 것을 중시한다. 한 명의 지휘자가 수십 명의 단원들을 이끌어가는 오케스트라에 비해 통일미가 부족한 듯이 보일 수도 있지만 분명 그 속에는 조화로움이 있다. 다만 집중적 통일미에 익숙한 사람들에게 잘 보이지 않을 따름이다.

사실 집중적 통일미와 분산적 통일미는 직접적인 우열을 논하기가 어렵다. 처음부터 서로 다른 관점을 지니고 있기 때문이다. 그런데 집중적 통일미는 쉽게 감지할 수 있기 때문에 그것이 통일미를 구현하고 있는지 아닌지 또한 쉽게 알 수가 있다. 즉 졸과 교를 명료하게 구분할 수 있다. 이에 비해 분산적 통일미는 감추어진 통일미이기 때문에 교와 졸이 명확하지가 않다. 겉으로 보아서는 집중적 통일미에 비해 무언가 뒤떨어진 느낌을 줄 수가 있다. 즉 졸로 보일 수가 있다는 것이다. 그러나 그것은 결코 처음부터 통일미를 이룰 수 있는 능력이 없어 산만한 상태에 머물러 있는 것이 아니다. 분명 그 속에는 통일미가 있는데 잘 감지되지 않을 뿐이다. 이렇게 감추기 구조를 가지고 있다는 점에서 분산적 통일미는 대교약졸의 아름다움이라고 할 수 있다.

서양이 집중적 통일미를 중시한 데 비해 중국이 분산적 통일미를 중시한 것은 양자의 문화적 틀의 차이에서 말미암는 부분이 크다. 서양은 아무래도 가시적이고 명료한 것을 선호했던 반면, 중국은 눈에 보이지 않는 무의 세계 또는 다소 모호한 기의 세계 등을 더 선호했기 때문이다.

배경과의 조화미는 금상첨화

대교약졸의 관점에서 생각할 수 있는 또 하나의 아름다움은 배경과의 조화미다. 어느 한 부분에만 시야를 국한시켜 보지 않고 전체적인 배경과의 조화를 보는 것이다. 부분과 전체의 조화라는 측면에서 볼 때 배경과의 조화미는 앞에서 언급한 통일미와도 약간은 유사하다는 느낌이 있다.

그러나 양자는 서로 다르다. 통일미가 어느 한 대상 내에서 여러 부분적인 요소들이 전체적으로 잘 조화를 이루고 있는가를 말하는 것이라면 배경과의 조화미는 감상하려고 하는 어느 대상과 그 대상을 둘러싼 주변의 외적 배경 사이의 조화미를 가리킨다.

배경과의 조화미와 대립되는 개념은 전경의 아름다움에 초점을 맞추는 것이다. 사진 촬영술에서 자신이 표현하고 싶은 피사체를 클로즈업시킨 다음 그 뒤의 배경은 모두 흐리게 처리하는 기법이 있다. 이렇게 하면 전경의 아름다움은 훨씬 또렷하고 강하게 부각된다. 반대로 피사체를 멀리 두고 배경과 같이 찍는 방법도 있다. 이렇게 전경과 배경이 함께 어우러지면 전경의 아름다움은 별로 부각되지 않지만 전체적인 조화의 아름다움을 즐길 수 있다. 서양은 대체로 전경을 부각시키는 것을 좋아하고, 중국은 배경과의 조화미를 중시한다.

우리가 어떤 대상의 아름다움을 감상하거나 평가할 때는 일차적으로 그 대상 자체의 아름다움에 관심을 집중하지만 때로는 배경과의 조화미를 주요한 기준의 하나로 고려하기도 한다. 예를 들어 어느 한 공원 안에서 설치되어 있는 야외 조각물을 감상할 때 일차적으로는 그 조각물 자체의 비례비와 색채미 그리고 조형미를 주요한 미적 대상으로 삼지만, 그 조각물과 그 배경이 되는 주위의 자연환경이 서로 잘 조화를 이루는가에 대해서도 마음이 간다. 배경과의 조화미가 잘 구현되었을 때 우리는 더욱 깊은 미감을 느끼면서 감탄을 하게 된다.

인간의 아름다움도 마찬가지이다. 어떤 한 사람이 인물도 빼어나고 학식도 풍부하고 재능도 탁월하면 그 사람 자체의 아름다움은 참으로 훌륭하다고 할 수 있다. 그러나 만약 자신의 아름다움과 재주를 너무 드러내려고 한다면 주변 사람들과 조화를 이루지 못하게 되고 그 결과 오히려 그 아름다움이 빛을 잃어버리기도 한다. 마치 자신은 아름다움을 발하지만 주변의 자연환경과 조화를 이루지 못하는 조각물과도 같다.

어느 한 사람의 문학작품을 논할 때에도 그 작품 자체의 아름다움만 보는 경우도 있지만 때에 따라서는 그 사람의 인격도 살펴보게 되는 경우도 많다. 시는 아름답지만 그의 인격이나 정치적 성향이 크게 실망스러울 때 그의 작품도 빛을 잃어버리는 경우가 많다. 우리가 감상하려는 그 대상 자체가 빼어난 것도 좋지만 이왕이면 배경과 조화를 이루면 금상첨화라고 할 수 있다.

전경미를 강조하는 서양, 배경과의 조화미를 강조하는 중국

서양의 문학이나 예술에서는 아름다움 그 자체만을 중시하는 예술지상주의적인 경향이 짙은 작품들이 많지만 중국은 전통적으로 예술지상주의적인 작품이 별로 없다. 문학에서도 문학 자체의 아름다움보다는 문학 외적인 요소라고 할 수 있는 문학의 정치적·사회적 공용성을 더 많이 강조하는 편이다. 그래서 대체로 서양문학에 비해 윤리성이 매우 강하다. 음악 또한 마찬가지다. 고대 중국의 음악이론을 집대성한 『예기禮記』의 「악기樂記」 편은 음악의 정치적·사회적 효용성에 대해서 구구절절이 강조하고 있다. 회화에서는 문학이나 음악만큼 강한 구속은 없지만 그래도 예술지상주의적인 성향은 보이지 않는다.

서양인들이 전경의 아름다움을 부각시키는 것을 좋아하는 데 비해 중국인들이 매사에 배경과의 조화미를 고려하지 않을 수 없었던 것은 자연환경 및 사회환경과 밀접한 관계가 있다. 아름다움을 느끼는 방식도 결국 자연환경과 사회환경의 산물이기 때문이다.

그리스는 그리 크지 않은 반도와 여러 섬으로 이루어진 국가이지만 높은 산들이 많아 하나의 통일국가로 발전하지 못하고 정치적·경제적으로 독립된 수많은 도시국가가 난립하였다. 그리고 수공업과 상업이 발달하여 개인의 능력이 중시되었고, 이런 분위기 속에서 그리스 사람들은 일찍부터 개개인의 주체성과 개성을 존중하였다.

중국은 그와는 정반대였다. 황하를 낀 옥토에서 쌀농사가 발달하였는데, 쌀농사는 노동집약형의 산업이기 때문에 대가족이나 온 가문이 서로 협력해야 하는 가부장제가 발달하였다. 또한 산이 많은 그리스와는 달리 광활한 대평원지대에서 흥기하였기 때문에 일찍부터 고대국가가 형성되었다. 그 국가는 중앙의 천자를 중심으로 지방의 제후, 그 아래로 대부, 사, 서민에 이르기까지 수직적 관계를 요구하는 종법제도로 유지되었다. 그래서 순자는 온 천하는 하나의 집과 같다고 주장하였던 것이다. 이런 사회에서는 개인보다는 가족, 가문, 씨족 등이 더욱 중시되고 사람들은 항상 자신이 속한 집단의 사람들과의 관계를 고려해야 하고 그들의 눈치를 보지 않을 수 없다.

그리스와 같이 개체의 독립성과 자율을 더욱 중시하는 사회 분위기 속에서는 미감에 있어서도 주변의 배경보다는 그 하나의 대상에 포커스를 맞추어 그것의 아름다움을 부각시키는 전경미를 더 선호하게 된다. 이에 비해 중국처럼 가족, 가문, 씨족 등 자신이 속한 집단의 배경을 중시하는 사회에서는 전경미보다는 배경과의 조화미를 더 많이 찾지 않을 수 없다.

전경미를 추구할 때는 그 대상 자체의 아름다움에 좀 더 집중할 수 있기 때문에 그 대상 단독으로 볼 때는 아름다움의 완성도가 더 높아진다. 이에 비해 배경과의 조화미를 고려하다 보면 그 대상 단독의 아름다움은 완성도가 떨어질 수도 있다. 이런 면에서 볼 때 아무래도 전자가 교라면 후자가 졸처럼 보일지도 모른다. 그러나 배경과의 조화미를 이루는 것은 그리 쉬운 일이 아니다. 더 높은 차원의 기교를 요구하는 것이다. 이런 의미에서 볼 때 배경과의 조화미는 분명 대교약졸의 졸이라고 할 수 있다.

문학예술 또한 마찬가지이다. 혹자는 서양의 문예는 처음부터 정치나 윤리 영역에서 분리·독립되면서 그 자체의 발전과 아름다움을 충분히 구가할 수 있었던 반면, 중국의 문예는 정치나 윤리의 구속을 벗어나지 못한 미분화 단계에 있다고 주장하기도 한다. 문예 자체의 관점에서 볼 때 중국은 아무래도 졸에 가깝다고 할 수 있다. 그 자체의 아름다움을 충분히 발휘하지 못한 면이 있기 때문이다. 그러나 배경과의 조화미라는 관점에서 볼 때는 오히려 더 차원 높은 미학일 수도 있다. 배경과의 조화미까지 고려하면서 작품의 아름다움을 발현하는 것은 그리 쉬운 일이 아니기 때문이다.

중국인들은 건축물이나 조형물에서도 자연환경과의 조화를 중시했다. 건축물이나 조형물 자체의 규모나 인공적인 아름다움을 중시하여 주변 자연환경과의 조화를 깨트리기보다는 전체적인 어울림을 중시한다. 거시적 규모의 조화미인 배경과의 조화미를 중시하기 때문이다.

물론 중국의 전통적인 건축물과 조형물들은 우리나라에 비하면 훨씬 인위적인 아름다움을 자랑하는 편이고, 규모에서도 웅장함을 과시하는 경향이 많다. 자금성을 보라. 실로 엄청난 크기가 아닌가? 옛날 중국에 사신으로 갔던 주변 국가의 사람들은 자금성에 들어서는 순간 그 거대한 규모에 압도되지 않을 수가 없었을 것이다. 용문龍門 석불이나 운강雲崗 석불들 또한 입을 다물지 못하게 할 만큼 웅장하고, 그들이 자랑하는 만리장성은 인간이 만든 건축물 가운데 가장 긴 건축물이다.

그러나 이렇게 몇몇 특수한 경우를 제외하고는 서양문명과 비교할 때 중국은 아무래도 자연과의 조화미를 더 강조하는 편이다. 특히 사람이 사는 집은 더욱 그렇다. 그들은 풍수지리의 이론을 바탕으로 집을 지을 때 뒤에 산을 배경으로 두면서 앞에는 시냇물이 흘러가는 배치를 최고의 이상으로 삼았고 집의 방향에도 세심한 주의를 기울였다. 심지어 지형에서 나오는 땅의 기운과 조화를 이루는 곳에 집을 지어야 사람이 건강하게 살 수 있고 가세도 흥성할 수 있다고 생각했다. 물론 풍수지리 이론은 현대 과학의 관점에서 쉽게 납득이 가지 않는 부분도 있다. 그러나 인간과 자연의 조화, 집과 인간의 조화를 중시하는 관점은 새롭게 조명할 필요가 있다.

이렇게 자연환경과의 조화를 중시하기 때문에 집을 지을 때 무작정 규모를 크게 해 주변 자연환경을 해치는 것을 원하지 않았다. 특히 산중에 집을 지을 경우에는 아무리 큰 규모라 할지라도 그 집이 주변의 경관을 압도하는 경우는 없다. 서양의 중세 봉건영주의 성곽이 산 중턱에 우뚝 솟아 위엄을 과시하는 것과는 다르다. 물론 궁전건축의 경우 황제의 위엄을 과시해야 하고 또한 자연환경과는 약간 떨어진 대도시에 있기 때문에 전체 규모는 매우 방대한 것이 사실이지만, 그래도 모든 건물들은 나지막하게 땅에 접해 있고 건물 하나하나의 규모가 그다지 크지 않다.

불교사찰이나 도교의 사원 또한 마찬가지다. 규모가 꽤 큰 사원이 많이 있지만 서양의 성당이나 교회처럼 압도적인 높이로 사람을 위압하지는 않는다. 전체적으로 볼 때 중국의 건축물은 서양의 건축물에 비해 자연 위에 우뚝 서서 자연을 압도하고 사람에게도 위압감을 주는 느낌은 그다지 강하지 않다. 물론 목조 건물로는 석조만큼 높고도 웅장하게 지을 수 없다는 점에서 말미암는 바도 있겠지만, 그보다는 건축과 자연환경과의 조화미를 배려하는 데서 말미암은 바가 더 크다고 할 수 있다.

건축물이나 조형물에서 그 자체의 아름다움만을 고려할 때와는 달리 주변 배경과의 조화미를 추구하다보면 아무래도 그 자체의 아름다움을 마음껏 추구하는 것을 자제해야 한다. 왜냐하면 그 자체의 아름다움만을 중시하는 경우 주변의 자연 배경과 조화를 이루지 못하기가 십상이기 때문이다. 주변의 자연 배경에 어울리는 적당한 규모와 형태, 그리고 지나치게 튀지 않고 주변의 배경과 잘 어우러질 수 있는 미적 표현들이 갖추어졌을 때 비로소 전체적인 조화가 살아나게 된다.

이렇게 자연 배경과의 조화를 중시하여 건축물이나 조형물 자체의 규모나 아름다움에 대해 제약을 가하게 되면 건축물이나 조형물 자체의 아름다움만으로 보았을 때는 무언가 미진한 느낌이 있어 졸로 보일지도 모른다. 그러나 그것은 분명 원시적 단계의 졸이 아니다. 배경과의 조화미를 이해해야 비로소 감지할 수 있는 높은 차원의 졸이다. 이런 점에서 볼 때 자연과의 조화미는 대교약졸의 졸과 밀접한 관련이 있다.

자연과의 조화미는 단순히 미적 문제만이 아니라 인간이 자연을 바라보는 시각, 즉 자연관과도 직접적인 관련이 있는 문제다. 서양인들의 자연에 대한 관점은 중국인들의 그것과는 상당히 다르다. 서양인들은 고대 그리스 시대부터 자연을 대상화하여 탐구하고 분석하기를 좋아했다. 그리고 헤브라이즘에서도 인간이 자연을 정복하고 모든 동식물을 지배하여 번성하는 것을 강조한다. 그들은 한편으로는 자연이 주는 위대함에 경외를 느끼곤 하지만, 전반적으로 자연 위에 군림하는 것을 지향하는 경향이 있다.

그러나 중국의 전통사상은 자연을 정복의 대상으로 생각하기보다는 삶의 터전으로 바라본다. 특히 도가사상은 자연의 조화에 순응하는 것을 강조하기 때문에 자연과의 친화성이 더욱 높다. 그들은 자연이 주는 경외감에 압도당하지도 않고 자연 위에 군림하려는 오만한 자세를 지니지도 않는다. 그저 자연을 삶의 터전인 동시에 친근한 어머니로 받아들였다. 그래서 겸손함 속에서 자연과 함께 잘 어우러지는 법을 배우려고 했다. 이런 자연관 때문에 중국에서는 건축물이나 조형물을 지을 때 자연 배경과의 조화미에 더 많은 배려를 했을 것이다.

공통점은 수렴을 중시하는 데 있다

이상으로 대교약졸에서 끄집어낼 수 있는 몇 가지 아름다움에 대해 간략히 살펴보았다. 사실 대교약졸의 사상에서 끄집어낼 수 있는 아름다움은 참으로 많다. 이 책에서는 그 가운데서 중국문화의 특징을 이해하고 서양문화와 중국문화를 효율적으로 설명하기 위해 필요한 몇 가지 요소만 추려보았다. 이들 각각의 아름다움들은 문화의 각 분야를 설명할 때 자연스럽게 언급될 것이다.

앞 장에서 대교약졸의 논리적 구조를 설명하면서 나선형적 발전과 감추기를 들었다. 이상의 다섯 가지 아름다움 가운데 세련된 소박미, 심오한 단순미, 숙성된 평담미는 둘 다 해당된다. 즉 나선형적 발전을 보여줌과 동시에 감추기의 특징도 지니고 있다. 이것들은 중국문예사 속에서 쉽게 발견된다.

중국문학사를 보면 중국인들이 시와 문장의 수사적 아름다움에 본격적으로 눈을 뜨고 열렬히 추구한 시기는 위진남북조이다. 문학비평에 대한 자각이 일어나고 그것이 체계화된 것 또한 이 시기이다. 그뿐인가? 회화이론의 기본 뼈대가 갖추어지는 시기도 이 시기이며, 회화의 가치가 격상된 시기도 이 시기이다. 음악이나 건축 등에서도 이전과는 전혀 다른 새로운 아름다움이 피어나 중국인들을 매혹시켰다. 그러므로 이 시기는 졸에서 교로 나아간 시기라고 할 수 있다.

이들의 공통적인 특징은 화려함과 다채로움과 농염함이다. 중국문예사에서 교의 미학은 당나라 전기까지 계속 이어진다. 사실 이 시기는 사상사적으로 보면 유교가 쇠퇴하고 인도에서 들어온 불교가 크게 흥성하던 시기이다. 종교란 단순한 사상의 차원을 넘어 하나의 문화이다. 중국인들은 불교라는 외래 종교사상을 수용하면서 그 속에 담긴 인도의 문화예술의 영향도 받지 않을 수 없었던 것이다. 인도의 문화예술에는 중국에는 없던 새로운 아름다움이 있었고, 중국인들은 이전에 체험하지 못하였던 새로운 아름다움에 흠뻑 도취되었던 것이다.

그러다 당대 후기에 들어서면서 화려하고 다채롭고 농염한 아름다움에서 다시 소박하고 단순하고 담백한 아름다움을 추구하는 기풍이 조금씩 일어나기 시작한다. 중당中唐시대의 한유韓愈와 유종원柳宗元은 위진남북조 이래 주류가 되어온 지극히 화려하고 형식적인 변려문을 내치고 다시 소박한 고문古文으로 되돌아가자는 고문운동을 전개하여 새로운 기풍의 선구자가 된다. 그러나 이들의 고문운동은 화려한 아름다움의 변려문을 물리치지 못하였다. 고문운동은 송대에 들어 구양수歐陽脩, 소동파蘇東坡 등의 대가들이 나온 뒤에서야 비로소 완성된다.

송대라는 시기는 대교약졸의 미학이 크게 꽃핀 시기이다. 미에 대한 관념 자체가 크게 바뀌기 시작한 것이다. 북송대의 시인인 진사도陳師道는 "차라리 졸할지언정 교묘해서는 안 되고, 차라리 질박할지언정 화려해서는 안 된다"고 주장했다. 교묘함과 화려함보다는 졸박함과 질박함이 더 높은 경지임을 이해하기 시작한 것이다. 남송대의 시인이자 비평가인 나대경羅大經은 한 걸음 더 나아가 "글씨를 쓰는 데는 졸필이 가장 어려우며, 시를 짓는 데는 졸구가 가장 어렵다. 졸에 이르게 되면 혼연히 천연스럽고 온전해지니 인공적 기교는 말할 것이 못 된다"고 주장했다. 졸을 최고의 경지로 보았던 것이다. 여기서의 졸이 단순한 졸이 아님은 당연하다. 나대경의 "시를 짓는 데는 반드시 교로써 나아가 졸로써 완성해야 한다"는 말은 그가 추구했던 졸이 단순한 졸이 아니라 교를 거친 뒤에 그것을 속으로 감춘 대교약졸의 졸임을 잘 설명해준다. 송대에는 문학뿐만 아니라 회화, 음악, 건축 전반에 걸쳐서 대교약졸의 미학이 크게 유행하였다.

이에 비해 분산된 통일미나 배경과의 조화미는 나선형적 발전과는 별로 관련이 없다. 즉 아무런 통일미를 모르는 단계 내지는 분산적 통일미의 상태에서 집중적 통일미를 추구하는 단계를 거친 뒤에 다시 분산적 통일미로 돌아온 것이 아니다. 큰 틀에서 보았을 때 중국에서는 처음부터 미감의 방향 자체가 집중적 통일미보다는 분산된 통일미를 지향했다고 할 수 있다. 배경과의 조화미 또한 마찬가지이다. 중국인들은 처음부터 배경을 중시했던 것이다.

이 둘은 대신 감추기의 미학과는 관계가 있다. 집중된 통일미가 훨씬 눈에 잘 드러나는 반면 분산된 통일미는 잘 띄지 않는다. 그래서 때로는 통일미가 결핍된 것으로 느껴질 수도 있다. 그러나 그것은 통일미가 없는 것이 아니라 다른 차원의 통일미여서 잘 보이지 않을 뿐이다. 감추어진 통일미라고 할 수 있을 것이다.

배경과의 조화미 또한 마찬가지이다. 일단 전경으로 나타나는 대상 뒤에 감추어진 배경까지 바라보는 세심한 마음이 없으면 배경과의 조화미는 잘 보이지 않는다. 게다가 배경과의 조화미를 고려하다 보면 때로는 전경 그 자체의 강렬한 아름다움을 감추어야 할 때가 있다. 전경이 너무 도드라지면 배경과의 조화를 깨트릴 수 있기 때문이다.

이상으로 보아 이들 다섯 가지 아름다움 모두에 공통된 특징은 감추기다. 이것은 다른 말로 하면 수렴미라고 할 수 있다. 수렴미란 발산미와 대비되는 말이다. 발산미가 자신의 아름다움의 빛을 밖으로 강렬하게 드러내는 것이라면 수렴미는 아름다움의 강한 빛을 속으로 감추는 것이다. 결국 화광동진과도 통하는 것이다.

이 책의 주제는 서양문화와 동양문화의 비교이다. 동양문화가 수렴미에 속한다면 당연히 서양문화는 발산미의 경향이 강하다고 말할 수 있다. 그리고 좀 거칠게 말하자면 발산미는 교에 가깝고 수렴미는 졸에 가깝다고 할 수 있다. 전자가 아름다움을 밖으로 발산하기 때문에 기교가 발달한 것으로 보이는 반면 후자는 그 아름다움을 안으로 감추고 있기 때문에 왠지 서툰 듯이 보인다. 실제로 많은 사람들이 서양문화를 선진적인 것으로, 동양문화를 낙후된 것으로 여긴다.

사실 과학기술은 선진과 낙후가 있지만 문화는 절대 객관적인 우열이 있을 수가 없다. 아름다움은 제각각 취향이 다르기 때문에 더욱이 객관적으로 비교하기 어려운 것이다. 물론 동일한 집단 내에서는 아름다움에도 어느 정도의 보편적인 기준을 공유할 수 있다. 그래서 서양미학의 발전에 많은 공헌을 한 칸트는 미적 판단은 취미판단에 속하기 때문에 완전한 객관성을 보장할 수는 없지만 상호 간의 타당성, 즉 공통의 타당성을 가질 수는 있다고 주장하였다. 그러나 그것은 어느 정도의 보편성일 뿐, 절대적인 것은 아니다. 더군다나 집단이 서로 다르다면 장자가 의문을 제기하였듯이 절대적인 기준이 있을 수가 없다.

그럼에도 많은 동양인들이 알게 모르게 문화의 영역에서도 서양에 비해 열등하다고 느끼는 것은 왜일까? 그것은 우리가 근대 이후 서양의 과학기술문명의 위력에 압도되어 주눅이 들어 문화 영역의 아름다움이란 영역에서도 그들이 만든 관점을 좇아가기 때문일 것이다.

이제는 주체성을 찾아야 할 때이다. 그냥 겉으로 보면 서양은 교, 동양을 졸일지도 모른다. 그러나 좀 더 깊게 보면 그 졸은 단순한 졸이 아니라 대교약졸의 졸일 수 있다. 굳이 서양에 대한 동양의 우월성을 외칠 필요는 없다. 어차피 아름다움에는 절대객관적인 기준이나 서열 따위는 존재하지 않기 때문이다. 그러나 적어도 우리 자신의 장점에 대해서는 자각해야 하지 않겠는가?

화려미와 소박미, 다채미와 단순미, 농염미와 평담미, 집중된 통일미와 분산된 통일미, 전경을 부각시키는 아름다움과 배경과의 조화미, 그리고 이 전체를 아우르는 말로서 발산미와 수렴미, 이들은 서양문화와 동양문화의 차이점을 이해하는 데 매우 중요한 코드들이다. 이들을 나침반으로 삼아 이제 동서 문화의 각 영역들에 대한 탐사를 시작해보자. 종교, 철학, 문학, 회화, 음악, 건축 서로 다른 영역들이지만 그 속을 흐르는 공통된 특징을 쉽게 발견할 수가 있을 것이다.

3장

거룩한 기독교와
범속한 유교

유교는 동아시아문화의 중심축이고 그 영향력도 가장 심대하다. 서구
문명이 물밀 듯이 들어오면서부터 위세가 극도로 추락했지만 지금도 동
아시아인들의 사고방식과 행동양식 곳곳에 뿌리 깊게 남아 있다. 유교는
중국문화, 그리고 동아시아의 문화를 좀 더 깊게 이해하기 위해서는 반드
시 넘어야 할 산이다.

유교의 특징을 제대로 알기 위해서는 다른 종교와의 비교가 필요하다.
타자의 거울을 통해서 자신의 모습을 더욱 잘 볼 수 있기 때문이다. 전통
적으로 유교의 비교 대상은 도교와 불교였지만 나는 기독교와 비교하려
고 한다. 기독교와 유교를 비교하는 글이 간혹 없었던 것은 아니지만 화
광동진과 대교약졸의 관점에서 비교하는 것은 이 책이 처음일 것이다.

예수와 공자, 기독교와 유교를 논하기 전에 먼저 유교가 종교냐 아니냐

에 대한 논쟁을 살펴보고자 한다. 만약 유교가 종교가 아니라면 기독교와의 비교는 어불성설이기 때문이다. 이 문제는 종교에 대한 전통적인 통념으로 보았을 때 논란이 분분하지만, 화광동진의 새로운 관점에서 볼 때는 답은 명료하다. 유교는 분명 종교이다.

이어서 화광동진의 관점에서 예수와 공자의 삶을 비교하고 대교약졸의 관점에서 기독교와 유교의 아름다움을 비교해 보겠다. 첫 장에서 화광동진과 대교약졸은 같은 논리 구조라고 설명하였다. 이 장을 읽고 나면 화광동진과 대교약졸의 논리적 유사성이 더욱 구체적으로 이해가 될 것이고, 유교의 특징을 새로운 관점으로 바라볼 수 있을 것이다.

유교는 과연 종교인가?
학문에 불과한가?

'종교'라는 말 자체가 문제가 많은 말이다

현재 우리가 사용하는 종교라는 말은 정치, 경제, 사회, 문화, 예술, 문학 등등의 용어 대부분이 그러하듯이 메이지시대에 일본인들이 서양의 용어를 한자로 옮기면서 만든 일본식 한자어이다. 원래의 용어인 'religion'은 라틴어에서 나온 것인데 그 본래의 의미에는 두 가지 뜻이 있다. 하나는 '삼가 경의를 표하다'는 것이고, 하나는 '다시 결합하다'는 것이다. 전자에는 인간보다 위대한 절대적인 존재에 대해 경의를 표한다는 의미가 담겨 있고, 후자에는 신과 분리된 인간이 다시 신과 결합하게 된다는 의미가 담겨 있다. 기독교 문화권에서 나온 말이기 때문에 그 속에는 자연 기독교적인 의미가 많이 들어 있다.

그런데 일본인들이 택한 '종교宗敎'라는 한자어는 원래 불교에서 나온 말이다. 불교의 『능가경楞伽經』에서는 어떠한 언어나 형상으로도 표현할 수 없는 석가의 근본 깨달음을 '종'이라 하고, 중생을 깨달음으로 인도하기 위한 여러 가지 방편의 가르침을 '교'라고 풀이하였다. 물론 이 말들은 인도의 산스크리트어를 한자로 옮기면서 사용하였던 것이다. 1600여 년 전에 중국인들이 인도 말을 한자로 옮겼던 말을 100여 년 전에는 일본인들이 서양어를 번역하는 데 사용하였던 것이다. 원전의 의미를 떠나서 한자의 뜻 자체로만 풀이하면 '으뜸가는 가르침' 정도가 될 것이다.

종교학이라는 학문 자체가 서양에서 출발한 것이므로 초기 종교의 정의 속에는 그들의 종교인 기독교의 기준이 많이 들어 있다. 예를 들면 초기의 종교학계에서 내린 종교의 정의를 보면 초월적 절대자에 대한 신앙이 있느냐 없느냐, 사후세계에 대한 신념체계가 있느냐 없느냐, 신성함이나 외경의 감정을 자아내는 기제가 있느냐 없느냐 등의 기준들을 제시하고 있는데 모두 기독교를 표준으로 삼은 것이다.

그러나 문화적 배경에 따라 워낙 다양한 개성을 지닌 세계의 여러 종교들을 연구하게 되면서 지금은 종교에 대한 정의가 훨씬 포괄적이고 모호하게 되었다. 그래서 근래 종교학계에서는 종교에 대한 명확한 정의를 내리는 작업 자체를 꺼려하기도 한다. 종교라는 말은 이래저래 참으로 문제가 많은 말이다.

유교의 종교성에 대한 태도는 극과 극이다

그러면 유교는 종교일까, 아닐까? 유대교, 기독교, 이슬람교, 불교, 힌두교 등이 종교라는 것에 대해서는 대부분 별다른 이의를 제기하지 않는다. 그러나 유교가 종교인가에 대해서는 사람마다 설이 분분하고 심지어 유교를 본격적으로 연구하는 사람들 사이에서도 견해가 통일되지 않는다.

근래 중국에서도 유교가 종교냐 아니냐의 논쟁이 한창이다. 런지위任繼愈는 유교는 분명 종교사상이며 특히 송명대의 신유학에 이르러서는 확실한 종교적 면모를 갖추게 되었다고 주장하였으며, 장다이녠張岱年, 펑여우란馮友蘭 등은 송명대의 신유학은 부분적으로 종교적 면모를 지니고 있지만 기본적으로는 종교가 아니라 철학사상임을 강조하였다. 이에 따라 많은 사람들이 양 진영으로 나뉘어 유교 종교논쟁을 계속하고 있다.

유교가 종교인지 아닌지에 대해 처음으로 문제를 제기한 사람들은 사실 17세기 이후 중국에서 활약한 예수회의 마테오 리치를 비롯한 여러 계파의 서양선교사들이었다. 공자나 조상에 대한 제례행위를 종교적 행위로 볼 것인가 아닌가가 논쟁의 주안점이었다. 마테오 리치는 보다 폭넓은 선교를 위해 유교는 종교가 아니고 따라서 그들의 제례행위는 우상숭배를 금하는 기독교의 교리와 충돌하지 않는다고 주장하였다. 이에 비해 도미니크회와 프란체스코회의 선교사들은 유교는 종교이므로 유생이 그리스도교인이 되려면 그들의 제례행위를 포기해야 한다고 주장하였다.

이 논쟁은 서양의 기독교 선교사 내부에서 유교를 어떻게 볼 것인가의 논쟁에 불과하다. 중국인들 스스로는 종교성 담론 자체에 관심이 없었다. 그런데 서세동점西勢東漸의 추세 속에서 서양의 학술개념이 중국에 대거 유입되면서 중국인 스스로도 종교에 대한 개념을 정의하지 않을 수 없게 되었다.

1893년 미국 시카고에서 만국박람회와 아울러 만국종교회의가 열렸을 때 중국대표로 참여한 팽광예彭光譽는 유교는 종교가 아니라 학문이며 유교 이전 시대의 무속신앙과 후대에 나온 도교 및 불교는 종교에 속한다고 주장하였다. 그의 주장은 당시 중국인들의 종교에 대한 관념과 유교에 대한 자부심을 잘 보여준다. 그들의 관점에서는 기독교, 불교, 도교 등의 종교는 무속신앙과 같이 미개하고 저급한 것이고 유교는 고상한 학술이었던 것이다.

그러나 바로 이듬해에 청일전쟁에서 패한 뒤 서구과학기술의 위력을 절감하고 중국이 강해지기 위해서는 정신적으로도 떨치고 일어나야 한다는 주장들이 나오게 되었다. 이에 서양의 기독교와 같은 종교가 필요하다고 생각하는 사람들이 출현하게 되었다. 무술변법戊戌變法의 주도자였던 강유위康有爲가 바로 그 대표적인 인물이다.

그는 유교를 종교화하기 위해 공자를 인류 최고의 교주이자 신명성왕神明聖王이라고 치켜세웠다. 신성하고 밝고 성스러운 왕이라는 뜻이다. 그리고 유교라는 명칭도 아예 기독교를 흉내 내어 공교孔敎로 바꾸었다. 기독교라는 명칭은 중국인들이 그리스도의 발음을 따서 번역한 지리쓰두基利斯督에서 가운데 두 글자를 생략하고 '교' 자를 붙인 것이다. 참고로 기독교라는 용어는 현재 우리나라에서는 개신교를 가리키는 말로 많이 쓰이지만 원래는 가톨릭교를 지칭하던 말이다. 강유위는 서양의 기독교가 교주를 지칭하는 말에서 나온 것이기 때문에 유교도 교주인 공자를 내세워 공교로 바꾸어야 한다고 생각하였다. 아울러 기독교를 모방하여 여러 가지 교회의 조직도 만들고 새로운 종교의식도 창안하였다.

그 뒤 유교의 종교논쟁이 활발하게 전개되었다. 강유위의 제자인 양계초梁啓超는 처음에는 스승의 주장을 적극 따랐으나 변법이 실패하고 나자 유교가 종교가 아니라는 쪽으로 선회하였다. 비슷한 시기에 채원배蔡元培도 처음에는 유교가 종교라고 주장하였다가 신해혁명 후 초대 교육부장관에 부임하면서 반대쪽으로 선회하였다. 이후 당시 신지식인 대부분이 유교는 종교가 아님을 적극 주장하자 대세는 유교는 종교가 아니라는 쪽으로 확실히 기울었다. 그 뒤 유교는 봉건시대의 유물로 지목당하면서 아예 관심 밖으로 밀려날 정도로 몰락하고 말았다. 근래 '유교 종교논쟁'이 다시금 불이 붙었지만 여전히 유교는 종교가 아니라고 보는 세력이 더 많은 편이다.

우리나라에서도 구한말부터 유교개혁론을 중심으로 유교에 다양한 논쟁들이 진행되었다. 성리학의 전통에 바탕을 두면서 유교 조직의 새로운 변화를 추구하였던 사람들도 있었고, 성리학의 한계를 비판하고 그 대안으로 양명학을 적극적으로 수용하여 유교를 개혁하려는 사람들도 있었고, 강유위의 주장을 적극적으로 지지하면서 그와 직접 교류하면서 유교를 종교화하려는 사람도 있었고, 성리학은 반대하였지만 유교 전통을 민족정신의 기반으로 인식하며 유가사상의 개혁을 추구하였던 사람들도 있었다.

이들은 대체로 서양근대문물에 대해 어느 정도 이해를 지니고 있으며 정도의 차이는 있지만 유교를 종교로 인식하는 경향이 강하다. 유교개혁의 이론적 배경으로는 강유위의 영향을 많이 받았다. 그러나 이러한 여러 갈래의 유교 종교화 운동은 결과적으로 모두 실패했고, 중국에서와 마찬가지로 유교는 서서히 고사되어갔다.

1995년 11월 28일 한국 유교의 총본산인 성균관 유도회는 유교제도개혁이 중심이 되는 종헌을 제정하였는데, 그 골자는 "유교의 종교화 선언"이라고 할 수 있다. 일단 명칭을 "성균관 유교회"로 바꾸었고 공자를 기독교의 예수나 불교의 석가와 같은 교주로, 『사서오경』을 『성경』이나 『불경』에 비견할 수 있는 경전으로 삼겠다고 한 것이다. 약 한 세기 전 중국과 한국에서 실패한 유교 종교화 운동을 다시 시도한 것이다.

초월적 성스러움의 오라가 부족한 유교

그러나 이렇게 스스로 종교임을 천명하였음에도 많은 사람들은 유교는 하나의 학문, 관습, 윤리도덕 등에 속하는 것이지 종교가 될 수 없다고 생각한다. 『침묵의 종교, 유교』의 저자인 가지 노부유키加地伸行는 불교나 그리스도교나 유교나 모두 심층에는 종교성, 표층에는 도덕성을 지니고 있는데 불교나 그리스도교에 대해서는 종교로 여기고 유교는 도덕이라고 여기는 것은 선입관 때문이란 주장을 하고, 그것은 중국철학연구자나 학자들의 잘못이라고 말한다. 그러나 나의 관점으로는 대중이 그런

선입관을 가지게 된 것은 그만큼 유교의 종교성이 약하기 때문이다.

근래에 나온 종교 관련 저서들은 대부분 유교를 하나의 종교로 다루고, 우리나라에서도 공식적으로 유교를 종교로 인정하고 있다. 그럼에도 아직도 많은 사람들이 유교가 종교라는 말에 고개를 갸우뚱하는 것은 무엇 때문일까? 여기에는 유교의 성격에 대한 문제로부터 종교의 정의에 대한 문제에 이르기까지 다양하고 복잡한 설들이 있을 것이다. 그러나 유교에는 초월적 성스러움의 오라가 부족하다는 것이 가장 근본적인 원인이 아닐까 싶다.

독일의 신학자이자 종교학자인 루돌프 오토가 20세기 초에 저술한 『성스러움의 의미』에서는 모든 종교들의 가장 핵심이 되는 것은 '누멘적 감정 Numinose'이라 하고, 만약 이것이 없다면 어떤 종교도 가히 종교라 부를 수 없을 것이라고 하였다. 누멘적 감정이란 초월적이고 신비적인 대상을 접할 때 나타나는 성스러운 감정이다. 오토는 누멘적 감정들을 여러 각도로 분석하여 절대적 존재 앞에 선 미미한 피조물의 감정, 전율, 압도, 활력성, 신비로움, 매혹, 어마어마함, 장엄성 등을 들고 있는데, 한 마디로 요약하자면 기독교적 관점에 바탕을 둔 초월적 성스러움이라고 할 수 있다. 그의 주장은 후대 종교학계에도 큰 영향을 미쳤으며 이런 영향으로 일반 사람들도 알게 모르게 종교란 모름지기 초월적 성스러움이 있어야 한다는 생각을 하게 되었다.

유대교, 힌두교, 기독교, 이슬람교, 불교, 도교 등 대부분의 종교를 살펴보면 모두 일상의 범속함을 넘어서는 초월적 성스러움의 오라가 배경에 깔려 있다. 신, 예언자, 신의 독생자, 아바타, 대각자, 신선 등은 범인이 근접할 수 없는 성스러움의 빛을 강렬하게 발산한다. 근래에 인터넷 용어로 많이 쓰이고 영화제목으로도 쓰였던 '아바타'라는 말은 원래 힌두이즘의 전문용어로 인간의 옷을 입고 태어난 성스러운 신의 화신을 가리키는 말이다.

이렇게 강력하게 초월적 성스러움의 오라를 발산하는 대상이 있을 때 성직자나 수도자들은 그것들에게 제례나 예배를 행하면서 그 오라에 의지하거나 수도를 통하여 그 오라를 직접 체득하려고 한다. 그리고 신도들 대부분은 그 성스러움의 오라에 의지해서 마음의 평화와 위안을 얻기도 하고 내세와 현세의 복락을 기원하기도 하는 것이다.

이에 비해 공자에게서는 대철인의 향기라면 몰라도 초월적 성스러움의 빛을 기대하기는 어렵다. 따라서 그의 가르침에서 윤리와 도덕을 배울 수 있고 삶의 지혜를 얻을 수는 있지만, 기복과 평안을 기대하기가 어려운 것이 사실이다. 최근 유교가 종교냐 아니냐를 두고 펼치는 논쟁에서 유교가 종교임을 주장하는 사람들이 여러 가지 학문적·논리적 근거를 바탕으로 확신의 목소리를 높이고 있음에도 다수의 공감을 얻지 못하는 것도 바로 이 성스러움의 오라가 결여된 것이 주된 원인이 아닐까 생각된다.

그러나 만약 성스러움에 대한 관념이 바뀐다면 어떨까? 당연히 유교의 종교 논쟁도 양상이 크게 바뀔 수밖에 없을 것이다.

시대에 따라 달라지는 성스러움의 기준

종교학자 미르치아 엘리아데는 가장 원시적인 것에서부터 가장 고도로 발달된 것에 이르기까지 종교의 역사란 성현聖顯으로 구성되어 있다고 말한다. 성현이란 히에로파니hierophany의 번역어로 '거룩한 것이 드러나는 사건'을 가리키는 말이다. 그만큼 성스러움이란 종교에서 가장 중요한 핵심적인 요소이다.

그런데 성스러움은 고정불변의 것이 아니라 지역에 따라 다르고 시대의 변천에 따라 조금씩 변해왔다. 앞에서도 잠시 언급하였듯이 중국인들에게 성스러움은 다른 지역에 비해 현실의 정치와 아주 관련이 많다. 고대 원시 종교시대의 사람들은 자연물이나 자연현상으로부터 힘과 두려움을 느꼈고 그것들을 성스러움의 대상으로 경배하기도 하였지만, 소위 말하는 고등 종교시대에 이르러서는 보다 고차원적인 대상, 예컨대 신, 신의 화신, 대각자 등을 상정하고 그것이 성스러움의 근원이라고 여기게 되었다.

지금의 고등 종교들은 대부분 칼 야스퍼스가 말한 축의 시대에 형성된 것이다. 축의 시대란 현재 인류 문명의 주축이 되는 아주 중요한 시대라는 뜻으로 기원전 500년을 기점으로 전후 300년간, 대략 기원전 8~2세기를 가리킨다. 야스퍼스에 따르면 이 시기 중국에서는 공자와 노자를 비롯한 제자백가, 인도에서는 석가와 우파니샤드의 종교사상가, 이란에서는 배화교의 창시자 조로아스터, 팔레스타인에서는 엘리야, 이사야, 예레미야, 제2이사야 등의 예언자들, 그리스에서는 호머와 여러 비극시인들, 그리고 플라톤을 위시한 철학가들이 등장하여 상호 아무런 교류 없이 사상의 대폭발을 일으켰는데, 이때 형성된 사상들이 이후 절대적인 영향을 끼치게 되었다는 것이다.

왜 하필이면 그 시기에 사상의 대폭발이 있었던 것일까? 당시는 문명의 대변혁기로 조그만 지역 단위의 도시국가들이 통합되면서 점차 강력한 고대제국으로 나아가는 과도기였다. 이에 따라 종교와 사상에서도 변화가 요구되었다. 부족이나 자그마한 지역 단위를 기반으로 발달한 원시적인 부족 종교나 윤리로는 급변하는 새로운 사회환경에 적절히 대응할 수가 없었다. 보다 넓은 세계와의 교류를 통해 사람들의 세계관이나 가치관, 인생관에서도 심원한 변화가 일어났으며, 이에 따라 보다 보편적인 세계관과 심오한 인생관을 지닌 새로운 종교가 필요하였고, 성스러움에 대한 관점도 크게 바뀌게 되었던 것이다. 그리고 그때 형성되었던 고등 종교의 성스러움은 오랜 세월을 거치면서 약간의 변화는 있었지만 지금에 이르기까지 기본적인 틀에는 큰 변화가 없다.

그러다 근대 이후 과학기술의 발달과 민주주의의 성장으로 인류의 삶의 양식과 의식수준에 큰 변화가 일어나게 되었다. 특히 교통과 통신의 발달로 근대 이전까지 여러 개로 나뉘어 있던 문명권이 하나로 통합되면서 사람들의 세계관, 인생관, 가치관도 이전과는 비교가 되지 않을 정도의 커다란 변화가 진행되고 있다. 그래서 혹자는 제2의 축의 시대가 시작되었다고 말한다.

인류 의식의 획기적인 진보에 따라 종교적 성스러움에 대한 관념도 점차 바뀌고 있다. 가장 큰 변화는 과학적·합리적 사유능력의 발달로 신화적·초월적 성스러움이 설 자리가 점차 줄어들고 있다는 것이다. 물론 오랜 세월 사람들의 의식세계를 지배해왔던 그것이 갑작스럽게 세력을 잃지는 않겠지만, 그 권위가 점차 떨어지고 있는 것은 사실이다.

그러나 종교가 사라질 수 없듯이 성스러움 자체가 사라지지는 않을 것이다. 다만 시대정신의 영향으로 성스러움의 성격은 크게 바뀌지 않을 수가 없다. 그 방향은 저 하늘의 영역에만 머물러 있던 성스러움이 점차 이 땅의 현실과 만나면서 성과 속이 통합된 새로운 차원의 성스러움으로 나아가는 쪽이다.

이러한 변화는 노자의 화광동진과 일맥상통하는 측면이 있다. 즉 초월성의 빛을 감추고 다시 일상성과 동화해야 한다는 화광동진의 주장은 신화적·초월적 성스러움을 넘어 합리적·일상적 성스러움으로 나아가려는 현대 종교계의 새로운 흐름과 일치되는 부분이 있다는 말이다. 물론 노자가 미래의 종교가 나아갈 길을 예측하고 화광동진을 언급했을 리는 만무하다. 그러나 2500년 전 축의 시대에 살았던 한 지혜로운 늙은이가 말한 화광동진이라는 구절이 현대 종교계에서 일어나고 있는 새로운 변화의 흐름을 적절히 표현해주고 있는 것은 사실이다. 여기서는 초월성과 일상성의 통합을 크게 세 가지 관점에서 나누어 살펴보기로 하자.

신화적 성스러움에서 인간적 성스러움으로

우선 첫 번째로 들 수 있는 것은 그 종교의 교주에게서 우러나오는 성스러움의 오라이다. 대부분 종교에서 교주는 범인이 근접할 수 없는 지극히 초월적인 성스러움을 지니고 있다. 예수는 동정녀의 몸을 빌려 태어난 독생자라 하고, 석가 또한 옆구리에서 태어나자마자 일곱 발자국을 걸으면서 천상천하유아독존을 외쳤다고 한다. 이러한 신화적인 성스러움은 근대 이전에는 자연스러운 것이었으며, 그들은 이를 통해 그들의 교주를 절대적인 신앙의 대상으로 삼거나 최고의 경의를 보낼 수 있었다.

그러나 합리적 계몽주의가 흥기한 이후 절대적인 경외감을 불러일으키는 초월적이고 신화적인 성스러움에 대해 회의를 제기하는 사람들이 나타나기 시작하였으며, 새로운 차원의 보다 일상적이고 인간적인 성스러움을 발견하려는 움직임이 일어났다. 여타 다른 종교에 비해 교주의 초월적 성스러움을 각별히 강조하는 기독교 신학계에서도 18세기부터 합리성을 바탕으로 실제 예수의 삶을 규명하려는 움직임이 일어났다. 그래서 예수가 행한 수많은 기적들은 역사적 사실이 아니라 제자들의 믿음의 기록이라는 주장도 나오게 되었다. 예수의 진정한 성스러움은 초월적인 기적에 있는 것이 아니라 자기희생과 사랑에 있음을 강조하는 주장도 나타나게 되었다.

붓다 또한 마찬가지이다. 과거 붓다의 전기는 신화와 초월적 성스러움으로 가득 차 있었지만, 근래에는 대승불교의 경전에 등장하는 신화화된 붓다보다는 초기 불교경전에 나타나는 인간적인 모습의 붓다를 그려내는 것들도 많다. 그리고 민중 불교적 관점에서 당시의 역사적 현실 속에서 고통 받는 민중과 함께하며 그들을 삶의 질곡으로부터 벗어나게 하기 위해 노력하는 개혁가로서의 붓다의 모습을 그려내는 시도도 있다.

물론 전체적으로 볼 때는 아직도 주류는 고전적인 성스러움에 머물러 있다. 그러나 현실과는 아주 먼 거리에 있는 초월적인 성스러움이 아니라 현실에 발을 디디고 있으면서도 성스러움을 머금고 있는 새로운 차원의 성스러움을 부각시키는 시도들이 등장하고 있다는 것 자체가 성스러움에 대한 관념의 변화를 예고하고 있다. 앞으로의 시대는 성과 속을 통합한 '화광동진'의 새로운 차원의 성스러움이 더욱 강한 호소력으로 다가오는 시대가 될 것이다.

집단주관적 우주론에서 보편적인 우주론으로

　　두 번째로 들 수 있는 것은 주관성과 객관성의 통합의 문제다. 앞의 문제가 교주의 성스러움의 문제였다면 이것은 우주론의 성스러움에 대한 문제이다. 지금까지 종교적 우주론의 핵심을 이루는 것은 주로 초월적인 존재 내지는 궁극적 실재에 대한 개념들이다. 하나님, 브라만, 공, 도, 천 등이 바로 그것이다. 그리고 그것을 중심으로 이 우주가 어떻게 만들어졌으며 어떤 요소로 구성되어 있는가, 그리고 그 속에서 우리의 삶은 어떤 가치를 지니고 있는가 등등이 종교적 교리체계로 정리되어 있다. 이러한 초월적 존재에 대한 우주론은 사람들로 하여금 강력한 성스러움을 불러일으킨다.

　근대 이전까지 이러한 종교적 우주론은 절대적인 권위를 지니고 있었다. 특히 하나의 종교가 그 사회를 온전히 지배하고 있었던 중세 유럽에는 더욱 그러하였다. 기독교는 당시 절대적이자 보편적인 진리였다. 다른 종교에서도 강도의 차이는 있겠지만, 자신들의 종교적 우주론을 보편적이고 절대적인 진리로 확신하였다. 근대 이후 자연과학이 발달하고 인간의 합리적 이성이 발달하게 되자 이러한 확신은 점차 희석되기 시작하였다. 그러나 아직까지도 종교를 믿는 많은 사람들은 자신들의 종교적 우주론을 절대적인 진리로 확신하는 경향이 있다.

사실 그것들은 객관적 진리가 아니다. 그것은 집단주관적인 진리이다. 집단주관이란 어느 한 개인의 주관이 아니라 전체 집단의 구성원들이 공유하고 있는 주관이다. 집단주관은 그 규모가 커질 때 흔히 절대적인 진리로 여겨지기 쉽다. 예수의 독생자설, 천국의 영생복락과 지옥의 영원한 형벌 등은 기독교 내에서는 절대적인 진리이지만 다른 종교에서는 진리가 될 수가 없다. 마찬가지로 윤회나 서방정토에 대한 이야기도 불교적인 집단주관이다.

지금 인류는 이 세계의 영역, 특히 자연과학적 영역에 대해서는 어느 정도 보편적이고 객관적인 진리에 이르렀지만 초월적 세계의 영역에 대해서는 여전히 집단주관으로 나뉜 세계관을 지니고 있다. 그러나 우리가 알아야 할 것이 있다. 초월적 세계관도 결국은 현실 세계에 대한 인식과 이해를 바탕으로 출발하였다는 것이다. 지금은 낡아 보이는 기존 종교의 세계관도 당시에는 그 문화권에서 나온 최고의 과학적인 인식과 이해를 바탕으로 이루어진 것이다.

근대 이후 자연과학의 발달은 놀라운 것이며, 그 위력에 의해 여러 개로 나뉘어 있던 자연의 현상에 대한 설명들은 이미 하나로 통합되고 말았다. 이제는 오랫동안 각 문명권에서 절대적 지지를 받아온 초월적 세계의 우주론도 커다란 변화의 기로에 서 있다.

물론 종교와 과학의 영역은 서로 다르기 때문에 어느 정도 관점의 차이가 있는 것은 당연한 일이다. 또한 과학이 아무리 발달한다 해도 결코 해결할 수 없는 영역도 있다. 그러나 우주는 하나이다. 가시적인 현실 세계와 비가시적인 초월 세계가 터무니없이 차이가 난다는 것에는 분명 문제가 있다. 이제는 전체를 통괄하는 한 차원 더 높은 세계관을 모색할 때이다. 그 전에 적어도 집단주관적 진리를 보편적 혹은 절대적 진리라고 착각하는 오류부터 먼저 극복해야 할 것이다.

내면세계에 치우친 수도에서 현실과 소통하는 수도로

마지막으로 거론할 것은 내면적 수양과 사회적 실천의 통합이다. 이것은 주로 수양론과 관련된 문제이다. 대부분 종교에는 각각의 우주론에 따라 자신들이 추구하는 궁극적 실재를 체득하거나 그 향기를 맛보게 하는 방법들이 있다. 본격적으로 그 궁극적 실재를 체득하려고 하는 소수의 전문 수도자들을 위해서는 명상법들이 있고, 본격적인 수도를 하기 어려운 일반 대중을 위해서 의례나 기도행위가 있다.

유대교에는 고대의 선지자들로부터 시작해서 현재의 랍비들 사이에서도 행해지는 까발라라는 명상법이 있고, 기독교에도 초기 사막의 교부들로부터 시작해서 중세 수도원까지 이어졌던 묵상·관상의 명상법이 있고, 이슬람교에도 수피들의 명상법인 수피즘이 있고, 인도의 힌두교에는 다양한 종류의 요가 명상법이 있고, 불교에는 위빠사나, 화두선 등의 다양한 명상법이 있고, 도교에도 단학 명상법이 있고, 유교에도 나름대로 자기성찰 위주의 명상법이 있다. 그런데 유교를 제외한 대부분 종교의 명상법들은 주로 초월적인 세계의 체험을 지향한다. 본격적인 수도법인 명상법이 그러하기 때문에 제례의식이나 기도행위 또한 초월적인 성스러움의 오라를 느끼게 하거나 초월자에게 복을 구하는 것이 대부분이다.

이 책에서는 논의의 단순화를 위해서 본격적인 수양론인 명상을 중심으로 이야기를 진행하겠다. 대부분 종교의 명상법은 주로 초월적인 성스러움을 체득하는 것을 지향한다. 즉 내면으로 향한 수도에 경도되어 있다. 이렇게 내면적 초월성을 체득하는 데에 경도되어 있기 때문에 외면적인 일상의 삶에 대해서는 그다지 관심을 보이지 않는다. 일상과 조화를 이루는 인격을 함양하고 현실에서의 삶의 성취를 추구하기보다는 종교적 성스러움을 체득하는 것에 초점이 맞추어져 있다.

또한 현실 사회에 대해서도 그다지 관심을 보이지 않는다. 물론 종교가 현실사회로부터 벗어난 적은 없다. 오히려 정치적·경제적 권력을 장악하거나 권력으로부터 비호를 받아 권력과 공생하는 경우가 더 많았다. 그러나 수양론에서는 기본적으로 초월적 성스러움을 지향하기 때문에 현실 정치 내지는 사회적 문제와는 그다지 관련이 없었고, 본격적인 수도자들 또한 대부분 현실의 정치나 사회적 문제에 대한 관심이 부족한 편이었다. 초월적인 성스러움을 제대로 체현한 사람들은 이웃을 자신의 몸처럼 사랑하거나 동체대비의 심정으로 만물을 대하기도 한다. 그리고 자신들의 사랑과 자비를 실천하기 위해 현실로 뛰어들어 헌신적으로 봉사하는 경우도 많다. 그러나 그 기본 토대는 내면적 수도를 통해 체득한 초월성에서 나온 것이기 때문에 현실의 정치적·경제적·사회적 문제에 대한 구체적인 접근이 아니라 종교적 봉사에 그친다.

그러나 이제는 수양론 또한 현실과 좀 더 직접적인 관계를 가져야 한다. 하늘에만 머물러 있었던 성스러움이 땅으로 내려오려면 성스러움을 몸으로 체득하는 수양론 또한 변화하지 않을 수 없기 때문이다. 전통적으로 불교에는 "위로는 깨달음을 구하고, 아래로는 중생을 교화한다"라는 말이 있고, 기독교에는 "먼저 몸과 마음을 다해 하나님을 사랑하고 그다음에 네 이웃을 내 몸과 같이 사랑하라"라는 가르침이 있다. 이제는 중생을 교화하는 것이나 이웃을 사랑하는 행위를 고전적 성스러움의 차원에서 세상을 향해 종교적 사랑이나 자비를 베푸는 차원으로만 해석하지 말고 현대적 성스러움의 관점에서 이 사회의 정치적·경제적 모순이나 갈등을 해결하고 현실사회를 좀 더 사람다운 삶을 펼칠 수 있는 공간으로 만드는 것에 기여하는 것으로 바라볼 필요성이 있다.

근래에 이르러 비록 소수에 그치기는 하지만 현실사회의 정치적·경제적 개혁에 관심을 가지는 종교인들이 늘어났고, 산업사회의 공통적인 고민의 하나인 환경문제의 해결에 관심을 가지고 적극적으로 실천하는 종교인들이 늘어나고 있는 것은 바로 이러한 새로운 경향을 잘 대변하고 있다. 이제는 수양론에도 하늘과 땅을 통합해야 한다. 개인적인 차원에서 보아도 내면과 외면이 두루 닦일 때 비로소 더 높은 차원의 자아완성이 실현될 수 있을 것이고, 사회적 관점에서 보아도 개인의 수양이 사회적 실천으로 바로 직결될 수 있을 때 이 사회가 보다 바람직한 방향으로 나아갈 수 있을 것이다.

종교를 종교답게 만들어주는 성스러움에는 그 외에도 여러 가지가 있겠지만 위에서 언급한 교주, 우주론, 수도의 성스러움이야말로 핵심적 요소이다. 이것들이 변화할 때 종교에 대한 관점도 크게 바뀔 것이다.

성스러움에 대한 기존의 통념에서 바라보면 유교의 종교성 여부는 문제가 복잡하고 애매하다. 그러나 화광동진에 바탕을 둔 새로운 차원의 성스러움으로 보자면 유교는 의심의 여지없이 종교라 할 수 있고 어떤 면에서는 더욱 세련된 고등 종교라고 할 수 있다. 기독교와 비교해보면 더욱 명료하게 알 수 있다.

강렬한 성스러움의 예수,
성스러움을 감춘 공자

초월적 성스러움의 극치, 예수의 삶

공자와 예수는 여러 가지 면에서 지극히 대조적이다. 우선 삶
의 기록 자체가 너무나 확연하게 대비가 된다. 공자에 관련된 기록이 풍
부하고 대체로 역사적 사실에 가까운 데 비해, 예수와 관련된 기록은 제
자들이 남긴 4대복음서 외에는 거의 없고 그 내용도 역사적 기록이라기
보다는 종교적 믿음의 기록이다. 게다가 기록이 소략하고 내용이 서로 일
치하지 않는 부분도 많아 예수가 실제로 어떠한 삶을 살았고 무엇을 가르
쳤는지를 정확하게 재구성하기는 쉽지 않다.

현재까지의 연구에 따르면 예수는 대략 기원전 3년에 태어나서 기원후
30년에 죽었다고 한다. 출신지가 갈릴리 호수에서 그리 멀지 않는 나사렛
이기 때문에 흔히 나사렛의 예수로도 불린다. 예수는 출생부터가 신화적
이다. 정상적인 남녀의 교합으로 태어난 것이 아니라 성령으로 잉태됐다
고 한다.

대략 예수 사후 40년 후인 기원후 70년 전후에 나온 최초의 복음서 「마
가복음서」에는 하나님의 아들이라는 말만 나오지 '동정녀 설'은 없다. 그

러나 그 뒤로부터 대략 10~20년 뒤에 나온 「마태복음서」와 「누가복음서」에서는 탄생설화가 더욱 신비화되어 '동정녀 잉태설'이 등장하는 것은 물론이고 천사의 계시, 동방박사의 참배 등등도 가미된다.

오늘날 교회의 성탄절 행사에서 보는 예수 탄생의 이야기는 「마태복음서」와 「누가복음서」의 탄생설화를 뒤섞은 것이다. 사실 크리스마스 자체가 4세기에 기독교가 공인받는 과정에서 로마 태양신의 생일에 맞춘 것이다. 예수의 생일을 아는 사람은 아무도 없다. 게다가 산타클로스와 루돌프사슴 이야기는 한참 뒤에 가미된 것이다. 원래 종교란 그런 것이다.

위의 세 가지 복음서보다 좀 더 뒤에 나오고 이들과는 성격이 약간 다른 「요한복음서」에 이르러서는 아예 태초부터 하나님과 함께 있었다는 로고스론이 등장한다. 요한은 태초에 말씀이 있었는데 이 말씀이 하나님과 함께 있었고 이 말씀이 곧 하나님이라는 이론을 펼친 다음, 이 말씀이 육신이 되어 나타난 것이 바로 예수라는 주장을 내세웠다. 뒤로 갈수록 초월적 성스러움의 오라가 더욱 강렬해지는 것을 엿볼 수 있다. 「요한복음서」의 로고스론은 나중에 4세기 무렵에 이르러 아타나시우스에 의해 성부, 성자, 성신 삼위일체설로 확립된다.

이렇게 신의 아들로 태어난 예수는 30세에 세례요한으로부터 세례를 받고 광야에서 40일 동안 단식을 하며 사탄의 시험을 이긴 뒤 본격적으로 하나님의 나라를 선포하고 선교활동을 하기 시작한다. 그 뒤 3년 동안 소경을 눈뜨게 하고 죽은 자도 살리는 엄청난 치료의 기적을 행하고, 빵 다섯 개와 물고기 두 마리로 군중 4~5천 명을 먹인 오병이어五餠二魚의 기적도 행하고, 물 위를 걷고 파도를 잠잠하게 하는 등 수많은 기적을 행했다.

그러나 예수의 종교활동에 위협을 느낀 당시 기득권층이었던 제사장 그룹 사두개파와 율법학자 그룹 바리새파 사람들은 그를 로마정부에 넘겨 십자가에서 처형시켰다. 그가 행한 마지막 기적은 십자가에서 처형당해 죽은 뒤 사흘 만에 부활하는 기적이었다.

기독교인들이 가장 중시하는 기적은 역시 부활의 기적인데 이것 또한 복음서마다 약간씩 차이가 있다. 「마가복음서」에는 막달라 마리아를 위시한 세 여인이 예수의 무덤으로 갔다가 무덤을 막는 돌이 이미 옮겨져 있고, 무덤 앞의 흰 옷을 입은 청년으로부터 예수가 부활했다는 소식을 듣고 깜짝 놀라 무덤에서 도망치고 그 누구에게도 아무 말하지 못하는 것으로 끝난다. 참고로 엄밀한 문헌학적 고증에 따르면 원래의 「마가복음서」는 여기서 끝나고 뒷부분은 가필된 것이다.

그러나 나중에 나온 복음서에는 예수가 부활 후 여러 제자들 앞에 나타났으며, 심지어 많은 제자들과 더불어 식사도 했다고 기록하고 있다. 「요한복음서」에서는 부활을 의심하는 도마에게 예수가 손을 옆구리의 상처에 넣어 확인해보라는 말까지 한다. 그 의미는 예수의 부활이 단순한 시각적 환각이 아니라 실제의 사실임을 강조하는 것이다. 재미있는 것은 부활에 대한 기록의 양이 제일 많은 복음서가 가장 뒤에 나온 「요한복음서」란 사실이다.

신화적 사유에 바탕을 둔 초월적 성스러움이 지배적이었던 근대 이전의 기독교인들은 이에 대해 아무런 의심도 없었고, 또한 함부로 이의를 제기할 수도 없었다. 신성모독으로 단죄되어 화형장에서 사라질 위험성이 있었기 때문이다. 그러나 근대 이후 합리적 사유를 바탕으로 복음서를 새롭게 연구하는 풍토가 조성되면서 그의 기적에 대해 이의를 제기하는 사람이 나타났다. 18세기의 헤르만 라이마루스Hermann Samuel Reimarus와 19세기의 다비드 슈트라우스David Friedrich Strauss가 선두주자들이다. 이들은 복음서의 기록들은 제자들이 예수의 실제 모습을 기록한 것이 아니라 예수에 대한 그들의 관념을 기록한 것이라고 주장했다. 즉 희망사항을 기록했다는 말이다.

그 뒤 실제 예수의 삶의 모습을 추적하려는 노력은 계속되었는데, 아예 예수의 실존성조차 부정하는 극단적인 학설도 있다. 역사적 예수에 대한 저서들 중 돋보이는 것으로는 1991년에 존 도미닉 크로산John Dominic Crossan이라는 신학자가 쓴 『역사적 예수Historical Jesus』이다. 이 책은 방대한 학술적인 고증을 통해 예수를 지중해의 농부 출신으로 민중과 함께 호흡했던 종교혁명가로 묘사하여 전문 신학자가 아닌 일반인들에게도 큰 반향을 불러일으키며 베스트셀러가 되기도 했다. 그러나 이 책은 아직은 주류 신학계에서는 그다지 인정받지 못한다. 세계신약학회 회장을 역임한 제임스 던James D.G. Dunn이 2003년에 저술한 『예수와 기독교의 기원Jesus Remembered』에서는 기존의 역사적 예수 연구의 한계를 비평하면서 결국 예수에 대한 기록은 복음서밖에 없으며, 그것이 비록 제자들의 기억에 따른 것이지만 신앙인들에게 가장 의미가 있는 것은 역시 기억된 예수임을 강조한다.

나는 제자들의 기록이나 기억은 스승의 가르침과 무관할 수 없다고 생각한다. 예수가 정말 평범한 삶을 살았고 제자들에게 일상성을 강조했다면 제자들이 그렇게 기록했을 리 만무하다. 그는 실제로 매우 강렬한 초월적인 성스러움의 오라를 발산했으며 그것이 제자들에게 강력한 영향을 미쳤기 때문에 반세기도 안 되는 짧은 세월 속에 그의 생애는 초월적 성스러움으로 가득 차게 되었던 것이 아닌가 생각한다.

예수가 말한 하나님의 나라

예수의 가르침은 크게 둘로 나눌 수 있다. 하나가 사랑이고, 하나는 하나님의 나라이다. 예수는 이웃을 자신의 몸같이 사랑하고 원수조차 사랑하라고 가르쳤다. 그는 말이 아니라 실제 온몸으로, 온 삶으로 사랑을 실천했다. 자신을 따르는 제자들이나 민중만이 아니라 자신을 십자가에 못 박은 사람들조차도 사랑으로 용서했다. 그의 아가페적인 사랑은 제자들에게 깊은 감동을 주었으며 기독교를 세계종교로 발전시키는 데 결정적인 공헌을 했을 것이다. 그래서 사도 바울도 믿음, 소망, 사랑 중에 제일은 사랑이라고 강조했던 것이다.

사랑에 대한 강조는 기독교의 얼굴이다. 이에 대해서는 아무런 이론의 여지가 없다. 문제는 하나님의 나라에 대한 가르침이다. 광야의 단식을 마친 뒤 예수가 대중을 향해 펼친 첫 번째 가르침은 "회개하라, 하나님의 나라가 가까이 왔느니라"이다. 하나님의 나라, 즉 천국은 예수 가르침의 핵심으로 다양한 비유와 다양한 표현방식으로 여러 차례 나타난다. 논리적 설명이 아니라 대부분 비유의 방식으로 설교되었기 때문에 후대 다양한 해석과 논란을 낳기도 했다.

근대 이전에 하나님의 나라는 당연히 초월적인 세계를 가리키는 말로 해석되었다. 그러나 근대 이후 예수의 가르침에서 합리성을 찾으려는 많은 사람들은 예수가 말한 천국이란 무조건 미래에 도래할 세계 혹은 저 높은 하늘에 있는 초월적인 세계만을 가리키는 것이 아니라 바로 지금 여기 우리의 마음속에 있는 세계를 가리키는 것임을 강조한다.

예를 들어 「누가복음서」에서는 하나님의 나라가 어느 때에 임하느냐고 묻는 바리새인들의 질문에 예수는 "하나님의 나라는 볼 수 있게 임하는 것이 아니요, 또 여기 있다 저기 있다고도 못하리니, 하나님의 나라는 너희 안에 있느니라"라고 답한 것이 좋은 예이다. 그리고 「마태복음서」에 나오는 유명한 산상수훈의 첫 번째 가르침인 "심령이 가난한 자는 복이 있나니 천국이 그들의 것임이요"라는 구절도 천국이 바로 지금 여기 우리의 마음에 있음을 시사하는 좋은 예이다. 그리고 1947년 이집트의 나그함마디에서 발견된 외경 「도마복음서」에는 이런 설을 뒷받침해주는 구절이 더욱 많다. 이럴 경우 예수는 지혜의 교사로 볼 수 있다.

그러나 복음서 전체의 맥락으로 볼 때 하나님의 나라는 종말론과 더 많은 관련이 있다. 그렇기 때문에 그것이 오랫동안 정통 기독교의 교리로 자리 잡게 된 것이다. 한때 유명한 신학자였다가 나중에 아프리카의 성자가 된 슈바이처 박사도 예수는 사람들에게 마음의 평화를 가르치는 지혜의 교사가 아니라 천국의 도래가 임박했음을 외쳤던 종말론자였다고 주장한다. 이것이 훨씬 더 주류에 가까운 설이다.

복음서에 자주 등장하는 인자人子, 즉 사람의 아들도 표면적으로 볼 때는 인간성을 강조하는 말 같지만 사실 종말론과 관련 있다. 인자라는 말이 처음으로 등장하는 곳은 「다니엘서」이다. 옛날 「다니엘서」는 기원전 6세기 유대인들의 바빌론유수 시기에 기록된 것으로 여겨져 「에스겔서」 다음에 나오지만 실은 기원전 2세기에 나온 것으로 묵시록의 원조라고도 할 수 있다. 거기에 보면 기괴한 네 마리 짐승이 등장하고 인자 같은 이가 구름을 타고 하늘에서 나타나 옛적부터 항상 계신 이에게 나아가 권세와 영광을 받아 세상을 다스리는 장면이 나온다. 복음서에서는 예수 자신이 스스로를 인자라 칭하고 제자들에게 머지않아 인자가 구름 타고 오리라는 예언을 하는 것을 종종 볼 수 있다. 예수는 기원전 2, 3세기부터 유대 사회에 유행했던 묵시론적 종말론의 영향을 많이 받았던 것이다. 신약성서의 마지막이 요한계시록인 것도 바로 이 영향 때문이다.

사실 기독교 교리의 핵심이라 할 수 있는 종말론과 부활론, 그리고 천국과 지옥은 유대교 본래의 전통이 아니다. 원래 유대인들은 천국과 지옥, 종말과 부활의 개념 자체가 없었다.

초기 구약성서에 등장하는 스올sheol, 즉 음부陰府는 악인이 가는 형벌의 장소가 아니라 그리스신화의 하데스나 우리의 저승과 같은 개념으로 모든 망자들이 가는 곳이다. 그들은 사후세계보다는 현실세계를 더욱 중시했으며, 야훼의 실제적인 개념도 그들 민족의 번영을 약속하는 일종의 민족수호신에 가까웠다.

천국과 지옥, 종말과 심판, 그리고 육신의 부활 등은 조로아스터교의 사상이다. 유대인들이 조로아스터교에 접한 것은 기원전 6세기의 바빌론유수 시기이다. 유대인들을 해방시키고 예루살렘으로 돌아가 성전을 다시 짓도록 도와준 사람은 페르시아의 키루스 왕이고, 당시 페르시아의 국교는 조로아스터교였다. 사실 유대교가 하나의 종교로 자리를 잡은 것도 바로 바빌론유수시기 이후였다. 이렇게 축의 시대에 유대교에 스며든 조로아스터교의 사후세계관과 종말론은 기독교와 이슬람교에 결정적인 역할을 했다.

그러나 정작 유대인들의 사후세계관은 통일되지 않았으며 종말론과 부활론에 대한 신앙도 확정적이지 않았다. 왜냐하면 유대교에서 가장 중시하는 경전인 토라, 즉 모세오경인 창세기, 출애굽기, 레위기, 민수기, 신명기에는 이런 사후세계나 종말론에 대한 언급이 일절 없기 때문이다. 그래서 예수 활동 당시 대제사장 그룹이었고 가장 보수적인 사두개인은 사후세계 자체를 믿지 않았던 것이다. 토라 외의 예언의 전통도 인정하는 바리새파는 사후세계에 대한 신앙이 있었고, 비밀결사집단에 가까웠던 에세네파는 종말론의 신앙이 있었다. 현재 유대교에서도 사후세계관은 비교적 자유롭다. 12세기 전후에는 윤회에 대한 신앙이 유행하기 시작했으며, 특히 16세기의 위대한 유대신비주의자 이삭 루리아의 영향으로 윤회설은 큰 세력을 얻게 되었다.

현재 기독교의 핵심교리의 하나인 원죄설과 "예수 천당, 불신 지옥"설은 사실 예수의 가르침과도 거리가 멀다. 그것은 예수의 사후에 기독교인들을 핍박하다가 환영 속에서 예수를 받아들여 적극적인 전도자가 된 바울의 가르침이다. 아담과 이브가 타락하여 선악과를 먹었으므로 모든 인간이 원죄를 짓게 되었고, 오로지 속죄양이신 예수의 피에 의해서만 구원을 받을 수 있다는 것은 예수가 전혀 생각하지 못했던 바울의 독창적인 생각이다. 그리고 바울의 생각을 원죄설이라는 교리로 확정지어 예수를 믿지 않은 사람은 설령 죄를 짓지 않은 어린아이라 할지라도 모두 지옥에 간다고 주장했던 사람은 4~5세기에 활약했던 아우구스티누스이다.

바울은 기독교의 주요 교리를 만드는 데 결정적인 역할을 했을 뿐만 아니라 어떤 의미에서는 복음서의 방향에도 많은 영향을 미쳤다. 신약성서 중 최초의 문헌은 바울이 쓴 「데살로니가전서」로 최초의 복음서인 「마가복음서」보다 20년 앞선 기원후 50년 전후에 나왔다. 바울사상의 결정판이자 가장 말년에 나온 「로마서」 또한 기원후 50년대 말에 나온 것이므로 「마가복음서」보다 10년이나 앞선다. 바울은 종말론과 부활론에 대한 신앙이 확실했는데 그의 사상이 복음서에 영향을 미쳐 예수의 삶과 가르침을 변형시켰을 가능성을 배제할 수 없다.

아무튼 예수의 가르침은 신화적 초월성에 치우쳐 합리적 일상성이 상당히 결여되어 있다. 그것이 본래 예수의 육성인지, 아니면 제자들의 기억이 몇 십 년을 거치며 여러 사람에게 전달되는 과정에서 변형된 것인지, 아니면 초기 교회의 분위기가 만들어낸 신화인지는 아무도 모른다. 그러나 분명한 사실은 예수 아래에서 그러한 제자와 그러한 교회가 나왔다는 것이다. 물론 거기에는 예수에게서 뿜어나오는 강력한 초월적 성스러움의 오라가 큰 역할을 했을 것이다.

지상에서 영원으로 향하는 기독교의 명상

사람들이 종교에서 성스러움의 오라를 느끼는 데는 초월적 존재에 대한 경외심이나 교리에 대한 절대적인 믿음도 중요하지만 종교적 수도, 즉 명상 또한 무시할 수 없다. 사실 우리가 어떤 초월적 대상에 대해 믿음을 가지게 되는 데는 이성적 이유보다 감성적 끌림이 더욱 강하게 작용한다. 어떤 사람이나 단체가 발산하는 강력한 성스러움의 오라에 대해 일단 강력한 공명작용이 일어나기만 하면 거기서 주장하는 내용이 이성적으로 납득이 되지 않아도 별로 문제가 되지 않는다. 시간이 지나면서 잘 이해가 되지 않던 것들이 점차 오묘한 진리가 되고, 도무지 이해가 되지 않던 것들도 신비로운 섭리로 바뀐다. 명상은 바로 이러한 성스러움의 오라를 만드는 데 매우 중요한 역할을 한다.

원래 위대한 종교사상가들이나 교주들은 대부분 명상의 대가들이다. 유대교의 실제적인 창시자라고 할 수 있는 모세도 시나이 산에서 십계명을 받기 전에 40일 밤낮을 떡도 먹지 않고 물도 마시지 않는 단식을 했고, 예수 또한 광야에서 40일 동안 단식을 했다. 참고로 유대인들에게 40일은 실제적인 시간 개념이 아니라 기다림, 인내를 가리키는 상징적인 시간이다. 그들은 단식을 겸한 명상수행을 통해 깊은 차원의 의식을 체험하고 그것을 통해 계시를 받거나 성스러움의 오라를 직접 체험했던 것이다. 그리고 명상이 깊어지면 그 성스러움의 오라가 점차 강력한 자력을 지니게 된다. 그 자력이 추종자를 끌어들이고 때로는 추종자들로 하여금 스승이 체득한 성스러움의 오라의 일부를 맛보게 한다.

복음서를 좀 더 융통성 있게 바라본다면 예수의 가르침 속에는 분명 명상적 전통이 있다. 예컨대 「마태복음서」의 산상수훈의 다섯 번째 가르침은 "마음이 청결한 자는 복이 있나니 저희가 하나님을 볼 것임이요"라는 구절인데, 마음을 청결히 함은 결국 명상행위를 가리키고 그 결과 신성을 체험할 수 있다는 뜻이다. 이 구절은 후대 기독교의 명상적 전통에 매우 중요한 구절이 되었다.

「요한복음서」에는 예수의 기도문 중 "아버지여, 아버지가 내 안에, 내가 아버지 안에 있는 것같이 그들도 다 하나가 되어 우리 안에 있게 하사 세상으로 아버지께서 나를 보내신 것을 믿게 하옵소서"라는 구절이 있다. 이는 예수가 이미 하나님과의 합일 상태에 있으며 제자들도 자기처럼 하나님과의 합일 상태에 이르게 되기를 기원하고 있음을 의미한다. 그렇게 초월적 존재와 합일 상태에 있었기 때문에 강력한 성스러움의 오라를 내뿜을 수 있었던 것이다.

기독교의 기초를 다지는 데 결정적 공헌을 했던 바울의 서신에서도 깊은 명상체험이 나온다. 「고린도후서」에는 바울이 셋째 하늘, 즉 낙원에 올라가서 말할 수 없는 말, 사람이 가히 이르지 못할 말을 들었다는 기록이 나온다. 깊은 명상 중에 말로 표현할 수 없는 황홀경을 체험했던 것이 틀림없다. 그리고 바울은 자주 자신이 그리스도와 함께 십자가에 못 박혔으며 이제는 자기가 사는 것이 아니고 자기 안에 그리스도가 살고 있다고 말한다. 이 말도 명상적으로 보면 자신의 에고가 이미 소멸되어 항상 예수와 합일의 상태에 있음을 의미한다. 성경의 이러한 전통은 후대 많은 경건한 기독교인들에게 수도의 중요성을 일깨워주었으며 실제로 명상의 길로 들어서게 했다.

원래 유대의 전통에서 나온 기독교는 세계종교로 발전하는 과정 속에 헬레니즘의 영향을 깊게 받는다. 신약성서 자체가 그리스어로 기록되었으며 특히 바울은 유대인이었지만 헬라 문화에도 조예가 깊었다. 헬레니즘, 그중에서 플라톤의 철학은 기독교의 교리 형성에도 많은 작용을 했지만 명상의 전통에도 큰 영향을 미친다. 사실 플라톤의 사상 속에는 종교적·명상적 요소가 매우 풍부하다.

플라톤은 우리가 경험적으로 인식하는 현실세계의 존재들은 불완전한 것이며 각 존재들의 본래 완전한 모습은 이데아라고 했다. 그리고 모든 이데아 중 최고의 이데아는 선의 이데아인데 그것은 일자—者라고 했다. 그가 말하는 일자는 모든 다양한 존재들의 뿌리로 기독교의 유일신과는 다른 개념이지만 분명 종교적 개념이다. 그는 일자에 이르기 위한 방법의 하나로 테오리아, 즉 명상적 관조를 들고 있다. 그는 철학의 궁극적 목표를 테오리아를 통하여 현실의 감각세계로부터 아나바시스(상승)를 이룩하여 일자와 헤노시스(합일)에 이르는 것이라고 했다. 플라톤은 철학자인 동시에 종교적 명상가였던 것이다. 만약 일자가 단순히 철학적인 개념이라면 테오리아, 아나바시스, 헤노시스 등의 개념이 나올 수 없다.

플라톤 사상의 종교적 요소는 신플라톤주의자인 플로티노스와 그 후계자 프로클로스에게 이어져 더욱 심화되었는데 이들의 사상은 기독교 명상, 즉 기독교 신비주의에 지대한 영향을 미쳤다. 많은 기독교 신비사상가들이 겉으로는 플라톤주의를 비판하고 플라톤주의와는 다른 기독교만의 특징을 주장했지만 속으로는 알게 모르게 그들의 개념이나 논리구조를 차용했다.

기독교의 역사에서 종교적 수도에 대한 갈망이 열매를 맺어 구체화된 것은 4세기에 시작된 수도원 운동이다. 초기 수도원 운동은 이집트나 소아시아 지역의 황량한 사막의 동굴에서 일어났다. 많은 경건한 수도자들이 사막의 동굴에서 검소하고 소박한 생활을 하면서 천국의 기쁨을 구했고 실제로 체득했다. 그러한 전통이 이어져 교회 전체에 퍼지면서 수많은 수도회가 건립되었고, 무수한 수도원이 유럽 곳곳에 세워졌다. 그리고 아시시의 성 프란체스코, 성 베네딕트, 성 도미니크, 십자가의 성 요한, 아빌라의 테레사 등 수많은 성자, 성녀들을 배출했다.

수도자들은 기본적으로 금욕을 지켜야 한다. 천상의 기쁨을 얻기 위해서는 지상의 감각적 쾌락을 포기해야 하기 때문이다. 지금도 가톨릭의 성직자와 수도자들은 결혼을 하지 않는다. 동방정교에서는 일반 성직자들은 결혼할 수 있지만 주교 이상은 결혼할 수 없다.

이렇게 금욕을 하면서 수도원에서 매일매일 하는 명상이 묵상과 관상이다. 묵상은 어떤 신학적 주제에 대해 곰곰이 생각하고 깊게 새기는 것으로 예비 명상이라 할 수 있고, 본격적인 명상은 관상이다. 관상은 흔히 성령의 작용으로 하나님과 보다 내적으로 직접적인 관계를 맺는 것을 가리킨다. 일반신도는 원래 묵상만 할 수 있었지만 1960년대 제2차 바티칸 공회 때 전문수도자에게만 허락되었던 관상도 허락받았다. 많은 수도자들이 깊은 관상을 통해 하나님과의 합일을 체험했고 지금도 그것을 추구하고 있다. 동방정교에서는 한 호흡 한 호흡마다 마음속으로 "키리에 엘레이손"을 외치는 수도법도 있다. "키리에 엘레이손"이라는 말은 "주여, 나를 긍휼히 여기소서"라는 뜻이다. 천상의 세계로 나아가는 간절한 바람을 담은 말이라 할 수 있다.

근대가 시작되면서 등장한 개신교에는 퀘이커교와 같은 극히 일부의 교단을 제외하고는 수도원과 명상의 전통이 없다. 그러나 그것은 오랜 기독교의 역사로 보았을 때 근래에 일어난 일이며 부분적인 현상이다.

이상으로 예수의 생애와 가르침, 그리고 명상을 살펴보았다. 다른 성자들과 비교해보았을 때 초월적 성스러움의 향기가 가장 강력한 사람은 역시 예수다. 그래서 기독교는 전통의 관점에서 보았을 때 가장 종교다운 종교라고 할 수 있다. 그러나 화광동진의 관점에서 볼 때는 너무 초월적 성스러움에 도취되어 있다는 지적을 면하기 어렵다.

물론 현대의 진보적인 신학자들 중 예수의 가르침에서 사회적 약자인 민중과 함께하며 불의에 맞서 싸웠던 부분을 강조하는 학자들도 있다. 실제로 예수는 당시 유대인들이 기피하던 창녀 세리 등의 하층민들과 거리낌 없이 식사하며 그들에게 자유와 평화를 나누어주기도 했고, 위선적인 기득권자들을 혹독히 질책하기도 했다. 이것은 화광동진 중에서 동진을 실천한 것이다. 그러나 전체적으로 보았을 때 위에서 언급한 내용이 오랜 세월 주류를 이루어왔던 것이 사실이다. 앞으로 기독교가 더욱 성숙해지려면 이러한 동진의 부분들을 새롭게 조명해야 할 것이다.

화광동진을 삶으로 구현한 공자

　　출생부터 성스러웠던 예수와는 달리 공자에게는 출생부터 성
스러움의 빛이 거의 보이지 않는다. 기록에 따르면 70세의 노인이 대를 이
을 아들을 위해 18세의 젊은 여자를 맞이해 야합野合하여 공자를 낳았다
고 한다. 야합이라는 말은 들판에서 관계를 가졌다는 말이 아니라 정식결
혼을 하지 않았다는 뜻이다. 공자에게는 위로 누나들이 많았고, 형도 있
었지만 장애인이었다고 한다. 당시 관념으로는 장애인은 대를 이을 수가
없었다. 그래서 공자의 아버지는 그토록 늙은 나이에도 젊은 여자를 새롭
게 맞이할 수밖에 없었다. 요즈음의 관점으로 보면 성스럽기는커녕 오히
려 추하다고 보는 사람도 많을 것이다.

　　공자는 어려서 아버지를 여의고 홀어머니를 모시면서 생계를 위해 이런
저런 일을 해야만 했다. 그러나 그런 가운데서도 수양과 학문에 뜻을 두
고 열심히 공부하여 명성이 알려지게 된다. 점차 그에게서 가르침을 받고
싶어하는 사람들이 늘어났다. 공자는 그들을 위해 가르침의 문을 개방하
였다.

　　사실 공자의 가장 위대한 점은 교육혁명가로서 최초로 귀족자제가 아
닌 일반인에게도 교육의 기회를 제공하였다는 데 있다. 뿐만 아니라 그는
제자들의 개성과 수준을 헤아려 살아 있는 교육을 실시하는 능력이 있었
다. 또한 전래되어오던 고전을 정리하여 제자들을 위한 교재로 사용했으
며, 음악에 무척 조예가 깊어 중국음악이론의 기초를 확립한다.

　　그러나 그가 가장 많은 관심을 가졌던 정치사상은 당시 위정자들에게
환영받지 못했고, 고국인 노나라에서도 그다지 인정을 받지 못했다. 그는
55세의 늦은 나이에 자신의 정치적 이상을 알아줄 군주를 찾아 천하주

유에 나섰다. 13년을 돌아다니다 결국 포기하고 고국으로 돌아와 자신의 사상을 정리하고 후진양성에 힘을 쓰다가 73세에 조용히 눈을 감았다.

성실하고 훌륭한 삶을 살았다고 할 수 있겠지만 성스럽다고 말하기는 어렵다. 그러나 자세히 들여다보면 성스러움의 빛이 감추어져 있다. 공자는 사실 화광동진의 달인이었다. 때문에 겉으로는 성스러움이 눈에 보일 정도로 드러나지 않았다.

공자의 제자 가운데 자공子貢이라는 사람이 있었는데, 인품과 능력을 고루 갖추었고 인물도 출중했다. 몇몇 사람들은 자공이 공자보다 뛰어나다고 찬미했다. 그러자 자공은 몸 둘 바를 모르면서 "집의 담에 비유하면 저의 담은 어깨 높이여서 방과 집이 좋음을 다 엿볼 수 있지요. 그렇지만 선생님의 담은 몇 길이나 되어서 그 문을 찾아 들어가지 않는다면 종묘의 아름다움과 백관의 부유함을 볼 수가 없습니다"라고 말했다.

담이 높아 문을 찾아 들어가지 않으면 밖에서는 볼 수 없다는 말은 바로 화광동진 중 첫 번째 단계인 감추기와 관련이 있다. 공자는 자신의 경지를 밖으로 발산하지 않고 안으로 감추었고 그 때문에 보통 사람들은 알지 못했던 것이다. 다만 공자의 제자들은 문을 찾아 들어갈 수 있었기 때문에 그것을 알 수 있었다. 아마도 더 가까운 제자일수록 공자의 도와 덕을 더욱 깊게 이해할 수 있었을 것이다. 그래서 공자의 수제자였던 안회는 "선생님의 도는 우러러볼수록 더욱 높고 뚫고 들어갈수록 더욱 견고하다. 앞에 있는 것을 본 것 같은데 어느새 뒤에 있다"는 말을 하면서 공자의 도의 경지에 극찬을 했던 것이다. 자공 또한 사람이 생긴 이래로 공자만큼 훌륭한 인물을 보지 못했다고 극찬하기도 했다.

나는 화광동진이라는 말은 노자에게서 나왔지만 그것을 제대로 구현한 사람은 공자라고 생각한다. 앞에서도 언급했듯이 노자는 당시 대부분의 은자들처럼 화광에만 머물지 않고 동진을 실천하려고 했다. 그래서 정치와 문명에 관심을 많이 가졌고 전쟁도 반대했다. 다만 몸으로 직접 현실에 부딪히지 않고 머릿속으로만 동진을 추구했기에 미완에 그치고 말았다.

그러나 공자는 그렇지가 않았다. 공자는 노자처럼 은둔의 길로 들지 않고 철저하게 현실 속으로 뛰어들어 천하를 구하기 위해 분주하게 노력했다. 당시 도가 계통의 은자들 가운데서 세상을 구제하겠다고 버둥거리는 공자를 비웃고, 공자더러 명리를 버리고 조용히 살아가라고 충고하는 사람들 또한 많았다. 『논어』에는 그런 인물들이 종종 등장한다. 그러나 그런 충고를 들었을 때 공자는 "내가 이 백성들을 버리고 날짐승과 들짐승과 더불어 살란 말인가? 그들이 어찌 내 뜻을 알리요!"라는 말을 했다.

공자 또한 어찌 조용히 쉬고 싶지 않았겠는가? 그러나 그는 어지러운 난세 속에서 살아가는 백성들을 두고 산속에서 날짐승과 들짐승과 어울려서 홀로 편안하게 살아갈 수는 없었던 것이다. 그것은 공자가 볼 때 화광에 치우쳐 동진을 제대로 모르는 것이다. 공자가 볼 때 진정한 의미의 화광동진은 세상 사람들과 더불어 울고 웃으면서 현실의 모순과 질곡을 극복하기 위해 같이 노력하는 것이었다. 그래서 공자는 외쳤던 것이다. "그들이 어찌 내 뜻을 알리요!"라고.

당시 공자를 비웃고 충고했던 도가 깊은 은자들은 이름도 없이 사라져 버렸다. 그나마 공자 측의 기록으로 이름 한 줄 남겼을 뿐이다. 그러나 천하를 구하기 위해서 피곤하게 돌아다녔던 공자는 그 당시 사람들에게는 인정받지 못했을지 모르지만 후대에 가서 많은 사람들에게 깊은 영향을 미쳤다. 그의 삶, 깨달음과 가르침은 중국문화의 가장 든든한 뿌리가 되었던 것이다. 그것은 공자가 제대로 화광동진을 할 수 있었기 때문이다.

과연 공자도 그들처럼 성스러움의 빛을 보았을까

　　그런데 여기서 한 가지 문제가 있다. 화광동진이란 깨달음을 얻은 뒤에 그 빛을 안으로 감추고 다시 속세로 돌아오는 것인데, 과연 공자는 깨달음의 빛을 보고 난 뒤 다시 현실로 돌아온 것이었을까? 아니면 그런 깨달음의 빛과는 무관하게 처음부터 현실에만 관심을 둔 사람이었을까? 만약 깨달음의 빛이 없다면 아무리 백성들의 고통을 생각하고 역사와 문명에 대해 깊이 고민했다고 해도 화광동진과는 별 상관이 없다.

　　사실 공자는 삶의 자취에만 초월적 성스러움의 오라가 없는 것이 아니라 가르침에도 그런 색깔이 별로 없다. 주지하다시피 공자의 가르침은 대부분 정치사상과 사회윤리에 관한 것으로 초월세계에 대한 이야기는 없다. 이 때문에 공자가 위대한 사상가이자 혁명가이며 교육자인 것에 대해서는 인정하지만 그의 깨달음에 대해서는 인정하지 못하는 사람들이 많다. 그러나 내가 볼 때 공자는 단순히 대학자나 현자의 차원을 넘어서 큰 깨달음을 얻은 대각자大覺者이다.

　　공자는 눈을 감기 얼마 전 자신의 삶을 회고하면서 다음과 같이 말했다. "나는 열다섯에 배움에 뜻을 두고, 삼십에 바로 서고, 사십에 불혹하고, 오십에 천명을 알고, 육십에 귀가 순하고, 칠십에 마음에 하고자 하는 바를 좇아도 법도에 어긋남이 없었다."

　　철이 막 들기 시작한 열다섯 살부터 눈을 감기 직전까지 그의 삶은 치열한 구도의 삶이었다. 그는 실로 아침에 도를 들으면 저녁에 죽어도 좋겠다는 간절한 심정으로 도를 구했다. 그러나 그의 깨달음은 한순간에 천지가 뒤바뀌는 극적인 장면이 없다. 그저 점진적인 깨달음이 있었을 뿐이다.

　　공자는 아마도 오십 정도에 큰 깨달음을 얻었다고 할 수 있다. 천명天命을 안다고 하는 것은 단순한 지식 연마나 인격 도야만으로는 될 수가 없다. 다른 지역과 마찬가지로 중국에서도 하늘이란 초월적인 존재, 인생과 우주의 주재자가 거하는 신성한 곳이었고 종교적 신앙의 대상이었다. 중국문명의 특징상 하늘은 창조주나 절대자가 거하는 곳이 아니라 그저 우주의 섭리를 가리키는 것으로 변모되었지만, 그래도 하늘의 명을 안다고 하는 것은 깊은 깨달음 없이는 불가능한 것이다.

그렇게 천명을 얻었기에 공자는 그것을 세상에 전하기 위해 천하주유에 나선 것이다. 그리고 도중에 두어 번 목숨을 잃을 위기에 처한 적이 있었는데, 그때마다 하늘을 언급하면서 태연하게 대처했다. 사실 목숨이 경각에 달렸을 때 하늘을 믿으며 태연해질 수 있는 경지는 결코 쉬운 것이 아니다. 하늘의 명을 알았을 때 그러할 수 있는 것이다.

그 뒤 육십에 이순耳順의 경지에 이르렀는데, 많은 주석가들은 이 경지를 귀가 순통順通하게 되어 외부에서 들려오는 소리를 모두 이해하게 된 것으로 풀이한다. 공자를 교주로 받든 강유위康有爲같은 사람은 석가의 천이통天耳通과 같은 경지로 온 우주의 신묘한 소리를 다 이해하는 것으로 받아들인다. 아마도 지천명知天命의 다음 단계는 세상의 모든 이야기를 들으면 다 이해하게 되는 경지라고 이해한 것 같다. 그러나 나는 조금 다르게 해석하고 싶다.

공자는 지천명 뒤에 하늘의 뜻을 전하기 위해 천하주유에 나섰다. 60대면 한참 천하주유 중이다. 그러나 공자는 당시 군주들에게 제대로 인정받지 못했고 종종 빈궁한 상태에 처하기도 했다. 오죽했으면 "초상집 개"라는 말이 있었을까? 후대의 해설처럼 정말 공자가 세상의 소리를 다 알아들었다면 그렇게 곤궁에 처하지는 않았을 것이다. 순통은 세상의 모든 말을 다 이해한다는 의미보다는 다시 겸허하게 다른 사람의 소리에 귀를 기울이는 것이 아닐까?

사실 천명을 안다는 것은 대단한 일이다. 천명을 알게 되면 내부에서 엄청나게 강한 확신이 밀려오기 때문에 외부의 소리는 귀에 잘 들리지 않는 경우가 많다. 지나치게 자기 신념에 도취되어 세상과의 소통이 막혀버리기 때문이다. 거기서 한 걸음 더 나아가려면 다시 다른 사람의 비판과 세상의 소리에 귀를 기울일 줄 알아야 한다. 그래야 세상과 제대로 소통할 수 있고, 세상 속에서 자신이 해야 할 일을 제대로 할 수 있게 된다. 이순이란 지고한 내면의 깨달음을 내려놓고 다시 세상의 소리에 귀를 기울이는 것이다. 이런 관점에서 볼 때 나는 이순의 경지가 바로 화광동진의 과정이라고 생각한다.

그런 뒤에 만년에는 마음에 하고자 하는 바를 좇아도 법도에 어긋남이 없다고 했는데, 이것은 안과 밖이 완전하게 조화를 이룬 경지라고 할 수 있다. 깨달음을 얻었다고 해서, 도를 알았다고 해서 세상과 온전히 조화를 이루는 것은 아니다. 마음 내키는 대로 행하게 되면 오히려 세상의 법도와 부딪히는 경우가 많다. 이것은 아직 화광동진의 경지에 이르지 못한 것이다. 진정으로 화광동진의 경지에 이르게 되면 공자처럼 자연스럽게 나오는 행동 하나하나가 세상의 법도에 별로 어긋남이 없다. 이것은 개아個我의 행위가 사회 전체의 행위규범과 서로 조화를 이룰 때 가능하다. 이것은 사실 부분과 전체의 아름다운 조화라고 할 수 있다.

이런 점에서 볼 때 공자의 깨달음은 노자의 깨달음보다 훨씬 아름답다. 노자의 깨달음은 설령 그것이 깊다고 해도 혼자만의 세계에 갇혀 있었고, 세상과의 소통이 부족했다. 그래서 결국 은둔의 삶으로 끝났다. 이에 비해 공자는 자질은 노자보다 부족했을지 모르지만 끝없는 배움으로 평생을 일관했으며 만년에는 안과 밖이 완전한 조화를 이루는 경지까지 이를 수 있었다. 이런 차원에서 나는 공자가 적어도 동아시아권에서는 최고의 대각자라고 생각한다.

더욱 중요한 것은 끊임없는 배움을 통해 성스러움에 이르렀다는 것이다. 그는 스스로 생이지지生而知之가 아니라 학이지지學而知之임을 강조한다. 생이지지라는 말은 나면서부터 아는 것이고, 학이지지란 말은 배워서 안다는 뜻이다. 『논어』의 첫 구절이 "학이學而"인 것을 보거나 『논어』 속에서 "호학好學"이라는 말이 수없이 등장하는 것을 보거나 "열 가구가 사는 작은 마을에도 나 정도 자질이 있는 사람이 있겠지만, 나처럼 배움을 좋아하는 사람은 없을 것이다"라고 말하는 것을 볼 때 그의 삶에서 배움이라고 하는 것이 얼마나 중요한 것이었던가를 알 수 있다.

이렇게 배움을 통해서 이를 수 있는 성스러움이야말로 보통 사람은 아예 처음부터 다가갈 수도 없는 고원한 성스러움보다 이 시대에 더욱더 부합하는 성스러움이다. 과거에는 타자화된 성스러움, 보통 사람은 도저히 이를 수 없는 절대적 성스러움을 우러러보며 숭배하는 것에 더 초점을 맞추고 있었지만, 근래에 이르러서는 각자가 자기 속의 성스러움을 발현해 가는 쪽으로 방향이 바뀌고 있다.

물론 타력신앙에 의한 구원보다는 스스로의 수도에 의한 깨침을 중시하는 것은 석가도 이미 강조했던 바다. 그러나 석가의 깨달음은 너무 고원하기도 하고 또한 초월적 성스러움의 거품에 가려 있어 일반인들이 좇아가기에는 어려운 점이 있다. 이에 비하면 공자가 걸었던 성스러움의 길은 훨씬 범속하면서도 명료하다. 또한 예수, 석가, 노자의 삶의 흔적이 대부분 신화적 성스러움에 가려서 실제 모습을 보기가 어려운 데 비해 공자는 유일하게 그 삶의 흔적이 명료하게 남아 있다. 이런 면에서 모델로 삼기에도 훨씬 쉽다. 이런 면에서 볼 때 화광동진의 성스러움에 가장 근접하는 사람은 공자라고 할 수 있다.

공자가 바라본 초월적 존재와 죽음

초월적 존재에 대한 공자의 태도는 조금 모호하다. 그는 하늘이라는 존재를 분명 인정했다. 그러나 신앙의 대상으로 여기지는 않았다.

그는 힘들고 어려운 일이 있을 때 종종 하늘을 언급했다. 사랑하는 제자 안연顔淵이 죽었을 때 하늘이 자신을 버렸다고 탄식했고, 목숨이 경각에 달려 있을 때 하늘에 대한 신뢰감으로 평정을 유지했다. 그리고 하늘에 죄를 지으면 빌 곳이 없다고 말하기도 했으며, 심한 병을 앓고 있을 때 제자 자로子路가 안타까워하면서 하늘에 빌 것을 청하자 이미 그런 기도는 오래되었다고 답하기도 했다. 이런 것으로 보아 분명 하늘의 존재를 인정했던 것이 틀림없다. 그러나 공자는 하늘에 구체적인 복을 구하거나 액운을 뿌리치기 위해 하늘에 기도를 하는 행위는 하지 않았다.

조상신에 대해서도 마찬가지다. 공자는 일찍이 제사를 지낼 때는 마치 귀신이 옆에 있는 듯이 지내야 한다고 했다. 그것은 분명 귀신을 인정하는 태도라 할 수 있다. 그러나 그는 귀신에 대해서는 거의 언급하지 않았다. 그는 전통의 답습을 중시했기 때문에 전통적으로 내려오던 천신, 지신, 곡식신, 조상신 등에 대한 제례의식을 그대로 수용했지만, 그 구체적인 실체에 대해서는 말하기를 꺼렸다. 그리고 그는 귀신에 대해 공경하되 멀리하라고 가르쳤다.

공자는 왜 초월적 존재에 대해 인정하면서도 구체적으로 말하지 않고 공경하면서도 멀리하려고 했을까? 여러 가지 이유를 추측할 수 있겠지만, 일단 문화적 풍토의 영향력을 무시할 수 없을 것이다. 주나라 초기에 확립된 예 문화는 은나라의 전통을 이었지만 인본주의적 성향을 더 중시한다. 귀신을 공경하되 멀리하는 것은 주나라 때부터 내려온 전통 중 하나이다. 또한 공자 자신의 성향이 현실적인 인간세계를 더 중시했기 때문에 초월적인 세계에 대해서는 마음을 쓸 겨를이 없었던 것도 중요한 이유 가운데 하나일 것이다. 귀신을 섬기는 것에 대한 제자의 질문에 아직 사람을 섬기지 못하는데 어찌 귀신을 섬기겠느냐고 대답하였던 것은 이를 잘 말해준다.

다음으로는 사후세계를 살펴보자. 고대 중국의 사상가들은 대체로 사후세계에 대한 관심이 별로 없었다. 도가의 사상가들이 다른 사상가들에 비해 초월적인 세계에 관심을 많이 보였지만, 그들 또한 사후세계에는 그다지 관심이 없었다. 노자의 『도덕경』에는 아예 아무런 언급이 없고, 장자는 죽음이란 그저 기가 흩어지는 것일 뿐이라고 말했다.

공자는 죽음에 대해서 알고 싶다는 제자의 질문에 "삶에 대해서도 아직 다 알지 못하는데 어찌 죽음에 대해서 알겠는가?"라고 답했다. 그것은 현실의 삶에 대해서 더 치열하게 궁구하느라 죽음에 대해서는 궁구할 겨를이 없다는 뜻이다. 공자는 분명 죽음 이후의 세계에 대해서 불가지론 또는 유보적인 입장을 보인다.

공자는 사후세계를 제시하지는 않았지만, 상례나 제사에 대해서는 매우 경건해야 함을 강조했다. 허버트 핑가레트Herbert Fingarette는 공자도 인간 존재의 핵심을 '성스러움'으로 파악하고 있으며, 표면적으로는 신비주의적 전통과는 거리가 먼 인본주의에 바탕을 두고 있지만 실제로는 성스러운 주술의 힘을 배제하지 않고 있다고 지적한다. 매우 적확한 지적이다. 공자는 전통적으로 내려오던 종교적 성스러움의 오라를 배제했던 것이 아니라 그것을 그대로 살리면서 인본주의적 색채를 더했던 것이다.

아무튼 오늘날의 관점에서 볼 때 유교의 상례와 제례는 지나치게 까다로운 편이어서 혹자는 유교가 죽음의 문화라고 공격하기도 했다. 그러나 유교가 죽음을 중시했기 때문에 상례와 제례가 까다로운 것은 아니다. 아마도 죽음의 의미를 지나치게 무의미하게 만들어버리면 삶의 의미 또한 지나치게 가벼워지는 것을 우려했기 때문이 아닐까 생각한다. 죽고 나면 모든 것이 끝이라고 여기게 되면 부모나 조상에 대한 감사의 마음이 없어지고, 삶을 무책임하게 살아가는 부정적 결과를 낳을 수도 있다. 이를 막기 위해서는 죽음이라고 하는 것이 결코 단순한 것이 아님을 강조해야 한다. 아울러 그 속에는 가부장적 사회구조에서 죽은 조상의 힘을 이용하여 살아 있는 사람들을 화합하고 다스리려는 의도도 있다. 사실 유교의 제례의식은 살아 있는 사람들을 위한 것이기도 하다.

전통적으로 볼 때 초월적 존재나 사후세계에 대한 보류적인 태도는 유교의 큰 단점 중 하나였다. 위진대에서부터 송대 초기에 이르기까지 유교가 지식인들이나 일반인들의 관심에서 멀어지고 불교가 그 자리를 차지하게 된 데에는 아무래도 이것들이 가장 큰 원인이 아닐까 싶다. 그리고 유교가 아직도 종교이냐 아니냐의 논쟁에 시달리고 있고 가까스로 종교로 인정을 받는다 해도 미발달 내지는 저급한 종교로 여겨지는 것도 바로 여기에서 비롯된다고 볼 수 있다.

아직도 많은 사람들의 관념 속에는 초월적 존재인 신이 종교의 가장 중요한 핵심이다. 상당수의 기독교 신학자는 원시 종교들이 대부분 애니미즘에서 발달한 다신교적인 차원에 머물러 있는 데 비해 유일신교는 천지만물을 창조한 유일신을 제시하고 있기 때문에 훨씬 성숙된 형태라고 주장한다. 철학적으로 보았을 때 다신교가 다양한 현상의 차원에 머물러 있는 단계라면 유일신교는 다양한 현상 배후에 있는, 보다 근원적인 일자一者를 발견한 것이기 때문이다.

일리가 있는 이야기이다. 그러나 좀 더 거시적인 관점에서 본다면 여러 신을 모시든 유일신을 모시든 신 중심의 세계관은 아직 고대의 신화적 사유체계에서 벗어나지 못한 것이다. 유교는 그러한 신화적 사유체계를 극복하고 인본주의적 관점을 제시한 것이기 때문에 오히려 진보적이고 현대적인 면이 있다고 할 수 있다.

사후세계에 대한 관점도 마찬가지이다. 특정 종교의 집단주관에 빠진 사람들이야 맹목적으로 믿겠지만 과학적·합리적 관점에서 바라보면 의구심이 든다. 특히 자기들의 신을 믿으면 천국에서 영생복락을 누리고 그렇지 않다면 아무리 선하고 진실한 사람이라 할지라도 영원한 지옥에 떨어진다는 식의 이야기는 비합리적이다 못해 유아적 자기중심주의에 빠져 있는 게 아닌가 하는 생각까지 들게 한다.

이에 비하면 자신들이 저지른 업보에 따라 천당과 지옥에서 어느 정도의 대가를 치른 다음 다시 윤회를 한다는 불교나 힌두교의 윤회설이 상대적으로 합리적으로 보인다. 보편적인 인과율을 따르기 때문이다. 그러나 그것 또한 미덥지 못하고 때로는 현실적 삶의 고통을 무마시키거나 회피하는 기제로 쓰인다는 비판을 면할 수가 없다. 지금도 인도의 수많은 하층 카스트의 사람들은 힌두교의 윤회설에 빠져 다음 생에 더 나은 카스트로 태어나기를 열심히 기도할 뿐 현실 속에서 자신들의 사회적 권리를 찾을 생각을 하지 않는다.

이처럼 기존의 대부분 종교들이 제시하는 사후세계관은 매우 낙후되어 있다. 오히려 불가지론이나 유보적 태도를 취했던 공자의 입장이 훨씬 더 현대적이고 세련된 느낌을 준다. 화광동진의 관점에서 보아도 초월적 존재인 귀신보다는 인간을, 사후세계보다는 지금 여기의 삶을 더욱 중시했던 공자의 태도가 더욱 성숙한 태도가 아닐까?

공자는 어떻게 마음을 닦았는가

공자의 수양은 기본적으로 현실적인 인간세계를 지향한다. 공자 수양론의 핵심은 자신에 대한 성찰이다. 그것도 현실을 초월한 궁극의 세계를 향한 탐구가 아니라 현실 속에서, 사회적 관계 속에서 자신의 삶의 태도를 성찰하는 것이다. 공자의 제자 증자가 말했던 바, "나는 하루에 자신을 세 번 성찰한다. 다른 사람과 일을 할 때 최선을 다했는가? 벗과 사귈 때 신의가 있었는가? 배운 것을 제대로 익혔는가?"가 이를 잘 말해준다. 그래서 공자의 명상은 기본적으로 윤리적 요소가 강하다.

공자 명상의 또 하나의 특징은 내면적 수양과 사회적 실천의 통합을 중시한다는 데 있다. 그는 당시 어지러운 천하를 구하기 위해서는 위정자들이 제대로 마음 수양을 해서 덕성을 쌓아 그것을 바탕으로 정치를 해야 한다고 주장했다. '자신을 닦아서 다른 사람을 다스린다(修己治人)'는 그의 정치사상은 그의 수양론과 직접 연결된다. 공자의 삶 자체가 내면적 수양과 사회적 실천을 통합하려고 노력한 삶이었다. 그의 삶의 이상을 잘 보여주는 말은 『대학』의 "수신제가치국평천하修身齊家治國平天下"라고 할 수 있다.

축의 시대에 등장한 대부분 종교의 명상법들은 초월적 존재나 초월적 세계로 나아가기 위한 것이었다. 물론 때로는 내면의 초월성을 지나치게 강조한 나머지 현실의 일상성을 완전히 부정하는 것을 경계하면서 초월성과 일상성의 조화를 강조하기도 했다. 그러나 대략적으로 보았을 때 초월성에 더 많이 경도되어 있다. 이에 비해 유교의 명상법은 처음부터 일상성을 중시하고 내면과 외면의 조화를 중시한다. 화광동진의 관점에서 볼 때 이것은 분명 유가 수양론의 장점이라고 할 수 있다.

그러나 구체적인 방법론이 부족하다는 단점이 있다. 물론 유교에서 중시하는 예禮 속에는 일상의 행위와 마음가짐을 다스리는 좋은 방법들이 있기는 하다. 그렇지만 다른 종교에서처럼 몸과 마음을 직접적으로 조율하고 다스리는 구체적인 방법론이 부족한 것이 사실이다.

『논어』 속에는 인격 수양을 위해 스스로에 대한 성찰을 강조하는 부분이 군데군데 보이고 수양의 단계를 가리키는 말, 예를 들어 '불혹', '지천명' 등의 말이 보이지만 구체적으로 어떤 방법으로 수양을 해야 하는지에 대한 설명은 없다. 『맹자』에는 『논어』보다는 조금 더 구체적인 수양에 대한 언급이 보인다. '부동심不動心', '호연지기浩然之氣', '야기夜氣' 등이 그것이다.

부동심이란 불혹과 비슷한 것으로 흔들리지 않는 마음을 가리킨다. 맹자는 부동심을 기르는 방법으로 칼끝이 눈앞에 들어와도 흔들리지 않는 자객의 부동심, 이기고 지는 것에 구애받지 않는 전사의 부동심, 스스로를 돌이켜서 부끄러움이 없으면 천만 인 앞이라도 나아가는 선비의 부동심, 세 가지를 들고 있다. 호연지기란 지극히 크고 굳센 기운으로 잘 키우면 천지에 가득 차는 기운이다. 이 호연지기는 정의와 정도를 지킬 때 키워지고 이들이 없으면 굶주리게 된다고 했다. 그리고 야기란 한밤의 고요한 기운을 가리킨다. 낮에는 이런저런 외부의 유혹에 끌리지만 밤에는 고요히 자신의 내면으로 들어갈 수 있다. 그러할 때 하늘이 부여한 본래의 착한 성품을 잘 간직할 수 있다는 주장이다.

『대학』에는 수신의 구체적인 방법으로 "격물치지格物致知"라는 수양론이 등장한다. 학파에 따라 여러 가지 해석이 있는데 사물에 나아가서 앎에 이른다는 뜻으로 풀이하는 것이 일반적이다. 『중용』에서는 희로애락이 일어나기 전의 상태인 '중中'과 감정이 일어났으되 조화를 이루는 상태인 '화和'를 제시하면서 '중화中和'에 이르게 되면 천지가 제자리를 잡게 되고 만물이 길러진다고 했다. 격물치지와 중화는 송대 이후의 신유학자들 사이에서는 매우 주요한 수양론이 되었다.

『맹자』, 『대학』, 『중용』에서는 『논어』에 비해서는 수양론이 많이 등장하고 조금 더 구체화되었다는 느낌이 있지만 다른 종교에 비해서는 아무래도 빈약한 편이다. 이 때문에 송대의 신유학자들은 자신들의 부족을 보완하기 위해 불교의 명상법으로부터 많은 것을 차용하기도 했다.

사실 수양론은 교주의 성스러움과 밀접한 연관이 있다. 불교의 모든 명상법들은 결국 석가가 오랜 고행 끝에 보리수 아래에서 체득한 해탈의 경지에 이르기 위한 방법들이고, 중세 가톨릭의 수사들이 행했던 많은 수도법 또한 예수가 체득했던 것처럼 성스러운 초월자인 아버지와 하나됨을 체득하거나 예수가 겪은 십자가의 고통을 재현하는 것들이었다. 이러한 것들은 범인들이 이르기에는 너무나 지고한 성스러움의 길이다.

이에 비해 유교의 수도법은 공자의 삶처럼, 지고한 초월적 성스러움보다는 범속한 일상에서의 실천을 더 중시한다. 또한 보통 사람이 이루기 어려운 지고의 경지가 아니라 꾸준히 배움을 계속하면 누구나 나이가 들어 이를 수 있는 길이다. 동아시아에서 나이를 가리키는 말로 '불혹', '지천명', '이순'이라는 말을 쓰는 것만 보아도 공자의 수양은 결코 멀리 있는 초월적 성스러움이 아니라 생활 곁에 있는 범속한 성스러운 길임을 알 수 있다.

최고의 성인에서 고리타분한 사상가로

산동성山東省 곡부曲阜의 공묘孔廟에 가면 대성전大成殿이 있는데, 그 현판 아래에는 청나라 옹정제雍正帝가 친필로 쓴 "생민미유生民未有"라는 현판이 새겨져 있다. 이 말은 원래 맹자가 공자를 칭송하면서 했던 말로 하늘이 사람을 낳은 이래로 일찍이 없었던 최고의 성인이라는 뜻이다. 대성이라는 말은 크게 이루었다는 뜻이다.

그리고 공묘의 입구에는 "금성옥진金聲玉振"이라는 문구가 새겨진 문이 있는데, 이 또한 맹자가 했던 말로 공자의 도의 경지가 집대성에 이르렀음을 칭송한 말이다. 금성은 음악을 처음 시작할 때 쇠로 된 종을 치는 것을 말하고, 옥진은 음악을 마칠 때 옥경을 치는 것을 말하는데, 금성옥진은 바로 음악의 처음과 끝을 가리킨다. 맹자는 금성은 지혜를 가리키고, 옥진은 성스러움을 가리킨다고 했다. 공자가 지혜와 성스러움을 다 갖추었다는 뜻이다. 우리가 일상에서 흔히 사용하는 집대성이라는 말은 원래 음악용어이자 공자의 도의 경지를 가리키는 말이다.

사실 근대 이전 동아시아를 대표하는 사상은 유교였고, 동아시아에서 가장 많은 사람들에게 추앙을 받은 성인은 바로 공자였다. 그러나 서구화가 본격적으로 진행되면서 유교는 봉건 지배계층을 대변하는 이데올로기로 낙인이 찍혔고 동아시아 낙후의 원흉으로 지목되었다. 이에 따라 공자도 생민미유의 최고 성인에서 졸지에 보수적이고 고리타분한 사상가로 추락했다. 1960년대 문화대혁명 시기에는 홍위병들로부터 몰매도 맞았다. 우리나라에서도 유교망국론을 주장하는 사람들이 있고, 한때 『공자가 죽어야 나라가 산다』라는 책이 크게 유행하기도 했다.

많은 사람들이 과거에 공자가 '절대 성인'이 될 수 있었던 것은 당시 봉건 지배계층이 자기들의 지배를 공고히 하기 위해 공자의 이데올로기를 채택했고 공자를 신격화했기 때문이라고 말한다. 물론 그런 측면이 없는 것은 아니다. 그러나 그 비중은 그리 크지 않다. 공자가 성인의 지위에 오를 수 있었던 가장 큰 이유는 그가 제창했던 예 문화가 대성약범을 추구하는 중국문화의 원형에 가장 근접했기 때문이고, 그의 삶이 대성약범의 미학을 지향하는 중국인의 미적 안목으로 보았을 때 가장 아름다웠기 때문이며, 그의 깨달음이 중국인들이 이상으로 생각하는 대성약범의 기준으로 볼 때 가장 깊었기 때문이다.

아이러니컬한 것은 서구화 이후 공자의 권위가 급격하게 떨어진 것도 바로 대성약범 때문이다. 서구화의 거센 파도가 전 세계 비서구 지역의 전통문화에 급격한 충격을 주었을 때 정치, 경제, 사회, 문화 등 모든 영역에 큰 변화가 일어났지만, 사실 종교 영역은 그다지 큰 변화가 없었다. 인도는 영국의 식민지 치하에서 꽤 오랜 세월을 보냈지만 힌두교는 전혀 흔들리지 않았다. 스리랑카나 미얀마의 불교 또한 마찬가지다. 사실 근대 이후 유럽의 세력이 한창 팽창할 때 기독교는 전통의 고등 종교가 없는 남미 지역 등에서 세력을 크게 확장했지만, 고유의 전통종교가 있는 아시아에서는 우리나라를 제외하고 그다지 많이 전파되지 못했다. 어차피 이들 종교 사상들은 모두 현실세계를 넘어선 초월적인 세계에 뿌리를 두고 있고,

그 부분은 서구화의 힘으로도 어찌할 수 없는 영역이기 때문이다.

그러나 유교는 달랐다. 대성약범을 지향한 유교는 다른 전통사상보다 직접적으로 현실의 삶, 현실적인 정치윤리에 밀착되어 있었다. 때문에 서구화의 직격탄을 맞을 수밖에 없었다. 20세기 초 중국인들은 서양의 과학과 민주주의를 받아들여 중국을 탈바꿈해야 한다고 소리 높여 외쳤다. 유교의 상대는 기독교가 아니라 과학과 민주주의였던 것이다.

그것은 훨씬 불리한 싸움이었다. 중국을 비롯한 동아시아의 국가들은 결국 서구의 과학과 민주주의를 받아들여 그들의 산업구조와 정치구조를 좇아갈 수밖에 없었고, 전통적인 산업구조나 정치구조와 밀접하게 관련된 유교는 급격히 쇠퇴할 수밖에 없었다. 만약 유교 속에 현실적인 윤리만이 아니라 초월적인 존재에 대한 강렬한 신앙, 사후세계에 대한 확고한 신념체계, 세속을 초월하는 성스러움의 오라 등이 있었다면 그렇게 급속도로 몰락하지 않았을지도 모른다.

그러나 한편으로는 바로 이 대성약범 때문에 공자는 새롭게 평가받을 수 있는 가능성이 있다. 종교 또한 문명의 한 부분이고 시대에 따라 변천하기 마련이다. 앞에서도 말했듯이 인류의식의 발달단계로 보았을 때 앞으로는 대성약범의 종교가 훨씬 더 호소력을 지닐 수 있기 때문이다.

공자가 제창했던 봉건시대의 정치사상이나 윤리도덕으로 돌아가자는 말은 당연히 아니다. 물론 그 속에 부자유친 등과 같은 가족윤리 등은 아직도 유효하기는 하지만 전체적인 틀은 이미 너무 낡았다. 그리고 강유위처럼 공자를 초월적 성인으로 숭배하거나 유교를 종교화시키자는 뜻도 아니다. 그것은 시대착오적이다. 대성약범의 종교란 기존의 종교와는 차원을 달리하여 과거의 성인을 우상으로 숭배하면서 맹목적으로 믿는 것이 아니라 그를 우리 삶의 이상 혹은 스승으로 삼고 배워나가는 것이다.

이런 관점에서 볼 때 공자의 정치사상이나 윤리는 낡은 면이 있을지 몰라도 그의 화광동진의 깨달음과 수양론 등은 오히려 신선하게 다가온다. 학이지지의 점진적인 성스러움, 하늘보다 땅을 신보다 인간을 더욱 중시한 태도, 그리고 내면적 수양과 사회적 실천을 통합하려는 거시적 관점 등은 새롭게 조명할 필요가 있다.

대교약졸의 미학으로 바라보는 기독교와 유교

초월적 존재에 대한 기독교의 화려한 이론

종교음악이나 미술, 건축물 등의 미학을 논하는 것은 흔한 일이지만, 종교 그 자체를 미학으로 설명한다는 것은 조금 낯선 일일 것이다. 그러나 플라톤이 주장한 아름다움 속에는 법률의 아름다움, 정치의 아름다움도 있었는데 종교의 아름다움이 없으란 법은 없다. 곰곰이 따져보면 종교사상이나 교주의 삶의 스타일, 그리고 수도 방식 등에도 나름대로의 아름다움이 있다.

먼저 종교사상 그 자체의 아름다움을 살펴보자. 사람들에게 감동을 주는 것은 사상의 내용만이 아니다. 형식의 아름다움 또한 중요하다. 어떤 사상의 논리적 구성이 아주 웅장하거나 혹은 치밀하고 세련되어 있을 때 우리는 내용의 진위를 떠나 알게 모르게 그 사상에 더 끌리게 된다. 일반적으로 종교는 초월적 존재를 중시한다. 초월적 존재에 대한 이론을 중심으로 기독교와 유교의 아름다움을 살펴보자.

기독교에서는 하나님이라는 초월적 존재가 있다. 그리고 하나님에 대한 여러 가지 신학적 이론이 매우 정교하고 치밀하게 정리되어 있다. 예를 들어 하나님은 무소부재無所不在하시고, 무소부지無所不知하시고, 무소불능無所不能하시다고 한다. 어디에나 계시고, 모든 것을 알고 있고, 모든 것을 할 수 있다는 뜻이다. 신의 전지전능全知全能을 강조한 것이다.

사실 이 정도의 주장은 다른 종교에서도 쉽게 찾을 수 있는 초보적인 이론이다. 그러나 기독교의 하나님에 대한 이론은 여기서 그치지 않는다. 초기의 교부들로부터 원죄설로 유명한 아우구스티누스를 거쳐 오랜 세월 여러 사상가들에 의해 다양하고 풍성하게 발전하는데, 그중 가장 대표적인 것은 바로 중세 스콜라 신학을 집대성한 토마스 아퀴나스의 『신학대전』에 나타나는 신의 이론이다. 이전의 신학자들이 주로 플라톤사상과 신플라톤주의를 기독교에 적용하여 신에 대한 이론을 정립해나갔다면 토마스 아퀴나스는 유럽 사회에서 오랫동안 실전되었다가 이슬람철학자들을 통해 역수입된 아리스토텔레스 사상을 이용하여 신의 이론을 정립했다.

그중 가장 대표적인 것이 아리스토텔레스의 부동不動의 원동자原動者 이론을 통해 신의 존재를 증명한 것이다. '부동의 원동자'란 아리스토텔레스의 『형이상학』에서 나오는 개념이다. 현상계의 모든 운동에는 그 운동을 일으킨 원인이 있을 것인데, 그 원인을 계속 추적해 들어가면 처음으로 움직이게 하는 자가 나올 것이다. 그것이 바로 자신은 다른 것에 의해 움직이지 않으면서 모든 움직임을 만들어내는 부동의 원동자이다. 토마스 아퀴나스는 야훼 하나님을 바로 이 부동의 원동자에 대입시키면서 이 세상의 자그마한 운동으로부터도 쉽게 신의 존재를 추론할 수 있다고 주장했다.

그 외 토마스 아퀴나스는 다양한 이론을 빌려 신의 존재를 증명하고, 나아가 신의 개념도 확립했다. 그가 정리한 신의 개념을 정리하면 다음과 같다. "신은 부동의 원동자이다. 신은 존재 그 자체이다. 신은 그 자체가 본질이다. 신에게서 존재와 본질은 동일하다. 신은 선하다. 신은 전지전능하다. 신에게는 의지가 있다. 신에게는 기쁨과 즐거움 및 사랑이 깃들어 있다. 신은 사색적이고 능동적이며 덕을 요구한다. 신은 행복하다. 아니 신은 행복 그 자체이다."

한편 신이 할 수 없는 것도 있는데 그것을 정리하면 다음과 같다. "신은 어떤 물체가 될 수 없다. 신은 자기 자신을 변경하지 못한다. 신은 실수할 수 없고, 괴로워할 수도 없다. 신은 잊어버리거나 후회하거나 분노하거나 슬퍼할 수 없다. 신은 인간으로 하여금 영혼을 갖지 못하게 할 수 없다. 신은 삼각형의 내각의 합을 180도가 되지 않게 할 수는 없다. 신은 과거를 돌이킬 수 없고, 죄를 범할 수 없으며, 다른 신을 만들 수도 없고, 또한 자기 자신을 존재하지 않게 할 수도 없다."

이상으로 신에 대한 그의 이론을 열거해 보았다. 이것들은 단순한 생각에서 나온 것들이 아니다. 평생의 학문을 통해 치밀한 논리적 과정을 거쳐서 결론을 도출해낸 것들이다. 오늘날의 관점에서는 다소 실소를 금치 못하게 하는 것들도 있지만 당시에는 많은 사람들을 감탄케 했으며, 그 뒤로도 오랫동안 기독교의 신학자들이나 신자들 사이에서 절대적 지지를 받아왔다.

기독교의 신에 대한 이론은 그리스철학에서 빌려온 치밀한 논리적 이론만 있는 것이 아니다. 매우 신비적인 관점에서 나온 이론도 있다. 기독교의 신비주의 관련 서적으로는 사도 바울의 제자였던 아레오파고의 디오니시우스가 남겼다고 하는 『신비신학』이 있다. 그러나 이 책은 사실 1세기의 디오니시우스가 남긴 것이 아니라 5세기 말~6세기 초 시리아에서 활약했던 어느 익명의 수도사가 남긴 것이다. 그는 신플라톤주의자 플로티노스의 이론과 그의 제자의 제자인 프로클로스가 제창한 이론들을 기독교적으로 소화하여 기독교적 명상의 깊이를 더했다. 그의 책은 동방교회와 서방교회 모두의 수도사들에게 깊은 영향을 남겼다. 그 속에서 하나님에 대한 그의 견해를 살펴보자.

> 그분은 수數나 질서, 광대함이나 작음, 동등함이나 불균형, 유사성이나 부조화도 아닙니다. 그분은 움직일 수 없지도 않고, 움직이지도 않고, 쉬지도 않습니다. 그분은 아무런 힘도 소유하지 않으며, 힘도 아니고 빛도 아닙니다. 그분은 본질도 아니고 영원이나 시간도 아닙니다. 그분은 지식도 아니고 진리도 아니기 때문에 이해력에 의해 이해되지 않습니다. 그분은 왕권이 아니며 지혜가 아닙니다. 그분은 하나도 아니고 동일성도 아니며, 신성도 아니고 선도 아닙니다. 그분은 우리가 이해하는 의미에서의 영이 아닙니다. 그분은 아들의 신분도 아니고 아버지의 신분도 아니십니다. ……그분은 긍정과 부정을 초월하십니다. 우리는 그분과 가까이 있는 것들을 긍정하거나 부정하지만 그분은 긍정하거나 부정하지 못합니다. 그분은 만물의 완전하고 독특한 원인이시기 때문에 모든 긍정의 주장을 초월하시며, 그 단순하고 절대적인 본성으로 말미암아 모든 제한에서 벗어나고 초월하십니다. 그분은 모든 부정도 초월하십니다.

노자도 도를 도라고 하면 항상의 도가 아니라 말했다. 인도에서도 예로부터 초월적 절대자에 대해 이것도 아니고 저것도 아니고를 반복하는 네티(부정)의 논리를 발전시켜왔다. 기독교에서도 아포파틱(부정적) 신학을 고도로 발전시켜왔다. 많은 수도사들과 신비주의자들은 이런 아포파틱 신학을 통해 어떤 언어와 형상도 넘어선 절대자를 직접적으로 체험하려고 했다.

이 외에 기독교에는 성부, 성자, 성신의 삼위일체의 신학이 있다. 삼위일체에 관련된 논쟁이 본격적으로 시작된 것은 4세기 후반 아타나시우스와 아리우스에 의해서이다. 그 뒤 몇 세기에 걸쳐 많은 이단논쟁을 낳으면서 치열하게 진행된 결과 오늘날의 삼위일체설이 확립되었다. 당나라 때 중국에 전래된 기독교는 삼위일체 논쟁에서 이단으로 몰려 기독교의 본거지에서 쫓겨난 네스토리우스파이다. 현재 삼위일체설은 서방 가톨릭, 동방 정교, 그리고 개신교의 대부분 학파에서 절대적 진리로 수용되고 있다.

아리스토텔레스 사상을 이용하여 신의 존재를 증명하려는 시도나 부정을 강조하는 아포파틱 신학은 기독교에만 있는 것이 아니라 이슬람교에도 있다. 이슬람 철학사를 보면 많은 사상가들이 탁월한 이론을 전개하고 있으며 일부는 암흑기를 겪고 있던 유럽에 전해지기도 했다. 그러나 삼위일체에 관련된 이론은 기독교에만 있는 독특한 이론이다. 이런 면에서 볼 때 적어도 신과 관련된 이론에 관한 한 기독교만큼 다채로우면서도 풍성하고, 치밀하면서도 방대한 이론을 자랑하는 종교는 없다. 이것은 미학적으로 말하자면 화려미라고 할 수 있을 것이다.

물론 기독교의 신에 대한 이론이 처음부터 이렇게 화려한 것은 아니다. 사실 기독교의 뿌리인 유대교의 신의 개념은 원래 아주 소박했다. 아브라함이나 이삭, 야곱 등의 족장시대의 신은 주로 엘로 불렸는데 초월적 개념은 거의 없고 부족의 번영을 약속하는 부족의 수호신 정도의 개념이었다. 족장시대의 유대의 신은 비교적 친근한 이미지를 지니고 있다.

그러다 모세를 거치면서 유대의 신은 크게 변모한다. 우선 엘에서 야훼로 그 이름이 바뀐다. 그리고 부족의 신에서 민족의 신으로 바뀌었고, 거기에다 계약을 통해 유대민족이 약속을 잘 지키면 주변 민족들을 내리치면서 유대민족을 축복을 주다가도 유대민족이 계약을 어기는 경우에는 가혹한 형벌을 내리는 엄격한 신으로 변모한다.

사실 유대민족의 가나안 정착기의 야훼는 전쟁의 신이었다. 유대민족은 전쟁을 치를 때는 전쟁의 신을 믿었지만 팔레스타인에 정착한 뒤에는 농경의 신이었던 바알 신에 끌리지 않을 수가 없었다. 그때마다 예언자들은 바알 신을 숭배하던 자신의 민족을 질책하면서 야훼에 대한 절대 충성을 강요하곤 했다. 당시의 유대교에는 유일신이라는 개념 외에 특별한 고등 철학이나 윤리도 없었다. 사실 축의 시대가 시작되기 전까지 유대의 야훼에 대한 개념은 참으로 단순하고 소박했다.

기원전 8세기에 축의 시대에 들어서자 고등 윤리와 사상이 나타나기 시작하고 야훼에 대한 개념도 점차 바뀌게 된다. 이사야, 아모스, 호세아 등 이 시기 선지자들의 입을 통해서 나타나는 야훼는 이전의 가혹하고 무자비하고 희생 제물을 즐기던 모습에서 희생 제물보다는 사회의 정의를 강조하고 무한한 사랑을 강조하는 신으로 점차 변모한다.

그러다 바빌론유수 시기를 통해 변방의 유대민족이 당시 문명의 중심지였던 바빌론 지역으로 이동하여 더 큰 세계와 접촉하면서 야훼의 개념이 크게 격상된다. 이 시기에 나온 「제2 이사야서」를 보면 "나는 처음이요 마지막이니, 나 외에 다른 신은 없느니라", "나는 빛을 짓고 어둠도 창조하며, 나는 평안도 짓고 환난도 창조하나니, 나는 야훼라 이 모든 일들을 행하는 자니라", "나는 처음이요 또 나는 마지막이라, 과연 내 손이 땅의 기초를 정했고, 내 오른손이 하늘을 폈나니, 내가 그들을 부르면 일제히 서느니라" 등의 구절이 등장하는데 본격적인 유일신, 우주의 창조주의 개념이 등장한다.

많은 『구약성서』 연구자들은 「창세기」의 첫머리를 장식하는 천지창조의 이야기는 바빌론유수 시기 이후에 만들어진 문서라고 주장한다. 사실 지금 우리가 보는 『구약성서』는 바빌론유수 시기 이후에 문서로 정착된 것들이다. 유대교는 바빌론유수라는 시련기를 통하여 본격적으로 고등 종교의 기틀을 다질 수 있었다.

원래 아주 소박했던 야훼에 대한 관념은 축의 시대와 바빌론유수 시기를 거치면서 점차 세련되어갔다. 그러나 여전히 유대 민족 신의 범주를 크게 벗어나지 못했다. 그러다 예수를 통해서 훨씬 보편적인 사랑의 하나님으로 변모되었다. 그 뒤 그리스철학의 세례를 받은 많은 신학자들을 통해 더욱 세련되어지고 치밀해졌던 것이다. 기독교의 신에 대한 이론은 소박함에서 화려함으로 발전되어가는 미의 일반적인 발전모형을 잘 보여준다.

초월적 존재에 대한 유교의 소박한 이론

　　서양의 기독교가 초월적 존재인 신에 대한 이론을 정교하면서도 다채롭게 발전시켜온 데 비해 중국의 유교에서는 초월적 존재에 대한 이론 자체가 별로 발달하지 않았다. 유교에서 기독교의 하나님에 가까운 개념은 하늘이라고 할 수 있다. 상고시대였던 은나라 때에는 분명 초월적 존재에 대한 강한 신앙이 있었지만, 주나라에 들어오면서 인문정신이 발달하면서 그런 개념은 점차 희박해졌다. 결정적으로 앞에서도 살펴보았듯이 공자 자신이 하늘 등의 초월적 개념에 대해서는 언급 자체를 삼갔기 때문에 유교에서는 하늘에 대한 이론이 발전할 수 없었다.

　맹자는 심성론이나 수양론을 발전시켰지만 하늘에 대한 이론은 별로 관심이 없었다. 마음을 다하면 본성을 알 수 있고, 본성을 알면 하늘을 알 수 있다는 정도의 언급은 있지만, 하늘이 어떠한가에 대한 구체적인 언급은 전혀 없다. 이에 비해 순자는 「천론天論」 편을 내세워 하늘에 대해 본격적으로 자신의 이론을 전개해나갔다. 그런데 순자의 논지는 길흉화복은 하늘이 정하는 것이 아니라 인간 스스로가 정한다는 것이다. 예컨대 그는 기우제를 지낸다고 해서 비가 오는 것이 아니라고 주장하면서, 위정자들이 그런 행동을 하는 것은 그저 형식을 갖춘 것일 뿐인데 백성들은 그것을 신령스럽게 여긴다고 말한다. 그리고 그것을 신령스럽게 여기게 되면 결국은 도리어 흉이 되어버린다고 말한다. 철저하게 인문주의에 바탕을 둔 합리적인 관점이다.

한나라에 이르러 동중서가 하늘과 사람은 서로 감응한다는 천인감응설天人感應說을 주장한 이래로 다소 미신적인 학설이 유행했다. 동중서는 하늘은 최고의 지위를 지니고 있으며, 기뻐하고 노여워하며 상과 벌을 가하는 인격적인 존재라고 여겼다. 그리고 제왕은 하늘의 위임을 받아 하늘의 의지의 방향으로 백성을 다스리는 존재인데, 제왕이 하는 일에 옳지 못함이나 궤도에서 벗어남이 있다면 하늘은 이에 대응하여 벌을 내린다고 주장했다. 그리고 하늘에 음양이 있듯이 사람에게도 음양이 있으며, 하늘과 사람은 서로 감응하여 하늘은 사람의 일을 간여하고 사람의 행위는 하늘에 영향을 미친다고 주장했다. 그리하여 당시에는 하늘이 왕조 흥망의 징조를 미리 보여준다는 예언적인 도참사상圖讖思想이 크게 흥성했다. 이는 공맹이나 순자로부터 한참 후퇴한 것으로 나중에 가서 의식 있는 유생들에게서 크게 비판을 받았다.

한나라에서 당나라에 이르는 시기 유교는 경전의 자구해석을 중심으로 발전했기 때문에 새로운 학설 자체가 별로 없었다. 그러다 송나라의 신유학자들에 이르러 하늘에 대한 새로운 이론이 나타난다. 주돈이周敦頤는 「태극도설太極圖說」을 지어 무극無極과 태극太極, 음양오행을 결합하여 새로운 우주론을 주장했고, 소옹邵雍은 도상圖象과 산수算數를 통해 우주 변화의 원리를 탐구하는 상수학象數學을 심화·발전시켰다. 이보다 더 큰 영향력을 행사한 것은 정이程頤가 제창한 천리天理라는 개념이다. 천리는 천과 이를 합친 것인데, 이 중 더 중요한 개념은 이다. 이는 기와 더불어 이기론理氣論으로 발전하는데, 이는 삼라만상의 본질·원리 등을 가리키고 기는 삼라만상의 현상을 가리킨다.

남송의 주자는 이상의 여러 주장들을 집대성하여 방대한 우주론을 세우려고 했다. 사실 주자는 토마스 아퀴나스와 비슷한 시기에 활약했으며 사상적 공헌도나 중요성도 비슷하다. 그러나 주자의 이론들은 하나의 형이상학은 될 수 있어도 굳건한 신앙으로 발전하지도 못했고, 게다가 심성론이나 수양론에 비해 중요성이 떨어지기 때문에 유교의 중심이 될 수도 없었다. 그렇기 때문에 같은 유학자 중에서도 이기론 자체를 별로 인정하지 않은 사람도 많았다.

이상으로 유교의 초월적 존재에 대한 이론을 대략 훑어보았다. 기독교에 비하면 소박하다는 인상을 지울 수 없다. 이런 소박함이 유교의 종교성 논쟁에서 불리함을 불러온 것은 사실이다. 그러나 관점을 바꾸어 바라보면 그것은 사유능력의 부족에서 오는 원시적 소박함은 아니다. 일찍부터 신화적 사유체계에서 벗어나 인문주의적 사유체계로 전환했기 때문에 나타난 것이다.

그리고 21세기의 보다 과학적이고 합리적인 관점에서 바라볼 때 기독교의 신에 대한 여러 이론들은 방대하고 치밀하고 화려하지만 사실 사상누각이 될 수도 있다. 그 이론들은 대부분은 절대적으로 신이 존재하고 있으며 예수는 신의 독생자라는 전제 아래에서 출발한 것인데 지금은 그 전제 자체에 대한 신뢰가 점차 무너지고 있기 때문이다. 이 전제들은 기독교인들에게는 절대 진리일지 몰라도 사실은 집단주관에 불과한 것으로 보편적 진리가 되기는 어렵다.

이에 비하면 유교의 하늘에 대한 이론들은 훨씬 모던한 편이다. 정확히 알 수 없는 것에 대해 언급을 보류하는 공자의 태도는 물론이거니와 특히 순자의 「천론」을 읽고 있으면 2000년도 훨씬 전에 어쩌면 그렇게 예리하면서도 차분하게 당시 대부분 지역의 사람들이 지니고 있던 초월적 존재에 대한 믿음의 허구성을 잘 지적하고 있는지 저절로 무릎을 치며 탄식할 정도이다. 이런 면에서 볼 때 유교의 초월적 존재에 대한 소박한 이론들은 사실 지극히 세련된 소박함이라 할 수 있다.

숭고미를 발산하는 예수의 삶, 평담미가 드러나는 공자의 삶

다음으로는 예수와 공자의 삶에서 드러나는 미학을 논해보자. 우선 예수의 삶을 미학적으로 말하자면 가장 어울리는 말은 숭고미라고 할 수 있다.

숭고미에 대해서는 고대 로마의 롱기누스로부터 근대의 버크, 칸트, 브래들리, 캐리트 등에 이르기까지 다양한 정의가 있다. 원래 롱기누스의 숭고는 문장풍격론의 일종인데 근대에 이르러 미학적인 주제로 부상되었다. 근대 미학 초기에는 숭고sublime와 미beauty는 별개로 취급되었다. 영국의 경험론자 버크는 숭고를 불러일으키는 것은 크고 무시무시하고 고통과 두려움을 주는 대상이고 미를 불러일으키는 것은 자그마함, 점진적 변화, 부드러움이라고 하여 둘을 확연히 구분하였다. 그는 숭고는 압도적인 고통과 두려움을 유발하는 대상이지만 거리감이 있어 도리어 강한 유쾌함을 가져다주는 것이라고 보았다. 칸트는 기본적으로 버크의 입장을 수용하면서 철학적으로 좀 더 심도 있게 다루어 미학의 발전에 큰 공헌을 하였다. 그는 미는 유한성에서, 숭고는 무한성에서 온다고 말하고 특히 무한하고 압도적인 자연의 미를 중심으로 숭고를 다루었다.

그러나 후대에 이르러서는 미의 개념이 좀 더 확장되면서 숭고는 미의 한 종류가 된다. 숭고미의 함의도 크게 변화되는데 부정적인 형상만이 아니라 긍정적인 형상도 포함하게 되었다. 브래들리는 '힘'을 숭고의 전반적인 특징으로 여겼는데 물리적인 힘만이 아니라 생명력의 힘, 그리고 도덕적·정신적 힘도 강한 숭고를 초래한다고 여겼다. 캐리트는 숭고미를 불러일으키는 대상은 적대적인 것이 아니라 우월한 것이고 숭고를 느끼는 감정도 두려움이라기보다는 경외심이라고 주장하였다. 숭고미의 역사를 간략히 살펴보았지만, 숭고미는 대체적으로 강렬하고 압도적인 대상에 대해서 느끼는 미감이라고 할 수 있다.

예수의 삶은 출생부터 강렬하고 압도적인 숭고미로 가득 차 있다. 그는 분명 온 우주의 주재자인 유일신의 독생자로서 거룩함 그 자체이다. 그렇지만 금은보화로 장식된 왕궁에서가 아니라 보통 사람들의 거처보다 훨씬 열악한 마구간의 모퉁이에서 태어났다. 물론 마구간 탄생설화는 허구일 가능성이 높다. 여기서 역사적 사실 여부는 그다지 중요하지 않다. 눈여겨봐야 할 것은 복음서의 저자는 예수의 탄생지를 이렇게 가장 비천한 마구간으로 하였을 때 더욱 강렬한 숭고미를 불러일으킬 수 있음을 알았다는 것이다. 만왕의 주와 마구간, 이 얼마나 강렬한 대비인가? 저절로 숭고한 감정이 일어나며 놀라운 신의 섭리에 눈물이 나오게 된다.

그 뒤 30년간 삶의 종적을 전혀 보이지 않다가 갑자기 나타나서 가르침을 펼친다. 예수를 따랐던 사람들도 상류사회의 부자들이나 지식수준이 높은 사람들이 아니라 가난하고 무식한 사람들이었다. 그는 기득권자들에게 핍박을 받으며 극도로 고통스러운 수난을 겪고, 결국에는 십자가의 처절한 고통 속에서 죽는다. 그 고통이 얼마나 극심했으면 "하나님, 나의 하나님 어찌하여 나를 버리셨나이까?"라고 간절하게 외쳤을까? 이 과정을 직접 보았던 예수의 제자들은 물론이고, 그들을 통해 그 사실을 전해 듣는 후세의 사람들도 슬픔과 고통을 느끼지 않을 수 없다. 그러나 그것은 승리의 환희로 나아가기 위한 중간 과정에 불과하다. 그는 결국 죽음을 이기고 많은 사람들에게 강렬한 희망을 선사한다. 실로 예수의 삶은 숭고미로 가득 차 있다.

예수의 생애를 그린 서양의 많은 성화들을 보면 그것을 확연히 알 수 있다. 예수의 생애를 그린 그림 가운데 가장 많은 분량을 차지하는 것은 역시 거룩한 탄생의 장면과 십자가 위의 고통스러움과 장엄함이 어우러져 있는 숭고한 장면이다. 간혹 십자가의 수난을 받으러 가기 전에 겟세마네 동산에서 기도를 올리는 장면도 성화의 주제로 자주 나오는데, 이 또한 모든 고통을 예견하면서도 그것을 감내하기 위한 숭고한 결의의 장면이다. 예수의 지극히 드라마틱한 삶에서 나타나는 이러한 숭고미는 다른 종교에서는 도저히 찾아볼 수 없는 강렬한 성스러움의 빛을 발한다.

이에 비해 공자의 삶이 주는 아름다움은 좀 싱겁게 느껴질 정도로 담담하다. 성스러움의 향기가 잘 느껴지지 않는다. 그림으로 비유하자면 예수의 삶이 강렬한 원색들이 서로 대비를 이루는 유화라면 공자의 삶은 상대적으로 단색으로 그린 수묵화에 가깝다. 서양 근대 미학의 범주에는 이를 적절히 표현할 수 있는 아름다움이 없다. 그래서 중국의 미학용어인 평담미를 사용하고자 한다.

숭고한 예수의 삶에 비해 공자의 삶은 너무 평담하다. 그러나 사실 관점을 달리해서 보면 공자의 삶이 결코 평담한 것만은 아니었다. 그는 어려서 아버지를 여의었고 홀어머니를 봉양했지만, 어머니도 오래 살지는 못했다. 그리고 젊은 날 치열하게 공부하여 교육자로서 명성은 날릴 수 있었지만, 정작 자신이 꿈꾸었던 정치에서는 찬밥 신세였다. 55세라는, 당시로서는 결코 적지 않은 나이에 자신의 정치적 이상을 펼치기 위해 천하주유에 나섰지만 "상갓집 개"라는 소리를 들을 정도로 곤궁에 처할 때도 많았다.

큰 뜻을 품었지만 그것을 펼치지 못할 때 사람의 마음은 원망하고 슬퍼하게 된다. 물론 "사람들이 알아주지 않아도 화를 내지 아니하니 이 또한 군자가 아닌가?"라는 말로 보아 수양의 힘으로 분노를 내려놓았음을 알 수 있지만 그 과정이 결코 쉽지는 않았을 것이다.

공자가 만년에 가장 힘들어했던 것은 아들의 죽음과 수제자 안회의 죽음이었다. 특히 가난한 집안의 출신이었지만 총명하고 성실해서 참으로 많이 총애했던 애제자 안회의 죽음은 공자에게 더욱 충격적이었다. 게다가 자신의 학문과 사상을 계승할 것으로 믿었던 제자가 먼저 죽었기에 실망감도 이루 말로 할 수가 없었을 것이다. 그래서 공자는 하늘이 자신을 버렸다고 탄식을 했고, 또한 평소와는 달리 비통하게 울었던 것이다. 제자들이 너무 비통하게 우시는 것이 아니냐고 묻자 공자는 내가 이 사람을 위해 비통하게 울지 않으면 누구를 위해 슬퍼하겠는가라고 답했다. 슬퍼하되 비통해서는 안 된다며 절제를 강조했던 공자였지만 도저히 슬픔을 이길 수 없었던 것이다.

공자의 삶에서 나타나는 담백함은 그저 밋밋한 담백함이 아니라 성공과 실패, 희로애락의 다양한 감정들이 어우러져서 나타나는 숙성된 평담미이다. 그래서 『논어』를 깊게 음미해보면 담백한 가운데서도 인생의 쓴맛과 단 맛, 신 맛과 매운 맛이 고루 나타나는 것을 알 수 있다.

예수의 삶은 짧고도 드라마틱하기 때문에 훨씬 강렬한 숭고미를 발산하는 것이 사실이다. 그러나 기독교적 집단주관과 초월적 성스러움의 거품을 약간 걷어내고 바라본다면 너무 강렬하기 때문에 오히려 불편한 느낌을 주기도 한다. 예수의 부활은 사실 객관적 진리가 아니라 집단주관에 속하는 것이다. 부활을 빼고 다시 예수의 삶을 바라보면 남는 것은 뜨거운 사랑과 숭고한 희생정신이다. 사랑을 실천하기 위해 목숨마저 버리는 것은 숭고하면서도 비장한 희생정신이 틀림없다. 때문에 깊은 감동을 준다.

그렇지만 또 다른 관점에서 바라보면 예수는 인생의 깊이를 알기에는 너무 젊은 나이에 죽었고, 또한 살아 있을 때의 기록도 너무 소략하고 한쪽으로 쏠려 있기 때문에 그의 삶의 실제 모습을 알 수가 없다. 게다가 숭고한 아름다움으로만 채색되어 있어 원숙미 내지는 평범한 인간미를 느낄 여지가 전혀 없다는 것도 아쉬움으로 남는다.

어차피 아름다움이란 주관적인 요소가 많기 때문에 사람마다 취향이 다를 수밖에 없다. 아직도 많은 사람들이 예수의 삶이 보여주는 강렬한 숭고미를 선호한다. 그것은 지금 현재의 종교에 대한 통념과도 많이 관련되어 있다. 초월적 성스러움을 더욱 강조하는 분위기 속에서는 아무래도 숭고미가 훨씬 강력한 호소력을 지닐 수밖에 없다. 그러나 성스러움에 대한 관점이 변화하고 화광동진이 제대로 이해되기 시작하면 공자의 삶의 아름다움이 주는 숙성된 평담미가 새롭게 보일 것이다.

전경을 부각시키는 기독교, 배경과의 조화미를 중시하는 유교

다음으로는 수도의 아름다움에 대해 이야기해보자. 수도란 자신의 종교에서 강조하는 성스러움을 배우고 체득하는 것이다. 수도는 종교를 종교답게 만드는 중요한 요소로 수도의 향기가 있을 때 그 종교의 생명력도 오래갈 수 있다. 기독교와 유교는 수도에서도 서로 대조적인 아름다움을 보여준다.

기독교의 수도는 대체로 초월적인 세계, 즉 하늘나라의 영생을 얻는 것과 하나님의 현전을 체험하는 것에 맞추어져 있다. 전자는 초기에, 그리고 일반 신자들에게 많이 나타나고 후자는 기독교의 수도의 전통이 자리 잡은 후기에, 그리고 전문수도자들 사이에서 많이 나타난다. 사랑과 봉사를 실천하고 가난과 겸손 등의 미덕을 갖추고 기쁨과 평화 등의 고양된 정서 상태에서 사는 것도 기독교 수도의 주요한 기둥을 차지한다. 이러한 기독교 수도의 공통점은 전경의 아름다움을 강하게 부각시킨다는 것이다.

기독교는 기본적으로 이 현실세계보다는 저 초월적인 세계에 있는 하늘나라와 하나님을 더욱 중시한다. 그래서 그것을 얻기 위해 삶의 모든 에너지를 담아서 진지하게 수도한다. 인적이라고는 찾을 수 없는 황량한 사막의 동굴에서, 혹은 높은 담벼락으로 둘러싸인 수도원에서 평생을 검소함과 경건함 속에서 진지하게 구도한다. 그리고 자신을 내던지는 희생정신으로 사랑과 봉사를 실천하기도 한다. 그 진지함이 지나쳐서 때로는 처절한 느낌이 들기도 한다.

맨발의 성자로 유명한 아시시의 성 프란체스코는 음식을 먹을 때마다

음식에 재를 조금씩 뿌려먹었다고 한다. 입맛의 유혹에 넘어가지 않기 위해서였다. 몇몇 수도사들은 성욕의 유혹을 이기기 위하여 스스로 거세를 하기도 했으며, 때로는 채찍으로 스스로를 때리기도 했다. 영화로도 만들어진 움베르트 에코의 소설 『장미의 이름』을 보면 지나치게 엄격한 수도승 호르헤가 해이한 수도승들이 아리스토텔레스의 『희극』을 보면서 희희덕대는 것이 못마땅해 해서 책에다 독을 발라서 죽게 만든다. 물론 소설적 허구에 불과한 것이지만 중세의 많은 수도승들이 그만큼 금욕적이고 경건한 수도를 했다는 것을 말해준다. 이 모두 천상의 기쁨을 얻기 위해서이다.

이렇게 천상의 기쁨을 지나치게 중시하거나 금욕적 태도를 너무 강조하게 되면 아무래도 삶의 여러 가지 다른 요소들과는 충돌이 생기지 않을 수 없다. 기독교인들은 대부분 과감하게 주변의 방해 요소들을 정리하는 경향이 있다. 이러한 태도는 전경前景의 아름다움을 과도하게 부각시키기 위해서 배경과의 조화미를 무시하는 것이라고 할 수 있다.

유교의 수도에서도 금욕적인 요소가 없는 것은 아니다. 공자는 먹는 것에 배부름을 추구하지 않고 거처에 편안함을 구하지 않는 것을 배움의 기본이라고 여겼다. 그래서 그는 자신의 수제자인 안회가 조촐한 밥과 한 모금 물을 먹으며 누추한 집에 살면서도 그 안빈낙도의 즐거움을 바꾸지 않는 것을 칭찬하곤 했다. 그러나 공자는 극단에 치우치지는 않았다.

공자는 "부귀는 사람들이 원하는 바이지만 정당한 방법이 아니라면 누리지 말아야 하고, 빈천은 사람들이 싫어하는 바이지만 정당한 방법이 아니면 버리지 말아야 한다"라고 말했는데 결국 부귀와 빈천 자체를 문제 삼기보다는 그것을 얻거나 벗어나는 방법의 정당성 여부에 초점을 맞추고 있다. 부귀와 빈천이 당장 눈앞에 나타나는 결과이고 전경이라면 방법은 뒤에 감추어진 배경이다. 왜냐하면 그 방법이라는 것은 부귀와 빈천을 둘러싼 주변의 상황, 사회적 여건 등등에 속하는 것이기 때문이다. 공자는 전경의 아름다움도 중시했지만 전경과 배경의 조화미를 더욱 중시했던 것이다.

인간은 욕구의 동물이다. 인간의 욕구는 가장 기본적인 욕구인 식욕, 성욕, 수면욕 등의 생리적인 욕구로부터 보살핌의 욕구, 사랑받고 싶은 욕구, 소통하고 싶은 욕구 등의 심리적 욕구, 재물욕, 권력욕, 명예욕 등의 사회적 욕구, 나아가 지식욕, 창작욕, 봉사욕 등의 자아실현의 욕구, 그리고 유한한 자기를 넘어 영원한 세계의 기쁨을 얻으려는 자기초월의 욕구까지 다양하다.

기독교를 포함한 대부분 종교에서는 저 높은 단계의 초월적인 세계에 대한 욕구를 너무 중시하여 그 아랫단계의 욕구를 지나치게 억누른다. 이것은 전경에만 초점을 맞춘 나머지 배경과의 관계는 전혀 고려하지 않는 것이다. 이에 비해 유교는 안빈낙도를 높게 평가하고 군자가 되고픈 의지도 중시하지만, 하위 욕구들도 인지상정으로 간주하여 억압하지 않고 조화를 이루는 것을 추구했다. 그렇기 때문에 유교에서는 만약 정당한 방법으로 주어지는 것이라면 부귀도 마다하지 않았던 것이고, 식욕 성욕 등에 대해서도 완전히 부정하지는 않았다. 이러한 태도는 미학적으로 말하자면 전경과 배경의 조화미를 중시하는 것이다.

앞에서 거론한 내면적 수양과 사회적 실천의 조화도 역시 배경과의 조화미를 중시하는 태도에서 나온 것이다. 기독교에서도 십자가의 수직선은 하나님에 대한 사랑을 의미하고 수평선은 이웃에 대한 사랑을 의미하는 것이라고 말하면서 내와 외의 조화를 강조한다. 그러나 유교에서는 보다 구체적인 방향까지 제시하면서 체계적으로 개인의 도덕수양과 사회 속에서의 실천을 조화시키려고 한다. 그것은 유교의 수도가 정치사상과 사회윤리와 더 많은 관련이 있기 때문에 나타난 현상이라고 할 수 있다.

배경을 무시하고 전경의 아름다움만을 추구하면 그 아름다움은 눈에 쉽게 드러난다. 마찬가지로 그 수도의 향기도 훨씬 강력하게 풍기게 된다. 그러나 배경과의 조화미를 강조하면 전경 자체의 아름다움에 전력을 쏟을 수가 없기 때문에 전경의 아름다움이 그다지 강렬한 호소력을 지니지 못할 수도 있다. 그래서 뒤떨어진 것처럼 보일 수도 있다. 그러나 배경과의 조화미를 이루는 것은 대교약졸의 졸로서 차원 높은 아름다움이다.

배경과의 조화미는 중용의 아름다움과도 관련이 있다. 중용을 이루기 위해서는 일단 전경의 요소와 배경의 요소들이 어느 한쪽에 치우치지 않고 조화와 균형을 이루어야 한다. 그리고 단순히 조화와 균형을 이루는 중中만으로는 되지 않는다. 용庸의 아름다움도 겸비해야 비로소 중용의 아름다움이 될 수 있다. '용'에는 여러 가지 뜻이 있는데, 일상적이라는 의미도 있고 평범하고 그저 그렇다는 의미도 있다. 중용의 아름다움이란 속으로는 조화와 균형에서 나오는 절묘한 아름다움이 있지만 겉으로는 평범해 보이는 대교약졸의 아름다움이다.

배경과의 조화미, 중용의 아름다움은 사실 쉽지가 않다. 하나의 예술작품이 배경요소와 조화를 이루고 하나의 건축물이 자신의 아름다움을 드러내면서 주변의 자연환경과 조화를 이루는 것도 상당한 내공이 필요하지만, 오랜 세월을 통해 그려내는 인생이라는 그림에서 모든 것들이 어우러져 조화를 이루는 중용의 아름다움을 구현하기는 더욱 어렵다. 설령 성인이라 할지라도 그것을 제대로 구현하기는 쉽지가 않다. 그래서 공자도 『중용』에서 큰 나라를 다스리거나 큰 벼슬을 사양하거나 칼날 위에서 춤을 추는 것보다 중용을 행하기가 더 어렵다고 말했던 것이다.

『중용』에는 "군자의 도는 넓고도 은미하여 보통 부부의 어리석음으로도 더불어 알 수가 있지만 그 지극한 곳은 비록 성인이라 할지라도 또한 알지 못하는 바가 있고, 보통 부부의 못남으로도 더불어 행할 수가 있지만 그 지극한 곳에 이르러서는 비록 성인이라 할지라도 할 수 없는 바가 있다"라는 구절이 있다. 넓다는 것은 누구나 행할 수 있는 보편성을 가리키는 말이다. 은미하다는 것은 깊이를 알 수 없는 심오함을 가리키는 말이다. 이렇게 보편성이 있으면서도 심오함이 있는 것, 이것이 새로운 시대에 부합하는 삶의 미학, 수도의 미학이 아닐까 생각해본다. 중용의 아름다움은 참으로 넓고도 깊다.

발산적인 기독교, 수렴적인 유교

이상 화광동진의 관점에서 예수와 공자의 성스러움을 비교해보고 대교약졸의 관점에서 기독교와 유교의 아름다움을 살펴보았다. 결국 두 가지의 비교는 같은 이야기의 다른 버전임을 알 수 있을 것이다. 화광동진과 대교약졸이 한 부모 아래의 쌍둥이기 때문이다.

뒤에서 동서의 철학, 문학, 회화, 음악, 건축 등을 비교할 때 다시금 확인을 할 수 있겠지만, 각 영역에서 동서의 차이점들은 기독교와 유교의 차이점들과 별반 다를 바 없다는 것을 알게 될 것이다. 사실 종교사상과 문화예술은 서로 긴밀한 유사성을 지니지 않을 수가 없다. 그들은 모두 하나의 문화정신에서 나온 형제들이기 때문이다.

마지막으로 발산과 수렴의 관점에서 기독교와 유교를 비교하고자 한다. 앞에서 대교약졸의 아름다움의 공통적인 특징 중 하나는 감추기와 수렴의 미학이라고 했다. 짐작대로 기독교의 아름다움은 발산형에 속하고, 유교의 아름다움은 수렴형에 속한다.

전통적인 성스러움의 관점에서 볼 때 기독교는 신에 대한 교리, 교주의 성스러움, 수도 등 전반에 걸쳐 자신의 성스러움의 에너지를 활화산처럼 분출하면서 강렬한 성스러움의 향기를 발산한다. 여러 가지 면에서 볼 때 가장 종교다운 종교라고 할 수 있다. 그래서 기독교는 초기에 로마정권으로부터 수많은 박해를 받으면서도 요원의 불길처럼 퍼져나갔고, 중세에서는 유럽 사회에서 압도적 권위를 지녔고, 근대 이후 합리적·과학적 이성과 충돌을 겪고 있지만, 아직까지도 세계의 여러 고등 종교 가운데 대중적인 인기가 가장 높다.

이에 비해 유교는 성스러움의 에너지를 안으로 수렴시켜서 밖으로는 성스러움의 향기가 있는 듯 없는 듯 잔잔하고 은은하다. 너무 안으로 감추었기 때문에 종교라고 보기 어려울 정도이다. 유교는 봉건 왕조시대에는 그 정치사상과 윤리도덕이 사회체제의 유지에 큰 도움이 된다는 이유로 오랫동안 절대적 권위를 인정받아왔고 동북아시아의 주변 국가에도 막대한 영향력을 행사했다. 그러나 동북아시아 사람들의 종교적 갈증까지 채워주지는 못했다. 동북아시아 사람들의 종교적 갈증은 주로 불교가 채워주었다. 그러다 봉건 왕조체제의 몰락 이후 유교는 큰 타격을 받게 되고, 게다가 동북아시아 사람들이 서구의 문화를 추종하면서 미감 또한 발산형인 서구를 좇아가게 되자 수렴형의 유교는 더욱 찬밥 신세가 되었다.

사실 기독교가 전 세계적으로 부상한 것은 그리 오래되지 않는다. 기독교는 처음부터 복음 전파를 중시하는 발산적인 종교였다. 예수의 제자들은 고통과 위험을 마다하고 온 세상 끝까지 예수의 복음을 전하기 위해 최선을 다했다. 그 전통은 줄곧 이어져왔다. 그럼에도 근대 이전에는 기독교의 세력은 유럽에 국한되었다. 기독교가 세계로 확산된 것은 근대 이후 유럽의 팽창에 힘입은 것이다. 제국주의시대 선교사와 상인과 군인은 각자 역할은 달랐지만 자국의 세력 팽창이라는 목표는 동일했다. 기독교를 자발적으로 수용하는 경우에도 기독교 자체의 매력 외에 유럽문화에 대한 동경도 크게 작용했다. 어찌되었든 현재 기독교가 전 세계에서 가장 많은 신자를 확보한 종교인 것은 틀림없다.

그러나 세상에 영원한 것은 없다. 유럽 문화가 언제까지나 계속 압도적 우위를 점할 수는 없고 그들의 미의식이 언제까지나 절대적인 기준이 될 수는 없다. 뿐만 아니라 종교에 대한 관념도 언제까지나 지금의 상태에 머무를 수는 없다. 이미 성스러움에 대한 관념은 크게 변화하는 중이고, 종교의 미감 또한 앞으로 점차 변하게 될 것이다.

대체로 아직 어릴 때에는 자신의 아름다움을 강하게 발산하면서 자랑하고 뽐내고 싶어한다. 또한 그런 발산적인 아름다움에 더 끌리기도 하다. 그러나 벼가 익으면 고개를 숙이듯이 우리의 의식도 성숙되면 밖으로 발산하던 아름다움을 내면으로 수렴할 줄을 안다. 그리고 있는 듯 없는 듯 은은한 수렴적인 아름다움이 더욱 가슴에 와 닿는다. 앞으로 우리의 미의식이 성숙하게 되면 예수와 공자, 기독교와 유교를 바라보는 관점도 차츰 변하게 될 것이다.

4장

복잡한 인도 불교와
단순한 중국 선종

다른 장은 모두 서양과 중국을 비교했지만 이 장은 인도와 중국을 비교한다. 근대 이전에 중국이 경험한 다른 문화권과의 대규모 교류는 불교를 통한 인도와의 교류가 유일하다. 인도문화는 중국문화와도 다르고 서양문화와도 다르지만 크게 보았을 때 중국보다는 서양과 더 많은 유사성을 지니고 있다. 인도어가 유럽어와 같은 어족에 속하는 것만 보아도 알수 있다.

인도와 중국 사이에는 황량한 사막과 험준한 산맥이 가로놓여 있어 서로 왕래하기가 쉽지 않았다. 이런 악조건에도 불구하고 중국인들은 엄청난 열정을 지니고 거의 일방적으로 불교의 학습에 매달렸다. 이런 일방적인 교류가 진행되었던 것은 바로 불교 속에 중국의 사상에는 없던 새로운 요소, 바로 강렬한 초월적 성스러움의 요소가 있었기 때문이다.

그런데 인도의 불교는 중국에 건너오면서 크게 변하였다. 원래 모든 종교나 사상은 다른 지역으로 전파될 때 그 지역의 토착문화의 영향으로 변모가 일어나기 마련인데 중국에서는 그 정도가 심하다. 그들은 아예 인도에는 없던 새로운 불교를 창조하기도 했다. 그것이 바로 선종禪宗이다. 많은 학자들이 선종은 불교 중국화의 종점이라고 말한다. 그만큼 중국적인 특색이 강하다는 것이다.

　여기서는 화광동진과 대교약졸의 관점에서 불교의 중국화를 설명하고자 한다. 인도불교의 주체적 수용의 과정을 잘 살펴보면 중국이 서양문화를 장차 어떻게 주체적으로 변모시켜나갈 것인가를 대략 짐작할 수 있을 것이다.

인도의 문화적 토양과
석가모니의 깨달음

사회문화적 환경이 갈라놓은 중국과 인도의 문명

앞에서 화광동진의 관점에서 예수와 공자의 삶과 가르침과 명상을 살펴보았는데 이 장에서는 석가를 이야기하겠다. 한 마디로 말하자면 석가의 삶과 가르침과 명상은 예수와 공자의 중간이다. 즉 예수보다는 화광동진이 많이 되었지만 공자보다는 부족하다. 그런데 앞에서 예수와 공자를 비교할 때 이미 짐작했겠지만 개인의 삶과 깨달음은 그가 속한 사회분위기와 불가분의 관계에 있다.

중국은 기원전 11세기를 전후로 은나라에서 주나라로 넘어가면서 종교적·무속적 사회시스템에서 예와 악이 중심이 되는 사회시스템으로 전환했다. 모든 것을 저 초월적인 하늘과 신에게 물어보고 결정하던 신본주의에서 인간 중심, 땅 중심의 인문주의로 방향을 틀었던 것이다. 그리고 그 인문주의의 방점을 찍은 사람이 바로 공자이다. 이후 부분적으로 약간의 굴곡은 있지만 전체적으로 볼 때는 인문주의가 중국문화를 관통한다.

인도는 이보다 조금 이른 시기인 기원전 15세기를 전후하여 지금의 이란 고원에 거주하던 아리안족이 침입하여 원주민들을 정복하고 새로운 사회를 만들었다. 이들 아리안족은 『베다』라는 경전을 중심으로 브라만교를 확립했다. 『베다』 속에는 태양의 신 아르카, 달의 신 소마, 바람의 신 아 닐라, 불의 신 아그니, 천둥의 신 인드라 등 다양한 자연신들이 등장하고, 우주의 질서와 인간의 도덕질서를 관장하는 바루나와 같은 다소 추상적 인 신도 등장한다. 고대 인도인들은 이러한 신들에게 제사를 지내며 복을 기원했던 것이다.

중국과 마찬가지로 인도에서도 기원전 5~6세기에 이르러 사회적·경제 적으로 큰 변화가 일어났는데 낡은 종교인 브라만교가 이런 변화에 대응 하지 못하자 새로운 사상운동이 일어났다. 공자를 비롯한 중국의 대부분 사상가들이 천하를 어떻게 다스릴 것인가에 대해 고민했던 데 비해 인도 의 사상가 대부분은 어떻게 하면 존재의 근원적 고통을 해결하고 해탈에 이를 것인가에 대해 고민했다.

이는 사회문화적 코드의 차이가 얼마나 중요한가를 잘 보여준다. 중국 에서는 오래전에 이미 예 시스템이 중요한 사회문화적 코드가 되어 있었 기 때문에 춘추전국시대의 수많은 사상가들이 예 범주 안에서 새로운 사 회를 통합할 수 있는 사상을 전개했다. 이에 비해 인도에서는 종교가 사 회문화의 가장 중요한 코드가 되어 있었기 때문에 새로운 사상운동에서 도 어떻게 하면 낡은 종교인 브라만교를 개혁하여 새로운 사회에 어울리 는 종교를 만들어낼 것인가가 가장 중요한 과제였다.

이들 새로운 사상가들은 대부분 출가 사문운동에서 나왔다. 기존의 브 라만교에서 사제직은 대부분 결혼을 통해 세습되었는데, 당시 세습사제들 은 대대로 물려받은 제례의식을 형식적으로 진행할 뿐, 문명의 발달로 새 롭게 나타난 여러 가지 사회 문제와 그 속에서 제기되는 종교적 의문 등 에 대한 답을 줄 수 없었다. 이에 많은 사람들이 출가운동을 통해 깊은 명상과 고행을 하며 우주와 고통의 근원에 대해 탐구했다. 불교의 창시자인 석가 또한 그런 출가사문 가운데 한 사람이었다.

석가가 태어날 때 왕궁에 초대받은 아시타라는 도인은 이 아이는 장차 천하를 다스리는 위대한 성왕이 되거나 혹은 모든 사람들에게 종교적 해탈을 전해주는 붓다가 될 것이라고 예언했다. '~이거나 혹은'이라는 말은 제정분리가 된 당시 인도 사회에서 종교적 성자와 정치적 성왕은 동시에 성취될 수 없는 것으로 양자택일을 해야 함을 뜻한다.

석가는 아들이 성왕이 되기를 바라는 아버지의 간절한 소망도 뿌리치고, 아리따운 아내의 섬섬옥수와 어린 아들의 천진난만한 미소도 뿌리치고, 오직 존재의 근원적 고통을 해결하기 위해 출가를 단행했다. 그가 아들의 이름을 장애물이라는 뜻의 라홀라로 지은 것은 출가를 앞두고 혈육에 대한 정 때문에 얼마나 괴로워했던가를 잘 말해준다. 석가가 왕의 길을 포기하고 출가의 길을 걸었던 것은 당시 인도 사회에서는 종교가 정치보다 더욱 중요한 과제였기 때문일 것이다. 이렇듯 인도는 기본적으로 종교적 성향이 강한 나라이다. 그렇기 때문에 석가 개인의 삶과 깨달음 속에도 그 성향이 강하게 남아 있다.

석가모니를 둘러싼 신화의 거품은 쉽게 걷어낼 수 있다

석가는 석가모니의 준말이다. 석가모니라는 말은 샤카족, 한자 음역으로는 석가족의 성자라는 뜻이고, 원래 이름은 고타마 싯다르타(기원전 563~483)다. 그의 활동 시기는 중국의 춘추시대 말기로, 공자(기원전 552~479)보다는 조금 이르고 사마천의 『사기』의 기록이 사실이라면 노자보다는 조금 늦거나 비슷하다고 할 수 있다. 여기서는 줄여서 석가라고 칭하고자 한다.

예수에 비해서는 조금 덜하지만 석가의 삶에 대한 기록도 상당 부분 신화적인 요소가 있다. 예를 들어 어머니 옆구리에서 태어났다는 이야기나 태어나자마자 일곱 발자국을 걸어가서 "하늘 위와 하늘 아래에서 나 홀로 존귀하다天上天下唯我獨尊"는 말을 외쳤다는 것은 그가 범인이 아님을 말해준다. 많은 불경에서 석가는 인간의 스승일 뿐만 아니라 천상의 신들의 스승이라고 주장한다. 이것은 물론 다신교의 전통에서 나올 수 있는 발상이다.

스승의 강력한 성스러움의 오라에 감복한 제자들이 스승을 일반인과는 전혀 다른 차원의 존재로 부각시키려는 것은 일반적인 현상 중 하나이다. 더군다나 그것이 오랜 구전을 거쳐 몇 백 년 뒤에 기록된 것이라면 신화의 거품은 더욱 커질 수밖에 없다. 실제로 초기경전에서는 석가의 행적이 비교적 사실적으로 기록되고 있는 데 비해 후대로 갈수록 석가의 행적은 상상을 초월하는 이적으로 가득 차게 된다.

일단 그의 모습부터 범인과는 다르다. 석가는 32상 80종호라고 하는 여러 가지 신체적 특징을 지니고 있었다고 한다. 그중에 특이한 것 몇 가지만 예로 들면 손바닥에 수레바퀴와 같은 무늬가 있고, 팔을 펴면 무릎까지 내려가고, 이가 40개가 되고, 온몸에 황금빛이 나고, 몸에서 솟는 광명이 한 길이 된다고 한다. 이것들은 당연히 후대인들의 상상에서 나온 이야기로 크게 깨친 사람의 이상적인 형상이라고 할 수 있다.

그뿐인가? 석가는 여섯 가지 신통력을 지니고 있었다고 한다. 그것은 온 우주의 구석구석을 다 꿰뚫어볼 수 있는 천안통天眼通, 세상의 모든 소리를 다 들을 수 있는 천이통天耳通, 타인의 마음을 꿰뚫어보는 타심통他心通, 타인의 전생을 꿰뚫어보는 숙명통宿命通, 이 세상 어디든지 갈 수 있는 신족통神足通, 그리고 마지막으로 모든 번뇌를 다 끊어버린 누진통漏盡通을 말한다. 온 우주를 꿰뚫는 천안통이 있었는데 왜 그리 멀지 않은 중국에 자기와 나이가 비슷한 공자와 노자라는 사상가가 활동하고 있었다는 것을 몰랐는지 알 길이 없다.

그 외에 온 천지에 화사한 꽃이 비처럼 내리게 하는 것은 기본이고, 때로는 코 아래 인중에서 강렬한 빛을 발산하는데 그 빛이 일만 개의 태양과 같으며 그 빛에 의해 온 세계가 진동하기도 했다. 또한 정수리에서 백 가지 보배로운 광명을 보내는데 그 광명 속에서 천 개의 잎을 지닌 연꽃이 나오고, 그 속에는 각각 석가의 분신이 가부좌를 틀고 앉아 있는 장엄한 광경을 연출하기도 했다. 사실 경전에 묘사된 신통으로 보자면 석가가 예수보다 훨씬 더 스케일이 크고 장엄하다.

그러나 조금만 눈을 뜨고 바라보면 석가의 삶에서 이러한 신화적인 거품은 쉽게 걷어낼 수 있다. 이런 기록들은 사실적인 기록이 아니라 과장법을 극대화한 것임을 금방 알 수 있기 때문이다. 그래서 불교를 믿는 사람들 중에서도 의식수준이 조금 높은 사람은 이런 거품을 쉽게 부정한다. 또한 여러 경전들을 비교하고 분석해보면 석가의 삶은 예수보다는 훨씬 정확하게 윤곽을 그려낼 수 있다. 근래 나온 석가의 전기 중에는 신화적 요소를 완전히 배제하고 철저하게 인간적인 측면에서 그의 삶과 깨달음을 기술한 것들도 있다. 마스다니 후미오의 『붓다, 그 생애와 사상』이나 카렌 암스트롱의 『스스로 깨어난 자 붓다』 등이 대표적인 저술이다.

석가는 지금의 네팔에 있는 약소국 카필라국을 다스리는 샤카족의 왕자로 태어났다. 태어난 지 일주일 만에 어머니를 여의고 이모의 손에 성장했다. 감수성이 예민했던 그는 어려서부터 인간의 생로병사의 고통에 대해 심각하게 고민했다. 아들의 장래를 걱정하던 아버지는 그를 잡아두기 위해 결혼도 시켰지만, 그는 스물아홉 살에 아내와 아들을 떠나 출가사문의 무리에 동참한다.

이후 6년간 기나긴 고행과 명상 끝에 보리수 아래에서 깨달음을 얻는다. 석가가 깨달음을 얻기 전에 나타나서 방해했던 마왕 파순의 딸들이나 그를 공격했던 18억 마군들이 외부에 실제로 존재하는 악마가 아니라 석가 자신의 무의식 깊은 곳에 있는 성욕, 그리고 공포의 그림자라는 것은 명상에 약간의 조예만 있어도 쉽게 이해할 수 있다. 원래 장기간의 단식명상을 하게 되면 무의식 밑바닥에 있는 자신의 어두운 그림자와 마주치게 된다. 사실 예수가 광야에서 단식할 때 나타났던 사탄 또한 예수 자신의 무의식의 그림자로 볼 수 있다.

그 뒤 석가는 그 더운 인도의 거리를 맨발로 다니며 자신의 깨달음을 전한다. 기득권층의 강한 저항을 받았던 예수와는 달리 석가는 하층민으로부터 왕족, 신흥귀족, 지식인층에 이르기까지 고루 지지와 후원을 받으며 새로운 종교조직을 키워나갈 수 있었다. 물론 좋은 일만 있었던 것은 아니다. 경쟁관계에 있던 종교집단으로부터 모함과 암살의 위협을 받기도 했으며, 한때 제자였던 사촌동생 데바닷다가 배신하여 마음의 상처도 받았으며, 강대국 코살라국이 조국 카필라국을 공격하는 것을 막기 위해 노력했지만 끝내 실패하고 조국이 멸망하는 모습을 바라보아야 하는 아픔도 겪었다. 그러나 대체로는 편안하게 그리고 원만하게 살다가 80세에 제자들이 지켜보는 가운데 조용히 눈을 감는다.

석가의 삶은 예수에 비해서는 분명 저 하늘보다는 이 세상에 더 가까이 있다. 그는 스스로 신이라고 말한 적이 없고, 단지 깨달은 자라고 했다. 붓다라는 말은 깨친 자라는 뜻이다. 그리고 그는 제자들에게 자신을 믿으라고 말한 적이 한 번도 없다. 그가 눈을 감으면서 마지막으로 당부한 말은 스스로에 의지하고 법에 의지하라는 말이었다. 현대적 관점에서 보아도 아주 합리적이고도 민주적이다.

그러나 세월이 흐를수록 점차 초월적 성스러움의 오라는 짙어져가고 나중에 대승불교에 이르러서는 신화적 색채를 띠기 시작한다. 결국 저 높은 하늘 위에서 모든 중생의 고통을 해결해주는 구세주가 되고 말았다. 그것은 석가 개인의 탓이라기보다는 인도문화가 지니고 있는 종교적 오라

탓이 아닐까 생각한다.

심리치료, 철학의 영역에 닿아 있는 석가의 가르침

석가의 가르침은 예수의 그것과는 상당히 다르다. 그는 우선 신을 이야기하지 않는다. 우주의 창조와 종말 등에도 전혀 관심이 없다. 석가의 관심은 인간의 실제적인 고통을 해결하는 데 있다.

그의 가르침은 크게 사성제四聖諦와 삼법인三法印으로 요약할 수 있다. 사성제란 고苦, 집集, 멸滅, 도道의 네 가지 거룩한 진리를 말한다. 고란 이 세상은 여러 가지 괴로움으로 가득 차 있다는 것이다. 석가는 생로병사의 본질적인 고통 외에 사랑하는 사람과 헤어져야 하는 고통, 싫어하는 사람과 함께 있어야 하는 고통, 구하여도 얻지 못하는 고통, 그리고 마지막으로 신체·감각·이미지·의지·인식작용 등 몸과 마음에 집착하는 고통을 들고 있다.

집이란 괴로움이 어떻게 일어나게 되는가를 밝히는 것으로 고의 원인에 대한 설명이다. 석가는 사람이 늙고 병들어 죽는 고통의 근본 원인을 열두 단계로 파고 들어가 결국 고통의 시작은 무명無明, 즉 밝지 못함에 있음을 밝혔다. 이것이 십이연기설十二緣起說이다. 여기서 말하는 무명이란 일상에서의 어리석음을 가리키는 것이 아니라 본래 나라는 실체가 없는데 그것을 실체로 착각하는 근본 어리석음을 말한다. 그런 어리석음이 있기 때문에 분별하는 마음도 생기고, 물질세계와 그에 따른 이름도 생기고, 감각기관과 의식이 생기고, 결국 육신을 가지고 태어나게 된다. 그리고 태어난 존재는 반드시 늙고 병들고 죽는다는 주장이다. 사실 십이연기설은 존재의 이유와 과정을 밝히려는 시도이다.

멸은 고통의 원인을 소멸시키는 것인데 석가는 인간의 고통의 원인이 신에 의해 생긴 것이 아니라 바로 스스로의 무명에 의해서 생긴 것이므로 무명을 멸함으로써 모든 괴로움이 사라진다고 했다. 마지막으로 도는 괴로움을 소멸시키는 방법을 가리키는데, 올바른 견해, 올바른 생각, 올바른 말 등에서 올바른 정신집중까지 여덟 단계를 제시하고 있어 팔정도八正道라고 한다.

삼법인이란 세 가지 진리의 징표인데 불교의 핵심적인 세계관을 세 가지로 정리한 것이다. 이 세상에 영원한 것은 없고 모든 것은 변한다는 제행무상諸行無常, 영원하지 않는 것이므로 모든 것은 고통이라는 일체개고一切皆苦, 모든 것은 인연화합으로 이루어진 것이므로 그 속에 독립적으로 존재하는 실체는 없다는 제법무아諸法無我가 바로 그것이다.

이상 간략하게 석가의 가르침을 살펴보았지만 어찌 보면 종교라기보다는 심리치료에 더 가깝고 철학에 더 가깝다. 그러나 이 세상을 고통의 바다로 본다는 것은 결국 고통 없는 저세상으로 가려는 강력한 종교적 의지를 드러낸다.

불교의 목표는 기독교처럼 천국에 가는 것이 아니다. 불교에도 기독교의 천국에 해당하는 극락이 있고 지옥도 있고 보통의 일반신도들은 왕생극락, 즉 극락에 가서 태어나기를 바란다. 그러나 한 단계 깊게 들어가면 극락에서의 복도 영원한 것이 아니기 때문에 인연이 다하면 다시 윤회의 사슬에 의해 인간 세상에 태어나기도 하고, 축생으로 태어나기도 하고, 지옥으로 갈 수도 있다고 주장한다. 결국 이 끝없는 윤회를 끝내서 모든 번뇌가 사라진 열반의 경지로 가는 것이 목표이다. 이런 면에서는 역시 초월적 성스러움이 깔려 있다고 할 수 있다.

놀라울 정도의 모던함이 담긴 석가의 명상

불교는 여느 종교에 비해 명상을 많이 강조한다. 유대교나 기독교 등에도 명상의 전통이 없는 것은 아니지만 잘 보이지 않는다. 깊게 들여다보아야 비로소 알 수 있다. 그러나 불교는 명상을 액면에 내건다. 교주였던 석가 자신이 명상을 중시했기 때문이다. 오랜 세월에 걸쳐 다양한 갈래로 발전한 불교 속에는 수많은 명상법들이 존재한다. 그중에서 석가 자신이 직접 가르쳤던 명상법은 위빠사나 명상이다.

석가는 당시 수도자들 사이에 유행하던 다양한 명상법을 두루 체험했으며 최종적으로는 스스로의 방법으로 깨쳤다. 그러고는 새로운 명상법을 창안하여 사람들에게 가르쳤다. 석가는 기존의 여러 명상법들을 사마타라 불렀고, 자신이 새롭게 창안한 명상법을 위빠사나라고 불렀다.

사마타는 고요라는 뜻으로 산란한 마음을 가라앉혀 마음의 평화를 얻는 것이다. 이에 비해 위빠사나는 여러 가지 관찰이라는 뜻으로 자신의 몸과 마음을 관찰하여 그 본질을 꿰뚫는 지혜를 얻는 것을 중시한다. 석가는 단순히 마음을 가라앉혀 평화를 얻는 것만으로는 궁극적 깨달음에 들 수 없고 위빠사나를 통해 자아와 세계에 대한 통찰을 얻을 때 열반에 들 수 있다고 주장한다.

위빠사나 명상의 관찰대상은 몸, 감각, 마음, 법 네 가지이다. 몸을 관찰하는 것은 먼저 호흡이 길든 짧든 있는 그대로 알아차리는 데서 출발한다. 그다음 단계는 몸의 느낌을 알아차리면서 숨을 들이마시고 몸의 느낌을 알아차리면서 숨을 내쉰다. 다음으로는 몸의 움직임에 대하여 관찰한다. 걷고 앉고 밥 먹고 대소변을 보는 모든 상황에서 있는 그대로 깨어서 바라보는 것을 강조한다. 다음으로는 자신의 몸의 요소를 관찰한다. 피부 속에 담겨 있는 내장들, 핏줄, 고름, 피, 똥, 오줌 등을 관찰하다 보면 몸에 대한 집착이 떨어진다.

두 번째는 감각의 관찰인데 괴롭고 즐겁고 괴롭지도 즐겁지도 않은 여러 감각을 관찰한다. 다음으로 마음의 관찰로는 화가 나거나 탐욕을 일으키거나 무기력하거나 고요한 여러 가지 마음의 상태를 관찰한다. 마지막으로 법의 관찰이란 감각기관, 감각대상, 인식작용을 위시해서 여러 가지 불교적 관념체계를 바라보는 것이다.

위빠사나 명상은 저 하늘나라나 초월적인 신에 집중하는 것이 아니라 내 몸과 감각과 마음을 관찰한다는 점에서 일단 현실성과 일상성에 바탕을 두고 있다. 그리고 현대적 관점에서 보아도 매우 과학적이고 합리적으로 보인다. 2500년 전의 아득한 고대에 이런 현대성을 지닌 명상법이 있었다는 것이 놀라울 정도이다. 그래서 근래 구미에서 크게 인기를 얻고, 심리학자들이나 의사들 사이에서도 그 효과를 인정받아 치료의 방편으로도 널리 쓰이고 있다.

그러나 그 속을 들여다보면 역시 초월적 성스러움의 오라가 깔려 있다. 왜냐하면 그 목적이 제행무상, 제법무아, 일체개고의 삼법인을 체득하기 위함이기 때문이다. 그래서 위빠사나의 고급단계에 가면 모든 관찰대상이 빨리 사라지고 나중에는 관찰하는 주체마저 사라지면서 '나'라는 실체가 없다는 것을 알게 되고, 그것이 깊어지면 결국 모든 번뇌가 사라지는 열반의 경지에 이르게 된다고 주장한다.

그리고 초월적인 저 세상에 이르기 위해서 이 세상의 쾌락을 억제하는 금욕적 태도를 강조하는 것은 기독교와 마찬가지이다. 그래서 오랜 세월 불교의 수도자들은 결혼을 하지 않을 뿐만 아니라 술과 고기 등도 금지하면서 청정한 수도생활을 해왔고 지금도 하고 있다.

전체적으로 볼 때 기독교가 신과 하늘나라에 초점을 맞추고 있는 데 비해 불교는 인간과 피안에 초점을 맞추고 있다. 신보다 인간에 초점을 맞춘 것은 불교가 화광동진에 좀 더 가깝다는 것을 말해주지만, 하늘나라와 피안은 철학적 깊이의 차이가 있을지 몰라도 초월성에 치우쳐 있다는 점에서는 동일하다.

현대의 일부 진보적인 불교인들은 석가의 가르침 속에서는 피안의 세계만이 아니라 현실 개혁의 측면도 있다는 것을 강조한다. 가장 대표적인 것은 당시 인도 사회의 최대의 질곡이었던 카스트제도를 극복하기 위하여 신분과 무관한 새로운 공동체를 만든 것이다. 사실 초기 경전을 보면 석가가 정치제도와 경제문제 등에 대해서 여러 가지 해법을 제시하는 장면들이 나온다. 그러나 이러한 가르침들은 해탈과 피안에 이르는 가르침에 가려 잘 보이지가 않는 것이 사실이다. 불교가 보다 더 화광동진에 다가가려면 이러한 부분들을 새롭게 조명해야 할 것이다.

불교, 브라만교와 다른 길을 걷다

석가의 가르침은 기본적으로 브라만교 사상을 배경으로 삼고 있다. 모든 행위는 그 결과로 고통과 쾌락을 낳는다는 업보사상이나 모든 존재는 그 업보에 따라 끝없이 생사윤회 한다는 윤회사상은 『베다』의 일부분인 『우파니샤드』에서도 나타나는 사상이다. 그리고 해탈을 위해 명상을 중시하는 것 또한 브라만교와 공유하고 있는 부분이다. 『우파니샤드』에는 명상을 통해 존재의 본질을 탐구하는 내용들이 많이 나온다. 그리고 그 핵심사상 가운데 하나인 범아일여梵我一如 사상은 우주의 근원이자 창조주며 궁극적 실재인 브라만(梵)과 개체의 내면에 존재하는 궁극적 실재인 아트만(眞我)이 하나임을 주장하는 사상이다. 그 의의는 외부의 신에 대한 기도와 희생제의를 추구하기보다는 고요한 곳에 앉아서 깊은 명상을 통해 내면의 아트만을 아는 것이 궁극적 자유에 이를 수 있는 지름길임을 강조했다는 데 있다.

그러나 석가의 가르침은 여러 가지 점에서 브라만교와는 다른 독창적인 면이 있다. 가장 두드러진 것은 초월적인 신의 존재를 부정했고 고통의 원인과 해결을 신이 아니라 인간 자신에게서 추구하려고 했다는 것이다.

인도를 비롯한 대부분 종교에서는 모든 것을 신 중심으로 생각하고 신이 인간을 구원할 수 있다고 여긴다. 브라만교의 가장 심오한 사상인 범아일여 사상 역시 브라만이라는 최고의 신이자 우주의 궁극적 존재를 전제로 나온 것이다. 그러나 석가는 아예 신을 거론하지 않고 인간이 스스로 깨달음을 통해 해탈에 이를 수 있음을 강조했다. 종교사의 측면에서 볼 때 실로 혁명적인 전환이 아닐 수 없다.

철학적인 면에서 볼 때 우주의 궁극적 실재에 대한 개념을 부정한 것도 중요한 특징 가운데 하나다. 브라만교에서는 인간의 내부에 궁극적이고 영원한 실재인 아트만이 있음을 주장했지만, 석가는 모든 것은 인연화합으로 형성된 것이지 독립된 영원한 실체는 없다는 것을 주장했다.

사회사상적인 측면에서 볼 때 가장 중요한 점은 카스트제도를 부정하고 인간의 평등을 강조했다는 것이다. 브라만교에서 카스트제도는 신이 만든 것이다. 『베다』에 따르면 신은 입에서 최고의 계급이자 종교를 담당하는 브라만 계급을, 허리에서 정치와 전쟁을 담당하는 크샤트리아 계급을, 무릎에서 생산을 담당하는 바이샤 계급을, 발바닥에서 노예계층인 수드라를 만들어냈다고 한다. 신의 존재 자체를 부정했기 때문에 카스트제도를 부정한 것은 당연한 일이라고 할 수 있겠지만, 당시 사회통념에서는 상당히 파격적이어서 거센 저항도 있었다. 그러나 석가는 이를 과감하게 시행했다. 이런 점들은 불교가 인도인들의 민족 종교라는 차원을 넘어서 세계 종교로 도약할 수 있는 기틀이 되었다.

석가의 가르침은 그가 살아 있을 때 상당히 많은 지지를 얻었지만 인도의 전 지역에 영향을 미치지는 못했다. 그러다 인도 최초의 통일왕국인 마우리아왕조의 제3대 왕인 아소카왕(기원전 3세기)에 이르러 국가의 지배이념으로 채택된다. 아소카왕에 의해 절대적인 지지를 받은 불교는 인도 전역은 물론이고 서쪽의 로마, 중앙아시아, 동남아시아 각국으로 전파되었고 그 뒤에 중국으로도 전래되었다.

큰 수레의 불교, 등장하다

원래 큰 나무에는 가지가 많다. 석가가 입멸한 뒤 100년이 지나 교세가 점차 확장되면서 자연스럽게 많은 종파가 생겨났다. 이 시대의 불교를 부파불교라고 한다. 그런데 석가가 입멸한 뒤 500년 정도가 지난 기원후 1~2세기 전후를 기점으로 불교 내부에서는 일종의 종교개혁운동이 일어났다.

석가 당시의 전통을 고수하려는 보수적인 장로집단에서는 계율과 청정 수행을 통해 모든 번뇌를 떠난 열반의 세계로 들어가는 것을 강조했다. 이렇게 개인적인 해탈을 중시한 나머지 불교는 일반인들의 종교적 욕구를 충족시키기가 어려웠고 점차 대중성을 잃어갔다. 당시는 원시적 브라만교를 대중적 차원에서 새롭게 재구성한 힌두교가 민중의 지지를 서서히 얻어가고 있었다. 이에 혁신적인 승려 집단과 재가 신자들이 중심이 되어 대승불교운동이 일어났다. 그들은 기존의 불교는 혼자만의 해탈을 추구하는 작은 수레의 불교라 폄하하고, 자신들의 불교를 수많은 중생과 더불어 해탈의 길로 나아가는 큰 수레의 불교라고 불렀다. 흔히 소승불교, 대승불교라고 말하는데, 소승불교는 폄하의 의미가 있고 공식적으로는 상좌부불교라고 한다.

보디사트바는 불교 대중화운동의 핵심개념이다. 보디사트바는 깨달음을 구하는 중생 또는 깨달은 중생이란 뜻으로, 이미 깨달음을 얻어 열반에 들 능력이 있음에도 여전히 세상 속에 머물면서 모든 중생을 피안의 세계로 인도하려는 사람을 가리킨다. 이것은 혼자만의 깨달음을 추구하는 당시 불교의 폐단을 개혁하기 위해서 새롭게 만들어낸 이상적 수행자상이라고 할 수 있다. 이것은 중국에 와서는 보살菩薩로 음역되었다.

대승불교에서는 보살운동과 아울러 기존의 불교사상을 새롭게 해석하는 사상개혁운동도 펼쳤다. 불교도가 아닌 일반인들에게도 널리 알려진

색즉시공色卽是空, 공즉시색空卽是色의 공사상을 바탕으로 하여 어디에도 치우치지 않을 것을 강조하는 중관사상中觀思想이 초기의 중요한 사상으로 등장했다. 중기에는 삼라만상은 모두 오로지 마음의 투영임을 강조하면서 인간의 심리구조를 치밀하게 탐구하는 유식사상唯識思想이 나타났다.

유식사상에서는 겉으로 드러나는 마음 아래에 숨어 있는 자기중심성의 필터인 제7식과 과거의 모든 기억이 저장되는 창고이자 업보의 씨앗이 익어가는 밭인 제8식을 발견했다. 프로이트가 무의식을 발견한 것보다 무려 1200년 남짓 빠른 것이다.

후기에는 모든 중생에게는 불성이 내재되어 있음을 강조하는 여래장사상如來藏思想 등이 전개되었다. 불성이라는 개념은 아트만과 유사한 개념으로, 궁극적인 실재를 부정하는 제법무아의 사상과는 상치되는 부분이 있다. 이것은 발전적인 측면도 있지만 한편으로는 퇴보한 측면도 있다. 그러나 일반 대중에게는 모든 존재에 불성이 있다는 말은 실로 희망의 메시지로 작용하여 불교의 확장에 많은 도움을 주었다.

대승불교의 또 하나의 특징은 후기로 올수록 붓다와 보살을 초인적인 존재로 규정하고 숭배하는 성향이 점차 강해진다는 것이다. 초기에 붓다는 깨달은 자, 해탈한 자를 의미했지만 대승불교에 와서는 고통에 빠진 중생을 구제하는 구세주의 개념이 더해진다. 그리하여 역사적 실존인물인 석가 붓다 외에 아미타불, 약사불, 미륵불 등 수많은 새로운 붓다가 대거 등장한다. 그리고 대승의 이념을 구현하려는 실천적 개념이었던 보살 위에 여러 가지 신화적 색채가 더해지면서 관세음보살, 지장보살, 문수보살 등의 구세주적인 보살이 나타나기 시작했다.

민중은 이런 붓다와 보살을 숭배의 대상으로, 심지어는 기복의 대상으로 삼기 시작했다. 이것은 제자들에게 스스로 등불을 밝히기를 강조했던 석가의 원래 뜻을 퇴색시키는 것이고, 인도 내에서는 힌두교와의 차별성을 약화시켜 오히려 불교가 힌두교에 흡수되는 데 일조를 했다. 그러나 다른 지역에서는 일반 민중을 끌 수 있는 종교적 흡인력을 강화시키는 데 큰 공헌을 했다.

불교, 중국에 들어와서
선종을 낳다

불교, 중국에서 사상의 센세이션을 일으키다

불교가 언제 중국에 전래되었는가에 대해서는 설이 분분하다. 진시황 시절에 이미 인도에서 불교 승려들이 중국에 왔다는 설도 있고, 한나라 무제 때 서역으로 대장정을 떠나 로마까지 다녀왔던 위대한 탐험가 장건張騫이 불교에 대해 보고하여 불교가 소개되었다는 설도 있는데, 역사적인 근거는 희박하다. 대체로 기원전 1세기 중반에서 기원후 1세기 중반 사이에 실크로드를 통해 중국에 들어온 중앙아시아의 불교인들에 의해 전래되었다는 것이 정설이다. 불교 전래 초기에는 주로 상좌부불교의 경전들이 번역되었지만 후대로 갈수록 대승불교의 경전들이 더 많은 환영을 받았다.

중국에 수입된 불교는 상좌부불교와 대승불교를 막론하고 초기에는 일반 민중은 물론이고 지식인들에게도 그다지 큰 관심을 끌지 못했다. 원래 중국인들은 자국 문화에 대한 자부심이 무척 강하기 때문에 외래사상에 대해 그다지 관심을 두지 않는다. 게다가 당시 중국은 막 새롭게 채택된 유교 이데올로기가 전국을 지배하고 있었던 탓에 불교는 중국인들의 가

습속으로 파고들어갈 여지가 별로 없었다.

한나라가 망하면서 유교의 지위는 흔들리기 시작했다. 전국에는 난리가 끊이지 않았고 결국 천하는 위, 촉, 오로 삼분되어 서로 치열한 각축전을 벌이게 되었다. 진나라가 결국 천하통일을 이루지만 안정기도 잠시뿐, 북방에서 내려온 유목민족에 의해 한족 정권은 남방으로 밀려나게 된다. 한나라 말기부터 진에 이르는 시기에 수많은 지식인들이 정변으로 화를 당하고 무수한 백성들 또한 전란으로 생명을 잃게 되었다. 이에 지식인들 사이에서는 난세의 철학인 도가사상이 흥성하고 의지할 데 없는 백성들 또한 도교에 관심을 가지게 되었다. 이런 와중에 외래종교인 불교에 대해서도 관심을 가지는 지식인과 백성들이 늘어나기 시작했다.

불교가 본격적으로 흥성하기 시작한 것은 남북조시대부터다. 위진시대로부터 계속된 혼란은 남북조시대에도 계속되었다. 4세기 초 남쪽으로 내려온 동진東晉은 약 100년 남짓 정권을 유지했으나, 그 뒤 계속 이어진 송宋, 제齊, 양梁, 진陳의 수명은 각기 60년, 24년, 55년, 33년 정도고, 황제의 재위 기간도 평균 6~7년 남짓이며 절반 이상의 황제들이 피살당했다. 북조 또한 5호16국이라는 이름에서 알 수 있듯이 초기에는 수많은 나라들이 명멸했고 부분적으로 통일이 이루어진 뒤에도 왕조의 교체 시기는 그리 길지 않았다. 또한 북중국의 평원에서 남쪽 강남으로 내려간 이주민들이나 변방에서 중원으로 들어온 이민족들이나 모두 토착민과의 융합에 신경을 쓰지 않으면 안 되는 어려운 처지였다. 이미 기세가 꺾인 유교는 물론이거니와 도교 또한 사회를 통합하고 지친 백성들에게 위안을 주는 데 한계가 있었다. 이런 상황 속에서 불교는 지배층과 민중 모두에게 큰 환영을 받았다.

문화적 자존심이 강한 중국인들이 왜 오랑캐의 종교인 불교에 그렇게 심취하게 되었을까? 불교에는 중국사상에는 없는 새로운 것들이 많이 있다. 인간의 삶을 고통의 바다로 간주하고 죽어서 왕생극락하기 위해 간절히 기도하거나 해탈하기 위해 진지하게 구도하는 경건한 종교적 태도는 유교에는 물론이거니와 도교에서도 볼 수 없는 신선한 것이었다.

장자는 일찍이 죽음을 현해懸解라고 하여 거꾸로 매달린 상태에서 풀려나는 것으로 보았는데, 그것은 죽음을 자연현상의 일부로 보는 달관된 태도에서 나온 것이다. 또한 중국인들은 전통적으로 불로장생의 신선세계를 동경하기도 하였다. 그러나 이러한 달관된 태도나 신선에 대한 동경은 고통에 직면한 사람들에게 직접적인 위안은 될 수가 없었고, 또한 망자의 유족과 친지들의 슬픔을 달래줄 수가 없었다. 이에 비해 대승불교의 경전에 나오는 수많은 부처와 보살들은 고통에 허덕이는 많은 사람들에게 마음의 휴식처를 제공하고, 나아가 망자들의 명복을 빌며 남은 자들의 슬픔을 달래는 데도 엄청난 효과가 있었다. 중국인들은 불교를 통해 비로소 본격적인 종교의 맛을 알게 되었던 것이다.

중국인들이 불교에 매료되었던 또 하나의 이유가 있다. 불교에는 유교와 도교에 비해 마음에 대한 탐구와 마음을 다스리는 구체적인 방법론이 풍부하다는 것이다. 유교와 도교에도 인간의 마음에 대한 탐구가 없다고는 할 수 없지만 불교와는 비교가 되지 않는다. 굳이 유식학파가 아니라도 대부분 불교 종파에는 인간의 마음을 치밀하게 분석하고 어떻게 하면 탐진치貪瞋痴로부터 벗어나 무욕과 자비와 지혜를 얻을 수 있는가에 대해 구체적인 방법을 제시한다. 이 부분은 특히 지식인들에게 큰 호소력이 있었다.

아무튼 남북조시대에 들어 불경의 번역이 본격적으로 가속화되고 한족 승려가 나오기 시작했다. 황제의 비호 아래 사원의 건축과 불상의 조성이 활발하게 이루어지면서 본격적인 불교의 시대로 접어든다. 이 흐름은 북송 중기 신유학이 부흥할 때까지 계속되었다. 물론 모든 황제가 불교를 선호했던 것은 아니다. 도교와 유교의 반발 또한 만만치가 않았다. 그리고 간혹 중화주의에 입각하여 불교를 오랑캐의 종교로 몰아붙이며 가혹한 탄압을 시행한 황제들도 있었다. 그러나 전체적인 대세는 불교를 옹호하는 쪽이었다.

남북조에서 북송 중기 신유학이 부흥하기 전까지 약 700년 남짓한 기간 동안 불교에 대한 중국인들의 열망은 엄청났다. 수많은 중국인들이 불경을 얻고 불교를 공부하기 위해 죽음의 사막을 건너고 험준한 산맥을 넘어야 하는 최악의 자연조건 속에서도 불굴의 의지를 품고 인도로 유학했다.

당 태종 때의 현장법사는 국법을 어기고 인도로 가서 당시 최고의 불교 대학이자 학문기관이라고 할 수 있는 나란다 대학에서 10년 가까이 공부했다. 그는 귀국길에 수많은 경전을 중국으로 가지고 와서 황제의 보살핌 아래 번역사업을 펼쳤다. 그는 남북조시대 서역 번역가인 구마라습鳩摩羅什과 아울러 역대 중국 최고의 불경 번역가로 칭송받는다. 또한 그가 남긴 여행록인『대당삼장법사서역기大唐三藏法師西域記』는 후대의 이야기꾼들에 의해 살이 붙여져『서유기西遊記』가 된다. 사대기서의 하나이자 중국 최고의 신마소설神魔小說로, 손오공과 저팔계 등의 독특한 캐릭터 덕에 어린이들에게도 널리 알려진『서유기』는 바로 중국인들의 불교에 대한 열정이 낳은 산물이다. 대성약법의 관점에서 볼 때 이 시기는 중국인들이 성스러움을 열심히 배우는 시기다.

터줏대감의 눈치를 보지 않을 수 없다

어느 한 지역의 종교나 사상이 다른 지역으로 전파될 때는 자연스럽게 그 지역 고유의 종교나 사상과 충돌하면서 그 지역의 특색에 맞게끔 변형되기 마련이다. 불교 또한 중국에 전래되는 과정에서 중국 고유의 사상인 유교, 도교와 끊임없이 충돌하면서 교류하는 가운데 중국적인 불교로 변모되어갔다. 특히 초기에는 불경의 번역 과정에서 유교와 도교의 영향을 많이 받았다.

먼저 유교가 미친 영향을 간단히 살펴보자. 모든 종교에는 계율이 있고, 불교 또한 마찬가지다. 초기 번역 과정에서 불교의 '계율'은 유교의 아랫사람이 지켜야 할 덕목 가운데 하나인 '효순孝順'으로 번역되기도 했다. 또한 오계五戒가 유교의 덕목인 오상五常으로 번역되기도 했다. 억지로 끼워 맞추면 '살생하지 마라'는 인仁에, '도둑질하지 마라'는 의義에, '삿된 음행을 하지 마라'는 예禮에, '거짓말을 하지 마라'는 신信에, '술을 마시지 마라'는 지智에 적용할 수 있겠지만 오계와 오상은 사실 상당한 차이가 있다. 그러나 친숙한 느낌을 주기 위해 이런 식의 번역을 감행했던 것이다. 그밖에 상대적으로 여성의 지위가 높게 나타나는 불경에서 '남편이 아내를 돕는다'는 '남편이 아내를 다스린다'로, '아내가 남편을 편안하게 한다'는 '아내가 남편을 공경한다' 등으로 번역되었다. 이것 또한 남존여비의 유교적 윤리를 의식한 번역이라고 할 수 있다.

불교에 더 큰 영향을 미친 것은 아무래도 불교와 마찬가지로 세속을 초월하는 정신적 자유를 추구했던 도가사상이다. 유교가 주로 윤리적인 부분에서 영향을 미친 반면 도가사상은 핵심적인 개념을 번역하는 데 많이 차용되었다. 모든 번뇌의 불을 끈 상태를 말하는 '니르바나nirvana'를 '무위無爲'로, 최고의 깨달음의 경지에 이른 사람을 말하는 '아라한arahat'을 '진인眞人'으로, 깨달음을 의미하는 '보디boddhi'나 가르침 혹은 진리를 의미하는 '다르마dharma'를 '도道'로 번역한 것 등이 그 대표적인 예다.

이런 식으로 불경을 번역할 때 본래 중국에 있던 용어를 가져와서 뜻에 짜 맞추었던 불교를 흔히 격의불교格義佛敎라고 한다. 격의불교에는 특히 도가적인 용어와 개념을 차용한 부분이 많은데 이것은 중국의 불교가 처음부터 도가사상의 영향에서 벗어날 수 없음을 말해준다. 공사상空思

想이 위주가 되는 초기 대승불교의 반야사상般若思想은 위진시대에 유행하던 허무사상虛無思想이 위주가 되는 도가사상과 서로 상통하는 부분이 많다. 위진시대의 도가사상은 흔히 현묘한 학문이라는 뜻의 현학玄學으로 불렸는데, 당시 사상가들 가운데서 반야학과 현학이 거의 차이가 없다고 여기거나 심지어는 반야학이 현학의 조수가 될 수 있다고 여기는 이들도 있었다. 사실 반야학과 현학은 기본적인 개념과 지향점에서 상당한 차이가 있다. 그러나 초기의 불교는 중국에 적응해야 하는 입장이기 때문에 그것을 가릴 만한 여유가 없었다.

초기 불경번역에서 발생했던 개념의 혼동 문제는 불교가 각광을 받기 시작하면서 본격적인 궤도에 오르는 남북조시대에 이르러 해결될 수 있었다. 이제 불교는 더 이상 유가사상과 도가사상의 눈치를 볼 필요 없이 자신만의 고유한 개성을 마음껏 드러낼 수 있게 된 것이다. 이 시기 불경의 번역 사업은 아무래도 서역과의 교통이 편리한 북조에서 더욱 활발히 이루어졌는데, 대표적인 번역가가 구마라습이다. 구마라습의 역경작업은 초기 역경이 도가의 용어를 많이 차용함으로써 생긴 불교와 도가의 혼동을 해결하는 데 역점을 두었다. 구마라습이 대규모 역경사업을 펼친 이후에는 노장사상의 개념을 빌린 초기의 격의불교는 점차 자취를 감추게 되고, 본격적인 불교사상이 퍼지게 되었다.

그렇다고 해서 불교에 대한 노장사상의 영향력이 사라진 것은 아니었다. 노장사상은 그 뒤로도 불교와의 접촉을 계속 이어나가면서 불교의 중국화를 추진하여 마침내 중국적 색채가 풍부한 선종을 낳았다. 흔히 말하기를 선종은 불교를 아버지로, 도가사상을 어머니로 삼고 탄생한 혼혈아로 어머니를 더 많이 닮았다고 한다.

선종은 선을 종지宗旨로 삼는 종파라는 뜻이다. '선'은 산스크리트어 '디야나dhyana'의 발음을 딴 '선나禪那'에서 나온 말이다. '디야나'가 깊은 명상을 가리키는 말이니 결국 명상을 중시하는 종파라는 뜻이다. 그렇지만 선종의 명상은 인도의 명상과는 상당한 차이가 있다. 그것은 완전히 중국적인 명상이다.

불립문자는 선종의 얼굴

선종은 다른 종파와 마찬가지로 분명 석가의 가르침에 바탕을 두고 있다. 아마도 인도에서 건너온 어떤 승려로부터 맹목적인 신앙이나 경전에 대한 지적 이해보다는 실제적인 명상 수련을 통해 마음을 다스리는 것이 더욱 중요하다는 것을 배웠을 것이다. 그러나 선종은 시간이 흘러가면 갈수록 점차 인도적인 색채를 벗어던지고 중국적인 본색을 드러내기 시작한다. 그 출발점은 바로 불립문자不立文字 에 있다.

불립문자는 선종의 종지이자 얼굴이다. 불립문자라는 말은 언어와 문자를 세우지 않는다는 뜻이다. 현대적인 용어로 표현하자면 진리를 체득하는 데 언어나 문자가 매개가 되는 이론보다 체험적 직관을 중시한다는 것이다.

불립문자는 당연히 노자의 영향을 받은 것이다. 앞에서도 살펴보았듯이 『도덕경』은 "도를 도라고 하면 항상의 도가 아니다"는 말로 시작한다. 그리고 56장에는 "아는 사람은 말하지 않고 말하는 사람은 알지 못한다"는 구절이 있다. 노자를 계승한 장자도 이와 유사한 말을 많이 했다.

깨달음을 표현할 때 언어와 문자의 한계를 지적하는 것은 노장사상만의 특징은 아니다. 전 세계의 모든 깨달은 이들은 그와 유사한 견해를 밝혔다. 그러나 노자나 장자처럼 그렇게 강력하게 언어와 문자의 한계를 주장하지는 않았다. 선종이 불립문자를 강조했던 것은 바로 노장의 강력한 영향에서 나온 것이다.

불립문자의 일차적 의의는 석가의 참뜻은 경전으로는 전달될 수 없다는 것을 강조한 것이다. 종교에서 경전은 절대적인 중요성을 지닌다. 성경 없는 기독교나 코란경 없는 이슬람교를 상상이나 할 수 있겠는가? 불교 또한 마찬가지이다. 경전이야말로 종교적 권위의 원천이었다. 때문에 선종 이전의 모든 종파들은 그들이 중시하는 경전에 따라 종파의 이름과 교리가 정해졌다. 그런데 선종에서는 그렇게 중요한 경전들을 싸잡아서 그저 달을 가리키는 손가락에 불과하다고 깎아내렸다.

달을 가리키는 손가락은 중요하다. 그것을 통해 달을 볼 수 있기 때문이다. 그러나 손가락만 바라보고 있으면 달은 볼 수가 없다. 마찬가지로 부처의 말은 중요하지만 말에만 매달려 있으면 부처의 마음을 볼 수가 없다. 역시 가장 중요한 것은 부처의 마음을 바로 보는 것이다. 선종은 이런 식의 논리로 자신들의 입장을 정당화했다. 그런데 문제는 선종이 어떻게 무슨 방식으로 부처의 마음을 알게 되었느냐 하는 것이다. 이 문제를 해결하기 위해 그들은 아름다운 전설 하나를 만들어냈다.

선종의 기원은 꽃과 미소에서 출발했다고 한다. 그 옛날 석가가 영산에서 많은 제자들을 거느리고 설법했을 때 설법 도중에 말을 멈추고 가만히 연꽃을 들어 사람들에게 보였다. 아무도 그 뜻을 이해하지 못하고 고개를 갸우뚱거리고 있는데, 다만 마하가섭만이 그 뜻을 이해하고 빙그레 미소를 지었다고 한다. 이른바 염화미소拈花微笑다.

석가의 말로 된 가르침은 기억력이 뛰어난 석가의 시자인 아난다가 모두 기록하여 경전으로 남겨졌지만, 말로 전할 수 없었던 가르침은 꽃과 미소를 통해 마하가섭에게 전해졌다고 한다. 이른바 문자를 세우지 않는 불립문자의 가르침이요, 경전 밖에 따로 전한 교외별전敎外別傳의 가르침이요, 마음에서 마음으로 전한 이심전심以心傳心의 가르침이다.

마하가섭에게 전해진 선의 등불은 계속 이어져 28조인 보리달마菩提達磨에 이르러 마침내 중국에 들어오게 되었다고 한다. 보리는 깨달음이라는 뜻이고, 달마는 법이라는 뜻이니 깨달음의 법 정도의 의미라고 이해할 수 있다. 흔히 줄여서 달마대사라고 한다. 달마대사는 남조시대의 양나라 때 중국의 남쪽, 지금의 광동성을 통해 중국으로 들어와 당시 불교에 심취해 전국에 수많은 사찰을 짓고 승려들에게 보시를 했던 양 무제와 만났다고 한다.

당시 무제는 달마대사에게 자신이 불교를 위해 수많은 일을 했는데 어떤 공덕이 있냐고 물었다. 기대와는 달리 달마대사는 전혀 없다고 답했다. 그러자 무제는 성스러운 가르침의 근본 뜻이 무엇이냐고 물었다. 달마대사는 텅 비어 성스러운 것이 없다고 답했다. 기가 찬 무제가 도대체 당신은 누구냐고 묻자 달마대사는 모른다고 답했다. 멍하니 있는 무제를 뒤로하고 달마대사는 갈댓잎 하나에 몸을 싣고 장강을 건너 숭산의 소림사의 한 동굴에서 9년 동안 벽만 바라보고 참선했다고 한다. 이른바 구년면벽九年面壁이다.

함박눈이 펑펑 내리던 어느 날 뜨거운 구도심을 지닌 어떤 사람이 찾아와서 제자가 되기를 청했다. 그러나 달마대사는 계속 면벽한 채 거들떠보지도 않았다. 쌓여가는 눈 위에 서서 가만히 기다리던 그는 갑자기 칼을 꺼내 자신의 팔을 잘랐다. 하얀 눈 위에 붉은 피가 뚝뚝 떨어졌다. 그제야 달마대사는 그를 제자로 맞이한다. 그가 바로 혜가慧可이다.

그는 달마대사에게 자신의 마음이 불안하니 편하게 해달라고 요구했다. 달마는 먼저 그 불안한 마음을 보여달라고 했다. 혜가는 자신의 마음이 어디에 있는지 모르겠다고 답했다. 달마대사는 이미 마음을 편안하게 해주었다고 했다. 보통 사람이 듣기에는 뜬구름 잡는 이야기지만, 혜가는 이 말에 크게 깨우쳐 마침내 달마대사의 법을 이어 중국의 2대 조사가 되었다고 한다.

사실 오늘날 우리가 알고 있는 염화미소나 달마대사에 대한 이야기들은 인도의 문헌에는 전혀 나오지 않을 뿐 아니라 중국 선종의 초기 문헌에도 보이지 않는다. 남북조시대 때 서역에서 온 보리달마라는 이름을 지닌 승려에 대한 기록이 있기는 하지만, 그는 낙양의 아름다운 불탑을 보고 경탄해마지 않는 매우 경건한 승려이거나, 『능가경楞伽經』이라고 하는 매우 까다로운 경전에 통달하고 이입사행二入四行이라고 하는 논리적이고 체계적인 수련법을 강조한 승려로, 선종의 보리달마와는 그 성격이나 행적이 판이하게 다르다. 보리달마에 대한 이야기들은 대부분 후대 선종이 득세하게 되면서 선종을 상징하는 인물로 추존하기 위해 만들어진 전설들이다.

불립문자는 한편으로는 문화의 패권 다툼이다

선종에서 불립문자를 주장한 것이 단순히 궁극적인 진리는 언어로 표현될 수 없다는 것을 강조한 것만은 아니다. 만약 정말 불립문자를 철저하게 강조하려면 선종에서는 어떤 문자의 기록도 남기지 말거나 불가피하게 기록하는 경우에도 최소화해야 한다. 그러나 실상은 그렇지 않다. 선종에서는 다른 종파보다 오히려 훨씬 더 많은 기록들을 남겼다.

선종이 불립문자를 강조했던 이면에는 인도의 언어와 논리에 대한 반발이 담겨 있다. 이것은 진리는 본질적으로 언어로 표현될 수 없다는 심오한 사상적 문제가 아니라 사실 언어에 대한 중국과 인도의 문화적인 패권 싸움이다.

중국어와 인도어는 정말 대조적이다. 중국어는 표의문자고 각 글자가 독립되어 일체 변화가 없는 데 비해 인도어는 유럽어와 마찬가지로 표음문자고 문법적인 상황에 따라 단어의 변화가 심하다. 그리고 문체에서도 중국 사람들은 간결하고 함축적인 표현을 좋아하고 자연에서 따온 비유나 구체적인 이미지를 좋아한다. 한마디로 말해 시적·직관적 언어라고 할 수 있다. 이에 비해 인도 사람들은 비교적 장황한 표현과 과장법을 좋아하고 치밀한 논리성을 강조하는 편이다. 한마디로 말해 산문적·논리적 언어라고 할 수 있다.

중국인들은 처음에는 인도의 종교성에 매료되어 불경에 심취했고 그들의 장황하면서도 치밀한 논리를 열심히 배웠지만, 점차 주체적인 수용을 강조하게 되면서 중국적인 맛이 듬뿍 담겨 있는 시적 언어와 직관적 언어를 추구하게 된 것이다. 그들은 불법의 참뜻을 십이연기, 팔정도, 보살의 열 가지 단계 등으로 장황하게 설명하기보다는 시적 직관과 함축성이 풍부한 그들만의 언어로 표현하려고 했다.

그 대표적인 것이 선문답禪問答이다. 어느 선사가 조주선사趙州禪師에게 달마가 서쪽에서 온 까닭이 무엇이냐고 물었다. 그 말은 불법의 참뜻이 무엇이냐는 뜻이다. 그때 조주선사는 "뜰 앞의 잣나무니라"라고 답했다. 이런 식의 간단하면서도 함축적인 답변은 인도의 경전에서는 전혀 볼 수 없었던 것이다.

여기서 잠시 선문답, 공안公案, 화두話頭를 살펴보자. 선문답이란 선사들의 문답, 즉 선의 정신 아래 이루어지는 문답으로, 대부분 깨달음에 대한 질문과 답이다. 선문답은 논리적인 이해가 전혀 닿지 않는 것이 대부분이다. 예를 들면 불도의 참뜻이 무엇이냐는 제자의 질문에 어떤 선승은 "내가 청주靑州에 있을 때 승복을 만들어 입었는데 마가 세 근이었다"고 답했다. 도대체가 동문서답이다. 그래서 우리는 논리가 전혀 닿지 않는 엉뚱한 문답을 흔히 선문답 하고 있다고 말한다.

공안이란 원래는 관가에서 시비를 판결하는 공문서를 가리키는 말인데, 선종에서는 참선의 주제거리로 삼을 수 있는 선문답 또는 언행을 말한다. 공안은 선종의 역사가 한참 진행되고 난 뒤에 확립되었는데 오늘날 선종에서는 보통 1700가지의 공안이 있다. 화두는 공안과 비슷한 뜻으로 쓰이는데 엄밀히 구분하면 전체 공안 가운데서 핵심 관건이 되는 글자 또는 구절을 가리킨다.

어떤 선사가 조주선사에게 개에게도 불성이 있냐고 물었다. 그러나 조주선사는 "없다(無)"고 답했다. 선종은 다른 대승불교가 그러하듯이 사람은 물론이고 개미나 잡초와 같은 미물에도 불성이 있다고 말한다. 그런데 왜 조주선사는 없다고 답했을까? 이 공안 가운데 핵심은 '無' 자에 있다. 그래서 흔히 무자無字화두라고 한다. 앞에서 든 선문답 또한 선가의 유명한 공안인데 이것 또한 마삼근麻三斤화두, 잣나무화두라고 부른다.

화광동진은 선종의 속살

불립문자가 선종의 얼굴이라면 화광동진은 선종의 속살이다. 깨달음을 안으로 감추는 화광동진의 사상은 전 세계의 다른 종교나 신비주의적 전통에서는 찾기 어려운 독특한 특성이다. 물론 다른 종교나 신비주의적 전통에서도 간혹 지나치게 초월적인 세계에 함몰되어 일상을 소홀히 하는 것을 경계하는 목소리들이 있다. 그러나 노자처럼 그렇게 깨달음을 감추고 속세와 하나가 되라는 말을 하지는 않는다. 화광동진 사상이야말로 노자 깨달음의 가장 큰 특징 가운데 하나이다.

이런 화광동진의 사상은 후대에 여러 분야에 영향을 끼친다. 예컨대 무협지에서는 간혹 속으로 초절정 무공을 지니고 있지만 겉으로는 오히려 평범한 모습의 주인공을 볼 수 있다. 이런 이야기는 바로 화광동진을 응용한 것이다. 노장의 영향을 받아 중국화된 불교라고 할 수 있는 선종의 깨달음에도 화광동진의 영향을 쉽게 찾을 수 있다.

선가의 말 가운데 진광불휘眞光不輝라는 말이 있다. 풀이하면 진짜 빛은 번쩍거리지 않는다는 뜻이다. 그것은 빛이 없다는 것이 아니라 겉으로 번쩍거리지 않는다는 의미다. 속담에 빈 수레가 요란하다는 말이 있다. 짐을 많이 실은 수레는 묵직하여 덜컹거리는 소리가 나지 않는다. 그처럼 아직 깨달음의 경지가 깊지 않은 사람은 성스러움의 빛을 밖으로 발산하지만, 정말 최고의 깨달음의 경지에 이르게 되면 성스러움을 밖으로 번쩍거리며 자랑하지 않는다는 말이다. 진광불휘는 화광동진을 말만 조금 바꾼 것이라 할 수 있다. 이 말 하나만 보아도 선사들이 얼마나 화광동진을 중시했는지 알 수 있다.

다음으로는 화광동진의 논리구조가 그대로 잘 드러나 있는 선문답을 보자. 임제선사臨濟禪師의 후예인 유신선사惟信禪師가 하루는 법당에 올라 다음과 같이 설법했다.

"내가 30년 전 참선하기 전에는 산은 산으로, 물은 물로 보았다. 그러다가 나중에 선지식을 친견親見하여 깨침에 들어서서는 산은 산이 아니고, 물은 물이 아닌 것으로 보았다. 지금 휴식처를 얻고 나니 옛날과 마찬가지로 산은 다만 산이요, 물은 다만 물로 보인다. 그대들이여, 이 세 가지 견해가 같은 것이냐, 다른 것이냐? 이것을 가려내는 사람이 있으면 나와 같은 경지에 있음을 인정하겠노라."

이 선문답은 1980년대 우리나라 조계종의 종정이었던 성철스님이 인용하여 우리에게도 매우 친숙하다. 여기에는 세 가지 단계의 견해가 등장한다.

첫 번째 단계는 참선을 시작하기 전의 단계로 보통 사람들의 견해다. 선의 전문용어로 설명하면 착각과 미망의 세계다. 우리는 산을 산으로 보고 물을 물로 본다. 그리고 우리는 당연히 이 세계가 우리가 보는 그대로 존재한다고 믿는다. 그러나 우리가 실재한다고 믿는 이 세계는 불교적인 관점에서 보면 인식 주체와 객체의 대립에 의해 형성된 인식의 표상에 지나지 않는다.

좀 더 현대적인 용어로 쉽게 설명해보자. 우리에게는 산으로도 보이고 물로도 보이는 이 세계는 원래 소립자로 구성되어 있다. 그리고 소립자는 원래 입자와 파동의 성질을 동시에 지니고 있기 때문에 물질로 존재하기도 하고 그저 파동으로만 존재하기도 한다. 이런 소립자들이 모여 물질의 기본 단위인 원자를 이룬다. 원자는 가운데 아주 작은 핵이 하나 있고, 그것을 중심으로 전자들이 돌아다니는 텅 빈 구조다. 우리에게는 큰 차이가 나는 고체나 액체, 기체는 사실 이런 텅 빈 원자들의 밀도 차이뿐이다. 그러나 우리는 우리의 감각에 비친 세계를 실재라고 믿는다.

사실 감각이란 집단적인 착각일 수도 있다. 우리 인류와는 의식 수준이 다른 존재는 다른 감각으로 세상을 이해한다. 유식불교에서는 우리 인간에게는 물로 비치는 것이 물고기에게는 우리의 공기처럼 보이고, 지옥계의 중생에게는 고름으로, 천상계의 존재들에게는 수정으로 보인다고 이야기한다. 그것을 일수사견一水四見이라고 한다. 한 가지 물을 네 가지로 본다는 뜻이다.

지옥이니 천당이니 하는 종교적인 세계관은 논하지 말고 현실세계만으로 설명하자. 개나 고양이만 해도 우리와 다르게 세상을 바라본다. 개미는 어떠할까? 더 하찮은 존재지만 우리의 삶에 큰 영향을 미치는 박테리아나 바이러스는 이 세계를 어떻게 지각할까? 혹은 인간보다 더 진화된 존재의 눈에는 세상이 어떻게 비칠까?

우리가 산은 산이고 물은 물이라고 보는 것은 절대 객관의 세계가 아니다. 그것은 인류가 공유하는 집단주관일 뿐이다. 집단의 규모가 워낙 커서 마치 객관처럼 보이는 것일 뿐이다. 선종에서는 그것은 실제의 모습이 아니기 때문에 착각 내지는 미망이라고 주장하는 것이다.

두 번째 단계는 한참 참선에 몰두하여 무언가 깨달음을 얻은 단계다. 그것은 착각과 미망이 모두 사라진 적멸寂滅의 세계다. 참선을 통해 주체와 객체의 대립의 한계를 넘어설 수 있을 때 주체도, 객체도 모두 사라진 세계가 드러난다. 그것을 『반야심경』에서는 공空이라고 했다. 그것은 시각, 청각, 촉각, 후각, 미각으로도 감지할 수 없고 관념과 사유로도 알 수 없는 세계다. 모든 감각과 지각 작용이 사라졌을 때 나타나는 세계다. 그것은 모든 착각과 미망이 사라진 절대 적멸의 세계라고 할 수 있다. 이런 적멸의 세계에서는 당연히 산은 산이 아니고, 물도 물이 아니다.

마지막 단계는 휴식처라고 했는데, 이것은 깨달음이 원숙해져 궁극적인 경지에 이른 단계를 말한다. 적조寂照의 세계라고 한다. 적멸의 경지가 선의 최종 단계는 아니다. 선에서는 적멸의 경지 다음으로 적조의 경지를 제시한다. 여기서 적조의 세계란 모든 미망이 사라진 적멸의 세계에서 한 걸음 더 나아가 다시 현상계를 있는 그대로 비추어보는 단계다. 즉 적멸을 거친 뒤에 다시 원래대로 사물을 비추어보는 것을 말하는 것이다. 그래서 다시 산은 다만 산으로, 물은 다만 물로 보이게 된다.

이 세 단계에 대한 복잡한 이론은 생략한다. 여기서 문제 삼고자 하는 것은 이 세 단계의 과정이 노자의 화광동진과 유사한 논리구조를 지니고 있다는 것이다. 처음 미망의 단계는 수도하기 이전의 평범한 일상의 세계다. 그러나 수도를 통해 도를 깨치면 평범한 일상을 완전히 뛰어넘는 초월의 세계에 들어가게 된다. 그 세계는 일상의 착각이 완전히 사라진 상태다. 그러나 진정한 깨달음을 얻으려면 거기서 한 걸음 더 나아가 다시 평범한 세계로 돌아와야 한다. 화광동진을 통해 다시 돌아온 그 세계는 겉으로는 처음의 범속한 단계와 다름이 없다. 그러나 속으로는 처음의 단계와는 전혀 차원이 다르다. 이것은 바로 나선형적인 회귀를 의미한다. 이로 보아 이 공안은 노자의 화광동진의 논리를 그대로 풀어 쓴 것이라고 할 수 있다.

선종의 여러 종파 가운데 하나인 운문종雲門宗에는 유명한 운문삼구雲門三句가 있다. '함개건곤涵蓋乾坤', '절단중류截斷衆流', '수파축랑隨波逐浪'

이 바로 그것이다. 풀이하면 '하늘과 땅을 끌어안고 덮는다', '뭇 흐름을 끊어버린다', '물결 따라 쫓아간다'는 뜻이다. 참으로 함축적이면서도 시적인 표현이다. 선종에서는 추상적이고 개념적인 용어로 설명하기보다는 이렇게 구체적인 이미지를 들어서 표현하기를 좋아한다.

'하늘과 땅을 끌어안고 덮는다'는 말에서 느껴지는 기상은 어떠한가? 참으로 웅대하면서도 호방하지 않은가? 깨달음을 구하는 대장부의 기개가 느껴진다. 『장자』의 첫머리에 등장하는 대붕大鵬이 구만 리 상공에 떠올라 날개를 수천 리나 펼치고 하늘을 날아가는 느낌이다.

'뭇 흐름을 끊어버린다'는 모든 착각과 번뇌 망상을 다 버린 허허적적의 텅 빈 자리를 말하는 것이라고 보면 될 것이다. 앞에서 말한 적멸의 경지라 할 수 있다. 그러나 그것이 전부가 아니다. 그다음은 '물결 따라 쫓아간다'이다. 모든 물의 흐름을 다 끊어버린 뒤에 다시 물결 따라 쫓아가는 그 여유로움, 이것이 바로 선의 맛이다.

앞의 공안과 표현방식은 조금 다르지만 기본 논리는 같다. 산이 산임을 부정한 뒤에 다시 산은 다만 산이라고 하는 것이나 물결의 흐름을 끊어버린 뒤에 다시 물결을 쫓아가는 것이나 같은 말이 아닌가.

불립문자가 선종의 외양적인 특징을 이루고 있다면 화광동진은 바로 선사들의 깨달음의 가장 깊은 곳에 자리 잡고 있다. 그렇다면 화광동진은 실제 선사들의 행적 속에는 어떻게 나타나고 있는 것일까?

신비한 이적을 내려놓고 성스러움을 넘어

첫째로 들 수 있는 것은 신비한 이적에 대한 부정이다. 선종 초기의 우두선사牛頭禪師는 학자 집안에 태어나서 젊었을 때 『반야심경』에 심취했다. 그는 공의 깊은 뜻을 터득하고는 마침내 출가하여 우두산牛頭山의 한 토굴에 은거했다. 전설에 따르면 도의 경지가 깊어 사나운 짐승들도 그에게 감화를 받아 온순하게 되었고, 새들도 꽃을 물고 와 마치 성 자를 대하듯이 그에게 꽃을 바쳤다고 한다.

어느 날 4조 도신선사道信禪師가 우두산을 지나가다가 소문을 듣고 우두선사를 찾아갔다. 도신선사는 우두선사가 상당한 경지에 있지만 아직은 더 깊은 깨달음에 이르지 못했음을 알고 그에게 선의 참뜻을 전해주었다. 이에 우두선사는 진정한 깨달음을 얻게 되었다. 그런데 우두선사가 진정한 깨달음을 얻게 된 뒤에는 새들이 꽃을 바치거나 사나운 짐승들이 찾아와 고개를 숙이는 신비한 현상이 사라졌다고 한다.

우두선사가 진정한 깨달음을 얻은 뒤 왜 이적이 사라졌을까 하는 것은 선종의 유명한 공안 가운데 하나다. 이에 대해 선사들은 이런저런 논리적 언어로 설명하지 않는다. 대신 시를 쓴다. 어떤 선사는 진정한 깨달음을 얻기 이전의 경지를 "절인 생선 단지를 처음 열면 쇠파리들이 윙윙 몰려든다"고 했고, 진정한 깨달음을 얻은 이후의 경지를 "단지를 텅 비워 깨끗이 씻으니 싸늘한 적막 가운데 홀로 있도다"라고 했다. 어떤 선사는 첫 번째 경지를 "덕이 중후하니 귀신조차 흠모하도다"라고 했고, 두 번째 경지를 "온몸이 성스럽게 되어 그 깊이를 헤아릴 수 없도다"라고 찬탄했다.

그 핵심은 바로 화광동진이다. 사나운 산짐승들도 우두선사의 감화를 받아 온순해지고 날짐승들도 그를 공경했던 것은 바로 그에게서 나오는 깨달음의 빛 때문이다. 그러나 깨달음의 빛을 밖으로 발산하는 것은 아직은 설익은 경지다. 나중에 깨달음이 무르익어 화광동진이 되자 그런 징조가 사라졌던 것이다. 진정한 빛은 밖으로 번쩍거리지 않기 때문이다.

이와 비슷한 일화가 있다. 남전선사南泉禪師가 한 고을을 방문했다. 아무런 기별도 하지 않았는데 놀랍게도 그 고을의 촌장은 벌써 그를 맞이할 환영 채비를 해놓았다. 이에 선사가 깜짝 놀라 그 까닭을 물으니 촌장은 간밤에 서낭당의 신이 선사의 방문을 미리 알려주었다고 답했다. 남전

선사는 자신의 수행이 아직 설익어서 귀신에게 들킨 것이라 여기고 크게 반성했다고 한다.

종교적 수도나 명상을 하게 되면 간혹 여러 가지 초자연현상이나 초능력이 나오기도 한다. 대부분 종교나 명상의 세계에서는 이적을 중시한다. 이적을 일으키게 되면 많은 사람들의 추앙을 받는다. 인도는 특히 그런 경향이 심하다. 그래서 인도에서 형성된 불교의 경전 속에는 석가를 비롯한 여러 보살들의 이적이 많이 나온다. 물론 불교의 깨달음의 본질은 이적이 아니다. 그러나 은연중에 이적을 추구하는 경향성을 벗어나지 못하고 있다. 그런 경향이 불경의 곳곳에 나타나고 있다.

선사들은 다른 어떤 종파보다 철저하게 신비한 이적을 부정했다. 그들은 이적을 추구하게 되면 진정한 깨달음의 길에서 벗어난다고 생각했다. 선사들이 이런 태도를 지니게 된 것은 바로 노자의 화광동진의 영향이다.

다음으로 들 수 있는 것은 성스러움의 초극이다. 화광동진의 의미는 단순히 이적을 부정하는 데 그치지 않는다. 화광동진 속에는 종교적인 성스러움을 극복하고 다시 평범함으로 돌아온다는 의미도 있다. 겉으로 성스러움의 흔적이 남아 있는 것은 아직 진정한 성스러움의 경지에 이르지 못했기 때문이다. 진정한 성스러움은 도리어 평범하다. 조금만 유추하면 쉽게 이런 결론에 도달할 수 있다.

선종의 유명한 공안집인 『벽암록碧巖錄』의 첫머리에는 달마와 양 무제의 성스러움에 관한 대화가 나온다. 물론 달마와 무제의 대화는 역사적 사실이 아니라 선가에서 날조된 전설이다. 중요한 것은 선가에서 가장 널리 읽혀지는 유명한 공안집인 『벽암록』의 제1칙에 실렸다는 것이다. 그것은 바로 성스러움의 부정이 선의 근본정신이라는 것을 말해준다.

성스러움을 부정하는 재미있는 일화가 있다. 단하선사丹霞禪師가 겨울철에 낙양의 혜림사慧林寺에 머물고 있을 때의 일이다. 날씨는 추운데 땔감이 없자 단하선사는 본당으로 달려가서 목불을 들고 와 쪼개어 장작불을 지폈다. 그 절의 승려가 기겁을 한 것은 당연한 일이다. 노발대발하면서 불제자가 어떻게 이런 일을 할 수 있냐고 따지자 단하선사는 태연하게 부지깽이를 들고는 장작 잿더미를 뒤적거리기 시작했다. 그 승려는 의아해하면서 도대체 뭘 하느냐고 물었다. 단하선사는 부처님의 사리를 찾는 중이라고 답했다. 그 승려는 어이가 없어 목불에 무슨 사리가 있느냐고 대들었다. 그러자 단하선사는 사리도 없는 목불로 불을 땠는데 왜 그렇게 호들갑을 떠느냐고 반박했다. 이에 그 승려는 아무 말도 하지 못했다.

이 공안 속에는 여러 가지 의미가 있다. 예컨대 우상을 타파한다는 의미도 있고, 기존의 고정관념을 타파한다는 의미도 있다. 그러나 가장 중요한 의미는 역시 성스러움을 부정하는 것이다.

운문종의 개창자인 운문선사雲門禪師는 상당히 입이 거친 편이었다. 한번은 그가 법회에서 설법을 하면서 석가가 탄생 직후에 일곱 발자국을 걸어가면서 한 손으로 하늘을 가리키고, 한 손으로 땅을 가리키면서 "천상천하유아독존"이라고 말한 설화를 언급했다. 신도들은 부처님의 신통력과 거룩함에 다시 한 번 감동했을 것이다. 다음의 말을 기대하고 있던 청중에게 운문은 그들의 귀를 의심하게 하는 과격한 설법을 했다. "내가 만약 당시에 그 장면을 목격했더라면 몽둥이로 때려 죽여서 개밥으로 주었을 것이다. 그러면 천하가 좀 더 태평스러워졌겠지."

이 공안 속에도 여러 가지 의미가 담겨 있다. 우선 이적을 부정하는 의미도 담겨 있고, 권위를 부정한다는 의미도 있다. 종교에서 권위는 정말 중요한 것이고 석가야말로 불교의 종교적 권위의 원천이다. 운문은 그것을 부정하고 있는 것이다. 선사들은 어떤 외부적 권위보다는 스스로의 주체적 자각을 중시하기 때문이다. 선종에서는 흔히 '살불살조殺佛殺祖'라는 말을 쓴다. 부처를 만나면 부처를 죽이고, 조사를 만나면 조사를 죽이라는 뜻이다. 위의 공안과 같은 맥락이다.

그러나 근본적인 의의는 성스러움의 부정에 있다. 대부분 종교에서 교주는 보통 사람들과 다른 성스러움을 지니고 있음을 강조한다. 불교 또한 마찬가지다. 석가는 태어날 때부터 보통 사람과는 완전히 다르다. 어머니의 옆구리에서 태어났다는 것도 그렇고, 세상에 나오자마자 걸었다는 것도 그러하며, 천상천하유아독존이라는 엄청난 선언을 한 것도 그렇다. 성스러움의 극치가 아니고 무엇인가? 운문선사는 그것이 못마땅했던 것이다. 그는 성스러움에 대한 착각과 미망을 깨기 위해 과격한 말을 서슴지 않았던 것이다.

성스러움은 종교적 권위의 원천이다. 대부분 종교에서는 성스러움을 연출하기 위해 장엄한 사원과 종교적 상징물을 짓고 경건한 예배 의식을 거행한다. 불교 또한 마찬가지다. 대부분 종파에서는 엄청난 규모의 사찰을 짓고 화려한 불상을 만들며 엄숙한 법회를 연다. 그러나 선종은 불교의 다른 어떤 종파보다 성스러움의 굴레에서 많이 벗어나 있다. 선방에는 번쩍거리는 금불상을 두지 않았다. 아울러 그들은 복잡하고 장엄한 예배의식을 중시하지 않았다. 단지 참선을 통해 스스로 불성을 깨치는 것을 중시했을 따름이다. 선종의 이런 특징은 바로 화광동진의 사상을 수용한 데서 나온 것이다.

진정한 성스러움은 밥 먹고 일하는 데 있다

화광동진 속에 담겨 있는 또 하나의 중대한 의의는 일상성을 중시하는 것에 있다. 일반적으로 깨달음의 세계는 모든 것을 초월하는 세계로 인식된다. 삶과 죽음을 넘어선 곳, 일체의 번뇌 망상이 끊어진 곳이 바로 깨달음의 세계인 것이다. 이 속에는 일상성이 들어설 여지가 없다. 그러나 화광동진의 의미를 제대로 알게 된다면 거기에 머물지 않고 다시 평범한 일상의 세계로 돌아올 수 있다.

선사들의 깨달음에서 일상성의 강조란 매우 중요한 특징 가운데 하나다. 선사들은 불교의 다른 어떤 종파보다도, 다른 어떤 종교보다도 일상성을 많이 강조한다. 일상성에 대한 강조를 잘 드러낸 말 가운데 "평상심이 도다"는 말이 있다. 평상심의 의미에 대해서는 여러 가지 해석이 가능하겠지만 말 그대로 평상의 마음, 일상의 마음이라고 보아도 무난할 것이다.

선사들이 일상성을 중시한 것은 곳곳에서 드러난다. 어느 선사가 조주 선사에게 가르침을 청했다. 조주는 그에게 아침은 먹었느냐고 물었다. 그렇다고 답하자 조주는 그러면 가서 밥그릇이나 씻으라고 말했다. 선가에서 흔히 쓰이는 말에 '끽다거喫茶去'가 있다. 차 마시고 가라는 이야기다. 이것 또한 깨달음이 무엇이냐는 진지한 질문에 답할 때 자주 사용하는 구절이다. 밥을 먹고 차를 마시는 일은 일상생활에서 늘 접하는 것이다. 그래서 우리는 다반사茶飯事를 평범하고 흔하다는 뜻으로 사용한다. 그러나 그것은 사람이 살아가는 데 없어서는 안 되는 중요한 일이다. 선종에서의 깨달음은 바로 다반사와 같은 것이었다. 지극히 평범하면서 절대적으로 필요한 것이라는 의미가 담겨 있다.

밥 먹는 일과 마찬가지로 과거에는 농사를 짓는 것 또한 일상생활에서 빼놓을 수 없었다. 위앙종潙仰宗의 창시자인 위산선사潙山禪師와 앙산선사仰山禪師의 대화가 이를 잘 말해준다. 앙산은 어느 해 여름 안거가 끝난 뒤 그의 스승 위산을 방문했다. 위산이 여름 내내 무엇을 했냐고 묻자 앙산은 땅을 갈아서 수수를 뿌렸다고 답했다. 그러자 위산은 "여름을 헛되이 보내지는 않았군" 하고 답했다. 앙산이 위산에게 여름 동안 무엇을 했냐고 묻자 위산은 아침에는 죽 먹고 낮에는 밥을 먹었다고 답했다. 그러자 앙산 또한 "스님께서도 이번 여름을 헛되이 보내시지 않으셨군요"라고 답했다.

안거란 한 곳에서 집중적으로 수련하는 것을 뜻한다. 석가가 비가 오지 않는 건기에는 주로 유랑 전도생활을 하고 비가 많이 내리는 우기에는 한 곳에서 집중적인 수도생활을 하던 전통을 중국의 환경에 맞추어 변형시킨 것인데, 여름에 행하는 집중수련을 하안거, 겨울에 행하는 집중수련을 동안거라고 한다.

선가에서는 대개 안거가 끝난 뒤에는 그 사이 얼마나 정진했는지 서로 점검하기도 한다. 그런데 위산과 앙산은 참선에 대한 이야기는 하지 않고 농사지은 이야기와 밥 먹은 이야기를 나눈다. 한 걸음 더 나아가 서로가 열심히 수도했다고 칭찬한다. 이것은 선에서 노동이나 식사 등의 일상의 삶이 얼마나 중요한가를 보여주는 좋은 예라고 할 수 있다.

다만 한 가지 아쉬운 것은 현실 문명에 대한 비판과 새로운 대안의 제시라는 측면에서 보면 미흡한 점이 있다는 것이다. 선사들이 강조한 일상성이란 주로 밥 먹고 차 마시고 물 긷고 장작 패는 일들인데, 이런 것들은 분명 일상적인 일임이 틀림없지만 단편적이고 피상적이다. 일상성을 좀 더 깊게 들여다보면 그 속에는 정치·사회 구조와 문명이 깔려 있다. 정치·사회구조와 문명의 문제를 거론하지 않고 그냥 밥 먹고 차 마시는 표피적인 일상성만을 이야기하는 것은 어떤 의미에서는 현실과 괴리된 것이라고 할 수 있다. 이런 의미에서 볼 때 선사들의 화광동진은 산속의 화광동진으로 미완의 화광동진이라고 할 수 있다.

화광동진은 노자의 깨달음의 정수이다. 그럼에도 지금까지 크게 주목받지 못했다. 화광동진이 크게 주목받지 못한 이유는 일단은 그 논리구조가 어렵기 때문이다. 회귀를 하면서도 발전을 하는 나선형적 논리구조는 평면적 사유체계에서는 쉽게 이해되지 않는다. 그보다 더 중요한 이유는 화광동진의 참뜻을 제대로 알기 위해서는 실제로 그와 같은 깊은 깨달음의 세계를 체험해야 하기 때문이다. 노장사상의 적자라고 할 수 있는 위진 현학의 사상가들이 그것을 제대로 이해하지 못했던 것도 그만한 깊은 깨달음이 없었기 때문이고, 노장의 서자인 도교의 도사들이 그것을 제대로 실천하지 못했던 것도 그만한 깨달음의 경지에 이르지 못했기 때문이다.

화광동진의 사상은 오히려 인도에서 건너온 불교의 한 종파인 선종에서 꽃피웠다. 그것은 아마도 선사들이 그만큼 치열하게 구도했고 그 결과 깊은 깨달음을 체험하였기 때문일 것이다. 선사들은 화광동진을 여러 가지 각도에서 새롭게 재해석하여 수용했다. 신비한 이적의 부정, 성스러움의 초극, 일상성의 중시 등은 모두 화광동진에 대한 새로운 차원의 해석에서 나온 것이다. 이것들은 선사들의 깨달음의 깊이를 대변해주는 동시에 교종에 대한 선종의 특징을 잘 보여준다. 나아가 중국불교가 지니고 있는 특징을 잘 드러내는 것이라고 할 수 있다.

인도 종교와 중국 선종의
깨달음의 미학

선종의 깨달음은 세련된 소박미

선종 깨달음의 심미적 특징을 살펴려면 비교대상이 있어야 한다. 앞에서 기독교와 유교를 논하였으니 여기서는 불교의 다른 종파의 깨달음이나 힌두교의 깨달음과 비교하고자 한다. 그러할 때 인도의 불교와는 다른 중국 선종의 개성이 잘 드러날 것이다.

기독교와 유교를 비교할 때와 마찬가지로 일단은 깨달음의 내용이라고 할 수 있는 세계관적인 측면을 살펴보자. 힌두이즘의 종교적 세계관은 굉장히 화려한 편이다. 인도는 신화의 나라이고 종교적 열정이 뜨거운 나라이다. 고대 베다시대부터 신에 대한 찬미의 노래가 산과 들에 메아리쳤고 우파니샤드 시대에는 범아일여의 사상이 유행하면서 수많은 구도자들이 깊은 명상 속에서 우주와의 합일을 추구했다. 그리하여 긴 세월의 흐름 속에서 수많은 종파와 다채로운 수행방법들이 어우러져 화려하고 장엄한 깨달음의 세계를 열었다.

이렇게 화려하고 장엄한 세계관을 지닌 종교적 문화권 속에서는 깨달음 또한 그 영향을 받지 않을 수 없었을 것이다. 전통적으로 인도 힌두이즘의 성자들의 깨달음에 대한 기록은 상상을 초월하는 삼매와 기적으로 점철되어 있다. 고대인들의 종교적 기록들은 대부분 과장이 많기 때문에 그 과장을 감안해서 그들의 깨달음을 이해해야 하지만, 현대의 요가 수행자의 체험에 대한 기록 중에서도 삼매를 체험할 때 개아의식이 확장되어 광대무변한 우주와 하나가 되는 장엄한 아름다움을 보여주는 경우가 많다.

예컨대 20세기 초 미국으로 건너가 기독교와 힌두교를 융합한 자아실현동우회를 창시한 요가난다Paramahansa Yogananda가 쓴 『구도자 요가난다』라는 자서전을 보면, 그는 삼매를 체험했을 때 호흡이 멈추어지고 의식이 육체를 벗어나 주변의 사물로 확장되다가, 나중에 모든 주위의 사물들, 나무와 풀, 태양 등이 빛의 바다로 용해되는 것을 지각했다. 그리고 그는 그 빛의 바다가 물질과 비물질의 세계를 교차시키면서 무한한 우주의 가장자리까지 뻗어나가는 것을 보았으며 그와 동시에 대양과도 같은 기쁨이 넘실거리는 것을 체험했다.

인도의 요가에는 쿤달리니라는 독특한 개념이 있다. 쿤달리니는 우주 창조의 원초적 에너지인데 우리 인체의 항문과 성기 근처에 똬리를 튼 뱀의 모습으로 숨어 있다고 한다. 명상을 통해 이 쿤달리니가 각성이 되면 최고 깨달음의 경지에 든다고 한다. 고피 크리슈나Gopi Krishna가 쓴 체험기인 『쿤달리니』를 보면 쿤달리니가 각성이 되었을 때 자아가 확대되면서 무아지경으로 들어가고 무한한 대양의식 속에서 언어로 표현할 수 없는 황홀경을 체험한다. 그리하여 경외감과 환희를 일으키는 전지전능, 절대부동, 광막무형廣漠無形의 실재계를 체험하게 되는데, 거기서는 물질계와 정신계의 경계선이 사라지고 광대한 대양의 한 물방울 속으로 흡수되고, 거대한 우주가 하나의 모래알 속으로 삼켜진다고 설명한다. 그 외 인도의 깨달음은 대부분 실로 웅대한 스케일의 장엄하면서도 화려한 풍경화를 보는 것과 같은 느낌을 준다.

힌두교의 이렇듯 화려하고 장엄한 깨달음의 모습은 불교, 특히 대승불교에도 그 영향을 끼쳤는데, 『화엄경』이나 『법화경』을 위시한 대승경전들 대부분에는 수많은 부처와 보살들이 등장하고 여러 가지 화려하고 장엄한 삼매와 상상을 초월하는 이적이 아름답게 묘사되어 있다. 힌두이즘에 등장하는 수많은 신들이 부처와 보살로 바뀌었고 삼매의 명칭도 변화되었지만, 화려미와 장엄미를 중시한다는 점에서는 아무런 차이가 없다. 그 깨달음 또한 화려하고 장엄한 아름다움으로 나타나고 있음은 두말할 필요도 없다.

이에 비해 선종의 깨달음은 소박하다. 선사들의 깨달음을 기록한 조사어록이나 일종의 선종사라고 할 수 있는 『경덕전등록景德傳燈錄』, 『오등회원五燈會元』 등을 보면 특별한 이적이나 장엄하고 화려한 세계관을 묘사한 것을 찾기가 어렵다. 그저 누구나 원래 지니고 있는 불성佛性 혹은 자성自性을 깨쳤다는 이야기가 있을 뿐이고 그들의 설법을 보아도 "마음밖에 부처 없다"이나 "한 마음 돌이키면 바로 부처다" 등의 지극히 소박한 이야기가 있을 뿐이다. 선사들의 깨달음에 대한 기록에 요가나 대승불교의 깨달음과 같은 화려하고 장엄한 묘사나 기술이 없는 것이 실제로 그런 체험이 없어서 그런 것인지 아니면 기록자의 태도에 따른 것인지 정확히 알 수는 없지만, 아마도 깨달음의 성격 차이에서 기인한 것으로 보인다.

『오등회원』에 보면 "어떤 스님이 앙산仰山선사에게 『열반경涅槃經』 40권에서 얼마만큼이 부처님의 설법이고 얼마만큼이 마귀의 설법인가를 물었다. 앙산선사는 모두 마귀의 설법이라고 말했다"라는 구절이 나온다. 『열반경』은 석가의 마지막 가르침을 전하는 경전인데, 상좌부경전이 비교적 사실적인 관점에서 열반을 앞둔 석가의 유훈을 기록한 것임에 비해 대승경전은 지극히 장엄하고 화려한 종교적 세계관을 펼치면서 여러 가지 대승의 새로운 교리를 설하고 있다. 앙산선사가 대승경전 『열반경』 전체를 왜 모두 마귀의 설법이라고 말했던가에 대해서는 여러 가지 해석이 나올 수 있겠지만, 나는 『열반경』에 나타나는 장엄하고 화려한 세계관들이 진정한 깨달음을 얻는 데 오히려 방해가 된다고 보았기 때문이 아닌가 생각한다.

염화미소와 이심전심의 전법설 또한 선종 깨달음의 소박미를 잘 보여준다. 불교의 모든 종파의 권위는 결국 석가의 깨달음에서 나온 것이다. 교종의 여러 종파들은 자신들의 종파의 권위를 높이기 위해 자기 종파의 소의경전에 나타나는 석가의 깨달음을 확대 해석하고 부연 설명하면서 그것이야말로 석가의 깨달음의 정수를 계승한 것이라고 주장했다. 나아가 다른 경전들과 비교하면서 자신들의 소의경전에 나타나는 석가의 깨달음이 최상승임을 주장했다. 그 속에 나타나는 깨달음은 물론 화려함과 장엄함이 위주가 된다.

이렇게 대부분 종파에서 번쇄한 이론을 내세우면서 석가의 깨달음에 화려함과 장엄함을 더하고 있을 때 선종은 석가의 깨달음의 정수는 꽃한 송이와 미소에 의해서 마하가섭에게 전해져서 보리달마를 거쳐 자신들에게 전수되었음을 주장했다. 물론 이것은 실제적인 사실이 아니라 전설에 불과한 것이지만 이 속에는 선종 깨달음의 심미관이 잘 드러나 있다. 수많은 불보살들이 출현하는 불국토의 화려하고 장엄한 광경에 비해 설법 도중에 연꽃 한 송이를 들고 있는 스승과 그 꽃을 보며 빙그레 웃고 있는 제자의 모습은 얼마나 소박한가?

그러나 선사들의 깨달음이 보여주는 소박미는 그저 원시적인 소박미는 아니다. 임제선사臨濟禪師는 일찍이 제자들에게 "도를 구하는 사람들이여. 지금 눈앞에서 밝은 달처럼 또렷하게 설법을 듣고 있는 것, 이 사람은 어디에도 응체되지 않고 모든 방향에 관통하며, 삼계에 자재하며 일체의 차별 경계에 들어가도 휘둘리지 않으며, 찰나 간에 법계에 들어가서 부처를 만나면 부처를 말하고 조사를 만나면 조사를 말하고 아라한을 만나면 아라한을 말하고 아귀를 만나면 아귀를 말하며, 모든 곳을 향하여 천하를 돌아다니며 중생을 교화하지만, 일찍이 한 생각을 떠난 적이 없으며 어디에서도 청정하여 시방에 빛이 투과하고 있으며 만법이 한결같다"라는 설법을 했다.

눈앞에서 설법을 듣고 있는 평범한 그대가 바로 대승불교의 경전에 등장하는 엄청나게 신통하고 자유자재하는 초월적 존재임을 강조한다. 그러므로 "이 마음이 바로 부처다"의 마음 또한 그냥 보통의 마음이 아니라 사실은 시방삼세十方三世에 무애자재無碍自在하는 마음인 것이다. 그러므로 선종의 깨달음이 지닌 아름다움은 기존 불교의 여러 종파에서 나타난 화려하고 장엄한 종교적 깨달음을 속으로 감추고 있는 소박미로서 세련된 소박미라고 할 수 있다.

선종이 본격적으로 개화하였던 시기는 당나라 후기로 이 시기는 대승불교의 여러 종파들이 이미 만개한 뒤이다. 선종은 화려함과 장엄함을 자랑하는 교종의 발전을 다 지켜본 뒤에 피어난 것이다. 그래서 깨달음에 있어서도 대승불교의 장엄함과 화려함을 내면화시키면서 겉으로는 소박함을 강조하는 세련된 소박미의 깨달음을 추구했던 것이다.

선종의 깨달음은 심오하면서도 단순하다

힌두교의 전문적인 수행법은 요가이고 깨달음은 삼매이다. 지금도 많은 요가 수행자들이 삼매를 얻기 위해 설산의 동굴에서 혹은 숲 속의 오두막집에서 열심히 수련을 한다. 그런데 요가에 관련된 문헌들을 보면 삼매의 단계와 종류도 여러 가지가 있지만, 그 삼매에 이르기 위한 단계가 참으로 복잡하고 수련 방법도 문파에 따라 실로 천차만별이다. 대승불교 경전을 보면 수행의 단계와 방법이 더욱 복잡하다. 대승불교 경전 중에서 삼매의 종류와 삼매에 이르는 수행법을 집중적으로 소개하고 있는 것이 『능엄경楞嚴經』인데, 그 내용을 읽고 있으면 그 가짓수와 내용이 정말 장황하고 번쇄하다. 다른 불경들도 크게 다르지 않다.

깨달음에 이르는 시간에 대해서도 불교의 대부분 종파에서는 엄청나게 긴 시간을 요구한다. 예컨대 유식불교에서는 수도의 기초를 갖추는 단계인 자량위資糧位에서 본격적으로 수행에 박차를 가하는 가행위加行位를 거쳐 일차적인 득도의 단계인 통달위通達位에 이르는 시간을 1아승기겁으로 본다. 그러나 거기서 과거 전생의 습기를 제거하는 수습위修習位를 거쳐서 궁극적인 깨달음의 단계인 구경위究竟位까지 이르는 데 다시 2아승기겁이 걸린다고 한다.

겁에 대해서는 여러 설이 있다. 사방의 각 면 15킬로미터, 높이 15킬로미터 정도의 쇠로 된 성에 겨자씨가 가득 담겨 있는데 100년에 한 개씩 꺼내 다 없애는 시간이라고도 하고, 비슷한 체적의 큰 바위에 100년에 한 번씩 천상의 선녀가 와서 부드러운 옷으로 스쳐서 바위가 다 닳아 없어지는 시간이라고도 한다. 대개 43억2천만 년이라고 본다. 아승기는 셀 수 없는 무한수라는 뜻이 있는데 10^{56}, 10^{59}, 10^{64} 등 여러 설이 있다. 어느 것이라 해도 1아승기겁은 상상을 초월하는 천문학적인 숫자이다. 그런데 그것을 세 번을 반복해야 비로소 성불에 이를 수 있다고 한다.

이에 비해 선종의 깨달음은 참으로 단순하다. 흔히 선종의 깨달음을 이야기할 때 단도직입이라는 말을 많이 쓴다. 그것은 방법 면과 시간 면 두 가지로 볼 수 있는데, 우선 선종에서는 깨달음에 이르는 수도방법이 간단하다. 선종에서는 만다라와 진언, 그리고 여러 가지 종류의 정신집중법이나 호흡법을 사용하지도 않고, 종교적 상상력을 동원한 방법도 사용하지도 않고, 그 외 대승경전에 등장하는 수많은 수행법들을 사용하지 않는다. 심지어 때로는 맹목적인 좌선도 거부한다. 시간 또한 실로 짧다. 근기 있는 사람은 좋은 스승을 만나는 순간 즉시 깨치기도 하고, 설령 시간이 오래 걸린다고 해도 다른 종파에 비해서는 훨씬 짧다.

선종에서 깨달음에 이르는 수행방법이 단순하고 시간이 짧은 것은 깨달음 자체의 성격과 관련이 있다. 명상의 원리로 볼 때 힌두교나 불교의 대부분 종파의 깨달음은 육체적 상태와 호흡의 상태, 그리고 정신집중력 등이 결합되어 나타나는 특수한 의식 상태로, 이러한 특수 상태는 간혹 특별한 수련법 없이 저절로 나타나는 경우가 있으나 대부분 특수한 수련 방법을 통해 오랜 기간 동안 신체의 정화, 정신집중력의 심화가 진행되었을 때 나타나는 것이다. 그런 특수한 의식 상태는 그 자체가 이미 복잡하고 치밀한 메커니즘을 지니고 있다. 그러나 선종의 깨달음은 치밀하고 복잡한 특수 의식 상태에 이르는 것이 아니라 자신 속에 원래 불성이 있음을, 자신의 마음이 이미 부처인 것을 즉각적으로 자각하는 것이다.

자각은 한순간에 일어나는 것이다. 대부분 선사들의 깨달음의 기록을 보면 거의 즉각적으로 일어난다. 스승이 호롱불을 끄는 데서 깨치고, 스승의 한 마디 외침에서 깨치기도 하고, 뺨 한 대를 얻어맞고 깨치기도 하고, 기왓장이 대나무에 부딪히는 소리나 닭 울음소리를 듣고 깨치기도 한다. 이런 스타일의 깨달음은 요가나 불교의 다른 종파에서는 찾아보기 어려운 현상이다. 그것은 선종이 즉각적인 자각을 강조하는 데서 나온 것이다. 정신집중이나 호흡법 내지는 상상력을 이용해서 마음을 맑게 하거나 고요하게 하는 데에는 여러 단계가 있고 기나긴 과정이 있지만, 자각은 특별한 단계가 없고 즉각적이다. 알면 아는 것이고 모르면 모르는 것이다.

이렇게 즉각적인 자각을 추구하는 것이기에 선종에서는 점수보다는 돈오가 우위를 차지할 수밖에 없다. 선종사에서 점진적인 수도를 주장하던 북종이 쇠퇴하고 단번에 깨치는 것을 강조했던 남종이 우세를 차지했던 것은 선종 깨달음의 성격을 이해한다면 필연적인 결과가 될 수밖에 없다는 것을 알 수 있다. 3아승기겁의 기나긴 시간을 통해 수많은 단계를 거쳐서 깨달음에 이른다는 유식불교의 깨달음에 비해 한순간의 외침이나 몽둥이에 의해서 깨침을 얻을 수 있는 선종은 얼마나 단도직입적인가? 이러한 단도직입성은 선종의 깨달음이 그만큼 단순미를 강조하고 있음을 역설한다.

그러나 그 단순미는 아무나 쉽게 얻을 수 있는 성격의 단순미는 아니다. 우선 선종의 자각은 결코 개념이나 논리에 의한 이해가 아니다. 선사들이 뜬구름 잡는 황당한 선문답을 하는 것은 그 자각이라는 것이 일상적인 개념과 논리 내지는 형상사유 등으로는 도저히 이를 수 없는 세계라는 것을 일깨워주기 위함이다. 개념과 논리에 의한 이해에 익숙한 사람들에게 이것은 결코 호락호락한 것이 아니다. 선종의 깨달음은 바탕 자질이 두텁고 인연이 닿은 사람들은 쉽게 눈을 뜨지만 그렇지 않은 사람에게는 10년이 지나도 오리무중 속에서 길을 찾는 것처럼 답답할 수밖에 없다. 한편으로는 너무나 쉽고 단순하면서도 한편으로는 너무나 어려운 것이 바로 선의 깨달음이다. 그 방대한 8만4천의 대장경으로도 풀이할 수 없지만 단 한 번 기왓장이 대나무 소리에 부딪히는 소리에도 깨칠 수 있는 것이 선의 깨달음이다. 이것이야말로 전형적인 심오한 단순미가 아닌가.

중국예술에서 심오한 단순미를 대표하는 것은 수묵화이다. 수묵화는 단색으로 그리는 그림으로 단순미의 극치라고 할 수 있다. 중국회화사를 보면 당대 전기까지는 다양한 채색을 이용하여 번화한 아름다움을 구가하는 채색화가 유행하였고, 당대 후기에 이르러 비로소 수묵화가 등장하고 송대에 이르러서야 본격적으로 활짝 피어난다. 송대에 이르러서야 대교약졸의 심미관이 무르익고, 그리하여 회화에서도 화려한 채색에 번화한 구도의 그림보다는 단색의 먹물에 단순한 구도의 수묵화가 유행했던 것이다. 단색으로 단순한 구도의 그림을 제대로 그리기는 결코 쉽지 않다.

먹물의 농도와 붓끝의 운용을 완전히 장악해야만 비로소 충분한 예술적인 효과를 낼 수 있기 때문이다. 단순하면서도 심오한 맛, 그것이 바로 수묵화의 맛이다. 선종의 깨달음도 바로 수묵화의 맛이라고 할 수 있다. 달마도를 비롯한 유명한 선화가 대부분 수묵화인 것은 결코 우연이 아니다.

선종의 깨달음은 숙성된 평담미다

마지막으로 언급할 것은 숙성된 평담미이다. 깨달음에서 평담미는 주로 정서적인 측면과 관련이 있다. 일반적으로 깨달음이 일어날 때는 자아와 세계에 대한 근원적인 통찰과 아울러 매우 강렬하고 지속적인 정서도 동반되는데, 예를 들어 근심과 두려움으로부터의 해방감, 평화로움, 감사와 기쁨 등이 바로 그것들이다. 깨달음까지 이르지 않아도 명상 중에 황홀경을 체험하는 경우가 많다. 명상은 고요를 추구하는 것이다. 의학적 관점에서 보자면 자율신경계를 억제시키는 것인데, 명상 중 일종의 정서적 흥분이라고 할 수 있는 황홀경이 일어나는 것은 무엇 때문일까? 뇌생리학자들의 연구에 따르면 자율신경을 과도하게 억제하게 되면 도리어 흥분이 과도하게 분출된다고 한다. 사실 명상에서 찾아오는 황홀경은 수행자를 유혹하는 미끼의 성격도 지니고 있다.

전 세계의 다양한 깨달음 중에서 요가는 황홀경을 유난히 많이 강조하는 편이다. 그것은 깨달음의 근저를 이루는 우주론과도 관련이 있다. 베단타 철학에서는 우주의 궁극적인 실체인 브라만을 이루는 3대요소를 Sat, Chit, Ananda라고 하는데 각기 '존재', '의식', '지복'이라는 뜻이다. 이 중에서도 일반 사람들에게 가장 매혹적인 것은 바로 지복을 가리키는 'Ananda'로 많은 요가의 스승들이 그것을 자신의 이름으로 쓰고 있는 것만 보아도 이를 알 수 있다. 역사상 많은 요가 수행자들이 삼매 속에서 달콤하고 황홀한 지복감을 맛보았고 지금도 많은 수행자들이 이 지복감을 얻기 위해 수행을 하고 있다.

불교의 명상에서도 지복과 유사한 것들은 있지만 일반적으로 말해서 힌두교만큼 강렬한 지복감은 나타나지 않는다. 그것은 아마도 세계관의 차이에서 기인하는 것으로 보인다. 힌두교에서는 우주의 궁극적인 실체인 브라만의 속성 중 하나가 지복이기 때문에 지복이 적극적인 추구의 대상이 되지만, 불교에서는 고통으로부터 벗어나는 것을 추구하지 즐거움을 적극적으로 추구하지는 않는다. 또한 불교는 모든 집착을 버리는 것을 강조하는데 지복감 또한 일종의 집착 대상이기 때문에 힌두교만큼 지복감이 강렬하고 지속적으로 드러나지는 않는 것 같다.

그러나 불교의 여러 종파 중에서 선종의 깨달음만큼 깨달음의 정서가 담백한 것은 없을 것이다. 그것은 깨달음의 성격과 관련이 깊다. 앞에서도 보았듯이 힌두교의 깨달음이나 불교 교종의 깨달음은 기본적으로 기나긴 시간 동안 육체적인 정화, 정신적인 고요 등의 과정을 거쳐서 나타나는 것이기에 정서적인 변화도 강렬할 수밖에 없다. 하지만 선종의 깨달음은 기본적으로 자각을 통한 인식의 전환을 중시하기에 정서적 변화는 그다지 크지 않다.

물론 오매불망의 깨달음을 얻은 기쁨이 없을 수야 없다. 그래서 선사들 또한 깨달음을 얻은 뒤에는 희열을 감추지 못해 박장대소하곤 했다. 그러나 요가나 교종에 비해서는 훨씬 담백할 수밖에 없다. "차와 선은 한 맛이다"라는 말이나 조주선사의 "끽다거喫茶去" 공안에서도 드러나듯이 선사들은 차를 좋아한다. 선사들이 차를 좋아하는 데는 여러 가지 이유가 있겠지만, 차의 담백한 맛이 선종의 깨달음의 맛과 흡사한 것도 주요한 이유 중 하나라고 생각한다.

선종의 깨달음의 맛이 담백한 또 하나의 이유는 종교적 성스러움이나 이적을 부정하기 때문이다. 종교적 성스러움이나 이적은 그 자체가 기이한 것인 동시에 강렬한 정서를 동반하기 쉽다. 선종의 깨달음은 그러한 기이함과 농염함보다는 평범하고 담백한 맛을 추구했다.

『오등회원』의 진적선사眞寂禪師 항목을 보면 "법당을 여는 날, 어느 승려가 물었다. 세존이 세상에 나왔을 때 땅에서는 금빛 연꽃이 솟아올랐는데 스님이 세상에 나왔을 때 어떤 상서로운 징조가 있었습니까? 스승은 답하기를 문 앞에 눈을 쓸었다고 했다"라는 일화가 있다. 법당을 열어 설법을 시작했다는 것은 이미 깨달음을 얻었다는 것을 의미하는데, 땅에서 황금빛 연꽃이 솟아오르는 것과 문 앞의 눈을 쓰는 것을 비교해보면 인도식 깨달음의 기이하고 농염한 아름다움과 선종 깨달음의 평담미의 차이를 쉽게 이해할 수 있다. 그 외 마조선사馬祖禪師나 남전선사南泉禪師가 "평상심이 도다"를 제창한 것이나 선종 제1 공안집이라고 불리는『벽암록碧巖錄』의 서두에 "확연히 성스러움은 없다"의 공안이 나오는 것을 보면 선사들의 깨달음이 얼마나 평담미를 중시하는지를 잘 알 수 있다.

대교약졸의 나선형적 논리에 따르면 이 또한 보통의 평담미가 아니라 기이함과 농염함을 내재화시킨 뒤 나타나는 숙성된 평담미다. 선사들의 깨달음의 정서적 반응을 보면 강렬한 지복감이 없이 담담한 것이 사실이다. 그러나 그 대신 번득이는 기지와 박장대소, 때로는 허탈한 웃음이 있다. 그리고 이러한 것들은 그리 오래 갈 수가 없기 때문에 금세 담담한 정서로 되돌아온다.

사실 의식의 성숙도 면에서 본다면 황홀하고 달콤한 지복감이 지속되는 것보다는 일순간의 웃음과 더불어 다시 담담한 감정으로 돌아오는 것이 더 높다. 어린아이는 자신이 간절히 원하던 것을 얻으면 기뻐 어찌할 줄을 모르지만 좀 더 철이 들게 되면 그렇게 호들갑떨며 기뻐하지는 않는다. 더군다나 깨달음이라고 하는 것이 본래 자신이 지니고 있던 것을 새삼스럽게 다시 확인하는 것이라면 더더욱 그리 극성스럽게 감격스러워 할 필요가 없다. 그저 씩 웃어버리면 그만인 것이다. 이런 면에서 볼 때 선사들의 평담미는 훨씬 숙성된 평담미라고 할 수 있다.

이적 또한 마찬가지이다. 좀 더 성숙된 관점에서 바라보면 이적에 빠지는 것은 게임이나 장난감에 빠져 해야 할 공부는 소홀히 하는 것과 같은 것이어서 더 높은 깨달음으로 나아가는 데 방해가 되는 것이다. 철이 없는 어린아이는 신비한 것에 빠져들지만 의식이 성숙되면 그런 것에 현혹당하지 않는 것이다. 화광동진의 진정한 의미를 이해했던 선사들은 힌두교의 깨달음이나 다른 종파의 깨달음과는 달리 성스러움과 이적을 안으로 감추고 다시 평범함으로 돌아와야 함을 강조했다. 선사들의 깨달음에서 나타나는 일상성은 바로 숙성된 평담미에서 나온 것이다.

꺼져버린 선의 불꽃 다시 피어날 수 있을까?

한나라 후기에 중국에 수입된 불교는 위진남북조를 거치면서 대대적으로 발전했고 당나라에 이르러서는 극성기에 이른다. 그야말로 수많은 종파들이 저마다 아름다움을 자랑하면서 최고의 전성기를 구가하였다. 다른 종파에 비해 늦게 흥기한 선종은 여러 종파들이 서서히 쇠락하는 당나라 후기에 이르러 비로소 본격적으로 피어나기 시작하였다.

송대에 이르면 불교 안에서 선종의 위상은 크게 높아져 다른 종파에 비해 압도적 우위를 점하게 된다. 선종 이외의 수많은 종파를 다 합쳐도 선종의 위세를 이기지 못하였다. 그래서 선종 이외의 수많은 종파를 다 합쳐 교종이라 부르고 전체 불교를 선종과 교종으로 부르게 되었다. 선종의 힘은 불교 내에서만 머무르지 않았다. 선종의 심미관이나 사고방식은 불교를 넘어서 일반 사대부들의 생활에도 큰 영향을 미치게 되었다.

송대의 유명한 화가들 가운데서도 선에 심취한 이들이 많이 있었으며 송대를 대표하는 문인인 소동파나 황정견黃庭堅 등은 실제로 선사들과 교류하면서 참선을 배워 깨달음을 얻기도 했다. 그뿐인가? 선종의 심미관은 문인화의 형성과 원림문화의 발달에도 직접적으로 영향을 끼쳤으며 문학, 특히 시의 심화에도 많은 영향을 미쳤다.

그러나 사상계 전체를 보았을 때 송대는 오랫동안 불교에 눌려온 유학이 다시 흥성하는 시기이자 불교가 마지막 불꽃을 태우는 시기였다. 북송대까지 극성했던 선종은 남송대에 들어서는 매너리즘에 빠지면서 점차 쇠퇴하기 시작했다. 이후 종교로서 불교의 지위와 영향력은 어느 정도는 계속 유지될 수 있었지만, 사상으로서는 이전처럼 지식인들을 이끄는 강렬한 매력을 잃어버렸다.

몽골이 지배했던 원대에 이르러서는 라마교가 흥성하고 전국에 라마교 사원이 건립되었다. 라마교는 종교적 성스러움을 강하게 발산하는 종파로 주술적이고 비의적 요소가 많다. 라마교 사원의 만다라나 탱화들은 매우 화려하면서도 비의적 분위기를 자아낸다. 단순하고 평범하며 깨달음의 일상성을 강조하는 선종과는 상당히 대조적이다. 발산하는 성스러움을 추구하는 라마교가 유행하면서 그렇지 않아도 신유학에 의해 밀려난 선종은 더욱 쇠퇴했다.

명대에 들어서는 라마교의 영향력은 사라졌지만, 이번에는 유불도가 통합되는 추세 아래 불교의 고유성은 점차 흐려졌다. 중국적 불교의 특징을 잘 보여주는 선종의 명맥 또한 갈수록 희미해졌다. 청말 이후로는 밀려오는 서구화의 물결 속에 선종뿐만 아니라 불교 전체가 쇠퇴했고, 특히 공산화와 문화혁명을 거치면서 타파 대상으로 몰려 더욱 급속도로 몰락하게 되었다.

개혁개방 이후 선종을 중국의 우수한 전통문화 가운데 하나로 인식하는 젊은 학자들에 의해 선에 대한 학문적 관심은 많아졌고 관련 서적들도 우후죽순처럼 쏟아져 나왔다. 그러나 대부분 학문적 관점이나 문화적 관점에서의 접근에 그치고 있고 실제적인 수양의 관점에서 선종이나 참선을 접근하려는 움직임은 아직 미약한 편이다. 실제 수행의 방면에서는 오랜 선방 수련의 역사를 지니고 있는 한국에 뒤지는 것은 물론이고 일본이나 일본의 선사들에게 뒤늦게 참선을 배우고 있는 서양보다 오히려 낙후되어 있다. 선종을 창시한 중국인들이 선종의 전통을 제대로 회복할 수 있을지는 아직 미지수이다.

치밀한 지적 탐구와
중후한 실천궁행

서양은 대체로 철학과 종교를 명료하게 구분한다. 물론 기독교가 절대적 권력을 누렸던 중세에는 철학이 신학의 시녀 노릇을 한 적도 있었지만, 대체로 신앙의 영역인 종교와 논리적 사유의 영역인 철학은 분명히 구분되는 편이다. 소크라테스와 플라톤은 종교적 성자가 아니고 예수는 철학자가 될 수 없다.

이에 비하면 동양에서는 철학과 종교의 구분이 모호하다. 공자가 종교적 성자인지 철학자인지 구분하기가 어려울 뿐만 아니라 노자 또한 그 성격이 참으로 모호하다. 외래사상인 불교는 분명 종교이지만 중국에서는 유교, 도교와 마찬가지로 성인의 가르침 중 하나였다. 사실 근대 이전에 중국에는 철학과 종교의 구분 자체가 없었다.

철학이라는 말은 종교와 마찬가지로 19세기 후반에 나온 일본식 한자어다. 엄밀한 의미에서 말하자면 서양의 철학과 같은 학문은 동양에는 없었다. 사유의 방향도 다르고 방법도 다르기 때문이다. 그래서 어떤 사람들은 동양에는 사상은 있지만 철학은 없다고 말하기도 한다.

그러나 그것은 극단적인 견해이고 대체로 동양의 유교·도교·불교의 사상을 서양철학에 견주어 동양철학이라고 부른다. 앞에서 나는 유교와 불교를 종교와 명상의 관점에서 다루었는데 이 장에서는 철학적인 관점에서 유불도 전체를 서양철학과 비교하여 다루려고 한다.

동서 문화의 교류 이후 사람들이 가장 많은 관심을 보인 분야는 철학이었다. 철학은 자연과 인간과 사회를 바라보는 기본적인 틀이기 때문이다. 수많은 대가들이 나름대로 동서 철학의 차이를 논하였다. 먼저 기존의 대가들의 설들을 검토하고 대교약졸의 관점에서 동서 철학을 비교하고자 한다.

동서철학의 만남,
엇갈린 변주곡들

동서문화 교류 초기의 서양인에 비친 중국철학

아주 옛날부터 실크로드를 통해 동서 간의 왕래가 있었지만 규모도 작았고 주로 상업적 거래에 그쳤다. 근대 이전의 서양인들에게 중국문화는 도자기와 차를 통해서 막연하게 짐작될 뿐이었다. 원나라 때 중국을 다녀간 마르코 폴로가 쓴 『동방견문록』이 유행하면서 서양인들은 비로소 중국문화를 접하게 되었다. 그러나 마르코 폴로의 과장된 기록 때문에 유럽인들은 중국에 대해 큰 환상을 품게 되었다. 그들에게 중국은 황금 지붕의 호화로운 집들이 즐비하고 사람들이 비단옷을 입고 사는 환상의 나라이자 동경의 대상이었다.

16세기 대항로가 개척된 뒤 중국을 부지런히 넘나든 사람들은 예수회 선교사들이었다. 당대 최고의 지식인이었던 그들은 원만한 선교활동을 위해서는 중국문화에 대한 이해가 필요하다는 것을 알고 있었기에 중국의 사상과 문화를 적극적으로 공부하였다. 유교 종교 논쟁에서도 살펴보았듯이 예수회 선교사들은 대체로 유교를 종교로 간주하지 않고 철학으로 보았다. 그들은 공자를 철학자로 보았고 소크라테스나 플라톤 등의 그리스 철학자와 비교하기도 하였다. 중국의 철학이 서양에 소개된 것은 바로 이들에 의해서이다.

우리에게도 널리 알려진 마테오 리치는 『천주실의』로 서양의 기독교를 동양의 지식인들에게 소개하는 데도 큰 공헌을 했지만 중국사상을 서양의 지식인들에게 소개하는 데도 큰 역할을 했다. 마테오 리치가 사망한 뒤 1615년 니콜라스 트리고Nicolas Trigault는 그의 선교기록을 『중국에서의 기독교 선교의 역사』라는 제목으로 유럽에서 출간했다. 이 책은 공자와 유교를 비교적 상세하게 소개한 최초의 책이다. 뒤를 이어 필립 쿠플레 Philippe Couplet는 1687년 마테오 리치가 생전에 번역한 『사서』와 『주역』을 중심으로 공자사상을 체계적으로 정리한 『중국철학자 공자』라는 책을 출간했는데, 이 책은 유럽의 지성계에 큰 반향을 일으켰다.

17세기의 프랑스의 철학자 라 모트 르 바예La Mothe Le Vayer는 1642년 발간한 『이교도의 덕에 관하여』라는 책에서 덕이 있는 이교도의 사후 구원에 대한 문제를 다루고 있는데, 그리스 로마의 위대한 철학자와 아울러 공자도 언급한다. 중세의 끝에 있던 단테는 소크라테스, 플라톤, 아리스토텔레스 등 그리스의 위대한 철학자들을 존중하였지만 『신곡』에서는 그들 모두를 예수를 알지 못한다는 이유만으로 지옥의 제1권역인 림보에 떨어져 있는 것으로 묘사한다. 림보는 지옥 가운데 최상층의 지옥이어서 아무런 형벌이 없지만 구원의 희망도 없는 곳이다. 그러나 계몽주의 시대를 앞둔 바예는 모든 위대한 이교도 철학자들에게 구원의 희망을 주었다. 지금의 관점에서 볼 때는 유치한 이야기지만 당시에는 파격적인 주장이었다.

그는 공자를 동양에 존재하였던 철학자 중 가장 위대한 철학자로 간주하고 소크라테스와 비견하면서 둘 다 도덕성이 탁월하지만 윤리학을 중시하였던 공자가 조금 더 위대한 인물이라고 평가하였다. 그는 공자가 한 말, "네가 타인에게 당하고 싶지 않은 일을 타인에게 행하지 말라(己所勿

欲, 勿施於人)"를 예수가 말한 이웃에 대한 사랑과 상통하는 것으로 보았고, 공자가 그런 주장을 할 수 있었던 것은 하나님이 지혜를 주었기 때문이라고 주장하였다.

또한 중국을 세계의 여러 나라 중에서 자연의 빛이 가장 잘 발현된 나라이고 종교적으로 가장 방황이 적었던 나라라고 평하기도 하였다. 그리고 과거제도로 관료를 선발하는 제도를 칭송하였으며, 황제 또한 유가사상에 따라 나라를 다스리는 것을 보며 플라톤의 철인정치가 실현된 나라라고 여겼다. 본격적으로 동서의 철학을 비교하기보다는 종교적인 관점에 머물고 있지만, 그의 공자철학에 대한 예찬은 유럽 사회에 중국철학에 대한 관심을 불러일으키는 데 많은 공헌을 하였다.

최초로 중국철학을 비교·연구한 서양철학자 라이프니츠

서양의 주요 철학자 가운데 중국철학을 본격적으로 연구하고 소개한 최초의 인물은 독일의 철학자 라이프니츠이다. 라이프니츠는 서양철학사에서 스피노자와 함께 데카르트의 합리주의 철학의 전통을 이은 철학자로서 이 우주는 무수한 모나드로 이루어져 있다고 주장한 사람이다. 그는 또한 뉴턴과 동시대 사람으로 뉴턴과 동시에 미적분을 발명하였다. 당시 뉴턴은 라이프니츠가 자신의 미적분을 표절하였다고 주장하였으나 결국 각자가 독자적으로 미적분을 발명한 것으로 밝혀졌다. 라이프니츠는 대단한 철학자인 동시에 탁월한 수학자였고, 정치·외교·법률·역사 등에도 능통하였던 그야말로 전방위형 천재였다.

그는 수많은 영주국으로 분열되어 있고 신교와 구교의 긴 전쟁으로 황폐화된 독일 사회를 조화롭게 통합하기 위한 방편으로 중국철학의 연구에 심취하였다. 그는 『최신중국소식』이라는 소책자의 서문에서 서양과 중국의 국력, 경제력, 과학기술력, 학술의 성취 등을 비교하면서 양 진영은 각자가 지닌 능력을 서로에게 도움을 주는 방향으로 전개할 수 있다고 말하였다. 그는 유럽은 논리학, 형이상학, 수학, 그리고 전쟁기술 등에서 앞서가고 중국은 실천철학, 즉 정치와 윤리의 가르침에서 뛰어나다고 하였다.

그는 중국인들이 수천 년 동안 학문에 대단한 노력을 기울여왔고 학자들에게 막대한 지원을 하면서 학문을 장려해왔지만 그럼에도 탁월한 학문을 이루지 못한 것은 바로 수학과 제일철학, 즉 형이상학을 모르기 때문이라고 말하였다. 바꾸어 말하면 서양은 수학과 형이상학 때문에 중국보다 월등한 학문을 지니게 되었다는 주장이다. 그러나 인간의 일상적인 삶에 적용되는 윤리와 정치의 가르침에서는 중국이 유럽을 능가하고, 특히 예절에서 중국의 농부나 하인이 유럽 귀족의 고상함을 능가한다고 보았다. 그래서 실천철학 부분에서는 유럽이 중국을 적극적으로 배워야 하며, 유럽이 중국에 선교사를 보내듯이 중국도 유럽에 실천철학의 선교사를 보내야 한다고 말하기도 했다.

『중국의 자연신학론』에서도 중국인들은 하나님의 계시나 은총 없이 자연적 이성만으로도 상당히 높은 수준의 도덕성을 갖추게 되었음을 강조하였다. 또한 주자학의『성리대전性理大全』을 중심으로 중국의 이理와 기氣, 태극太極 등의 개념에 대해 비교철학적인 해석을 하였다. 그는 중국의 이와 태극은 우주 최고의 원리, 만물의 제일원리로 결국 유럽의 신과 같은 개념이라고 파악하였고, 기는 원초적 형태의 질료로 제일 질료라고 생각하였다. 중국인들은 기는 이에서 생긴다고 보았는데 이것은 제일 질료가 제일 원리 또는 형상에서 산출되었다고 보는 것이고, 이런 면에서 볼 때 중국의 철학은 신은 질료에 형상만 부여할 뿐 질료를 창조하지는 못한다고 보았던 고대 그리스인들의 철학보다 기독교 신학에 더 가깝다는 독특한 주장을 펼치기도 했다. 그 외 중국인들의 제사행위, 귀신관, 영혼관, 사후세계관 등에 대해서도 언급을 하고『주역』을 2진법적인 관점에서 수학적으로 풀이하기도 하였다.

당시 유럽은 과학과 수학에서 폭발적인 성장을 구가하고 있었다. 그 선두주자 중 한 명이었던 라이프니츠의 눈에는 중국의 수학, 과학 등은 낙후된 것으로 보였을 것이다. 그러나 철학자로서 라이프니츠는 매우 객관적인 태도로 중국과 서양을 비교했다. 철학의 분과 중 하나인 논리학, 형이상학 등은 서양이 중국에 앞선 것이 사실이지만 윤리학 방면에서는 중국이 서양보다 우위에 있음을 인정하였던 것이다. 그는 인류의 보편적 정신에 기초하여 동양과 서양의 만남을 추구하였으며 평화적이고 평등한 교류를 통하여 인류의 복지가 증대되기를 희망하였다. 그러나 후대 현실의 역사에서는 라이프니츠가 희망하였던 아름다운 쌍방 교류는 이어지지 못하고 서양의 침탈로 인한 일방적인 교류가 되고 말았다.

중국문화와 유가사상을 극찬하였던 볼프와 볼테르

라이프니츠를 이어 유가사상을 깊이 연구하였던 사람은 크리스티안 볼프이다. 그는 서양철학사에 큰 업적을 남기지는 못하였지만 칸트철학의 선구자로 독일철학사에서는 매우 중요한 인물이다. 그는 스승 라이프니츠의 영향으로 공자의 유가철학에 깊은 관심을 가지고 연구를 하면서 유교가 보편적 실천철학이 될 수 있다고 확신하였다.

볼프는 1721년 자신이 재직하던 할레대학의 부총장 퇴임 기념강연에서 유가의 실천철학을 주제로 강연을 하였는데, 중국인들은 계시종교와 무관하게 이성의 힘으로 선과 악을 구분하여 온전히 선에 이르려고 노력한다고 주장하면서 그 방증의 예로 중국의 교육제도와 교육철학 및 태교를 들었다. 그는 중국철학이 근본적으로 이성에 기초해 있으며 참되고 올바른 덕을 알고 있음을 강조하였는데, 이것은 사실은 신앙이 아닌 이성만으로도 충분히 높은 도덕률에 이를 수 있음을 강조하기 위한 것이었다.

볼프는 라이프니츠의 견해를 대체로 계승하였지만 약간의 차이가 있다. 그것은 책자와 강연의 제목에서 드러난다. 라이프니츠는 유교를 자연신학으로 간주하였는데 이는 유교를 계시신학인 기독교와는 다른 또 하나의 신학으로 보고 있는 것이다. 라이프니츠는 조화를 강조한 철학자로 보편적인 이성을 바탕으로 신교와 구교의 조화를 강조하였고, 더 나아가 기독교와 유교의 조화를 추구하였다.

이에 비해 볼프는 유교를 신학과는 무관한 실천철학으로 간주하였다. 볼프에게 실천철학이란 법, 윤리, 정치, 경제 영역에 속하는 것이었다. 또 하나 중요한 차이는 라이프니츠가 조화의 관점에서 유교를 수용하였던 데 비해 볼프는 보다 계몽적인 관점에서 기독교의 한계를 공격하기 위해 유교를 받아들였다는 점이다. 그의 주장의 요지는 신의 계시나 은총이 없이 실천이성만으로도 충분히 도덕적이고 이상적인 사회를 건설할 수 있다는 것이다.

진리의 근거를 신의 계시와 은총에만 두고 있던 신학부 교수들이 그의 강연에 격노하였던 것은 불을 보듯이 뻔한 일이었다. 그들은 볼프를 축출하기 위해 모의를 하고 프로이센의 국왕 프리드리히 빌헬름 1세에게 하소연을 했다. 교수들과 마찬가지로 격분한 국왕은 그의 교수직을 박탈하고 48시간 내에 자신의 영지를 떠나지 않으면 교수형에 처하겠다고 명하였다. 그는 즉시 프로이센을 떠나 다른 영주의 환영을 받아 그 지역의 대학 교수가 된다.

이 추방사건은 18세기 독일 대학에서 최대의 스캔들이 되었다. 이 사건 덕에 그는 계몽사상의 양심적 수호자이자 희생자로서 전 유럽에 이름을 떨치게 되고 그의 추종자는 구름처럼 늘어났다. 나중에 빌헬름 1세가 죽은 뒤 새로운 왕위에 오른 프리드리히 대왕은 1740년 그를 다시 할레대학의 부총장으로 초청하였다.

프랑스에서는 앞에서 언급한 바예가 공자 예찬을 주도하였는데 본격적인 계몽주의시대에 들어서자 공자 예찬의 열기는 더욱 높아진다. 그 대표주자는 유가철학으로 가톨릭의 맹목적 신앙을 통렬하게 비판하였던 볼테르이다. 그는 서재에 공자의 사진을 걸어놓고 매일 경의를 표하였을 정도로 공자를 숭배하였으며, 바예처럼 공자가 말했던 유명한 구절 "자신이 싫어하는 바를 다른 사람에게 행하지 말라"를 크게 칭송하고 그의 저서 『관용론』의 핵심 구절로 삼았다.

볼테르의 눈에는 공자사상을 강론하다가 박해를 받은 선배학자 볼프의 처지가 안타깝지 않을 수가 없었다. 그래서 볼프를 '불타는 질투가 오류의 힘으로 그 나라에서 내쫓은 이성의 순교자'라 칭하였고 그를 추방한 빌헬름 1세를 바보들의 광기에 위대한 인물을 쫓아낸 귀가 얇은 어리석은 왕이라고 불렀다. 나중에 볼프가 다시 할레대학에 복귀하자 크게 기뻐하면서 볼프를 받아준 프리드리히 왕을 '왕좌에 오른 소크라테스'로 칭하였다.

그가 유교에 깊게 심취하였던 것은 유교에서 이신론을 발견하였기 때문이며, 공자의 사상에서 발견한 관용사상으로써 당시 기독교의 맹신주의와 신구교의 갈등으로 고통을 겪던 프랑스 사회를 구제할 수 있다고 믿었기 때문이다. 그는 유교의 도덕주의를 매우 높게 평가했으며, 유교의 제사에 대해서도 이성적 자연권에 기반한 조상에 대한 존경이라며 치켜세웠다. 반면 기독교는 미신적이고 부패한 종교이며 특히 지나친 배타성으로 인해 관용력이 부족한 저급한 종교라고 악평하였다. 그는 심지어 인류역사상 가장 행복했고 존경받을 만한 시기가 있다면 바로 공자의 제자들이 공자의 율법을 받들던 시기라고 말하기도 했다.

중국문화와 유가사상을 극도로 폄하하였던 헤르더와 헤겔

물론 서양의 지식인들 모두가 중국을 찬양한 것은 아니다. 당시 유럽의 상류층에 퍼진 중국문화 열풍에 대해 반발한 사람들도 많았다. 몽테스키외는 중국을 전형적인 동양적 전제주의국가이며 자유가 없는 예속의 나라라고 폄하했고, 자연으로 돌아갈 것을 강조하였던 루소는 중국이 원시적 자연성과는 거리가 먼 타락한 국가이며 중국인들은 너무나 쉽게 범죄에 빠진다고 혹평했다.

중국에 대해 본격적으로 폄하의 기치를 내세운 사람은 독일의 사상가 헤르더이다. 헤르더는 독일의 질풍노도운동을 선도하였던 사람 중 하나로 괴테에게도 많은 영향을 미쳤다. 그는 여러 분야에서 많은 업적을 남겼지만 독일사상가로는 최초로 역사철학을 확립한 것으로 유명하다.

역사철학이라는 용어를 창시한 사람은 볼테르이다. 헤르더는 그의 영향을 많이 받았고 자신의 저서 『인류의 역사철학을 위한 이념』의 서문을 그에게 부탁하기도 하였다. 그러나 중국에 대한 관점은 볼테르와는 정반대였다.

그는 우선 볼테르를 위시한 당시 중국예찬론자들의 입장을 긍정한다. 그는 중국의 만리장성과 대운하와 수많은 상업도시 등에 대해 예찬을 보내고 그들의 예절, 윤리와 법률, 과거제도와 행정제도, 그리고 종교에 대한 관용적인 태도를 찬미한다. 그래서 인간을 다스리는 데 이보다 더 좋은 원칙이 없고 국가체제 중 이보다 더 좋은 체제는 없다고 극찬한다.

그러나 헤르더는 완벽해 보이는 중국의 유가사상과 이에 입각한 정치, 교육, 예절, 풍속 등은 사실은 황제에서 최하층 백성에 이르기까지 모든 사람들을 속박하고 있는 전제적 노예제도에 불과하며, 중국은 이러한 전제적 정치제도와 노예적 문화제도로 인해 고대 이래로 거의 변화가 없는 정체상태에 머물러 있다고 주장한다. 그는 중국역사의 본질적 특징을 "영원히 동일한 행보와 영원히 동일한 일 안에서 오가는" 것으로 규정하였는데 이는 그의 독특한 역사철학적 입장에서 비롯된 것이다.

헤르더는 역사유기체론을 제시하였는데 인류의 역사는 인간이나 나무처럼 유년기, 청년기, 장년기의 단계를 거치며 성장한다고 한다. 그는 오리엔트 문명을 인류사의 유년기, 그리스 문명을 청년기, 로마 문명을 장년기라고 말하고, 근대 유럽은 나무가 성장하여 하늘 높이 가지를 뻗은 단계라고 주장한다. 그의 관점에 따르면 중국은 인종적·지리적 특징에 따라 인류사의 유년기에 영원히 고착된 나라에 불과한 것이다. 그의 역사철학과 중국관은 그대로 헤겔에게 계승된다.

헤겔은 『역사철학』에서 헤르더와 마찬가지로 인도·중국·페르시아·이집트 등 동양을 세계사의 유년기, 그리스를 청년기, 로마제국을 장년기로 보고 게르만 사회를 역사의 성숙기이자 완성기로 보고 있다. 동양 가운데서도 그리스 문명에 영향을 끼친 페르시아와 이집트를 비교적 높게 평가하고 중국과 인도는 정체에 빠져 있는 유년기라고 폄하하였다. 헤겔의 중국에 대한 평을 정리하면 대략 다음과 같다.

중국은 황제가 중심이 되는 강력한 관료제가 존재하여 단조롭고 획일적으로 꽉 짜인 행정으로 운영된다. 그러나 황제의 인격에 문제가 있을 경우 도처에서 힘의 누수가 생겨 무질서가 판을 치게 되는 국가이다. 또한 중국인들에게는 미신이 만연하며 내면의 비자립성과 정신적 부자유, 정신의 상실이 보인다. 중국의 학술 역시 자유롭고 개념적인 정신의 세계가 그곳에는 존재하지 않으며 오직 존재하는 것은 경험적인 성질의 것들뿐이다. 한자는 문자와 소리가 분리되어 있어 그 결합이 매우 불완전하며 수천 개의 문자를 배우지 않으면 안 되기 때문에 학문의 진전을 방해할 뿐이다. 이 때문에 중국은 인쇄술, 화약, 나침반 등을 최초로 발명하기는 하였지만 그것을 과학기술로 발전시키지 못하였다. 즉, 중국은 유년기의 상태에 계속 정체되어 있다.

두 철학자의 중국관은 사실 유럽이 세계사의 중심이라는 유아적인 자기중심성과 중국에 대한 지극히 단편적이고 피상적인 선입관에서 나온 황당한 견해여서 실소를 금할 길이 없다. 그러나 냉정하게 보면 이들의 중국관은 당시의 유럽 문명권과 중국 문명권의 실제적인 힘의 역전을 잘 반영한다.

17세기만 해도 청나라의 생산력이나 경제 규모는 유럽과 비슷하거나 앞섰다. 그러나 18세기 후반 산업혁명이 본격적으로 진행되면서 유럽의 생산력은 비약적으로 증대했고 과학기술 역시 날로 성장했다. 헤겔이 베를린대학에서 역사철학 강의를 할 1830년 즈음에는 서양문명의 우위가 더욱 가시화되었다. 결국 그로부터 약 10여 년 뒤에 청나라는 아편전쟁에서 영국에게 대패하고 그 뒤 서양열강의 동네북 신세가 되었다.

20세기 이후 서양인들의 중국관

19세기 후반은 서세동점이 본격화되던 시기로 많은 서양의 사상가들이 헤르더와 헤겔의 중국관을 그대로 수용하였다. 마르크스의 중국관도 헤겔과 크게 다르지 않다. 이러한 경향은 20세기 초에 이르러서도 크게 변하지 않았다. 20세기 초 빌헬름 그루베Wilhelm Grube가 중국인에게는 창조적 상상력이 없다고 말한 것이나 알프레드 포르케Alfred Porke가 중국인의 정신구조는 지극히 비논리적이기 때문에 한 번도 논리적 조직을 형성하지 못하고 있다고 말한 것들은 모두 헤르더나 헤겔처럼 서양 중심의 사고방식에서 중국을 폄하한 것들이다.

이러한 서구인들의 편향된 중국관은 1차 대전 이후에 크게 변화하기 시작한다. 그들은 그들의 과학문명과 제국주의가 만들어낸 참혹한 전쟁을 목도하면서 서구의 합리주의와 계몽주의에 대해 근본적인 반성을 하기 시작한다. 유아적 우월주의에서는 타자를 제대로 바라볼 수 없다. 자신에 대한 겸허한 반성이 있어야 비로소 타자에 대해서도 객관적으로 바라볼 수 있는 눈이 생기는 법이다.

1934년 프랑스 중국학의 거두 마르셀 그라네Marcel Granet는 앙리 베르 Henri Berr의 기획으로 진행된 '인류의 발전'이라는 총서의 네 번째 책으로 『중국사유』라는 책을 발간한다. 이 기획은 1차 대전 이후 좌초에 이른 인류문명에 대한 반성으로 문명 간의 상호이해와 공존가능성을 모색하기 위한 것이었고, 『중국사유』 또한 외부시점으로 중국을 판단하는 것이 아니라 가능한 한 내부시점에서 중국문명의 특징을 탐색하는 것이어서 객관성이 상당히 높다.

마르셀 그라네는 이 책에서 중국사유는 서구의 사유와 변별되는 다음과 같은 세 가지 특징이 있다고 보았다. 첫째, 중국사유는 순수한 인식을 추구하기보다는 문화를 추구하고, 과학보다는 지혜의 추구를 궁극으로 삼는다. 둘째, 중국사유는 인간과 우주의 연계를 도모함으로써 인간과 사회, 사회와 자연을 분리하지 않는다. 셋째, 중국인들이 생각하는 우주의 삶을 지배하는 유일한 질서는 어떠한 법칙에 의해 추상적으로 드러나는 것이 아니라 문명의 구성요소인 인간과 자연, 사회와 우주의 내밀한 협조에 의해 구체적으로 실현된다. 그라네는 볼프와 볼테르의 맹목적 추앙이나 헤르더와 헤겔의 오만한 폄하와는 달리 매우 객관적으로 중국사상의 특징을 잘 끄집어내고 있다.

20세기 중엽의 예일대학의 철학자 노드롭F. S. C. Northrop은 모든 개념에는 직관에 의한 개념이 있고 가정에 의한 개념이 있다고 주장하였다. 예를 들어 푸른색을 감각적으로 지각하는 것은 직관에 따른 개념이지만 전자기 이론에서 파장의 숫자로 푸른색을 지각하는 것은 가정에 따른 개념이다. 그는 이를 바탕으로 다음과 같이 동양과 서양의 사유방식의 차이를 논하였다.

동양은 직접적인 직관이라는 방법을 중시하고 서양은 추상적인 가정이라는 방법을 중시한다. 또한 동양적 사고는 세계를 미분화된 감성적 지각의 연속체로 다루는데, 이 말은 실체를 부분으로 나누기보다는 연결되고 통합된 전체로 지각한다는 뜻이다. 서양적 사고는 이와는 반대로 세계를 원자론적으로 쪼개서 추상적이고 수학적으로 지각한다. 그는 이 때문에 중국에서는 박물관 수준을 넘어서는 과학이 제대로 발달할 수 없었다고 주장한다. 반론의 여지가 없지는 않지만 이전에 비해서는 훨씬 진지한 비교라고 할 수 있다.

서구인이 말한 동서 철학 비교로서 인구에 널리 회자되는 또 하나의 설은 비슷한 시기의 월몬 헨리 쉘돈Wilmon Henry Sheldon의 설이다. 그는 다음과 같은 세 가지의 대비로 동서 철학을 비교·설명한다.

첫째로 동양에서는 궁극의 실재가 이 현상세계의 데이터에 따른 논의로는 증명될 수 없으며 직접 경험에 의하여 체험되어야 한다. 철학이란 인생의 길이며 그것에 대한 사고가 아니라 생활에서의 실천이다. 서양에서는 철학이란 실재에 대하여 생각하는 것이며 사물과 사건을 관찰하고 무엇을 알아낼 수 있는가를 추리하는 것이다. 반드시 인생의 길은 아니며 그것의 입증은 이성에 의하여만 증명이 되는 것이다. 요약하면 서양은 리얼한 것을 보기를 원하고, 동양은 리얼한 것이 되기를 원한다는 말이다. 서양에서 '실용적'이란 외계의 물질을 변화시켜 다리를 건설하고 정당을 만들고 대학을 건립하는 것이고, 동양의 실용은 내적 행위를 변화시켜 진아, 열반, 도를 추구하는 것이며 음과 양의 균형을 찾기 위해 훈련하는 것이다. 물론 서양에도 영성을 추구하는 전통이 있고 신비주의도 있다. 그러나 대체로 영성보다는 물질을, 실제적 체험보다는 추론을 더욱 중시한다.

둘째로 서양의 지식욕은 우주론, 세계사, 자연철학 더 나아가 자연과학을 탄생시켰다. 그리고 현상 세계에 대한 서양의 관심은 분화하여 화학, 물리학, 생물학 등을 낳았다. 동양 또한 자연에 대한 관심이 있었지만 과학을 발전시킬 정도는 아니었고 그보다는 종교적이고 도덕적인 문제에 더 많은 관심을 지녔다. 또한 서양은 자연과학적인 사고를 통하여 현세의 발전을 도모했으나, 동양은 현세보다는 궁극의 세계에 관심이 더 많았고 사회를 개량하기보다는 그 속에서 조화와 균형을 유지하는 것을 추구했다.

셋째로 서양은 대체로 시간을 긍정적인 원리로 간주하고 과거의 선을 보존하면서 새로운 선을 더하는 개선의 기회로 여긴다. 그래서 현세주의, 과정, 창조적 진화, 창발적 진화, 진보 등의 개념을 선호하는 경향이 있다. 이에 비해 동양은 시간을 파괴자로 여기며 현실은 덧없는 것으로 간주하기 때문에 시간을 넘어선 영원한 세계에 더 많은 관심을 가진다.

사실 쉘돈이 말하는 동양철학은 중국철학만이 아니라 인도철학도 포함된 것이다. 그래서 그는 동양철학을 대체로 종교철학으로 파악한다. 때문에 엄밀한 비교가 되지 못한다. 세속적인 현세를 넘어 궁극의 종교적 세계에 도달하는 것이나 선악의 차별을 초월한 심원한 내적인 세계를 추구하는 것은 힌두교, 불교, 도교에게는 해당될 수 있지만 유교와는 맞지 않다. 그리고 전체적으로 보았을 때 서구를 중심에 놓고 비교한다는 느낌을 지울 수가 없다.

서양철학에 대한 중국인의 우월감과 열등감

사실 동서 철학의 비교는 서양인들보다는 중국인들에게 훨씬 절실한 것이다. 그들은 동서 문화교류의 초기에는 서양을 무시하였다. 중화주의의 자부심이 워낙 강했기 때문이다. 그러나 아편전쟁 이후 이러한 자존심이 무참히 깨지면서 서양을 열심히 배우지 않을 수가 없었고, 왜 중국이 서양에 뒤지게 되었는가를 알기 위해서 중국과 서양의 차이를 열심히 연구하지 않을 수 없었다.

중국인들이 서양에 대해 관심을 가지기 시작한 것은 예수회 선교사들이 본격적으로 활동하기 시작한 16세기 말부터이다. 이 시기에 들어 서양의 수학과 철학 서적들이 다수 소개가 되었는데 대표적인 것으로는 마테오 리치와 서광계徐光啓가 공동 번역한 『기하원본幾何原本』, 푸르타도 Francois Furtado와 이지조李之藻가 공동 번역한 『명리탐名理探』 등이 있다. 『기하원본』은 유클리드가 저술한 『기하학원론』을 번역한 책으로 중국에 소개된 최초의 서양 수학 책이고, 『명리탐』은 스콜라철학의 교본 중 하나로 원래 포르투갈의 코임브라 대학에서 아리스토텔레스의 논리학을 강의할 때 쓰던 교재인데 중국에 소개된 최초의 서양 논리학 책이다. 그러나 당시 중국의 지식인 중 서양의 수학이나 철학에 관심을 가진 사람은 극소수에 불과하였다.

천주교 신자가 되었던 저명한 과학자인 서광계는 유클리드의 『기하학원본』을 극찬하면서 서구의 수학적 사유방식을 원앙수를 놓은 금침에 비유하였고, 중국이 이 금침을 장악하지 못한 것을 인정하였다. 그러나 일반 지식인들은 서양의 수학이나 과학을 무시하였다. 명말의 대학자 왕부지王夫之는 "서양 오랑캐로부터 취할 수 있는 것은 거리를 재는 측량 기술뿐이며, 그 밖의 것은 모두 중국에 널려 있는 것들을 모방한 것으로 따라야 할 만한 보편적 이치가 없다"고 단언하기도 하였다.

19세기를 코앞에 둔 1793년, 조지 매카트니George Macartney가 이끈 영국의 사절단이 열하熱河의 피서산장에서 생일잔치를 하고 있던 청나라 건륭황제를 방문하여 산업혁명 이후 서양의 선진 과학기술로 만든 진귀한 문물들을 선물로 제공하면서 상호 무역을 신청하였다. 그러나 건륭황제는 이름도 모르는 서양의 조그만 나라가 평등한 교역을 요구하고 게다가 매카트니가 세 번 무릎을 꿇고 아홉 번 머리를 땅에 조아리는 중국식 예절을 거부하는 것에 불쾌함을 느껴 이를 거절하였다. 중국은 이미 모든 것을 다 가지고 있기 때문에 구태여 외국과 교역을 해야 할 필요가 없다고 생각하였던 것도 이유 중 하나였다.

　이러한 중국인의 오만한 자존심은 약 50년 뒤 아편전쟁으로 무참히 깨어지고 중국은 서양열강의 동네북이 되고 말았다. 서양의 위력을 느낀 중국인들은 서양문화를 배워야겠다는 생각을 하기 시작하였다. 그러나 그들은 중국의 문화가 서양에 뒤지는 것은 아니고 단지 과학기술을 배우기만 하면 된다고 생각하였다. 그래서 나온 것이 중체서용中體西用을 강조하는 양무운동洋務運動이다. 중체서용이란 중국문화를 근간으로 하되 서양의 과학기술을 배우자는 뜻이다. 청일전쟁에서 일본에게 패한 이후에는 중국문화에 대한 반성이 좀 더 깊어지면서 변법자강운동變法自强運動이 일어난다. 그러나 모두 실패하였다.

　이 시기 서양철학의 수입에 앞장 선 사람은 영국의 해군학교에 유학을 다녀온 엄복嚴復인데 그는 헉슬리의 『진화와 윤리학』을 번역한 『천연론天演論』의 출간을 시작으로 평생 아담 스미스, 스펜서, 몽테스키외, 스튜어트 밀 등의 서양사상을 중국에 번역·소개하는 데 힘을 쏟았다. 그는 또한 최초로 동서의 사유체계를 본격적으로 비교했다. 그는 서양은 현재에 힘을 써 과거를 극복하는 진화론적 세계관을 지닌 반면 중국은 옛 것에 집착하여 현재를 소홀히 하는 복고적 특성을 지니고 있고, 서양은 실증을 중시하는 데 비해 중국은 주관에 빠져 있고, 서양은 엄정한 형식 논리가 발달한 데 비해 중국은 그저 고서와 성현의 이름을 들먹이는 연역적 사고에 머물고 있고, 서양은 자유와 평등 등의 민주적이고 과학적인 윤리를 강조하는 데 비해 삼강오륜을 중시하는 중국의 윤리는 반과학적이고 비민주적이라고 지적하였다. 사실 엄복의 비교는 동등한 비교라기보다는 처절한 자기반성에 가깝다.

신문화운동시기 동서철학논쟁

중국인들이 서양문화에 대해 본격적인 관심을 가지기 시작한 것은 20세기에 들어서이다. 1911년 쑨원孫文의 신해혁명으로 청조가 무너졌지만 새로운 중국의 앞날은 평탄치가 않았다. 위안스카이袁世凱의 반혁명으로 중국은 혼란상태에 들어가고 서구열강의 침략도 더욱 거세어지자 지식인들을 중심으로 중화주의를 버리고 서구문화를 적극 수용하자는 움직임이 거세어졌다.

신문화운동 초기 지식인들 사이에 많은 관심을 끌었던 주요 논쟁은 중국문명과 서양문명의 우열에 대한 논쟁이었다. 두야취엔杜亞泉, 구훙밍辜鴻銘 등의 구파의 지식인들은 유럽의 문명은 물질방면에는 뛰어나지만 정신방면에는 문제가 많으므로 결국 중국의 유가사상을 배워야 한다는 주장을 펼쳤다.

이들 구파 지식인들의 이론을 계승하면서 서양의 베르그송의 철학을 빌려와서 중국철학의 우수성을 강조한 사람은 량수밍梁漱溟이다. 량수밍은 1921년 출판된 『동서 문화와 그 철학東西文化及其哲學』에서 서양, 중국, 인도 세 문명권을 다루고 있는데, 그중 중국과 서양의 비교만을 추려서 살펴보자. 그는 서양은 이지를 중시하고 외재적 물질의 연구에 치중하였던 데 비해 중국은 직관을 중시하고 내재적 생명의 연구에 치중하였다고 말하면서 결국 직관으로 내재적 생명을 연구하는 중국철학이 우세하게 될 것이라고 주장하였다.

그러나 이러한 주장은 서구열강에 의해 만신창이가 되어버린 당시의 중국의 현실을 지켜보아야 하였던 젊은이들의 공감을 얻기에는 무리였다. 대세는 중국은 서양을 배워야 한다고 주장하는 신문화운동파 지식인 쪽이었다. 그중 1917년에 발표된 이다자오李大釗의 「동서 문명의 근본적인 차이점東西文明之根本差異」이라는 글을 보자.

그는 동서 문명의 근본 차이를 동양은 고요함을 위주로, 서양은 움직임을 위주로 삼는 데 있다고 단언하고 그 원인을 지리환경에서 찾는다. 그는 유라시아대륙을 크게 남북으로 나누어 중국, 인도차이나, 인도, 페르시아, 터키, 이집트 등을 남도南道 문명으로, 만주, 몽골, 러시아, 북유럽의 국가들뿐만 아니라 스페인, 포르투갈, 이탈리아 등을 모조리 북도北道 문명으로 규정하고 남도문명이 바로 동양문명이고, 북도문명이 바로 서양문명이라고 하였다.

그는 남도문명인 동양문명은 햇빛이 많아 자연의 은혜를 많이 받아서 자연과 조화를 이루고 인간들끼리도 조화를 이루는 문명이 되었고, 북도문명인 서양문명은 햇빛이 부족하여 자연의 은혜를 많이 받지 못하여 자연과 투쟁하고 사람들끼리도 싸우는 문명이 되었다고 보았다. 이를 근거로 동양문명과 서양문명의 차이를 수십 가지 들고 있는데 몇 가지만 들면 자연적-인위적, 소극적-적극적, 인습적-창조적, 직각적-이지적, 공상적-체험적, 예술적-과학적, 정신적-물질적 등이 있다. 그는 기본적으로 현재 중국문명은 사활의 기로에 있기 때문에 하루 빨리 서양을 배워야 함을 강조하였지만, 서양도 물질문명에 지쳐 있기 때문에 제3의 대안이 필요한데 러시아문명이 그 역할을 담당할 수 있을 것이라는 주장을 펼쳤다.

동양과 서양을 남도와 북도로 나눈 것은 매우 황당하고, 동서 문명의 비교도 정과 동의 이원론에 맞추어 지나치게 도식적이라는 인상을 준다. 이다자오는 당시 러시아에서 막 일어난 볼셰비키혁명에 큰 관심을 가지고 있었는데 그는 결국 얼마 뒤 중국공산당의 창립에 주도적 역할을 한다.

이다자오와 비슷한 시기에 활동하였던 후스胡適는 1918년 『중국철학사대강中國哲學史大綱』이라는 최초의 중국철학사를 펴낸 사람이다. 그는 구미유학파로 특히 미국의 실용주의철학에 많은 관심을 가지고 있었다. 그는 이다자오와는 정반대의 정치적 성향을 지녔지만 서양을 열심히 배워야 할 것을 주장하였다는 점에서는 노선이 같았다.

그는 중국사상의 우월성을 강조한 량수밍의 주장에 대해서 강력히 반발하면서 서양철학을 배워 유가철학의 한계를 넘어서야 할 것을 주장하였다. 그는 1926년에 발표한 「서양근대문명에 대한 우리의 태도我們對于西洋近代文明之態度」에서 서양문명을 물질적인 것으로 폄하하고 동양문명을 정신적인 것으로 추앙하던 견해는 부정확하다고 비판하면서 서양근대문명은 물질적이 아니라 이상주의적이고, 그러한 측면에서 오히려 정신적이라고 주장하였다.

그는 또한 근대서양문명의 정신적 측면에서 가장 큰 특징은 과학이고 과학의 근본정신은 진리탐구에 있다 말하고, 지식을 구하는 욕구는 인류의 근본 욕구 중 하나인데 동방문명에서는 이를 억압하였다고 비판하였다. 그는 그 근거로 노자가 말한 "백성들을 무지하게 하라", "성스러움을 끊고 지혜를 버려라" 등의 구절을 들고 장자가 말한 "나의 삶은 유한하지만 지식은 무한하다. 유한으로써 무한을 좇아가는 것은 위태롭다"라는 구절을 들면서, 이것은 자기를 속이고 남을 기만하는 말이라고 혹평했다. 반대로 서양의 과학자들은 목욕탕에서 "유레카!"를 외치던 아르키메데스로부터 뉴턴, 파스퇴르, 에디슨에 이르기까지 모두 발견의 기쁨을 맛보았고 이런 쾌락은 동방의 게으른 성자들은 상상도 할 수 없었던 것이라고 했다. 이것이 바로 서양과 동양의 근본 차이점이며, 동양은 자포자기하면서 생각 없이 산 것이고 서양은 부단히 진리를 탐구한 것이라고 말했다.

동양문명을 정신문명이라 치켜세우고 서양문명을 물질문명이라고 폄하하는 것도 열등감에서 나온 자기 위안에 불과하지만, 비교대상이 되기 어려운 노장사상가와 서구의 과학자를 비교하면서 스스로를 지나치게 폄하하는 것도 문제가 있다. 비교를 하려면 비슷한 부류를 비교해야 한다. 노자와 장자와 비슷한 철학자로 서양에서는 견유학파나 스토아학파의 철학자를 들 수 있다. 견유학파는 문명과 욕망을 거부하고 자연으로 돌아가 무욕의 삶을 살 것을 주장하였다. 알렉산더 대왕이 견유학파의 대가 디오게네스를 방문하여 모든 요구를 다 들어주겠다고 했을 때 그저 햇빛을 가리지 말아달라고 청하였던 것은 유명한 일화다. 스토아학파는 자신에게 주어진 어떤 운명도 달갑게 받아들이라고 주장하였다. 물론 노장사상과 견유학파와 스토아학파는 제각기 약간씩 차이가 있다. 그러나 노자, 장자를 아르키메데스나 뉴턴 등과 비교하는 것은 너무하지 않는가. 후스는 평소 서양을 흠모하고 서양의 실용주의로 중국을 개조해야 한다고 주장하였는데, 과도하게 서양의 우수성을 강조하다 보니 이런 실수를 하였던 것 같다.

1930년대 중국철학사 집필의 수준을 격상시켰고 지금도 여전히 많이 읽히고 있는 펑여우란馮友蘭의 『중국철학사中國哲學史』에서도 중국철학의 약점을 고백하는 부분이 있다. 그는 중국철학은 인도철학이나 서양철학에 비해 논증과 설명 방면에서 부족한 점이 많다고 말한다. 그러나 그것은 능력이 없어서가 아니라 하지 않아서 그런 것이라고 주장한다.

그는 중국인들은 일찍이 지식 자체를 위한 지식을 추구하지 않고 인간의 행복을 증진시키기 위한 지식을 추구하며, 지식을 실행하여 행복을 증진시킬 뿐 쓸데없이 토론하지 않는다고 주장한다. 또한 중국인들은 사람이 어떤 사람인가를 중시하지 사람이 무엇을 가지고 있는지를 중시하지 않는다고 하였다. 중국인들은 사람이 성인이면 지식이 없어도 성인이고, 악인이면 지식이 많아도 악인이라고 여기기 때문에 지식의 대소를 중요하지 않다고 말한다. 중국에 과학의 싹은 있었지만 과학이 발달하지 못한 것은 부분적으로 이 때문이라고 주장한다. 또한 서양인들은 나와 세계를 대립시키기 때문에 내가 세계를 어떻게 알 것인가 하는 문제가 철학의 중요한 부분이 되는 반면 중국인들은 나와 세계의 구분을 크게 강조하지 않기 때문에 지식 문제는 중국철학상의 큰 문제가 되지 않았다고 주장한다.

펑여우란의 주장은 이다자오나 후스에 비해서는 좀 더 설득력이 있고 논의 자체도 좀 더 전문적이라는 느낌을 준다. 그러나 아직은 동서 교류의 초기단계이기 때문인지 전반적으로 엉성하다는 인상을 피하기는 어렵다.

근래 중국학자들의 관점들

중국 입장에서 최고의 격동의 시기라고 할 수 있는 20세기 전반이 지나고 후반에 들어서자 동서 철학의 비교에 대해서도 보다 차분하게 바라볼 수 있는 여유가 생겼다. 열등감이나 우월감에 빠지지 않고 좀 더 객관적으로 동서 철학을 비교하려는 움직임이 일어났다.

대만의 유명한 학자인 머우쫑싼牟宗三은 '제3기 신유학자'라고도 불리며 유가철학을 부흥시키는 데도 힘을 썼지만, 서양철학에 관심이 많아 칸트의 저서를 중국어로 번역하였을 뿐만 아니라 아리스토텔레스 철학과 중국의 유가, 도가, 불가사상의 상관관계를 설명하는 저서도 발표했다.

그는 1967년에 출간한 『중국철학의 특질中國哲學的特質』에서 중국철학과 서양철학을 비교하면서 우선 중국철학은 주체성과 내재도덕성을 강조하는 데 비해 서양철학은 객체성을 중시하고 지식을 중심으로 전개되었다고 말한다. 그래서 서양철학에는 논리학과 인식론 및 객관적이고 분석적인 본체론과 우주론을 발전시켰지만, 중국철학은 인생철학을 발전시켰다고 주장한다. 또한 서양에서는 지식을 중심으로 하는 철학과 신을 중심으로 하는 종교가 분리된 반면 중국에서는 철학과 종교를 분리하지 않고 생명을 중심으로 교훈과 지혜와 학문과 수행을 전개해나간다고 말한다. 다소 모호한 부분이 있지만 이전 세대에 비해 훨씬 동등한 관점에서 객관적으로 동양철학과 서양철학을 비교하고 있다.

1987년 대륙에서 나온 천웨이핑陳衛平, 리즈린李志林 등이 저술한 『일곱 주제로 만나는 동서비교철학中西哲學比較面面觀』은 철학의 일곱 가지 주요 영역에서 중국철학과 서양철학이 어떻게 다른지를 체계적으로 저술한 본격적인 동서 철학 비교서다. 주요 내용을 간략하게 요약하면 다음과 같다.

우선 자연관을 비교하면 중국은 기氣가 중심이 되는 세계관인 데 비해 서양은 원자가 중심이 되는 세계관이다. 사유방식에서는 중국과학은 유기체적 사유방식을 발전시킨 데 비해 서양과학은 형식적 사유방식을 발전시켜왔다. 논리학으로 보면 중국의 논리는 실천이성에 바탕을 둔 논리이며 비형식 논리인 데 비해 서양의 논리학은 순수이성에 바탕을 둔 논리이며 형식 논리이다. 윤리사상에서도 중국이 가족 중심, 도덕주의, 덕성주의인 데 비해 서양은 개인주의, 공리주의, 자연주의이다. 그 외 종교관, 역사관, 자유관에서도 동서의 차이를 논하고 있지만 철학과는 직접 상관이 없으므로 생략한다.

1993년 북경대학에서 진행된 비교철학 시리즈 강연에서 고령의 원로학자 장다이녠張岱年은 '중서철학비교의 몇 가지 문제'라는 제목으로 강연을 하였는데 중서철학의 차이를 체계적으로 잘 정리했다. 그는 먼저 사고방식의 차이를 든다. 서양은 분석적이고 대립적인 사유를 좋아하고 중국은 종합적이고 융화적인 사유를 좋아한다고 말한다. 그는 서양의 이원성은 확연히 대립적인 것이지만 중국의 이원성은 물고기 모양의 태극도처럼 서로 맞물려 있어 상호보완적이라는 점을 강조한다.

둘째로 본체론적 관점에서 서양은 본체와 현상을 확연히 구분하지만 중국은 본체와 현상을 하나로 본다는 점을 든다. 셋째로는 철학범주상의 차이다. 중국철학의 주요범주는 도道, 기氣, 신神, 성誠 등인데 이것들은 서양철학에는 없는 것이다. 때문에 서양어로 번역하기가 어렵다. 반대로 서양철학의 'being' 같은 것은 중국철학에는 다루지 않는다. 때문에 중국어로 옮기기가 어렵다고 말한다. 넷째로는 천인관계인데 중국은 대체로 자연과 인간은 서로 상응하는 것으로 파악하고 자연과 인간의 조화를 중시하는 데 비해 서양은 자연과 인간은 대립적이고 인간은 자연을 정복하고 이용하려는 경향이 있음을 지적한다. 다섯째로는 삶의 이상의 차이에 대해 언급한다. 중국은 인륜관계를 중시하는 데 비해 서양은 개인의 자유와 독립성을 더욱 강조하고 있다고 말한다.

미학자 장파張法가 1994년에 낸 『동양과 서양, 그리고 미학中西美學與文化精神』에서는 서양과 중국의 문화정신을 가장 잘 드러내는 철학범주로서 '존재Being'과 '무無'를 제시한다. 존재의 탐구는 실체의 탐구로 나아가는데, 실체를 중시하기 때문에 실체를 허공과 확실히 분리해서 파악한다. 실체는 유이고 허공은 실체가 활동하는 빈 공간일 뿐이다. 때문에 유와 무는 대립한다. 이에 비해 중국에서는 무를 중시한다. 그러나 중국의 무는 서양의 허공과는 다르다. 중국의 무는 기로 가득 차 있는 허공으로 기가 뭉쳐지면 만물을 낳는다. 그러다 기가 흩어지면 만물은 다시 무로 돌아간다. 즉 무가 유가 되고, 유가 다시 무로 되돌아가는 유무상생有無相生이다.

두 번째로는 형상形相과 작용을 예로 든다. 실체를 설명하기 위해서는 구체적인 형상이 필요하다. 아리스토텔레스는 질료에 형상을 더한 것이 바로 실체라 생각했고 형상을 사물의 본질로 보았다. 실체의 세계가 형상으로 구체화된다면 기의 우주는 작용으로 구체화된다. 주역의 음과 양은 실체가 아니라 작용이고 팔괘 또한 마찬가지이다. 목, 화, 토, 금, 수의 오행도 어떤 물질적 실체를 가리키는 것이 아니라 일종의 작용을 가리키는 것이다. 중국인들은 우주를 하나의 유기적 총체로 파악하고 그 속에서의 작용을 중시한다.

셋째로는 명료함과 모호함을 든다. 실체 세계의 구조를 형상화시키면 필연적으로 명료함에 이른다. 실체의 형상은 말로 명료하게 표현할 수 있고, 증명할 수 있어야 한다. 아리스토텔레스의 형식 논리와 유클리드의 기하학은 Being, 실체, 형상을 명료하게 설명하기 위한 것이었고, 중세의 토마스 아퀴나스는 신의 존재마저도 논리적으로 명료하게 설명하려고 하였다. 근대 이후에는 명료함의 힘으로 과학을 발전시켜 자연을 정복하였다.

이에 비해 기의 세계의 작용을 말하려면 모호해질 수밖에 없다. 기의 작용은 직관적으로 깨달을 수는 있지만 언어로 설명하기가 어렵다. 도의 숭고함 또한 말로는 표현할 수 없다. 이 때문에 중국에서는 언어를 위시하여 모든 도구를 경시하는 경향이 있었다. 이 때문에 과학이 발달할 수 없었다. 그들은 언어와 도구를 무시하는 대신 정신을 중시하였다.

꽤 긴 내용을 간단하게 압축하였기 때문에 논리적 비약이 많은 것으로 보일지도 모르겠다. 그렇지만 그의 주장 전체를 살펴보면 상당히 설득력이 있고 동서의 미학뿐만 아니라 철학을 이해하는 데도 상당한 도움이 된다.

추상적·논리적 사유와
형상적·직관적 사유

동서철학의 비교에서 주의해야 할 점

서양철학과 중국철학을 논할 때 유념해야 할 것은 불교철학이다. 중국의 불교철학은 엄밀히 말하면 중국 고유의 철학이 아니라 인도에서 수입된 인도철학을 중국적으로 수용한 것이다. 인도철학은 서양철학과도 그 성격이 다르지만 중국철학과도 상당한 차이가 있다. 앞에서 쉘돈의 비교를 보면 중국과 인도를 하나로 묶어서 서양과는 다른 동양으로 바라보고 있는데, 서양인의 관점에서는 인도철학과 중국철학이 비슷해 보일지도 모른다. 그렇지만 중국인의 관점에서 볼 때는 인도철학과 중국철학은 상당히 다르다.

언어적인 관점에서 보자면 인도어는 굴절어인 인도유럽어족에 속하며 고립어인 중국어와는 상당히 다르다. 언어는 사유체계와 밀접한 관련이 있고 사유체계는 바로 철학의 핵심 요소 중 하나이다. 사실 중국인의 관점에서 보자면 인도철학의 상당 부분은 서양철학에 더 가깝다. 예컨대 논리성을 가지고 비교할 때 그러한 경향은 더욱 잘 드러난다.

중국인들은 이미 약 2000년 전에 불교를 통하여 자신들과는 상당히 이질적인 외래철학을 만났던 것이다. 세친世親의 『아비달마구사론阿毘達磨俱舍論』이나 용수龍樹의 『대지도론大智度論』을 처음 읽었던 그 시절 중국 지식인들의 심정을 상상해보자. 여태껏 한 번도 접해보지 못하였던 그 현란하면서도 치밀한 논리에 대해 품었던 그들의 놀라움은 아마도 근대 이후 서양철학을 접하였던 사람들의 놀라움과 크게 다르지 않았을 것이다. 아마 뜨거운 종교적 열정이 아니었더라면 배울 엄두를 내지 못했을지도 모른다. 그러나 중국인들은 놀라운 열정으로 그것들을 학습하였고, 나중에는 그들 스스로 천태사상이나 화엄사상 같은 치밀하고 방대한 논리체계를 만들어냈다.

예컨대 천태사상 중 일념삼천설一念三千說 같은 것은 간단하게 말하면 찰나의 한 생각 속에 온 우주가 담겨 있다는 뜻인데, 이 개념을 제대로 이해하려면 실로 복잡하다. 우선 십계十界와 십여시十如是와 삼종세간三種世間이라는 용어를 먼저 알아야 되고 이어서 그 속에 담겨 있는 각각의 함의를 알아야 된다. 그리고 한 계 속에 십계가 담겨 있어 백계가 되고, 그 백계가 각각 십여시를 갖추고 있고, 하나의 여시는 삼종세간을 담고 있어 결국 다 합치면 삼천이 된다는 복잡한 계산법을 알아야 비로소 '일념삼천'이라는 말을 이해할 수 있다. 천태사상의 치밀하고 복잡한 논리구조는 실로 사람을 압도하는 측면이 있다. 당시 중국의 불교철학자들은 중국에 원래 없던 치밀한 논리를 충분히 습득하여 새롭게 독자적인 논리를 만들어낼 수준에 이르렀던 것이다.

그러나 문화적 자존감이 높은 중국인들은 점차 시간이 흐르면서 주체적 수용에 대해 고민하게 되고, 자연스럽게 인도에서 들어온 치밀한 논리를 배격하고 그들 자신의 특징인 직관적 사유로 되돌아온다. 불교 토착화의 종점이라고 할 수 있는 선종에서 불립문자를 자신들의 종지로 내세운 것은 일종의 사유방식의 헤게모니 싸움이었던 것이다.

그래서 동서 철학을 비교하면서 서양철학과 대비되는 중국철학의 특징을 부각시키려면 중국의 불교철학 중에서 서양철학과 유사한 측면이 있는 부분들은 예외로 두는 것이 좋을 것이다. 어차피 큰 덩어리를 비교할 때는 세세한 부분들을 다 검증하기보다는 전체적인 특징을 추출해야 하기 때문에 이런 문제는 피할 수가 없다.

앞에서도 보았듯이 이미 수많은 철학자와 학자들이 동서 철학의 차이점에 대하여 논해왔다. 너무 많은 주장들이 나왔기 때문에 새롭게 쓸 수 있는 여지는 거의 없다. 이 책에서의 비교는 이미 논의된 것을 '대교약졸의 미학'이라는 틀에 맞추어 약간씩 변형하면서 진행하는 것일 뿐이다.

사실 아름다움으로써 철학을 논하기는 쉽지가 않다. 서양의 관점에서 본다면 미학은 철학의 한 부분에 불과한데 감히 아름다움으로써 철학을 논한다는 것은 어불성설일 수도 있다. 그러나 앞에서 플라톤의 『대 히피아스』에서도 보았듯이 미의 대상이 될 수 없는 것은 없다. 게다가 이미 앞에서 종교의 아름다움에 대해서도 논했는데 철학의 아름다움을 논하지 못할 것도 없다. 물론 처음 시도하는 것이어서 여러 군데 논리적 비약이 없을 수야 없겠지만 새로운 관점을 제시할 수 있을 것이라 생각한다.

추상사유와 형상사유, 문자의 차이가 미친 영향

서양철학과 중국철학의 차이를 비교할 때 처음 떠오르는 것은 추상사유와 형상사유이다. 추상사유란 사물과 세계를 인식할 때 개념, 추론 등의 사유방식을 이용하여 대상에 대해 개괄적이고 간접적으로 인식하는 방식을 말한다. 이에 비해 형상사유란 사물과 세계를 인식할 때 사물의 구체적인 이미지를 직접적으로 인식하는 것을 말한다. 일반적으로 말할 때 추상사유는 철학·수학·논리학 등과 더 많은 관련이 있고, 형상사유는 예술적 사유·직관적 사유·상상력과 더 많은 관련이 있다고 한다. 물론 좀 더 엄밀하게 말하면 철학사유도 추상사유와 형상사유가 결합된 사유이고 예술에서도 추상사유를 배제할 수 없지만, 여기서는 일반적이고 상식적인 선에서 논의를 진행하고자 한다.

서양철학은 확실히 추상사유를 중시한다. 탈레스는 만물의 아르케, 즉 근원은 물이라는 말로 서양철학사의 첫 페이지를 장식하였다. 만물의 근원은 물이라는 주장은 요즈음에는 초등학생도 비웃을 이야기지만 당시에는 획기적인 주장이었다.

탈레스 이전의 그리스 사람들은 신화적 사유로 세상을 바라보았다. 신화적 사유란 모든 사물과 현상을 신과 관련시켜 바라보는 사유체계이다. 고대 그리스인들은 겨울이 지나 봄이 오는 자연현상조차도 땅의 여신이자 농경과 수확의 여신인 데메테르의 기쁨과 슬픔에서 오는 것으로 보았다. 데메테르의 딸 페르세포네는 지하세계의 왕 하데스에게 납치되어 지하세계로 끌려갔으나 어머니의 간절한 노력으로 반은 지하에서 반은 어머니 곁에서 보낼 수 있게 되었다. 그리스인들은 딸이 돌아와 데메테르가 기뻐할 때 만물은 소생하여 무성해지고 딸이 다시 지하세계로 돌아가 데메테르가 슬퍼할 때 만물은 시들고 죽어버린다고 생각했다.

탈레스는 최초로 신화가 아니라 합리적 이성으로써 세상을 바라보았기 때문에 서양철학의 아버지가 된 것이다. 더욱 중요한 것은 아르케라는 단어를 추상적인 철학 개념으로 사용하기 시작하였다는 것이다. 탈레스가 말한 아르케가 구체적으로 무엇인지에 대해서는 설이 분분하다. 아리스토텔레스는 만물을 이루는 기본 물질을 가리키는 것으로 이해하였지만, 현대학자들은 단순히 어떤 기원을 가리키는 것으로 보기도 하고 가장 중요한 것을 가리키는 것으로 보기도 한다. 아무튼 탈레스가 말한 아르케는 세계를 추상적 개념으로 바라보게 하는 출발점이 되었다. 이후 서양철학사는 추상사유를 중심으로 전개되었다.

피타고라스는 이 세계의 근원을 숫자로 보았는데 이러한 관점은 전형적인 추상사유이다. 파르메니데스는 '있는 것'이란 나지도 죽지도 않는 영원한 것이라는 주장을 펼쳤는데, '있는 것'이란 말 자체가 참으로 관념적이고 추상적인 개념이다. 데모크리토스는 분할될 수 없는 물질의 궁극 단위인 아토마, 즉 원자라는 개념을 만들어내었는데 이것은 현대과학에 의해 구체적으로 증명되었지만 원래는 지극히 추상적인 개념이다. 플라톤 철학의 핵심개념인 이데아 역시 추상사유이다. 뒤이어 형상形相과 질료, 존재와 본질 등의 추상적 개념들이 계속 등장하여 서양 철학사를 수놓았다.

중국철학 또한 추상사유를 중시한다. 무극無極, 태극太極, 음양陰陽, 이기理氣 등은 매우 추상적인 개념이다. 에도시대 일본의 국수주의 사상가 모토오리 노리나가本居宣長는 중국인들의 이러한 추상적 개념들을 '매우 똑똑하게 들리지만 사실 대부분 내용이 별로 없는 속 빈 강정'이라고 폄하하기도 하였다. 그러나 중국철학의 중요 개념들은 분명 추상적인 개념들이면서도 형상성이 풍부한 것들이 많다.

무극과 태극은 중국철학사에서 매우 까다로운 개념으로 남송시대 주희와 육상산은 '무극이태극無極而太極'이라는 구절을 놓고 서로 치열하게 논쟁을 벌이기도 했다. 그런데 원래 '극'은 지붕 위의 가장 높은 대들보를 가리키는 보통명사인데 점차 끝을 가리키는 추상명사로 쓰였다. 거기에 지극히 크다는 의미의 '태' 자와 없을 '무' 자를 붙여 추상적인 철학명사로 사용하였던 것이다. 무극과 태극은 '무'와 '태' 때문에 추상성이 상당히 높은 편이다. 반면 음양은 원래는 그늘진 음달과 햇빛 비치는 양달을 가리키는 말로 추상명사이면서도 이미지가 풍부하다.

'理'는 원래 옥의 결을 가리키는 글자로 더 나아가 옥의 결을 다듬는 것을 의미했다. 옥을 다듬는다는 의미에서 조금 더 발전하여 조리와 원칙을 가리키는 말로 쓰이게 되었다. '理'는 송대 이후에 본격적으로 철학의 주요한 개념으로 발전한다. '氣'는 원래 아지랑이가 피어오르는 모습을 형상한 글자이고 쌀 '米' 자는 나중에 추가된 것이다. 쌀 '米' 자가 있으나 없으나 아지랑이나 증기가 변화하는 모습을 가리키는 것이다. 『기의 철학』을 쓴 장리원張立文은 기란 중국인들의 자연현상에 대한 직관적인 관찰이나 자신의 호흡에 대한 직접적인 경험에서 나온 것으로 하나의 상형적인 직각이라고 말한다. 이처럼 중국철학의 용어들은 추상명사라고 해도 어떤 형상이 느껴진다.

유가철학의 핵심 개념인 '仁' 또한 형상성이 풍부하다. '仁' 자를 풀이하면 두 명의 사람으로 사람과 사람 사이의 관계를 의미한다. 어떤 이는 '仁' 자가 두 사람이 마주하는 것을 형상한 글자가 아니라 그냥 사람이 편안하게 방석에 앉아 있는 모습, 즉 편안하고 따스한 모습이라고 주장한다. 그리고 '仁' 자는 사람 '人' 자와 같은 글자로 보기도 한다. 어떻게 풀이하든 '仁' 자는 사람이 지녀야 할 따스한 마음을 가리키는 것인데, 인의 개념은 형상성에서 출발하여 추상성으로 나아간 것이다. 도가의 핵심개념이자 최고의 형이상학적인 개념인 '道' 자 또한 추상성과 아울러 형상성을 지니고 있다. 앞에서도 살펴보았듯이 노자가 말한 도는 우주의 창조자이자 우주 최고의 이법이다. 그렇지만 그 속에는 우리가 늘 걸어 다니는 길의 이미지가 담겨 있다.

서양철학의 주요 용어들이 처음부터 추상성이 강한 데 비해 중국철학의 주요 용어들이 대체로 형상성이 강한 이유는 일차적으로 문자의 차이 때문이다. 철학은 언어를 이용하여 자신이 생각하는 바를 전하는 학문인데 그것이 시간과 공간의 제약을 넘어 널리 퍼질 수 있었고 오늘날까지 전해오는 것은 바로 문자 때문이다. 문자는 언어를 기록하여 전달하는 역할만 하는 것이 아니라 사유체계에도 심대한 영향을 미친다.

서양과 중국의 가장 큰 차이는 서양은 표음문자를 사용하였지만 중국은 표의문자를 사용하였다는 것이다. 한자는 원래 구체적인 사물의 이미지를 간략화시킨 상형象形에서 출발하였는데 山, 水, 日, 月 등이 그 예이다. 다음으로 추상적 개념을 표현하기 위해 고안해낸 것이 지사指事인데 一, 二, 三, 上, 下, 本, 末 등이 그것이다. 一, 二, 三은 숫자를 바로 시각화한 것이고, 上下는 하나의 기준선에다 위, 아래에 점을 찍어 만든 글자이다. 그리고 本末은 각각 나무의 아랫부분과 윗부분에 줄을 그어 만든 글자이다. 나무의 뿌리에서 나온 '本' 자는 시작, 바탕, 근원 등의 추상적 의미와 직결되고 나무의 가지에서 나온 '末' 자는 끝, 결과 등의 추상적 의미와 직결된다. 이렇게 한자는 추상적인 개념도 이미지로 표현한다.

뒤이어 두 글자를 조합하는 방법이 나오는데 바로 회의會意와 형성形聲이다. 信, 明, 名 등이 바로 회의인데 사람의 말은 믿어야 한다는 뜻에서 '信' 자가 나왔고, 해와 달을 합치면 밝다는 뜻에서 '明' 자가 나왔고, 저녁에 사물이 보이지 않기 때문에 입으로 부른다는 뜻에서 '名' 자가 나왔다. 이미지를 조합하여 추상명사를 만드는 방법이 너무 재미있지 않은가?

형성은 뜻을 나타내는 형부形部와 발음을 나타내는 성부聲部를 합친 것인데, 맑을 청清, 개일 청晴, 청할 청請 등이 바로 그것이다. 왼쪽의 水, 日, 言이 뜻을 나타내는 형부다. 맑은 것은 물과 관련이 있고, 개인 것은 해와 관련이 있고, 청하는 것은 말과 관련이 있다. 오른쪽을 보면 그 발음을 짐작할 수 있다. 뜻과 발음을 결합하는 방법을 발견함으로써 그들은 매우 효율적으로 문자를 계속 만들어낼 수 있었다. 실제로 형성자는 한자가 표의문자로 남을 수 있게 하는 데 결정적 공헌을 하였다. 그런데 성부 또한 뜻과 관련이 있다. 물이 푸른 것이 맑을 '清' 자이고, 날씨가 푸른 것이 개일 '晴' 자이다. 말을 푸르게 하는 것이 청할 '請' 자인데, 남에게 무언가를 부탁하거나 요청할 때는 말을 곱고 푸르게 해야 한다는 의미이다. 결국 한자는 뜻을 떠날 수가 없으며 그 뜻은 이미지를 벗어날 수 없다.

표음문자도 원래는 이미지에서 나온 것이다. 그리스문자와 로마문자의 원형인 페니키아 알파벳의 첫째 글자인 알레프(𐤀)는 원래 소를 가리키는 글자였고, 둘째 글자 베트(𐤁)는 집을 의미하는 글자였다. 그러나 페니키아인들은 이런 상형문자들을 원래의 뜻과는 무관하게 그저 발음을 표시하는 기호로 사용하면 스물 몇 개의 글자만으로도 온갖 종류의 사물이나 사실을 다 기록할 수 있다는 것을 발견하였다. 그리스 사람들이나 로마 사람들은 페니키아인들의 위대한 발명품인 추상적 기호를 빌려 약간씩 변형시켜 자신의 문자로 삼았던 것이다.

그리스의 철학자들이 자신들의 개념을 문자로 표현할 때 그 문자들은 단지 그 개념의 발음을 전달하는 추상적인 기호 역할을 할 뿐이다. 그렇기 때문에 추상적인 사유를 하기가 더욱 쉽다. 그렇지만 중국의 철학자들은 설령 추상적인 개념을 만들어도 그것을 문자로 표시할 때는 구체적인 이미지의 영향을 받지 않을 수 없다. 앞에서도 보았듯이 한자는 추상적인 개념을 나타내는 어휘조차도 이미지성이 풍부하다.

화려한 기교미의 추상사유, 소박미의 형상사유

추상사유를 중시하는 서양철학의 기준으로 바라볼 때 형상사유는 아직 본격적인 철학의 단계에 이르지 못한 원초적이고 소박한 사유형태로 보인다. 헤르더나 헤겔이 중국철학은 아직 초보적인 사유단계에서 벗어나지 못하고 있다고 무시하면서 그 원인을 한자에 있다고 본 것도 바로 이런 관점에서 나온 것이다.

또한 어린아이들의 사유의 발달과정을 보면 어릴 때는 추상적인 사유를 전혀 하지 못하다가 나이가 어느 정도 들어야 비로소 추상적 사유가 가능해진다. 왜냐하면 사물을 보면서 즉각적이고 직접적으로 이미지를 바로 떠올리는 형상사유에 비해 추상사유는 일차적인 감각자료를 분석하고 추론하는 가공 과정을 거쳐서 나오는 사유이기 때문이다. 이런 면에서 보아도 형상사유보다는 추상사유가 더 고차원적인 것처럼 보이는 것이 사실이다.

추상사유와 형상사유를 아름다움의 관점에서 바라보면 어떨까? 아무래도 형상사유가 원초적인 소박미를 지니고 있는 반면 추상사유는 인위적 가공의 기교미를 지니고 있다고 볼 수 있다. 좀 더 구체적인 이미지로 비유하자면 시골과 도시의 차이를 들 수 있다.

서양철학은 무언가 화려하고 세련된 도시풍의 느낌을 준다. 철학용어나 표현들이 하나하나가 멋있는 인공적 재료로 세련되게 장식한 건축물 같다. 그리고 사유 자체가 추상성을 중시하기 때문에 무척이나 세련되어 있고 계획적으로 구획 정리가 잘되어 있다는 느낌을 준다.

이에 비하면 중국철학은 질박한 시골풍의 느낌이다. 용어들을 보아도 원초적인 자연물인 흙과 나무, 그리고 지푸라기로 지은 초가집 같은 느낌을 준다. 그리고 사유방식도 나름 추상성을 중시한다고 하나 서양철학의 기하학적 추상성에 비하면 소박한 느낌을 주기 때문에 그저 잘 정돈된 시골의 마을길 정도에 그친다.

그러나 중국철학의 형상사유는 미발달의 소박미는 아니다. 일견 보기에 미발달의 소박미로 보일지 모르지만 조금만 깊게 바라보면 대교약졸의 소박미임을 알 수 있다. 형상사유는 때로는 추상사유보다 훨씬 직접적으로 그 철학자의 사상을 전달해준다.

중국철학가 중에서 형상사유의 장점을 극도로 잘 활용한 대표적인 사람은 장자이다. 『장자』의 첫 편인 「소요유逍遙遊」의 첫 장에는 상상을 초월하는 큰 물고기와 새가 등장한다.

북쪽 바다에 큰 물고기가 있는데 그 이름은 곤鯤이다. 곤의 크기는 몇 천 리인지 알 수가 없다. 변하여 새가 되는데 그 이름을 붕이라 한다. 붕의 날개는 몇 천 리인지 알 수 없다. 떨쳐서 날면 그 날개는 하늘에 드리운 구름과 같았다. 이 새는 바다가 움직일 때 남쪽 바다로 간다.

사실 '소요유'라는 편명 자체가 추상적인 개념이 아니라 구체적인 이미지이다. 뒷짐 지고 아무런 걱정 없이 편안하게 산책하면서 노는 모습이 바로 소요유다. 게다가 곤과 붕의 이미지는 얼마나 생동감이 있는가? 물고기는 팔딱거리는 생명력을 지니고 있다. 북쪽 바다에 살고 있는 큰 물고기는 우리의 무의식 깊은 곳에 감추어져 있는 거대한 원초적 생명력을 가리키는 것일 게다. 바다 밑의 물고기는 보이지 않는다. 그것이 변화되어 새가될 때 우리에게 찬란한 모습을 드러낸다. 구만 리 창공을 나는 것은 자질구레한 일상을 초월한 절대적 자유를 가리킨다. 북쪽바다와 남쪽바다는 무엇을 말하는 것일까? 북쪽은 감추어진 세계를 상징하고, 남쪽은 드러난 세계를 말하는 것은 아닐까? 그래서 대붕이 북쪽바다에서 남쪽바다로 날아가는 것은 결국 가능태로 숨겨진 절대적인 대자유를 실현하는 것을 의미하는 것은 아닐까?

물론 이상의 해석이 장자의 본뜻을 정확하게 해석한 것이라 생각하지는 않는다. 사실 정확한 해석은 아무도 모른다. 그렇지만 다른 것은 몰라도 구만 리 상공을 나는 대붕의 이미지가 초월적인 대자유를 의미한다는 것은 누구나 쉽게 알 수 있을 것이다. 아무튼 이 짧은 우화는 장자가 추구하였던 소요유의 정신세계를 매우 생동감 있게 잘 보여준다.

『장자』속에는 이 외에도 형상사유 중심의 수많은 우화들이 등장한다. 그리스에도 이솝처럼 우화를 통하여 자신이 말하고자 하는 도덕적 교훈을 잘 형상화시킨 사람이 있지만, 이솝은 철학자에 끼일 수가 없다. 플라톤의 대화편들 중에도 생동감 있는 인물 묘사와 장면 묘사가 자주 등장한다. 그러나 그것들은 추상적 개념을 보다 잘 전달하기 위한 당의정에 불과하다. 『장자』는 그렇지가 않다. 많은 경우 직접적으로 형상사유를 통해 자신의 철학을 전한다. 칸트 이후 독일 관념론 철학자의 한 사람이었던 셸링은 예술이야말로 철학의 최고 발달의 단계이고 모든 계시의 비밀이라고 주장하였는데, 장자야말로 예술과 철학의 통합을 잘 구현한 철학자가 아니었을까?

중국 고유의 철학에서는 추상사유가 크게 발달하지 않았지만 그렇다고 해서 중국인들이 추상사유의 능력이 없었던 것은 아니다. 불교가 처음 수입되었을 때 중국인들은 인도의 추상적 개념들을 열심히 배웠고, 앞에서 보았던 일념삼천과 같은 매우 추상적인 사유체계를 만들어내었다. 그러나 선종에 이르자 이런 추상사유를 넘어 다시 형상사유로 되돌아간다.

선사들은 부처의 참뜻, 즉 궁극적인 진리가 무엇이냐는 제자들의 질문에 추상적인 개념으로 설명하려 하지 않았다. 대신 '뜰 앞의 잣나무'라는 구체적인 형상을 들었을 뿐이다. '뜰 앞의 잣나무'라는 말의 외연은 너무나 쉽게 알 수 있지만, 그 속에 담긴 참뜻을 알기란 결코 쉽지 않다. 얼마나 많은 선사들이 그 속에 담긴 참뜻을 깨치기 위해 치열하게 참구하면서 파고 들어갔던가?

이로 보아 중국의 형상사유는 결코 미발달의 소박미에 머무는 것이 아니다. 그 형상사유는 겉으로 보기에는 소박하고 쉬워 보이지만, 그 속에 무궁무진한 맛이 담겨 있고 터득하기가 결코 쉽지 않은 대교약졸의 소박미라고 할 수 있다.

현대 중국의 철학사가인 허우와이루候外廬는 『중국사상통사中國思想通史』에서 고대 중국철학과 그리스철학의 차이를 비교하면서 전자를 '현인작풍賢人作風', 후자를 '지자기상智者氣象'이라고 평하였다. 참 재미있지 않은가? 철학적이라기보다는 시적인 표현이다. 그렇지만 중국 독자들은 여러 가지 복잡한 추상적인 개념을 사용한 설명보다는 현인작풍과 지자기상이라는 말이 주는 이미지에서 중국철학과 그리스철학의 차이를 더욱 선명하게 이해할 것이다. 서양의 철학자라면 이런 표현보다는 추상적인 언어로 명료한 개념을 전달하려고 노력할 것이다. 중국인의 형상사유에 대한 애호는 아직도 계속되고 있다.

분석적·논리적 사유와 총체적·직관적 사유, 언어의 차이가 미친 영향

다음으로 들고 싶은 것은 서양철학은 분석적·논리적 측면이 많고 동양철학은 총체적·직관적 측면이 많다는 점이다. 앞에서 추상사유와 형상사유가 문자의 차이와 깊은 관련이 있다고 말했는데 분석적·논리적 사유와 총체적·직관적 사유는 언어의 차이에서 연유한 면이 더 많다.

서양철학의 출발점인 그리스철학은 그리스어를 사용하였고, 중세철학은 라틴어를 사용하였고, 근대 이후의 철학은 불어, 영어, 독어를 중심으로 발전하였다. 이 모든 언어들은 굴절어인 인도유럽어족에 속한다. 이에 비해 중국철학에서 사용하는 언어인 중국어는 고립어인 한장어족에 속한다. 양자의 차이를 간략하게 설명하자면 굴절어란 하나의 단어가 격에 따라, 성에 따라, 단수·복수에 따라, 시제에 따라 변화하는 언어인 데 비해 고립어는 단어 하나하나가 이미 결정되어 있어 아무런 변화가 없는 언어이다.

영어는 굴절어 중에서는 굴절성이 상당히 낮은 언어이다. 동사가 인칭과 시제에 따라 변화가 있다고 하지만 그다지 크지 않고, 격변화라고 해봤자 그저 대명사의 격변화 정도가 있을 뿐이다. 그러나 그리스어는 인도유럽어족 가운데서도 굴절성이 매우 높은 언어로 동사가 1인칭, 2인칭, 3인칭, 그리고 단수·복수에 따라 일단 기본적인 변화가 6개이고, 매우 복잡한 시제에 따라 변할 뿐만 아니라 능동태, 수동태, 중간태 등의 태와 직설법, 명령법, 가정법, 희구법 등의 법에 따라 또 변화해야 되기 때문에 변화의 개수는 기하급수적으로 늘어난다.

동사뿐만 아니라 형용사, 정관사, 명사 등도 성, 수, 격에 따라 변화한다. 예를 들어 그리스어에서 '아름다운'을 의미하는 형용사는 '칼καὶ'이라는 어근에다 수식되는 말의 성, 수, 격에 따라 제각기 다르다. 남성 단수 주격의 명사를 수식할 때는 '칼로스καλος'이고, 남성 단수 소유격일 때는 '칼루καλου'이고, 남성 단수 여격(~에게)일 때는 '칼로καλω'가 되고, 남성 단수 목적격일 때는 '칼론καλον'이 된다. 남성 복수에도 4개의 격이 있고 여성 단수와 복수, 중성 단수와 복수 또한 제각각 4개의 격이 있어 24가지의 변화가 있는데, 남성 단수는 따로 호격이 있기 때문에 '아름다운'이라는 형용사는 무려 25가지의 변화를 한다. 그리스어는 실로 복잡한 변화로 가득 차 있다.

그러나 중국어는 고립어이기 때문에 '美' 자에 어떤 변화도 줄 수가 없다. 성, 수, 격의 구분이 전혀 없을 뿐만 아니라 심지어 품사의 구분도 없다. '미' 자는 형용사로 쓰일 수도 있고 명사로 쓰일 수도 있고 심지어 동사로도 쓰인다. 그러면 고립어는 품사를 어떻게 구분하는가? 그 단어가 문장의 어떤 위치에 있는가에 따라 결정된다. 특히 고대 중국의 문어체 글은 더욱 그러하다. 우리는 그것을 한문이라 부르는데 여기서는 이를 따른다. 어차피 20세기 초까지 중국철학은 대부분 한문을 중심으로 발달하였기 때문에 여기서는 이를 중심으로 논하자.

'知其美', '其人美', '其美人', '美其人' 네 개의 한문 구절이 있다. 풀이하면 첫 번째는 '그 아름다움을 알다'이고, 두 번째는 '그 사람은 아름답다'이고, 세 번째는 '그 아름다운 사람'이고, 네 번째는 '그 사람을 아름답게 여기다'이다. 똑같은 '美' 자이지만 첫 번째에서는 명사로 쓰였고 두 번째와 세 번째는 형용사로 쓰였다. 두 번째 문장에서는 술어로 쓰였고 세 번째 문장에서는 수식어로 쓰였다. 그리고 맨 마지막은 목적어를 지니고 있는 동사로 쓰였다. 고립어에서는 그만큼 순서가 중요하다.

그리스어의 경우 품사가 미리 결정되어 있고 시제나 성, 수, 격의 변화 또한 여러 가지 경우의 수에 따라 규칙이 정해져 있다. 그리고 단어를 배열하여 문장을 만들 때에도 성, 수, 격의 변화가 서로 일치해야 한다. 형용사를 남성, 단수, 주격으로 구사하면서 그 뒤에 나오는 명사를 여성, 복수, 목적격으로 해서는 안 된다. 수많은 변화들을 잘 분석하여 서로 어긋나지 않도록 잘 연결해야 한다. 이렇게 규칙을 잘 지키면 읽는 사람도 그 속에 담긴 의미를 명료하게 파악할 수 있다. 이런 언어를 사용하면 아무래도 분석적이고 논리적인 사유가 발달하게 된다. 인도철학 또한 중국철학에 비해 훨씬 분석적이고 논리적인 이유도 바로 여기에 있을 것이다.

이에 비해 한문의 경우는 품사나 격이나 시제 등의 정해진 틀은 전혀 없다. 위에서 보는 것처럼 그 단어가 문장 속에서 어떤 위치에서 어떤 역할을 하는가에 따라 그때그때 성격이 결정된다. 물론 한문도 언어인 이상 당연히 그 언어의 규칙이 있다. 그러나 굴절어의 어법이 엄밀한 규칙 때문에 명료하게 눈에 들어오는 데 비해 한문 어법은 융통성이 너무 많아 막연하고 모호한 측면이 있다. 때로는 문장을 쓴 사람의 의도를 명확히 파악할 수 없는 경우도 있다.

중국철학의 원류라고 할 수 있는 공자의 『논어』와 노자의 『도덕경』은 워낙 압축적인 문장이어서 역대로 수많은 사람들의 논쟁을 일으킨 구절들이 군데군데 있다. 때로는 어법적으로도 전혀 다른 식으로 해석되는 구절도 있다.

예를 들어 1장에서 언급하였던 『도덕경』 1장의 "이름 없음은 천지의 시작이요, 이름 있음은 만물의 어머니다"라는 문장도 대표적으로 논란이 많은 문장이다. 그 문장의 원문은 "無名天地之始, 有名萬物之母"인데 어떤 사람들은 "무는 천지의 시작이라 이름하고, 유는 만물의 어머니라 이름한다"라고 번역하기도 한다. 전자는 '無名'에서 끊어 읽어 이것을 주어로 삼고 그 뒤의 '천지의 시작'을 명사 술어로 삼는 방식이다. 이에 비해 후자는 '無'에서 끊어 이것을 주어로 삼고 '名'을 동사이자 술어로 삼고 '천지의 시작'을 목적어로 삼는 방식이다.

어법적으로도 완전히 다른 문장이지만 철학적으로도 전혀 다른 뜻이 된다. 전자의 해석에서는 '명'이 핵심 개념으로, 이름이 있느냐 없느냐가 중요한 관건이 된다. 앞에서도 풀이하였듯이 언어가 세상을 바라보는 틀임을 강조하는 뜻이다. 그러나 후자에서는 '無'와 '有'가 핵심개념이 된다. 무를 천지의 시작이라 부르고 유를 만물의 어머니라 부른다는 말은 '무'에서 천지가 시작되었고 '유'에서 만물이 나왔다는 주장으로 우주발생론과 관련된다.

전자의 해석방식이 전통적인 풀이이자 주류의 해석법이고 후자는 송대의 일부 사상가들이 시도한 새로운 해석법이다. 근래 도덕경을 풀이한 사람 가운데 이 설을 따르는 사람들이 꽤 많다. 나는 전자의 해설을 지지하는 쪽이다. 내용상으로는 후자가 더 그럴듯해 보이지만 구법상으로는 전자가 더 자연스럽게 느껴지기 때문이다. 참고로 마왕퇴에서 발굴된 백서본에 따르면 구법상 '무'에서 끊기보다는 '무명'에서 끊는 것이 더 자연스러운 것으로 드러났다.

아무튼 이 구절의 해석에 대해서는 아직도 설이 분분하다. 원래 모든 언어에는 때로는 모호한 부분이 있기 마련이지만 한문처럼 이렇게 모호성과 융통성의 폭이 큰 언어는 없다.

이렇게 어법이 모호하고 해석을 하는 데 융통성이 많은 언어를 사용하면 규칙이 엄밀하고 명료한 굴절어를 사용하는 사람들에 비해서 아무래도 분석적인 사유방식은 뒤처질 수밖에 없다. 대신 문장 전체를 한 덩어리로 보면서 그 속에서 각 단어들의 역할을 직감적으로 파악하는 능력이 필요하기 때문에 총체적·직관적 사유는 더 발달하게 된다.

전통적인 한문의 교육방식도 어법을 명료하게 설명하면서 가르치는 방식보다는 많은 문장을 반복적으로 읽게 함으로써 스스로 문리文理, 즉 문장의 이치를 깨치게 하는 방식을 선호한다. 사실 문리라는 말은 참 모호한 말이다. 그것은 어법구조를 분석적으로 논리적으로 이해한다기보다는 문장의 구조에 대한 총체적인 감을 잡는 것을 가리킨다. 이런 한문의 전통적 교육방식을 보아도 한문을 쓰고 읽는 사람은 총체적이고 직관적인 사유에 더 능숙하게 됨을 알 수 있다.

한국과 일본은 중국과 언어가 전혀 다르다. 교착어인 한국어와 일본어는 고립어보다는 굴절어에 훨씬 가까운 언어이다. 또한 한국에서는 15세기 이후 한글이라는 독자적인 문자를 지니게 되었고, 일본에서는 10세기를 전후로 가나를 개발하여 한자와 혼용하고 있다. 그러나 근대 이전의 동아시아의 전통 지식인들은 모두 한문에 능통하였으며 대체로 한문으로 자신의 철학을 전개하였다. 그래서 한국철학과 일본철학은 중국철학과 약간의 차이는 있으나 기본적으로는 큰 차이가 없다.

추상사유, 분석적·논리적 사유와 수학과의 관계

이상으로 문자와 언어를 통해 동서 철학의 사유체계의 차이를 설명해보았다. 추상사유가 분석적·논리적 사유와 많은 관련이 있고 형상사유가 총체적·직관적 사유와 밀접한 관련이 있다는 것은 당연하다. 표음문자와 굴절어를 사용하는 사람들이 표의문자와 고립어를 사용하는 사람들에 비해 확실히 분석적·논리적 사유에 강하다. 앞에서도 보았듯이 인도인들의 사유체계도 중국인들의 그것에 비해 훨씬 추상사유에 강하고 분석적이고 논리적인 편이다.

물론 동서의 사유체계가 서로 차이가 나는 데는 언어와 문자 외에 자연환경이나 사회구조, 역사적 배경의 차이 등등 여러 가지 원인이 있을 것이다. 철학의 목표 자체가 다르기 때문에 방법론도 다를 수밖에 없을 것이다. 이에 대해서는 뒤에서 본격적으로 다룰 것이다. 여기서는 그 많은 이유 중에서 철학과 수학과의 관계를 살펴보고자 한다. 수학이야말로 추상적인 개념을 분석적으로 파고들어 논리적으로 증명하는 학문이기 때문이다.

전 세계의 주요한 철학 중에서 수학과 가장 밀접한 관계를 지닌 것은 서양철학이다. 서양철학은 처음부터 수학과 가까웠다. 탈레스와 데모크리토스 등도 수학에 능하였지만 피타고라스는 아예 수를 우주 만물의 근원으로 보고 수를 숭배하는 교단을 만들었을 정도였다. 그는 숫자를 집중적으로 탐구하여 숫자 연구를 통해 초보적인 기하학의 공리를 만들어냈다. 그의 사상은 후에 플라톤에게 큰 영향을 미치게 되는데, 플라톤의 아카데미아의 입구에 붙어 있는 "기하학을 모르는 자는 들어오지 말라"는 문구는 서양철학이 처음부터 수학과 얼마나 깊은 관계에 있는지를 잘 보여준다.

논리학을 본격적으로 하나의 학문으로 만든 사람은 아리스토텔레스이다. 그가 남긴 논리학에 관련된 여섯 권의 책은 『오르가논』이라는 이름으로 편집되어 서양논리학의 기초가 되었다. 오르가논은 도구라는 뜻으로 모든 학문의 기초도구가 된다는 의미이다. 그 속에는 범주론, 명제론, 분석론, 변증론 등이 담겨 있는데 그의 논리학은 논제의 내용 자체의 진위보다는 순수하게 논리 형식의 문제를 더욱 중시하기 때문에 흔히 형식논리학이라고도 한다. 유명한 "모든 인간은 죽는다. 소크라테스는 인간이다. 고로 소크라테스는 죽는다"라는 삼단논법을 통해서도 알 수 있듯이 그의 논리학은 연역적인 사유를 통해 논제를 풀어나가는 연역적 논리학이다.

일찍이 플라톤과 아리스토텔레스를 공부하였던 유클리드는 바로 이러한 연역적 논리를 그대로 기하학에 적용시켜 서양기하학을 완성하였다. 유클리드의 『기하학원론』과 아리스토텔레스의 『오르가논』은 2000년 가까이 서양학문의 기초로 여겨졌고 중세의 수도원에서나 대학에서 공부하던 사람들의 필독서가 되었다. 예수회 선교사를 통해 중국에 소개된 최초의 서양학문이 아리스토텔레스의 논리학과 유클리드의 기하학이었던 것은 우연이 아니다.

16세기의 경험론자 베이컨은 연역적 논리학의 한계를 지적하면서 귀납적 논리학을 주장한 『신 오르가논』이라는 책을 냈는데, 이 책은 근대과학의 발전에 큰 공헌을 하기는 하였지만 논리학 자체로는 그다지 중요하지 않다. 그 뒤 칸트는 선험적 논리학을 제창하였고 헤겔은 변증법적 논리학을 제창하였고 마르크스는 유물론적 변증법을 제창하였다. 하지만 논리학 자체의 발전에 새로운 전기를 제공한 사람은 철학자이자 수학자였던 라이프니츠였다.

라이프니츠의 논리학을 대표하는 개념으로는 보편수학, 보편기호학 그리고 논리연산학을 들곤 한다. 라이프니츠는 논리학을 모든 과학적 명제를 명확하게 증명할 수 있는 보편과학으로 발전시켜야 한다는 원대한 꿈을 가지고 있었다. 이를 위해서 보편수학, 보편기호학, 논리연산학을 연구하였다. 보편수학은 쉽게 설명하자면 전통수학과 형식논리학을 통합하여 새로운 논리체계를 만드는 것이었다. 그는 또한 과학적이고 엄정한 논리학을 건립하기 위해서는 보통의 언어가 아니라 보다 추상적인 기호를 사용하는 논리학이 필요함을 느끼고 보편기호학을 연구하였다. 논리학적 명제를 모두 추상적 기호로 환원시킨 뒤 그것을 조합하고 연산하는 연산술을 개발하면 세상의 모든 명제를 풀 수 있을 것이라고 생각하였다. 그것이 바로 논리연산학이다.

라이프니츠의 착상은 결국 후대 조지 불, 고틀로프 프레게, 버트란드 러셀 등 수학자 철학자들에 의해 수리논리학과 기호논리학으로 자리를 잡게 된다. 그리고 그 물질적인 성과는 20세기 중엽 영국의 수학자인 앨런 튜링Alan Mathison Turing에 의해 최초의 인공지능기계 '콜로서스'로 결실을 맺게 된다. 오늘날 우리가 사용하는 컴퓨터는 바로 라이프니츠의 새로운 논리학의 구상에서 나온 것이다. 이처럼 서양철학이 고도의 논리학을 발전시킬 수 있었던 데는 수학의 공이 컸다. 근대서구과학이 세계를 제패하게 된 데에도 수학과 논리학의 공이 지대하다.

물론 수학이 서양에만 발달하였던 것은 아니다. 중국의 한나라 때 나온 『구장산술九章算術』에는 방정식, 원주율, 피타고라스의 정리 등을 활용하여 실생활에 필요한 수학문제를 푸는 방법이 잘 정리되어 있는데, 특히 분수계산법은 서구보다 훨씬 빠르다. 그리고 인도는 특히 수학이 고도로 발달한 나라로 예로부터 천문학적인 숫자를 많이 사용하였는데, 예컨대 불경에 나오는 숫자 가운데 가장 큰 숫자인 무량대수는 무려 10^{88}이라고 한다. 오늘날 세계적으로 통용되는 아라비아숫자와 '0'이라는 개념은 모두 인도인들이 발명한 것이다. 근대 서양수학은 인도수학과 아랍수학의 도움을 많이 받아 발전한 것이다.

그러나 다른 지역은 유럽만큼 철학과 수학이 달콤한 밀월의 관계를 유지하지 않았다. 서양철학사를 보면 철학과 수학을 겸하는 사람이 많다. 위에서 언급한 사람을 제외하고도 데카르트, 스피노자, 비트겐슈타인, 베르그송, 화이트헤드 등은 모두 수학적 재능이 탁월하였던 학자이다. 그들은 수학으로부터 분석적·논리적 사고력을 키웠을 뿐만 아니라 때로는 수학에서 얻은 통찰을 자신의 철학에 그대로 적용하기도 하였다.

이에 비해 중국은 처음부터 수학과 철학이 별로 상관관계가 없다. 유일하게 『주역』만이 수학과 상관관계가 있을 뿐이다. 『구장산술』의 서문에도 『주역』이 언급되고 있다. 특히 주역학자 중에서 상象과 수數로써 『주역』을 풀이하는 상수학파象數學派 학자들은 수학에 매우 정통하였다. 그러나 중국철학사의 주류는 의義와 이理로써 『주역』을 풀이하는 의리학파義理學派이다. 북송의 소강절邵康節은 상수학으로 유명한데 그는 우주의 나이를 계산하기도 하고 미래를 예측하기도 했다. 정이는 선배학자인 소강절과 친분은 있었지만 그의 상수학에는 전혀 관심을 보이지 않았다. 정이는 왕필과 더불어 의리학파의 주요인물이다. 주희는 정이의 학설을 최고로 추존하였지만 집대성의 욕구가 있어 소강절의 상수학도 흡수하였다. 그 때문에 성리학 속에는 수학의 흔적이 조금은 보인다.

확실히 중국철학에는 서양철학과 같은 논리학은 없다. 물론 중국인이 논리를 전혀 중시하지 않았던 것은 아니다. 자신의 사상을 효율적으로 전달하기 위해 논리는 반드시 필요하다. 『맹자』와 『순자』를 읽어보면 실로 웅변적이고 치밀한 논리력을 볼 수 있고, 한나라의 왕충王充이 『논형論衡』에서 당시 유행하던 도참圖讖사상의 허황됨을 조목조목 논리적으로 비판하는 것을 보면 그 빼어난 과학정신과 논리에 놀라게 된다. 또한 주희와 육상산陸象山이 '무극이태극無極而太極'이라는 한 구절을 놓고 몇 차례나 서신을 왕복하면서 조목조목 치열한 논쟁을 벌인 것을 보면 그 팽팽한 논리 싸움에 감탄을 하게 된다. 그러나 이것들은 일반적인 의미의 논리에 그칠 뿐, 서양철학처럼 치밀한 형식을 갖춘 전문적인 논리학의 단계로 나아가지는 못하였다. 노드롭을 위시한 많은 서양학자들이 중국에는 과학적 논리학이 결여되어 있다고 주장하였던 것은 분명 일리가 있다.

이에 대해 승복하지 못하는 중국학자도 있었다. 미국의 콜롬비아 대학에서 「중국 고대의 논리학적 방법의 발달」로 박사학위를 받은 후스도 그 중 하나이다. 그는 노드롭의 주장에 반론을 제기하며 중국에도 서양과 같은 전문적인 논리학이 있었다고 주장했다. 그 논거로 선진시대의 명가名家와 묵가墨家를 제시한다.

명가名家의 공손룡公孫龍은 "백마는 말이 아니다"라는 주장으로 유명한데 그 논리는 다음과 같다. "말은 모양을 일컫는 말이고 희다는 것은 색깔을 이른다. 색깔을 일컫는 것은 모양을 이르는 것이 아니다. 그러므로 흰 말은 말이 아니다." 그리스의 궤변론자들의 논리와 비슷하다. 공손룡과 아울러 명가의 대표주자로 불리는 혜시惠施는 "날아가는 새의 그림자는 움직이지 않는다. 시간은 무한히 쪼갤 수 있고 새의 그림자는 쪼개진 시간마다 정지된 상태에 있기 때문이다"라는 주장을 하였는데, 이는 파르메니데스의 제자인 제논이 주장하였던 날아가는 화살은 정지해 있다는 주장과 같다.

『묵자』에는 점, 직선, 원, 사각형 등으로부터 시작해서 기하학의 기초적인 개념에 대하여 나름대로 정의를 내리고 있다. 뿐만 아니라 광학, 역학에 대해서 초보적인 설명을 하고 논쟁에 있어서 '유類', '고故', '이理'의 중요성을 강조하기도 하였다. '유'란 유추를 의미하고, '고'란 논리의 근거를 말하고, '이'란 일종의 논리의 원칙을 가리키는 것이다.

후스는 이상의 예를 볼 때 고대 중국에는 분명 서양과 같은 순수 논리학이 있었음을 알 수 있다고 주장하고, 다만 그것이 제대로 발달하지 못하였던 것은 아쉬운 일이라고 하였다. 또한 주자학의 격물치지의 방법론은 베이컨의 『신 오르가논』에서 강조한 귀납적 논리와 유사한 것이라고 하면서 이로 보아 중국에도 분명 논리체계가 있었다고 주장하였다.

사실 후스의 주장은 강변에 불과하다. 명가와 묵가의 주장들은 그리스의 논리학에 비하면 아주 초보적인 수준에 불과하고 그나마 잠시 유행하다가 사라져버렸다. 게다가 주자학의 격물치지를 베이컨의 귀납적 논리와 결부시키는 것은 견강부회가 아닐 수 없다. 정말 논리의 비약이 심하다.

자신의 단점으로 상대의 장점에 대항하는 것은 어리석은 짓이다. 중국 철학의 장점은 역시 노드롭이나 그 외 많은 학자들이 주장했듯이 논리보다는 직관에 있다. 중국인들은 번잡한 논리를 거치지 않고 직관적으로 바로 파악하는 것을 좋아하였다. 그것은 형상사유와도 밀접한 관계가 있다. 구만 리 상공을 날아가는 대붕의 이야기를 듣는 순간 바로 그 초월적이고 고원한 정신세계를 바로 느낄 수 있는 것이다. 뜰 앞의 잣나무는 또한 어떠한가? 그것은 논리로 풀어서는 절대로 이를 수 없는 세계다. 한순간에 즉각적으로 깨쳐야 하는 것이다.

공자가 말한 인이나 노자가 말한 도 또한 마찬가지이다. 공자는 『논어』에서 인을 수없이 언급하였지만, 그 개념을 명확하게 정의하거나 그것에 이르기 위해서 어떤 논리적 과정을 거쳐야 한다고 주장한 바가 없다. 왜냐하면 그것은 논리적 사유의 대상이 아니라 즉각적인 실천의 대상이기 때문이다. 그래서 공자는 "인이 멀리 있는가? 내가 인을 원하면 인은 바로 이를 것이다"라고 말했던 것이다. 노자의 도 또한 마찬가지이다. 도는 논리적 사유로 이를 수 있는 대상이 아니다. 마음을 허정하게 한 가운데 바로 직관적으로 체득하는 것이다.

정밀미와 집중된 통일미의 논리, 단순미와 분산된 통일미의 직관

까다롭고 추상적인 개념들을 잘 배열하여 문제를 풀어나가기 위해서는 조직적이고 정밀한 사고력이 필요하다. 아리스토텔레스의 삼단논법은 간단하게 결론을 끄집어내는 것 같지만 실은 간단하지가 않다.

그는 우선 모든 명제를 전체긍정(A), 부분긍정(I), 전체부정(E), 부분부정(O) 네 가지로 나눈다. 대전제, 소전제, 결론 각각에 네 가지 명제를 쓸 수 있기 때문에 총 경우의 수는 4×4×4=64, 64가지 식(mood)이 있다. 거기에다 결론 부분의 주어(S), 술어(P)를 이끌어내기 위해 대전제와 소전제에 중간항목(M)을 넣는 방식에 네 가지가 있다. "인간은(M) 죽는다(P). 소크라테스는(S) 인간이다(M). 고로 소크라테스는(S) 죽는다(P)"가 대표적인 방식이지만 이외에 〈P-M, S-M〉, 〈M-P, M-S〉, 〈P-M, M-S〉 등의 배열로도 'S-P'라는 결론을 끄집어낼 수 있다. 이것을 네 가지 격(figure)이라고 한다. 그래서 삼단논법의 모든 경우의 수는 총 256가지가 된다. 아리스토텔레스는 이 중에서 24가지만 참된 논리라고 하였다. 2000년 넘게 얼마나 많은 사람들이 이 24가지의 정답을 외우기 위해 골머리를 썩였는지 모른다.

아리스토텔레스는 왜 이렇게 복잡하고 골치 아픈 공식을 만들었을까? 그리고 왜 이런 논리가 철학의 도구가 된다고 생각하였을까? 그리스인들에게 철학이란 추상적인 개념과 논리적 사유방식을 도구로 삼아 삼라만상의 겉모습 뒤에 감추어져 있는 본질을 탐색하는 여행이었다. 이 여행 중에 길을 잘못 들면 엉뚱한 종점에 도착할 수 있다. 종점에 제대로 잘 도착하기 위해서는 개념을 정확하게 사용해야 하고 또한 논리 전개를 정밀하게 해야 한다. 결국 아리스토텔레스의 논리학은 정밀한 사고력을 키우기 위한 사고훈련이다. 이러한 훈련을 거친 뒤에야 정밀한 이론이 나올 수 있는 것이다.

서양철학이 자랑하는 분석적·논리적 사유를 미학적으로 설명하자면 어떤 것이 어울릴까? 우선 정밀함의 아름다움, 즉 정밀미를 들고 싶다. 서양철학 서적을 보고 있으면 마치 정밀한 설계도를 보고 있는 느낌을 받는다. 정교하게 다듬어진 추상적인 개념들이 정밀한 논리에 따라 잘 배열되어 있다. 물론 일반적인 그림이 아니라 전문적인 설계도이기 때문에 누구나 다 쉽게 보고 즐길 수 있는 그림은 아니다. 그러나 설계도를 좀 볼 줄 아는 사람이 읽으면 그 치밀함에 감탄을 금치 못할 것이다. 정밀미는 바로 서양철학의 특징을 잘 설명해주는 아름다움이다.

분석적·논리적 사유가 주는 또 하나의 아름다움은 집중된 통일미이다. 통일미란 영화로 이야기하자면 스토리의 플롯이 잘 짜여 전체적으로 구성이 탄탄할 때 나타나는 아름다움이다. 집중된 통일미가 있을 때 영화에 대한 몰입도가 훨씬 높아진다. 정밀한 논리적 사고력이 시종일관 유지되면 집중된 통일미는 저절로 나타날 수밖에 없다. 정밀미와 통일미는 동전의 양면이기 때문이다.

이에 비해 중국철학은 확실히 정밀미와 통일미가 떨어지는 느낌을 준다. 논리라는 관점에서 보면 서양철학에 비해서 엉성하고 통일성이 부족하다는 느낌을 주는 것이 사실이다. 그러나 그것은 서양철학을 기준으로 본 것이므로 정당한 평가가 아니다. 중국철학의 장점은 직관에 있으며 그것의 아름다움을 이야기하는 것이 타당할 것이다.

직관적 사유는 논리적 사유와는 달리 정밀한 과정을 거쳐 결론을 도출해내는 것이 아니라 단도직입으로 바로 뚫고 들어가는 것이다. 선종의 아름다움을 설명할 때 이미 설명하였듯이 그들은 단순미를 좋아한다. 그것은 마치 수묵화로 그린 사군자 그림과 같다. 단순한 색깔, 단순한 형태의 선이지만 깊고 그윽한 아름다움을 지니고 있다. 그러나 그것이 그냥 단순미가 아니라 심오함을 품고 있는 단순미라는 것은 굳이 설명할 필요가 없을 것이다.

직관을 중시하는 태도가 만들어낸 또 하나의 아름다움은 분산된 통일미이다. 중국철학은 서양철학과 같이 시종일관 정밀한 논리로 전체적으로 짜임새 있는 그림을 만들어내지는 않는다. 『논어』나 『도덕경』, 『장자』는 물론이고 상당히 논리성을 갖추었다고 하는 『맹자』나 『순자』나 『한비자』 같은 책을 보아도 서양철학과 같이 전체적으로 통일된 느낌을 주지는 않는다. 무언가 부분부분이 따로 노는 느낌이다. 그러나 그 속에는 보이지 않는 통일미, 즉 분산된 통일미가 있다.

집중된 통일미를 중시하는 사람에는 그것이 통일미로 느껴지지 않을지도 모르지만 그것 또한 하나의 통일미다.『논어』를 읽고 나면 끝없는 배움을 추구하는 배움의 성자 공자의 삶 전체가 그대로 느껴지고,『노자』를 읽고 나면 무위자연과 은둔을 추구하는 노자의 정신세계가 그대로 느껴진다. 무언가 엉성한 가운데 생동감 있게 다가오는 분산된 통일미가 만들어내는 효과다. 집중된 통일미는 정밀한 설계도에나 어울리는 것이지 수묵으로 그린 산수화에는 잘 어울리지가 않는다. 그와 같이 중국철학에는 분산된 통일미가 더 어울린다.

근대 이후 서구과학은 세계를 제패하였고, 거기에는 서양철학의 논리적 사고력이 큰 역할을 하였다. 그러다 보니 마치 그것이 세계를 해석하는 절대적인 기준인양 여겨지는 경향이 있었다. 그러나 세계를 바라보는 관점은 여러 가지가 있고 서구과학과 서양철학은 그중 하나일 뿐이다. 근래에 와서는 한계점도 많이 드러나고 있으며 반성하는 서양학자들도 많다. 이제는 좀 더 객관적으로 바라보아야 할 필요가 있다.

미의 관점에서 바라보면 훨씬 공평하게 바라볼 수 있다. 왜냐하면 아름다움에는 절대적인 우열이 없기 때문이다. 서양철학과 중국철학은 제각기 자신들이 좋아하는 아름다움을 기준으로 사유를 펼쳐나갔을 뿐이다. 서양철학이 대단한 아름다움을 자랑하는 것이 사실이지만 중국철학도 남부럽지 않은 대교약졸의 아름다움을 지니고 있다.

전경미의 부각,
배경과의 조화미

지적 탐구를 중시한 서양철학, 실천을 중시한 중국철학

앞에서 동서 철학 사유방식의 차이에 대해 간략히 살펴보았는데 이번에는 철학하는 목적에 대해서 살펴보자. 라이프니츠를 위시한 많은 사람들이 이미 지적하였듯이 서양철학은 지적 탐구에 더 강하고 중국철학은 실천 방면에 더 뛰어난 특성을 보인다. 물론 서양철학에도 정치학, 윤리학 등이 고도로 발달하였고, 중국철학에서도 우주론이나 본체론, 형이상학 등에 관심을 가진 사람이 없었던 것은 아니다. 주된 특징을 중심으로 비교할 때 그렇다는 말이다.

탈레스가 만물의 근원이 무엇인가라는 질문을 던진 이래 그리스의 초기철학은 이 세상이 무엇으로 이루어져 있는가에 대한 관심을 중심으로 발전하였다. 소크라테스는 자연보다는 윤리에 대한 관심이 많았으며 명확한 정의의 중요성을 강조하였다. 그 명확한 정의의 중요성이 플라톤에게서는 사물의 본질, 이데아로 나타나게 된다. 플라톤에게 이데아는 가시적인 세계 너머에 있는 영원한 본질이었다. 아리스토텔레스는 탈레스 이래의 자연철학과 스승 플라톤의 사상을 집대성하여 고대철학을 완성하였는데,

그는 초월적인 이데아를 지상으로 끌어내려서 사물의 본질인 형상形相은 초월적인 세계에 있는 것이 아니라 질료와 더불어 있는 것이라고 주장하였다.

헬레니즘시대에는 마음의 평정을 추구하는 스토아학파와 고도의 정신적 쾌락을 추구하는 에피쿠로스학파가 활약하였다. 로마는 위대한 철학자를 배출하지 못하였다. 신플라톤주의자 플로티노스의 영향을 많이 받은 아우구스티누스가 이 세상은 인간의 나라와 천상의 나라의 투쟁이며 결국 천상의 나라가 승리한다는 신국론을 펼치면서 중세를 열었으며 말기에 가서는 아랍에서 역수입된 아리스토텔레스 철학으로 신의 존재를 증명하려 하였던 토마스 아퀴나스가 중세철학을 집대성하였다. 이 기간 중에 철학적으로는 보편자란 실재하는 것인가 아니면 다만 이름에 그치는 것인가를 다루는 보편자논쟁이 삭막한 중세의 철학을 간간이 적셨다.

데카르트가 방법론적 의심으로 고대와 중세의 철학적 개념들을 다 청소하고 세상에는 물질이라는 실체와 정신이라는 실체 둘밖에 없으며, 물체의 본질은 연장이고 정신의 본질은 사유라고 규정하면서 근대철학이 시작되었다. 스피노자는 데카르트의 이성에 대한 신뢰를 존중하면서도 세계를 두 개의 실체로 나눈 것에 대해서는 반대하면서 하나의 실체를 주장하였고, 라이프니츠는 세계는 수많은 모나드로 이루어져 있다는 주장을 펼쳤다. 이에 비해 영국의 로크는 이성 자체에 회의를 품고 인간의 의식은 백지와 같은 것이어서 모든 지식은 경험에서 나온다고 주장하였다. 흄은 한 걸음 더 나아가 기본적인 인과율과 필연성조차도 거부하면서 그러한 것들은 우리 마음의 습관에 의해 만들어진 개연적 지식에 불과하다고 단언하였다.

대륙의 합리론과 영국의 경험론의 갈등은 칸트의『순수이성비판』에 의해 종식되었다. 칸트는 우리의 감성 속에 공간과 시간이라는 틀이 있고,

우리의 오성 속에는 12가지의 범주가 있어 우리는 그것들을 통해 사물을 인식한다고 주장하였다. 결국 우리는 감성과 오성의 틀에 비친 세상을 바라보는 것이므로 사물 그 자체는 알 수 없다는 결론이 도출된다. 칸트는 자신의 주장을 인식의 코페르니쿠스적인 전환이라고 말하였다.

헤겔 또한 의식이 대상의 전부를 알 수 없다는 것을 인정하였다. 그러나 그것은 의식이나 대상의 아무런 변화를 고려하지 않을 때의 이론이다. 헤겔의 관점에 따르면 의식이란 대상을 인식하는 경험을 통해 변화되는 것이고, 이에 따라 대상도 변화되고 대상의 변화가 다시 의식에 영향을 미쳐 의식을 변화시킨다. 이런 식으로 의식은 성장하여 결국 절대정신에 이를 수 있다고 보았다. 칸트가 의식과 대상 간의 관계를 정태적으로 보았다면 헤겔은 그 관계를 동태적으로 보아 의식의 발전에 더 많은 관심을 가졌다.

헤겔을 정점으로 주지주의가 중심이 되는 정통적 의미의 서양철학은 막을 내리고 이후 다양한 갈래로 흩어졌다. 마르크스는 철학의 목표는 세계에 대한 지적 탐구가 아니라 세계를 변혁하는 것이라고 주장하였고, 키르케고르는 보편적 이성, 추상적 사유를 반대하고 개개 존재자의 실존적 불안과 고독을 이야기하여 실존주의의 길을 열었다. 쇼펜하우어는 이데아는 이 세계의 피상적인 표상일 뿐이고 실제 세계를 지배하는 것은 의지라고 주장하면서 주지주의를 반대하고 주의주의主意主義를 제창하였다. 특히 그는 불교의 영향을 받아 염세적 요소가 강하다. 니체는 신은 죽었다고 외치면서 이성의 종언을 주장하여 포스트모더니즘의 선구자가 되었다. 현대 서양철학은 워낙 다양한 갈래로 흩어져 그 중심점을 찾기가 힘들다.

이상으로 서양철학사의 주요한 흐름을 간략하게 살펴보았다. 서양철학은 기본적으로 세계에 대한 지적 탐구이고 자아에 대한 탐구도 주로 인식론의 문제에 치중되었다. 그것은 결국 세계에 대한 관심 때문이다. 물론 그들이 세계의 실상에 대한 탐구만 중시한 것은 아니다. 플라톤의 철학적 관심분야는 아주 폭이 넓었지만 그의 가장 큰 관심은 이상국가의 건설에 있었고, 아리스토텔레스 또한 정치학, 윤리학 등에 관심을 보였다. 그뿐인가? 스토아학파나 에피쿠로스학파는 세계에 대한 탐구보다는 마음의 행복을 얻는 것에 더 많은 관심을 보였다. 근대의 철학자 중에서도 윤리적·사회적 주제에 관심을 가진 사람이 많았다. 그렇지만 서양철학의 주된 특징은 역시 세계에 대한 지적 호기심에 있다. 아리스토텔레스의 『형이상학』의 첫머리에 나오는 "모든 인간은 앎을 욕구한다"라는 말이 이를 잘 대변해준다.

이에 비하면 중국철학은 출발부터 지적 측면보다는 실천적 측면을 중시하는 경향이 있다. 공자는 제자들에게 방대한 고전들을 가르쳤지만 그 목표는 지적 탐구가 아니라 도덕성을 지닌 군자를 기르는 것이었고, 공자가 강조하였던 '배움'이라는 것도 지식 습득보다는 총체적인 인격 도야에 더 가깝다. 또한 공자의 핵심사상인 인과 예는 지적 이해보다는 실천이 더욱 중요한 것들이다.

『논어』에는 공자가 이익과 천명과 인에 대해서 그다지 말씀하지 않았다는 구절이 있다. 이익이야 공자가 반대한 것이니 말하지 않는 것이 당연하지만 천명과 인에 대해서도 별로 말을 하지 않은 것은 이상해 보일지도 모른다. 천명은 보통 사람들이 알기 어려운 은미한 것이기 때문에 말을 삼간 것이고, 인은 말보다는 실천이 더 중요한 것이기 때문에 말을 삼간 것이리라. 성性이나 천도天道에 대해 별로 말하지 않았던 것도 같은 맥락이다. 그만큼 지적 탐구에 대해서는 큰 관심이 없었다는 것을 잘 말해준다.

맹자는 공자가 말을 삼갔던 부분을 과감하게 파고 들어가 자신의 생각을 펼쳤다. 인간의 본성은 선하다는 성선설, 사람에게는 누구나 인의예지가 있다는 사단설四端說, 마음을 다하면 본성을 알 수 있고 본성을 알면 하늘을 알 수 있다는 주장 등은 철학으로서의 유학에 새로운 지평을 열었다고 할 수 있다. 그러나 맹자 또한 유가학파의 활로를 위해 부득이하게 말을 많이 한 것이지 지적 탐구 자체가 목적은 아니었다.

송대에 일어난 신유학은 불교의 영향을 받아 상당히 사변적이다. 그들은 전통유가에서 거의 다루지 않던 이理와 기氣, 심心과 성性의 문제로 많은 논쟁을 하였다. 특히 주희는 우주론, 심성론, 수양론 전체를 아우르는 방대한 학문체계를 세웠으며 『주자어류』를 보면 실로 거의 모든 분야에 걸쳐 관심을 가지고 있었음을 알 수 있다.

그러나 그들의 주된 관심사는 지적 탐구가 아니라 성인이 되기 위한 공부법, 즉 수양론에 있었다. 주희와 육상산이 아호사鵝湖寺에서 세기에 남을 토론을 할 때 육상산이 시 한 수를 지어 주희의 수양론을 지리멸렬한 공부 방법이라고 직격탄을 날렸던 것은 중국철학사에서 굉장히 유명한 일화다. 왕양명은 젊은 날 주희의 격물치지를 실천하기 위해 일주일 내내 대나무의 '이理'만 생각하다 나중에 신경쇠약에 걸려서 성인이 되는 길을 포기하였다. 그러다 나중에 귀양지에서 스스로 독자적으로 깨친 뒤에 지행합일知行合一의 양명학을 개창하였던 것이다. 이로 보아 송명이학 또한 궁극적 관심은 실천궁행에 있었음을 알 수 있다.

청대는 다시 복고의 길을 걷는다. 안원顔元은 송명대에 크게 유행하였던 주자학과 양명학의 폐단이 진시황의 분서갱유 못지않으며, 정이와 주희는 죽은 글을 읽는 책벌레에 불과하며, 그들의 학문은 사람을 죽이는 학문이라고 통렬하게 비판하였다. 청대의 유학자들은 대체로 송명이학을 배격하는 경향이 있었는데, 그 이유는 송명이학이 공리공담에 빠져 있다고 보았기 때문이다. 뒤를 이어 대진戴震 또한 "사람이 법에 걸려 죽으면 가련하게 여기는 사람이 있지만 이理에 의해 죽으면 누가 가련하게 여기겠는가?"라고 하며 성리학의 폐단을 공격하였다. 청대의 학자들은 이理에 대한 탐구보다는 경전의 고증에 더 많은 힘을 쏟았다.

현실 윤리에 치우친 유가와는 달리 도가에서는 우주의 근원, 만물의 생성과 변화 등에 대한 언급이 많이 보인다. 그러나 그것은 직관적인 체득이지 지적 탐구에서 온 것이 아니다. 게다가 노자는 배움을 끊어버려야 근심이 없다는 주장도 하였기 때문에 지적 탐구는 그의 철학과는 거리가 멀다. 그는 마음을 텅 비우고 고요하게 하는 허정虛靜과 인위적 기교를 떠난 무위의 삶을 추구하였고, 그 허정과 무위의 도로써 어지러운 천하를 구하려고 하였다.

장자는 매우 재기발랄한 사람으로 노자의 계승자라고 하지만 사실 철학적 성격은 노자와 상당히 다른 부분이 많다. 『장자』 속에는 곤과 붕의 비유처럼 고도의 형상사유가 있는가 하면 때로는 곱사등이, 절름발이 등이 등장하여 고도의 철학적 담론을 펼치기도 한다. 그 논리가 치밀할 뿐 아니라 현대적 관점에서 보아도 그 발상 자체가 사람을 놀라게 하는 면이 많다. 명가였던 혜시와의 논쟁도 분명 어느 정도 영향을 끼쳤을 것이다. 그러나 장자의 목표 또한 지식 탐구에 있지 않다. 장자는 "나의 생은 유한한데 지식은 무한하다. 유한함으로써 유한함을 따르는 것은 위태롭다"라고 말했는데, 그의 목표는 모든 상대적 선악시비의 지식을 떠나 세상 밖에서 표표히 노니는 소요유의 삶이었다.

중국철학의 원류가 성향이 이러했기 때문에 중국에 수입된 외래사상도 그 영향을 받지 않을 수 없었다. 불교철학도 궁극적인 목표가 해탈에 있기 때문에 실천철학이라고 할 수 있지만 중국 고유의 사상에 비해서는 훨씬 지적이고 사변적인 요소가 많다. 그렇지만 나중에 가서는 결국 불립문자를 외치면서 지적·사변적 탐구를 다 떨쳐버리고 직접적인 체득만을 중시하는 방향으로 나아간다.

진기한 아름다움의 서양철학, 평담미의 중국철학

서양철학은 왜 지적 탐구를 더 좋아하였고, 중국철학은 실천을 더 중시하였을까? 정확히 설명하기는 어렵지만 아무래도 자연환경 및 사회환경과 많은 관련이 있을 것이다.

그리스는 발칸반도의 남부와 에게해에 펼쳐진 여러 섬으로 구성되어 있다. 높은 산들이 많고 농지가 부족하여 일찍부터 수공업과 상업이 발달하였다. 해안선에는 수많은 만곡과 반도들이 있어 좋은 항구가 많이 발달하였다. 수공업과 상업의 발달, 항구의 발달 덕에 일찍부터 해양무역과 식민지 개척이 활발히 진행되었다.

호메로스의 『일리아스』는 기원전 12세기 무렵에 있었던 트로이전쟁을 노래한 것이며 『오디세이아』는 트로이전쟁의 영웅이 귀환하는 항해 도중에 겪었던 영웅담을 기록한 것이다. 그들은 고래로부터 해외 원정과 항해에 능하였던 것이다. 그리고 탈레스를 위시하여 피타고라스, 파르메니데스 등 초기 자연철학자들은 대부분 그리스 본토가 아니라 해외의 식민지에서 활약하였던 사람이다.

이렇게 처음부터 배를 타고 멀리 낯선 곳으로 항해하기 좋아하는 민족은 아무래도 미지의 세계에 대한 호기심이 많고 진취적인 기상을 지니기가 쉽다. 그리고 이런저런 낯선 세계를 여행하다 보면 이 세상의 참모습이 무엇인지에 대해서도 관심이 가게 된다. 이런 성향이 철학에도 반영되어 이 세계의 본질이 무엇인가에 대한 탐색으로부터 출발하여 변하지 않는 진리란 무엇인가, 사물의 본질이란 무엇인가 등등의 지적 오디세이를 하였던 것이리라.

이에 비해 중국문화는 황하를 중심으로 대평원에서 일어났으며, 대철학자들이 나오기 몇 세기 전 서주西周 초에 이미 예악문화를 바탕으로 안정된 봉건제도가 성립되어 천하의 백성들은 모두 그 질서 속에 속해 있었다. 춘추전국시대에 들어 안정된 질서가 붕괴되면서 천하는 혼란 상태에 들어갔다. 게다가 이 시기에는 전통적인 중원지역인 황하 유역 외에 장강 유역을 위시한 많은 지역들이 중국문화에 통합되면서 천하는 더욱 넓어졌다. 재미있는 현상은 본토의 사람들이 외부의 지역으로 식민지를 개척하러 나갔던 그리스와는 달리 중국에서는 외곽지대의 사람들이 자발적으로 중원문화에 통합되기를 원하였다는 것이다.

사상이란 자연환경과 사회환경, 그리고 역사적 배경의 영향을 받지 않을 수 없다. 중국인들은 전통적으로 자신들이 천하라 알고 있는 세계 너머의 세계에 대해서는 그다지 관심이 없었다. 천하는 저절로 확장되었으며 진시황의 통일에 이르러 대략의 경계가 확정되자 오히려 성을 쌓아 외적으로부터 천하를 지키려고 하였다. 또한 춘추전국시대에 활약하였던 제자백가의 사상가들은 이 우주의 본질이 무엇인지, 사물의 본질이 무엇인지에 대해 탐구할 여력도 없었다. 그들에게 주어진 다급한 임무는 한 나라를 제대로 다스리고 나아가 혼란스러운 천하에 다시 질서를 되찾아오는 방법을 제시하는 것이었다. 어떤 이는 예를 회복해야 한다 주장하였고, 어떤 이는 무위자연의 도가 필요하다 하였고, 어떤 이는 법과 술로 부국강병을 이루는 길만이 답이라고 외쳤다.

과학적·논리적 요소가 다소 보이는 묵자도 그 핵심 사상은 서로 사랑하자는 겸애兼愛와 전쟁을 반대하는 비공非攻에 있다. 묵자 집단은 강대국이 약소국을 침략하면 약소국을 도와주는 일종의 평화유지군 역할을 하였다. 묵자의 사상 중 과학적 요소가 있는 것은 묵자가 침략전쟁을 막기 위해 신종무기의 개발에 관심이 많았기 때문이다. 이처럼 중국철학은 처음부터 서양철학과 달리 지적 탐구보다는 현실적 실천철학으로 나아갈 수밖에 없었다.

그러면 이러한 목적의 차이가 각각 어떠한 아름다움을 낳게 하였는지를 살펴보자. 서양철학사를 읽는 것은 미지의 세계를 향한 가슴 두근거리는 항해와 같은 느낌을 준다. 앞에서 말한 정밀한 설계도를 여기서는 정밀한 항해지도로 바꾸어 보자. 분석적 논리의 힘으로 만든 정밀한 지도를 가지고 항해를 하다 보면 추상적 개념으로 이루어진 크고 작은 환상의 섬들을 만날 수 있다.

물로 만들어진 탈레스, 불로 만들어진 헤라클레이토스, 수로 이루어진 피타고라스 등의 작은 섬들을 지나 플라톤에 이르면 하나의 작은 섬이 아니라 여러 섬으로 이루어진 하나의 왕국 같다는 느낌이 든다. 이데아, 에로스, 테오리아(관조), 아나타시아(불멸), 헨(일자一者) 등의 추상개념으로 이루어진 이 섬들은 정말 타우마제인thaumazein을 불러일으킨다. 플라톤은 일찍이 철학자의 파토스는 타우마제인이라고 하였는데, 그 의미는 놀라움이다.

아리스토텔레스가 만든 왕국은 더욱더 크다. 플라톤의 왕국이 분류가 잘되어 있지 않은 데 비해 그의 왕국은 정치학, 윤리학, 논리학, 형이상학, 자연학 등으로 잘 분류되어 있다. 왕국의 여러 섬 가운데 가장 가운데 있고 가장 찬란한 빛을 발하는 섬은 역시 형이상학의 섬이다. 이 섬은 탈레스로부터 시작하여 플라톤에 이르기까지 수많은 철학자들이 만들었던 추상적 개념들과 아리스토텔레스가 창안한 추상적 개념들이 어우러져 환상적 아름다움을 연출한다. 중세라는 캄캄한 밤중에도 토마스 아퀴나스가 만든 지적 왕국은 아름다운 빛을 발한다. 그리고 데카르트로부터 시작되어 헤겔에 이르는 근대철학의 바다에서는 얼마나 다채로운 추상적 개념의 보물섬들을 만날 수 있는가? 서양철학은 실로 기화요초가 가득찬 진기한 아름다움을 보여준다.

타우마제인을 불러일으키는 짜릿한 지적 탐구를 즐기는 사람의 눈으로 볼 때 중국철학은 정말 밋밋해 보인다. 처음 중국철학을 접하였던 서양의 철학자들이 경탄을 연발하였던 것은 중국에 대한 환상과 동경 속에서 자신들과는 전혀 다른 성향의 이질적인 철학을 보았기 때문이었다. 그러나 곧 실증을 느끼고 폄하하기 시작하였던 것은 그 속에서 자신들의 철학처럼 흥미진진한 지적 탐구는 보이지 않고 고리타분한 현실세계의 정치와 윤리에 대한 담론이나 도덕적 명구, 심오한 듯하지만 모호한 개념들밖에 보이지 않았기 때문이었으리라.

『논어』「팔일八佾」 편에는 '회사후소繪事後素'라는 말이 있다. 그림 그리는 일은 흰 바탕을 먼저 잘 칠한 다음의 일이라는 뜻이다. 옛날에 그림을 그릴 때는 먼저 질 좋은 하얀 비단을 구한 다음 그 위에 채색을 하였다. 원래 문단 안에서의 뜻은 본바탕이 되는 인仁을 먼저 닦은 다음에 예禮를 익혀야 한다는 말이다. 공자의 이 말을 실천궁행과 지적 탐구에 대비시켜 본다면, 도덕성을 함양하는 실천궁행을 먼저 바탕으로 삼아야 하고 지적 탐구의 채색은 그다음에 해야 하는 것으로 볼 수 있다. 물론 둘 다 갖추면 좋겠지만 인간의 능력에는 한계가 있기 때문에 쉽지가 않다. 공자가 그린 그림은 하얀 바탕색은 잘되어 있는데 화려한 채색이 부족하여 좀 심심한 것이 사실이다. 그것이 유가철학의 전체적인 특징을 잘 말해준다. 아름다움으로 표현하자면 평담미라고 할 수 있을 것이다.

유가철학에 비해서 조금 나은 편이지만 도가철학도 크게 다르지 않다. 『도덕경』에는 화려한 음악과 맛있는 음식은 길손을 멈추게 하지만 도가 입에서 나올 때는 담백하여 아무런 맛이 없다는 말이 있다. 도의 맛은 무궁무진하지만 입을 통해 말로 표현될 때에는 별다른 맛이 없다는 뜻이다. 『도덕경』은 내용이야 심오하기 그지없지만 너무 직관에만 의지하기 때문에 사유 자체가 주는 맛을 느끼기는 쉽지 않다. 장자 사상은 예술성과 철학성이 겸비되어 노자에 비해서 훨씬 기발하면서도 풍성한 아름다움이 있다. 그렇지만 철학 자체로만 보았을 때는 서양철학과 같은 정교함과 진기함은 떨어진다. 노장의 영향을 많이 받은 선종 또한 마찬가지이다. 오묘함과 심오함의 극치이지만 초월적 직관에만 치우쳐 철학이라는 관점에서 볼 때는 모호하여 감을 잡을 수가 없는 측면도 있다.

전체적으로 보았을 때 중국철학은 대체로 서양철학에 비해 평담한 아름다움을 지니고 있다. 물론 그것은 그냥 아무런 맛이 없는 평담미는 아니다. 아침에 도를 들으면 저녁에 죽어도 좋다는 진지한 각오로 평생 끊임없이 지속된 진지한 자기 성찰과 학습, 감각적 쾌락의 문을 닫고 마음의 날카로움과 얽힘을 다 제거하고 성스러움의 빛마저도 감춘 깊은 명상, 하나의 화두를 들고 오매불망 참구하여 언어의 길이 끊어진 경지까지 밀고 나가는 치열한 수행을 통해서 나온 것이다. 그것은 속에 온갖 종류의 맛을 다 품고 있는 평담미인 것이다.

끝으로 서양철학이 농염한 커피 맛이라면 중국철학은 은은한 차의 맛이다. 둘 다 카페인 성분이 많아 사람을 각성시키는 작용을 하지만, 커피가 사람을 약간 흥분시키는 데 비해 차는 사람을 차분하게 한다. 서양철학이 지적 흥분을 자아내는 황홀한 맛이 있다면 중국철학은 마음을 일깨우는 청아한 맛이 있다.

서양철학의 황홀한 맛을 제대로 알려면 지적 능력을 고도로 개발해야 하듯이 중국철학의 청아한 맛을 제대로 알려면 제대로 수양을 해야 한다. 지적 능력을 개발하는 것도 쉽지는 않지만 제대로 수양하는 것은 더욱 어렵다. 근대 이후 동양은 서양철학의 지적 탐구를 열심히 배우고 따르고 있다. 너무 열심히 배우느라 자신의 본래 장점도 다 잃어버릴 지경이다. 이제는 자존심도 챙겨야 할 때가 아닐까 생각한다. 반면 서양은 그 사이 너무 지적 오만함에 머물고 있다는 느낌을 준다. 이제 서양도 겸손한 마음으로 동양의 수양을 한번 살펴볼 때가 아닐까 생각한다.

원자론의 서양철학, 원기론의 중국철학

서양은 철학의 출발부터 세계가 무엇으로 이루어져 있는가에 대해 강렬한 호기심을 드러내며 지적 참구에 열중하였던 데 비해 중국철학에서는 실천철학에 치우쳐서 그 방면에 대한 지적 탐구에는 그다지 관심이 없었던 것이 사실이다. 그렇지만 세상이 무엇으로 이루어져 있는가에 대한 호기심은 인지상정이기 때문에 중국 또한 이에 대한 탐구가 없을 수는 없었다. 중국에서도 고래로부터 이 세상이 무엇으로 이루어져 있는지 사시의 변화와 만물의 성쇠를 주관하는 것은 무엇인지에 대한 언급들은 많이 있었다. 다만 서양처럼 철학의 중심 주제가 되지 못하였을 뿐이다.

한때 중국인들은 서양과학에 대해 커다란 열등감에 젖어 있었다. 중국은 인생철학을 중시하느라 자연철학을 경시한 탓에 본격적인 과학이 발달하지 못했다는 견해가 지배적이었다. 그러나 근래 조지프 니덤Joseph Needham을 위시한 많은 자연과학사 연구자들은 중국의 과학기술력이 명대 이전까지만 해도 서양에 뒤떨어지지 않았다는 것을 증명하였다. 그 대표적인 증거가 정화鄭和의 해양탐사이다.

명나라의 정화는 15세기 초 약 30여 년에 걸쳐 일곱 차례 원양 탐사에 나서 동남아, 인도양 연안의 국가는 물론 아프리카까지 다녀왔다. 한 번 나설 때 동원된 인원은 무려 27,000명 남짓이었고, 선박은 60척 내외였다. 가장 큰 배는 대략 길이 150미터, 폭 60미터, 800톤, 4층의 높이로 800명이나 승선할 수 있었다. 콜럼버스나 마젤란에 비해 1세기나 앞설 뿐만 아니라 규모도 압도적이다. 당시 중국의 과학기술력은 서양보다 훨씬 앞섰던 것이다.

근래 중국학자들은 중국 고대의 자연과학에 많은 관심을 가지고 연구하고 있다. 이에 따라 철학계에서도 보다 대등한 관점에서 고대 서양과 중국의 자연관은 어떤 차이가 있는가를 연구하는 글들이 많이 나오고 있다. 『일곱 주제로 만나는 동서비교철학』의 첫 번째 주제도 서양과 중국의 자연관 비교로, 원자론原子論과 원기론元氣論을 들고 있다.

탈레스 이후 만물의 근원이 무엇인가에 대한 여러 설이 나왔는데, 헤라클레이토스는 만물의 근원은 불이라고 주장하면서 동시에 만물은 끝없이 변화한다는 것을 강조하였다. 이에 대해 파르메니데스는 그것은 오감으로 본 속견이고 실재의 존재는 변하지 않는 것임을 강조하였다. 변화와 불변, 이 양자의 모순을 풀기 위해 엠페도클레스는 다원론을 제시한다. 즉 변화하지 않는 최소의 단위인 땅, 물, 공기, 불이 서로 결합하고 분리하면서 변화한다는 주장을 펼쳤던 것이다. 그는 이 네 가지 원소가 서로 결합하고 분리되는 것은 사랑과 미움의 힘 때문이라고 주장하였다. 뒤를 이어 나온 것이 바로 원자론인데 레우키포스가 제창하고 데모크리토스가 완성한 학설이다.

레우키포스는 이 우주는 텅 빈 공간과 속이 꽉 찬 원자들로 이루어져 있다고 주장하였는데, 원자들이 움직이기 위해서는 빈 공간이 필요하다고 생각하였던 것이다. 이는 파르메니데스의 공간부정론을 극복하기 위해서 나온 이론으로, 레우키포스는 최초로 빈 공간과 물질을 구분한 철학자이다. 데모크리토스는 레우키포스의 이론을 발전시켜 유물론적·기계론적 원자론을 확립하였다. 그에 따르면 태초부터 원자들은 공간상에 존재했고 만물은 원자들의 결합과 분산이라는 운동에서 나온 산물이다. 그리고 원자의 운동은 원자 고유의 속성이며, 사랑과 미움 같은 것은 없고 신의 목적이나 계획 같은 것도 없다. 또한 원자 자체는 아무런 질적 차이가 없으며 원자가 어떤 구조를 이루는가에 따라 사물의 질적 차이가 나타난다. 그의 주장은 근대서양의 과학적 세계관과 놀라울 정도로 일치한다.

플라톤은 이 세계가 단순한 원자의 운동일 수 없다고 생각하여 원자론을 철저하게 무시하였고, 아리스토텔레스는 원자론으로는 운동의 원인을 제대로 설명할 수 없다고 생각했다. 에피쿠로스는 원자론을 지지하였지만 그 영향력은 크지 않았다. 원자론은 긴 세월 묻혀 있다가 르네상스 이후 다시 부활하였다. 레오나르도 다빈치와 브루노, 갈릴레이 등이 다시 원자론에 관심을 가졌으며, 피에르 가상디가 근대적 원자론을 주장하였으며, 뉴턴과 존 돌턴을 거쳐 실험에 바탕을 둔 과학적 원자론이 탄생한다. 20세기 초 양자역학이 나오면서 원자론은 큰 타격을 입었지만 아직도 그 위력은 대단하다.

기는 춘추전국시대 이래로 여러 문헌에서 자주 등장하는데 그 개념이 무척 복잡하고 다양하다. 그러나 여기서 논하는 원기론과 직접적으로 관련이 있는 언급은 그다지 많지 않다. 일단 먼저 유가를 살펴보면 공자의 기에 대한 언급은 횟수도 적지만 철학적인 의미와는 관련이 없다. 맹자는 우리에게 친숙한 호연지기浩然之氣나 야기夜氣 등을 제창하였지만, 그것들은 만물의 근원과는 별로 상관이 없다.

유가에서 비록 초보적이기는 하지만 만물의 근원과 관련이 있는 기를 언급한 사람은 순자다. 순자는 "물과 불은 기가 있지만 생명은 없고, 초목은 생명은 있지만 지각이 없고, 금수는 지각은 있지만 의리가 없고, 사람은 기, 생명, 지각도 있고 게다가 의리도 있어서 만물 중에 가장 존귀하다"라고 주장하였다. 이 속에는 기가 만물의 바탕이라는 주장이 담겨 있다.

잠시 아리스토텔레스의 분류법과 비교해보자. 그는 무생물은 아무런 생명력이 없는 것이고, 식물은 성장과 생식의 기능만 있고, 동물은 그 위에 감각과 운동의 기능이 있고, 사람은 그 위에 사유의 기능이 있다고 주장했다. 순자에게는 의리야말로 사람다움의 기준이었던 반면 아리스토텔레스는 사유기능을 인간의 본질로 생각했다. 이를 보면 역시 동양은 윤리를, 서양은 지성을 강조하였음을 알 수 있다.

도가는 유가에 비해 만물과 기의 관계에 대한 논의가 풍부하다. 먼저 노자는 도가 만물을 낳는데 만물은 음을 등에 지고 양을 끌어안고 충기 沖氣로써 조화를 이룬다고 주장하였다. 충기에 대해서는 설이 분분한데 대략 텅 비어 있으면서도 끊임없이 운동하는 기운이라는 뜻이다. 장자는 사람이 태어나는 것은 기가 모이기 때문이며 기가 모이면 살고 기가 흩어지면 죽는다고 말하고, 온 천지는 다만 하나의 기일 뿐이라고 주장하였다. 또한 기는 비어 있으면서도 만물을 받아들이는 것이라고 주장하였다.

만물과 기의 관계에 대한 논의는 전국시대 후기에 나온 『관자管子』를 거쳐 한나라 초의 『회남자淮南子』에 이르러 비로소 체계화된다. 『관자』에서는 만물의 정기가 어우러져 오곡이 되고 별이 되고 귀신이 되고 성인이 된다는 주장이 나온다. 『회남자』에서는 도는 허확虛霩에서 비롯되는데 허확이 우주를 낳고, 우주가 기를 낳고, 기가 천지를 낳고 나아가 사시와 만물을 낳는다고 주장하여 본격적으로 우주발생론적인 차원에서 기를 논하고 있다. 참고로 허확은 텅 비고 탁 트인 모습을 가리키는 것인데, 여기서는 우주 창조 이전의 상태를 가리키는 말로 쓰였다. 형상성이 풍부한 형용사를 고도의 형이상학적 의미를 담고 있는 추상명사로 사용하고 있는 좋은 예다.

천인감응 사상으로 유명한 동중서는 처음으로 원기라는 용어를 사용하였는데, 왕충은 이를 발전시켜 유물론적 원기론을 확립하였다. 그에 따르면 원기는 천지의 정미精微함이고 만물의 탄생은 모두 원기에서 나온 것이다. 또한 사람은 태어나기 전에는 원기 속에 있다가 죽은 뒤에는 다시 원기로 복귀한다고 주장하였다. 그리고 기는 스스로 나오고 스스로 일어나고 스스로 변화한다고 주장하였다. 왕충은 중국철학사에서 최초로 기를 최고 범주로 삼아 기일원론氣一元論을 전개한 사람이다.

북송의 장재는 기일원론을 더욱 발전시켰는데 우주의 시초인 태허太虛

가 기를 낳은 것이 아니라 태허 자체가 바로 기라고 주장하였고, 도에서 기가 나온 것이 아니라 기의 변화를 도라고 부르는 것이라고 주장하였다. 뿐만 아니라 허공이 바로 기라는 것을 알게 되면 유와 무, 은미한 것과 드러난 것 등은 모두 다 하나가 된다고 주장하여 기는 유와 무를 통괄하고 있음을 강조하였다. 장재의 기일원론은 이理를 중시하는 주자학과 양명학에 눌려 빛을 보지 못하였으나 명말청초의 대학자 왕부지王夫之의 지지를 받으면서 다시 유행하게 된다.

이상으로 원자론과 원기론을 간략하게 살펴보았다. 『일곱 주제로 만나는 동서비교철학』에서 리즈린은 양자의 차이를 개체성과 총체성, 단절성과 연속성, 유형성과 무형성, 구조성과 작용성, 조합성과 변화생성성, 기계론적 성격과 변증법적 성격, 사변과 직관 등으로 설명한다. 원자는 하나의 개체이고 다른 원자와는 단절되어 있고 작아도 하나의 형체가 있지만, 기는 총체이자 하나로 연결되어 있고 구체적인 형체가 없다. 원자론에서는 원자의 구조와 다른 원자들과의 조합이 중시되지만 원기론에서는 만물을 변화·생성시키는 작용이 중시된다. 그리고 원자론에서는 기계론적 운동을 중시하고 그 법칙을 찾으려고 하지만, 원기론에서는 음양과 동정動靜이 서로 대립하면서도 화합하는 변증법적인 성격을 지니고 있다. 마지막 사변과 직관 항목은 굳이 다시 설명할 필요가 없을 것이다.

끝으로 서양철학의 사원소설과 중국철학의 오행에 대해 간략하게 살펴보자. 물, 불, 흙, 공기의 사원소설은 엠페도클레스에서 나왔다기보다는 인도유럽어를 사용하는 사람들의 공통적인 자연관이라 할 수 있다. 인도에서도 그리스와의 교류가 있기 전부터 사원소설이 있기 때문이다. 근대 과학적 원자설이 나오기 전까지 유럽인들의 사유를 지배하였던 것은 데모크리토스의 원자설이 아니라 이 사원소설이다. 플라톤과 아리스토텔레스의 지지를 받았기 때문이다.

물, 나무, 불, 흙, 쇠의 오행설은 춘추전국시대에 이미 등장하였지만, 이 시기는 주로 자연현상을 설명하는 데 그쳤다. 그러나 한나라 이후에는 의학으로 영역이 확장되어 인체와 밀접한 관계를 지니게 되었고 유가사상에까지 영향을 주어 동양인들의 자연관, 인생관에 절대적인 영향을 끼쳤다. 예컨대 우리나라의 동대문을 흥인지문이라 하고, 남대문을 숭례문이라 부르는 것도 다 오행에서 나온 것이다. 오행에서 동방은 나무이고 유교의 오상五常 가운데는 인에 해당한다. 남방은 불이고 예에 해당한다.

사원소와 오행은 겉으로 보아서는 약간 중복되는 것도 있어 상당히 유사해 보이지만 사실 근본적으로 다른 것이다. 원자론과 원기론의 차이와 같다. 사원소설이 더 발전하여 원자설이 되었고 오행은 원기설의 하위개념이다.

사원소는 사물을 이루는 기초 단위이므로 기본적으로 형태를 지닌 실체이고, 따라서 구조를 지니고 있는 것이다. 플라톤이 『티마이오스』에서 불은 정사면체, 물은 정이십면체, 공기는 정팔면체, 흙은 정육면체라고 주장하였던 것이 그 좋은 예이다. 그러나 오행은 표면상으로는 구체적인 물질을 가리키지만 실제로는 어떤 형태나 구조를 지닌 원소 개념이 아니다. 그것은 무형의 기운이고 그 기운의 상태나 작용을 지칭하는 것이다. 예컨대 물은 양의 기운이 안으로 응축되고 음이 그를 둘러싸고 있는 상태 혹은 그렇게 만드는 작용을 가리키는 것이고, 불은 양의 기운이 밖으로 왕성하게 발산하여 속으로는 허해지는 상태 혹은 그렇게 만드는 작용을 지칭하는 것이다. 오행은 기본적으로 사계절의 변화와 밀접한 관련이 있는데, 이런 사시의 변화를 일으키는 기의 작용을 물, 불, 흙, 나무, 쇠 등의 사물에 기탁해서 지칭한 것이다. 그렇기 때문에 오행으로부터 인체의 오장, 오색, 오음 등등 수많은 것들이 파생되어 나오지만 오행의 핵심개념은 방위와 계절이 되는 것이다.

대립적 이원론의 서양철학, 상보적 이원론의 중국철학

나와 세계, 하늘과 땅, 위와 아래, 안과 밖, 남과 여, 낮과 밤 등의 이원성은 세계를 파악하는 기본구조이다. 물론 더 깊게 들어가면 더욱 복잡하게 나눌 수 있겠지만 세계를 구분하는 기본 틀은 역시 이원성이다. 이원성의 구체적인 내용이야 지역과 시대에 따라 차이가 있겠지만 이원성을 세계를 바라보는 기본 틀로 삼는 것은 동서고금을 막론하고 동일하다. 그런데 동양의 이원론과 서양의 이원론은 그 성격에서 큰 차이가 있다. 서양은 이원성을 확실히 대립적인 것으로 파악하는 데 비해 중국은 그것을 상호보완적으로 바라보는 경향이 있다.

서양에서 유신론과 무신론, 유물론과 유심론 등은 확연히 나누어질 수 있으며 서로 양보할 수 없는 입장을 지니고 대립한다. 중세와 근세 초기에 얼마나 많은 사람들이 무신론이라는 이유 하나만으로 크나큰 박해를 받았으며 얼마나 많은 사람들이 유물론과 유심론으로 나뉘어 서로 싸웠던가?

서양철학사에 최초로 대립적 이원론을 주장한 사람은 헤라클레이토스다. 그는 대립자들 사이의 투쟁이야말로 변화의 본질이며 만물의 영원한 조건이라고 주장하였다. 플라톤은 현실세계와 이데아의 세계를 확연히 구분하면서 이데아의 세계를 추구하였고, 아우구스티누스도 이 세계를 지상의 나라와 하나님의 나라의 투쟁으로 보고 결국은 하나님의 나라가 승리할 것이라고 주장하였다. 이 세계를 현실세계과 이상세계로 확연히 나누고 현실세계를 무시하고 이상세계를 추구한다는 점에서 플라톤철학과 기독교는 유사한 부분이 많다.

근대의 초입에서 데카르트는 오랜 세월 유럽 사람들의 의식세계를 지배하던 수많은 종류의 정령, 천사 등의 모호한 존재들을 소탕하기 위하여 이 세상에는 오직 물질과 정신, 둘밖에 없으며 물질의 속성은 부피, 무게 등의 연장延長일 뿐이고 정신의 속성은 사유일 뿐이라고 주장하였다. 그는 사람은 육체라는 물질에 사유할 수 있는 정신이 추가되어 있지만, 개나 고양이 등의 동물은 정신이 없으므로 그저 물질일 뿐이라고 생각하였다. 그들이 움직일 수 있는 것은 그 속에 정교한 기계장치가 있기 때문이라고 여겼다. 데카르트는 자연을 철저하게 수학적·물리적 법칙에 따라 움직이는 하나의 거대한 기계로 파악하였던 것이다.

게다가 그는 사물을 파악할 때는 감각과 주관적인 판단으로 파악해서는 안 되고 순수한 속성인 연장의 양量으로만 파악해야 한다고 주장하였다. 그리고 그 양을 파악하는 가장 좋은 방법은 최소의 단위로 쪼개어 계산하는 것이라고 하였는데, 이것이 바로 환원주의와 계량주의이다. 이러한 데카르트의 기계론적 세계관과 방법론은 근대 서구의 과학적 세계관의 기초가 되었다. 또한 자연을 정신과는 아무런 상관이 없는 단순한 물질로 파악하는 대립적 이원론은 결국 인간의 필요에 따라 자연을 마음껏 개발하고 이용할 수 있다는 정복적인 자연관으로 나아가게 하였다.

이렇게 물질과 정신을 확연히 나누는 관점을 지니고 있기 때문에 사람에게 나타나는 현상에 대해서도 확연하게 신체의 작용과 정신의 작용으로 구분한다. 고대인들은 열과 운동은 영혼에서 나온 것이라고 생각하였지만, 데카르트는 열과 운동은 자연계에서 볼 수 있는 속성이므로 신체에 속하는 것이라고 보았다. 심지어 사랑과 미움도 동물정기에서 나온 신체의 작용에 속하는 것으로 보았다. 동물정기란 데카르트가 만든 개념인데 혈액에서 나온 미세한 기체로 심장과 뇌수, 신경, 근육 등을 다니면서 운동하는 것이다. 동물정기를 마음에 전달해주는 매개체는 두뇌의 송과선이다. 그는 놀라움, 사랑, 미움, 욕망, 기쁨, 슬픔, 욕망의 여섯 가지 정념은 모두 동물정기의 작용이 송과선을 통해 마음에 전달된 것이라고 파악했다. 반대로 마음에서 의지를 일으키면 송과선을 통해 동물정기에게 전달되고 그것이 근육에 전달되어 육체적 동작으로 나타난다고 보았다.

　오늘날의 관점에서 보면 동물정기설은 근거가 박약하다. 그리고 사랑이나 미움 따위의 정념을 신체의 작용으로 생각한 것은 지나치다. 요즈음은 그런 현상은 심리학에서 다룬다. 그렇지만 몸과 마음을 대립적 이원론으로 바라보고 몸을 기계론적으로 파악하는 관점은 근대 서양의학의 기초가 되었고 지금도 상당 부분 유효하다.

　중국에서는 그렇지 않다. 물론 중국인들도 사물을 둘로 나누어 보기를 좋아하였다. 『주역』에서는 태극, 음양, 사상, 팔괘, 육십사괘 등 이진법을 이용하여 삼라만상의 변화·발전의 패턴을 설명하였다. 그러나 중국의 음양은 두부 자르듯이 나눌 수가 없다. 장다이녠도 지적하였듯이 음과 양이 서로 꼬리를 물고 있는 물고기 모양의 태극도가 이를 잘 말해주고 있다. 서로 꼬리를 물고 있다는 것은 둘의 관계가 상호 보완적이라는 것을 말해준다.

　이렇게 상호 보완적인 이원론을 강조하면 자연스럽게 그 전체를 하나로 보는 시야가 나올 수 있다. 음양을 하나로 묶어 태극이라는 상위개념을 만들어낼 수 있다. 한자 어휘 중에는 두 개의 대립하는 개념을 묶어서 하나의 단어로 만든 것들이 많다. 우주宇宙, 천지天地, 강산江山, 선악善惡, 시비是非, 미추美醜 등 헤아릴 수 없이 많다. 심지어 무지개조차도 암수를 합쳐 홍예虹霓라고 한다. 한나라 초기에 나온 중국 최초의 사전 『이아爾雅』에는 "쌍무지개가 떴을 때 색깔이 선명하고 왕성한 것을 숫무지개 '홍虹'이라 하고, 색깔이 어두운 것을 암무지개 '예霓'라 한다"는 풀이가 있다. 아득한 고래로부터 중국인들이 얼마나 대립하는 둘을 합쳐 하나로 보기를 좋아하는가를 잘 보여주는 예다. 우리나라 고궁에서도 흔히 볼 수 있는 홍예문虹霓門, 홍예교虹霓橋 등에서 우리는 중국인의 상보적 사유를 읽을 수 있다.

이렇게 상보성을 중시하기 때문에 중국철학사에서는 한대 이후 유가가 독보적 지위를 차지하였지만 도가사상이 상보적 파트너로 남게 된다. 유가와 도가는 표면적으로는 대립적인 관계였지만 실제로는 서로 상보적이었다. 그래서 중국의 전통지식인들 중에는 큰 갈등 없이 두 사상을 모두 받아들이는 사람도 많았다. 그들은 정치나 사회윤리에서는 유가사상을 따르고, 개인적 종교나 예술 등에서는 도가사상을 수용하였다. 불교가 들어온 뒤에도 낮에는 유가의 경전을 읽고 저녁에는 불경을 읽는 지식인도 많았다. 서양에서는 상상할 수 없는 일이다.

이런 상보적 태도는 심신관과 자연관에서도 그대로 나타난다. 예로부터 중국인들은 몸과 마음을 확연히 둘로 나누어 보지 않았고, 둘은 하나임을 강조하였다. 또한 자연에 대한 태도에서도 대립적인 마음으로 정복하려 하기보다는 자연과의 융합을 추구하였다. 무위자연을 강조하거나, 천지는 나와 더불어 나왔고 만물은 나와 하나라는 주장을 하였던 도가는 물론이고 유가 또한 자연에 대해 대립적인 관점은 전혀 보이지 않는다.

송대의 신유학자 장재가 책상 왼쪽에 붙여놓고 늘 마음속으로 새겼던 「서명西銘」에는 "하늘을 아버지라 부르고 땅을 어머니라 일컫는다. 나는 미미하지만 뒤섞여 그 가운데 있다. 천지에 가득 찬 것을 내 기운으로 삼고, 천지를 부리는 것을 나의 성품으로 삼는다. 백성은 나의 동포이고, 만물은 나와 더불어 동류이다"라는 구절이 있다. 천지만물을 가족으로 바라보는 호방함이 가슴을 탁 트이게 만드는 명구이다. 인간과 자연을 하나로 바라보는 상보적 이원론의 전형적인 예이다.

독창성을 중시하는 서양철학, 전통의 권위를 따르는 중국철학

마지막으로 동서의 철학자들의 태도를 비교해보자. 탈레스가 만물의 아르케가 물이라고 주장하자 그의 제자인 아낙시만드로스는 만물의 근원이 눈에 보이는 물질이 되어서는 안 된다고 여겨 아페이론, 즉 무한자를 만물의 근원으로 삼았다. 그러자 그의 제자 아낙시메네스는 무한자를 근원으로 삼을 수 없다고 생각하여 이번에는 공기를 근원으로 삼았다. 같은 밀레토스 학파의 사제관계이지만 서로의 주장이 완전히 다르다.

사실 이들 밀레토스 학파에 관해서는 기록이 불충분하여 그들의 명확한 전승 관계는 알 길이 없다. 그러나 아리스토텔레스의 행적은 자료가 많아 쉽게 추적할 수 있다. 그는 플라톤의 아카데미아에서 무려 20년 가까이 공부했으며 스승이 죽고 난 뒤에 마케도니아 출신이라는 이유로 계승자가 되지 못하자 비로소 아카데미아를 떠났다고 한다. 20년 정도 가르치고 배웠으니 그야말로 확실한 스승과 제자의 관계라고 할 수 있다.

그런데도 아리스토텔레스는 많은 부분에서 플라톤과는 대립적인 견해를 주장한다. 초월적 이데아 대신 형상과 질료를 주장한 것 외에도『시학』에서는 플라톤의 시인추방론을 반대하여 시의 효용성을 주장하며,『정치학』에서는 플라톤의『국가』에서 제시된 재산공유제를 비판하고 플라톤의『법률』에서 제시된 정치체제에 대해 조목조목 비판한다. 이처럼 서양철학에서는 스승이나 선배와 다른 주장을 펼치는 것이 자연스러운 일인데, 이는 독창성을 중시하는 문화적 풍토 때문이다. 그리고 이런 독창성이 없으면 철학사에 이름을 남길 수가 없다.

그러나 중국은 그렇지가 않다. 일단 중국철학의 태두라고 할 수 있는 공자의 사상에 독창성이 그리 많지 않다. 그는 어지러운 천하를 구하기 위해서는 주나라 초기의 주공周公이 만들었던 예악제도를 회복하는 것이 가장 시급한 일이라고 생각했다.『논어』를 보면 노쇠하여 주공을 꿈에서 보지 못하는 것을 한탄하는 구절이 있다. 그만큼 주공을 사모하였고 그가 만들었던 예악제도를 회복시키기 위해 최선을 다하였다. 이를 위하여 고래로부터 내려오던 문헌들을 정리하는 데에 심혈을 기울였다.

이렇게 고전의 정리에 몰두하느라 자신의 독창적인 사상을 정리할 여유가 전혀 없었다. 그것은 스스로 말한 '저술하되 창작하지 않는다(述而不作)'라는 구절에서도 잘 드러난다. 공자의 사상을 연구하는 데 가장 중요한 자료인 『논어』는 공자의 저서가 아니라 제자들이 그의 언행을 기록한 것이다. 『논어』를 통해 알 수 있는 공자사상은 대략 인仁과 예禮, 덕치주의와 정명正名사상 정도로 요약될 수 있다. 중국문화에 끼친 공자의 영향력이야 막대하지만 철학자로서의 독창성은 별로 크지 않다. 플라톤이 수십 권의 저서를 남긴 것과는 대조된다.

후대 유가철학의 발전 또한 공자의 성향을 크게 벗어나지 못하였다. 맹자와 순자 정도가 공자의 사상을 이어받아 약간의 독창적인 설을 펼쳤을 뿐, 한나라에 들어 유가철학이 국교가 된 뒤에는 천년 동안이나 경전의 주석註釋에만 매달렸을 뿐 독창적인 설을 제시하지 못하였다. 송대에서 명대에 이르는 시대에 신유학자들이 잠시 독창적인 학설을 제창하였지만, 청대에 들어서는 다시 경전의 고증에 매달렸다.

한당대漢唐代의 유학과 송명대宋明代의 신유학의 가장 큰 차이점이 중시하는 경전의 차이에 있다는 것은 주지의 사실이다. 한당대에는 시, 서, 역, 춘추, 예 등의 오경五經을 중시하였는데, 송대의 신유학자들은 기존의 오경이 너무 방대하다고 여겨 『예기』의 「대학」 편과 「중용」 편을 독립시키고 『논어』와 『맹자』를 합쳐 『사서四書』를 만들어 이를 학문의 중심으로 삼았다. 주희의 저서 가운데 후대 가장 큰 영향력을 행사한 것은 바로 『사서집주』이다. 이로 보아 유가철학에서 주석이 얼마나 중요한 역할을 하는지를 알 수 있다.

동양철학에서 주석은 단순히 경전에 대한 자구해석에 그치는 것이 아니라 때로는 자신의 사상을 펼치는 도구로 쓰였다. 주희의 『사서집주』는 단순히 사서에 대한 자구 풀이가 아니다. 일단은 전통적인 주석 체계에 따라 글자의 발음과 뜻에 대한 풀이를 하고 이어서 문장에 대한 기본적인 해석을 한다. 그런 뒤에 송대의 선배 신유학자들의 설을 중심으로 역대 제가의 설을 취사선택하여 열거하고 간혹 자신의 견해도 제시한다. 『사서집주』는 표면적으로는 이전 시대 학자들의 여러 설을 집대성한 형태를 취하고 있지만 사실은 자신의 사상을 펼친 것이다. 여러 설들의 취사선택의 기준은 결국 자신의 사상에서 나온 것이기 때문이다.

유가만이 아니라 도가 또한 마찬가지이다. 노자의 『도덕경』 이후 장자가 등장하여 자신의 독창적인 저술을 내었을 뿐, 그 뒤로는 도가사상을 빛내는 새로운 저서가 없다. 위진시대에 등장한 요절한 천재사상가 왕필은 무無의 철학을 제창하여 유명한데, 그의 철학적 주장은 새로운 저서에서가 아니라 『노자주老子注』 속에서 펼쳐진다. 왕필보다 조금 뒤에 활약하였던 곽상郭象 또한 마찬가지이다. 그는 만물이 조물주에 의해서 나오는 것도 아니고 무에서 나오는 것도 아니고 제각각 독립적·자족적으로 저절로 생겨서 변화한다는 독화론獨化論을 주장하여 철학사의 한 페이지를 장식하였다. 이 또한 그의 주석서 『장자주莊子注』에 나오는 것이다. 이로보아 중국철학자들은 대체로 자신의 독창적인 저서를 내기보다는 기존의 저서에 주석을 달면서 자신의 사상을 펼쳤음을 알 수 있다.

화이트헤드는 역저 『과정과 실재』에서 모든 서양철학사는 플라톤의 주석이라고 주장하였다. 사실 어느 문화권에서나 초기에 그 방향을 제시한 인물의 영향력은 절대적이다. 플라톤은 방대한 분량의 저서를 통해 당시 사람들이 관심을 가지고 있던 거의 모든 분야를 철학적으로 정리하였다. 그 영향력이 워낙 크기 때문에 서양철학 전체는 플라톤 사상의 재해석에 불과하다고 볼 수도 있다. 그러나 후대의 서양철학자들은 플라톤을 열심히 공부하고 그의 사상을 많이 참고하였지만, 거기에 주석을 다는 데 심혈을 기울이지는 않았다. 플라톤의 사상을 존중하였지만 거기에 머물지 않고 그를 바탕으로 자신의 새로운 사상을 펼치려고 노력하였다. 때문에 서양철학은 훨씬 다채로워 보인다.

이에 비하면 중국은 확실히 별로 다채롭지가 않다. 중국철학사 전체에서 가장 독창성이 많고 다양성이 꽃피어났던 시기는 초기였던 제자백가 시대였다. 그래서 지금도 중국인들은 여러 사상가들이 다투어 일어나 논쟁을 펼치는 것을 백가쟁명百家爭鳴, 백화제방百花齊放이라고 한다. 한나라 이후의 중국철학은 대체로 공자의 주석, 노자의 주석, 그리고 인도에서 건너온 석가모니의 주석에 그치고 있다. 오죽했으면 펑여우란의 『중국철학사』는 중국철학사 전체를 아예 제자백가가 활약하였던 자학시대子學時代와 그 이후의 경학시대經學時代, 둘로 나누어 정리하였겠는가.

중국철학을 너무 간략화시켜 바라보는 것이 아니냐는 반문이 있을 수 있다. 물론 2500년의 유구한 역사를 지닌 중국철학사 속에는 독특한 개성을 지닌 사상가들이 많이 있다. 그러나 서양과 비교할 때 개개의 독창성을 중시하기보다는 전통의 권위를 더 많이 따르는 것이 사실이다.

전경의 아름다움을 추구하는 서양철학,
배경과의 조화미를 찾는 중국철학

이상으로 원자론과 원기론, 대립성과 상보성, 독창성의 중시와 전통의 고수 등에 대해서 살펴보았는데, 사실 이들은 겉으로는 서로 다르지만 그 속에 담겨 있는 미감을 들여다보면 하나의 공통점이 있다. 먼저 원자론과 원기론에 나타나는 미감을 살펴보자.

앞에서 미학자 장파가 서양의 문화정신과 중국의 문화정신을 비교하면서 첫 번째로 든 것이 실체와 허공의 분리 여부이다. 서양은 실체를 허공으로부터 확실히 분리해서 파악하기 때문에 유와 무를 대립시키고 유에 초점을 맞출 수 있었다. 이에 비해 중국에서는 허공과 실체가 분리되지 않은 기의 세계를 중시하기 때문에 유무상생하면서도 무에 초점을 맞추었다. 그는 바로 이 첫 번째 특징으로부터 형상과 작용의 대비, 그리고 명료함과 모호함의 대비를 이끌어낸다.

장파의 주장은 사실 리즈린이 주장한 원자론과 원기론의 대비에 매우 가깝다. 실체는 원자보다 포괄적인 개념으로 서양철학 전체의 핵심 주제 가운데 하나이다. 그런데 원자론과 관련시켜 바라보면 그의 주장을 더욱 명료하게 이해할 수 있다. 앞에서도 보았듯이 최초로 허공과 실체를 분리하였던 사람은 바로 원자론의 창시자인 레우키포스였다. 그렇게 허공과 실체를 분리할 수 있었기 때문에 그들은 원자의 구조 혹은 운동의 법칙에 더욱 집중할 수 있었다. 그에 비해 원기론에서 주장하는 기는 허공과 실체가 분리되지 않기 때문에 유와 무의 구분이 모호하다. 기일원론의 대표주자인 장재는 태허太虛가 바로 기라고 주장했는데, 태허란 그냥 아무것도 없는 텅 빈 무가 아니라 유와 무가 통합된 무이다.

리즈린이 말한 원자론과 원기론의 차이, 장파가 말한 동서양 문화정신의 차이를 미학적으로 설명하자면 바로 전경미를 중시하는 태도와 배경과의 조화미를 찾는 태도의 차이라고 할 수 있다. 실체를 전경이라고 한다면 허공은 그 실체가 활동하는 텅 빈 공간이기 때문에 배경이라고 할 수 있다. 실체를 허공으로부터 분리시켜 그것을 집중적으로 탐구하는 것은 사진기법으로 말하면 바로 자신이 강조하고 싶은 피사체를 부각시키기 위해 배경을 흐리게 처리하는 것과 같고, 그것은 바로 전경미를 추구하는 것이다.

이에 반해 중국에서는 허공과 실체가 어우러진 기를 강조하는데 그것은 피사체를 배경과 어우러지게 찍는 기법과 같다. 바로 전경을 그다지 강조하지 않고 배경과의 조화미를 강조하는 것이다. 전경과 배경이 어우러지면 얼핏 볼 때는 배경만 보이는 것 같아 전경의 존재감은 없는 것처럼 보인다. 그러나 그 무는 전경이 배제된 배경과는 달리 전경을 머금고 있는 배경이기 때문에 유무가 혼합된 무, 즉 속에 유를 머금고 있는 무이다.

리즈린은 서양이 원자론 중심의 세계관을 지닌 데 비해 중국이 원기론의 세계관을 지니게 된 것은 서양이 일찍부터 개체 중심의 사회적 풍토를 발전시켜왔던 데 비해 중국은 집체주의 종법사회 중심의 사회적 풍토를 발전시켜왔기 때문이라고 설명한다. 2장에서 이미 거론하였듯이 서양이 전경미를 강조하는 것은 개인의 능력과 주체성을 존중하는 사회 분위기와 관련이 있고, 중국이 배경과의 조화미를 선호하는 것은 가족, 가문, 씨족 등의 배경을 중시하는 사회 분위기와 관련이 있다. 원자론과 원기론 속에는 바로 이러한 미감의 차이가 숨겨져 있는 것이다.

대립적 이원론과 상보적 이원론도 사실은 전경, 후경과 관련이 있다. 전경을 부각시킨다는 것은 결국 그 대상을 보다 선명하게 바라보려는 태도와 관련이 있다. 이렇게 하나의 대상을 강하게 부각시키려면 당연히 그 대상과 짝이 되는 대상과의 차별성을 강화해야 한다. 그래야 그 대상의 특징이 더욱 명료하게 드러나기 때문이다. 이렇게 차별성이 강화되어 그 대상의 특징이 명료하게 드러나게 되면 자연스럽게 대립적인 관계로 보인다. 장파가 이미 지적하였듯이 허공으로부터 실체를 분리시키는 태도는 바로 허공과 실체의 대립, 즉 유와 무의 대립으로 나타난다.

서양은 대체로 이원성을 확연하게 분리시키는 것을 좋아한다. 심한 경우에는 둘 사이에는 아무런 교류가 있어서는 안 되고, 또한 서로 뒤섞이지 말아야 한다고 본다. 예컨대 데카르트는 정신의 작용이 자연에 직접적으로 영향을 미치는 일은 있을 수 없으며, 그것을 인정하는 것은 자연을 엉망으로 만드는 것일 뿐만 아니라 정신을 모독하는 것이라고 여겼다. 데카르트의 관점에서 보면 동중서의 천인감응설의 영향을 받아 극심한 가뭄 때에 스스로 근신을 하고 죄수들을 풀어주었던 조선시대의 임금의 행위는 정신을 모독하는 행위이다.

데카르트는 이렇게 자연과 정신을 더욱 확연히 분리시킴으로써 정신의 특징을 더욱 뚜렷하게 부각시킬 수 있었고 동시에 자연의 특징도 더욱 확실하게 드러낼 수 있었다. 즉 신이 인간의 정신에 부여한 이성적인 사유의 능력은 더욱 강조되고 아울러 어떠한 정신적인 요소도 완전히 배제된 자연의 물질성이 보장될 수 있었다. 이를 바탕으로 철학자는 인간 이성의 힘을 더욱더 신뢰하고 과학자는 신학의 간섭에서 벗어나 더욱 자유롭게 자연에 대한 탐구에 박차를 가할 수 있었다.

만약 전경을 부각시키지 않고 배경과의 조화미를 강조하면 어떻게 될까? 전경과 배경이 명료하게 구분되지 않아 둘은 하나인지 둘인지 모호하게 보일 것이다. 물론 때에 따라서는 둘을 분명히 나눌 수 있다. 인물을 부각시키지 않고 풍경과 같이 처리해서 찍어도 인물은 인물이고 풍경은 풍경이다. 그러나 때로 인물은 풍경의 한 부분처럼 보여 풍경과 인물의 구분이 모호하다. 중국인들이 자주 쓰기 좋아하는 표현인 불일불이不一不二가 바로 그것이다. 둘이 완전히 하나인 것도 아니고 그렇다고 해서 둘을 확연하게 분리하기도 힘들다. 그리고 이것을 도형으로 형상화하면 바로 물고기 태극도와 같이 분명히 둘이 구분되지만 서로 맞물려 있어 확연히 나눌 수 없는 모양이 된다.

중국에서도 자연과 인간은 분명히 둘이다. 그러나 서양처럼 두부 자르듯이 확연히 나누어지지 않는다. 둘은 서로 어우러져 있다. 굳이 장자처럼 천지만물과 내가 하나가 되는 깊은 명상적 체험을 하지 않아도, 동중서처럼 사람의 신체구조가 하늘의 구조와 같다고 보아 사람의 신체에는 1년 366일에 해당하는 366개의 작은 마디가 있고 12개월에 해당하는 큰 마디가 있고 오행에 해당하는 오장이 있고 사계절에 해당하는 사지가 있다고 주장하지 않아도, 장재처럼 하늘을 아버지라 부르고 땅을 어머니라 부르지 않아도, 육상산처럼 천지의 일이 내 마음의 일이고 내 마음의 일이 천지의 일이라는 깨달음을 얻지 않아도 된다. 보통 사람에게도 인간은 자연과 더불어 살아가는 존재이고 자연 속의 한 부분인 것이라는 것이 상식으로 여겨졌다. 배경과의 조화미는 동양인의 삶 속에 자연스럽게 스며들었던 것이다.

서양이 독창성을 더 중시하였던 데 비해 중국철학자들이 먼저 전통의 권위를 존중하면서 그런 뒤에 자신의 사상을 펼쳤던 것 또한 전경미를 강조하는 태도와 배경과의 조화미를 추구하는 태도와 관련이 있음은 쉽게 짐작할 수 있다. 전경의 아름다움을 더욱 부각시키는 사회적 토양 속에 활동하는 사람들은 개성과 독창성을 더욱 강조할 수밖에 없고, 배경과의 조화미를 더욱 강조하는 사회적 분위기 속에서 살아가는 사람들은 아무래도 자신이 속한 학파나 자신들의 스승을 존중하며 그 사유의 세계를 크게 벗어나지 않으려 하는 경향이 강할 수밖에 없다.

철학의 성격 차이 또한 큰 이유 중 하나다. 서양에서 철학이란 논리성을 바탕으로 지적 탐구를 추구하는 학문이어서 자신의 논리를 바탕으로 독창적인 설을 펼치는 것이 더욱 중요한 반면, 중국에서는 철학은 단순한 지적 탐구가 아니라 실천철학이며 동시에 종교와도 관련이 있기 때문에 권위가 중시될 수밖에 없다. 서양에서도 철학이 아닌 종교의 영역에서는 경전의 권위는 막강하다. 사실 공자의 영향력은 서양에 비교하자면 소크라테스나 플라톤보다 예수에 더 가깝다. 노자 또한 철학자라기보다는 성인으로 받아들여졌다. 석가는 처음부터 종교의 창시자이기 때문에 더 말할 것도 없다. 어찌 됐든 중국철학이 서양철학에 비해 고대의 위대한 스승의 그늘에서 벗어나지 못하였던 것이 사실이다. 그러다 보니 서양철학에 비해 정체된 느낌을 준다.

지금까지 설명에서 알 수 있듯이 문화정신이나 세계관과 행동양식은

한 집안의 형제이므로 서로 닮을 수밖에 없다. 그리고 이것을 하나로 꿰뚫어 설명할 수 있는 것은 바로 전경과 배경의 심미관이다. 이런 측면에서 볼 때 전경미와 배경미는 동서 문화의 차이를 이해하는 데 매우 중요한 관건이 아닐 수 없다.

아름다움의 관점에서 볼 때 양자는 우열을 가릴 수 없다. 전경의 아름다움을 부각시키는 것이나 배경과의 조화미를 추구하는 것이나 모두 나름대로 아름다움을 지니고 있기 때문이다. 그러나 현실 속에서는 전경의 아름다움을 부각시키는 것이 훨씬 강력한 힘을 발휘한다. 전경에 에너지를 집중할 수 있어 빠른 시간에 확실한 효과를 도출해낼 수 있기 때문이다.

서양은 근대 이후 원자론적 관점 아래 자연을 정복의 대상으로 삼아 쪼개고 분석하면서 과학을 빠른 속도로 발전시켰다. 기존의 학설과는 다른 독창적인 학설을 발표하는 것을 존중하는 분위기도 과학기술의 발전에 큰 도움을 주었다. 그 결과 그들은 세계를 지배할 수 있게 되었다. 그러나 빠른 것이 반드시 좋은 것은 아니다.

근대 이후 서양인들은 그들의 과학기술력과 합리적 이성의 힘에 대해 무한한 자부심을 지니게 되었다. 그러나 두 차례의 참혹한 세계대전을 겪으면서 과학기술력의 폐해를 절감하였던 것은 물론이고 그들이 그토록 신뢰하던 합리적 이성 자체에 대해서도 큰 회의를 품게 되었다. 아직도 과학기술력에 대한 환상은 계속되고 있지만 동시에 핵무기를 포함한 과학기술력의 반대급부가 인류를 위협하고 있다. 특히 자연 파괴, 환경오염으로 인한 기상 변동 등이 심각한 문제를 야기하면서 이제는 인간과 자연의 공존이 인류의 큰 화두로 다가오게 되었다.

이에 따라 자연과 인간의 관계를 상보적으로 바라보는 동양적 세계관, 동양철학에 대한 관심도 점차 고조되고 있다. 배경과의 조화미를 살펴야 할 때가 온 것이다. 또한 과학의 발달에 따라 우주의 실재 모습이 원자론이나 대립적 이원론으로는 설명할 수 없는 부분이 많다는 주장도 나오고 있다. 20세기 초의 양자역학자 닐스 보어가 입자와 파동의 상보성 이론을 주장하면서 태극도를 제시한 것은 유명한 예 가운데 하나이다. 이제 동양철학과 서양철학 자체도 대립적인 관점에서 볼 것이 아니라 상보적인 관점에서 바라보아야 한다. 자신의 장점과 단점을 냉정하게 분석하고 서로의 장점을 수용하면서 더 큰 차원의 통합을 모색해야 할 때이다.

지금까지 동서 철학의 차이에 대해서 간략히 살펴보고 그 속에 담겨 있는 미감의 차이를 언급하였다. 덩치가 큰 대상을 비교하는 것은 참으로 어렵다. 게다가 철학을 아름다움의 관점에서 비교하는 것은 처음 시도하는 일이라 더욱 힘들었다. 사실 사유의 아름다움이라는 것 자체가 참으로 모호하다. 보는 각도에 따라서는 얼마든지 다른 아름다움을 끄집어낼 수도 있을 것이다. 모호함과 오류를 피할 수는 없겠지만 그래도 동서 철학에 대한 거시적인 안목을 가지게 하는 데는 일조를 할 수 있으리라 기대해본다.

통일된 플롯의 강렬함,
수렴된 감정의 절제미

이 장의 주제는 서양문학과 중국문학의 비교다. 그런데 중국문학은 오랜 세월을 거치면서 많은 변화에도 불구하고 하나의 덩어리로 존재하고 있지만, 서양문학은 하나의 덩어리로 보기가 어렵다. 로마제국의 멸망 이후 서양은 언어권과 민족권에 따라 여러 나라로 분열되었다. 철학, 회화, 음악, 건축 등도 각 나라에 따라 차이가 조금씩은 있지만 대체로 하나로 통합할 수 있는 데 비해 언어를 매개체로 삼는 예술인 문학은 하나의 덩어리로 묶기가 쉽지 않다. 그래서 서양철학사, 서양회화사, 서양음악사 등의 타이틀을 붙인 책은 부지기수이지만 서양문학사를 제목으로 삼은 책은 드물다. 그러나 크게 보았을 때는 철학이나 회화, 음악 등과 마찬가지로 문학도 하나의 덩어리로 다룰 수가 있을 것이다.

중국문학은 기나긴 세월 동안 실로 많은 작가와 작품을 배출하였으며 다양한 장르를 발전시켜왔다. 서양문학 또한 마찬가지다. 고대에는 사용된 언어도 제한되어 있었고 작품의 양도 그리 많지 않았지만, 중세 이후 다양한 언어의 문학이 태동하면서 그 양은 기하급수적으로 불어난다. 이 장에서는 아무래도 가장 기본적인 특징들을 중심으로 이야기가 진행될 수밖에 없다. 우선 문학형식의 기본적인 요소들이 어떻게 다른지 그리고 어떻게 발전하였는지에 대해 먼저 언급하고, 중국문학과 서양문학에 나타나는 미학적 차이를 대교약졸의 관점에서 언급하고자 한다.

서사와 카타르시스,
서정과 잔잔한 울림

서사시와 극시를 중심으로 발전한 서양문학

　　문학의 여러 장르 가운데 그 기원이 가장 오래된 것은 시이다. 시의 기원은 일반적으로 고대 원시사회에서 풍년이나 다산을 비는 제례의식에서 읊었던 주문이나 집단작업을 할 때 공동체의식의 고양과 생산성의 향상을 위해서 리듬을 맞추어 노래를 부르는 노동요 등에서 유래된 것으로 추정된다. 그리고 아직 문자가 나오기 전에 씨족이나 부족 등의 공동체에서 자신들이 숭배하는 신이나 영웅들의 이야기, 역사, 관습, 규율 등을 전수할 때 아무래도 기억하기 편리하고 듣는 사람에게도 쉽게 감동을 주기 위해 운율 있는 문장의 형태를 선호하였을 것이다. 세월이 흘러가면서 전문 낭송인뿐만 아니라 전문적인 작사자가 등장하여 그것들을 더욱 유려한 운문으로 다듬었을 것이다. 이것들이 나중에 문자로 정착되면서 각 지역 문학사의 앞머리를 장식하게 된 것이다.

　　서양문학과 중국문학을 비교해보면 일단 가장 두드러진 특징은 서양문학의 출발이 서사시와 극시를 중심으로 전개된 데 비해 중국문학은 서정시를 중심으로 출발하였다는 사실이다. 서양문학의 원류가 되는 그리스의 맹인 시인 호메로스의 『일리아스』와 『오디세이아』는 모두 트로이전쟁을 소재로 삼은 영웅 서사시다.

『일리아스』는 10년에 걸친 기나긴 트로이전쟁 중에서 전쟁의 막바지에 일어난 중요한 사건인 아킬레우스의 분노를 중점적으로 다룬다. 아킬레우스는 아가멤논에게 자신의 여자를 빼앗기자 극도로 분노하여 전쟁 불참을 선언한다. 그러다 친구인 파트로클레스가 트로이의 왕자 헥토르와 싸우다 전사하자 복수를 위해 분노를 풀고 전장에 나선다. 아킬레우스가 헥토르를 죽인 뒤 시신을 돌려주지 않자 프리아모스가 찾아와서 하소연하여 결국 시신을 되돌려 받아 장례를 치른다. 총 24편에 무려 15,000행이나 되는 방대한 규모를 자랑하지만 실제적으로 사건들을 묘사하는 기간은 총 50일밖에 되지 않고, 그 가운데서 간단한 언급만으로 처리하는 기간이 42일이기 때문에 실제 사건의 묘사기간은 겨우 8일밖에 되지 않는다. 그렇지만 그 속에서 10년 전쟁의 전황을 설명하고 전쟁을 둘러싸고 벌어지는 신들의 갈등을 절묘하게 엮어내고 아킬레우스의 죽음과 트로이의 멸망을 암시한다.

『오디세이아』는 트로이전쟁의 영웅이었던 오디세이아 왕이 전쟁을 마친 뒤 배를 타고 자신의 고국으로 귀향하는 과정을 노래한 영웅담이다. 『오디세이아』도 12,000행의 장편 서사시이고 20년이라는 긴 세월을 다루고 있지만 실제로 다루는 날짜는 40일에 불과하다. 외눈박이 괴물 키클롭스, 오디세이아를 영원히 자기 곁에 두려고 유혹하는 요정 칼립소, 아름다운 목소리로 선원들을 유혹하여 익사하게 하는 사이렌 자매 등의 다양한 인물들이 등장하여 오디세이아의 귀향을 방해하지만 오디세이아는 모든 난관을 뿌리치고 결국 고향으로 되돌아간다. 고향에서는 많은 구혼자들이 아내를 괴롭히고 있었지만 오디세이아는 장성한 아들과 합세하여 구혼자들을 모두 처치하고 마침내 아내 페넬로페와 상봉하게 된다.

『일리아스』가 아킬레우스의 분노라는 하나의 주제를 집중적으로 다루는 데 비해 『오디세이아』는 주제가 복합적이고 스토리도 훨씬 파란만장하다. 전자가 호전적 성향을 지니고 있으면서도 명예를 지극히 중시하는 그리스인들의 기질을 잘 보여주고 있다면, 후자는 일찍부터 무역과 식민지 개척을 위해 수평선 너머 미지의 세계를 향해 두려움 없이 나아가던 그리스인들의 탐험정신을 잘 보여준다. 두 작품 모두 그리스문학 초기의 작품이라고는 믿기지 않을 정도로 구성이 절묘하고 문장도 아름다워 그리스 서사시의 출발인 동시에 종점이라고 불린다. 실제로 그리스에서는 그 뒤이 두 작품을 뛰어넘는 서사시는 나오지 않는다.

그리스 문학사에서 서정시는 서사시에 비해 조금 늦은 기원전 7세기에 출현하였다. 개인의 감정을 노래하는 서정시가 출현하려면 사회가 좀 더 발전하고 경제적 토대가 형성되어야 하기 때문이다. 그리스의 서정시는 디티람보스와 많은 관련이 있다. 디티람보스는 디오니소스 신을 찬양하는 노래를 가리킨다. 그리스의 서정시는 형식에 따라 얌보스, 엘레기, 멜로스 등이 있는데, '얌보스'는 '정열시'라고 번역되고 '엘레기'는 '비가'라고 번역되지만 둘 다 시가의 내용보다는 특정한 시가의 형식을 가리키는 말이다. '멜로스'는 위의 두 가지에 속하지 않는 것으로 일반적인 노래 가사를 가리키는 말이다. 주로 리라라는 칠현금을 노래의 반주 악기로 사용하였기 때문에 후대에는 '리릭'으로 불렸고, 이것이 후대에 가서는 서정시 전체를 대표하는 말로 쓰이게 되었다.

서정시의 대표작가로는 얌보스의 호메로스라 불릴 정도로 유명한 아르킬로코스가 있고, 멜로스의 대가인 여류시인 사포가 있다. 아르킬로코스의 작품은 호메로스의 서사시와 마찬가지로 완성도가 워낙 뛰어나 얌보스의 출발점이자 종점이라고도 불린다. 사포는 자신이 느끼던 사랑의 기쁨과 고통을 서정적으로 잘 표현하여 열 번째 뮤즈라 불릴 정도로 유명하였다. 그녀는 어린 소녀들을 교육하는 역할을 담당하였다. 그러다 보니 그녀의 시에는 여성을 향한 사랑의 감정이 자주 표현되었다. 이 때문에 후세 사람들은 그녀를 동성애자로 여겼는데, 오늘날 여성 동성애자를 가리키는 레즈비언이라는 말은 그녀가 활동하였던 소아시아의 레스보스 섬에서 유래한 말이다. 그러나 그녀에 대한 기록이 워낙 단편적이어서 확실한 것은 알 길이 없다.

기원전 6세기에 이르면 디티람보스 경연대회가 열리기도 하고, 서정시인들의 지위가 점차 올라가면서 직업시인도 등장한다. 그러나 기원전 5세기를 전후하여 극시가 크게 유행하기 시작하자 서정시의 인기는 시들해졌다. 그 이후의 서정시 작품들이 거의 남아 있지 않다는 것이 이를 잘 말해준다.

극시란 극의 형식을 따오거나 극적인 수법을 사용하여 만든 시를 말한다. 고대 그리스에서는 디오니소스 축제 기간 중 연극공연을 상연하는 것이 널리 유행하였다. 이 때문에 연극이 발달하여 많은 문인들이 연극을 위한 극시를 지었다. 극시는 크게 비극과 희극으로 나뉜다. 비극이 주로 왕이나 영웅이 겪는 비극적인 운명을 노래한 것이라면 희극은 보통 사람이거나 혹은 보통 사람보다 열등한 사람을 묘사하였기 때문에 비극이 희극보다 훨씬 더 비중이 높았다. 아리스토텔레스의 『시학』에서 비극을 다루는 부분은 남아 있는데 희극을 다루는 부분은 소실되어버린 것이 이를 잘 말해준다.

그리스비극의 황금기는 페르시아와의 전쟁이 끝나고 아테네가 번영기를 구가하던 5세기 중엽이다. 3대 비극작가 가운데 가장 선배격인 아이스킬로스가 쓴 『오레스테이아』는 트로이전쟁의 영웅 아가멤논 일가의 비극을 다룬 3부작이다. 트로이전쟁을 승리로 이끌고 집에 돌아온 아가멤논은 정숙한 아내를 두었던 오디세이아와는 달리 자신의 사촌동생 아이기

스토스를 정부로 두고 있던 클리타임네스트라에 의해 비참하게 살해당한다. 막내아들 오레스테스는 멀리 도망을 갔다가 세월이 흐른 뒤 아폴론의 신탁으로 아버지의 복수를 하기 위해 돌아와 자신의 누이 엘렉트라와 함께 어머니 클리타임네스트라와 아이기스토스를 죽인다. 그 뒤 오레스테스는 생모살해의 죄책감에 시달리다 나중에 재판까지 받지만 결국 무죄를 선고받고 왕위에 오른다.

이 비극의 주인공인 오레스테스는 나중에 셰익스피어의 비극 『햄릿』의 주인공인 햄릿으로 거듭난다. 물론 르네상스시대의 셰익스피어가 새롭게 창출한 인간 유형인 햄릿은 고대 아테네의 왕자 오레스테스와는 약간 다르다. 그는 오레스테스처럼 바로 모친살해를 감행하지 못한다. 그는 어머니를 살해하지도 못하고 아버지의 원수인 숙부도 과감하게 제거하지 못하고 고뇌하다 결국 자신을 포함한 주변의 모든 사람이 죽어야 하는 더욱 처참한 비극에 처한다. 청출어람인 셈이다.

아이스킬로스보다 더욱 널리 알려진 작가는 『오이디푸스 왕』으로 유명한 소포클레스이다. 『오이디푸스 왕』은 아버지를 죽이고 어머니와 결혼하는 비극적인 운명을 타고난 왕의 이야기다. 이 작품의 뛰어난 점은 이야기의 전개가 시간을 따라 흘러가는 것이 아니라 마치 추리소설의 형식처럼 과거를 파고 들어가는 가운데 비극의 전모가 드러나는 형식을 취하고 있다는 것이다. 테베의 왕인 오이디푸스가 나라에 역병이 돌아 신탁을 통해 그 원인을 묻자 이 나라에 아버지를 죽이고 어머니와 결혼한 천인공노할 행위를 한 자가 있기 때문에 나타난 징벌이라는 답을 듣는다. 그가 범인을 찾으려고 노력하면서 극의 긴장도는 올라가고 점차 클라이맥스로 치닫다가 비극적인 운명을 알아차린 그의 어머니이자 아내인 이오카스테가 자살을 한다. 오이디푸스는 자신의 운명을 저주하며 그녀의 브로치로 자신의 눈을 찔러 맹인이 되고, 그 뒤 걸인이 되어 방랑의 길에 나선다.

오이디푸스 왕의 이야기는 나중에 프로이트에 의해 '오이디푸스 콤플렉스'로 명해진다. 오이디푸스 콤플렉스는 유아기의 남자아이가 어머니를 좋아해서 아버지에게 질투의 감정을 느끼는 심리를 가리킨다. 오이디푸스 콤플렉스와 반대되는 개념이 엘렉트라 콤플렉스이다. 이것은 유아기의 여자아이가 아버지를 좋아하여 어머니에게 질투의 감정을 일으키는 것을 가리킨다. 엘렉트라는 오레스테스의 누이로 아이스킬로스의 『오레스테이아』에도 등장하지만 소포클레스가 쓴 엘렉트라를 주인공으로 비극 『엘렉트라』를 통해 더욱 유명해졌다.

이상으로 고대 그리스 시의 역사에 대해 잠시 살펴보았다. 그리스의 시는 서사시를 출발점으로 서정시, 극시 등의 순서로 발전하였다. 이 중 서정시는 서사시보다 늦게 출발하였고 또한 극시에 밀려 쇠퇴하고 말았다. 고대 그리스의 시는 서사시와 극시가 중심이었던 것이다. 둘은 모두 이야기 중심의 시이지만 차이점도 있다. 서사시가 좀 더 자유로운 시공간 속에서 이야기를 펼쳐나가는 것이라면 극시는 연극을 위한 것이기 때문에 시공간의 제약이 있는 편이다. 서사시는 웅장한 규모 속에서 영웅의 파란만장한 모험을 묘사하여 강렬한 흥미와 뜨거운 감동을 자아내는 것을 중시하는 데 비해 극시, 특히 비극적 내용의 극시들은 극적 긴장감을 높이고 카타르시스라고 하는 일종의 심리적 정화기능의 효과를 중시한다. 서사시와 극시는 이런 차이가 있지만 이야기의 통일성과 완결성, 플롯의 치밀성과 일관성을 중시한다는 점에서는 동일하다.

이후 서양문학을 보면 서정시보다는 서사시나 극시가 더욱 중시된다. 로마 최고의 시인으로 불리는 베르길리우스도 전원시를 쓰기도 하였지만 그의 명성을 높인 것은 11년간에 걸쳐서 쓴 로마 건국의 서사시 『아이네이스』였다. 또한 비슷한 시기의 오비디우스는 『사랑』, 『사랑의 기술』, 『사랑의 치유』 등 사랑에 대한 작품을 많이 남기고 사랑 때문에 추방을 당하기도 했지만, 그의 작품 중 가장 유명하고 지금도 가장 널리 읽히는 책은 역시 고대 신화 속에서의 변신 이야기를 총 정리한『변신 이야기』이다. 그리고 중세의 문학을 보아도 트루베르, 트루바두르 등 음유시인들이 쓴 사랑의 서정시가 없었던 것은 아니지만 주류는『니벨룽겐의 노래』,『베오울프』,『롤랑의 이야기』등 영웅서사시이다. 또한 근대 이후에는 얼마나 많은 소설과 희곡이 서양문학의 밤하늘을 수놓았던가. 소설과 희곡은 서사시와 극시의 후예들이다.

서정시를 중심으로 전개된 중국문학

중국문학의 원류는『시경』이다.『시경』은 서주시대에서 동주시대 초기까지의 시가를 모은 시가집으로 시 305편이 담겨 있다.『시경』은 낭송을 위한 시가 아니라 원래 노래의 가사를 모은 것이다. 공자 당시만 해도『시경』의 가사들은 악기로 연주를 하면서 노래를 부를 수 있는 것들이었다.『논어』에 보면 공자가 제자들에게 노래를 시킨 다음 노래를 잘 부르면 다시 부르게 하고 따라 부르게 하였다는 기록이 있는데, 그때의 노래는 바로『시경』의 노래였을 것이다. 그러나 후대에 곡조는 사라지고 가사만 남게 되었다. 아무튼 공자가『시경』을 중시하는 바람에 후대『시경』은 최고의 경전으로 대접받았고 중국 문학에 지대한 영향을 미치게 되었다.

『시경』은 풍風, 아雅, 송頌으로 구성되어 있다.『시경』에서 가장 중요하고 양도 많은 '풍'은 서주시대 여러 제후국들의 민요의 가사를 수집한 것인데, 당시 황하 중상류에 살던 서민들의 소박한 삶의 모습이 잘 드러나 있다. '아'는 소아와 대아로 나뉘는데, '소아'는 조정에서 연회를 벌일 때 쓰던 연회음악이고 '대아'는 공식적인 조례에 사용하던 음악이다. '송'은 왕실 조상들의 공덕을 칭송한 노래로 일종의 종묘제례악이다.

서양문학은 처음부터 서사시와 극시가 중심이 되어 발달한 데 비해 중국문학의 원류인『시경』의 시들은 대부분 서정시이다. 서정시는 서사시와 극시와는 달리 감정을 펼치는 것이고, 감정의 전달에는 약간의 과장이나 멋있는 표현은 필요하지만 웅대한 스케일이나 치밀한 구성을 요하지는 않는다. 게다가『시경』에 등장하는 시들은 대부분 일상생활에서 흔히 접할 수 있는 자연스러운 정서들을 소박하게 표현한 것들이다.

『시경』에서 가장 중시되었던 풍의 작품들을 보면 남녀 간의 연애의 감정, 시집가는 여인에게 다산을 기원하고 행복하게 살기를 축원하는 마음, 전쟁 나간 남편을 그리워하는 아낙네의 감정, 탐관오리에게 착취당하는 민중의 억울한 심정 등이 주된 정서들이다. 대아와 송은 조상의 공덕을 노래한 시들이어서 서사적인 요소가 다소 보이기는 하지만 분량도 그리 길지 않고 내용도 단순한 칭송에 불과하기 때문에 서사적 구성의 재미는 전혀 없다. 이로 보아『시경』의 시는 대체로 현실 생활 속의 일상적 감정을 사실적으로 노래한 것임을 알 수 있다.

중국은 워낙 땅이 넓기 때문에 지역에 따라 문화의 차이가 없을 수가 없다. 황하를 중심으로 하는 북부의 중원지역이 대체로 현실적·사실적 정서를 소박하게 표현하는 것을 좋아하였다면 장강을 중심으로 하는 남쪽의 초나라에서는 그와는 반대로 환상적이고 낭만적인 격정을 노래한 작품들이 많다. 초나라는 중원의 여러 나라들에 비해 늦게 중국문화에 편입된 지역이다. 초나라 지역의 문학작품으로 후대 많은 사랑을 받게 된 것이 바로『초사楚辭』다.『초사』의 작품들은『시경』보다 훨씬 늦은 전국시대 말기에 등장하여 한나라 초기에 본격적으로 유행하였다.

『초사』의 작품 가운데 가장 유명하고 후대에 가장 많은 영향을 미친 것은 바로 초나라의 귀족이었던 굴원屈原이 남긴 「이소離騷」다.『시경』의 작품 중 가장 긴 「비궁閟宮」 편이 120구에 총 492자인 데 비해 「이소」는 373구 2,490자로 몇 배나 길다. 「이소」는 굴원의 자전적 시로 현실과 환상이 뒤섞인 독특한 작품이다. 시의 앞부분은 자신의 출생과 성장 그리고 정치적 포부를 기술하고, 혼탁한 시대와 간신배들 때문에 자신의 정치적 꿈이 좌절되는 안타까운 심정을 노래한다. 그러다 갑자기 환상의 세계로 들어가서 온갖 종류의 신화적인 세계에서 노닌다. 태양신으로 하여금 해를 더디게 가라고 명령하고서는 봉황을 타고 교룡을 부리면서 달의 신과 구름의 신들의 호위를 받으며 신선의 나라를 찾아간다. 그러나 거기서도 안식처를 찾지 못하고 결국 멱라수에 투신자살하면서 시를 끝맺는다.

「이소」에 환상적인 신화의 세계가 나타나는 것은 굴원이 샤먼이거나 적어도 샤머니즘에 친숙한 사람이기 때문이다. 사실 굴원의 작품들은 대부분 샤먼들이 모시는 신들에 대한 노래이고, 그 가운데는 접신상태의 황홀경이나 신이 떠나간 뒤 아쉬움을 느끼며 다시 접신상태를 바라는 마음을 묘사한 것이 많다. 굴원의 작품만이 아니라 『초사』의 대부분 작품은 샤먼들이 신을 흠모하거나 망자를 위로하는 내용, 육체를 떠난 혼이 체험하는 환상적인 세계를 묘사하는 내용이 담겨 있다. 『초사』 중에서는 「이소」가 예외적으로 유가적 영향을 많이 받아서 충의를 강조하고 있는 편이다. 그래서 후대 굴원과 비슷한 처지에 놓인 많은 우국지사들이 그의 우국충정과 불우한 처지에 쉽게 공감할 수 있었다. 이 때문에 굴원은 초나라의 샤먼 시인의 수준을 벗어나 동아시아의 많은 문인들에게 영감을 주었으며, 지금도 중국에서는 위대한 애국시인으로 추앙받고 있다.

아무튼 「이소」는 고대 중국의 최장 시가로 아득한 고대와 현재, 환상세계와 현실세계를 넘나들면서 웅장한 스케일을 자랑한다. 그러나 복잡하고 긴 이야기를 전개한 것이라기보다 자신의 불우한 처지와 울분을 하소연한 점, 그 울분을 달랠 길 없어 잠시 환상세계에 의지하려는 자신의 심경을 이야기하는 점을 보면 서사시라기보다 서정시로 보는 것이 더 타당하다. 『초사』 안의 다른 작품들에게서도 서사시를 발견하기는 힘들다.

중국 시가문학의 양대산맥이라고 할 수 있는 『시경』과 『초사』가 서정시를 중심으로 발전하였기 때문에 후대의 문인들도 서사시를 쓰는 사람이 거의 없었다. 다행히도 위진남북조에 이르러 민간에서 「공작동남비孔雀東南飛」와 「목란사木蘭辭」라는 두 편의 서사시가 나와 문학사의 공백을 조금이나마 메워주었다. 「공작동남비」는 남조에서 나온 장편 애정서사시로 각 구는 5언이고 총 356구 1,780자이다. 결혼한 두 남녀가 서로 지극히 사랑하였지만 고부간의 갈등으로 인해 서로 헤어지게 되고 양가 집안에서는 서로 새로운 배필을 구하려고 하지만 두 남녀는 서로의 사랑을 잊지 못해 여자가 먼저 자살을 하고 남자 또한 뒤를 이어 목숨을 끊는 비극적인 이야기를 노래한 것이다.

「목란사」는 북조에서 나온 영웅서사시다. 목란이라는 여자가 늙은 아버지를 대신해서 남장을 하여 군대에 출정해서 10년 넘게 전쟁터에 있으면서 많은 공을 세웠는데 벼슬을 거부하고 고향으로 돌아와 대단원을 이룬다는 이야기다. 목란이 다시 여장을 한 뒤에야 10년을 넘게 동고동락한 전우들이 비로소 목란이 여자인 것을 알아차렸다는 이야기로 끝을 맺는다. 그 소재가 꽤 독특하여 디즈니사에서 에니메이션 영화로 제작하기도 하였지만 사실 62구 332자밖에 되지 않는 아주 짤막한 시로, 본격적인 서사시라고 하기에는 무리가 있다.

중국의 문인들 중에서 꽤 비중 있는 서사시를 남긴 사람은 당나라의 대시인 백거이白居易다. 그는 「장한가長恨歌」와 「비파행琵琶行」이라는 꽤 긴 장편 서사시를 남겼는데 그중에서 특히 유명한 것은 당현종과 양귀비楊貴妃의 사후세계까지 이어지는 애절한 사랑이야기를 노래한 장편 서사시 「장한가」이다. 이 작품은 단편소설로도 개작되었고 후대에 이르러서는 희곡의 소재가 되어 널리널리 퍼졌다. 지금도 중국인의 사랑을 받으며 무대에 올라가고 있다.

중국의 운문 장르로는 이 외에도 당대 말엽에 나와서 송대에 크게 유행하였던 사詞와 원대에 크게 유행하였던 곡曲이 있다. 사와 곡은 모두 노래의 가사에서 나온 것이다. 당시에는 오늘날처럼 하나의 곡조에 하나의 가사가 있는 것이 아니라 하나의 곡조에 여러 종류의 가사가 존재하였다. 시가 대체로 각 구절이 5언, 7언으로 통일된 시형을 애용하였던 데 비해 사와 곡은 각 구절의 자수가 들쑥날쑥하여 시형이 자유로웠다. 전체 길이도 자유로운 편이었지만 그리 길지는 않았고, 그 내용은 물론 대부분 사랑과 이별을 노래한 서정시였다. 이상으로 보아 중국에는 서사시가 거의 발달하지 않았고 그나마 대부분 애정서사시여서 영웅서사시는 눈을 씻고 찾아봐도 없다는 것을 알 수 있다.

중국에 서양과 같은 서사시가 발달하지 않았던 이유는 여러 가지가 있다. 일단 고대 중국인들은 신화나 전설에 대한 관심이 그다지 없었다. 고대 중국인들은 현실적이고 실용적인 세계관을 지니고 있었다. 고대 중국의 전설적인 성왕인 요임금, 순임금, 우임금 등은 모두 윤리성이 강하고 황하의 치수에 공을 많이 세웠다. 그보다 더 고대의 전설적인 인물은 사람들에게 농법을 전해준 신농씨神農氏인데, 반은 사람이고 반은 소였다는 정도의 짤막한 이야기밖에 없다. 남방 초나라의 문화 또한 북방의 중원문화에 비해서 환상적인 요소가 풍부하지만 본격적인 신화는 없었다. 현재 중국의 대표적인 천지창조의 신화로 거론되는 반고盤固의 천지창조 신화나 여와女媧의 신화 등은 모두 후대에 소수민족들의 신화가 중원에 유입되어 중국의 신화로 정착된 것이다. 이렇게 신화적 상상력보다는 현실을 더 중시하는 태도 때문에 중국에는 그리스처럼 신들과 영웅들의 서사시가 나올 수가 없었던 것이다.

괴력난신怪力亂神을 멀리하고 중용의 도를 좋아하였던 공자의 영향 또한 무시할 수 없다. 공자는 시를 매우 좋아하였으며 평소 시에 대해 자주 언급하였는데, 그의 시에 대한 관점은 후대 중국시의 발전에 결정적인 영향을 미쳤다. 그는 시경의 300여 편의 시에 대해 한 마디로 평하면서 사무사思無邪라고 말했다. 여러 가지 해석이 가능하겠지만, 대략 일상에서 일어나는 여러 감정들을 윤리적 틀을 크게 벗어나지 않는 선에서 적절히 표현해야 함을 강조한 것으로 볼 수 있다. 이런 문화적 분위기에서는 『일리아스』와 『오디세이아』 같은 서사시나 『오레스테이아』, 『오이디푸스 왕』과 같은 극시는 나올 수가 없다.

단순함의 미학을 더욱 선호하였던 것도 하나의 이유가 될 것이다. 장편의 서사시나 극시를 쓰는 데는 풍부한 상상력도 필요하지만, 독자에게 더 많은 감동을 주기 위해서는 복잡한 스토리를 효과적으로 배열하여 전체의 짜임새를 만들어내는 구성력도 매우 중요하다. 단순함의 미학을 좋아하였던 중국인들에게 이런 복잡하고 치밀한 구성을 요하는 서사시는 관심을 끌 수가 없었다.

서양과 중국에서 소설은 어떻게 발전하였는가

소설의 기본적인 정의는 운문이 아니라 산문으로 된 허구의 이야기다. 소설에 해당되는 영어 용어로는 픽션fiction, 로망스romance, 노블novel 등이 있다. '픽션'은 말 그대로 허구라는 뜻으로 포괄적인 개념의 소설을 가리키고, '로망스'는 중세 후기에 나온 기사들의 사랑과 모험을 그린 장르를 가리킨다. 오늘날 소설의 번역어로 많이 쓰이는 '노블'은 이탈리아어 novella에서 나온 말로, 원래는 중세 말기에 유행하였던 『데카메론』과 같이 짧고 밀도 있고 사실적인 새로운 스타일의 이야기를 가리키는 말이었으나 영어로 번역되면서 훨씬 까다로운 개념을 지니게 되었다. 학자에 따라 정의가 조금씩 다르지만 영국문학사에서 말하는 좁은 의미의 노블은 교훈을 담고 있는 우화나 짜릿한 모험과 사건에 더 초점을 맞춘 로망스와는 달리 사회적 상황 속에서 인간의 삶을 그린 작품을 가리킨다. 좀 더 엄밀하게는 분량까지도 따져서 단어 수가 대략 5만~20만 단어 이내여야 한다. 영국문학사에서 최초의 노블은 18세기 초에 나온 다니엘 디포의 『로빈슨 크루소』이다.

그러나 그것은 영미문학에서의 주장이고, 프랑스문학에서는 노블novel과 같은 비슷한 말인 누벨nouvelle을 단편소설이라 하고, 로망roman을 장편소설이라고 한다. 그리고 원래 로망 자체가 중세 후기에 기사들의 사랑이야기를 다룬 운문에서 출발하였다가 중세 말기에 산문으로 바뀌었기 때문에 운문과 산문의 구분도 명확하지 않다. 예를 들어 16세초의 라블레가 쓴 작품으로 엄청난 거인의 이야기를 통해 프랑스 사회를 풍자한 『가르강튀아』와 『팡타그뤼엘』은 운문이지만 로망이라고 한다.

또한 스페인 문학에서는 17세기 초에 나온 세르반테스의 『돈키호테』를 최초의 소설로 보기도 하고, 16세기에 유행하였던 장르로 주로 악당을 주인공으로 삼아 세상을 풍자하는 악한소설(novela picaresca)을 소설의 원조로 보기도 하고, 남녀 간의 애절한 사랑 이야기를 다룬 15세기 말의 『라 셀레스티나』를 최초의 소설로 보기도 한다. 그리고 어떤 이는 『데카메론』을 유럽 최초의 소설로 보기도 한다. 그보다 먼저 2세기경 로마시대에 라틴어로 쓰인 아풀레이우스의 액자소설 『황금당나귀』를 유럽 최초의 소설로 보는 학자도 있다. 이렇게 소설에 대한 정의와 관점은 나라마다 학자마다 조금씩 다르기 때문에 통일된 견해를 내기가 어렵다. 대체로 중세 말에서 르네상스시기에 태동하여 18세기에 이르러 본격적으로 피어났다고 보는 것이 일반적이다.

앞에서도 보았듯이 서양은 중국에 비해 서사의 전통이 훨씬 오래되었다. 고대 그리스문학에서부터 시작된 서사의 전통은 로마문학에서도 이어졌고, 중세에도 각 민족들의 영웅서사시를 통해서 이어졌다. 그러다 중세 말기에 이르러서야 소설이라는 장르가 나타나기 시작하였고, 서서히 성장하다가 18세기에 들어서면서 폭발적으로 성장하여 가장 중요한 문학 장르로 자리 잡는다. 노벨라, 노블이라는 말 그대로 새로운 스타가 된 것이다. 흔히 많은 문학사가들이 소설의 비약적인 발전은 시민사회의 성장, 즉 중산층 부르주아 계층의 형성과 때를 같이한다고 설명한다. 이런 면에서 볼 때 소설은 서양문학의 여러 장르 중 근대적 성격이 가장 두드러지는 장르라 할 수 있다.

서양소설은 다른 예술장르와 마찬가지로 르네상스 이후의 문예사조의 영향을 크게 받는데, 17세기에는 고전주의적인 작품이 유행하였으며 18세기에는 계몽주의가 주류를 이루었으며, 19세기 초반에는 낭만주의적인 작품들이 휩쓸다가 중반에 이르러서는 사실주의와 자연주의가 일세를 풍미하였고, 후기에는 사실주의에 대한 반발로 상징주의가 대두되기도 하였다. 이러한 다양한 문예사조의 유행은 소설의 소재와 주제 및 기법의 다변화에 많은 공헌을 하였다. 또한 제대로 된 소설을 쓸 수 있으면 부와 명예를 동시에 얻을 수 있었기 때문에 많은 문인들이 열정을 가지고 소설에 도전하였고, 그에 따라 대중성과 작품성을 두루 갖춘 명작들이 속속들이 나오게 되었다. 이러한 영향으로 서양소설은 여타 지역의 소설에 비해 압도적인 우위를 지니게 되었다.

중국에서 소설의 발전은 서양과는 궤도를 상당히 달리한다. 소설이라는 말은 『장자』에서 최초로 등장하는데 "소설小說을 꾸려서 벼슬을 구하는 것은 대도大道와는 거리가 멀다"는 구절이 있다. 이때의 소설은 문학 장르를 가리키는 말이 아니라 대도와는 거리가 있는 '자그마한 이야기'라는 뜻이다. 『한서漢書』의 「예문지藝文志」에서는 춘추전국시대의 제자백가를 총 정리하면서 그중 하나로 소설가를 언급하고 있는데, 길거리의 이런저런 이야기를 모으는 패관의 무리에서 나왔으며 비록 자그마한 도이지만 버릴 수는 없다고 말한다. 용어의 기원에서도 드러나듯이 중국인들은 기본적으로 소설을 하찮은 이야기로 여긴다.

문학 장르로서 소설이 등장하기 시작한 것은 위진남북조시대이다. 이 당시 소설들은 구성이랄 것도 없는, 대부분 겨우 몇 줄밖에 되지 않는 짤막한 이야기들이었다. 주로 귀신, 도깨비, 사후세계 등 기괴한 이야기를 담은 지괴志怪와 당시 인물들의 인품을 드러내는 일화를 담은 지인志人으로 나눌 수 있다.

지괴나 지인은 사실 소설이라고 하기에는 너무 짧다. 당대唐代에 들어서서야 비로소 본격적인 소설이 등장했는데 이를 전기傳奇라고 한다. 풀이하면 '기이한 이야기를 전한다'는 뜻인데, 초기에는 귀신이나 여인으로 둔갑한 여우, 용왕의 딸 등 기이한 소재가 위주였지만 후기로 갈수록 점차 연애소설, 협객소설 등도 등장했다. 지괴에 비하면 편폭도 꽤 길어지고 이야기 구조도 제법 갖추고 있다. 그러나 대략적으로 볼 때 지금의 단편소설과 콩트의 중간 정도로 보면 될 것이다. 지괴와 지인, 그리고 전기는 모두 문어체로 쓰여 있는데 문인들이 여가를 틈 타 심심풀이로 쓴 것들이다.

전기는 당대 이후 큰 발전이 없다가 중국 고전문학이 총 정리되는 시기인 청대에 이르러 다시 한 번 크게 흥성했다. 청대에는 전기 모음집이 대량으로 쏟아져 나왔는데 그 가운데 가장 유명한 작품은 포송령蒲松齡의 『요재지이聊齋志異』다. 총 431편으로 구성되어 있는데 대부분 귀신이나 둔갑하는 여우 등에 대한 이야기들이다. 몽환적 분위기의 귀신영화로 한때 세계에 명성을 떨쳤고 우리나라에서 크게 유행하였던 홍콩영화 「천녀유혼倩女幽魂」도 바로 『요재지이』에서 소재를 따온 것이다.

중국문학사에서 훨씬 더 비중 있게 다루어지는 것은 문어체 소설이 아니라 구어체 소설이다. 구어체 소설은 송대 이후부터 서서히 형성되기 시작했다. 송대에는 도시의 발달과 더불어 도시민들을 위한 민간오락이 발달했는데 그 가운데 하나가 바로 전문 이야기꾼들의 설화공연이다. 그 공연 가운데는 1회 공연으로 끝나는 단편이 있는가 하면 오늘날의 연속극처럼 몇 달 동안 공연하는 장편도 있었다. 중국소설의 수준을 격상시켜준 것은 바로 장편설화이다. 이야기꾼들은 대개 역사적 사실이나 당시의 유행하던 이런저런 이야기에서 소재를 따서 새롭게 각색하고 살을 붙여 공연하곤 했다.

원대를 거쳐 명대에 이르는 동안 수많은 설화 공연이 명멸했지만 그 가운데 몇 개의 작품들은 민중의 사랑을 받으면서 끈질기게 살아남았다. 그러한 유명한 설화 대본을 글재주가 있는 문인이 최종적으로 정리한 것이 바로 오늘날 우리가 보는 나관중羅貫中의 『삼국지연의』, 시내암施耐庵의 『수호전』, 오승은吳承恩의 『서유기』 등이다. 이들은 사실은 모두 몇 백 년에 걸쳐 이야기꾼들과 청중의 호흡 속에서 다듬어진 집체창작集體創作이라고 할 수 있다. 이들과 함께 사대기서四大奇書 가운데 하나로 불리는 『금병매』는 음란한 내용 때문에 작자의 이름을 밝히지 않았지만 개인의 창작이다. 청대에 이르러서는 본격적으로 개인 창작의 장편소설들이 대거 등장하는데, 그중 조점曹霑의 『홍루몽紅樓夢』과 오경재吳敬梓의 『유림외사儒林外史』가 유명하다.

이상으로 중국의 소설사를 간략히 언급하였다. 중국소설은 처음에는 자그마한 이야기로 출발하였다가 나중에 가서는 큰 이야기를 만들어내었고, 처음에는 문학사의 변방에 있었지만 명청대에 이르러서는 주류가 되었다. 그러나 중국에서 소설은 서양만큼 충분히 대접받지는 못하였다. 중국문학사에서 명청대를 소설의 시대라고 평하는 것은 지금의 문학사가들의 주장이고, 실제로 당시 사대부 계층에서는 소설을 즐겨 보기는 하였지만 여전히 소설을 경시하는 풍조가 있었다. 그들의 관념 속에서 문학의 정통은 역시 시와 문이었다.

서양의 희곡과 중국의 희곡은 어떻게 다른가

고대 그리스에서는 일찍부터 연극이 발달하였다. 아리스토텔레스의 『시학』에 따르면 비극은 디티람보스의 선창자先唱者에서 기원하였고 희극은 남근찬가의 선창자에서 기원하였다고 한다. 디티람보스는 디오니소스 신을 찬미하는 합창 서정시를 가리키는 말인데, 고대 그리스에서는 디오니소스 축제 기간 중 디티람보스 대회를 열었다고 한다. 비극과 희극의 정확한 기원에 대해서는 여러 가지 설이 있지만 아무튼 비극과 희극은 원래 그리스인들의 종교제례 의식에서 나왔다가 나중에 점차 독립된 것이라 할 수 있다.

고대 그리스인들은 지중해성의 청명한 기후 아래 야외에서 활동하기를 좋아하였다. 특히 많은 군중이 한 군데에 모여 축제나 토론을 즐겼다. 이 때문에 일찍부터 야외 원형극장이 만들어졌고, 축제 기간 중에는 극장에서 비극과 희극 경연대회가 열렸다. 당시에는 해마다 디오니소스 축제와 레나이아 축제 기간 중에 4,5편씩의 비극과 희극 경연대회가 열렸는데, 대략 2300편의 비극과 2000편의 희극이 경연되었다고 한다. 이 중에서 비극작품은 상당수가 오랜 세월의 성상을 견뎠지만 희극작품은 아리스토파네스의 작품 11개만이 겨우 살아남았다. 그리스는 연극의 나라였고 그 가운데서도 비극이 더욱 많은 사랑을 받았음을 알 수 있다.

로마시대에도 비극과 희극은 나왔지만 그 수준은 그리스를 넘어서지 못하였다. 로마 사람들은 그리스 사람들만큼 연극을 좋아하지 않았다. 그들은 비극보다는 대체로 희극을 더 좋아하는 편이었지만, 그보다는 원형경기장에서 검투사의 경기를 보는 것을 더욱 좋아하였다. 로마가 망한 뒤 중세시대에는 희곡은 더욱 침체하였다. 일단 아담과 이브의 원죄를 신의 은총과 예수의 피로 구원하였기 때문에 그리스식의 비극은 용납될 수가 없었다. 또한 세상을 풍자하는 희극 또한 근엄한 종교적 위엄에 어울리지 않았다. 그래서 중세에는 성스럽지만 다소 상투적인 종교극이 주류를 이루었다.

르네상스 이후에 다시 희곡은 부활하게 된다. 특히 영국 르네상스의 최후의 거장이자 세계적 문호인 셰익스피어가 『햄릿』을 비롯한 수많은 비극과 희극을 발표하게 되면서 당시만 해도 유럽 문명의 변방국이었던 영국은 희곡의 중심지로 부상한다. 고전기에 들어서는 프랑스에서 코르네유, 몰리에르, 라신느 등의 대가들이 등장하여 희곡이 크게 부흥한다. 이 중 몰리에르는 정열적으로 작품을 쓰고 연출을 하다가 무대 위에서 세상을 떠나고 말았다. 그의 정신을 계승한 사람들의 노력에 의해 1680년 태양왕 루이14세의 칙령으로 코메디 프랑세즈라는 국립극장이 탄생한다. 이 극장은 일명 '몰리에르의 집'이라고도 불리는데, 세계에서 가장 오래된 국립극장으로 지금도 공연이 계속되고 있다. 영국과 프랑스에 비해 다소 뒤처졌던 독일에서도 괴테가 등장하여 불후의 명작 『파우스트』를 발표하며 서양 희곡사의 한 페이지를 장식하였다. 이후 많은 대가들이 등장하여 서양 연극을 풍성하게 하였으며 지금도 그 전통은 계속 이어지고 있다.

중국은 서양과는 달리 고대에는 희곡의 전통이 전무하였다. 중국에 희곡이 처음 등장하기 시작한 것은 남송시대였다. 북송 시대부터 도시인들을 위한 오락이 크게 발달하였고 이를 위한 공연 시설도 늘어나기 시작했다. 구란勾欄이나 와사瓦舍 등과 같은 종합 공연장에서 여러 가지 형태의 공연이 연출되었는데, 중국 백화소설의 원류인 이야기꾼들의 공연도 바로 이때부터 시작되었다. 남송대에 이르러 공연의 형식이 더욱 발전하여 급기야는 배우들이 등장해서 노래와 연기를 하는 연희가 등장하였는데, 남송대에 나온 것이어서 흔히 남희南戲라고 부른다. 대략 12세기 초엽 지금의 절강성 온주溫州 지방에서 공연된 『장협장원張協狀元』이라는 남희가 현재까지 발견된 중국의 희곡 가운데서는 가장 오래된 것이다. 그러나 남희는 대부분 일실되어버렸기 때문에 그 전모를 정확히 알 수가 없다.

중국문학사에서 희곡이 본격적으로 피어난 시기는 원대다. 원대는 몽골족이 중국 전역을 지배하였던 시기로 많은 한족 지식인들이 몽골족의 천대 속에서 궁핍한 생활을 보내게 되었다. 생계를 위하여 혹은 마음의 울분을 달래기 위해서 그들은 당시 크게 유행하던 종합연희였던 잡극雜劇의 창작에 달려들었고, 그 결과 남희와는 비교가 되지 않을 정도로 수준 높은 작품들이 대거 등장하였다.

명대에도 희곡은 계속 발전하였는데, 명대의 희곡은 전기傳奇라고 한다. 명대의 전기는 잡극에 비해 형식에서 여러 가지 변화가 있었다. 예를 들어 잡극은 4막밖에 없었는데 전기는 수를 훨씬 늘려 심지어 50막이 넘는 것도 많았다. 또한 잡극에서는 주인공 한 사람만 노래를 불렀는데 전기에는 독창, 이중창, 합창 등의 다양한 형식이 시도되었다. 또 하나의 큰 차이는 음악의 성격이 바뀌었다는 것이다.

앞에서도 『시경』과 『초사』를 설명할 때 남북의 문화 차이를 설명하였는데 음악에서도 남북의 차이는 크다. 북방인들이 굳세고 강한 음악을 좋아하는 반면, 남방인들은 훨씬 부드럽고 섬세한 음악을 좋아한다. 원대의 수도 대도大都에서는 북방의 음악이 유행하였고 잡극도 북방의 음악을 사용하였다. 그러나 명나라는 남쪽에서 일어난 나라인 탓에 대체로 남쪽의 음악이 성행하였는데, 명나라 중엽에는 남쪽의 곤산崑山 지역의 음악을 개량한 곤곡崑曲이 크게 유행하게 되고 이것이 주류로 자리 잡게 되었다. 이 곤곡은 청나라 중엽까지 성행하다 그 이후에는 각 지방의 토속 음악을 사용하는 지방극들이 유행하였다. 오늘날 중국의 고전극을 대표하는 경극 또한 지방희의 하나였다가 북경에서 성공하여 경극이라는 이름을 얻게 된 것이다.

서양희곡과 중국희곡의 가장 큰 차이는 전자가 대사 중심의 연극이라면 후자는 노래 중심의 연극이라는 데 있다. 고전극에서는 대사가 전부 운문이고 중간 중간 합창이 나오지만, 서양 연극은 기본적으로 대사가 중심이되는 연극이다. 그러나 중국의 연극은 대사와 동작은 부수적인 요소이고, 가장 주된 요소는 노래이다. 시대에 따라 연희의 구성이나 배우의 종류, 음악의 성격이 바뀌기는 하였지만, 노래 중심의 전통은 지금까지 그대로 이어지고 있다. 그래서 지금도 중국인들은 중국고전극을 관람하러 갈 때는 '칸시看戱'라는 말을 하지 않고 '팅시聽戱'라는 말을 한다. 그들에게 고전극이란 보는 것이 아니라 듣는 것이기 때문이다. 서양에서는 르네상스 이후에 음악이 중심이 되어 연기와 대사를 함께 하는 오페라가 등장하였다.

서양의 산문과 중국의 산문은 어떻게 다른가

마지막으로 서양과 중국의 산문에 대해 살펴보자. 산문이란 운율에 신경을 쓰지 않고 자유롭게 쓰는 문장으로 소설이나 희곡처럼 허구의 구성을 통한 재미를 추구하지 않고 자신의 사상과 감정을 쓴 문장을 가리킨다. 요즈음 우리가 사용하는 산문이라는 용어는 영어 prose의 일본식 번역어이다. 전통적인 중국인들은 그저 문文이라고 불렀다. 중국에서는 흔히 시와 문을 합쳐 시문이라고 한다. 시문은 사대부들의 필수 교양이라고 할 수 있다.

산문이라는 문학 장르는 그 범위와 성격이 모호하다. 전통 중국에서는 문사철의 구분이 없었다. 중국문학사에서 산문의 전통은 제자백가의 사상서와 여러 역사서에서 나온 것이라 말한다. 서양의 여러 문학사에서도 산문의 범위는 모호하다. 고대문학사에서는 문사철의 구분이 없이 철학이나 역사에 관련된 저서도 모두 다루지만, 근대 이후의 문학사에서는 문사철이 분화되었기 때문에 신변잡기나 생활 속의 감상을 소재로 하는 미셀러니와 좀 더 무거운 주제를 체계적으로 기술하는 에세이만을 다루고 철학이나 사학의 전문저서는 빼기도 한다. 그러나 이 또한 학자마다 달라서 근대 이후의 문학사에서도 데카르트의 『방법서설』이나 사르트르의 『존재와 무』 같은 전문적인 철학저서를 포함시키기도 한다. 여기서는 중국 문학과의 균형을 맞추기 위해 철학이나 사학 등의 저서도 산문의 범주에 넣기로 한다.

현대적 관점에서 볼 때 플라톤의 저서들은 철학책인 동시에 문학성도 지니고 있다. 대부분 저서들이 대화로 이루어져 있고 그 대화 속에는 절묘한 문학적인 표현들이 많이 있다. 특히 『향연』 같은 책을 보면 단순히 멋있는 대화만 있는 것이 아니라 등장인물들의 성격묘사도 잘되어 있고, 장면 묘사도 매우 문학적이다. 대화 중에서 희극시인 아리스토파네스가 인간은 원래 두 몸이 붙어 있었는데 인간의 위력을 두려워한 신이 둘로 나누는 바람에 인간은 자신의 반쪽을 그리워하며 찾는다고 쓴 이야기는 철학보다는 문학에 가깝다. 플라톤은 자신의 사상을 보다 효율적으로 전하기 위하여 문학성이라는 당의정을 잘 활용하였다.

이에 비하면 아리스토텔레스의 저서에서는 딱딱한 철학적인 주장만 있지 문학성을 찾기 어렵다. 특히 대표작으로 손꼽히는 『형이상학』은 외부인을 대상으로 쓴 것이 아니라 내부 강의용으로 쓴 것이기 때문에 문장을 구사하는 데 당의정을 입힌 배려가 전혀 없고, 무미건조한 추상적인 개념과 딱딱한 논리만 난무하고 있어 문학성이라고는 흔적을 찾을 수가 없다. 서양철학에서는 아리스토텔레스의 영향력이 워낙 크기 때문에 이후에 나온 철학책들은 대체로 개념과 논리를 중심으로 펼쳐지는 편이다.

서양 역사의 아버지라 불리는 헤로도투스의 『역사』는 페르시아전쟁을 중심으로 그리스와 주변 국가들의 역사를 이야기 형식으로 기술한 역사책이다. 역사서이지만 생동감 있는 묘사도 자주 보이고 또한 간혹 신화적인 관점도 나타나고 있어 문학성 요소가 풍부하다. 이에 비해 한 세대 뒤에 나온 투키디데스의『펠로폰네소스 전쟁사』는 훨씬 더 객관적인 관점에서 사실 중심으로 서술한다. 문학과 분화되어 역사만의 글쓰기가 확립된 것이다.

중국의 사상가 중에서는 장자의 글이 가장 문학성이 풍부하다.『장자』에는 길이가 몇 천 리가 되는 큰 물고기와 새의 이야기가 나올 뿐만 아니라 수많은 우화들이 등장하는데 거의 철학적 우화집이라 부를 수 있을 정도이다.『맹자』나『한비자』등에서도 우화가 자주 등장하여 글을 읽는 재미를 더해준다. 그러나 제자백가 이후로는 사상을 논하는 글에서 우화를 사용하는 예는 잘 보이지 않는다.

역사서 중에서 사마천이 쓴『사기』는 냉정한 객관성을 강조하는 역사서라기보다는 저자의 주관성이 많이 개입되어 문학성이 많이 묻어난다. 특히 역사적 인물들의 삶을 정리하고 평가하는「열전列傳」편은 인물의 묘사가 매우 생동감 있고 저자의 격한 감정도 잘 묻어나와 마치 역사소설을 읽는 느낌을 준다. 그러나 후한의 반고가 쓴『한서漢書』는 저자의 감정을 배제하고 최대한 객관적으로 서술하려는 태도가 보인다.

사실 산문의 범주는 서양이나 중국이나 너무 광대하고 모호하기 때문에 통일된 특징을 찾기가 쉽지 않다. 이렇게 통일된 특징을 발견하기도 어려운 것을 놓고 동서의 차이를 비교하기란 더욱 어렵다. 대략적으로 비교하면 다음과 같은 두 가지 정도의 차이점이 있다.

일단 서양의 산문은 분야에 따라 문학성의 편차가 무척 심하다. 예를 들면 다 같은 산문이라 해도 신변잡사나 자신의 심경을 다룬 글들은 미문이 많고 주로 정서에 호소하기 때문에 문학성이 아주 풍부한 데 비해 철학계열에 속하는 글들은 특별한 경우를 제외하고는 대체로 딱딱한 편이고 글을 읽는 재미가 별로 없다. 물론 철학서 중에서도 스토아철학에 심취하였던 로마의 마르쿠스 아우렐리우스 황제가 남긴『명상록』처럼 문학적 감성이 넘치는 글도 있다. 그러나 이런 글은 철학적 수필이지 전문 철학서적이라 하지는 않는다. 철학서적이라 하면 감성에 호소하는 글이 아니라 논리에 호소하는 글이 되어야 한다. 이렇게 분야에 따라 글의 성격이 완전히 다른 것은 학문의 분화가 비교적 일찍 일어났기 때문이다. 뿐만 아니라 문학적 산문 내에서도 무거운 주제의 에세이와 가벼운 주제의 미셀러니는 처음부터 글쓰기 전략을 달리 하는 경우가 많다.

이에 비해 중국 산문은 그 분야와 내용이 어떠하든지 간에 대체로 미문을 지향하는 편이다. 물론 중국의 산문도 분야에 따라 약간씩 차이는 있다. 삼국시대의 조조曹操의 아들 조비曹丕가 문체를 크게 네 가지로 나누고 문체에 따라 글쓰기의 전략을 달리해야 한다고 주장한 이래 문체에 따라 글쓰기를 조금씩 달리하는 것은 상식이 되었다. 자신의 사상을 펼치는 글과 산수 간에 노니는 정서를 담은 글이 같을 수는 없다. 그러나 거시적으로 보았을 때 서양처럼 확연하게 구분되지 않는다. 그보다는 오히려 시대적 조류에 따른 차이가 더 크다.

예컨대 고대에는 대체로 수사기교가 그리 많지 않은 담백한 고문이 주류를 이루었으나 위진남북조에 들어서면서부터 중국어의 아름다움을 최대로 살리는 변려문騈儷文이 크게 유행하였다. 이렇게 변려문이 대세가 되자 문인들은 자신의 사상을 표현하는 글이냐 서정을 읊은 글이냐를 따지지 않고 무조건 변려문을 애용하였다. 심지어는 문학비평서인 『문심조룡』조차 그 방대한 분량을 모조리 화려한 변려문으로 썼다. 변려문은 글자수를 4자와 6자로 맞추고 또한 모든 구절을 대구로 써야 하기 때문에 문학적으로는 매우 아름답지만 사상을 표현하거나 문학비평을 논하는 글로서는 부적합하다. 그러나 중국의 문인들은 그런 것에는 별로 개의치 않았다. 몇 백 년간 변려문이 유행하다 당나라 후반에 이르러 다시 고문으로 돌아가자는 고문운동이 일어나면서 변려문은 점차 쇠퇴하고 송대에 이르러서는 고문이 다시 중국산문의 주류가 되었다.

중국의 고전산문들이 서양과는 달리 분야에 따라 문학성의 차이가 별로 나지 않는 이유는 중국문인들의 관념 속에는 문사철文史哲의 구분이 별로 없기 때문이다. 중국의 모든 지식인들은 어렸을 때부터 시와 문을 필수 교양으로 배웠고 문 속에는 경전뿐만 아니라 사상서, 역사서 등이 반드시 포함되어 있었기 때문에 자연스럽게 삼자를 두루 공부하였던 것이다. 문사철의 구분이 별로 없었을 뿐만 아니라 실용문과 예술문의 구분도 없었다. 예를 들어 제갈량이 쓴 「출사표出師表」는 신하가 임금에게 바치는 공문의 일종이지만 그 속에는 문학성이 넘쳐 흘러 천하의 명문으로 알려졌다.

또 하나 들 수 있는 차이는 서양의 산문은 하나의 뚜렷한 주제 아래 논리 정연하게 쓴 긴 작품들이 많은 데 비해 중국의 산문은 대체로 짤막한 글이 많다는 것이다. 긴 분량의 저서라 할지라도 하나의 주제 아래 논리 정연하게 펼쳐지는 글이 아니라 직접적으로 논리적 연관성이 없는 여러 글들을 묶어놓은 것이다. 예를 들어 루소의 『에밀』은 루소의 교육철학이 잘 드러나는 명저다. 유아기, 초기교육, 12세, 15세, 결혼 등 총 5부로 나누어진 이 책은 분량이 방대하지만 전편을 통해 루소의 자연주의적 교육론을 일목요연하게 잘 보여준다. 전체의 구성이 매우 긴밀하면서도 통일미가 있다. 서양의 장편 산문들은 대부분 이런 논리적 치밀함과 주제의 통일성을 잘 보여준다. 이에 비해 중국에는 집중된 통일미를 보여주는 장편 산문을 쉽게 찾아볼 수 없다. 각 편들의 이야기들이 긴밀한 연관성이 없어 보이고 무언가 산만한 느낌을 준다.

서양에서 문학 비평에 관련된 글들은 대체로 자신의 방법론에 따라 하나의 일관성을 지니고 체계적으로 분석한 글들이 많다. 하지만 중국에서 문학 비평을 논한 글들 가운데서는 『문심조룡』처럼 체계성을 강조한 글이라 해도 서양만큼의 논리적 통일성을 잘 보이지 않는다. 그나마 『문심조룡』은 불교사상이 한참 유행하던 남북조시대에 나온 것으로 불교의 논리학인 인명학因明學의 방법을 원용하여 논리성과 체계성을 많이 강조하고 있는 편이다. 대교약졸의 미학이 유행하던 송대에 나온 시에 대한 전문적인 평론서인 시화詩話들을 보고 있으면 시에 대해 느끼는 소회를 짤막하고도 산발적으로 모아놓았을 뿐 체계성이나 일관성은 더욱 찾기 어렵다. 그것은 앞에서 동서 철학을 비교할 때 이미 언급하였던 바대로 미학의 차이 때문이다. 서양인은 집중된 통일미를 중시하는 데 비해 중국인은 분산된 통일미를 중시한다. 기본적인 미감이 다르기 때문에 글을 쓰는 데에도 그런 차이가 나지 않을 수가 없다.

발산적이고 명료한 표현,
수렴적이고 함축적인 표현

언어와 문자의 차이가 지대한 영향을 미치다

앞 장에서 언어와 문자가 사유체계에 미치는 영향을 언급하였는데, 철학보다 문학에서 그러한 영향이 더 강하게 나타난다. 철학은 자신의 사유세계를 정확히 표현하는 것을 중시하지만 문학은 자신의 사상과 감정을 아름답게 표현하는 것을 중시한다. 서양문학과 중국문학의 아름다움의 차이를 논하려면 서양의 언어와 중국어의 아름다움의 차이를 알아야 한다.

서양에는 수많은 언어가 있지만 주요한 문학작품을 생산한 언어들은 대체로 인도유럽어족에 속한다. 앞에서 이미 살펴보았듯이 굴절어인 인도유럽어는 고립어인 중국어에 비해 분석적이고 논리적인 성향이 강하다. 일단 서양의 문학작품들은 장르에 따라서 조금씩 차이는 있지만 대체로 보았을 때 중국의 문학작품에 비해 논리성이 훨씬 뛰어나다. 특히 소설이나 희곡에서 그 차이는 크게 드러난다. 게다가 서양의 언어들은 성과 수와 격에 따라 다양하게 변하고 시제가 매우 세분화되어 있기 때문에 세밀하고 섬세한 표현에 유리하다. 이 때문에 상황이나 인물의 묘사에서도 서양의 문학작품이 중국작품들에 비해 훨씬 세밀하고 명료한 편이다.

중국어는 고립어이기 때문에 아무래도 이런 면에는 취약한 것이 사실이다. 물론 중국어에도 단어와 단어를 연결시켜주거나 시제를 표현하거나 문장의 분위기를 전달하기 위한 문법적인 요소들이 있다. 예를 들어 '於' 자는 '~에서'라는 의미를 나타내고, '矣'는 동작의 완료를 나타내고, '也'는 판단을 나타낸다. 이렇게 그 자체의 뜻은 없고 문법적인 기능만을 담당하는 것들을 허사虛詞라고 한다. 이런 허사들이 있기 때문에 고립어라 할지라도 충분히 의사를 전달할 수가 있다. 그렇지만 고립어는 기본적으로 굴절어에 비해 세밀하고 명료한 표현을 하기가 힘들다.

더군다나 우리가 흔히 한문이라고 부르는 고전 문언문은 압축과 생략을 선호하는 편이기 때문에 더욱 그러하다. 고대 중국인들은 처음부터 구어체보다는 문어체를 선호하는 편이었으며, 그 결과 전국시대 말기에 확립된 문어체의 문장이 청나라 말기까지 큰 변화 없이 사용되었다. 송대 이후 소설과 희곡이 유행하면서 이들 장르는 주로 구어체인 백화白話를 사용하였지만, 시와 문에는 여전히 문언문을 사용했다. 산문 중에서 예외적으로 선사들의 어록과 이를 흉내 낸 신유학자들의 어록만 백화를 사용하였을 뿐이다. 백화는 시대에 따라 변화가 크지만 문언문은 공맹시대의 글이나 청대 말의 글이나 큰 차이가 없다. 때문에 전 세계에서 중국어만큼 구어체와 문어체의 차이가 큰 언어도 없다. 대신 중국문학만큼 오랜 세월 안정성을 지니고 지속적으로 발달한 문학도 없다.

이렇게 중국문학은 압축과 생략을 좋아하는 문언문 위주로 발달하여 처음부터 서양문학처럼 세밀하고 명료한 표현을 하기 힘들었다. 대신 중국인들은 고립어의 특징에 알맞은 문학양식을 발달시켰다. 그것이 바로 시다. 그 가운데서도 장편의 서사시나 극시보다는 짧은 형식의 서정시가 발달하였다. 서정시는 대체로 논리보다는 정서의 직접적인 전달을 중시하며 세밀하고 적확한 묘사보다는 함축적이고 상징적인 표현을 중시한다. 고립어는 한 단어가 문맥에 따라 여러 개의 품사로 해석될 수 있다. 게다가 중국어는 기본적으로 단음절어에서 출발하였기 때문에 하나의 한자가 여러 개의 뜻을 지닐 수밖에 없다. 중국어는 처음부터 다의적·함축적·상징적 표현에 유리한 언어라고 할 수 있다. 때문에 중국문학은 세계 다른 어떤 지역의 문학보다도 서정시를 중시하였으며, 중국의 문인들은 전 세계 어느 나라의 문인들보다 많은 서정시를 남겼다.

또한 중국어는 고립어이자 단음절어이기 때문에 글자 수를 가지런하게 만들기가 쉽다. 중국의 고전시는 5언 4구, 5언 8구, 7언 4구, 7언 8구 등 정제된 형태의 시들이 주종을 이룬다. 이렇게 글자 수가 가지런해지면 전체 시의 모양이 직사각형의 반듯한 모양이 되고 그것은 시각적으로 통일감을 준다. 그런데 이렇게 글자 수가 가지런해지면 아무래도 단조로워지기 쉬운데 이러한 단조로움을 피하기 위해 두 개의 구절이 어법적으로 유사하면서 내용상으로 대조를 이루는 대구對句가 발달하였다.

대구의 기교는 날이 갈수록 정교해져 나중에는 발음에서도 음양의 조화를 따지면서 대구를 추구하였다. 시에서의 평측법平仄法이 바로 그것이다. 평측법이란 모든 한자를 크게 양에 속하는 평과 음에 속하는 측으로 나누고 이것으로써 발음의 조화를 추구하는 수가기교를 말한다. 정제된 글자 수, 대구와 평측의 추구 등은 서양의 굴절어에서는 시도 자체가 불가능한 중국시만의 특징이다. 거기서 우러나오는 그윽하면서도 오묘한 흥취 또한 서양문학에서는 찾아볼 수 없는 중국문학만의 맛이다.

이런 수사기교는 나중에는 시라는 장르를 넘어 산문에서도 적용되었는데 4자와 6자를 중심으로 대구를 추구하는 변려문이 그 대표적인 예다. 산문에서도 이렇게 고도로 정형화된 수사기교를 쓰는 경우 깊은 흥취를 전달하는 데는 좋지만, 뜻을 세밀하고 명료하게 전달하기는 어렵다는 단점이 있다. 그래서 나중에는 이에 대한 반발로 다시 변려문 이전의 문장으로 돌아가자는 고문운동이 일어나기도 하였다. 산문에서조차 이런 수사기교가 활용되었다는 것은 고립어를 사용하는 중국문학에서만 가능한 일이다.

언어의 차이만이 아니라 문자의 차이 또한 중대한 변수이다. 말로 하는 문학행위는 전달과 보존에서 한계가 있다는 점을 고려하면 오히려 문자가 언어보다 더 큰 영향을 미쳤다고 할 수 있다. 오늘날 우리가 아득한 고대 트로이전쟁의 영웅인 아가멤논과 아킬레우스의 갈등에 가슴 졸이고 황하 유역에 살던 어느 남녀의 소박한 그리움에 가슴이 뭉클해질 수 있는 것은 문자가 있기 때문이다. 분명 아득한 고대로부터 모든 지역의 사람들이 신들과 영웅들의 이야기를 하고 남녀 간의 사랑을 속삭였을 터지만 기록이 없기 때문에 우리는 그것들을 알 수가 없다.

서양문화의 원류는 그리스문화인데, 사실 그리스문화는 동방의 다른 지역에 비해 비교적 늦게 출발하였다. 문자 또한 동방의 페니키아인들이 만든 문자를 차용한 것이다. 페니키아인들은 셈족에 속하고 셈족은 모음을 표기하지 않는 특징이 있다. 원래 페니키아의 22문자에는 모음이 없었다. 현재 우리가 모음으로 알고 있는 알파도 본래는 알레프로 후두음에 속하는 자음을 표기하는 문자이다. 이렇게 그리스인들은 페니키아 문자를 조금씩 바꾸기도 하고 거기에다 자신들이 새로운 문자를 첨가하여 그리스 알파벳을 만들었다.

로마자는 그리스문자에서 나온 것이다. 로마인들이 아직 원시적인 국가의 단계에 있을 때 많은 그리스인들이 이탈리아 반도의 상당 부분과 시칠리아 섬 등을 식민지로 삼았고, 일부는 로마의 본거지인 라티움 지역에 이주하기도 하였다. 한때 로마에서 상당한 세력을 떨쳤고 초기 로마문화에 많은 영향을 끼쳤던 에트루리아인들 또한 그리스문자를 응용하여 자신들의 문자를 사용하였다. 로마인들은 이들의 문자를 응용하여 로마자를 만들었던 것이다. 그리스문자가 α, β, γ, δ 순으로 진행하지만 로마문자는 a, b, c, d 순으로 진행하게 된 것은 에트루리아 문자의 영향을 받은 것이다.

이탈리아 반도 중부의 작은 지역의 언어와 문자였던 라틴어와 로마자는 로마가 거대한 제국이 된 뒤에는 유럽 전체의 공용어와 공용문자가 되었다. 서로마제국이 망한 뒤 유럽은 여러 나라로 분열되었지만 라틴어와 로마자의 위력은 계속 유지되었다. 시간이 흐를수록 점차 민족의식이 각성되면서 라틴어를 버리고 각 민족의 언어를 사용하기 시작하였지만 문자는 대체로 로마자를 그대로 유지하였다. 다만 동로마제국에서는 그리스어와 그리스문자를 공용어와 공용문자로 택하였다. 러시아, 불가리아 등 슬라브족 국가들은 그리스문자를 약간 변형시킨 키릴 문자를 자신의 문자로 삼았다. 결국 유럽의 모든 국가들은 로마자와 그리스문자를 사용하고 있는 셈이다.

서양인들이 모두 동방에서 수입한 표음문자를 조금씩 변형시켜 자신들의 문자로 삼았던 데 비해 중국인들은 독자적으로 표의문자인 한자를 개발하였다. 한자의 기원은 무척 오래되었다. 전설상으로는 창힐蒼頡이 창제하였다고 하는데 현재 고고학적으로 발굴된 자료 중에서는 기원전 2800년 전후의 글자인 산동지방 대문구문화大汶口文化의 을류부호乙類符號를 한자의 기원으로 삼는다. 그리고 은나라에서 사용되었던 갑골문에 이르면 이미 상당한 수준에 이른다. 문학작품으로 가장 이른 시기에 나온 것은 주나라 초기에 나온 시들이다. 중국문학의 출발이 서양문학에 비해 시기적으로 훨씬 앞서게 된 것은 그들보다 이른 시기에 문자를 개발하였기 때문이다.

표의문자와 표음문자의 가장 큰 차이는 표음문자는 단독으로는 아무런 뜻이 없고 그저 발음을 표기하는 하나의 기호로 쓰이는 반면, 표의문자는 글자 하나하나가 뜻을 지니고 있다는 것이다. 한자의 이러한 특징은 단음절어이자 고립어인 중국어의 특징과 맞물려 서양의 문자와는 전혀 다른 느낌을 준다. 서양의 알파벳은 그저 전체의 부속품에 불과하지만, 한자는 그 자체가 이미 완성된 느낌을 준다.

한자는 또한 회화성이 풍부해서 그 자체가 시각적인 아름다움을 만들어낸다. 그래서 고래로부터 시와 문장을 쓰는 사람들은 문학적 구절을 만들 때 뜻과 발음뿐만 아니라 글자의 형태에도 신경을 썼다. 예를 들어 중국문학의 시원이라 할 수 있는『시경』의 첫머리에 등장하는「관저關雎」편을 보면 '窈窕淑女, 寤寐求之'라는 구절이 있다. 현재 우리의 한자음으로는 '요조숙녀, 오매구지'인데 뜻을 풀이하면 "정숙한 아가씨를, 자나깨나 구하네"라는 뜻이다. '요조窈窕'는 고대의 발음상 같은 운에 속하는 글자들이다. 또한 둘 다 구멍 '穴' 부에 속한 글자로 시각적으로도 유사성의 효과가 있다. 그리고 '오매寤寐'는 뜻이 서로 상반되는 글자이지만 마찬가지로 같은 부수에 속하는 글자이기 때문에 시각적으로는 서로 절묘하게 어우러진다. 이렇게 시각적 아름다움을 고려한 수사기교는 표음문자를 사용하는 서양문학에서는 찾아볼 수 없는 중국문학만의 특징이다.

표의문자가 만들어낸 또 하나의 특징이 있다. 바로 시와 그림의 융합이다. 원래 한자는 그림을 간략화한 것이기 때문에 회화성이 풍부하였다. 게다가 서예가 예술의 한 장르로 발달하면서 양자의 관계는 더욱 깊어졌다. 당나라의 유명한 시인인 왕유王維는 산수전원시에 능하였고 동시에 그림에 조예가 깊었다. 송대의 소동파는 왕유의 시와 그림을 평하면서 "시 속에 그림이 있고, 그림 속에 시가 있다(詩中有畵, 畵中有詩)"라고 극찬하면서 결국 시와 그림은 하나라는 주장을 펼쳤다. 이러한 분위기 속에서 시를 그림의 소재로 삼는 풍조가 유행하였고, 급기야는 그림의 한 모퉁이에 시를 집어넣는 단계까지 나아갔다. 시와 그림의 융합은 서양문학에서는 찾아볼 수 없는 중국문학만의 특징이다.

서양은 격렬한 감정의 발산, 중국은 감정의 수렴

종교와 철학의 차이 또한 문학에 지대한 영향을 미쳤음은 두말할 필요가 없다. 중국문학에서는 단테의 『신곡』이나 밀턴의 『실낙원』 같은 작품이 나올 수가 없고, 서양문학에서는 『서유기』나 『홍루몽』 같은 작품이 나올 수가 없다. 종교와 철학의 차이에 대해서는 누구나 쉽게 알 수 있고, 또한 이미 앞에서도 설명을 하였기 때문에 여기서는 생략한다.

서양의 문학작품과 중국의 문학작품을 읽다 보면 가장 먼저 느끼는 것은 상황의 설정이나 감정의 표현 방식이 판이하게 다르다는 것이다. 서양문학의 원류인 그리스의 서사시나 극시를 읽어 보면 상황의 설정이나 감정의 표현방식이 실로 격정적이고 다채롭다. 서사시보다는 극시가, 극시 중에서는 희극보다는 비극에 그러한 성격이 두드러진다.

아리스토텔레스는 『시학』에서 비극은 문장의 구성이나 사상, 플롯 등에서 서사시가 지니고 있는 모든 것을 가지고 있을 뿐만 아니라 음악과 무대장면이 있기 때문에 훨씬 더 생동감이 있고, 또한 짧은 시간에 자신의 목적을 달성하는 압축된 효과는 서사시처럼 긴 시간에 걸쳐 분산되는 효과보다 더 큰 쾌감을 주기 때문에 비극이 서사시보다 더 우수한 예술형식이라고 주장하였다. 또한 그는 시의 목표는 사람들에게 공포와 연민의 감정을 느끼게 하고 카타르시스를 체험하게 하는 것이라 말하고 있는데, 그러한 효과를 가장 잘 구현할 수 있는 것이 바로 비극이다. 실제로 그리스의 비극들은 인간이 상상할 수 없을 정도의 극한적인 상황으로 몰아넣는 것을 좋아한다. 그중에서도 『오이디푸스 왕』의 이야기는 가장 극적인 상황을 보여준다.

바로 자신이 아버지를 죽인 범인이고 또한 어머니와 결혼하고 말았다는 엄청난 사실을 알게 된 오이디푸스 왕은 자신의 어머니이자 아내인 이오카스테 왕비의 방문을 부수고 뛰어 들어간다. 그가 발견한 것은 흔들리는 밧줄에 목을 매단 이오카스테 왕비의 주검이다. 그는 너무나 처참한 자신의 운명 앞에 울부짖으면서 시신을 밧줄에서 풀고 왕비의 옷에 달려 있는 황금 브로치로 자신의 눈을 마구 찔러 스스로 빛을 보기를 거부한다. 찌를 때마다 피투성이가 된 눈알이 수염을 적시니 검은 피가 드문드문 떨어지는 것이 아니라 소나기나 우박처럼 쏟아져 내린다. 그러고는 시종들의 부축을 받으며 궁전에 등장한다. 그 모습을 보고 사자使者는 노래를 부른다.

> 오오 차마 눈뜨고 볼 수 없는 무서운 운명이여,
> 일찍이 이 눈으로 본 것 가운데 가장 무서운 운명이여!
> 오오 불쌍하신 분이여, 어떤 광증이 그대를
> 덮쳤나이까? 대체 어떤 신이
> 인간의 한계를 넘어서는 도약으로
> 그대의 불운한 인생을 덮쳤나이까?
> 아아 슬프도다, 그대 불행하신 분이여!
> 묻고 싶은 일, 알고 싶은 일,
> 보고 싶은 일 많건만
> 내 차마 그대를 쳐다볼 수가 없나이다.
> 그런 전율로 그대가 나를 채우시는구려.

이것은 정말 보통의 슬픔과 절망이 아니다. 차마 눈뜨고 볼 수 없는, 인간의 한계를 넘어서는 전율이 아닐 수 없다. 아무리 비극의 목표가 일상생활에서 체험할 수 없는 연민과 공포를 통해 심리적 카타르시스를 유도하는 것이라고 하지만 동양적 관점에서 볼 때 지나치게 격렬한 것이 사실이다. 하기야 오늘날은 연극이나 영화 속에서 이것보다 더 강렬한 전율을 일으키는 사건과 장면들을 많이 보았기 때문에 그다지 충격적이지 않을 수도 있다. 그러나 만약 고대의 중국인들이 이 연극을 보았다면 어떠했을까? 그 강렬한 비극성에 실로 엄청난 충격을 받았을 것이다. 이런 종류의 상황과 감정은 고대 중국문학의 중심이었던 시문에서도 찾아볼 수 없을 뿐만 아니라 후대에 발전한 소설이나 희곡에서도 찾을 수 없다.

비극만 그런 것이 아니다. 그리스의 서정시 또한 인간의 감정을 솔직하게 표현하는 것을 좋아하였다. 대표적인 여류 서정시인인 사포는 사랑에 대한 감정을 섬세하면서도 강렬하게 표현했다. 로마의 문학평론가 롱기누스는 『숭고에 관하여』에서 사포가 쓴 아래의 시를 인용하면서 이 시야말로 사랑의 감정을 아주 효율적으로 잘 표현한 전형적인 시라고 극찬한다.

내게는 신과 같아 보이는구나.

너와 가까이 마주 앉아

네 달콤한 말과 사랑스러운 웃음에 귀 기울이는 그 남자는.

그래서 내 가슴속 심장이

떨리는구나. 너를 보기만 해도

말문이 막히고 혀가 움직이지 않는구나.

당장 미묘한 불기운이

내 살갗 아래로 흘러가고

내 눈은 보이지 않고 귀는 윙윙거리는구나.

그리고 식은땀이 흘러내리고

온 전신이 떨리며

나는 낙엽보다 더 창백해지니 나는 반쯤 죽은 것 같구나.

롱기누스는 사포가 자신의 사랑의 감정을 표현하기 위해 심장과 몸, 혀, 눈, 살갗을 총동원하고 있으며, 또한 얼어붙는가 하면 불타오르고 제정신이 아닌가 하면 정신이 온전한 상태 등 상반된 감정을 하나로 잘 결합하는 재능이 있음을 지적하면서 이것이야말로 그녀의 작품을 탁월하게 만드는 요소라고 말한다. 물론 여러 가지 요소를 효율적으로 결합하는 것도 놀랍지만 중국문학의 관점에서 본다면 자신의 신체반응을 이야기하면서 자신의 감정을 구체적으로 표현하고 있다는 것이 더욱 놀라울 것이다. 중국의 시에서는 이렇듯 노골적이고 구체적으로 감정을 드러내는 작품이 거의 없기 때문이다.

『시경』의 첫머리에 나오는 「관저關雎」 편을 보자.

꾸억꾸억 우는 물수리새 황하의 섬에 있는데,
우아하고 정숙한 아가씨 군자의 좋은 짝이네.
들쭉날쭉 마름풀 이리저리 찾는데,
우아하고 정숙한 아가씨 자나깨나 구하네.
구하여 얻지 못해 자나깨나 생각하는데,
깊고 깊은 시름에 뒤척뒤척 잠 못 이루네.
들쭉날쭉 마름풀 이리저리 뜯는데,
우아하고 정숙한 아가씨 금슬 퉁기며 벗하네.
들쭉날쭉 마름풀 이리저리 가려 뽑는데
우아하고 정숙한 아가씨 종과 북 치며 즐기네.
關關雎鳩 在河之洲 窈窕淑女 君子好逑
參差荇菜 左右流之 窈窕淑女 寤寐求之

求之不得 寤寐思腹 悠哉悠哉 輾轉反側
參差荇菜 左右采之 窈窕淑女 琴瑟友之
參差荇菜 左右芼之 窈窕淑女 鍾鼓樂之

이것은 일종의 연애시다. 그냥 일반평민의 연애시라고 보기는 어렵고 양 갓집 자제가 양갓집 규수인 요조숙녀窈窕淑女를 그리워하는 연애시라고 할 수 있다. 이 시의 작자는 분명 님을 잊지 못해 오매불망 그리워한다. 그리하여 전전반측 뒤척이며 잠 못 이룬다. 그러다 마침내 짝을 이루어 금과 슬을 퉁기며 벗하고 종과 북을 치면서 즐긴다. 사랑의 근심도 있고 사랑의 즐거움도 있지만, 전체적으로 은근하고 담담하다.

물론 『시경』에도 남녀 간의 사랑을 좀 더 노골적으로 표현하는 시들이 있고, 탐관오리의 횡포에 비분강개하는 심정을 표현하는 시들도 있다. 그러나 주류는 감정을 밖으로 직설적으로 드러내기보다는 안으로 은근히 머금는 함축형의 시들이다. 그리고 격정적이고 발산적인 시라 해도 서양의 시에 비하면 매우 차분하고 수렴적이다.

공자가 『시경』의 전반적인 특징을 '사무사思無邪'라고 말하였을 때는 일차적으로는 보편적 윤리에서 크게 벗어나지 않는다는 의미도 있겠지만 또 한편으로는 지나치게 노골적으로 자신의 감정을 표현하기보다는 은은하게 감정을 표현한다는 의미도 담겨 있다고 본다. 즉 사무사 속에는 단순한 윤리적 문제가 아니라 수렴미라는 미학적 의미도 들어 있다.

송대에는 시를 뒤이어 사라고 하는 새로운 운문이 크게 유행하였다. 원래 사는 민간에서 유행하는 노래의 가사에서 나온 것이다. 유행가의 가사라고 하는 것은 예나 지금이나 대부분 사랑의 감정을 다룬 것들이기 때문에 사는 시보다는 애정 표현이 훨씬 풍부하다. 사를 대중화시키는 데 큰 공헌을 하였던 유영柳永의 「우림령雨霖鈴」이라는 작품을 보자.

차가운 매미소리 처절한데 해 질 무렵 긴 정자에서 소낙비 막 그쳤다.

성문 술집에서 어지러이 술 마시고 이별을 아쉬워하는데 배는 재촉하는구나.

손 잡고 서로 마주 보며 이별의 눈물, 목이 메어 끝내 말이 없구나.

가시는 길은 안개 가득 천리 길, 드넓은 초나라 하늘에는 저녁 안개 깔려 있겠지.

다정한 이는 원래 이별을 아파하는데 쓸쓸한 가을날 더욱 어찌 견디리.

오늘 밤은 어디에서 술을 깰까. 버드나무 언덕, 그믐달에 새벽바람.

이제 해를 넘기면 좋은 날씨 멋진 풍경 다 헛된 것이어라.

설령 아무리 많은 정이 있다 한들 또 누구와 이야기하리오.

寒蟬淒切, 對長亭晚, 驟雨初歇. 都門帳飮無緒, 留戀處, 蘭舟催發.

執手相看淚眼, 竟無語凝噎. 念去去, 千里煙波, 暮靄沈沈楚天闊.

多情自古傷離別, 更那堪, 冷落淸秋節. 今宵酒醒何處, 楊柳岸, 曉風

殘月. 此去經年, 應是良辰好景虛設. 便縱有千種風情, 更與何人說.

　유영의 사는 당시에 워낙 유명하여 우물이 있는 곳에서는 언제나 들을 수 있다 하였고 멀리 고려에도 전해졌다고 한다. 그만큼 대중적인 인기를 얻었는데 그 비결은 자신의 감정을 진솔하게 잘 표현하였기 때문이다. 이 사에서도 이별을 괴로워하는 심정이 구구절절 잘 표현되어 있다. 떠나가는 배를 앞에 두고 서로 손을 잡고 눈물을 흘리는 장면이나, 떠나간 님을 잊지 못해 쓸쓸한 가을날 밤늦게 술에 취해 있다 서로 사랑을 나누었던 버드나무 언덕에서 차가운 새벽바람을 맞으며 그믐달을 바라보며 괴로워하는 마음이 생생하게 전해진다. 그러나 사포의 시처럼 자신의 정서를 직접적으로 구체적인 신체반응으로 표현하지는 않는다. 여러 풍경과 정황을 통해 간접적으로 표현할 뿐이다.

서양문학과 중국문학의 감정 표현방식을 그림에 비유하면 전자가 마치 강렬한 유화의 세계라면 후자는 담백한 수묵화의 세계다. 그리스의 서사시와 극시의 감정표현 방식은 다채롭고 농염하며 참으로 입체적이다. 이에 비해 중국 서정시의 감정표현 방식은 대체로 단조롭게 보이고, 때로는 무미건조한 듯이 보이며 평면적으로 보이기도 한다. 서양과 동양의 아름다움에 대한 기준이 서로 달랐기 때문이다.

명료함을 중시하는 서양문학, 모호함을 좋아하는 중국문학

서양인들은 대체로 자신의 생각이나 감정을 두루뭉술하거나 애매하게 표현하는 것을 그다지 좋아하지 않는다. 가급적이면 상세하고도 명료하게 표현하는 것을 좋아한다. 문학작품에서도 그러하다. 어떤 중요한 상황이나 심리를 묘사할 때는 온갖 수사기교를 동원하여 최대한 세밀하고도 구체적으로 묘사한다.

서양문학의 원류인 호메로스의 『일리아스』를 예로 들어보자. 이야기의 서두 부분에서 아가멤논과 아킬레우스가 여자 때문에 갈등을 일으키면서 싸우는 장면을 보면 10분도 되지 않는 짧은 시간이지만 무려 200행이상의 긴 지면을 할애한다. 그리고 지면의 대부분은 두 사람의 대화이다. 그중 아킬레우스가 아가멤논을 욕하며 자신은 전쟁에 참여하지 않겠다고 선언하는 대사를 보자.

"그대 주정뱅이여, 개 눈에다 사슴의 심장을 가진 자여.
그대는 일찍이 싸움터에 나가기 위하여 백성들과 함께 무장하거나
아카이아 인들의 장수들과 함께 매복할 용기를 내어본 적이

한 번도 없었소. 그대에게는 그것이 죽음의 운명으로 보였을 테니.

하긴 그보다는 아카이아 인들의 넓은 진영에서 누구든지

그대에게 반대하는 자의 선물을 빼앗아 가지는 편이 훨씬 낫겠지요.

백성을 잡아먹는 왕이여. 그것도 그대가 하찮은 자들을 다스리기 때

문이오.

아니라면, 아트레우스의 아들이여, 그대의 횡포도 이번이 끝이었으

리라.

하지만 내 그대에게 일러두겠고, 강력한 맹세로 내 말을 뒷받침하겠소.

보시오. 이 홀笏은 산 속에 있는 나무 둥치를 한 번 떠나온 이상

잎이나 가지가 돋아나는 일 없을 것이며 청동이 잎과 껍질을

벗겨버렸으니 다시 새파랗게 자라나지도 못할 것이오.

그리고 지금은 제우스의 위임을 받아 법을 지키는 아카이아 인들의

아들들이 판결을 내릴 적에 이 홀을 손에 들지요. 그러니 이것은

그대에게 강력한 맹세가 될 것이오. 내 이 홀을 두고 맹세하거니와,

아카이아 인들의 아들들이 모두들 이 아킬레우스를 아쉬워할 날이

반드시 올 것이오. 수많은 사람들이 남자를 죽이는 헥토르의 손에

죽어갈 때, 그대는 아무리 마음이 아파도 그들을 구하지 못할 것이오.

그때는 아카이아 인들 중에 가장 훌륭한 자를 조금도

존중하지 않았던 일이 후회되어 자신의 심장을 쥐어뜯게 될 것이오.”

　　아킬레우스의 분노하는 마음이 참으로 구체적이고도 명료하게 표현되어 있다. 『일리아스』는 대략 기원전 8세기 중엽에 나온 작품으로 『시경』보다는 조금 후대이고 『춘추』나 『논어』 등의 산문보다는 훨씬 앞선다. 그렇지만 춘추시대 중국의 시문에서는 이렇게 상세하고 구체적인 묘사를 절대 찾을 수 없다. 대부분 문장들은 매우 압축되어 있어 매우 모호한 느

낌을 준다. 한참 후대에 나온 제자서나 역사서에도 찾을 수가 없고 거의 2000년 뒤에 나온 희곡과 소설을 다 살펴보아도 이렇게 길고도 세밀하게, 그리고 명료하게 자신의 심경을 묘사하는 부분은 찾기가 쉽지 않다.

　중국의 문학작품에서 이런 표현들이 없는 것은 함축적이고 생략을 좋아하는 중국어 자체의 특징에서 기인한 것도 있지만, 명료함보다는 모호함을 더 선호하는 미학적 성향에서 나온 부분도 있을 것이다. 『시경』의 시 중에서 후대에 많은 사람들의 사랑을 받아왔고 심지어 현대 대중가요의 가사에도 부분적으로 인용되고 있는 「겸가蒹葭」를 살펴보자.

　　　　갈대는 짙푸른데 흰 이슬은 서리가 되었네.
　　　　바로 그이는 강물 저 한쪽에 계시네.
　　　　물결 거슬러 올라가 따르려 하는데 길은 험하고도 머네.
　　　　물결 거슬러 헤엄쳐 따르려 하는데 어슴푸레 물 가운데 계시네.

　　　　갈대 무성한데 흰 이슬 아직 촉촉하네.
　　　　바로 그이는 강 언덕에 계시네.
　　　　물결 거슬러 올라가 따르려 하는데 길은 험하고도 비탈지네.
　　　　물결 거슬러 헤엄쳐 따르려 하는데 어슴푸레 강의 모래섬에 계시네.

　　　　갈대 우거져 있는데 흰 이슬에 아직 멎지 않네.
　　　　바로 그이는 강 물가에 계시네.
　　　　물결 거슬러 올라가 따르려 하는데 길은 험하고도 굽이지네.
　　　　물결 거슬러 헤엄쳐 따르려 하는데 어슴푸레 강의 모래톱에 계시네.
　　　　蒹葭蒼蒼 白露爲霜 所謂伊人 在水一方
　　　　遡洄從之 道阻且長 遡游從之 宛在水中央

蒹葭萋萋 白露未晞 所謂伊人 在水之湄

溯洄從之 道阻且躋 溯游從之 宛在水中坻

蒹葭采采 白露未已 所謂伊人 在水之涘

溯洄從之 道阻且右 溯游從之 宛在水中沚

님에게 다가가고 싶지만 다가설 수 없는 안타까운 마음을 노래한 시다. 시인이 보기에 님은 분명 다가설 수 있는 거리에 있다. 그래서 용기를 내어 님을 따라가기 위해 물을 거슬러 가보기도 한다. 그러나 길은 멀고 험하다. 게다가 힘들게 찾아간 그곳에 님은 보이지 않는다. 님을 찾아 두리번거리니 님은 어슴푸레 다른 곳에 있다. 가까이 있어 만날 수 있으면 그리움은 해소가 될 것이고, 아예 멀리 있으면 포기할 수 있기에 그리움을 달랠 수 있다. 그러나 가까운 곳에 있는 듯하여 찾아나서면 어느덧 멀리 있는 님이기에 안타까움과 그리움은 더욱 깊어진다. 모호함이 그리움과 안타까움의 깊이를 더해주는 것이다.

이번에는 당시 가운데 한 수를 살펴보자.

소나무 아래에서 동자에게 물으니

스승은 약을 캐러 갔다고 하네.

다만 이 산 중에 있을 터이지만

구름이 깊어 어디인지 알 수 없구나.

松下問童子 言師採藥去

只在此山中 雲深不知處

이 시는 당나라 중엽의 시인 가도賈島의 작품이다. 가도는 당대의 대문호 한유韓愈와 동시대인으로 기존의 시풍과 다른 새로운 시풍을 개척하기 위해 무척이나 고민을 많이 하였던 시인이다. 그와 한유 사이에는 유명한 퇴고推敲라는 용어를 만들어낸 일화가 있다. 가도는 원래 까칠까칠하면서도 메마르고 난삽한 시를 많이 남겼다. 그러나 그가 지은 수많은 시 가운데서 사람들에게 가장 많이 읽힌 시는 난삽한 시가 아니라 바로 아주 평범하고 쉬운 이 시였다.

중국인들이 이 시를 좋아하는 이유는 바로 마지막 구절에 있다. 분명히 이 산 가운데 있는 것은 틀림없지만 구름이 깊어 구체적으로 어디에 있는지를 알 수가 없다는 그 표현이 모호함의 미학을 좋아하는 중국인들의 취향에 맞아떨어졌기 때문이다. 이 시는 송대 이후에는 산수화의 소재로 많이 쓰여 널리 퍼지게 되었다. 소나무 아래에서 어떤 사람이 동자에게 묻고, 동자는 손으로 옆에 있는 산을 가리킨다. 그리고 그 산에는 구름이 가득 깔려 있다. 그 하얀 여백 속에 내가 찾고자 하는 벗이 숨어 있다. 그림을 바라보고 있으면 은은한 그리움이 뭉게뭉게 피어난다.

명료함보다는 모호함을 좋아하는 중국인의 성향은 문학비평에서도 나타난다. 위진남북조 시대의 종영鍾嶸은 『시품詩品』에서 "말은 다 하지만 뜻은 무궁하다"라는 명언을 남겼는데, 이 말은 언어 너머의 함축미를 강조한 말이다. 송대의 엄우嚴羽는 『창랑시화滄浪詩話』에서 시의 최고의 경계로 "영양이 뿔을 거니 아무런 자취가 없다"는 말을 하였다. 영양은 나무에 뿔을 걸어놓고 자기 때문에 발자취를 찾을 길이 없다. 이 또한 표면적인 언어의 의미를 넘어서는 무한한 함축미를 추구하는 것이다. 언어의 함축미를 추구한다는 것은 결국 모호한 표현을 선호한다는 이야기다.

중국문학비평에서 모호함을 좋아하는 중국인의 성향을 가장 잘 보여주는 것은 역시 시로써 시를 품평하는 행위라 할 수 있다. 당나라 말기의 사공도司空圖는 「이십사시품二十四詩品」이라는 독특한 작품을 남겼다. 「이십사시품」은 시가 추구해야 할 풍격을 웅혼雄渾, 충담沖澹, 섬농纖濃, 침착沈着, 고고高古, 전아典雅, 세련洗練, 경건勁健, 기려綺麗, 자연自然 등 24가지로 나누고 각각의 풍격에 대해 개념을 정의하거나 설명하지 않고 그 풍격에 해당하는 시를 지어 그 맛을 전하는 작품이다. 24가지로 나눈 것은 1년 24절기에 맞춘 것이라고 한다. 그 가운데서 충담의 풍격을 노래한 시를 보자.

> 말없이 소박하게 살아 오묘한 기틀은 더욱 미묘하도다.
> 지극한 조화의 기운을 마시고 외로운 학과 함께 날아다닌다.
> 마치 은혜로운 바람이 부드럽게 옷에 와 닿는 듯.
> 긴 대숲의 소리 듣고 아름다워 신고 돌아가리라 말한다.
> 우연히 만나는 것은 어렵지 않으나 다가설수록 희미해진다.
> 가령 비슷한 게 있다 할지라도 손으로 잡으면 이미 어긋난다.
> 素處以黙 妙機其微 飮之太和 獨鶴與飛 猶之惠風 荏苒在衣
> 閱音修篁 美曰載歸 遇之匪深 卽之愈稀 脱有形似 握手已違

원래 충담이란 텅 비고 담백한 것을 가리키는 말이다. 어떤 시가 충담한 시인지 예를 들지도 않고, 시를 충담하게 쓰기 위해서는 어떻게 해야 한다는 설명도 없고, 그저 충담에 대한 느낌을 시로 전한다. 그런데 이 시 또한 몇 개의 이미지와 느낌만 있어 실로 모호하다는 생각을 지울 수가 없다. 사공도는 이런 식으로 해서 24개의 시의 풍격을 제시하는데, 하나하나가 막연하면서도 모호한 인상을 준다. 명확한 논리와 정밀한 분석을 중시하는 서양의 문학비평에서는 상상할 수 없는 독특한 경우라 하지 않을 수 없다.

서양은 집중된 통일미, 중국은 분산된 통일미

　　서양문학은 서사시와 극시로 출발하였고, 서사시와 극시는 치밀한 플롯을 중시하였기 때문에 처음부터 집중된 통일미를 추구하였다. 아리스토텔레스의 『시학』에서는 군데군데에서 플롯의 중요성을 강조하는 구절들이 보인다.

　　플롯이란 아리스토텔레스의 정의에 따르면 스토리 내에서 행해진 것, 즉 사건의 결합을 의미한다. 그는 드라마가 지니고 있는 여섯 가지 요소로 무대장면, 성격, 플롯, 운율 만들기, 노래, 사상을 들고 있는데 그중에서 가장 중요한 것은 플롯이라고 한다. 그는 플롯을 훌륭하게 구성하려면 아무 데서나 시작하거나 끝내서도 안 되고 일정한 크기를 잘 배열하여 통일성을 지녀야 한다고 강조한다. 또한 이야기의 전개에서 개연성과 필연성이 있어야 함을 주장한다. 그에 따르면 역사가는 실제로 일어난 사건을 기술하는 데 비해 시인은 일어날 수 있는 일을 이야기하기 때문에 시는 역사보다 철학적이다. 역사는 개별적인 것을 말하는 데 비해 시는 보편적인 것을 말하기 때문이다. 그가 최악으로 여기는 플롯은 상호간에 개연적 혹은 필연적 인과관계 없이 그저 삽화를 넣는 삽화적 플롯이다.

　　서양에서는 이렇게 문학 발전의 초기부터 플롯에 대한 기준이 있었기 때문에 후대에 나온 작품들도 이 기준을 따라가지 않을 수 없었다. 그래서 근대 이후 서사시의 후예인 소설에서나 극시의 후예인 드라마에서도 이러한 원칙은 대체로 잘 지켜졌다. 서양의 잘된 소설이나 드라마를 볼 때 그 치밀한 구성에 감탄하지 않을 수가 없다.

　　이에 비하면 중국의 소설이나 희곡은 통일미가 한참 부족하다. 우선 소설을 먼저 살펴보면 중국의 장편 소설들은 제각기 웅장한 규모, 방대하고 복잡한 이야기, 그리고 부분부분마다 감칠맛 나는 멋들어진 묘사로 사람들을 몰입시킨다. 하지만 전반적으로 볼 때 사건이 인물의 성격이나 갈등에 따른 치밀한 필연성이나 개연성을 바탕으로 전개되기보다는 우연성이 너무 많다. 서구소설의 기준인 플롯의 통일성이라는 점에서는 확실히 부족한 느낌을 준다. 이런 점에서 중국소설은 분명 졸에 속한다고 할 수 있다.

그것은 일단 서사문학의 역사가 짧은 데서 말미암은 것이다. 서양문학의 원류라 할 수 있는 호메로스의 『일리아스』와 『오디세이아』가 등장한 것은 중국으로 치면 춘추시대 초기이고, 『시학』을 남긴 아리스토텔레스가 활약한 시기는 중국으로 치면 전국시대 초기이다. 중국에서 소설이나 희곡이 본격적으로 유행하기 시작한 송대나 원대는 그보다 1500~2000년 뒤이다. 아무래도 서사의 역사가 짧기 때문에 서사의 기본인 플롯이 엉성하다.

그러나 한편으로 생각해보면 서사의 역사가 짧아서 플롯을 구성하는 능력이 부족하다고 볼 수 없다. 중국에서 서양문학의 영향으로 현대문학이 시작된 지 채 100년이 되지 않았지만 훌륭한 플롯을 갖춘 소설이 수없이 쏟아져 나왔기 때문이다. 약 1000년에 가까운 역사를 지닌 중국소설에서 플롯이 엉성한 이유는 능력의 부족 때문이라기보다는 아름다움에 대한 기준이 달랐기 때문이다.

서양에서는 집중적 통일미를 중시하면서 그것을 서사문학의 핵심이라고 생각하였지만 중국인들은 그렇게 여기지 않았다. 그들은 분산적 통일미를 더 중시했다. 그들은 전체의 스토리를 치밀하게 구성하여 완벽한 통일미를 자아내기보다는 각 부분을 정채롭게 묘사하여 개성을 살리면서 전체적으로 조화를 이루는 것을 더욱 좋아했다.

우리에게 널리 알려진 『삼국지연의』만 해도 스케일이 웅장하기는 하지만 이야기 구성 자체가 치밀하지는 않다. 게다가 아리스토텔레스의 관점에서 보면 이야기 전개에 불필요한 삽화들이 자주 보인다. 집중적 통일미의 관점에서 볼 때 최악의 플롯이다. 그러나 분산적 통일미의 관점에서는 오히려 정반대일 수도 있다. 동양인들이 『삼국지연의』를 읽으면서 기대하는 것은 각 등장인물들의 무용武勇과 지략智略을 얼마나 생동감 있게 묘사했는가, 그리고 각 전투 장면을 얼마나 웅장하고 박진감 넘치게 묘사했는가이다. 그것들이 잘 어우러져 있을 때 독자들은 깊은 감동을 받는다. 그러므로 등장인물의 무용과 지략을 좀 더 부각시키고 이야기에 좀 더 생동감을 주기 위해 약간의 우연을 가미하거나 삽화를 집어넣는 것은 그다지 문제가 되지 않는다.

분산적인 통일미가 더욱 잘 드러나는 작품은 『수호전』이다. 『수호전』은 제각기 다른 개성을 지닌 천하의 영웅호걸 108명이 양산박에 모여 의적 무리가 되는 과정을 그린 소설이다. 그런데 사실 서구적 소설미학으로만 보면 이야기구조가 다소 산만하고 엉성한 느낌을 줄 수도 있다. 그러나 108 호걸 한 명 한 명에 대한 묘사는 실로 제각기 독특하고 생동감이 넘쳐 저절로 감탄을 자아낸다. 그리고 그것들이 어우러져 웅장한 스케일의 독특한 기운을 만들어낸다.

『삼국지연의』와 『수호전』은 회화로 말하자면 초점투시의 관점에서 감상할 것이 아니라 산점투시의 관점에서 보아야 한다. 서로 다른 각도의 시각들이 어우러져 기운생동氣韻生動하는 것을 중시하는 중국회화를 보듯이 말이다. 이런 점에서 볼 때 중국소설의 미학은 분명 단순한 졸이 아니라 대교약졸의 졸이라고 할 수 있다.

희곡 또한 마찬가지이다. 중국희곡의 소재는 참으로 다양하지만 그 가운데 가장 많은 사람들의 사랑을 받은 것은 역시 재자가인才子佳人의 사랑 이야기다. 원나라 잡극의 대표적인 작품인 『서상기西廂記』와 명대 전기의 대표적인 작품인 『환혼기還魂記』가 바로 그것들이다. 이 가운데 『환혼기』는 꿈속에서 만난 남자를 잊지 못해 상사병으로 죽은 여인이 그 남자의 꿈에 나타나 다시 사랑을 나누고, 둘의 극진한 사랑이 죽은 여인을 무덤에서 되살려서 결국 모든 난관을 극복하고 부부로 결합하게 된다는 이야기다. 그야말로 생사를 초월한 몽환적인 사랑인데, 이것은 중국의 소설과 희곡에서 자주 등장하는 소재다.

황제와 궁녀의 사랑이야기 역시 중국인들이 무척 애호하는 소재이다. 유명한 당 현종과 양귀비의 사랑이야기는 원대에는 『오동우梧桐雨』라는 잡극으로 사람들의 눈시울을 적셨고, 청대에는 『장생전長生殿』이라는 전기로 다시 한 번 위세를 떨쳤다. 한나라 원제 때 흉노족을 달래기 위해 흉노족의 군왕에게 시집간 한나라의 궁녀인 왕소군王昭君의 이야기는 원대에 『한궁추漢宮秋』라는 잡극으로 상연되어 힘 있는 이민족 아래에 시달리던 한족의 마음을 달랬고, 천하장사 항우와 그의 애첩 우미인虞美人의 사랑이야기는 『패왕별희覇王別姬』라는 경극으로 남아 지금도 사람들의 마음을 적시고 있다.

중국인들은 이런 작품들을 보면서 때로는 눈물을 흘리고 때로는 탄식을 하면서 극에 집중할지 모르지만 서양인이 보면 그다지 집중도 잘되지 않고 큰 감동도 느끼지 못할 것이다. 이것은 단순히 언어의 문제가 아니라 미학의 문제이다. 그들의 관점에서는 이들 작품들은 대부분 사건의 전개가 치밀하지 못하고 우연성이 많으며, 배우들의 노래와 대사, 동작들이 전체적으로 통일성을 찾을 수 없고, 사건 전개에 불필요한 대사나 동작 또는 노래들이 자주 보인다. 이런 것들은 서양연극의 미학적 관점에서 볼 때 극적 긴장감을 떨어트리고 내용을 산만하게 만드는 것들이다. 이런 점에서 볼 때 중국연극은 서양연극에 비해 졸이라고 할 수 있다.

이것은 물론 앞에서 보았던 것처럼 분산된 통일미를 중시하는 데서 말미암은 것으로, 서양보다 열등한 것이라고 볼 수는 없다. 중국 관객들은 분산적 통일미에 더 익숙하기 때문에 연극을 관람할 때도 치밀한 사건 전개에 따라 드러나는 반전이나 새로운 발견 등에서 극적 감동을 느끼기보다는 각 장면 장면에서 배우들이 보여주는 노래의 깊은 울림이나 동작의 완숙도 등에서 더 많은 극적 쾌감을 느꼈다.

영화 『패왕별희』를 보면 경극 『패왕별희』의 열렬한 팬이 경극의 배우를 집으로 초청한 뒤 경극 중 한 장면을 거론하면서 동작 하나하나를 세밀하게 분석하는 장면이 나온다. 심지어 어떤 장면에서는 몇 발자국을 걸어가야 하느냐를 논하기도 한다. 이는 경극에서는 배우들의 노래와 대사는 물론 웃고 울고 걷고 절하고 술 마시는 모든 동작들이 그 자체로 독립적인 연기의 한 토막이고, 그 절차와 방식이 정형화되어 있다는 것을 말해준다. 이렇게 정형화되어 있는 연기 속에서 멋을 부리려면 오랜 세월의 관록이 쌓여야 한다. 그래야 손짓 하나 발짓 하나에도 최대한의 완숙한 멋이 우러나오고 관객들은 그 깊고 오묘한 맛에 감탄과 갈채를 보내는 것이다.

중국연극은 이렇게 정채로운 장면에서 나오는 감동도 중시하지만 그렇다고 각 부분들이 따로 놀지는 않는다. 자세히 보면 그 속에는 나름대로의 통일성이 있다. 다만 분산된 통일미를 추구하기 때문에 쉽게 눈에 잘 뜨이지가 않을 뿐이다. 오랜 연극 관람을 통해 분산되어 있는 듯한 장면 하나하나를 다 꿰뚫어볼 수 있을 때 그 아름다움을 깊게 느낄 수가 있다. 이런 면에서 볼 때 중국연극 미학은 대교약졸의 미학을 추구하고 있는 것이다.

서양문학과 중국문학, 서로 다른 발전의 궤도

마지막으로 서양문학과 중국문학의 발전과정의 차이를 살펴보자. 서양문학은 중국문학에 비해 그 출발점이 조금 늦다. 문자가 늦게 도입되었기 때문이다. 그러나 처음 시작할 때부터 바로 황금기를 구가한다. 호메로스의 『일리아스』와 『오디세이아』는 최초의 문학작품이라고는 믿기지 않을 만큼 완성도가 높으며 실제로 그리스문학사에서 이 둘을 능가하는 서사시는 없다. 곧이어 서정시가 출현하였지만 서정시 역시 첫 등장이 바로 최고봉이었다. 고전기에 들어서면서 본격적으로 나타난 극시는 더욱 화려하다. 아리스토텔레스도 서사시보다는 극시가 예술적인 완성도가 높다고 말하였는데 양에 있어서나 질에 있어서 극시는 서사시를 압도하였다. 고전기는 그리스문화사에서 가장 창조력이 높았던 문화의 황금기였기 때문이다. 산문은 초기에는 철학자들의 단편적인 글이 나왔으나 고전기에 들어서면서 위대한 역사가 헤로도토스와 투키디데스의 글을 필두로 플라톤, 아리스토텔레스 등의 위대한 철학자들의 장편들이 쏟아져 나왔고 그 외 데모스테네스를 위시한 위대한 웅변가들의 많은 연설문들이 당시 긴박하였던 시대상황을 생생하게 전해준다.

그리스문학의 정수는 서사시와 극시에 있다. 그리스의 서사시는 수많은 영웅들과 신들이 등장하는 웅장한 스케일, 긴 분량과 방대한 구상, 수려하면서도 흡인력 있는 문장으로 독자들을 매료시킨다. 그리스의 비극들은 자아와 세계, 자유의지와 숙명, 행복과 불행 등에 대한 깊은 탐구, 개연성과 필연성을 갖춘 치밀한 플롯, 감탄을 자아내는 수려한 문장, 극적인 무대장치와 감동적인 음악으로 관객들에게 무서운 전율과 연민을 선사한다. 화려함, 다채로움, 농염함, 그리고 통일감이 넘치는 교의 미학이라 할 수 있다.

번영을 구가하던 그리스가 쇠약해져 마케도니아에게 멸망당한 뒤부터 서양문학은 서서히 하락기에 들어간다. 물론 로마에도 베르길리우스와 호라티우스 등 대시인들이 있기는 하였지만 그 수준은 그리스문학의 모방에 그치고 만다. 중세 때에는 호메로스의 작품을 별로 접하지 못하였고 또한 기독교의 관점에서 그의 작품을 폄하하는 풍조가 있었기 때문에 베르길리우스는 호메로스보다 위대한 시인으로 여기는 사람들도 많았지만 근대 이후 그 지위는 역전된다. 베르길리우스의 대서사시 『아이네이스』는 비록 문장은 세련되고 인정미도 넘치지만, 기본적으로는 호메로스의 『오디세이아』에서 나온 것이다. 또 하나 그리스문학의 정수라고 할 수 있는 비극은 로마에서는 별로 창작되지 않았다. 대신 산문은 그리스보다 풍성하였다. 그리스만큼 철학자가 많지는 않았지만 케사르, 키케로, 세네카, 아우렐리우스 등 많은 문장가들이 다양한 방면에서 훌륭한 산문들을 많이 남겼다. 그러나 전반적으로 볼 때 로마인들은 그리스인들에 비해 문학적 소양이 떨어졌다.

중세에 들어서면서 서양문학은 전반적으로 침체한다. 특히 중세 전반기에는 찬란했던 로마제국이 미개한 게르만족에 의해 붕괴되면서 문화적 공백기가 계속되었다. 문학 또한 극도의 침체기에 빠지게 된다. 프랑크제국이 안정을 취하고 기독교가 지배적인 종교사상이 되면서 문화적 공백기에서는 벗어나지만 사상적 통제가 심하여 종교적 교훈을 담은 우화나 산문들이 간간히 나올 뿐 생동감 있는 문학작품은 잘 보이지 않는다. 중세 후기에 들어서면서 각 민족들의 언어로 된 영웅서사시와 기사들의 사랑과 모험을 담은 로망스가 나오고 음유시인들이 대거 등장하여 사랑을 주제로 서정시를 노래하면서 서양문학은 다시 서서히 활기를 찾기 시작한다. 중세 말기에 이르러서는 다른 지역보다 문화적으로 선도적 역할을 하였던 피렌체를 중심으로 단테, 보카치오 등 대가들이 등장하여 근대를 향한 기지개를 켜기 시작한다.

서양문학이 다시 활짝 피어난 것은 르네상스 후기 셰익스피어, 세르반테스 등의 대가들이 등장하면서부터이다. 이후 문예사조에 따라 수많은 문호들이 시, 소설, 드라마, 산문 등에서 앞다투어 명작을 쏟아내었다. 근대 이후의 서양문학은 기본적으로 고대 그리스의 문학을 부활시킨 것이다. 그러나 단순한 부활이 아니라 새로운 탄생이었다. 일단 장르 면에서 보면 서사시 대신에 소설이 문학의 새로운 총아로 등장하였다. 희곡에서도 일단 문장이 극시에서 산문으로 바뀌면서 사실성을 높일 수 있게 되었고, 아리스토텔레스가 말한 삼일치 중 시간의 통일, 장소의 통일이 지니고 있는 제약성을 벗어나 훨씬 자유로운 형식의 드라마를 펼치게 되었다. 그리고 미학적인 관점에서 보아도 중세라는 어두운 터널을 지나온 데다 근대의 과학과 계몽의 세례를 받아 더욱 세련된 화려함, 풍성한 다채로움, 푹 익은 농염함을 자랑하며 밀도 높은 통일미를 보여준다.

중국문학의 발전과정은 서양문학과는 상당히 다르다. 아니 어떤 면에서는 정반대의 궤도를 그리며 나아갔다고 할 수 있다. 중국문학은 언어와 문자의 차이, 문화적 배경의 차이, 그리고 중국인이 지니고 있는 미학의 차이에 의해 처음부터 서사시나 극시가 아니라 서정시와 산문 중심으로 발전하였다. 중국문학의 원류인『시경』에는 각 지방 민요의 가사, 귀족들의 연회음악의 가사, 종묘제례악의 가사 등의 다양한 작품들이 있는데 대체로 현실적이고 사실적인 성향을 띠고 있다. 이에 비해 남방의『초사』는 무가가 주류이기 때문에 환상적이고 낭만적 요소가 많다. 그러나 그리스문학에 비해서는 모두 소박한 형태의 서정시이다. 산문에서는 아직 본격적인 문학작품은 등장하지 않고 역사를 기록한 역사서와 제자백가의 사상을 담은 제자서가 주류를 이루고 있다. 역사서와 철학서이지만 때로 글자 수를 맞추기도 하고 대구를 이루기도 하면서 기본적인 문장의 멋은 갖추고 있어 서양에 비해 문사철의 구분이 모호하다.

한나라에 이르러서는 유가사상이 관학이 되면서 문학에서도 공자가 지녔던 문학관과 미학에 많은 영향을 받게 된다. 한대에 이르러서는 부賦라고 하는 새로운 문학 장르가 유행하였다. 이것은 나중에 초사와 더불어 사부辭賦라는 문학 장르로 정착된다. 또한 외래음악이 유입되면서 시에서도 큰 변화가 일어나 4언 중심에서 5언 중심으로 바뀌게 되고, 산문에서도 다양한 형식의 문장들이 나오게 되었다. 이전에 비해 개인의 창작이

보다 자유로워졌고 이에 따라 문학적 수사 기교도 더욱 세련되어졌지만 전반적으로 볼 때 아직은 소박한 아름다움에 머무는 편이었다.

한나라가 망하고 위진시대가 되면서부터 지식인 사회는 크게 요동한다. 사회적 불안 속에서 유가의 권위는 추락하고 대신 세속을 초월한 도가 사상이 유행하고, 곧이어 인도에서 수입된 불교가 지식인들의 관심을 끌기 시작한다. 이후 불교는 당나라 말기까지 중국사상의 주류가 되면서 단순히 사상만이 아니라 문화예술 전반에 걸쳐 지대한 영향을 미치게 되고 문학 또한 그 조류에서 벗어날 수가 없었다.

위진남북조시대는 중국문학사에서는 흔히 유미주의 시대라고 불린다. 이 시기에 이르러 중국인들은 문장의 아름다움을 자각하기 시작하였으며 중국어의 멋을 최대한 부리기 위해 언어 조탁에 심혈을 기울였다. 시에서는 오언시가 확실한 주류가 되었으며 대구, 평측 등 여러 가지 수사기교에 의해 형식상 크게 발전을 이룬다. 그리고 유미주의의 열풍은 산문에도 영향을 미쳐 많은 문인들이 문장을 짓는 데도 정교한 대구와 자수의 정제를 추구하여 변려문이라고 하는 독특한 문체를 발전시켰다. 이렇게 시와 문에서 극도의 수사기교를 추구하면서 아름다움을 추구하는 풍토는 수당대에도 계속 이어진다.

이 시기는 사상에서나 문화예술에서 교의 시기라고 할 수 있다. 종교사상만이 아니라 문화예술에서도 중국과는 전혀 다른 성향을 지닌 인도문화의 영향이 지대하였다. 문학에서도 그 영향력은 상당한데 우선 사성을 통해 평측을 추구하는 것 자체가 중국인들이 산스크리트어를 배우면서 자신들의 언어 특징을 자각하여 새롭게 만들어낸 이론들이다. 그 외 산수시의 유행 등도 불교의 영향이 크고, 문학이론에서도 그 영향력을 무시하지 못한다.

당대 초에 이르러서 오언시의 형식은 더욱 발전하여 대구와 평측을 완전하게 갖춘 근체시가 등장한다. 근체시는 크게 절구, 율시, 배율로 나뉘는데 절구는 4구이고 율시는 8구이고 배율은 장편을 가리킨다. 이 중에서 율시는 가장 엄밀한 규칙을 요구하며 가장 완벽한 정형미를 갖춘 근체시이다. 이렇게 형식미를 다 갖춘 상태에서 심오한 사상과 감정을 불어넣을 위대한 시인들이 나타나자 중국시는 마침내 활짝 개화하여 최고의 전성기를 맞이한다. 최고의 번영을 구가하던 당나라가 안록산의 난으로 한순간에 무너지면서 많은 지식인들이 고뇌와 갈등을 겪을 수밖에 없었는데, 이러한 분위기 속에서 두보杜甫, 이백李白, 왕유王維 등의 대시인이 나타나 중국시의 경지를 절정으로 끌어올린다.

당나라 후기에 이르러서는 한유와 유종원이 나타나 몇 백 년간 계속되어온 변려문의 폐단을 지적하며 다시 소박한 고문으로 돌아가자는 고문운동을 펼친다. 사실 고문운동은 단순한 문체개혁운동에 그치지 않고 안록산의 난 이후 새롭게 대두된 중소지주층 출신의 사대부들의 정치개혁운동과 사상개혁운동과도 관련이 있다. 그리고 미학적으로 볼 때 화려함과 번화함, 농염함을 넘어서 다시 소박함과 단순함과 평담함으로 되돌아가자는 대교약졸의 운동이라고 할 수 있다. 고문운동은 한때 성공을 거두었으나 한유와 유종원이 죽은 뒤에는 대부분의 문인들은 다시 화려한 변려문의 아름다움으로 되돌아갔다. 아직 대교약졸의 아름다움을 자각하기에는 이른 시기였다.

송대에 이르러서 시와 문에서 새로운 운동이 일어나는데 시에서는 평담미를 중시하는 새로운 풍조가 일어났다. 많은 시인들이 당시가 지니고 있는 화려하고 농염한 맛보다는 다소 떫은 듯하면서도 담백한 맛이 있는 평담미를 주창하게 되고, 이에 송시는 당시와는 다른 새로운 풍격의 시로 나아갔다. 중국문학에서 당시와 송시는 중국시의 양대 산맥으로, 후대 많은 문인들이 자신들의 취향에 따라 당시를 추종하기도 하고 송시를 추종하기도 하였다. 송시의 아름다움은 미학적으로 말하면 바로 대교약졸의 아름다움이라고 할 수 있다.

문장에서도 한유와 유종원의 고문운동을 계승하려는 움직임이 일어났다. 이번에는 많은 문인들의 지지를 얻어 성공할 수 있었다. 송대에 이르러서야 고문운동이 제자리를 잡을 수 있었던 것은 그만큼 송대의 문화정신이 당대보다는 대교약졸의 미학을 더욱 중시하였기 때문이다. 송대는 회화, 음악, 건축 등의 문화예술의 영역만이 아니라 종교사상에서도 큰 전환점이 되는 시기이다. 송대는 중국고전미학이 한 단계 격상되는 시기였고 그 속에 바로 대교약졸의 미학이 숨겨져 있었던 것이다.

중국 고전문학의 양대 산맥인 시와 문은 송대가 최정점이고 그 이후로는 그다지 큰 발전이 없다. 대신 민간문예인 소설과 희곡이 점차 성장하기 시작한다. 문학사의 주도권이 시와 산문에서 소설과 희곡으로 넘어간 것이다. 그러나 당시 문인들의 관점에서는 여전히 문학의 정통은 시와 문에 있었고, 소설과 희곡은 소위 말하는 대아지당大雅之堂에 들어가지 못하였다. 그리고 서양의 희곡과 소설에 비교해보았을 때도 문학적 성과가 그다지 높은 편이라 말할 수 없다.

이상으로 보아 서양문학은 처음부터 교에서 출발하여 중세에 잠시 후퇴하였다가 근대 이후에 다시 교를 회복하여 마음껏 발산하는 형태를 취하는 반면 중국문학은 처음부터 졸에서 출발하였다가 위진남북조에서 수당대에 이르기까지 교를 마음껏 추구하다가 송대에 이르러 다시 교로 되돌아오는 대교약졸의 발전 패턴을 보여주고 있음을 알 수 있다. 문학에서 이러한 패턴은 사실 서양문화와 중국문화의 발전패턴과도 거의 일치한다.

농염한 채색미와
담백한 여백미

미술은 인간의 삶에 매우 중요한 부분을 차지한다. 인간의 오감 가운데서 가장 큰 비중을 차지하는 것은 역시 시각이다. 미술은 바로 시각의 쾌락을 추구하는 예술이다. 미술의 영역은 방대하여 회화, 조각, 공예뿐만 아니라 때에 따라서는 건축도 미술의 한 영역으로 간주되기도 한다. 이렇게 방대한 미술의 영역 가운데서 이 책에서는 주로 회화를 중심으로 중국과 서양을 비교하고, 조각은 필요에 따라 부수적으로 언급하고자 한다.

서양미술에서는 조각이 매우 큰 비중을 차지하고 있고 일찍부터 크게 발달하였지만, 고대 중국에서는 조각이 그다지 발달하지 않았다. 물론 중국에도 조각품이 없었던 것은 아니고, 불교가 전래된 뒤에는 한때 석굴을 파 대형불상을 조성하는 것이 크게 유행하기도 하였다. 그러나 조각은 하나의 기예에 불과한 것으로 여겨져 중국에서는 조각가로 미술사에 이름을 남긴 사람이 없다. 중국의 미술은 회화에 치우쳐 있다. 따라서 양자를 동등하게 비교하기 위해서는 아무래도 회화를 중심으로 논의를 진행하고자 한다.

먼저 아득한 과거에 회화가 어떻게 시작되었는지를 간략히 언급한 다음 서양회화와 중국회화가 제각기 어떠한 방향으로 발전하였는지를 살펴보고, 그다음 서양회화와 중국회화의 미학적 차이를 대교약졸의 관점에서 비교하고자 한다. 앞에서 대교약졸의 관점에서 서양과 중국의 종교사상, 철학, 문학 등을 비교하였지만 사실 대교약졸의 미학을 가장 손쉽게 이해할 수 있는 분야는 미술이다. 눈으로 보면 바로 알 수 있기 때문이다.

사실적 묘사의 인물화,
기운생동의 산수화

사실적인 구석기의 그림, 추상적인 신석기의 그림

사실 그림이 예술 감상의 대상이 된 것은 그리 오래된 일은 아니다. 그러면 고대인들은 왜 그림을 그렸을까? 주술적 목적? 창조적 유희? 실용적 목적? 정확한 답은 아무도 모른다. 인류가 남겨놓은 그림 가운데 가장 오래된 것은 스페인의 알타미라 동굴벽화와 프랑스의 라스코 동굴벽화다. 이 그림들은 대략 1만5천 년 전쯤 그려진 것이라고 한다. 그 속에는 들소, 사슴, 말 등의 동물들이 그려져 있는데, 왜 그들이 동굴 속에 벽화를 남겼는지는 수수께끼지만, 여러 가지 정황으로 볼 때 이 벽화들은 많은 사냥감을 획득하기 위한 주술행위의 하나로 보는 것이 가장 타당하다.

알타미라 동굴벽화

그런데 한 가지 놀라운 사실은

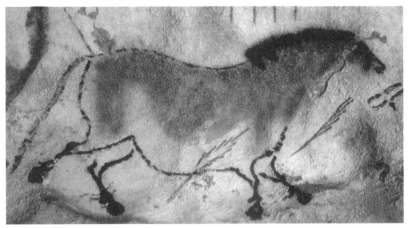

라스코 동굴벽화

이들 구석기시대의 벽화들이 굉장히 사실적이고 생동적이라는 것이다. 때문에 처음에는 이들 벽화들이 구석기시대의 작품이라고는 상상도 하지 못했다. 왜냐하면 이 벽화들은 후대에 나온 신석기시대의 그림들보다 훨씬 사실적이고 세련됐기 때문이다. 그러나 과학적인 감정에 의해 구석기시대 작품임이 증명되었다.

신석기시대의 회화를 하나 살펴보자. 중국 섭서성陝西省의 서안西安 근처의 반파촌半坡村에서 발굴된 앙소仰韶문화의 유물 가운데는 매우 재미있는 그림이 그려져 있는 토기가 있다. 이 유물은 기원전 5000년 정도의 유물이다.

그림을 보면 양쪽의 물고기 그림은 비록 사실성이 떨어져 조금 엉성하지만 물고기임을 금방 알아차릴 수 있다. 그러나 위아래의 그림은 얼른 보아서는 우주인 같기도 하고, 로봇 같기도 해서 무엇을 그

앙소문화의 반파 출토 토기

린 것인지 짐작하기가 쉽지 않다. 그러나 자세히 보면 가운데 둥근 모양은 얼굴을 그린 것임을 알 수 있고, 얼굴 양쪽에는 물고기를 그린 것임을 알 수 있다. 과연 이 그림은 무슨 의미를 지니고 있을까?

전문가들의 연구에 따르면 이 토기를 그린 부족은 물고기 토템을 지닌 부족이라고 한다. 그리고 이 토기는 어린아이의 시신을 담은 커다란 질그릇의 뚜껑이라고 한다. 그러면 대충 고개가 끄덕여질 것이다. 이것은 어린아이의 영혼을 사후의 세계로 인도하는 종교적 목적의 그림임을 알 수 있다. 토템은 그 부족의 조상신이자 수호신이다. 물고기의 그림들은 바로 어린아이의 영혼을 인도하는 부족 조상신 또는 수호신이라고 할 수 있다. 그리고 둥근 얼굴 위의 톱니바퀴가 있는 삼각형은 죽음과 관련이 있는 토기에서만 발견되는 문양으로 여성의 성기라는 설도 있고 남성의 성기라는 설도 있다. 성기는 생명의 탄생을 상징하는 것으로 망자와는 어울리지 않다는 설도 있지만, 아마도 죽은 다음 새로운 생명을 얻기를 기원하는 마음을 담지 않았을까 추측된다.

이렇게 신석기시대의 그림은 앞의 구석기시대의 두 동굴벽화에 비해 훨씬 추상적이고 또한 엉성한 느낌을 준다. 이것은 단순히 중국의 그림만 그런 것이 아니다. 전 세계 신석기시대의 회화 가운데 사실성에서 알타미라나 라스코 동굴벽화보다 뛰어난 것은 없다. 거의 대부분 사실적인 묘사가 아니라 추상적인 묘사가 위주가 된다. 마치 어린아이들이 사람을 그리거나 동물을 그릴 때 사실적으로 묘사하지 못하고 그 중요한 특징을 중심으로 엉성하게 추상적으로 묘사하는 것처럼 말이다.

그렇다면 왜 구석기시대의 그림이 신석기시대의 그림보다 더 사실적이고 생동감이 있는가? 어떤 사람들은 이렇게 해석한다. 수렵과 채취가 주요 생활수단이었던 원시시대에는 아직 추상적 사유가 발달하지 않았기 때문에 사물을 있는 그대로 보고 표현해낼 수 있었다. 그러나 농경과 목축이 시작되고 문명이 발달하기 시작하면서 서서히 추상적·관념적 사유가 발달하기 시작하자 사람들은 사물을 그릴 때 '보는 대로' 그리는 것이 아니라 '생각하는 대로' 그리기 시작했다는 것이다.

사실 구석기시대의 회화는 발견된 것이 별로 없고 간혹 있다고 해도 알타미라나 라스코 동굴벽화만큼 생생하고 사실적인 작품들이 없기 때문에 위의 설을 일반화하기는 조금 무리가 있어 보인다. 두 동굴벽화가 특별한 예외일 수도 있기 때문이다. 그렇지만 신석기시대 사람들이 사물을 그릴 때 보는 대로 그렸던 것이 아니라 생각하는 대로 그렸다는 설은 매우 설득력 있게 들린다. 청동기 시대에 지어졌지만 지금도 경탄을 금치 못하게 하는 피라미드 속의 회화를 보면 더욱 그런 생각이 든다.

고대 이집트의 피라미드의 벽화들을 보면 얼굴은 항상 옆으로만 그려져 있고, 가슴은 항상 정면을 보고 있으며, 다리도 옆으로 벌어져 있다. 그들은 사람을 사실적으로 묘사하기보다는 사람의 특징을 잘 드러내기 위해 인체의 각 부분을 이미 축적된 시각적 지식에 근거하여 그 부분이 가장 효과적으로 드러나는 각도에서 그렸던 것이다. 즉 얼굴은 옆에서 볼 때 그 특징이 가장 잘 드러나며, 가슴은 앞에서, 다리는 정면보다는 옆에서, 그것도 벌린 자세가 되었을 때 그 특징이 잘 드러나기 때문이다. 그들

이집트벽화

은 관념적으로 완전해 보이는 그림을 추구했기 때문에 시각적 어색함에 대해서는 그다지 신경을 쓰지 않았던 것이다.

동서의 회화, 점차 사실성을 추구하다

서양미술의 원류는 다른 분야와 마찬가지로 그리스 미술이다. 현재 그리스 미술로 많이 남아 있는 것은 조각이고, 회화는 보존성이 취약하여 그다지 많이 남아 있지 않다. 아직 그리스 문명이 본격적으로 피어나기 전인 고졸기의 조각들을 보면 다소 딱딱하고 추상적인 느낌을 주는 작품들이 많지만, 기원전 5세기를 전후하여 그리스문화가 활짝 피어나는 고전기에 들어오면 아주 사실적이고 생동감이 있으면서도 완벽한 비례와 균형을 자랑하는 작품들이 많이 등장한다.

회화 또한 마찬가지이다. 초기에는 이집트처럼 관념적으로 완전하게 보이는 방식에서 출발했지만, 점차 자신들의 개성을 찾아가면서 사실적이면서도 비례를 중시하는 그림으로 나아갔다. 원시적인 관념성과 추상성에서 한 걸음 더 나아가 서서히 사물을 객관적이고 사실적으로 보기 시

「전사의 작별」 중 전사의 모습. 이집트 벽화와 달리 발을 사실적으로 표현했다.

작했던 것이다. 고대 그리스의 회화에 관한 자료는 그리 많지 않아 도자기에 새겨진 그림이 가장 주된 자료인데 기원전 5세기 전후의 작품인 적회식 도자기에는 이집트와는 확연히 다르게 다리를 정면으로 그리면서 단축법 Foreshortening으로 묘사한 것이 있다.

단축법이란 인체를 그림 표면

과 경사지게 또는 직각으로 겹치게 배치하여 투시도법적으로 축소되어 보이게 하는 회화기법이다. 쉽게 설명하면 발을 그릴 때 이집트인들처럼 항상 옆으로 표현하여 길쭉한 특징을 완벽하게 드러내려 하지 않고 발의 모양을 정면으로 그림으로써 압축된 모양을 사실적으로 표현하는 것을 말한다.

현대적 관점에서 보면 크게 대수롭지 않은 발견이라 생각되는데 곰브리치 같은 미술사학자는 그것을 서양미술사에서 주목해야 할 놀라운 발견이라고 높이 평가한다. 그리고 그것이 당시 그리스 문명의 화려한 개화와 관련이 있음을 강조한다. 사실 이 시기는 바로 그리스의 문화예술과 학술 사상이 찬란하게 피어나던 고전기의 초기다. 이 시기에 들어서자 그리스인들은 신화를 중시하던 전통에 대해 의문을 제기하고 철학과 과학에 대해 눈을 뜨기 시작했다. 원래 디오니소스 신을 위한 제례의식의 하나였던 연극도 이 시기에 이르러 비로소 하나의 공연예술이자 문학 장르의 하나로 본격적으로 발달하기 시작한다. 문화, 예술, 사상이 서로 불가분의 관계에 있음을 보여주는 좋은 예다.

그리스 문명이 찬란한 꽃을 피웠던 기원전 5~6세기 전후 중국에서도 공자, 노자 등의 위대한 사상가들이 등장하고 문명의 전반에 걸쳐 비약적인 발전이 있었다. 그런데 그리스와는 달리 중국에서는 미술에 관련된 자료는 그다지 많지 않다. 그리스 사람들은 보존성이 좋은 석조 작품들을 많이 남긴 덕에 오늘날도 그들의 미술의 업적들을 충분히 감상할 수 있지만, 중국에서는 겨우 근래 발굴된 무덤의 소장품을 통해 그 당시 미술의 흔적을 희미하게 엿볼 수 있을 뿐이다.

미술에 관련된 이론에서도 마찬가지다. 플라톤, 아리스토텔레스 등의 사상가들은 아름다움에 대한 관심이 많아 조각이나 회화 등에 대해 자주 언급하였던 데 비해 춘추전국시대의 사상가들 가운데 그림에 대해 직접적으로 이야기한 사람은 거의 없다. 앞에서도 간략하게 언급하였듯이 공자는 일찍이 회사후소繪事後素라는 유명한 말을 하였지만, 그것은 그림에 대한 직접적인 언급이 아니라 그저 그림 그리는 일을 빌려 도덕적 교훈을 말한 것일 뿐이다. 장자는 해의반박解衣般礴을 말하였는데 내용은 다음과 같다. 어느 군주가 그림을 부탁하려고 천하의 화공들을 불렀다. 다른 화공들은 붓을 다듬고 먹을 갈면서 열심히 준비하는데 어느 화공이 남들보다 늦게 와서는 방에 들어가 옷을 편안하게 풀고 다리를 쭉 뻗은 채 쉬고 있었다. 군주는 그 사람이야말로 진정한 화가라고 칭찬하였다는 이야기다. 이것 또한 그림 자체를 논한 것이 아니라 여유로운 마음가짐 내지는 걸림이 없는 자유로운 정신을 강조한 것이다.

춘추전국시대 사상가 중에는 그나마 한비자가 회화와 직접적으로 관련이 있는 언급을 남겼다. 『한비자』에는 다음과 같은 글이 있다.

> 제나라 왕을 위해 그림을 그리는 화객이 있었다. 왕이 물었다. "그림은 무엇이 가장 어려운가?" 객이 말했다. "개와 말이 가장 어렵습니다." "무엇이 쉬운가?" "귀신과 도깨비가 가장 쉽습니다."
> 무릇 개와 말은 사람들이 아는 것이다. 아침저녁으로 앞에서 보는 것이기 때문에 똑같이 그리지 않으면 안 된다. 그래서 어려운 것이다. 귀신과 도깨비는 형체가 없기 때문에 앞에서 볼 수가 없다. 그래서 쉬운 것이다.

사람들이 일상생활에서 흔히 보는 사물을 그리면 그 그림이 잘 그린 것인지 아닌지를 구분할 수 있는 잣대가 있지만, 상상 속의 사물을 그리면 그 그림이 잘 그린 것인지 아닌지를 구분할 수 있는 기준이 없다는 이야기다. 이 말은 그림을 그릴 때는 사실성이 중요한 기준이 된다는 점을 강조한 것이다.

물론 오늘날의 관점에서 볼 때 회화는 사실성만 가지고 되는 것도 아니고, 또한 상상 속의 사물이라고 아무렇게나 그려도 되는 것은 아니다. 오히려 상상 속의 사물이 그리기가 훨씬 더 어려울 수도 있다. 게다가 한비자는 춘추전국시대의 여러 사상가 중 엄격한 법치주의와 군주의 냉엄한 술수를 강조한 학자로서 문화예술에 대한 관심은 별로 없었던 사람이다. 평소 현실주의적 관점을 지녔던 그는 그림에서도 현실적인 기준이 중요함을 강조한 것일 뿐이다. 그러나 그의 언급을 통해서 우리는 고대 중국에서도 그림을 그리는 데는 사실성을 중시하였음을 짐작할 수 있다.

현재 춘추전국시대의 그림은 자료가 별로 없지만 기원전 3세기 무렵 비단 위에 그려진 「인물어룡도」를 보면 인물이 매우 사실적으로 그려져 있음을 알 수 있다.

물론 이 그림의 분위기는 그리스의 사실성과는 또 다르다. 선의 흐름에서 중국적인 냄새를 풍긴다. 그렇지만 신석기시대나 청동기시대의 유아적 추상성을 벗어나 원숙한 사실미를 추구하고 있다는 점에서 그리스와 다를 바 없다. 갓을 쓴 사람 얼굴의 옆모습을 보라. 이전과는 비교할 수 없을 정도로 사실적이면서도 원숙한 필치가 느껴진다.

다른 문명권의 회화 또한 마찬가지다. 전 세계 대부분 문명권에서 회화는 초기의 엉성하고 추상적인 그림에서 시간이 흐르고 문명이 발달할수록 사실적인 묘사의 방향으로 나아간다. 이로 보아

「인물어룡도人物御龍圖」

그림의 가장 기본적인 전제는 일단 눈에 보이는 사물의 형상을 닮게 표현하는 것임을 알 수 있다.

형상을 중시하는 서양회화, 기상을 중시하는 중국회화

회화의 기본 목표는 동서를 막론하고 눈에 보이는 사물의 형상을 닮게 표현하는 것이다. 그러나 중국과 서양의 회화는 처음부터 서로 다른 문화적 배경 속에서 다른 양상으로 발전하였다. 그리고 시간이 흘러갈수록 그 차이는 더욱 심화되는 경향이 있다. 서양회화는 세계 어떤 지역의 회화보다 우리의 시각에 비치는 대상 세계를 최대한 사실적으로 표현한다. 이에 비해 중국회화는 대상 세계를 있는 그대로 사실적으로 그려내기보다는 그 속에 담긴 정신세계를 표현하려 한다.

사실성은 서양회화의 생명이었다. 고대 그리스의 회화는 기껏해야 도자기에 그림 몇 점이 남아 있는 정도이기 때문에 그 전모를 알 수는 없지만, 많이 남아 있는 조각작품에 나타나는 사실성을 미루어보건대 회화에서도 매우 사실적으로 그렸을 것으로 짐작된다. 그 뒤 시대에 따라 지역에 따라 혹은 개인의 작풍에 따라 다양한 개성의 그림들이 출현하였지만 사실성을 중시하는 태도는 한결같았다.

중세의 많은 종교화들은 모두 종교적 염원과 상상으로 예수나 성인들의 모습을 그린 것이지만, 기본적으로 사실성을 벗어나지는 않는다. 중세의 어두운 터널을 지나 르네상스가 되었을 때 회화의 사실성을 비약적으로 높여주는 새로운 기법들이 개발되었는데, 바로 원근법과 명암법이다. 원근법과 명암법을 잘 구사하고 풍부한 색채를 사용해서 그린 르네상스 이후의 회화들은 그 사실성에서 실로 사람들의 감탄을 자아낼 만하다. 회화의 사실성은 특히 인물화에서 잘 드러난다. 당시 상당수의 귀족들은 화가들에게 초상화를 부탁했는데 그것은 예술적인 목적이라기보다는 실용적인 목적에 더 가깝다. 마치 오늘날 사진관에 가서 사진을 찍는 것과 같은 행위였다.

「진주귀걸이를 한 소녀」

오른쪽의 그림은 유명한 네델란드의 화가 요하네스 베르메르가 그린 그림으로 일반적인 초상화라기보다는 트로니에 더 가깝다. 트로니는 단순한 초상화가 아니라 약간은 과장된 표현이나 재미있는 표정을 그리는 것을 말한다. 소녀의 얼굴은 까만 배경속과 대비되어 더욱 생동감이 느껴지는데 표정이 매우 신비롭고 아름다워 북유럽의 모나리자라고 불리기도 한다.

서양의 화가들은 사람의 표정과 동작 등을 보다 사실적으로 그리기 위해 해부학과 인체 골격에 대해서도 공부했다. 지금도 인물화를 제대로 그리려면 자세에 따른 근육의 변화를 공부하는 것은 기본이다. 그렇기 때문에 서양회화를 보고 있으면 등장인물들의 표정이나 몸짓이 마치 살아 움직이는 것처럼 생생하다는 느낌을 받는다.

풍경화 또한 사실성을 중시하는 것은 마찬가지다. 원근법을 바탕으로 경치와 사물을 비례와 명암에 맞추어 최대한 사실적으로 그려야 한다. 개성을 중시하는 분위기 때문에 표현기교에서는 그 작자만의 특징을 잘 드러내야겠지만, 사실성을 크게 벗어나서는 안 된다는 것은 일종의 불문율이었다.

서양회화에서 사실성을 중시하는 태도가 일변하기 시작한 때는 사진기가 발명되고 난 뒤부터이다. 사진기는 1839년 루이 다게르Louis Daguerre

가 최초로 발명하였는데 과학기술을 이용해 실물의 모습을 그대로 재현해내는 사진기가 점차 퍼져나가자 회화는 새로운 길을 찾지 않을 수가 없었던 것이다. 서양 회화사에서 19세기 후기부터 인상주의, 후기인상주의, 상징주의 등 사실성보다는 개인의 주관적인 느낌이나 추상성을 더 강조하는 사조가 등장하게 된 것은 바로 사진의 등장과 무관하지 않다. 아무튼 이때부터 서양회화는 사실성의 굴레를 벗어나 훨씬 더 큰 폭으로 작자의 개성을 표현할 수 있게 되었다.

중국은 이와는 다르다. 중국에서 회화와 회화이론이 본격적으로 발달하기 시작했던 시기는 위진남북조시대이다. 당시 최고의 대가, 고개지顧愷之는 그림을 그리는 데는 형사形似보다는 신사神似가 더욱 중요하다고 주장했다. 형사란 사물의 형상을 닮게 그리는 것을 말하고, 신사란 그 속에 담긴 정신세계 혹은 기상을 표현하는 것을 말한다. 고개지는 특히 인물화에서는 전신傳神을 강조했는데 전신이라는 말은 정신을 전달한다는 뜻이다. 이는 그 사람의 겉모습보다는 그 사람의 정신적인 특징이나 기백을 잘 그려내는 것이 더욱 중요하다는 이야기다. 이후 중국인들은 인물화를 그리는

데 서양처럼 사실성을 중시하기보다는 인물의 단아한 모습이나 기백을 묘사하는 데 더 많은 관심을 가졌다.

고개지보다 조금 뒤에 활약한 사혁謝赫은 그림을 그리는 데 필요한 여섯 가지 법칙을 내세웠는데, 이는 후대 중국회화의 기본적인 틀이 되었다. 육법이란 기세와 운치가 생동감이 있어야 한다는 기운생동氣韻生動, 붓을 사용함에는 기골이 있어야 한다는 골법용

증경曾鯨의 「왕시민소상王時敏小像」

필골法用筆, 사물에 맞추어 형태를 그려야 한다는 응물상형應物象形, 대상의 성격에 따라 색을 부여해야 한다는 수류부채隨類賦彩, 그림의 구도를 잘 잡아야 한다는 경영위치經營位置, 좋은 작품을 충분히 배워야 한다는 전이모사轉移模寫를 가리킨다.

이 중에서 응물상형, 수류부채, 경영위치는 회화의 사실성과 많은 관련이 있다. 그러나 육법 가운데 가장 중요한 것은 역시 기운생동이다. 대상의 묘사가 아무리 뛰어나고 구도가 좋고 색채가 아름다워도 기세와 운치가 없으면 그 그림은 좋은 그림이 될 수가 없다. 좋은 그림이 되려면 무엇보다도 기세와 운치가 살아 움직여야 한다. 기세와 운치가 구체적으로 무엇인가에 대해서는 정확한 설명이 없다. 확실한 것은 묘사, 구도, 색채와는 또 다른 차원의 아름다움으로서 정신세계 혹은 기상을 어떻게 표현해낼 것인가와 관련이 있다는 것이다.

송대의 소동파는 시인이자 문장가인 동시에 문인화가로 유명한데 대나무 그림을 그리기 전에 먼저 마음속에서 대나무를 완성해야 함을 강조하였고, 유명한 산수화가 곽희郭熙 또한 산수화를 그리는 데는 마음속 봉우리와 계곡이 중요함을 강조하였다. 소동파의 흉중성죽胸中成竹이나 곽희의 흉중구학胸中丘壑은 결국 사물의 형체를 묘사하는 것보다는 사물을 바라보는 작자의 마음을 어떻게 표현하는가에 더 많은 초점을 두어야 함을 역설한 것이다.

사실성을 중시하면 굳이 전문적인 회화 미학을 배우지 않은 보통 사람들도 그림을 쉽게 감상할 수 있다. 서양회화에서 인상파 이후의 상징주의, 아르누보, 야수주의, 입체주의, 구성주의 등의 그림은 사실성으로부터 많이 벗어나 있기 때문에 사실 전문가가 아니면 제대로 감상하기가 쉽지 않다. 그렇지만 대체로 인상파까지의 그림들은 보통 사람들도 눈으로 바로 이해할 수 있고 쉽게 감동을 받을 수 있다.

중국회화는 어떠한가? 외양의 사실성보다는 작가의 내면세계와 기세와 운치를 강조하기 때문에 그 미학적 의미를 알지 못하면 제대로 감상하기가 쉽지 않고 그림의 가치를 알아보지 못하는 경우가 많다. 물론 근대 이전의 동양인들은 그 미학적 전통 속에 있었기 때문에 바로 감상을 하고 감동을 받을 수 있었다. 문제는 모습은 동양인이지만 그 미적 기준은 근대 서양의 미학에 맞추어져 있는 우리이다. 중국회화를 제대로 이해하기 위해서는 그 속에 담겨 있는 미학적 의미를 제대로 공부할 필요가 있다. 눈을 뜨고 바라보면 그 속에는 실로 고아한 정신세계와 깊은 운치가 담겨 있음을 볼 수 있을 것이다.

서양회화는 인물화, 중국회화는 산수화

서양회화와 중국회화의 또 하나의 큰 차이는 서양회화는 인물화 중심이고 중국회화는 산수화 중심이라는 것이다. 여기서 말하는 인물화라는 개념은 초상화, 역사화, 종교화, 누드화 등 어떤 사람이나 역사적 사실, 어떤 상황 등을 그린 그림을 총괄하는 개념으로 풍경화와 대비되는 개념이다. 시대에 따라 작가에 따라 세부적인 차이는 있지만 대체적으로 볼 때 서양회화는 인물화를 선호하는 편이고, 중국은 산수화를 애호하는 편이었다.

원래 동양이나 서양이나 그림은 사건이나 상황이나 인물을 묘사하는 것을 중심으로 발달하였다. 왜냐하면 원래 그림은 자신들이 보았거나 들었거나 혹은 중요하다고 생각되는 것들을 기록하거나 전달하기 위한 일종의 커뮤니케이션 수단이었기 때문이다. 알타미라 동굴의 들소 벽화도 그들에게 매우 중요한 일이었던 사냥의 기록을 남기거나 좋은 사냥을 기원하기 위해 그렸던 것이다. 서양이나 중국이나 고대 회화의 유물들은 많지 않지만 현존하는 것들을 보면 그리스는 대체로 신화적인 소재가 많이 등장한다. 「아

마존의 여왕 펜테실레아를 죽이는 아킬레우스」,
「부상당한 파트로클레스를 치료하는 아킬레우스」 등이 바로 그것들이다.

「아마존의 여왕 펜테실레아를
죽이는 아킬레우스」

중국에서도 귀족들의 연회나 마차 행진을 묘사한 그림들이 많고 한대 이후에는 신선사상이 유행하면서 신선세계를 묘사한 작품들이 많다. 고대 중국의 회화 가운데서는 마왕퇴에서 나온 「대후처묘정번軑侯妻墓旌幡」이 매우 유명한데 고대 중국인들이 상상하였던 사후세계의 모습이 잘 나타나 있다.

중세 이후 서양에서는 기독교와 관련된 회화가 주종을 이룬다. 당시 종교화는 대대수가 문맹인 일반 사람들에게 종교적 메시지를 전하는 강력한 도구로 활용되곤 하였다. 기독교의 성화 가운데서 압도적인 분량을 차지하는 것은 역시 예수와 성모마리아에 관련된 그림이다. 그리고 중세가 끝나고 근대에 들어온 뒤로는 종교화 외에도 그리스-로마신화를 주제로 삼은 신화화, 역사화, 풍속화 등 다양한 주제의 그림이

마왕퇴馬王堆
백화 「대후처묘정번軑侯妻墓旌幡」

그려졌다. 그중에서도 특히 인물화가 급격히 부상한 것은 주목할 만하다. 당시 유럽의 재력가들은 유명한 화가를 기용하여 자신의 초상화를 남기는 것을 큰 자랑으로 여겼다. 덕분에 서양회화에서는 인물화가 매우 중요한 비중을 차지하게 되었다.

또한 이 시기에 들어 비로소 풍경화가 등장하였다는 것도 눈여겨보아야 한다. 고대나 중세의 서양회화에서 풍경은 주로 사건이나 인물의 배경

으로 여겨졌으며, 그것이 단독으로 회화의 주제가 되는 경우는 없었다. 르네상스 이후 종교화에서 배경을 금박으로 입히지 않고 좀 더 사실적으로 그리기 시작하다가 점차 인물의 비중을 축소시키고 광대한 풍경을 중점적으로 묘사하는 그림이 나오게 되었다. 이후 풍경화에 대한 관심도 조금씩 높아져 풍경화도 중요한 장르의 하나로 부상하게 된다. 그러나 서양회화에서는 순수하게 풍경을 그리는 그림은 그리 많지 않고, 풍경화를 그릴 때에도 인물을 꽤 비중 있게 그리는 그림들이 많다. 그리고 전체적으로 볼 때 서양에서는 풍경화가 회화의 주류가 되지는 못하였다.

이에 비해 중국에서는 일찍부터 산수화가 주류가 되었다. 중국에서 산수화가 처음 등장한 것은 위진남북조시대이다. 이 시기에는 많은 문인들이 산수의 아름다움과 산수에서 노니는 즐거움을 노래한 산수시를 읊었다. 그 영향으로 산수화가 출현하게 된 것이다. 서양보다 무려 1000년 정도 앞선다. 그러나 이 시기의 산수화는 산수의 크기가 오히려 인물보다 작아서 아직 본격적인 산수화라 부르기에 무리가 있다. 이 시기에는 산수화보다는 인물화가 훨씬 더 많았고 불교의 영향으로 종교화가 극성하였다. 그러다 당대를 거쳐 송대에 이르자 산수화는 중국회화의 주류가 된다. 초기의 산수화와는 달리 이 시기의 산수화에서는 산수가 웅장하게 사람을 압도하고, 사람은 거대한 산수의 작은 한 부분이 되어 거의 보이지 않는다. 온전하게 산수가 중심이 되는 산수화가 등장한 것이다. 이후 서양회화의 충격이 있기 전까지 산수화는 계속 중국회화의 안방마님 자리를 내놓지 않았다. 중국회화에도 서양의 정물화와 비슷한 화조화가 있고 초상화도 있고 풍속화도 있고 종교화도 있지만, 역시 중국회화 하면 제일 먼저 떠오르는 것이 산수화다.

서양회화에서는 인물화가 중심이 되고, 중국회화에서는 산수화가 중심이 된 데는 그들의 자연관과 인간관이 크게 작용한다. 철학 부분에서도

고개지의 「낙신부도洛神賦圖」의 일부분

언급하였듯이 서양인들은 자연과 인간을 대립적으로 바라보고 인간의 주체성을 더욱 강조한다. 배경보다는 전경을 더욱 부각시키려는 미학에서 나온 태도이다. 때문에 그림에서도 인간이 훨씬 더 많은 비중을 차지하고 풍경만을 단독으로 그리기보다는 인물에 더 강조를 두는 풍경화를 그리기를 좋아하였던 것으로 생각된다.

배경과의 조화를 중시하는 중국인들은 자연을 대립적으로 바라보기보다는 자신들의 삶의 터전이자 배경으로 여겼다. 그들은 자연을 편안한 마음으로 소요하며 노닐 수 있

범관范寬의 「계산행려도溪山行旅圖」

는 친근한 벗으로 삼았고 자연과 동화되기를 원하였다. 그래서 많은 시인들이 번잡한 저잣거리를 떠나 한적한 전원과 산수에서 지내기를 원하였다. 때문에 산에 은둔하는 것이 하나의 고급문화로 여겨지기도 하였다. 이

러한 자연관과 문화적 배경 때문에 중국인들은 다른 어떤 주제보다도 산
수를 즐겨 그리기를 좋아하였던 것이다.

왜 중국에는 누드화가 발달하지 않았는가

서양회화와 중국회화에서 또 하나 비교해볼 수 있는 주요한
차이 중 하나는 누드화이다. 서양회화에는 누드화가 자주 등장한다. 여인
의 나체가 지닌 아름다움은 서양회화의 주된 소재 중 하나이다. 육체의
아름다움을 미술의 소재로 활용하는 풍토는 그리스시대부터 시작되었다.
당시의 회화는 지금까지 남아 있는 것이 거의 없지만 다행히도 많은 조각
품들은 오랜 세월의 풍화에도 불구하고 당시 그리스인들의 육체의 아름
다움에 대한 경건한 찬미를 생생하게 전해준다. 그리스의 철학자들은 올
림픽이 열리는 경기장을 찾아가 젊은 청년들이 굳센 근육을 자랑하며 운
동하는 것을 관람하기를 좋아했으며, 조각가들은 젊은이들의 근육들을
생동감 있게 조각으로 만들어내는 것을 좋아했다.

중세에 이르러 경건과 금욕을 중시하는 기독교 윤리의 영향으로 나체
를 그리거나 조각하는 것이 금지되었다. 중세에 누드화가 허락되는 경우
는 첫째, '자연적 상태'의 순진무구함을 표현하는 경우, 둘째, '덧없는 세상'
에 대한 금욕적 가난, 예를 들어 사도나 수도사들의 가난을 묘사하는 경
우, 셋째, '신앙적 정조'의 순결을 나타내는 경우밖에 없었다. 그래서 중세
의 나체화나 나체상은 고대의 나체화나 나체상이 지닌 육감적인 매력은
철저하게 억압되고, 오직 도덕적인 미덕만이 강조되었을 뿐이다.

그러다가 그리스의 예술과 철학이 부활하는 르네상스시기에 이르면 다
시 나체상과 누드화가 등장한다. 르네상스의 출발을 알리는 조각가 도나
텔로가 1430년에 만든 「다윗」은 매우 육감적인 나체상으로 당시에는 파
격적이었다. 그리고 북부 르네상스의 대가 얀 반 에이크가 1432년에 그린

「우르비노의 비너스」

종교화 「겐트 제단」의 한 부분인 나체의 아담과 이브는 중세의 종교화에서 볼 수 있는 순결한 모습이 아닌 근대적인 관능미가 엿보인다. 이후 회화와 조각에서 누드는 다시 주요한 소재가 되었다. 보티첼리가 그린 「비너스의 탄생」은 신화를 소재로 삼고 그린 누드화이지만 티치아노가 우르비노의 공작의 주문을 받아 그린 「우르비노의 비너스」는 이름만 비너스이고 실제로는 그냥 침실에 누워 있는 아름다운 여인의 누드화이다.

물론 서양에서도 누드화가 사회적 물의를 일으키는 경우가 종종 있었다. 스페인의 대표적인 화가 프란체스코 고야가 1800년경에 그린 「옷을 벗은 마하」는 당시 많은 사람들을 경악하게 했으며 나중에는 종교재판에 회부되기도 했다. 참고로 고야는 「옷을 입은 마하」도 그렸는데, 같은 여인을 두고 옷을 입은 모습과 옷을 벗을 모습을 둘 다 그린 것은 이 그림밖에 없다.

이 그림을 주문한 사람은 당시 고관대작이었던 고도이라는 사람인데, 자신의 집에다 두 그림을 커튼에 가려놓고 먼저 옷을 입은 여인을 보여준 다음 분위기가 무르익었을 때 옷을 벗은 여인의 그림을 보여주었다고 한

「옷을 입은 마하」

「옷을 벗은 마하」

다. 이 그림은 당시에는 에로티시즘과 관음증의 도구로 쓰였던 것이 틀림
없다. 그러나 대부분의 누드화는 예술적인 관점에서 창작되었다. 그래서
근대 이후 누드화는 서양회화 속에서 주요한 분야의 하나로 떳떳이 자리
잡았고, 지금도 서양회화를 공부하는 학생들에게 누드 크로키는 기본적
인 학습 중 하나다.

이에 비해 중국회화에서는 누드라는 개념 자체가 존재하지 않는다. 둔

황의 석굴 벽화 중에는 간혹 전라 혹은 반라의 천녀天女가 육감적 아름다움을 자랑하는 장면을 볼 수 있다. 그러나 그것은 중국 고유의 회화가 아니라 인도에서 수입된 외국 그림이다. 전통적인 중국회화나 조각상에서는 일종의 불문율처럼 나체를 표현하는 작품은 전혀 찾아볼 수 없다.

왜 중국인들은 육체의 아름다움을 표현하는 것을 꺼려했을까? 우선 아름다움의 빛을 밖으로 발산하기보다는 안으로 수렴하기 좋아하는 중국인들의 성향을 생각해볼 수 있다. 희로애락의 감정도 겉으로 드러내기보다는 은근히 감추기를 좋아하는데, 하물며 인체의 은밀한 부분에 있어서이랴. 중국에서 나체를 그리는 경우는 관음적 욕구에 부응하여 만든 춘화밖에 없다. 그것은 예술의 범주에 포함될 수 없는 것이었다.

또한 윤리주의의 영향도 강하게 작용했다. 중국에서 회화는 처음부터 윤리적 구속을 많이 받았다. 기록에 따르면 진나라, 한나라 때 조정에서는 인물화가 충신, 열사를 널리 알리고 칭송하며 반역자들을 비판하는 도구로 사용되었다고 한다. 회화육법으로 유명한 사혁도 "무릇 그림이란 풍속의 교화를 밝히지 아니함이 없다. 그러므로 천년 세월에 걸친 조정 대신들의 흥망성쇠에서 얻는 교훈을 그림에서 배울 수 있다"라고 주장했다.

당나라 때에는 아예 그림을 유교의 도덕관과 일치시키려고 했다. 장언원張彦遠은 이전의 역대 왕조의 걸작들을 기록하고 품평한 『역대명화기歷代名畫記』에서 "회화는 윤리 도덕을 가르치고, 인륜을 계도하고, 자연의 변화를 관측하며, 숨겨진 진실을 탐구하기 위해 존재한다. 또한 그 공은 육경六經과 사시四時 운행에 버금간다"라고 말했다. 그 외 많은 회화이론서에서 그림의 사회적 기능을 강조했다. 이런 분위기 속에서 누드화를 그린다고 하는 것은 감히 상상도 할 수 없었던 것이다.

서양에서는 사회윤리나 도덕과는 무관하게 예술 자체의 아름다움을 중시하는 풍토가 일찍부터 자리를 잡았다. 그래서 때로는 유미주의적 성향으로 나아가기도 했다. 그러나 중국에서 유미주의는 윤리주의의 장벽을 넘을 수가 없었다. 항상 윤리적 테두리 안에서만 아름다움을 추구하는 것이 허용되었던 것이다.

그림의 소재에 대해 또 하나 덧붙일 것은 서양회화에서는 중국회화에 비해 훨씬 드라마틱한 사건이나 상황을 소재로 삼기를 좋아하였다. 게다가 지극히 사실적으로 묘사하여 사람들에게 강한 충격을 주기를 좋아하였다. 중세 전 시기와 르네상스 초기까지 끊임없이 제작되었던 십자가에 매달린 예수 성화 가운데는 지나치게 사실적으로 묘사하여 전율을 느끼게 하는 작품들도 꽤 있다. 뿐만 아니라 참수나 살인의 장면을 지극히 사실적으로 묘사하는 작품들도 제법 있다. 카라바조의 「세례 요한의 참수」도 끔찍하지만 17세기 초의 여류화가 아르테미시아 젠틸레스키가 구약성서의 유명한 이야기를 그린 「홀로페르네스의 목을 베는 유디트」는 극도의 잔인한 사실성 때문에 크게 화제가 되었던 작품이다. 이 작품은 아버지의 친구이자 동료화가인 아고스티노 타시에게 겁탈당한 것에 대한 분노의 마음을 표출한 것이라고 한다.

「홀로페르네스의 목을 베는 유디트」

중국회화사에서는 이런 그림을 볼 수가 없다. 물론 중국에도 끔찍한 장면을 그린 회화도 있다. 그러나 그것들은 대부분 종교화의 지옥도이지 실제로 살인이나 참수의 장면을 예술 감상의 대상으로 삼지는 않았다. 마치 서양문학에서는 근친상간이나 자식이 부모를 살해하는 극적인 상황을 문학적 소재로 삼는 데 비해 중국문학에서는 그런 작품이 없는 것과 같은 이유이다. 서양의 문학이나 예술이 인간의 감정의 극한까지 파고들어 공포와 전율, 연민 등을 통해 카타르시스를 추구하는 반면 중국의 문학과 예술은 보편적인 정서를 표현하기를 원했기 때문이다.

원근과 채색의 미학,
선과 여백의 미학

서양회화는 초점투시, 중국회화는 산점투시

앞에서 서양회화와 중국회화의 개략적인 차이에 대해서 언급하였는데 이제 그 미학적인 차이점에 대해서 살펴보자. 같은 서양회화 내에서도 시대, 장르, 화파에 따라 차이가 많다. 중국회화 또한 마찬가지일 것이다. 그렇지만 서양회화와 중국회화 사이에는 무언가 서로 뚜렷이 구별될 수 있는 차이점들이 존재한다. 여기서는 둘의 차이점을 좀 더 부각시키기 위해 둘의 특징이 가장 잘 드러나는 시기를 중심으로 이야기하고자 한다.

중국회화의 특징이 가장 잘 나타나는 것은 역시 송대 이후의 회화이고, 그 가운데서도 산수화라고 할 수 있다. 송대 이후의 회화가 중국회화의 전형을 보여주고 있다면, 서양회화의 전형은 대개 르네상스시대 이후부터 인상파시대까지의 그림들이다. 중세의 암흑을 뚫고 고대 그리스·로마의 인본주의를 재발견함으로써 시작된 르네상스는 서양문명이 세계적인 보편성을 지닐 수 있도록 만든 원동력이었다. 회화 또한 이때부터 본격적으로 피어나기 시작하여 인상파까지 서양회화사에서 가장 찬란한 황금기를 맞이하게 된다. 인상파 이후는 근대가 쌓아올린 미학적 성과들을 넘어서기 위한 여러 가지 새로운 시도들이 진행되었기 때문에 여기서는 논하지 않기로 한다.

장르로 볼 때 중국의 산수화에 가장 가까운 것은 서양의 풍경화라고 할 수 있다. 그러나 서양에서는 풍경화가 주류는 아니고 또한 풍경화에서 풍경만을 따로 그리는 그림은 그리 많지가 않다. 서양회화의 주류는 인물화이고, 풍경화 속에서도 인물의 비중은 중국의 산수화에 비해 훨씬 높다. 그러므로 동등하게 비교하기란 불가능하다. 대략 그 특징을 중심으로 이야기하고자 한다.

우선 가장 큰 특징으로 들 수 있는 것은 서양회화가 초점투시를 중시하는 데 비해 중국회화는 산점투시를 중시한다는 것이다. 초점투시란 하나의 특정한 지점에 초점을 맞추는 것을 말하고, 산점투시란 하나의 특정한 지점에 초점을 맞추는 것이 아니라 초점이 여러 군데로 흩어져 있는 것을 말한다. 이것은 중국의 산수화와 서양의 풍경화의 중요한 차이점 가운데 하나다.

서양회화나 중국회화나 원래는 기본적으로 한 화면에 초점이 하나밖에 없다. 그것은 보통의 사람들이 실제로 사물을 바라보는 방식에서 나온 것이다. 서양에서 한 화면에 두 개 이상의 초점이 나오는 것은 현대 회화, 예를 들어 피카소의 입체파 그림에서나 볼 수 있고 고대로부터 19세기말 인상파 이전까지는 그 예를 찾아볼 수가 없다. 중국에서도 고대에서 당나라 때까지의 그림에는 초점투시의 그림이 대부분이었다. 그런데 송대 이후의 산수화에서 삼원법이라는 새로운 투시법이 회화에 도입되고 이것이 크게 유행하면서 중국에서는 초점투시 대신 산점투시의 그림들이 대거 등장하게 되었다.

투시법은 원근법과 매우 밀접하다. 서양회화에서 원근법은 당연히 초점투시에 바탕을 둔 원근법이다. 그냥 평면적인 초점투시로 그림을 그리면 우리의 시각이 보는 입체감을 제대로 살리지 못해 단조로운 느낌을 준다. 생동감과 사실성을 중시하는 서양인들은 평면의 화폭에서 무언가 입체 감을 표현하려는 노력을 하였다. 이 때문에 그리스인들은 문명의 도약기인 고전기에 단축법이라는 일종의 원근법을 발견한 것이다. 그러나 단축법만으로는 충분하게 입체감을 표현할 수가 없다. 중세는 전반적으로 서양문예의 침체기였기 때문에 회화에서도 그다지 새로운 발전이 없었다. 그러다 서양문예의 새로운 도약기인 르네상스에 이르러 단축법보다 훨씬 획기적으로 입체감을 줄 수 있는 근대적 원근법을 사용하여 서양회화의 수준을 한 차원 격상시켰다.

원근법을 최초로 발견한 사람은 15세기 초의 르네상스 건축의 창시자인 브루넬레스키다. 그는 물체는 뒤로 갈수록 수학적인 법칙에 따라 작아지고 나중에는 결국 한 점이 되어 사라진다는 것을 발견했다. 사실 이전의 그림에서 가로수가 늘어서 있는 길이 지평선 위의 한 점으로 사라지게 그릴 수 있는 사람은 하나도 없었다. 화가가 아니었던 그는 이를 화가인 친구 마사초에게 알려주었다. 마사초는 원근법을 이용하여 입체적인 느낌을 훨씬 사실적으로 표현하는 그림을 그렸고 그것은 당시의 많은 사람들에게 큰 충격을 주었다.

마사초의 「성삼위일체, 성모, 성 요한과 헌납자들」

왼쪽의 그림은 원래 폭 3미터, 길이 7미터의 대작이기 때문에 자그마한 사진으로는 그 입체감이 잘 나타나지 않는다. 하지만 이 그림을 본 사람들은 그 생생한 입체감에 경탄을 금치 못하였다고 한다. 이후 원근법은 서양회화의 주요한 기법 중 하나가 되었다. 원근법은 결국 평면적인 초점투시가 지닌 단조로움을 극복하고 입체감을 주는 것이다.

서양의 르네상스에 비견할 수 있을 정도로 문화예술 전반에 걸쳐 새로운 도약기를 맞이한 중국의 송대에서도 평면적인 초점투시의 한계를 극복할 수 있는 새로운 방법을 모색하였고, 그 결과 나온 것이 바로 곽희의 삼원법이다. 삼원법이란 고원高遠, 심원深遠, 평원平遠을 말한다. 고원이란 산 아래에서 산꼭대기를 바라보는 것을 말하고, 심원이란 산 앞에서 산 뒤를 넘겨다보는 것이며, 평원이란 가까운 산에서 먼 산을 바라보는 것을 말한다. 이 삼원은 작가에게 산수를 다양하게 표현할 수 있는 관점을 제시해준다. 사실 삼원법은 누구나 생각할 수 있는 것이다. 곽희의 삼원법의 놀라운 점은 하나의 화폭에 삼원법을 종합적으로 이용하여 형상을 배치할 수도 있다는 점이다.

사실 이런 산은 현실세계에 존재하는 산이 아니다. 곽희는 자신을 후원해주는 당시 황제 신종을 위하여 이 그림을 바쳤는데, 궁궐 안에 갇혀 대자연을 마음껏 감상할 기회가 없는 황제에게 한 폭의 그림 속에서 제국의 대자연을 한꺼번에 감상할 수 있도록 하기 위해 여러 각도에서 다양한 산수를 그려넣었던 것이다. 전형적인 산점

곽희郭熙의 「조춘도早春圖」

투시의 그림이다. 이후 중국 산수화에서 산점투시는 흔히 볼 수 있는 기법이 되었다.

산수의 풍경을 묘사할 때 서양과 중국이 이렇게 초점투시와 산점투시로 나누어지게 되는 가장 큰 원인은 서양인들이 풍경화를 그릴 때 고정된 어느 한 지점에서 바라보는 풍경을 사실적으로 묘사하는 것을 중시하는 데 비해 중국인들은 산수화를 그릴 때 시점의 이동에 따른 공간의 변화를 표현하는 것을 중시하기 때문이다.

이것은 앞에서도 언급한 그들의 자연관과 밀접한 관계가 있다. 서양인들은 자연을 관찰의 대상이자 탐구의 대상으로 생각한다. 특히 근대 이후에는 자연을 객관적이고 과학적으로 관찰하는 차원을 넘어 속속들이 파헤쳐서 그 속살을 드러내고 그것을 변형시켜 인간에게 필요한 이익을 착취하는 지경에 이른다. 이런 자연관 때문에 풍경을 그릴 때도 한 지점에서 객관적이고 사실적으로 묘사하는 것을 중시한다. 그리하여 서양의 풍경화가들은 그림을 완성할 때까지 절대로 지점을 옮기지 않는다.

그러나 중국인의 자연관은 완전히 다르다. 중국에도 격물치지格物致知의 관점에서 자연에 가깝게 다가서서 그 속에서 지식을 얻으려는 태도가 있기는 하지만 서양처럼 객관적이고 사실적인 관찰을 중시하지는 않았다. 중국인에게 산수란 관찰의 대상이 아니라 그 속에서 같이 마음껏 노닐 수 있는 친구와 같은 존재였다. 중국의 산수화가들은 서양회화가처럼 한 지점에서 경치를 묘사하려고 하지 않았다. 그것은 너무 딱딱하고 비인간적이다. 친구를 대하는 태도가 아니다. 그들은 자연을 객관적이고 사실적으로 묘사하기보다는 그 속에서 우러나는 느낌을 담으려고 했다.

산수화를 그리고자 하는 화가는 우선 산과 계곡을 오르락내리락 마음껏 노닐면서 눈에 들어오는 인상과 정취를 가슴에 품어야 한다. 곽희는 이것을 흉중구학胸中丘壑이라고 말하였다. 그런 다음 집에 돌아와 가만히 눈을 감고 가슴에 품었던 인상과 정취를 떠올린다. 충분히 그 느낌이 떠올랐을 때 비로소 본격적인 작업에 들어간다. 이렇게 눈으로 본 산수를 마음속에서 숙성시켜 화폭에 옮기는 것이기 때문에 하나의 화폭에 여러 가지 시점이 동시에 들어갈 수 있었던 것이다. 하나의 화폭에 여러 가지 시점이 흩어져 있으면 그림의 사실성을 담보하기가 어려운 것이 사실이다. 그렇지만 그들은 개의치 않았다. 그들이 표현하고자 하는 것은 형사가 아니라 신사, 즉 산의 사실적인 모습이 아니라 산의 기상과 정취였던 것이다.

초점투시와 산점투시로 말미암아 생기는 서양회화와 중국회화의 또 하나의 차이는 화폭의 비례다. 서양회화는 하나의 그림에 하나의 시점만이 존재하기 때문에 대체로 화폭도 큰 변화가 없다. 벽화와 같은 특수한 경우를 제외하고 캔버스에 그림을 그릴 때는 가로와 세로가 대략 3:2 정도 비율의 화폭이 일반적이다. 이것이 시각적으로 보았을 때 가장 적절하고 과학적이다. 그러나 중국회화는 화폭의 변화가 훨씬 많다. 상하로 길게 그린 그림이 있는가 하면 옆으로 하염없이 펼쳐놓은 그림도 있다. 원대 산수화의 백미로 칭해지는 황공망黃公望의 「부춘산거도富春山居圖」는 세로는 33센티밖에 되지 않지만 가로는 무려 639센티인데 가로세로의 비율이 무려 20배나 된다. 그것이 가능한 이유는 시점을 고정시키지 않고 계속 옮길 수 있기 때문이다.

서양회화는 면, 중국회화는 선

서양회화가 면을 중시하는 데 비해 중국회화는 선을 중시한다. 서양회화는 인물화, 풍경화, 정물화를 막론하고 그 대상 사물의 윤곽을 색이 칠해져 있는 면과 면의 경계로 표현한다. 그러므로 윤곽 안에 들어 있는 면들은 당연히 색으로 가득 채워져 있어야 한다. 서양회화에서 사물의 윤곽만 그리고 그 속을 색채로 메우지 않으면 그것은 미완성의 그

림으로 여겨진다. 중세 때에는 2차원적인 평면에 그쳤지만, 르네상스 이후
로는 색채를 사용하는 데 단순히 평면적으로 하나의 색만 사용하는 것이
아니라 명암의 대비에 따른 입체감을 살리기 위해 풍부하고 다양한 색을
사용한다. 명암법이 발달하면서 서양회화는 시각적으로 더욱 풍성한 느
낌을 줄 수 있게 되었다.

이렇게 명암에 따른 입체감을 중시하기 때문에 그들은 연필로만 그림
을 그리는 소묘에서도 여러 선을 겹치고 겹쳐서 면을 만들고, 그 면 또한
명암의 차이를 두어서 입체감을 표현하는 것을 기본 테크닉으로 삼는다.
지금도 서양회화를 공부하는 사람들은 연필의 선으로 입체의 효과를 표
현하는 소묘를 반드시 배워야 한다. 이로 보아 그들은 선보다는 면을 지
향하고, 면 또한 풍부한 입체감으로 표현하는 것을 선호한다는 것을 알
수 있다. 사실성을 중시하는 서양회화의 관점에서는 당연한 요구라고 할
수 있다.

중국회화에서도 면을 중시하고 면 전체를 가득 채색하는 그림도 많다.
위진남북조에서 당대까지 유행하였던 인물화나 산수화들은 대부분 윤곽

오대五代 남당南唐 고굉중顧閎中의 「한희재야연도韓熙載夜宴圖」의 일부분

선 안의 면들을 충실하게 채운 그림들이고, 송대에 새롭게 개발된 장르인 화조화에서도 꽃이나 새들의 모습을 사실적으로 그리기 위해 곱고 화려한 색으로 면들을 메운다. 그러나 중국회화의 주류라고 할 수 있는 송대 이후의 산수화를 보면 이전의 그림처럼 면 전체를 채색하는 그림은 별로 없다. 산이나 바위의 윤곽을 뚜렷한 선으로 처리하고 내부는 비워 두는 그림이 많다. 내부를 가득 채우더라도 이전의 그림처럼 면을 균일하게 채색하지 않고 대신 선의 기법을 사용하여 입체적인 효과를 내려고 한다.

심주沈周가 그린 산수화를 보면 집들이나 사람은 모두 선으로 처리되어 있고 뒤의 산과 바위 또한 일견 보기에는 면 같은 느낌이 있지만 사실 이것들은 굵직한 선들을 산세의 흐름을 따라 자연스럽게 죽죽 그려놓은 것이지 면은 아니다. 이런 면에서 볼 때 중국화는 기본적으로 선의 미학을 더욱 중시하고 있음을 알 수 있다.

게다가 중국회화에는 아예 선으로만 이루어진 그림들도 많이 있다. 당나라 때 오도자吳道子라는 민간화가가 있었다. 그는 선의 기법을 최고로 발전시켜 백묘화白描畵를 제창하였다.

백묘화란 색채를 사용하지 않고 선으로만 그리는 그림을 말한다. 오도자는 색채를 사용하지 않는 대신에 선의 속도와 경중 등에 다양한 변화와 리듬감을 주어 선이 지닌 아름다움을 극대화하였다. 당시 사람들은 오도자가 그린 옷자락의 선이 마치 바람에 날려 하늘로 날아가는 느낌을 준다고 해서 오대당풍吳帶當風이라고 하였다.

면을 채색하지 않고 선으로만 그림을

명대明代 심주沈周의 「양강명승도책兩江名勝圖」의 네 번째 그림

당대唐代 오도자吳道子의 「천왕송자도天王送子圖」

그려도 대가의 반열에 오를 수 있었던 것은 그만큼 중국 사람들이 선을 중시하였기 때문이다. 이것은 글씨와 그림의 뿌리는 하나라는 서화동원書畵同源의 사상과 많은 관련이 있다. 중국글자는 상형문자고 상형문자는 바로 그림과 직접적인 관련이 있다. 그렇기 때문에 그들은 거꾸로 그림을 그릴 때도 글자의 원리를 중시한다. 글자를 제대로 쓰기 위해서는 획을 잘 그어야 한다. 즉 선의 아름다움이 중시되는 것이다. 그래서 중국회화의 아름다움은 선의 아름다움에 있다는 말도 있다.

선을 중시하는 경향은 송대 이후 본격적으로 발달하기 시작한 문인화나 선화禪畵에서 더욱 강하게 나타난다. 특히 대교약졸의 미학을 깊게 이해하였던 문인들은 일부러 아무렇게나 선을 직직 그어서 다소 서툰 듯한 맛을 내기를 좋아하였다.

오른쪽 그림에서 배 위의 노인과 아이를 처리한 선을 보라. 무언가 완성이 되지 않은 듯한 느낌을 준다. 특히 배 뒷머리에 있는 아이를 처리한 선은 마치 초등학생이 그린 그림처럼 엉성해 보인다. 동양의 회화에는 이렇게 선의 미학과 졸의 미학을 중시하는 작품들이 많다.

서위徐渭의 「산수화훼인물도책山水花卉人物圖册」의 첫 번째 그림

　선의 미학을 극대화시킨 것은 문인화이다. 문인화가들이 자주 그리는 그림은 매화, 난초, 국화, 대나무인데 이들 사군자는 거의 선으로만 이루어진 그림이다. 그것도 여러 가지 채색이 아니라 검은색 하나만으로 그린다. 다채로운 색채와 풍성한 입체감이 있는 서양회화에 비하면 얼마나 단조로운가.

　이렇게 서양회화가 풍성하고 입체적인 면을 중시하는 데 비해 중국회화가 단순하고 소략한 선을 중시하는 것은 그림의 도구와도 많은 관련이 있다. 오늘날 우리가 박물관에서 감상할 수 있는 서양회화는 천으로 된 캔버스에 유화물감으로 그린 것이다. 그리고 붓은 뭉툭하고 뻣뻣하다. 이런 도구들은 덧칠을 하면서 입체감을 살리는 데 매우 유리하다. 서양의 그림들이 풍성하고 입체감이 있어 보이는 것은 이 덧칠 기법과도 많은 상관이 있다.

　중국회화는 원래 비단에 그렸다. '繪' 자에 비단을 가리키는 부수가 있는 것을 보면 알 수 있다. 비단은 무척이나 부드럽기 때문에 덧칠하기에는 부적합하다. 중국 붓 또한 서양 붓에 비해 부드럽고 끝이 뾰쪽하기 때문에 물감을 듬뿍 찍어 바르기에는 불편하다. 그렇기 때문에 서양과 같은 덧칠 기법이 발달할 수 없었던 것이다.

게다가 송대 이후 수묵화와 문인화가 발달한 뒤에는 종이 위에 먹물 또는 물기가 많은 물감을 사용하여 그림을 그렸기에 덧칠을 더욱 꺼려 하고, 그에 반해 먹물이나 물감이 종이에 번지는 효과를 중시하는 미적 안목이 형성되었다. 이것은 하나의 선으로 면의 효과를 내려는 것이라고 할 수 있다. 물론 물감이 너무 많이 스며들면 곤란하기 때문에 이를 막기 위해 비단이나 종이에 명반 혼합물로 풀을 먹이는 방법을 사용하기도 했다. 그러나 그것은 결국 스미는 효과를 더욱 잘 드러내기 위한 수단이라 할 수 있다.

서양회화는 가득 채우기, 중국회화는 여백의 맛

서양회화가 화면 전체를 가득 채우는 데 비해 중국회화는 여백의 미를 중시한다. 서양회화는 빈틈이 없다. 서양화에서는 그림을 그리는 벽면이나 캔버스 전체를 가득 채워서 끝까지 물감을 칠해야 한다. 빈곳을 남겨 두어서는 안 된다. 예를 들면 하얀 구름이나 안개를 표현한다 해도 하얀 물감으로 채워야지 하얀 캔버스를 그대로 비워 두지 않는다. 만약 캔버스에 물감을 칠하지 않은 부분이 남아 있으면 미완성의 작품으로 여기는 것이 일반적이다. 그렇기 때문에 처음에 그림을 구상하는 단계에서부터 사각의 틀 전체 속에서 중심 소재를 어떻게 배치하고 배경을 어떻게 처리할 것인가를 고민해야 한다.

중국회화에서도 당나라 이전의 채색화들을 보면 화폭 전체가 채색되어 있는 경우가 많다. 그러나 그것은 그림을 그리기 전 화폭 전체를 바탕색으로 물들인 것이지 그림을 그리면서 색을 채운 것이 아니다. 중국회화에서는 그림을 그릴 때 화폭의 모서리 끝까지 채색하지 않는다. 물론 불교

황공망黃公望의 「부춘산거도富春山居圖」의 일부분

벽화는 대체로 여백 없이 화면 전체를 가득 채우는 작품들이 많지만, 그 것은 인도풍을 그대로 따른 것이고 중국회화의 전통은 아니다. 이런 면에 서 볼 때 중국회화는 처음부터 여백의 전통이 있었다고 할 수 있다.

그렇지만 여백의 아름다움이 본격적으로 강조되는 것은 역시 송대 이 후의 회화이다. 그중에서도 여백의 아름다움이 가장 많이 강조되는 것은 역시 산수화이다. 송대 이후의 산수화를 보면 그림의 맨 윗부분을 전혀 채색하지 않고 그대로 여백으로 남겨 두는 것은 물론이고 그림 가운데서 도 군데군데 여백을 남겨 두어 여유의 멋을 부린다. 그림 가운데서 여백 으로 처리되는 부분은 대부분 산이나 강에서 피어나는 안개나 산 중턱에 걸려 있는 구름으로 보면 된다.

여백의 아름다움의 극치는 역시 수묵화이고 그중에서도 문인화라고 할 수 있다. 벽화를 제외한 서양회화의 주류는 캔버스에 그린 유화와 종이에 그린 수채화이듯이 중국화도 크게 비단에 그린 채색화와 종이에 그린 수 묵화로 나눌 수 있다. 중국에서는 대체로 궁정화가 등 전문화가들이 비단 채색화를 많이 그리고, 문인화가들은 종이에 그린 수묵화를 선호하는 편

주천구周天球의 「난화도축蘭花圖軸」

이었다. 수묵화는 아예 바탕색을 쓰지 않는 것이 보통이므로 그야말로 백색의 여백을 잘 보여준다. 수묵화 중에서도 문인들이 가장 많이 애호하였던 사군자 그림은 화선지 위에 난초나 대나무 등을 가늘고 굵은 선으로 묘사할 뿐 나머지 부분은 아예 손을 대지 않기 때문에 여백이 더 많은 비중을 차지한다.

수묵화는 문인화가들이 선호하였는데, 사실 그들의 회화적 기량은 아무래도 그림이 전업인 궁정화가보다 떨어지는 편이었다. 그러나 그들은 형사보다는 신사를 더 중시하고 기운생동을 회화육법의 으뜸으로 여기는 중국회화 특유의 전통에 힘입어 문인화의 우수성을 강조하였다. 때문에 중국회화에서 무시할 수 없는 비중을 차지한다.

사상적으로 보았을 때 여백의 미학은 노자에게서 나왔다고 할 수 있다. 앞의 첫머리에서 대교약졸와 함께 나오는 대성약결大成若缺과 대영약충大盈若沖을 보면 그 뜻이 "크게 완성된 것은 마치 결함이 있는 것 같다"와 "크게 가득 차 있는 것은 마치 빈 것 같다"이다. 노자는 너무 가득 채워서 완벽하게 하려는 것을 좋아하지 않았다. 무언가 비어 있는 듯한 것이 오히려 가득 채우는 것보다 낫다고 여겼다. 9장에서도 "지니고 있으면서 더 채우려고 하는 것은 그만두는 게 낫다"는 말을 하고 있는데 같은 맥락이다. 중국회화정신은 노장사상으로부터 많은 영향을 많았기 때문에 화백들은 그림을 그릴 때 화면을 가득 채우려 하지 않고 주변 부위를 여백으로 남겨 두

412

는 것을 좋아했던 것이다. 그리고 이것이 외견상 보았을 때 서양회화와는 가장 큰 차이를 만들어낸다.

중국회화에서 여백은 단순히 덜 채운 것이 아니다. 여백은 그 자체가 그림의 구성 요소로 작용한다. 즉 작자는 처음 그림의 구도를 잡을 때 여백을 어떻게 처리할 것인가를 미리 구상하기도 하고, 그림을 완성해가는 도중에 여백의 크기와 모양을 정하기도 한다. 이렇게 만들어진 여백은 감상자가 상상력을 펼칠 수 있는 공간을 제공하며 감상자로 하여금 그림의 주제에 관심을 집중하게 한다.

여백 자체를 하나의 구성 요소로 간주하는 것은 보이지 않는 무無를 중시하는 노자의 사상과 밀접한 관련이 있다. 『도덕경』 곳곳에서 가시적인 것보다는 눈에 보이지 않는 무를 제대로 알아야 함을 강조한다. 11장에서는 그릇이나 집을 예로 들면서 그릇과 집의 진정한 쓸모는 가시적인 형체가 아니라 그 형체가 만들어내는 빈 공간에 있음을 강조한다. 실로 놀랍고도 심오한 발상의 전환이 아닌가? 노자의 사상은 중국문화 곳곳에 깊게 숨어 있다.

교를 추구하는 서양회화, 졸을 추구하는 중국회화

회화는 기본적으로 인간의 시각적 모방 본능에서 나온 것이다. 우리의 시각에 비친 대상 세계를 그대로 모방하여 묘사하는 것이다. 대상 세계를 얼마나 잘 모방하여 묘사하는가의 관점에서 볼 때 서양회화는 중국회화를 월등히 앞선다. 특히 르네상스 이후 서양화를 보면 과학적 원근법과 명암법, 그리고 풍부한 색감으로 사람과 자연을 정말 사실적으로 묘사한다. 그들의 그림을 보고 있으면 마치 그 사람을 보는 것 같고 그 풍경을 감상한다는 느낌이 든다. 이에 비하면 중국회화는 사실성이 떨어지는 것이 사실이고, 서양화가 입체적인 데 비해 평면적이라는 느낌을 지울 수가 없다.

그렇기 때문에 보통의 서양인들이나 동양인 중에서도 서구의 미학에 심취된 사람들은 중국회화를 발달이 덜된 회화로 보기도 한다. 즉 사물을 사실적으로 묘사할 수 있는 기교가 충분히 발달하지 않은 그림으로 본다. 이런 점에서 서양회화가 고도의 화려하고 세련된 기교의 그림이라면 중국회화는 아직 그런 단계에 이르지 못한 소박한 단계에 머무르고 있는 그림으로 보일지도 모른다.

그러나 사실 회화야말로 중국 예술정신의 정수로 다른 어떤 분야보다도 서양에 당당히 맞설 수 있는 저력이 있는 분야로 여겨진다. 중국회화는 그만큼 독특한 미학체계와 깊은 예술정신을 지니고 있다. 중국회화가 사실성이 떨어지는 것은 기교의 미발달 때문이 아니라 대상을 사실적으로 표현하기보다는 대상의 기상이나 운치를 표현하는 것을 더 중시했기 때문이다. 이를 위해 그들은 서양회화에는 없는 여러 가지 고도의 테크닉들을 개발했다. 산점투시, 선의 미학과 여러 가지 준법皴法들, 그리고 여백의 미학 등은 전 세계 어디서도 찾아보기 어려운 동북아회화만의 특징이다.

사실성이라는 기준을 내려놓고 바라보면 중국회화의 미학은 결코 서양에 뒤지지 않는다. 그들의 그림 속에 담겨 있는 기상과 운치는 실로 깊은 맛이 있다. 그것을 이해할 수 있는 미적 안목이 없기 때문에 그 맛을 잘 느끼지 못할 따름이다. 이런 면에서도 볼 때 중국회화는 겉으로 보기에는 기교가 덜 발달된 소박미지만, 그 속으로 들어가 보면 눈에 보이지 않는 기교들이 함축되어 있다. 바로 대교약졸의 세련된 소박미라고 할 수 있다.

서양회화는 19세기 말의 새로운 미학 사조가 나오기 전에는 거의 대부분 초점투시 일변도이다. 르네상스 이후 그들이 발견한 원근법, 명암법, 다채로운 색상 등은 시각적 풍성함을 더해주고 사실감을 높여주었지만, 그것들은 기본적으로 모두 초점투시라는 대전제 아래에서 발전된 것들이다. 서양화에서 산점투시를 본격적으로 적용하기 시작한 때는 20세기의 야수파와 입체파가 등장하고 나서부터이다. 중국에서 산점투시가 처음 나온 것은 11세기이니 거의 900년 가까이 앞선 셈이다. 중국인들이 서양보다 훨씬 먼저 산점투시를 개발하게 된 것은 서양이 집중된 통일미를 중시하는 데 비해 중국에서는 분산된 통일미를 중시하였기 때문이다.

초점투시 아래에서 사실성과 입체감을 높이는 것도 고도의 테크닉이 필요하지만 여러 각도에서 바라보는 산수를 하나의 화폭에 모으는 것도 결코 쉽지 않다. 서양의 현대 미술에서 드러나는 산점투시는 눈으로 금방 알 수 있지만 중국회화의 산점투시는 처음 보아서는 잘 드러나지 않는다. 자세히 바라보아야 비로소 여러 각도의 산수가 한 화폭에 있음을 알 수 있다. 그것은 여러 개의 시점이 유기적으로 잘 어우러져 하나의 통일미를 만들어내고 있기 때문이다. 이런 면에서 동양화의 산점투시는 대교약졸의 미학을 잘 드러낸다.

서양회화가 면을 중시하는 데 비해 중국회화가 선을 중시하는 것 또한 마찬가지다. 선은 면에 비해서 훨씬 단순하다. 그래서 일견 소략하고 엉성해 보일지도 모른다. 그러나 중국회화에서 강조하는 선의 단순미는 겉으로는 단순해 보이지만 실제로는 고도의 숙련을 요하는 심오한 단순미다. 수묵화가 그려내는 선은 먹물의 농담과 붓끝의 기세에 따라 실로 다양하게 표현되는 천변만화의 선이다. 그 속에는 덧칠로는 만들어낼 수 없는 또 다른 차원의 깊은 맛이 있고, 그 깊은 맛을 제대로 터득하려면 상당히 오랜 기간의 숙련이 필요하다.

송대 이후의 산수화에서 많이 쓰였던 준법들도 마찬가지다. 준법이란 산수화가 본격적으로 유행하면서 산이나 바위의 느낌을 보다 효과적으로 표현하기 위해 개발된 중국회화 특유의 기법으로, 붓을 옆으로 끌거나 끌어당겨 주름의 효과를 내는 것을 말한다. 모르는 사람들이 볼 때는 그냥 붓에다 먹물을 듬뿍 묻혀서 슥슥 문지르거나 꾹 찍어바른 것처럼 보인다. 그러나 준법은 그리 단순한 게 아니다.

명말의 동기창董其昌이 정리한 바에 따르면 준법은 무려 30여 가지나 된다. 그중 가장 대표적인 것으로는 피마준披麻皴, 부벽준斧劈皴 등이 있는데 피마준은 마치 마의 줄기를 쪼갠 듯한 느낌, 부벽준은 도끼로 내려찍은 듯한 느낌이 있다 해서 붙은 이름이다. 준법은 아무렇게나 구사하는 것이 아니라 제각각 산세의 특징에 맞추어 사용해야 한다. 예를 들어 토산을 표현하는 데는 피마준을 써야 하고, 굳센 바위를 표현하는 데는 부벽준을 써야 한다. 이처럼 여러 가지 산수의 특징을 제대로 표현하려면 각각의 준법을 터득해야 하는데 그것은 결코 쉽지가 않다. 옛사람들은 준법 하나를 익히기 위해 큰 수레 하나를 가득 채울 만큼 종이를 써야 한다고 말했는데, 그만큼 깊은 내공이 필요한 기법들이다. 이런 것으로 볼 때 중국 회화의 선의 미학은 심오한 단순미를 잘 구현하고 있다고 할 수 있다.

여백을 중시하는 태도는 미학적으로 말하면 담백함을 좋아하는 것이다. 서양의 그림이 주는 느낌은 매우 화려하고 농염하다. 마치 화장을 짙게 한 여인처럼 사람의 눈길을 확 끄는 맛이 있다. 중국 그림에서도 웅장하면서도 사람을 압도하는 그림들이 많이 있다. 그러나 여백을 강조하는 그림들이 주는 느낌은 대체로 담담하다. 그림 전체에 무채색이 많기 때문이다. 이렇게 무채색의 담담한 여백이 많은 그림은 화려한 색채의 그림이나 화면을 꽉 채운 그림에 비해 아무래도 심심한 편이고 그다지 눈길을 잘 끌지 못한다.

그러나 중국 산수화의 여백은 별다른 의미 없이 남겨놓은 빈 공간이 아니다. 그 속에는 미지의 세계에 대한 동경, 구름과 안개 너머에 있을 듯한 무릉도원의 세계에 대한 아련한 그리움이 숨겨져 있다. 또한 각박한 현실

세계에서 제대로 펼치지 못한 청운의 꿈과 그에 대한 불만도 숨어 있다. 중국의 유명한 화가들 중에는 사대부로서 자신의 꿈을 제대로 펼치지 못해 그림에 몰두한 사람들이 많다. 특히 산수화의 수준을 한 단계 격상시킨 원대의 화가들 가운데 그런 부류가 많다. 그들이 남겨놓은 여백을 자세히 들여다보면 담담한 마음속 깊은 곳에서 꿈틀거리는 아쉬움을 찾아볼 수 있다. 그러므로 중국회화에서 볼 수 있는 여백의 담백함은 그저 아무 맛 없는 담백함이 아니라 실로 여러 가지 많은 꿈과 아쉬움 등이 녹아 있는 숙성된 담백함이다.

이상으로 중국회화는 서양회화에 비해 겉으로는 분명 졸처럼 보이지만 조금만 깊게 들여다보면 단순한 졸이 아니라 대교약졸의 졸임을 알 수 있다. 한 가지 놓치지 말아야 할 것은 앞에서 언급한 여러 가지 테크닉들이 대부분 중국회화의 비약적 발전기인 송대 이후에 나왔다는 점이다. 사실 송대는 서양문화에서 르네상스에 맞먹는 중국문화의 비약적 도약기이다. 서양회화가 문명의 도약기에 사실성을 더욱 강화하는 방향으로 나아간 데 비해 중국회화는 그와는 반대로 기운생동을 더욱 강화하는 쪽으로 나아갔다는 점은 실로 흥미롭다.

풍성하고 감미로운 소리,
성기고 그윽한 소리

회화 분야는 근대 서구회화의 거센 물결에도 불구하고 중국 나름대로의 독특한 미학과 예술성을 자랑한다. 많은 서양 학자들도 중국회화에 대해 지대한 관심을 보인다. 그러나 음악은 그렇지가 않다. 서양음악의 위력이 워낙 막강하기 때문에 중국 고전음악은 사실 거의 설 자리가 없다고 해도 과언이 아니다. 소수의 사람만이 외롭게 전통을 고수하고 있을 뿐이다. 서점에 가 봐도 중국회화에 대한 책은 산더미처럼 쌓여 있지만 중국음악에 대한 책은 그리 많지 않다. 물론 회화가 음악에 비해 책으로 출간하기 쉬운 이유도 있겠지만, 그만큼 고전음악이 접근하기 어려운 것도 이유일 것이다.

회화가 공간예술이라면 음악은 시간예술이다. 공간예술은 시간이 흐른 뒤에도 남아 그 흔적을 쉽게 알 수 있지만 시간예술은 시간을 따라 공간에 퍼져나가고 사라져버린다. 그래서 흔적이 남지 않는다. 음악을 원하면 언제라도 다시 들을 수 있게 된 것은 실로 최근의 일이다. 이 때문에 회화와는 달리 음악은 그 살아 있는 전체의 모습을 찾기가 힘들다. 그저 낡은 책에 남아 있는 기록들, 박물관에 전시되어 있는 오래된 악기들을 통해 옛 모습을 어렴풋이 짐작할 수 있을 뿐이다.

이런저런 이유로 음악의 미학을 설명하기란 회화에 비해 훨씬 어렵다는 느낌이 드는 것이 사실이다. 이 장에서는 주로 음악에 대한 개념, 음계, 악기 등을 중심으로 서양음악과 중국음악의 차이를 설명하겠다.

숫자에서 과학으로,
바람에서 정치로

고대의 음악은 종합예술이었다

아득한 원시시대에 음악은 신과 소통할 수 있는 매우 중요한 수단이었다. 둥둥둥 심장의 박동 소리와 비슷한 타악기의 울림과 단순한 현악기나 관악기의 반복적인 멜로디는 이성적인 판단을 관장하는 대뇌피질의 활동을 잠재우고 정서와 관련이 있는 변연계를 활성화시킨다. 생각은 사라지고 감정은 격동한다. 시간이 흐를수록 평소의 일상적 의식은 사라지고 엑스터시ecstasy 상태에 빠져들어 신과의 교통을 체험한다. 그래서 대부분 지역의 제례의식에서 음악은 없어서는 안 될 필수 요소였다.

그런 영향인지는 모르겠지만 동서를 막론하고 고대인들 대부분은 음악에 신비한 힘이 있다고 여겼다. 『구약성서』에도 여호수아가 여리고 성을 공격할 때 나팔소리로 성벽을 무너트렸다는 기록이 나오고, 다윗이 하프를 연주하여 사울왕의 정신병을 고쳤다는 기록이 나온다. 고대 그리스인들도 마찬가지다. 그리스신화에 나오는 오르페우스는 아폴론에게 하프를 배워 하프의 대가가 되었는데 그가 하프를 연주하면 나무와 돌이 춤을 추고 맹수들도 얌전해졌다고 하며, 배를 타고 항해하다 폭풍을 만날 때도 하프로 거센 폭풍을 잠재웠다고 한다. 중국에서도 음악은 산천을 조화롭게 만드는 영험한 힘이 있다고 믿어졌다.

오늘날 우리가 일상생활에서 사용하는 음악이라는 말은 서양어 'music'의 일본식 번역어이다. 그리고 'music'이라는 말은 그리스어 'μουσική'에서 나온 것이다. 무시케란 제우스와 기억의 여신 무네모시네 사이에서 난 아홉 여신女神 무사이에 관계되는 행위 또는 연마를 뜻한다. 그 아홉 여신들이 관장하는 영역은 서사시, 서정시, 비극, 희극, 찬가, 무용, 음악, 역사, 천문 등이다. 그러므로 그리스어의 무시케는 시, 무용, 음악뿐만 아니라 역사, 천문까지도 포함하는 매우 총체적인 교양을 가리키는데, 좁은 의미로 말하면 시, 노래, 무용을 합한 것이다.

중국도 사정이 별반 다르지 않다. 고대 중국어는 한 글자가 한 단어를 이룬다. 서양의 뮤직에 해당하는 고대 중국의 단어는 '악樂'이다. 고대 중국인들은 악을 무척 중시했다. 공자가 남긴 육경 가운데는 원래 『악경樂經』이 따로 있었는데 진시황의 분서갱유로 사라지고, 지금은 『예기』 중에 한 편인 「악기」만 남게 되었다는 설이 있다. 이 「악기」 중에서 고대 중국인들의 음악 관념을 잘 드러내는 한 구절을 보자.

> 무릇 음이 일어나는 것은 사람의 마음을 좇아 생긴다. 사람의 마음이 움직이는 것은 사물이 그렇게 만들기 때문이다. 사물에 감응하여 움직이면 소리(聲)로 나타난다. 소리가 서로 응하면 변화가 생기는데 변화가 소절을 이루면 그것을 음이라고 한다. 소리에 맞추어 연주를 하고 방패와 도끼, 깃털과 깃대에까지 미치면 그것을 악이라고 한다.

고대 중국인들은 단어를 사용할 때 그리 엄밀성을 추구하지 않았다. 그 때문에 명확히 개념 정의를 하기가 어려운 점이 있지만, 대체로 '성聲'은 단순한 소리를 가리키고 '음音'은 그 단순한 소리가 곡조를 이루는 것이라고 보면 된다. 그리고 '악樂'이란 거기에다 연주를 하고 무용까지 더한 것으로 훨씬 포괄적인 것이다. 여기서 방패와 도끼는 무무武舞라고 하는 남성적이고 강건함을 표현하는 춤에 쓰이는 도구이고, 깃털과 깃대는 문무文舞라고 하는 여성적이고 부드러움을 표현하는 춤에 쓰이는 도구다. 대체로 중국에서도 그리스와 마찬가지로 시, 노래, 춤 셋을 합쳐서 악이라고 여겼다.

동서를 막론하고 원래 음악은 제례의식의 중요한 부분이었고, 제례의식에서는 신을 찬양하거나 주문을 외우는 언어행위와 박자와 멜로디를 연주하는 음악행위와 거기에 따라 몸을 흔들면서 춤을 추는 무용행위가 서로 분리될 수 없었기 때문이다. 현대의 아이돌 공연에서도 마찬가지이다. 무대 위에서 멋지게, 혹은 섹시하게 생긴 아이돌 그룹이 현란한 멜로디와 빠른 비트의 연주를 따라 화려한 조명을 받으며 격렬한 혹은 섹시한 춤을 추면서 노래를 부른다. 관중은 흥분하여 소리를 지르며 음악의 향연을 만끽한다. 시가무 일체의 음악행위를 열광하며 즐기는 것은 예나 지금이나 큰 차이가 없다.

수의 조화를 중시한 서양

그러면 서양과 중국의 음악에 대한 관념은 어떤 차이가 있을까? 음악도 문학에서와 마찬가지로 고대 중국과 그리스의 차이를 살펴보자. 중국의 미학자 장파는 『동양과 서양, 그리고 미학』에서 서양과 중국의 음악을 비교하면서 그리스에서는 음악을 수의 조화라고 여겼고, 중국에서는 음악을 바람의 조화라 여겼다고 서술한다. 다소 도식적인 측면이 있지만 중국음악과 서양음악의 특징을 이해하는 데 매우 재미있는 관점이라고 생각되어 일부를 원용하고자 한다.

서양음악의 뿌리는 피타고라스에 있다고 해도 과언이 아니다. 왜냐하면 음악의 가장 기초가 되는 음정을 확립했기 때문이다. 우리에게 수학자로 널리 알려진 피타고라스는 사실 종교와 과학의 경계선에 서 있던 사람이었다. 그는 오르페우스를 숭배하는 신비주의적인 색채가 짙은 종교의 교주였다. 그는 인간의 영혼은 육체의 소멸과 함께 사라지는 것이 아니라 완전한 정화를 통해 우주의 순수한 정신과 하나가 될 때까지 하나의 육신에서 다른 육신으로 윤회한다고 믿었다. 그리고 윤회의 과정에서 꼭 사람의 몸만 받아서 태어나는 것이 아니라 동물의 몸을 입을 수도 있다고 했다. 이런 윤회설은 힌두교나 불교의 윤회설과 상당히 근접해 있다.

피타고라스는 영혼의 정화를 위해서는 자극적인 쾌락을 자제하고, 소박하고 순수한 생활을 해야 한다고 강조했다. 그래서 육식을 하지 않고 채식을 했으며, 옷도 색깔이 없는 흰옷만 입었다고 한다. 성에 대해서도 금욕적인 자세를 견지했다.

오늘날 서양과학의 뿌리로 여겨지는 수학도 피타고라스에게는 종교적 수도의 한 방편이었다. 그는 과학자의 마음으로 수를 탐구했던 것이 아니라 우주의 신비를 탐구하는 구도자의 마음으로 수를 탐구했다. 그에게 수는 숨겨진 우주의 마음이자 비밀이었다. 그는 바로 수의 비밀을 통해 우주의 조화를 발견했다. 그래서 우주의 조화는 수의 비례에 따라 유지된다고 여겼다. 오르페우스교의 신봉자인 동시에 수학자였던 그가 수와 음악 사이의 비밀을 탐구한 것은 당연한 귀결이라고 할 수 있다. 또한 그는 천체의 음악, 즉 별이 돌아가면서 내는 음악소리를 들을 수 있는 신비한 능력이 있었다고 전해진다.

그는 수의 비례를 연구하여 서양 음정학을 확립했다. 재질과 장력이 같은 팽팽한 두 개의 현을 퉁겼을 때 줄을 절반으로 줄이면 주파수는 두 배가 되어 8도가 올라가고, 줄을 2/3로 줄이면 주파수는 3/2이 되어 5도가 상승한다는 것을 알게 되었다. 1도 음정이란 같은 음정을 말하고, 2도 음정이란 한 음 차이가 나는 음정을 말한다. 서양음악은 7음계이므로 8도 음정이란 바로 한 옥타브 위의 음정을 말한다. 원래 옥타브라는 말은 라틴어의 'octa'에서 나온 것이고, 그것은 8을 가리키는 말이다. 5도 상승한 음은 도를 기준음으로 할 때 솔이 된다.

그런데 기준 음정의 현을 1.5배 늘리면 어떻게 될까? 주파수가 2/3가 되어 5도 낮은 음이 된다. 이것은 한 옥타브 아래의 파다. 이 한 옥타브 낮은 파의 주파수를 두 배로 늘리면 정상적인 4도 음정이 된다. 그러므로 4도 음정은 1도 음정의 주파수와 비교할 때 4/3가 된다. 이렇게 주파수의 비율이 1, 4/3, 3/2, 2가 되는 1도, 4도, 5도, 8도 음정은 서로 완벽하게 어울리므로 완전협화음이라고 했다.

피타고라스는 1:2와 2:3, 이 두 개의 비율을 기본으로 모든 음정의 수치를 도출했다. 예를 들면 5도 음정인 솔의 주파수를 다시 3/2로 늘리면 5도가 올라가서 한 옥타브 위의 레가 된다. 이것의 주파수를 절반으로 줄이면 한 옥타브가 내려가서 2도 음정인 레가 되는 것이다. 도와 레의 주파수 비율은 3/2×3/2×1/2이므로 9/8이다. 레에서 다시 3/2로 늘리면 5도가 올라가서 6도 음정인 라가 된다. 라의 비율은 9/8×3/2=27/16이 된다. 이런 식으로 계산해보면 도에서 한 옥타브 높은 도까지의 주파수의 비율은 1, 9/8, 81/64, 4/3, 3/2, 27/16, 243/128, 2가 된다.

물론 지금 서양의 음악에서는 피타고라스 음계를 그대로 쓰지는 않는다. 조 바꿈을 할 때 반음의 비례가 딱 맞아떨어지지 않기 때문이다. 그래서 그것을 약간씩 개량한 순정률의 음계와 순정률을 다시 개량한 평균율의 음계를 주로 사용한다. 그러나 피타고라스가 수학적 원리를 이용하여 정밀하고 과학적인 음정을 찾으려고 했던 정신은 후대에도 지속적으로 이어졌다.

바람의 조화에서 시작하는 중국음악

중국에서도 아득한 옛날에 음악은 신과의 교통을 위한 도구로 쓰였다. 그러나 신화적 사유가 힘을 잃어가게 되자 음악은 점차 자연과의 소통수단 혹은 자연의 조절수단으로 변모된다. 일찍부터 농경사회로 진입한 중국인들은 자연을 면밀하게 관찰하고 체험하는 가운데 음악과 기후의 상관관계에 대한 독특한 관념을 도출했다. 농경사회에서 자연의 변화, 운동, 법칙, 위력을 집중적으로 드러내는 것은 기후다. 중국인들은 기후를 대표하는 것으로 바람을 택했다. 그리하여 음악은 바람을 통해서 나오고 바람을 조절할 수 있다는 관념을 형성하게 된다.

음악은 눈으로 볼 수는 없어도 공기를 통해 진동이 전달되기 때문에 귀로 들을 수 있고 몸으로 느낄 수 있다. 마찬가지로 바람도 눈으로 볼 수는 없지만 소리로 들을 수 있고 몸으로 느낄 수 있다. 이런 공통점이 있어 음악은 자연과 인간의 관계를 매개하는 중요한 역할을 하게 된 것이다. 중국 고대 문헌에 나타나는 다음과 같은 말들은 이를 잘 보여준다.

> 천자는 바람을 살펴서 음악을 만들었다. _『좌전左傳』, 「소공昭公」
>
> 무릇 음악이란 그것으로써 산천의 바람을 여는 것이다. _『국어國語』, 「진어晉語」

중국인들에게 음악은 조화의 상징이었다. 음악의 조화는 바로 바람의 조화로 이어지고 그것은 바로 천지기운의 조화로 이어진다. 그리하여 그들은 음악이 조화를 이루면 비와 바람이 제때에 제 기능을 다하게 되어, 농사가 잘되고 백성들이 풍요로워질 수 있다고 생각했다.

중국인들은 음악이 단순히 인간과 자연의 조화를 추구하는 수단에 그치는 것이 아니라 한 걸음 더 나아가 인간의 심신 조화를 추구하는 수단으로도 쓰일 수 있다고 여겼다. 중국에서 심신의 조화는 기氣와 밀접한 관련을 갖는데, 그들은 음악도 기와 직접적으로 관련을 지니고 있다고 생각했다.

> 입으로 맛을 받아들이고 귀로 소리를 받아들이는데, 맛과 소리가 기를 만든다. 기는 입에서는 말이 되고 눈에서는 밝음이 되는데, 말로 명분을 신실하게 하고 밝음으로 행동을 시의적절하게 한다. 명분으로 정치를 이루고 행동은 생명을 자라게 한다. 정치가 이루어지고 생명이 잘 자라는 것이 음악의 극치다. _『국어』, 「주어周語」

중국 고대의 제왕은 식사 때 음악을 들으면서 밥을 먹었다. 이는 물론 원시 제례의식에서 출발한 것이다. 그러나 후대로 갈수록 음악은 심신의 조화와 건강한 운행을 보조해준다는 개념으로 바뀌게 된다. 그리고 단순히 제왕 한 사람의 심신의 조화에 그치는 것이 아니라 그것이 바로 정치와 관련된다고 생각했다.

사실 기라는 말은 개념이 모호하고 쓰임이 광대해서 설명하기가 무척 어렵다. 기후氣候의 기는 날씨를 가리키고, 기운氣運의 기는 몸의 생명력을 가리키고, 기백氣魄의 기는 정신의 힘을 가리키고, 기운氣韻의 기는 예술작품에서 뿜어 나오는 에너지를 가리킨다. 맹자가 주장했던 호연지기의 기는 또 어떠한가?

하여튼 음악은 밖으로는 기후를 조절하여 천지조화를 이끌어오고, 안으로는 기운을 조절하여 제왕의 눈과 입을 밝게 해서 정치에 도움을 줄 수 있다는 이야기다. 다소 비약이 심한 논리지만 그들이 얼마나 음악의 효능을 중시했는지 짐작하는 데는 무리가 없다.

물론 이 말은 중국 사람들이 음정을 만들 때 수학을 무시하고 그저 바람과 같이 모호한 느낌만으로 만들었다는 이야기가 아니다. 중국의 악률에도 수학은 매우 중요했다. 중국에서 최초로 악률을 다른 책은 관중管仲이 썼다고 하는 『관자管子』이다. 관중은 공자보다 앞선 시기의 사람인데 실제로 『관자』는 한참 뒤인 전국시대 중기에 나온 책이다. 이 책에서는 당시의 수학을 이용하여 궁宮, 상商, 각角, 치徵, 우羽의 오음을 삼분손익법三分損益法으로 계산해내고 있다.

삼분손익법이란 말 그대로 풀이하면 3등분해서 빼고 더하는 법이라는 뜻이다. 피타고라스가 1을 기준으로 비례를 계산한 반면 관중은 우선 모든 음의 기준이 되는 궁음의 수치를 완전수인 9를 제곱한 81로 잡았다. 그런 다음에 81의 3등분인 27을 더하면 108이 되는데 이것을 치음이라고 정했다. 108에다 108의 3등분인 36을 빼면 72가 되는데 이것을 상음이라고 했다. 여기서 다시 72의 3등분인 24를 더하면 96이 되는데 이것을 우음이라고 했다. 그리고 96에다 96의 3등분인 32를 빼면 64가 되는데 이것을 각음이라고 했다. 현의 길이가 긴 것은 당연히 낮은 음이다. 낮은음의 순서대로 배열하면 108(치), 96(우), 81(궁), 72(상), 64(각)가 될 것이다. 재미있는 것은 기준음인 궁음이 오음의 한가운데 있다는 것이다.

그런데 한 가지 신기한 것은 중국의 5음은 분명히 서양의 7음과는 전혀 다른 방법으로 음을 산출했지만 음의 비례가 서로 같다는 것이다. 서양과 비교하기 위해 중국의 기준음도 1로 맞추어 계산해보자. 모든 숫자에 분모 81을 붙이면 108/81, 96/81, 81/81, 72/81, 64/81이 된다. 이것은 4/3, 32/27, 1, 8/9, 64/81이 된다. 서양과 비교하기 위해 1보다 낮은 음들, 즉 한 옥타브 아래에 있는 음들에다 1/2을 곱하여 한 옥타브 올리면 2/3, 16/27이 되고, 이들은 64/81보다 높은 음이 된다. 다시 배열을 해보면 1, 8/9, 64/81, 2/3, 16/27이 된다. 이것을 주파수로 변환하면 1, 9/8, 81/64, 3/2, 27/16이 되는데 이것은 앞에서 본 서양의 7음계 중에서 1도, 2도, 3

도, 5도, 6도 음정과 그 비율이 완전히 일치한다. 참으로 놀랍지 않은가? 그래서 흔히들 궁, 상, 각, 치, 우를 도, 레, 미, 솔, 라에 대비시키는 것이다.

전국시대 말기에는 5음의 음정체계에서 더 나아가 12음의 음정체계가 정립되었고, 이 또한 삼분손익법으로 음정을 정했다. 이후에도 수학의 발달에 따라 이전의 악률의 단점을 보완하는 작업이 계속되었다. 이로 보아 중국의 음정도 매우 엄밀한 수학적인 원리에 의해 만들어졌음을 알 수 있다.

여기서 수와 바람으로 대비한 것은 서양음악과 중국음악이 가지고 있는 특징을 좀 더 부각시키기 위해서다. 수의 비례를 통해 우주의 비밀을 알려고 하는 태도는 결국 진리 탐구로 이어지고 과학적 측면을 강조하는 쪽으로 흘러가게 된다. 이에 비해 음악을 바람이나 기처럼 모호한 대상과 관련시키게 되면 아무래도 명료한 과학성보다는 그것이 지니고 있는 감화의 효용성을 더욱더 강조하게 되고, 이것은 결국 음악의 정치와의 관련성을 더 강조하는 방향으로 흘러가게 된다.

플라톤은 음악을 우주 탐구와
이데아 추구의 방편으로 생각했다

서양음악의 음정학은 피타고라스가 확립했지만 음악이 왜 중요한가에 대한 본격적인 이론을 확립한 사람은 플라톤이다. 음악에 관한 플라톤의 사상은 형이상학적인 것과 미적인 것, 이 두 가지로 나눌 수 있다. 전자는 주로 『티마이오스』에서 나타나고, 후자는 『국가』에 나타나 있다.

플라톤은 『티마이오스』에서 창조의 신 데미우르고스가 불과 흙, 물과 공기 4대 원소로 이루어진 물질적 신체를 만드는 과정을 이야기한다. 플라톤은 우주의 기본요소로 먼저 불과 흙을 들고 있다. 그 이유는 빛을 상징하는 불이 없으면 가시적인 어떤 것이 생길 수 없고, 고체인 흙이 없으면 만질 수 있는 어떤 것이 생길 수 없기 때문이다. 불과 흙만으로는 물질이 결합될 수 없기 때문에 신은 그 사이에 물과 공기를 놓고 가능한 한 그것들이 서로에 대해 같은 비례관계를 갖게 했다. 이렇게 묶은 다음, 천구를 볼 수 있고 접촉할 수 있는 것으로 구성했다. 우주혼의 구성에서는 나누어지지 않고 변화하지 않는 존재, 물체들에 있어서 나누어지고 생성되는 존재, 이들 양자에서 그 중간에 있는 셋째 존재를 혼합해냈다. 동일성 및 타자성과 관련해서도 같은 방식으로 이것들의 불가분적인 것과 물체들에 있어서 가분적인 것의 중간에 있는 셋째 종류를 구성해냈다.

그리고 이 모두를 하나의 형태, 즉 이데아로 혼합했는데, 그런 다음 다시 이 전체를 적절하게 나누기 시작했다. 그 나누는 방식을 숫자로 나열하면 1, 2, 3, 4, 9, 8, 27이 된다. 이것은 2배수 계열인 1, 2, 4, 8과 3배수 계열인 1, 3, 9, 27을 혼합한 것이다. 그런 다음 2배수 계열과 3배수 계열의 사이에다 각각 조화평균과 산술평균을 채워 넣는다. a, b라는 두 숫자의 조화평균은 2ab/(a+b)이고 산술평균은 (a+b)/2이다. 각 숫자의 사이사이에 이것들을 채워 넣으면 2배수 계열은 1, (4/3), (3/2), 2, (8/3), (3), 4, (16/3), (6), 8이 되고, 3배수 계열은 1, (3/2), (2), 3, (9/2), (6), 9, (27/2), (18), 27이 된다.

그런데 각 숫자들의 간격의 비율을 계산해보면 2배수 계열에서는 4/3이거나 9/8로 나타나고, 3배수 계열에서는 3/2이거나 4/3으로 나타난다. 여기서 3/2, 4/3, 9/8은 앞에서도 보았듯이 피타고라스 음계의 완전5도, 완전4도, 온음에 해당한다. 플라톤이 우주 혼의 구성에서 이런 수 계열을 이용한 것은 처음부터 피타고라스의 음악이론과 연관 짓기 위한 것이었다.

여기서 한 단계 더 나아가 간격이 4/3의 비율로 나타나는 경우에만 9/8의 비율로 두 번씩 채워 넣는다. 그러면 2배수 계열은 1, (9/8), (81/64),

4/3, 3/2, (27/16), (243/128), 2, (9/4), (81/32), 8/3, 3, (27/8), (243/64), 4, (9/2), (81/16), 16/3, 6, (27/4), (243/32), 8이 되고, 3배수 계열은 1, 3/2, (27/16), (243/128), 2, 3, 9/2, (81/16), (729/128), 6, 9, 27/2, (243/16), (2187/128), 18, 27이 된다.

그런데 수열이 진행될수록 2배수 계열과 3배수 계열은 재미있는 대비를 보여준다. 처음에는 2배수 계열 사이에 분수들이 훨씬 많지만 이들은 수열이 진행될수록 대부분 정수로 바뀐다. 왜냐하면 4/3를 제외한 9/8, 81/64, 3/2, 27/16, 243/128은 모두 분모가 2의 배수여서 수열이 진행될수록 반으로 줄어들어 1이 되어버리기 때문이다. 3배수 계열 사이에 있는 분수들도 모두 분모가 2의 배수이다. 그런데 분자가 계속 3배수로 불어나기 때문에 수열이 진행되어도 항상 복잡한 분수로 남는다.

전자는 나중에 가서는 정수가 되기 때문에 불변성의 원리인 동일성을 나타내고 후자는 계속 복잡한 분수로 나타나기 때문에 끊임없이 변하는 타자성을 나타낸다. 음악적으로 전자는 피타고라스의 7음계 조성 원리를 그대로 나타내고 있으며 변화할 수 없는 질서를 보여준다. 반면 후자에서는 사이 음들이 나타나는데, 이를 통해 조바꿈이 가능해지고 새롭고 다양한 음들이 생기는 원리를 보여준다. 플라톤이 우주 혼의 구성과 연관해서 전문적인 음악이론을 도입한 이유는 음악에서 발견되는 두 개의 원리가 우주 혼을 구성하는 동일성과 타자성의 특성을 잘 보여준다고 생각했기 때문이라고 한다.

주지하다시피 플라톤은 예술을 별로 좋아하지 않았다. 플라톤은 『국가』에서 미메시스, 즉 모방에 대해 설명하면서 장인이 만든 침상은 침상의 이데아를 모방한 것인데, 화가가 그린 침상은 그것을 다시 모방한 것으로 모방의 모방이라고 말한다. 마찬가지로 호메로스와 같은 시인들이 묘사한 선한 덕이든 악덕이든 인간사의 여러 가지 모습들 모두가 모방의 모방이라고 주장한다. 그래서 플라톤은 시인과 화가는 자신이 생각하는 이상적인 국가에서 추방되어야 한다는 극단적인 주장을 하기도 한다.

그러나 같은 예술인데도 음악에 대해서는 정반대의 태도를 보인다. 그는 음악은 이상적인 국가에서 청년들의 교육을 위해 반드시 필요한 것임을 강조했다. 그는 무시케를 통한 교육의 중요성을 강조하면서 리듬과 선법은 혼의 내면으로 가장 깊숙이 젖어들며, 우아함을 대동함으로써 혼을 가장 강력하게 사로잡는다고 주장한다.

시와 회화에 대해 부정적인 태도를 취했던 그가 음악에 대해서는 긍정적인 관점을 표명한 것은 아마도 음악에 내재하는 수적 비례의 질서가 우주 혼의 형성의 질서와 직접적으로 관련이 있다고 보았기 때문일 것이다. 즉 회화나 시와 같은 다른 예술 장르는 이데아로부터 더욱 멀어지게 하는 데 비해 음악은 그 구성 자체가 우주의 구성 원리에서 나온 것이어서 이데아의 세계에 나아가는 데 도움을 주는 것이라 생각했기 때문이 아닐까.

그러나 플라톤이 모든 음악을 다 찬성했던 것은 아니다. 플라톤은 도리아 선법은 젊은이들에게 용기와 극기심을 주고 인격을 성숙시키기 때문에 찬양받아야 한다고 말한다. 프리기아 선법도 자유와 평화를 나타내기 때문에 찬양받아야 한다고 말한다. 그러나 아이오니아 선법과 리디아 선법은 마땅히 국가로부터 추방되어야 한다. 왜냐하면 그러한 것들은 너무 이완되어 있고 슬픔을 표현하기 때문이다.

플라톤 주장의 핵심은 정신의 안정, 즉 호메오스타시스가 마땅히 갖추어져야 한다는 점에 있다. 그는 음악과 체육의 훈련으로 이것을 성취할 수 있다고 생각했다. 전자는 인간의 정서적 에너지를, 후자는 육체적 에너지를 조절하여 지배하는 것이다. 플라톤은 음악과 체육 가운데서 음악이 우선되어야 한다고 주장했다. 육체와 정신 가운데 육체보다는 정신을 중요시했던 그의 평소 입장을 보면 당연한 귀결이라 할 수 있다.

플라톤이 음악을 중시한 것은 음악이 이상적인 국가를 건설하는 데 도움이 되기 때문이다. 음악의 정치적 효용성을 강조했다는 측면에서는 플라톤의 음악론도 공자의 음악론과 유사한 측면이 있다. 그러나 그의 기본 관점은 현실세계의 정치에 있다기보다 우주의 질서를 탐구하고 영원한 이데아의 세계로 돌아가는 것에 있다. 사실 그의 철학의 전체적인 방향은 사물의 그림자만 바라보는 동굴의 죄수처럼 감각에 가려서 이데아를 보지 못하는 상태에서 벗어나 의식을 상승시켜 우주의 궁극적인 실체, 영원의 세계를 제대로 보는 것에 초점이 맞추어져 있다.

공자에게 음악은 바람과 같은 것이었다

공자는 정치가이자 사상가이며 교육자로 널리 알려져 있지만 음악에서도 후대에 막대한 영향을 미쳤다. 그는 음악에 지대한 관심과 소질이 있었다. 고대의 순임금이 만들었다는 소韶 음악을 듣고 아름다운 음률에 석 달 동안 고기 맛을 잊어버릴 정도였다. 그리고 실제로 악기를 잘 다루고 노래 부르기를 좋아했다. 만년에는 고대음악을 정리하여 그것을 제자들의 교육에 활용했다.

공자가 음악을 좋아했던 것은 물론 개인적 취향도 있었겠지만 음악의 정치적·사회적 효용성에 대해 많은 관심이 있었기 때문이다. 공자는 음악에 담겨 있는 정치적 효용성을 충분히 이해했다. 이 말은 음악을 정치적으로 이용한다는 말이 아니라 음악을 수기치인修己治人의 좋은 방편으로 사용한다는 말이다. 즉 음악을 통해서 스스로의 성정을 도야하고 나아가 세상을 교화할 수 있음을 강조했다. 서양음악사에서도 플라톤이나 아리스토텔레스 이래 음악의 윤리적·도덕적 효용과 정치적 기능을 강조하는 사람이 종종 있었지만 중국처럼 강력하고도 지속적이지는 않았다.

공자는 일찍이 군자는 바람이고 소인은 풀이니 풀은 바람이 부는 대로 눕는다고 했다. 이 말은 물론 정치에 대한 이야기다. 그런데 앞에서도 보았듯이 바람은 음악과 직접적인 상관이 있다. 『시경』에서 가장 양이 많고 가장 중요한 민간가요를 '풍'이라고 부르는 것도 우연은 아니다. 그리고 '풍'에 대한 한나라 때의 주석을 보면 "윗사람은 풍으로써 아랫사람을 교화하고, 아랫사람은 풍으로써 윗사람을 풍자한다. 문사를 잘 다듬어 완곡하게 간언하니 말하는 사람은 죄가 없고 듣는 사람은 족히 그로써 경계로 삼을 만하다. 그러므로 풍이라고 한다"고 하여 풍이 지니고 있는 정치적 함의를 밝힌다. 그뿐인가? 같은 문장 속의 다음 글은 음악과 정치의 관계를 직접적으로 밝힌다.

> 잘 다스려지는 세상의 음악은 편안하고 즐거우니 그 정치가 조화롭다. 어지러운 세상의 음악은 원망스럽고 노여우니 그 정치가 일그러져 있다. 망한 나라의 음악은 슬프고 비통하니 그 백성이 곤고하다. 그러므로 정치의 득과 실을 바로잡고 천지를 움직이고 귀신을 감동시키는 데는 시보다 더 좋은 것이 없다. 옛 임금은 이로써 부부를 다스리고 효도와 공경을 이루고 인륜을 두텁게 하고 교화를 아름답게 하고 풍속을 변화시켰다.

여기서 말하는 시란 당연히 음악의 일부분으로 노래를 말한다. 이 때문에 유교에서 시로써 백성을 교화시키는 시교詩敎와 음악으로써 백성을 교화시키는 악교樂敎는 거의 같은 의미다. 예로써 백성을 교화하는 예교禮敎와도 통한다. 실제로 악은 중국에서는 예를 보조하는 수단으로 쓰였다. 그래서 흔히 예악이라는 말을 자주 쓴다. 고대 중국 음악이론을 집대성한 『예기』의 「악기」 편에서는 예와 악의 관계에 대해 다음과 같이 말한다.

악이란 동화하는 것이요 예란 차별하는 것이다. 동화되는 즉 서로 친하게 되고 차별하는 즉 서로 공경하게 된다. 악이 앞지르게 되면 넘쳐 흐르고 예가 앞지르게 되면 소원해진다. 성정에 화합하고 용모를 가꾸는 것은 예악의 일이다. 예의 의법이 바로 서면 귀천의 등급이 나누어지고, 악의 문장이 조화롭게 되면 상하가 서로 화합할 것이다.

악이라고 하는 것은 하늘과 땅의 조화로움이고 예라고 하는 것은 하늘과 땅의 질서다. 조화로우므로 만물이 모두 화육되고 질서가 있으므로 만물이 모두 구별된다. 악은 하늘을 본떠 만든 것이고 예는 땅으로써 제정한 것이다. 예를 잘못 제정하면 문란해지고 악을 잘못 지으면 난폭해진다. 하늘과 땅에 밝은 뒤에야 예악을 흥성하게 할 수 있다.

고대 중국에서 예의 본질은 사회계층과 신분에 놓인 질서의 확립이다. 그리고 그 질서란 차별적인 것이다. 이렇게 차별적인 질서가 확립될 때 사회는 안정된다. 그러나 차별성을 강조할 때 사람과 사람 사이는 소원해지고 사회는 삭막해진다. 그것을 해결하기 위해 악이 필요한 것이다. 악의 본질은 서로 동화되는 것이다. 그래서 서로 가까워진다. 그러나 악이 너무 강조되면 질서가 흐트러지고 난잡해진다. 반대로 질서를 너무 강조하게 되면 서로 거리감이 있게 된다. 그 둘 사이의 균형을 잡는 것이 중요하다.
중국인들은 인간사에서 일어나는 일을 하늘에 비유하기를 좋아한다. 그들은 예란 천지의 질서이고 악이란 천지의 조화로움이라고 강조한다. 천지간에 질서와 조화가 있듯이 인간 세상 속에서도 질서와 조화가 있음을 말한다. 그래서 예와 악을 제대로 흥성시키려면 하늘과 땅의 조화와 질서를 알아야 한다고 힘주어 말한다.

이렇게 악을 예의 보조수단으로 쓴다는 것은 예술에서 윤리성·도덕성을 중시한다는 뜻이다. 공자는 일찍이 순임금의 음악을 들으면서 아름다움과 선함이 극진하다고 했다. 그러나 무왕이 만든 음악을 듣고는 아름다움은 극진하지만 선함은 극진하지 않다고 평했다. 미와 선이 하나가 되는 것을 최고의 이상으로 삼았던 것이다.

정치적·사회적 관점에서 볼 때는 예가 우선이고 악은 예를 보조하는 수단이지만, 개인 수양의 관점에서 보았을 때는 조금 다르다. 공자는 『논어』에서 "시에서 일으키고 예에서 세우고 악에서 완성한다"라는 말을 했다. 시를 통하여 도의적 감흥을 일으키고 예를 통하여 인륜의 규범을 세우고 마지막으로 악을 통하여 인격 도야를 완성한다는 뜻이다. 악은 예보다 한 차원 높은 것으로 유가적 수양의 마지막 단계에 필요한 도구이다.

어쨌든 예와 악은 불가분의 관계이다. 이런 공자의 음악사상은 중국음악의 성격을 결정짓는 데 지대한 영향을 미쳤다. 물론 중국음악은 한족 고유의 음악에만 머물지 않고 수많은 전쟁과 교역을 통해서 주변 여러 민족의 음악과 많은 교류를 했고 실로 다양한 모습으로 발전했다. 그러나 성정을 도야하고 풍속을 순화시켜야 한다는 음악의 기본 목적과 미와 선을 통합하려는 방향성은 줄곧 계속되었다.

서양음악은 과학성, 중국음악은 정치성

서양음악이론의 역사를 보면 쟁쟁한 철학자들이 등장한다. 플라톤의 제자 아리스토텔레스도 그의 『정치학』에서 음악에 대한 이론을 펼치는데, 플라톤이 음악의 교육적 효과만을 강조한 것에 비해 그는 음악의 교육적 효과 외에 오락적 효과와 지적 향락의 효과도 제시한다. 그리고 특정 선법만을 강조하고 나머지를 추방해야 한다는 플라톤의 주장과는 달리, 교육을 위해서는 때로 특정 선법을 강조해야 하지만 지적 향락이나 오락을 위해서는 선법을 가릴 필요가 없다는 입장을 취한다. 또한 그 유명한 카타르시스론을 들면서 음악은 사람의 마음을 정화시켜 치유하는 힘이 있다고 주장한다. 그는 음악치료의 선구자였던 것이다.

원래 아리스토텔레스는 이상주의적 태도를 지닌 플라톤과는 달리 현실주의를 지향했다. 따라서 음악에서도 플라톤이 그렇게 강조했던 추상적 수의 원리보다는 현실적 감각의 인식을 중시했다. 그러다 보니 음정에 대한 수학적 이론은 별로 언급하지 않는다. 테트라코드로 유명한 아리스토크세누스는 아리스토텔레스의 정신을 계승하여 음악을 판단하는 데는 수학적 비례보다는 감각적 인식, 즉 귀가 더욱 중요하다는 것을 강조한다. 그는 또한 옥타브를 6개의 동일한 온음과 12개의 동일한 반음으로 나누자는 제안도 했는데, 후대 사람들은 그를 평균율의 창시자로 보기도 한다.

고대에서 중세에 이르는 기간 동안 수많은 음악이론이 등장했는데 기하학으로 유명한 유클리드, 고대 천문학을 집대성한 프톨레마이오스, 기독교의 최대의 교부 아우구스티누스, 보편논쟁으로 유명한 보에티우스 등이 바로 그들이다. 이들은 대체로 피타고라스학파의 이론을 숭상하여 음악에서 수학적 비례를 중시한다. 감각 인식을 중시한 아리스토텔레스와 아리스토크세누스는 예외에 속한다고 할 수 있지만, 그들 또한 과학적 측면에서 음악에 접근한다는 점에서는 동일하다.

서양인들에게 음악은 과학이다. 그들은 과학적인 방법으로 소리의 원리를 탐구하고, 소리가 어떤 비례에 있을 때 우리의 귀에 가장 조화롭게 들리는지 집중적으로 탐구했다. 피타고라스 이후 많은 수학자와 과학자들이 진동과 음향을 연구하고, 소리의 높낮이와 진동수의 관계 등을 밝히며 음악과 음향이론을 발전시켰다. 그뿐만 아니라 악기를 만들거나 발성법을 연구하거나 공연장을 건설하는 데도 그들은 과학기술을 중시했다. 서양에서 음악과 수학, 그리고 과학은 도저히 분리시켜 생각할 수가 없는 것이다.

중국인들에게도 음과 음 사이의 수학적 비례는 매우 중요했다. 그리하여 전국시대 중엽에는 삼분손익법으로 오음을 정했고, 전국시대 말기에 오면 삼분손익법을 이용하여 12음을 만들어낸다. 12음계란 황종黃鐘, 대려大呂, 태주太簇, 협종夾鐘, 고선古洗, 중려仲呂, 유빈蕤賓, 임종林鐘, 이칙夷則, 남려南呂, 무역無射, 응종應鐘이다.

주지하다시피 서양음악에서도 한 옥타브 안의 반음을 모두 합하면 12음이다. C, C#, D, D#, E, F, F#, G, G#, A, A#, B가 그것이다. 중국과 서양이 모두 12음을 기준으로 삼고 있다는 것은 재미있는 사실이다. 물론 중국의 12음과 서양의 12음이 완전히 일치하지는 않는다. 음을 계산하는 방식이 다르기 때문이다.

그런데 삼분손익법으로 나온 12음계는 각 음 사이의 비율이 일정하지가 않다. 게다가 13번째의 새로운 황종음은 원래의 기준음 황종음과 정확히 2배로 떨어지지 않기 때문에 끝없는 나선형으로 이어진다. 그래서 한나라의 유명한 주역 학자 경방京房은 60번째 율까지 계산하기도 하고, 5세기경의 전낙지錢樂之는 거기에서 더 나아가 360번째 율까지 계산하기도 했다. 문제는 이런 악률은 실제 음악에 적용하기가 어렵다는 것이다.

이 문제를 해결하기 위해 5세기의 하승천何承天은 12음계의 비율을 약간씩 조정하여 13번째 황종음이 첫 번째 황종음의 정확한 2배가 되도록 만들었다. 중국 음악사학자들은 하승천의 음률을 중국식 평균율의 선구자라고 주장하기도 한다. 여하튼 중국에서도 역대의 많은 음악학자들이 음정의 수학적 비례에 대해 고민했다는 것을 알 수 있다.

그러나 중국음악에는 서양에 전혀 없는 것이 있다. 그것은 바로 소리가 지니고 있는 기의 특징을 강조한다는 것이다. 그들은 우선 궁, 상, 각, 치, 우 다섯 음을 오행의 기운과 연결시킨다. 그리하여 궁은 토의 기운, 상은 금의 기운, 각은 목의 기운, 치는 화의 기운, 우는 수의 기운에 대응시켰다.

그뿐이 아니다. 그들은 또한 오음을 정치적 의미와 관련짓는다. 「예기」에서는 궁은 군君, 상은 신臣, 각은 민民, 치는 사事, 우는 물物에 대비시킨다. 그리하여 궁상각치우가 서로 조화를 이룰 때 임금, 신하, 백성, 일, 물건 등이 모두 조화를 이루어 정치가 조화로울 수 있다고 생각했다.

12음계도 마찬가지이다. 서양의 12음계에는 전혀 없는 음양의 이론이 나타난다. 그들은 홀수계열에 속하는 황종, 태주, 고선, 유빈, 이칙, 무역을 육율六律이라 부르고 양에 대응시키고, 짝수 계열에 속하는 대려, 협종, 중려, 임종, 남려, 응종을 육려六呂라 부르고 음에 대응시킨다. 육율과 육려가 서로 조화를 이루어야 음과 양이 조화를 이루게 되고, 음양의 조화가 이루어져야 천지만물이 제대로 생장하고 정치가 제대로 이루어진다고 생각했다. 이런 점에서 볼 때 중국음악의 특징은 확실히 수보다는 바람, 과학성보다는 정치성에 있다고 할 수 있다.

교와 졸의 관점에서 볼 때 음악의 과학성을 중시하는 것이 아무래도 음악 자체의 발전에 더 유리하고, 음악이 윤리의 구속으로부터 자유로운 것이 음악을 훨씬 다채롭고 풍성한 방향으로 발전할 수 있게 해준다. 중국음악은 처음부터 정치적·사회적 효용성과 윤리성이 강조되었기 때문에 아무래도 서양음악에 비해 제약이 있었던 것이 사실이다.

이런 점에서 서양음악은 교에 속하고, 중국음악은 졸에 속한다. 실제로 서양 사람들 대부분은 중국음악을 들으면서 비과학적이라 생각하며 서양음악에 비해 단조롭고 구속이 많다고 생각한다. 그러나 그것은 배경과의 조화를 중시하는 중국문화의 특징에서 나온 것으로 단순히 기교의 부족으로서의 졸은 아니다. 중국의 음악, 특히 사대부들의 음악은 고아하면서도 단정한 선비의 정신세계를 엿볼 수 있게 해주고, 내면으로 깊게 침잠하게 해준다. 이것은 음악을 심신수양의 차원으로 격상시킨 것으로, 음악의 기술적 차원의 발전을 더 중시한 서양음악에서는 찾기 어려운 깊은 맛이 있다. 이런 점에서 중국음악의 졸은 대교약졸의 졸이라고 할 수 있다.

화성법에 금속성 악기,
미분음에 식물성 악기

왜 서양음악은 7음계 중심이고, 중국음악은 5음계 중심인가

12음 가운데 서양음악에서는 주로 7음계를 사용하는 데 비해 중국음악에서는 주로 5음을 사용한다. 물론 서양음악에도 5음이나 6음만 사용하는 경우도 있다. 대체로 민요에는 5음만 사용하는 곡들이 종종 있는데, 단순한 선율을 선호하는 민요의 특징 때문이다. 11세기 전후의 귀도라는 수사는 웃(ut), 레(re), 미(mi), 파(fa), 솔(sol), 라(la) 6음이 기본이 되는 음절 세트를 도입하였다. 6음계는 미와 파 사이만 반음이고 나머지는 모두 온음이다. 오늘날 서양음악에서 6음계는 쓰이지 않지만 그가 사용하였던 각 음의 명칭은 여전히 사용되고 있다. 발음하기 어려운 웃(ut)을 도(do)로 바꾸고, 라와 도 사이에 시(si)를 더하여 도, 레, 미, 파, 솔, 라, 시 7음계를 사용한다.

이에 비해 중국은 궁, 상, 각, 치, 우 5음계가 기준이다. 한나라 이후 서역의 음악이 대거 유입되면서 변궁變宮과 변치變徵를 더해 7음계를 사용하는 것이 유행하기도 했다. 궁, 상, 각, 변치, 치, 우, 변궁은 대략 서양음악의 도, 레, 미, 파, 솔, 라, 시에 해당한다고 할 수 있다. 그러나 중국인들의 관념 속에는 무릇 음악은 5음이 기준이 되어야 한다는 생각이 있었다. 그렇기 때문에 7음계를 사용하는 경우에도 나머지 두 음에다 새로운 이름을 짓지 않고 기존의 이름에 '변' 자를 붙였던 것이다.

특히 송대에는 대교약졸의 미학이 피어나면서 위진시대 이래 진행된 화려한 음악을 배격하고 다시 고졸스러운 옛 음악으로 되돌아가자는 주장이 제기되면서 음률에서도 번잡한 7음을 반대하고 다시 고대의 소박한 5음으로 돌아가자는 주장이 나왔다. 앞에서 문학을 이야기할 때 이미 거론하였듯이 송대는 사대부들의 고전미학의 완성기인 동시에 민간문예가 본격적으로 피어나기 시작하는 시기였다. 때문에 이런 주장은 일반 민간음악이 아니라 국가의 정통음악인 아악을 담당하는 음악가로부터 나왔다.

아악을 하는 사람들이 변궁과 변치를 반대하였던 또 하나의 중요한 이유는 소리의 정치학과 관계가 있다. 앞에서도 보았듯이 궁, 상, 각, 치, 우는 원래 오행의 도리를 따라 각각 임금, 신하, 백성, 일, 물건에 해당하는 것이고 이미 오행으로 완전한데 여기에 따로 변궁과 변치를 첨가해서는 안 된다는 주장이다. 현대의 관점에서 볼 때는 황당한 주장이지만 고대 중국인들의 음악관념으로 보면 당연한 주장이다.

왜 중국은 5음계를 선호했고 서양은 7음계를 선호했는가는 음악 자체의 이유보다는 기본적인 문화정신과 관련이 있다. 아마도 숫자에 대한 선호 때문이 아닐까 생각한다. 서양에서는 7이라는 숫자를 선호한다. "럭키 세븐"이라는 말도 있지 않은가? 그들은 무지개도 일곱 빛깔 무지개라고 한다. 그리고 요한계시록에도 보면 일곱이라는 숫자가 자주 등장한다. 그러나 중국에서는 5라는 숫자를 더 선호한다. 오음, 오색, 오미, 오장 등등 중국 사람들은 사물이나 현상을 다섯 가지로 나누는 것을 좋아한다. 물론 이것들은 모두 오행사상과 관련이 있다. 오행사상 자체가 중국인들의 다섯이라는 숫자에 대한 선호에서 나온 것이다. 중국인들은 심지어 무지

개도 오색찬란한 무지개라고 말하였다.

사실 무지개는 일곱 색깔도 아니고 다섯 색깔도 아니다. 무지개 속에는 무수한 색이 존재한다. 그것을 일곱 가지나 다섯 가지로 나누는 것은 사람들의 관념이다. 마찬가지로 한 옥타브 사이에는 다섯 개 혹은 일곱 개 음만 존재하는 것도 아니고, 열두 개의 음만 존재하는 것이 아니다. 고전 인도음악에서는 한 옥타브를 대체로 서양음악처럼 일곱 개의 음으로 나누지만 서양음악이나 중국음악처럼 12음으로 나누는 것이 아니라 22개의 스루띠sruti로 나눈다. 서양음악이나 중국음악보다는 훨씬 더 미세하게 나누는 것이다. 물론 현대 인도음악에서는 22개의 스루띠로 나누지 않고, 서양처럼 12개의 음으로 나눈다.

원래 우주는 분절되지 않은 하나의 덩어리이지만 우리는 편리를 위해서 그것을 분절시켜야 한다. 그리고 그 분절하는 방식은 문화권에 따라 조금씩 다르다. 색의 분절이나 음의 분절 또한 마찬가지다. 서양인들은 7음을 선호하였고 중국인들은 5음을 선호하였다. 아무튼 중국의 음악은 서양음악에 비해 사용하는 음계수가 기본적으로 적다. 서양음악이 일곱 개의 음을 화려하게 구사하면서 다양한 변화를 추구하는 데 비해 중국음악은 다섯 가지 음만을 구사하여 음악을 이룬다. 음이 적으면 아무래도 단순하게 보인다. 그래서 중국음악이 서양음악에 비해 훨씬 소박해 보이는 것이다.

회화의 원근법을 닮은 서양음악의 화성법

중국음악이 서양음악에 비해 훨씬 소박하고 단순하게 보이는 것은 음계 문제 때문만이 아니다. 그보다 더 큰 이유는 화성법에 있다. 화성법이란 서로 잘 어울리는 음을 겹치게 해서 소리가 서로 조화를 이루는 것을 말한다. 화성의 가장 기초는 음을 3도씩 쌓아올리는 것이다.

C를 기준으로 했을 때 C, E, G를 쌓아올리면 이 소리는 서로 아름다운 조화를 이루게 된다. 이 화음이 바로 가장 기본화음인 C장조 화음이 된다. 그리고 C장조를 으뜸화음으로 삼았을 때 이와 가장 잘 어울리는 화음은 5도 위의 G를 중심으로 G, B, D를 쌓아올린 G장조가 되는데 이것이 바로 딸림화음이다. 그리고 5도 아래의 F를 기준으로 F, A, C를 쌓아올린 F장조가 버금딸림화음이 된다. 우리가 초등학교 음악시간에 배운 동요 대부분은 으뜸화음, 딸림화음, 버금딸림화음 세 개만 운용하면 모두 연주가 가능하다. 이런 기본적인 화성법을 바탕으로 여러 가지 복잡한 화성의 법칙이 펼쳐진다. 화성법은 근대 서양 음악이 세계적인 보편성을 띠게 된 가장 큰 요인 가운데 하나이다.

사실 서양음악에서도 중세 전기까지는 화성법이 없이 단음이 위주였다. 그레고리안 성가에는 화성법이 없다. 그러다가 중세 후기인 10~11세기에 들어서면서 두 개의 음을 서로 수직적으로 배열하는 기법이 등장하기 시작했다. 이렇게 음을 수직적으로 배열하는 것을 전문용어로는 오르가눔이라고 한다. 가장 쉬운 것은 하나의 지속음을 깔면서 그 위에서 멜로디를 진행하는 것이다. 이것은 아주 고대의 민요에서도 종종 보이는 기법이다. 그러다 단순한 지속음이 아니라 주 멜로디와 같은 간격의 음을 병행시키는 기법이 등장하기 시작하였다.

초기에 널리 이용되었던 기법은 주 성부 아래에 5도로 병행되는 오르가눔 성부를 사용하는 기법이었다. 5도는 완전 협화음이기 때문에 두 개의 성부가 서로 완벽한 조화를 이룰 수 있다고 생각하였기 때문이다. 이를 5도 병행 오르가눔이라고 한다. 이것이 점차 발달하여 나중에는 주 성부와 오르가눔 성부가 서로 병행하기도 하고, 서로 벌어지기도 하고, 다시 만나기도 하는 자유 오르가눔 기법도 나왔다. 물론 두 음의 간격은 1도, 4도, 5도, 8도를 유지해야 한다. 그렇지 않으면 불협화음이 되기 때문이다.

나중에 오르가눔은 점차 발달하여 세 개 혹은 네 개의 성부를 동시에 겹치게 하는 기법도 나오게 되었다. 뿐만 아니라 성부만 서로 겹치는 것이 아니라 각각의 성부에 다른 노랫말을 부르는 기법인 모테트도 나왔다. 모테트는 불어에서 말을 가리키는 'mot'를 라틴어로 바꾼 것이다.

음을 수직적으로 배열한다는 것은 평면에서 입체로 전환하는 것을 말한다. 이렇게 소리의 입체감을 추구하는 열풍이 점점 가속화되다가 르네상스 이후에는 3개 이상의 음을 서로 입체적으로 배열하는 화성법이 본격적으로 연구되기 시작했다. 화성법에 대한 연구가 본격적으로 진행되면서 기존의 피타고라스 음계로는 3도씩 음을 겹치는 데 음률상의 문제가 있음이 발견되었다. 피타고라스 음률로는 C, E, G 세 음의 비율이 1:81/64:3/2인데 간격상의 문제가 있다. 그런데 E음을 80/64로 고치면 1:5/4:3/2가 된다. 이 경우 장3도인 C와 E, 단3도인 E와 G의 비율은 각각 4:5, 5:6이 되어 훨씬 단순해진다. 이런 식으로 음의 비율을 훨씬 단순하게 만든 것이 순정률이다. 그러나 순정률에도 몇 가지 문제가 있었는데, 특히 반음 사이의 간격이 일정하지 않기 때문에 반음을 많이 쓰거나 조옮김을 하게 되면 큰 문제가 되었다. 그래서 16세기 후반에는 모든 반음을 균등하게 나누는 평균율이 나오기 시작하였다. 사실 평균율을 하게 되면 한 옥타브 위의 음만 정확히 1:2가 되고, 5도 위나 4도 위의 음은 정확히 2:3, 3:4가 되지 않는다. 다만 거의 근사치여서 우리의 귀가 그것을 구분하지 못하기 때문에 큰 문제가 되지 않았다. 결국 평균율에 이르러서 근대 화성법이 완성되었다.

음악에서 화성법이 등장하여 발전하는 시기는 미술에서 원근법이나 명암법이 등장하여 발전하는 시기와 거의 비슷하다. 사실 이런 예술의 사조는 그 시대의 철학사상이나 과학의 발전과도 매우 밀접한 관계가 있다. 중세에서 근대로 넘어가면서 서양인들은 과학에서 비약적인 발전을 이루었고 그것을 예술에 적용시켰다. 원근법이나 명암법은 시각의 과학성을 추구한 것이고, 화성법은 청각의 과학성을 추구한 것이다. 이렇게 새로운 시야가 열리면서 이전의 평면적이고 무미건조한 음악이나 미술에서 입체적이고 볼륨이 풍부한 음악과 미술로 발전했던 것이다.

화성법의 발전에 따라 서양음악은 실로 비약적으로 발전했다. 서양의 고전음악이 우리 귀에 강렬한 쾌감을 주는 것은 바로 이 때문이다. 그러나 중국음악에는 그런 기법이 없다. 중국음악은 기본적으로 단선율이다. 이 때문에 이미 서양음악의 화성법에 익숙해 있는 우리의 귀에는 단선율의 음악은 매우 단조롭게 들린다. 또한 서양 사람들은 화성법을 아예 음악의 3요소 가운데 하나라고 여기며 화성법이 없는 음악은 미발달의 음악으로 여긴다. 이런 관점에서 볼 때 분명 서양음악은 교이고, 중국음악은 졸이라고 할 수 있다.

중국음악의 미분음微分音은 수묵화와 닮았다

중국음악에는 화성법이 없기 때문에 단조로운 느낌을 주는 것이 사실이다. 그러나 화성법이 없다고 해서 미발달한 음악으로 보는 것은 짧은 생각이다. 중국음악에서 화성법이 발달하지 않은 것은 음악의 진화가 덜되어서 그런 것이 아니다. 그것은 처음부터 미감의 방향이 다른 데서 오는 것이다.

대교약졸 미학의 영향을 많이 받은 중국인들은 단순한 구조 속에서 깊이를 추구하는 것을 좋아했다. 즉 심오한 단순미를 선호했다. 그래서 그들은 복잡한 일곱 가지 음계보다는 단순한 다섯 가지 음계를 애용했다. 화성법 또한 같은 관점으로 볼 수 있다. 화성법을 그림과 비교하면 한 번 칠한 색 위에 다시 덧칠을 하여 입체감을 더하는 것이다. 그러나 중국회화나 서예에서는 한 번 붓이 지나간 다음에는 다시 덧칠을 하지 않는 것을 원칙으로 삼는다. 단순함 속에서 고도의 기교를 추구하는 것이다. 이런 미적 감각 속에는 화성법이 발달할 수 없다. 발전의 방향이 기본적으로 완전히 다르기 때문이다.

또한 화성법을 이용하면 소리가 꽉 찬 느낌을 주지만, 단선율을 사용하면 무언가 소리에 여백이 있게 된다. 이것은 서양회화가 화면을 꽉 채우는 것을 중시하는 것에 비해 중국회화가 여백을 중시하는 것과도 일맥상통한다. 소리에 여백이 있을 때 마음에도 여백이 생기게 된다. 그럴 때 침잠하는 가운데 성정을 도야할 수 있는 것이다.

중국음악에서는 여러 개의 음을 입체적으로 표현하는 화성법 대신 하나의 음에서 여러 가지 미세한 변화를 추구하는 것이 발달했다. 서양음악에서는 도면 도, 레면 레, 하나의 음정은 하나의 점으로 정확히 고정되어 있어야 한다. 그리고 한 음에서 다른 음으로 넘어갈 때도 징검다리 건너가듯 한 음에서 그다음 음으로 훌쩍 바로 이동해야 한다. 서양의 음은 반음을 포함해서 12음이기 때문에 12음 이외의 음을 내면 그것은 음 이탈이 된다.

서양악기의 왕이라고 불리는 피아노는 전형적으로 점의 악기다. 피아노는 하나의 음이 확실히 한 점으로 고정되어 있고, 음과 음 사이를 이동할 때도 점 이동 외에는 다른 방법이 없다. 이에 비해 바이올린과 같은 현악기는 음을 끌어올리거나 내릴 수가 있다. 그렇지만 서양음악에서는 기본적으로 점에서 점으로 이동하는 것을 중시하기 때문에 음과 음 사이에서 다채로운 변화를 추구하지 않는다.

서양음악에서도 정확한 음에 변화를 주는 경우가 없지는 않다. 바로 전자기타의 쵸킹 주법이 바로 그것이다. 원래 기타는 플랫이 정해져 있기 때문에 한 플랫 이동에 따라 정확히 반음씩 이동한다. 다만 같은 플랫 내에서 줄을 위로 밀어주면 음이 조금씩 뒤틀리는 효과를 낼 수가 있는데, 이를 쵸킹 주법, 혹은 밴딩 주법이라고 한다. 동양의 전통 현악기의 농현과 비슷한 주법이라고 할 수 있다. 클래식 기타는 기본적으로 쵸킹 주법을 잘 사용하지 않는다. 포크 기타는 간혹 쵸킹 주법을 사용하지만 줄의 장력이 강해서 그 효과를 제대로 내기가 쉽지 않다. 쵸킹 주법을 본격적으로 사용하는 기타는 전자기타인데, 쵸킹 주법을 통해 클래식 기타로는 도저히 낼 수 없는 흐느끼는 소리 등을 낼 수 있다. 그러나 전자기타의 쵸킹 기법은 동양 음악에 비하면 매우 제한적이고 기법도 한정되어 있다. 서양 음악은 기본적으로 정확한 음의 이동을 선호하기 때문이다.

중국음악에서는 하나의 중심음이 있지만 때로는 하나의 음정이 하나의 점으로 고정되지 않고 그 주변을 맴도는 수많은 점들로 존재한다. 또한 하나의 음정에서 다른 하나의 음정으로 넘어갈 때도 때로는 바로 뛰어넘기도 하지만, 멋을 부리면서 음과 음 사이를 천천히 산책하듯이 넘어가는 경우가 많다.

중국음악에서는 음과 음 사이의 미세한 음들을 중시한다. 예를 들어 현악기에서는 소리를 끌어당기기도 하고, 흘려버리기도 하고, 굴리기도 하면서 음과 음 사이에서 무수한 미세한 음정들을 만들어낸다. 이를 위해 현악기에서는 줄을 누르는 손의 힘에 변화를 주거나 현을 누르는 위치를 조금씩 옮기거나 때로는 현을 누르는 위치를 그대로 두고 줄을 비틀어서 미세한 음의 변화를 끄집어내는 주법이 발달했다. 관악기를 불 때도 취구의 각도를 약간씩 바꾸거나 입김의 양에 변화를 주는 방법을 통해 음정의 미세한 변화를 끄집어낼 수 있다. 아울러 성악에서도 서양과는 달리 복압腹壓에 변화를 주거나 공기의 양을 조절하여 미세한 음정의 차이를 만들어낸다. 현대의 어느 중국음악 연구자는 이것을 음강音腔이라 부르고, 서양음악과는 다른 중국음악의 중요한 특징으로 여긴다. 어떤 이는 미분음적微分音的 유동성流動性 음音, 혹은 유동성 미분음이라고 부르기도 한다.

이런 미분음적 유동성 음은 그냥 아무렇게나 낸다고 다 되는 것이 아니다. 아무렇게나 내는 미분음은 듣기에 어설프다. 그 음들이 서로 조화를 이루어 깊은 쾌감을 불러일으키려면 고도의 기교가 필요하다. 세련된 소박미라고나 할까. 그래서 미분음적 유동성 음을 잘 내는가 못 내는가는 가창자나 연주자의 음악적 공력에 대한 주요한 판단 기준이 된다. 겉으로는 단순해 보이지만 실제로는 고난도의 기교가 필요한 것, 그냥 듣기에는 담백하고 여백이 있는 음악 같지만 깊게 들어보면 그 속에는 고도의 미묘한 떨림이 감추어져 있는 것, 이것이 바로 중국음악의 멋이다.

강력한 발산의 서양악기, 깊은 울림의 중국악기

오랜 세월에 걸쳐 다양하게 발달되어온 중국과 서양의 악기의 특징을 서로 비교한다는 것은 실로 어려운 일이다. 사실 고대의 악기는 중국이나 서양이나 그다지 큰 차이가 없다. 현재까지 고고학적 발굴을 통해 당시의 악기를 보면 중국의 악기가 그리스 악기에 비해 결코 손색이 없다.

도자기에 그린 그림을 통해서 알 수 있는 그리스 악기로는 관악기인 아울로스, 현악기인 리라와 키타라, 하프, 호른, 팬파이프, 초기 형태의 오르간, 그리고 북, 심벌즈, 딱딱이 등의 타악기가 있다. 그리스인들은 이러한 악기를 이용하여 삼삼오오 음악을 즐기기도 하고, 디오니소스 축제 때에는 큰 야외극장에서 경연대회를 펼치기도 하였고, 우승자는 엄청난 부를 누리기도 하였다.

중국에서는 주나라 때부터 악기의 주요 부분의 재료에 따라 소리를 여덟 종류로 나누었다. 쇠, 돌, 흙, 가죽, 실, 나무, 바가지, 대나무가 바로 그것이다. 고대 중국인들은 이것을 8음이라고 불렀다. 그중 대표적인 악기로는 7줄의 금과 25줄의 슬이 있는데, 이 두 악기는 서로 매우 잘 어울리기 때문에 지금도 부부 관계가 좋을 때 금슬이 좋다는 말을 쓴다. 춘추전국시대에 이르면 음악이 더욱 발달하여 많은 악기들이 만들어졌다. 근래 호북성에서 발굴된 증曾나라 제후의 묘에서 엄청 많은 악기가 쏟아져 나왔는데, 그중 수십 개의 크고 작은 종을 매달아 연주하는 편종은 사람들을 크게 놀라게 하였다. 증나라는 춘추시대의 150여 개의 제후국 가운데 실로 자그마한 나라인데, 이런 약소국의 군주의 묘에서 출토된 악기가 이 정도이니 강대국의 음악의 규모는 가히 상상이 되지 않을 정도이다.

고대 중국에서 악기가 일찍부터 발달하였던 이유는 음악이 예와 더불어 봉건사회의 사회문화 속에서 매우 중요하기에 국가적 차원에서 적극 지원하고 발전시켰기 때문이다. 한나라에서도 음악을 매우 중시하였는데, 한나라 무제가 만든 음악관청인 악부樂府는 기록에 따르면 무려 800명이 넘는 전문 음악인들이 궁정음악 및 민간음악 등을 정리하고 창작하는 일을 하였다고 한다. 아마 당시 세계 최고의 음악기관이라 할 수 있을 것이다. 한대에는 외국과의 전쟁과 교역을 통해 다양한 외국의 음악과 악기가 수입되어 중국음악과 악기는 더욱 풍성해졌다.

서양도 그리스에 이어 로마시대에 이르러 지중해 전체를 제패한 막강한 국력과 경제력을 바탕으로 음악이 더욱 융성하였다. 게다가 기록에 따르면 많은 황제들이 음악을 육성하고 지원하여 화려하고 웅장한 음악대회도 많이 열렸다고 한다. 그러나 중세에 들어서면서 서양음악은 크게 침체한다. 천국에서의 복락을 위하여 지상에서의 귀의 쾌락을 억제하는 분위기가 조성되었다. 교회의 지도자들은 하나님과 그리스도를 찬양하기 위해 성악은 권장하는 편이었지만 순수하게 귀의 쾌락을 위한 기악은 반대하였다. 이런 분위기 속에서 악기도 점차 쇠퇴하였다.

르네상스시대부터 다시 기악에 대한 관심이 커지면서 많은 음악가들이 기존의 악기를 개량하고 새로운 악기를 만들기 시작하였다. 이때부터 서양악기는 비약적으로 발전하게 된다. 그리고 바로크시대에 이르게 되면 서양음악의 중심은 성악에서 완전히 기악 쪽으로 넘어오게 된다. 특히 고전주의시대 초기에 하이든에 의해 교향곡이 자리를 잡으면서 수많은 악기로 구성된 오케스트라가 연주하는 교향곡이 서양음악의 대표주자 지위에 오르게 된다. 원래 초기의 교향악단은 25명이 넘지 않는 자그마한 규모였지만 갈수록 규모가 커져 낭만주의 시대에는 무려 110명까지 확대되기도 하였다. 보통 교향악단이라 하면 80명 내외의 연주자로 구성되어 있다.

80개 내외의 악기를 사용한다 하여도 마이크나 스피커도 없던 시절, 넓은 공간에 퍼져 있는 많은 청중에게 음악을 들려주려면 무엇보다 악기의 소리가 커야 했다. 그래서 서양의 악기들은 전반적으로 소리의 울림이 매우 강하다. 그들은 이렇게 강한 울림의 소리를 내는 악기를 만들기 위해 여러 가지 많은 인공적인 장치를 개발했다. 자연 상태에서는 그렇게 강한 소리가 나지 않기 때문이다. 바이올린을 보라. 자그마한 악기이지만 그 음량은 실로 크고, 사람의 가슴속으로 더욱 파고들어오는 느낌이 있다.

서양악기 가운데 기타는 많은 사람들에게 사랑을 받는 친근한 악기지만 음량이 작다는 치명적인 약점이 있다. 때문에 공연 악기로서 크게 대접을 받지 못했다. 물론 포크기타나 플라멩코기타를 칠 때는 여섯 줄 전체를 다 퉁기기 때문에 그런 대로 큰 소리가 나지만, 하나하나의 음을 섬세하게 뜯어야 하는 클래식기타는 음량이 작아서 넓은 홀에서 연주하기는 어려웠다. 게다가 다른 악기와 같이 연주하게 되면 그 소리가 묻혀버려 오케스트라 등의 대형 악단에서도 환영받지 못하였다.

불멸의 기타 명곡 「알람브라궁전의 회상」의 작곡자이자 근대 기타의 아버지라고 불리는 타레가는 손가락을 둥글게 구부려서 현을 뜯어서 치지 않고 손가락의 첫 번째 마디를 편 상태에서 줄을 힘차게 누르면서 기대어 치는 아포얀도 주법을 개발했다. 이 기법은 여러 가지 다른 음악적 효과도 있겠지만 특히 음량을 크게 하는 데 많은 도움을 주었다. 타레가 이후 클래식기타가 다시 부흥기를 맞이하게 되는 데는 음량을 키운 것 또한 중요한 요인 가운데 하나다.

이렇게 음량이 작아서 박대를 받던 기타는 스피커가 나와 음량 문제를 완전히 해결하면서 대중에게 새롭게 다가서게 된다. 그리고 전자기타가 출현하면서부터는 강력한 사운드를 자랑하면서 현대 대중음악의 여러 악기 가운데 가장 널리 사랑받고 가장 중시되는 악기가 되었다. 특히 에너지의 발산을 중시하는 젊은이의 음악인 록음악에서는 기타가 빠지면 음악이 성립되지 않을 정도다.

서양악기는 전반적으로 음량을 키우는 것이 매우 중요한 관건이었고, 과학기술의 발달에 따라 악기의 음량을 최대화할 수 있는 여러 가지 제작법들이 나오게 되었다. 이에 비해 중국의 악기들은 소리의 울림이 그리 강하지 않다. 물론 중국악기 가운데서도 군악에서 사용하는 부는 악기들 가운데 엄청나게 큰 소리를 내는 악기들도 있지만, 일반적으로는 음량이 서양악기에 비해 작은 편이다. 음량이 작은 대신 악기들이 훨씬 자연 상태에 가깝다. 자연 상태에 가까운 악기에서 나오는 소리는 강한 울림은 없지만 훨씬 깊은 울림을 지닌다. 그리고 우리의 정서를 훨씬 편안하게 해준다. 아무래도 자연에 훨씬 가깝기 때문이다.

또 한 가지 차이는 서양악기는 주로 금속성 소리를 많이 내는 데 비해 중국악기는 식물성 소리가 주를 이룬다는 것이다. 교향곡이 웅장하게 들리는 이유 중 하나는 그 속에 금속성 소리를 내는 악기가 많기 때문이다. 금관악기인 트럼펫, 호른, 트롬본 등은 얼마나 강한 소리를 내는가? 목관악기로 분류되는 플롯도 옛날에는 나무로 만들었지만 지금은 쇠로 만든

다. 서양악기의 왕이라 불리는 피아노는 중국어로는 강금鋼琴이라 번역되는데, 그 이유는 겉으로는 건반악기이지만 그 속을 들여다보면 강철로 된 현을 해머로 쳐서 소리를 내기 때문이다. 가장 대중적인 악기인 기타의 줄은 어떠한가? 옛날에는 양의 내장으로 만들었지만 요즈음은 클래식기타는 아래 세 줄은 나일론 줄을 사용하고 위의 세 줄은 쇠줄을 사용한다. 포크기타나 전자기타는 모두 쇠줄이다.

이에 비해 중국악기 중에는 쇠로 만든 악기가 그다지 많지 않다. 물론 중국 악기에도 앞에서 언급하였던 편종처럼 쇠로 된 악기들이 없는 것은 아니다. 그러나 중국 악기의 주류는 현악기와 관악기인데 현악기는 대체로 나무 몸통에 비단 줄을 쓰는 것들이고 관악기들도 대부분 대나무에 구멍을 뚫은 것들이다. 이렇게 식물성 재료로 만든 악기들이기 때문에 음량이 그리 크지 않다. 호소력 있고 웅장한 소리를 내는 데는 금속성 소리가 좋을지 몰라도 인간의 정서를 편하게 해주는 데는 식물 재료의 악기가 훨씬 좋다. 이로 보아 서양의 악기가 대체로 강력한 울림이 있는 발산의 미학을 추구하는 반면 중국의 악기는 깊은 울림이 있는 수렴의 미학을 추구하고 있음을 알 수 있다.

오선지의 서양 악보, 글자를 사용하는 중국 악보

우리는 악보라는 말을 들으면 먼저 오선지와 콩나물을 닮은 음표를 떠올린다. 그만큼 서양음악의 오선지 악보가 대세가 된 지 오래되었다. 그러나 서양에서도 오선지 악보가 나온 것은 그리 오래되지 않았다.

서양음악의 원류인 그리스에서는 오선지가 존재하지 않았다. 그들은 알파벳이나 특정한 기호를 이용하여 음정의 높낮이를 표시했다. 중세에는 네우마라고 하는 사각형 모양의 기호를 사용하여 음의 높낮이를 표시했다. 그러다 11세기를 전후하여 네우마에다 네 개의 선을 이용하는 사선지 악보를 사용하기 시작했다.

네우마 악보는 음정의 높낮이는 제대로 표시할 수 있지만 리듬을 표시할 수 없는 단점이 있었다. 13세기 전후에는 네우마에다 박자를 표시하는 모두스 리듬 표기법이 등장하게 되었다. 모두스 표기법은 리듬을 장에서 단으로, 단

네우마 악보

에서 장으로 등 몇 가지 패턴으로 표시하는 방법이다. 그런데 이런 방식으로는 개별 음의 길이를 정확히 표시할 수 없었다. 14세기에 들어 이 문제를 해결하기 위해 개별 음의 길이를 표시하는 정량기보법이 나오게 되었다. 이렇게 점진적으로 발전하다가 16세기 이후에 오늘날 우리가 보는 근대 기보법이 탄생하게 되었고, 17세기 이후에는 널리 퍼져 당시의 여러 가지 음악을 정확하게 전해주고 있다.

중국인들도 고대 그리스인들과 마찬가지로 글자를 이용하여 음정을 표현하는 문자보文字譜를 이용했다. 궁상각치우 글자를 쓰는 궁상자보宮商字譜가 있고, 황종이나 대려 등의 글자를 쓰는 율려자보律呂字譜가 있다.

현재 중국에 남아 있는 가장 오래된 악보는 「갈석조유란碣石調幽蘭」이라는 금의 악보이다. 이 악보는 궁상각치우의 음으로 기록하는 궁상자보인데 음정만 기록하는 것이 아니라 몇 번째 줄을 몇 번째 손가락으로 어떻게 연주해야 하는가 등등의 금의 연주법까지 모두 다 상세하게 다 기록하고 있다. 때문에 그리 길지 않은 곡도 엄청나게 많은 양의 악보를 써야하는 번거로움이 있다. 이런 번거로움을 피하기 위해 만든 것이 감자보減字譜인데 한자의 부수 등을 따서 새로운 글자를 만들어 음정과 연주법을 동시에 기록하는 방법이다. 감자보는 당나라 때 금의 대가 조유曹柔가 처

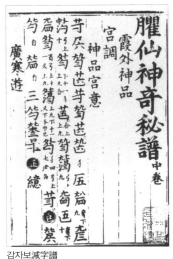
감자보減字譜

음 만들었고 그 뒤 조금씩 개량되었다.

이 중에서 맨 첫 머리에 나오는 '芛' 글자를 살펴보자. 이 글자는 세 개의 감자 부호로 되어 있는데 윗부분의 초두자 부수처럼 생긴 것(艹)은 산음散音, 즉 현을 누르지 않고 타는 음을 가리키고 '丁'는 무명지를 안쪽으로 굽혀서 타라는 것으로 '타打'라고 부르고 '一'은 현의 위치를 가리키는데 가장 바깥에 있는 제1현을 누르라는 의미이다. 한 글자 속에 연주법이 다 들어 있기 때문에 굉장히 편리하다.

중국의 악보는 악기마다 악보의 표기법이 조금 다르다. 왜냐하면 악보 속에 음정이나 박자만이 아니라 연주법까지 표기하는 경우가 많은데 악기가 다르면 연주법도 다르기 때문이다. 그런데 일반적으로 가장 많이 쓰이는 악보는 당나라 때부터 유행하기 시작한 공척법工尺法이다.

공척법은 상上, 척尺, 공工, 범凡, 육六, 오五, 을乙이라는 일곱 글자로 7음을 표현한다. 한 옥타브 위의 음들은 사람 '亻' 변을 붙인다. 예를 들면 상仩은 상보다 한 옥타브 높은 음을 가리키는 것이다. 글자 속에 '공' 자와 '척' 자가 들어가기 때문에 공척법이라고 부른다. 중국의 전통적인 박자는 판안板眼이라고 하는데, 판은 강박이고 안은 약박이다. 공척법에서는 강박인 경우 글자 옆에 '丶'를 표기하고 약박인 경우에는 '。'를 표기한다. 그 외 ×, ㅡ, ㅁ, ○, ●, △ 등의 다양한 박자 표기법이 있다.

공척법은 19세기 초 일본으로부터 숫자를 사용하는 간보簡譜가 수입된 이래 점차 쇠퇴하여 지금은 잘 쓰지 않는다. 간보는 1, 2, 3, 4, 5, 6, 7로 7

음을 표기하고 한 옥타브 위의 음정은 숫자 위에 점을 찍어 표기한다. 현재 중국인들은 서양악보와 간보 둘 다 사용하고 있다.

서양의 음악인들은 오랜 시간 음정과 박자 등 음악에 필요한 여러 가지 요소들을 정확히 기록하기 위한 방법을 모색하다가 마침내 오선지의 악보를 완성했다. 서양악보는 문자가 아니라 기호로 되어 있기 때문에 훨씬 객관적이고 보편적이라는 느낌이 든다. 게다가 기호

공척법工尺法

들이 아주 세분화되어 있고 체계적으로 정리되어 있어 음악을 매우 정확하게 표현할 수 있다. 그래서 악보만 보면 그 음악을 대체적으로 정확하게 재현할 수 있다.

이에 비해 중국의 여러 전통 악보들은 아무래도 소략하다는 느낌이 든다. 특히 리듬을 정확하게 표기할 수 없다는 단점이 있다. 게다가 악기에 따라 악보가 조금씩 차이가 나기 때문에 그 악기를 다루는 전문가가 아니면 그 음악을 재현하기가 어렵다. 이런 면에서 볼 때 서양의 오선지 악보가 훨씬 더 과학적이라는 생각이 들 수밖에 없다.

그러나 중국의 악보는 서양의 오선지와는 달리 연주의 매우 섬세한 부분까지 세밀하게 표현할 수 있다는 장점이 있다. 예를 들어 금의 감자보에는 현에 다양한 바이브레이션을 주는 농현법이라든지 소리를 밀어내거나 끌어내리는 주법 등을 표현할 수 있다. 또한 수십 가지 미분음을 내는 방법이 있다. 서양의 악보는 다양한 화성법을 표기할 수는 있어도 미분음이나 농현법을 표기할 수 없다. 유채화의 풍성함과는 대비되는 수묵화의 심

오한 단순미라고나 할까.

화려하고 풍성한 서양음악, 소박하고 단순한 중국음악

　　　　음악의 전체적인 느낌을 비교해보자. 사실 우리가 흔히 듣는 서양의 고전음악이라 해도 바로크시대의 음악과 고전주의시대 음악과 낭만주의시대의 음악은 제각각 맛이 다르다. 좀 더 깊이 들어가 보면 같은 문예사조에 속한 음악이라 할지라도 작가에 따라 개성이 다르고, 같은 작가가 작곡한 곡이라 할지라도 장르에 따라 그 맛이 상당히 다르다. 중국음악 또한 마찬가지이다. 시대, 지역, 장르, 작곡가에 따라 제각기 맛이 다를 것이다. 그러나 크게 묶어서 보면 서양음악과 중국음악은 무언가 전혀 다른 맛이 느껴진다. 그 개략적인 차이를 살펴보자.

　전체적으로 보았을 때 서양의 음악이 악기의 음량도 훨씬 크고, 다채로운 음계 운용과 화성법의 활용으로 말미암아 소리도 훨씬 입체적이고 강렬하게 우리의 귀에 와 닿는다. 서양음악 가운데 가장 대표적인 장르는 교향곡이다. 서양음악에 문외한이라 할지라도 베토벤의 「운명교향곡」이나 「합창교향곡」, 모차르트의 「심포니25번」, 「심포니40번」을 들어보지 않은 사람은 없을 것이다. 이런 교향곡을 들어보면 그 웅장한 음향과 다양한 악기, 그리고 격정적인 표현들이 사람의 가슴을 파고들어 온다. 음악 자체의 밀도와 통일성을 보더라도 서양음악은 숨 막힐 정도로 짜임새가 있고 일사불란한 통일성을 자랑한다. 수십 개가 넘는 악기가 한 사람의 지휘봉 아래에서 조직적으로 움직이면서 절묘한 하모니를 만들어낸다. 또한 1악장에서 4악장으로 이어지는 꽤 긴 시간의 연주에도 마음의 긴장을 늦출 틈을 주지 않는 것은 곡 전체가 한 편의 영화처럼 치밀한 플롯에 따라 진행되기 때문이다.

　서양의 오케스트라와 같이 많은 사람들이 동시에 연주하는 음악은 고대 궁정의 아악 정도가 있겠지만, 현재 온전하게 고대의 궁정 아악을 복원하지 못하고 있기 때문에 그 음악적 맛을 제대로 알 수가 없다. 특히 대교악존의 미학이 크게 피어났던 송대의 아악은 시대적으로 너무 거리가 있어 복원은 더욱 어렵다. 현재 한국의 아악은 한국의 실정과 음악적 성향에 맞추어 개량한 것이기는 하지만 중국 송대 아악의 원형을 상당히 잘 보존하고 있는 편이다. 우리나라 아악의 대표곡인 「수제천壽齊天」 같은 곡을 들어보면 우아하면서도 깊은 울림을 지닌 동양 아악의 정수를 제대로 느낄 수 있다. 그러나 서양의 오케스트라 음악에 비하면 아무래도 무언가 심심한 느낌을 준다.

일단 악기의 음량도 작은 편이고, 음계의 운용에서도 훨씬 소박하고 단순한 편이다. 일곱 음의 현란한 운용과 입체적인 화성에 익숙해진 귀에는 다섯 음이 만들어내는 담백하고도 단순한 맛, 그리고 미분음적 유동성 음이 내는 지극히 섬세하고도 미묘한 떨림의 맛이 너무 밋밋하게 느껴질지도 모른다. 게다가 감정의 표현에서도 절제를 중시하는 편이기 때문에 서양음악의 찐하고 짜릿한 정서 표현에 익숙한 사람들에게는 너무 밋밋하게 느껴질지도 모른다.

음악적인 통일성에서도 동양음악은 서양음악에 비해 느슨하고 설렁설렁해 보일지도 모른다. 서양의 오케스트라는 한 사람의 지휘자가 전체 악기를 다 통제하지만 동양의 아악에서는 전체 악단을 지휘하는 사람이 없기 때문이다. 서양의 지휘자에 해당하는 사람을 집박자執拍者라고 하는데, 처음 곡이 시작될 때 박을 치고 곡을 마칠 때 다시 박을 친다. 그 사이는 각각의 연주자들이 전체적인 흐름을 따라 서로 호흡을 맞추어가면서 연주해야 한다. 앞에서 악기 전체를 지휘하는 사람이 없기 때문에 집중적 통일미가 떨어지는 편이다. 대신 개개 연주자의 책임이 더욱 커지고 그들의 연주 역량이 곡 전체에 영향을 미치게 되는 구조를 지닌다. 분산된 통일미를 추구하는 것이다.

현재 중국에서 가장 널리 사랑받는 고전음악의 장르는 경극이나 지방극 등의 악극이다. 앞에서 문학을 논할 때 살펴보았듯이 중국에는 남송 시대부터 노래와 동작과 대사를 이용하여 스토리를 전개하는 악극이 등장하기 시작하였는데, 원대에 이르러 잡극이라는 이름으로 크게 유행하였다. 명대에는 잡극보다 훨씬 규모가 커진 전기라는 악극이 유행하였고, 특히 우아한 남방의 음악과 격조 있는 가사를 중시하는 곤곡이 전국적으로 유행하였다. 청대 후반에 이르러서는 각 지방의 토속조가 크게 유행하기 시작하였는데, 그중에서 안휘성과 호북성의 토속조를 바탕으로 각 지방의 토속조의 장점을 흡수하고 개량하여 북경에서 크게 성공한 것을 경극이라 한다. 현재 중국 고전악극의 대표주자는 경극이다. 그 외 강소성에는 오극吳劇, 광동성에는 월극粵劇, 사천성에는 천극川劇 등 각 지방을 대표하는 악극이 있다. 물론 곤곡도 옛날의 명성에는 미치지 못하지만 아직 그 명맥이 유지되고 있다.

중국의 경극 및 지방극에 해당하는 서양음악은 오페라이다. 오페라는 르네상스 이후에 생겼으니 중국의 악극보다는 조금 늦게 시작한 편이다. 그러나 서양음악의 비약적인 발전과 더불어 짧은 시간 안에 실로 풍성하고 다채로운 음악적 유산을 지니게 되었다. 이 양자의 음악적 성격을 비교해보자.

오페라에는 독창, 이중창, 합창 등 형식이 다양한데, 특히 합창의 규모는 웅장하면서도 화려한 느낌을 준다. 여러 합창곡 중에서도 「아이다」의 개선행진곡 같은 합창곡은 무대장치의 스케일도 사람을 놀라게 하고 합창단원의 수도 아주 많지만, 노래 자체도 실로 화려함과 웅장함으로 관객들을 압도하는 맛이 있다. 이에 비하면 중국 악극에서는 일단 그렇게 많은 단원들이 부르는 합창곡이 없다. 그것은 극장과 무대의 규모와도 관련이 있을 것이다. 경극이나 각종 지방희를 공연하는 극장과 무대는 서양의 오페라하우스의 무대에 비하면 훨씬 작고 출연 배우의 숫자도 작다. 또한 반주를 하는 악단의 규모 또한 서양의 오케스트라 악단에 비할 바가 못 된다. 그렇기 때문에 전체적으로 보았을 때 중국악극의 음악은 오페라의 웅장한 맛에 비하면 한참 소략하다는 느낌을 준다.

그 외 여러 장르를 다 살펴보아도 대체로 서양음악이 훨씬 화려하고 다 채로운 느낌을 주고, 중국음악은 아무래도 소박하고 단순해 보인다. 그 이 유는 앞에서도 이미 살펴보았듯이 중국음악이 서양음악에 비해 덜 발달 되었기 때문이 아니라 처음부터 미학적 방향이 달랐기 때문이다.

오늘날 동양의 대부분 젊은이들은 자국의 전통음악을 외면한다. 여러 가지 이유가 있겠지만, 내가 보기에 젊은이들이 동양음악 속에 담겨 있는 미학을 잘 이해하지 못해서 그런 것 같다. 나 역시 이런 미학을 모를 때에 는 우리의 전통음악에 대해 그다지 관심이 가지 않았다. 그러나 우리의 전통음악 속에 담겨 있는 미학을 이해하면서부터 그것이 얼마나 깊은 맛 이 있는지를 알게 되었다.

우리나라 선비들이 즐겨 불렀던 시조창을 들어 설명해보자. 시조창은 중국의 성악에 비해서도 훨씬 소박하고 단순하며, 우리나라의 전통 가곡 에 비해서도 질박하다는 느낌을 준다. 왜냐하면 기본음이 3음밖에 되지 않을 뿐만 아니라 템포도 매우 느리기 때문이다. 그러나 시조창이야말로 동양음악 중에서 대교약졸의 미학을 가장 잘 구현하면서 동시에 공자가 추구하였던 음악정신을 가장 제대로 발현한 음악이다.

시조창은 단순한 음 속에서 유동성 미분음을 최대한 발휘해서 부르는 노래이자 유장하고 느린 템포 속에서 고아하고 담백한 정신세계를 표현 하는 노래다. 그래서 시조창을 제대로 부르면 호흡이 깊어지고 머리가 맑 아지면서 성정 도야와 인격 수양의 차원에 이를 수 있다. 이렇게 시조창은 단순한 오락 음악이 아니라 마음 수양의 음악이기 때문에 서양의 음악으로 말하자면 중세 가톨릭교회 음악의 하나인 그레고리안 성가와 비슷한 음악이라고 할 수 있다. 다만 그 차이라면 그레고리안 성가가 예수가 추구하였던 초월적인 성스러움의 세계를 잘 보여주는 반면 시조창은 공자가 추구하였던 범속함 속의 성스러움, 중용의 세계를 잘 보여주고 있다. 음악을 단순히 즐기기 위한 것으로만 생각하는 것은 음악의 힘을 너무 과소평가하는 것이다. 이제는 새로운 관점으로 음악을 바라보아야 할 때라고 생각한다.

돌로 만든 웅장함,
나무로 만든 조화로움

건축은 예술의 중요한 분야 가운데 하나다. 그리스의 파르테논 신전, 로마의 콜로세움, 인도의 타지마할 궁전, 프랑스의 베르사유 궁전이나 중국의 자금성 등 중요한 인류의 문화유산으로 남아 있는 건축물들은 말할 것도 없고, 주변에서 흔히 볼 수 있는 주택 가운데서도 잘 지은 것들은 많은 사람들의 예술적 감성을 자극하여 탄성을 자아내게 한다. 게다가 건축은 단순히 미적 요소를 즐기고 감상하는 예술의 차원에서만 머무는 것이 아니라 실제로 사람들이 활동하고 사용하는 것이어서 유용성과 편의성을 고려하지 않으면 안 된다. 이런 점에서 건축은 실용예술이다.

건축의 영역은 실로 광범위하다. 가장 먼저 생각할 수 있는 것은 사람들이 생활하는 공간인 주택, 성채, 궁전 등을 비롯해서 예배를 위한 종교 사원, 죽은 사람을 위한 분묘, 많은 사람들이 운집하는 극장, 경기장 등이다. 그 밖에 광장이나 정원, 성벽, 교각 등도 지금은 조경, 토목 분야로 분화되었지만 원래는 건축의 영역에 속하는 것들이다. 이 장에서는 우리의 생활과 가장 밀접하면서도 문화를 잘 엿볼 수 있는 궁전, 사원 건축과 자연관을 잘 엿볼 수 있는 정원을 중심으로 이야기를 진행하도록 하겠다.

영원을 갈망하는 석조건축,
조화를 꿈꾸는 목조건축

건축은 과학과 예술의 만남

건축의 기본은 집이다. 집은 인간의 삶에서 음식과 옷 다음으로 중요한 요소다. 원시시대의 인간들이 살았던 집이란 대부분 자연동굴이나 움막의 형태로 그저 비를 피하고 바람을 막는 정도였다. 도구와 기술이 발달하면서 점차 사람들은 단순히 비를 피하고 바람을 막기 위한 용도를 넘어서 편안하고 쾌적하게 살 수 있는 공간을 만들기 시작했다. 수렵과 채집의 원시적 단계에서 농경과 유목의 단계로 나아가면서 사람들은 점차 군집을 이루게 되고, 그 결과 도시와 국가가 형성되었다.

도시와 국가가 형성되면서 기술력과 노동력을 집약할 수 있게 되었고, 건축은 비약적으로 발전하기 시작했다. 때로는 지배자의 위엄을 드러내기 위해, 때로는 종교적 열망을 표현하기 위해 사람들은 엄청난 노동력과 기술력을 총동원하여 거대한 규모의 건축물들을 짓기 시작했다.

왕의 위엄과 영원한 삶에 대한 동경이 담겨 있는 이집트의 피라미드는 당시뿐만 아니라 지금도 상상을 초월하는 엄청난 규모의 건축물이다. 그 가운데서도 기자 지역의 쿠푸 왕의 피라미드는 약 230만 개의 돌로 이루어져 있는데 돌 하나의 평균 무게는 2.5톤이며, 가장 무거운 것은 15톤이라고 한다. 이집트를 침략했던 나폴레옹은 이 피라미드의 돌들을 잘게 쪼개면 프랑스 국경 전체에 돌담을 쌓을 수 있을 것으로 생각했다고 한다. 참으로 엄청난 규모의 건축물이 아닐 수 없다. 지금으로부터 무려 4500년 전의 기술력으로 어떻게 거대한 규모의 건축물을 지었는지 아직도 완전히 규명되지 않았다. 실로 불가사의한 일이다.

사실 건축만큼 그 지역의 문화와 문명을 종합적으로 대변하는 것은 없다. 그 속에는 과학과 기술이 있고, 미적 안목이 있으며, 종교와 사상이 있다. 피라미드는 고대 이집트의 기술력과 미적 안목, 종교사상이 결합되어 나타난 산물로 다른 지역에서는 찾아볼 수 없는 엄청난 건축물이다. 마찬가지로 중국의 고궁인 자금성紫禁城은 중국인들의 기술력과 미적 안목 그리고 천하의 중심을 자처하는 그들의 세계관이 잘 드러나 있는 건축물이다.

그렇기 때문에 우리는 여행을 가면 우선 그 지역의 유명한 건축물로 눈이 가기 마련이다. 로마에 가게 되면 우선 1세기에 세워진, 무려 5만 명이 넘는 관중을 수용할 수 있는 로마 최대의 원형 경기장인 콜로세움에 가보지 않을 수 없다. 2000년의 세월이 흐르면서 지금은 비록 많이 허물어져버렸지만 아직도 그 고대의 위용을 보여주고 있는 콜로세움에서 그 옛날 맹수들과 싸우던 노예 검투사들의 피와 땀, 그리고 때로는 손에 땀을 쥐고 숨을 죽이며 바라보고 때로는 열렬하게 환호하던 로마 시민들의 모습을 상상한다.

그리고 르네상스 후기에 시작하여 바로크시대 전성기에 완성된 세계 최대의 교회인 성 베드로 성당으로 발길을 돌리지 않을 수가 없다. 4세기 초 기독교를 공인한 콘스탄티누스 황제는 베드로가 순교하였던 그곳에 거대한 성당을 짓는다. 그리고 그 성당은 1000년 이상이나 유지되다가 새

성베드로 성당의 전경

로운 성당의 건축을 위해 철거된다. 새로 지은 베드로 성당은 그 규모가
어마어마해서 그 재원을 마련하기 위해 교황은 면죄부를 판매하였고, 그
것이 바로 종교개혁의 도화선이 되기도 하였다. 우여곡절 끝에 120년이나
되는 긴 건축기간을 거쳐 무려 신도를 6만 명이나 수용할 수 있는 대교회
가 건립된 것이다. 워낙 긴 세월이 걸렸기 때문에 많은 건축가가 동원되었
다. 미켈란젤로도 그중 한 사람이었다.

베드로 성당에 들어간 사람들은 그 속에 있는 성화들이나 여러 가지
종교 조각품보다는 그 건축물이 만들어내는 웅장하고 장엄한 공간에 압
도된다. 그것은 조각이나 회화 등이 만들어낼 수 없는 건축물만의 힘이다.
그 속에는 그리스-로마시대 이래 축적된 그들의 건축 기술력뿐만 아니라
중앙 집중적인 거대한 공간을 추구하는 그들의 공간 관념, 그리고 르네상
스에서 바로크시대로 이어지는 건축 미학들이 모두 녹아 있다.

파리에 가게 되면 중세 고딕양식의 대표적인 사원이라고 할 수 있는 노
트르담의 사원이나 프랑스 바로크 건축의 최절정인 베르사유 궁전에서
그 화려함에 눈이 휘둥그레지고, 영국에 가게 되면 로마네스크 시대에 처

음 건축되었다가 야심가였던 헨리 3세 때 고딕 양식으로 크게 증축되어 영국의 고딕 건축을 대표하는 웨스트민스터 사원의 웅장함에 탄복하지 않을 수 없다. 이처럼 건축물은 그 나라의 문화유산 가운데 가장 중요한 부분을 차지하고 있다.

서양건축은 석조 중심, 중국건축은 목조 중심

서양건축과 중국건축을 이야기할 때 가장 먼저 떠오르는 것은 서양에는 2000년이 넘는 건축물들이 많이 남아 있는데 비해 중국에는 서양처럼 오래된 건축물이 별로 없다는 것이다.

서양문화의 뿌리인 그리스를 여행하는 관광객이라면 반드시 둘러보는 곳이 아크로폴리스다. 원래 아크로폴리스는 고대 그리스의 각 도시의 가장 높은 곳에 있는 성역으로 여러 신전이 모여 있는 곳이다. 아테네의 아크로폴리스가 가장 유명해서 일반적으로 아크로폴리스라고 하면 아테네의 아크로폴리스를 가리킨다. 아크로폴리스의 여러 신전 가운데서도 가장 유명한 신전은 파르테논 신전이다. 파르테논 신전은 페르시아와의 전쟁으로 원래의 신전이 파괴된 뒤 기원전 447년에 기공되어 438년에 완공된 건축물로 유네스코 세계문화유산 제1호이다. 사실 유네스코의 마크 자체가 파르테논 신전을 디자인한 것이다. 2400여 년이 지나는 긴 세월 동안 자연 부식과 전쟁의 포화로 많이 파손되었지만, 아직도 그 위풍당당한 위용을 자랑하고 있어 건축가들의 성지로 여겨지고 있다.

파르테논 신전 외에 그리스인들이 지은 신전 중에는 2500년 이상의 기나긴 세월의 무게를 이겨낸 것들이 많다. 비록 앙상한 기둥만 몇 개 남아 있지만 코린트의 아폴론 신전은 기원전 540년경에 지어진 것이다. 고대 그리스의 식민지였던 이탈리아 파에스톰의 바실리카는 기원전 530년경에 만들어졌고, 같은 지역의 케레스 신전은 기원전 500년 전에 지어졌다. 그

파르테논 신전

리스의 문화가 아직 찬란하게 피어나기 전인 고졸기에 지어진 건축물이기 때문에 파르테논 신전의 아름다움에는 미치지 못하지만 보관 상태는 훨씬 양호하다.

그뿐인가? 2000여 년 전에 지은 로마의 판테온 신전은 어떠한가? 판테온이라는 말은 그리스어로 '모든 신들'이라는 뜻으로, 이 건축물은 원래 로마의 모든 신들을 모시는 신전이었지만 나중에 로마가 기독교화된 뒤에는 유일신을 모시는 성당으로 바뀌었다. 비록 용도는 바뀌었지만 그 위용에는 아무런 변화가 없다. 1500여 년 전에 지은 콘스탄티노플의 소피아 성당은 어떠한가? 그 엄청난 규모와 아름다움은 실로 사람들의 감탄을 저절로 불러일으킨다. 그 밖에 유럽의 여러 지역을 다녀보면 1000년 이상 된 건축물들은 그리 어렵지 않게 만날 수 있다.

그러나 중국의 건축물 가운데는 1000년 이상 된 것을 발견하기가 쉽지 않다. 중국의 건축물로 세계적인 규모를 자랑하는 북경의 자금성紫禁城과 황제가 하늘에 제사 지내는 천단天壇은 명나라 영락제가 처음 지은 것을 중수·개축한 것으로 그 역사는 기껏해야 500년 남짓이다. 현재 중국에

오대산五臺山 남선사南禪寺 대전大殿

남아 있는 가장 오래된 목조 건축물은 782년에 건립된 산서성山西省 오대산五臺山 남선사南禪寺 대전大殿이다. 정면이 11.62미터, 측면이 9.67미터의 자그마한 건물로 깊은 산골에 자리잡고 있는 덕에 전란과 화재를 피해 살아남을 수 있었다.

고대 중국인들의 경제력이나 과학기술력은 결코 그리스나 로마에 뒤떨어지지 않았다. 진시황 때 지은 만리장성은 지금도 세계 최대의 규모를 자랑하는 성곽이다. 그 높은 산 능선까지 큰 돌을 나르려면 그만큼 기술력이 있어야 한다. 근래에 발굴되어 세계인들을 놀라게 한 진시황 병마용은 어떠한가? 기록에 따르면 진시황이 지었다는 아방궁阿房宮은 실로 규모가 방대한 궁전으로 주 건물인 전전前殿은 동서가 690미터, 남북이 115미터이고 그 기단은 한 변이 1킬로미터가 되었고, 건물에는 한꺼번에 만 명이 앉을 수 있었다고 한다. 그래서 지금도 사람들은 화려하고 사치스러운 건물을 아방궁이라고 말한다. 이 화려한 궁전은 천하장사 항우에 의해 불태워졌는데, 석 달 동안이나 탔다는 전설이 있다. 그러나 근래의 고고학적 발굴에 따르면 규모가 방대한 아방궁의 기단은 존재하지만 불탄 흔적은 전혀 없다고 한다. 이는 아방궁이 기초공사는 되었지만 본격적인 건축은 진행되지 못하였다는 것을 의미한다. 결국 아방궁 화재는 전설이었던 것이다. 하지만 이렇게 큰 궁전을 지으려고 하였다는 것 자체가 당시 중국의 건축술이 얼마나 발달하였는지를 말해준다.

그 뒤 여러 왕조를 거치면서 실로 웅장한 왕궁들이 지어졌다. 한나라의 수도였던 장안성은 둘레가 무려 25킬로미터가 되고 그 안에는 미앙궁未央宮, 장락궁長樂宮 등 여러 궁궐이 지어졌다. 당나라의 장안성 또한 그 규모가 엄청났고 화려함의 극을 달렸다는 기록이 있다. 만약 오늘날까지 이런 궁궐들이 남아 있었다면 고대 중국의 건축물은 서양에 결코 뒤지지 않았을 것이다. 그러나 그 웅장하고 화려하던 궁궐들은 대부분 흔적도 없이 사라져버렸다.

서양의 고건축물들이 아직까지 많이 남아 있는 데 비해 중국의 고건축물들은 자취도 없이 사라져버린 가장 큰 이유는 서양의 중요한 건축물들은 대부분 석조 건축물이지만 중국의 건축물들은 대부분 목조 건축물이기 때문이다. 석조 건축물들은 항구성이 있다. 사람들이 아예 작정을 하고 해체하지 않는 다음에야 아무리 세월이 흘러도 웬만해서는 기본 골격은 유지할 수 있다. 이에 비해 목조 건축물은 약하다. 벌레에도 약하고 습기에도 약하지만 특히 불에 약하다. 목조 건물은 아무리 웅장한 건물이라 할지라도 한 번 불이 붙기 시작하면 한순간에 폭삭 주저앉아 버린다. 얼마나 많은 위대한 목조 건축물들이 전란 혹은 부주의의 화재로 인해 역사의 뒤안길로 사라져버렸던가?

왜 중국인들은 목조 건축을 선호하였는가

그러면 왜 중국 사람들은 보존성이 뛰어나 후손들에게 좋은 문화유산을 남겨줄 수 있는 석조 건물을 선호하지 않고 쉽게 사라져버리는 목조 건물을 선호했을까? 일단 가장 먼저 들 수 있는 이유로는 재료의 편리성이다. 어떤 건축사학자는 중국에서 최초로 개척된 지역, 곧 중원의 황토지역에는 나무가 많고 양질의 돌이 적기 때문에 석조 건축이 아주 적다고 주장하였다. 실제로 서양건축의 발상지였던 그리스나 로마 지역에는 건축자재로 쓰기에 좋은 돌이 많이 있었던 데 비해 황하 중류 지역에서는 건축 자재로 쓸 만한 돌이 그리 많지 않았다. 대신 산이나 숲에서 건축재료로 쓸 나무를 구하는 것은 아주 쉬웠다. 그러한 환경 때문에 아무래도 석재보다는 목재에 손이 먼저 갔을 것이다.

그러나 유명한 중국과학사 연구자인 조지프 니덤도 지적하였듯이 중원 지역에 돌이 많이 없기 때문에 석조 건물을 짓지 않았다고 볼 수는 없다. 왜냐하면 정말 돌이 필요하다면 얼마든지 다른 지역에서 돌을 가져다 올 수 있었기 때문이다. 그리고 정말 석조 건축이 필요하다고 생각하였다면 나중에 중국의 영역이 확장된 뒤에는 돌이 많은 지역에서는 얼마든지 석조 건물을 지었을 것이다. 그러므로 재료의 접근 용이성이 주요한 원인이라 보기는 어렵다.

사회적·경제적 이유에서 근거를 찾는 학자들도 있다. 어떤 건축 사학자는 중국은 기본적으로 농업에 의지하여 생계를 유지하였고 경제 수준이 낮았기 때문에 목조 건물이 비록 불에 타기 쉽기는 하였지만 2000년 동안 보편적인 건축방법으로 존재해왔다고 주장하였다. 그러나 이것은 고대 중국의 경제 수준과 국력을 너무 과소평가한 데서 나온 견해다. 조지프 니덤은 서양에 노예제도가 크게 발달하였을 때 중국에는 아직 노예제도가 발전하지 않았기 때문에 방대한 석조 건물을 짓기가 어려웠던 것이라고 추측한다. 그러나 중국에도 이미 은대부터 노예제도가 있었으며 또한 대규모의 건축사업이나 토목사업에는 노예가 아니더라도 많은 백성들을 동원할 수 있었던 것을 생각하면 이 또한 그 설득력이 그다지 많지 않다.

중국이 석조보다는 목조 건축이 발달한 이유로 지진대에 가깝기 때문이라는 설도 있다. 지진이 일어나게 되면 높고 웅장한 석조 건물은 대단히 위험하다. 그러나 목조는 일단 석조에 비해 대체로 나지막하게 짓는 편이고 나무와 나무가 서로 아귀가 맞아 들어가도록 연결하기 때문에 지진이 일어나면 석조보다는 훨씬 안전하다. 설령 강력한 지진을 못 이겨 건축물이 무너지게 되더라도 석조에 비해 인명 피해가 적다. 중국은 예로부터 지진이 자주 일어나는 곳이기 때문에 안전을 위해 목조 건축이 더 발달했다는 것이다. 물론 이것 또한 원인 가운데 하나는 될 수 있겠지만, 주된 원인은 아니다.

리윈허李允鉌는 『중국 고전건축의 원리』에서 중국인들이 목조 건축을 선호하였던 것은 자연적·사회적·경제적 이유보다는 건축 기술상의 이유에서 나온 것이라는 주장을 펼친다. 그는 목조의 장점이 바로 석조의 결점이고 석조의 장점이야말로 목조의 단점이라고 말하면서, 목조 형식의 건축은 재료, 노동력 및 시공기간을 절약한다는 측면에서 볼 때 석조 건축보다 월등히 뛰어나다는 점을 강조한다. 따라서 고대 중국에서는 충분한 석재와 노동력이 있었다 하더라도 공연히 방대한 인력과 물자를 낭비하면서 석조 건축물을 지을 생각을 하지 않았을 것이라고 주장한다.

또한 중국이 인본주의를 추구하고 서양이 신본주의를 추구하였던 것도 큰 요인 중 하나라고 주장한다. 신본주의를 추구하는 사람들은 영원성을 갈망하기 때문에 건축물을 지을 때 좀 더 오래 지속되는 건물을 지으려고 한다. 이에 비해 중국은 인본주의를 강조하였기에 실용성을 생각할 때 그렇게 오래 지속되는 건물을 지을 필요가 없었다는 것이다. 나름 설득력 있는 주장이다. 중국의 건축물 중에서도 종교적 열망으로 지은 돈황, 용문, 운강 등의 석굴사원은 서양건축처럼 영원성에 초점을 두고 있다. 그리고 중국의 석굴사원들은 대체로 긴 세월 동안 산 하나를 다 파헤치고 깎

운강석굴의 불상들

아서 지은 것들이기 때문에 그 규모면에서도 서양의 석조 건물에 결코 뒤지지 않는다. 이런 건축물은 종교적 열정이 있어야 가능한 것들이라 할 수 있다.

이상으로 보았을 때 중국인들은 재료나 경제 조건, 과학기술력 등의 문제로 인해 석조 건축을 지을 능력이 없어 짓지 않았던 것이 아니라 지을 필요성을 그다지 크게 느끼지 못하였기 때문에 짓지 않았던 것임을 알 수 있다. 그리고 돈황, 용문, 운강 석굴의 엄청난 규모를 보건대 일반 개인이라면 몰라도 황제라면 웅장한 규모의 석조 건축물을 지으려고 마음만 먹으면 얼마든지 지을 수 있었으리라 판단된다.

그러면 왜 중국인들은 석조 건물보다는 목조 건물 짓는 것을 좋아하였을까? 단순히 건축 재료와 인력 및 시공기간을 줄일 수 있다는 실용적 이유 때문이었을까? 인본주의의 발달 때문이었을까? 물론 이러한 점도 중요한 이유일 수 있지만 그것만으로는 무언가 부족한 느낌이 남는다. 나는 중국인들의 건축에 대한 기본 관념에 더 큰 원인이 있다고 생각한다. 그것은 바로 양생주의 건축관과 생태·순환주의 건축관이다.

중국인들은 건축물을 양생의 터전으로 바라보았다

우선 먼저 고대 중국인들의 양생주의 건축관을 살펴보자. 양생주의 건축관이란 건축물을 양생의 터전으로 생각하는 관점을 말한다. 양생이라는 말은 생명력을 기른다는 뜻으로 원래는 도가에서 나온 용어인데 나중에 가서는 특정한 사상과 관련 없이 중국인들의 삶 속에 깊게 뿌리박힌 관념이 되었다. 고대 중국인들은 집을 지을 때 단순히 편리함이나 외양적인 멋만 고려하지는 않았다. 그들은 집이 자신들의 건강과 생명력에 어떤 영향을 미치는가에 더욱 신경을 많이 썼다.

중국인들이 주택을 양생의 관점에서 생각하는 것은 그들의 풍수사상에서도 잘 드러난다. 서양 사람들은 일반적으로 전망이 좋은 집을 선호한다. 서양의 고급 주택은 대부분 언덕 위에 있다. 그러나 중국인에게는 단순히 전망 좋은 집이 좋은 집이 되는 것은 아니다. 좋은 집이 되려면 전망도 좋아야 하지만 그보다는 집이 서 있는 땅의 기운이 좋아야 한다. 전망은 아름답지만 땅의 기운이 좋지 않으면 그 집은 좋은 집이 될 수 없다. 그래서 그들은 일찍부터 땅의 기운을 판별하는 풍수지리설을 발달시켰다.

풍수지리설 중에는 현대적 관점에서 볼 때 비과학적인 이론들도 있지만 배산임수背山臨水와 같이 현대의 관점에서 보아도 설득력이 있는 것도 많다. 동북아시아 지역에서는 산을 북쪽에 두고 남쪽으로 하천을 바라보며 집을 지어야 여름에는 통풍이 잘되어 시원하고 겨울에는 북풍을 막아 따스하다. 그런 자리가 바로 명당자리가 되는 것이다. 근래에는 서양인들 가운데서도 풍수사상에 대한 관심이 늘어나 풍수인테리어라는 용어까지 나왔고 구미의 서점에도 풍수에 관련된 서적을 심심치 않게 볼 수 있다.

이렇게 집터를 잡을 때에도 양생을 따지는데, 하물며 그보다 더 직접적으로 인체에 영향을 미치는 건축 재료는 말할 필요도 없을 것이다. 나무와 돌, 어떤 것이 우리 몸에 좋은 재료인가? 누가 보아도 당연히 나무다.

유기물질인 나무는 무기물질인 돌멩이에 비해 훨씬 더 많은 생명력을 느낄 수 있다. 나무는 원래 인간에게 신선한 산소를 공급하여 생명을 유지하게 해주는 소중한 존재다. 숲이 없으면 인간은 살아갈 수 없다. 게다가 나무에는 인간의 몸에 좋은 피톤치드가 나오기 때문에 요즈음은 많은 사람들이 건강을 위해서 삼림욕을 하러 숲을 찾는다. 피톤치드는 살아 있는 나무에서 훨씬 많이 방출되지만 벌목되어 건축의 재료로 사용된 나무도 피톤치드를 내뿜는다고 한다.

물론 고대 중국인들이 이런 것을 따져서 과학적으로 그 효과를 규명할 능력은 없었을 것이다. 그렇지만 나무가 주는 좋은 기운은 직감적으로 느낄 수 있었을 것이다. 요즈음도 약간 민감한 사람이라면 목조 건축물에서 사는 것과 석조나 콘크리트 건축물에서 사는 것 사이에는 엄청난 차이가 있다는 것을 느낄 수 있다. 서양인들보다 양생에 대한 관념이 발달하였고 현대인보다 훨씬 민감했던 고대 중국인들은 당연히 집을 짓는 데는 주춧돌 등을 제외하고는 나무로 짓는 것이 훨씬 몸에 좋다고 생각했을 것이다. 그래서 그들은 집을 지을 때는 특별한 경우가 아니면 구하기도 쉽고 몸에도 좋은 나무를 택하였던 것이다.

나무와 돌은 이미지 면에서도 상당한 차이가 있다. 돌이 단단하고 차가운 느낌의 이미지를 주는 데 비해 나무는 훨씬 부드럽고 따스한 느낌을 준다. 석조 건축은 재료의 견고함을 바탕으로 겉으로 보았을 때 웅대하고 장엄한 아름다움을 표현하는 데 좋다. 그러나 돌멩이는 기본적으로 차가운 느낌을 주기 때문에 아무리 아름답게 꾸며도 친근하면서도 편안한 느낌은 주지 못한다. 석조 건물을 볼 때 왠지 근접할 수 없는 위압감을 느끼는 것은 그 때문이다.

목조 건축은 재료의 특성상 규모의 한계가 있어 석조만큼 웅장하고 장엄한 느낌을 만들어낼 수 없다. 그 대신 재료를 다루기가 쉬워서 훨씬 섬세하고 치밀한 아름다움을 연출할 수 있다. 특히 지붕과 기둥을 연결하는 두공枓栱 부분은 석조 건축에서는 도저히 흉내 낼 수 없는 섬세하고 치밀한 아름다움이 있다. 그뿐인가? 목조는 자신의 취향에 따라 다양한 색상을 입힐 수 있는 장점도 있다. 그리고 나무가 지니고 있는 부드러움과 따스함 덕에 아무런 가공을 하지 않은 상태에서도 편안하면서 친근한 느낌을 준다.

이처럼 석조와 목조는 재료 자체가 지닌 이미지로 보나 그것이 표현할 수 있는 건축미학으로 보나 서로 상반된 느낌을 준다. 웅장하고 인위적인 아름다움보다는 자연스러운 아름다움을 선호하는 중국인들은 아무래도 석조보다는 목조가 훨씬 더 취향에 맞았을 것이다. 그래서 목조 재료를 건축의 주재료로 사용했을 것이다. 중국에서 돌을 재료로 지은 건축물은 불탑이나 석굴 등 특수한 종교적 목적의 건축물밖에 없다. 게다가 그것들은 중국 고유의 문화가 아니라 인도에서 들어온 불교의 영향으로 나온 것이고, 또한 위진남북조에서 당나라까지 일시적으로 유행하였을 뿐이다. 일반 주택은 물론이고 관공서, 궁전, 사당, 사찰 등 대부분 건축물들은 전부 목조로 지어졌다.

석조보다는 목조를 선호하는 것이나 전망보다는 풍수지리를 더 중시하는 것은 모두 배경과의 조화를 중시하는 사상에서 나온 것이다. 어떤 집이 있을 때 그 건축물의 외관이나 그 건축물이 지니고 있는 전망의 아름다움은 가장 먼저 눈에 띄는 요소다. 이런 것들이 밖으로 드러나는 전경 요소라면 집에서 나오는 기운, 즉 건축 자재나 그 집의 땅에서 나오는 기운은 눈에 잘 보이지 않는 배경 요소다. 중국인들에게는 눈에 금방 드러나는 전경의 요소도 중요하지만 눈에 잘 보이지 않는 배경의 요소 또한 무시할 수가 없는 것이다. 게다가 그들은 눈에 보이지 않는 기를 중시하고 인간과 자연의 조화를 중시하는 양생철학을 지니고 있었다. 이런 문화적 배경 속에서는 자연스럽게 석조보다는 목조를 선호하게 되고 집을 지을 때도 그 땅이 지니고 있는 기운을 중시하였던 것이다.

중국인들은 생태적·순환적 건축관을 지녔다

생태·순환주의 건축관이란 건축물을 자연 생태계의 하나로 간주하고 건축물이 다시 자연으로 되돌아가야 한다고 보는 관점을 말한다. 아득한 고대에 인간이 처음으로 지은 집은 땅을 적당히 파고 그 위에 풀들을 이은 간단한 지붕을 얹은 것으로 그야말로 자연의 일부였다. 사람들이 떠나면 그 집은 저절로 다시 자연으로 되돌아갔다. 그러나 인간의 기술력이 축적되면서 사람들은 좀 더 오랫동안 편안하게 살 수 있는 집을 원하게 되고, 건축물의 항구성을 높이는 여러 가지 방안을 추구하였다. 이렇게 건축물의 항구성이 높아지면서 집은 자연과 대립되는 인공적 산물의 상징이 되었다. 그리고 항구성이 지나치게 높아진 건축물은 다시 자연으로 순환되기 힘들어진다.

중국인은 서양인들에 비해 건축에 대해 훨씬 더 생태·순환적인 사고방식을 지니고 있었다. 중국인들도 집을 지을 때 그 집이 오래가고 그 집에서 자손만대 복락을 누리길 희망했을 것이다. 더군다나 큰 집을 지을 때는 항구성에 대해 훨씬 더 많은 기대를 했을 것이다. 그러나 그들은 서양 사람들처럼 건축물을 지을 때 그것을 영원한 기념물로 생각하지 않았다. 그들은 인간이 일정한 수명을 누린 뒤에 언젠가는 죽어서 다시 자연의 품으로 돌아가듯, 집도 어느 정도 수명을 누린 뒤 언젠가는 다시 자연의 품으로 돌아가야 한다는 관념을 가지고 있었다.

명대의 건축가 계성計成은 『원야園冶』라는 책에서 우리 인간은 어차피 백 살밖에 살지 못하는데 굳이 천 년의 일을 할 필요가 없고, 그저 한가로움을 즐기는 것으로 족하며 편안하게 집을 간직하면 된다고 주장한다.

비록 후대에 나온 책이지만 고대 중국인의 생태·순환주의적 건축관을 잘 보여준다. 이러한 생태·순환주의적 관념은 일반 집에서만 작용하는 것이 아니라 관공서나 궁전 같은 공공의 건물에도 알게 모르게 작용하였다. 오래오래 간직해야 할 중요한 기록이야 돌비석 같은 것을 세워 항구적으로 보존해야 하지만 사람이 살거나 활동하는 건축물을 영구적인 것으로 만들 생각은 그다지 없었던 것이다.

실제로 중국의 궁전들은 대부분 왕조가 바뀌면 새롭게 짓는 것이 보통이었다. 물론 왕조가 바뀌면서 전란으로 완전히 타버려서 새롭게 짓기도 했지만, 시대가 바뀌었으므로 도성의 건축을 새롭게 하는 것을 당연하게 여기고 짓는 경우도 많았다. 중국의 역대 왕조 가운데 궁전을 새로 짓지 않은 왕조는 수나라를 뒤이은 당나라와 명나라를 이은 청나라밖에 없다.

이처럼 중국 사람들은 건축물도 낡으면 허물고 새로 지어야 한다는 생태·순환적인 생각을 가지고 있었기 때문에 석조보다는 목조를 더 선호했을 것이다. 목조 건물은 시간이 지나면 자연스럽게 부식되고 자연으로 돌아간다. 그러나 석조 건물은 한 번 지어놓으면 거의 반영구적이고, 다시 해체하거나 없애기가 쉽지 않다. 그리고 건축물을 없애게 되면 엄청난 양의 건축폐기물이 발생한다.

물론 유서 깊은 오래된 석조 건물은 요즈음의 콘크리트 건물처럼 흉물로 여겨지는 게 아니라 소중한 자산으로 여겨지고, 그 석재들도 다른 건축물에 쓰이기도 한다. 예를 들어 로마제국이 망한 뒤 콜로세움이 방치되자 많은 사람들이 그 석재들을 빼가서 자신들의 건축물에 사용하였다. 그 때문에 오늘날과 같이 허물어진 모습으로 남게 되었다. 오늘날은 문화재로 관리하고 있어 콜로세움에서는 자그마한 돌조각도 들고 오면 안 된다. 그러나 이 또한 사람들이 그 문화적 가치를 인정하기 때문에 그런 것이지 자연의 관점에서 볼 때는 순환 불가능한 폐기물에 불과하다. 역시 목조 건물이 훨씬 친환경적이고 생태적이다.

이렇게 중국인들이 생태·순환주의적 건축관을 지니게 된 데에는 그들의 자연관이 크게 작용하였을 것이다. 서양인들은 대체로 자연을 인간과 대립적으로 보는 경향이 강하다. 그리고 인간의 문명의 힘을 과시하기 위해 대자연 위에 거대한 인공적인 흔적을 남기길 좋아하였다. 그러나 중국인들은 인간과 자연을 분리될 수 없는 관계로 파악하고 자연을 어머니의 품으로 생각하는 경향이 강하였다. 그래서 사람이 죽으면 자연스럽게 흙으로 되돌아가듯이 사람이 사는 집도 때가 되면 자연스럽게 다시 자연으로 되돌아가야 한다고 생각하였던 것이다.

이렇듯 건축물을 영원한 기념의 대상이 아니라 시간에 따라 자연으로 순환하는 것으로 생각했기에 중국 사람들은 건축물 하나를 잘 짓기 위해 오랜 시간을 투자하는 일이 거의 없었다. 서양의 건축물 가운데는 몇 십 년을 들여서 지은 건축물이 꽤 많이 있고, 성 베드로 성당과 같이 120년이 걸려서 완공한 것도 있다. 그러나 자금성과 같이 방대한 규모의 건축물을 다 짓는 데 걸린 시간은 겨우 13년밖에 되지 않았다. 그것도 재료 준비에 시간을 대부분 쓰고 실제 현장 공사는 5년밖에 걸리지 않았다. 물론 청대의 피서산장避暑山莊이나 원명원圓明園같이 100년 가까이 지은 건축물이 있지만, 그것은 사람이 살고 있으면서 증축하고 개축한 것을 포함한 것이지 순수한 건축 기간이 아니다. 중국 사람들은 하나의 건축을 위해서 몇 십 년을 낭비하는 짓은 하지 않았다.

왜 서양은 거대한 단독 건축이고, 중국은 군체 건축인가

서양건축에 대한 중국건축의 또 하나의 주요한 특징으로 들 수 있는 것은 중국건축은 처음부터 하나의 거대한 건물을 지으려 하지 않고 크고 작은 여러 건축물들이 모여서 하나의 무리를 이루는 군체 건축을 추구한다는 것이다. 물론 서양에도 주 건물 외에 몇 개의 부속 건물이 딸려 있는 경우도 간혹 있고, 중국에서도 작은 규모의 건축에서는 단독 건물만 있는 경우도 있다. 그러나 일반적으로 서양은 단독 건축, 중국은 군체 건축이다. 유럽이 자랑하는 성 베드로 성당이나 여러 궁전들을 보라. 모두 규모가 엄청나게 큰 단일 건물 중심의 건축물이다. 그러나 중국의 자금성이나 여러 사원들을 보라. 그 속에는 물론 중심 건물이 있기는 하지만 여러 건물들이 모여서 엄청난 건물군을 이룬다.

  이렇게 서양의 건축물들은 대부분 거대한 하나의 덩어리로 이루어진 건축물이기 때문에 하나의 건축물이 완전한 독립성을 지닌다. 그러나 군체 건축을 추구하는 중국의 건축물들은 비록 그 속에 중심 건물이 있기는 하지만, 기본적으로 주변의 여러 건축물들과 어울려서 집체를 이루는 것을 중시한다. 서양의 건축에서는 하나의 건물이 완결성을 지니고 있기 때문에 그 하나의 건물 속에서 수학적 조화와 비례를 최대한 추구한다. 그러나 중국의 건축에서는 군체 건축을 추구하기 때문에 하나의 건축물은 그 자체 속에서 여러 가지 비례를 잡는 것도 중시하지만, 다른 건축물과의 관계 속에서 크기와 위치가 결정된다. 개인의 개성을 중시하는 서양의 사회적 분위기와 집체적인 조화를 중시하는 동양의 사회적 분위기가 건축에도 반영되어 있는 듯하다.

  그러면 왜 서양 사람들은 거대한 규모의 독립 건물을 짓기 좋아하고 중국 사람들은 군체 건축을 좋아했을까? 그것은 일단 건축의 재료와도 상관이 있다. 석조로는 높이 쌓을 수 있고 거대한 건축물을 지을 수 있지만 목조로는 규모에 한계가 있다. 그 때문에 아무래도 나누어 지을 수밖에 없다. 그러나 그것은 단순히 재료 문제만은 아니다. 더 중요한 것은 건축에 대한 사상의 문제다.

  건축에 대한 사상도 여러 방면으로 고찰할 수 있겠지만, 이 책에서는

베르사유 궁전의 전경. 완전한 독립성과 수학적 조화, 비례가 묻어난다.

자금성의 전경. 주변 건물, 자연과의 조화로움이 엿보인다.

일단 공간에 대한 관념을 중심으로 이야기해보겠다. 사람들은 건축물을 보면서 그 건축물의 벽이나 기둥, 천장의 장식이 주는 아름다움을 먼저 느낄 것이다. 그러나 건축물에는 가시적인 벽이나 기둥, 천장도 중요하지만 그것들이 만들어내는 비가시적인 공간이 더욱 중요하다. 회화에서 여백의 미를 설명할 때 잠시 언급했던 『도덕경』 11장을 보자.

서른 개의 바퀴살이 한 바퀴통으로 모여드는데 그 빈 공간에 수레의 쓸모가 있다. 진흙을 이개어 그릇을 빚어내는데 그 빈 공간에 그릇의 쓸모가 있다. 창과 문을 뚫어서 방을 만드는데 그 빈 공간에 방의 쓸모가 있다. 그러므로 있음이 이익이 되는 것은 없음이 쓸모가 있기 때문이다.

바퀴살과 바퀴통의 비유는 요즘 우리의 생활에서 접하기 어려운 것이기 때문에 금방 이해하기가 쉽지 않다. 하지만 그릇이나 방에 대해서는 바로 이해할 수가 있을 것이다. 참으로 재미있는 발상이 아닌가?

우리는 가시적으로 보이는 것을 지나치게 중시하는 나머지 눈에 보이지 않는 것에 대해서는 그다지 관심을 두지 않는다. 그러나 실제로 우리의 삶에서 중요한 것은 눈에 보이지 않는 빈 공간인 경우가 많다. 우리가 매일 세 끼니, 식탁에서 늘 접하는 밥그릇과 반찬그릇을 보자. 세련된 도자기에 은은한 문양이 새겨 있는 밥그릇과 반찬그릇, 우아하고 세련된 크리스털 물 잔, 이들은 문명의 수준을 말해준다. 원시시대의 사람들은 투박한 토기에 작대기로 찍찍 그은 즐문토기를 사용하여 식사를 하고 물을 마셨을 것이다. 그러나 그때나 지금이나 우리가 사용하는 것은 그 그릇들의 비어 있는 공간이다. 그뿐인가, 멋진 문양과 은은한 빛깔이 나는 원목 식탁과 우아한 디자인의 의자들도 마찬가지다. 실제 우리가 사용하는 것은 탁자와 의자 위의 빈 공간이다.

그 가운데서도 건축물이야말로 비어 있는 공간의 중요성이 가장 돋보이는 영역이다. 왜냐하면 건축물은 공간을 이용하는 공간예술이기 때문이다. 건축물을 이루는 기둥이나 벽면, 난간, 그리고 천장의 여러 가지 화려한 장식물들은 우리에게 시각적 즐거움을 준다. 그러나 건축물의 외양이 아무리 멋져도 그 벽들이나 천장이 만들어내는 공간이 비효율적이거나 답답하거나 휑한 느낌을 주면 그 건축물은 그리 좋은 건축물이 아니다. 그러므로 건축물을 깊이 있게 이해하기 위해서는 공간에 대한 이해가 우선 필요하다. 건축물을 보면서 건축물이 만들어내는 공간의 멋과 아름다움을 이해하지 못한다면 그것은 껍질만 이해하는 것이다.

서양인들이 거대한 단독 건축을 선호하고 중국인들이 군체 건축을 좋아하는 것에는 외양적인 재료나 구조의 차이도 있지만, 사실 공간에 대한 관점의 차이가 가장 크다. 왜냐하면 어떤 건축물을 지을 것인가의 구상이 먼저고 거기에 맞추어 건물을 짓는 것이지 재료에 맞추어 구상을 하는 것은 아니기 때문이다.

분리된 중앙 집중의 공간, 내외가 소통하는 분산된 공간

서양인들과 중국인들의 공간감각은 상당히 다르다. 서양 사람들은 대체로 외부와 차단되고 독립된 공간을 만드는 것을 중시했다. 그들은 집을 지을 때 벽을 다 쌓아서 먼저 외부와 차단되고 독립된 공간을 만든 다음 마지막으로 지붕을 덮어서 완성한다. 물론 그리스의 신전처럼 외부에 기둥들을 많이 세우고 내부에 실내공간을 두기도 하고, 기둥 위에 지붕을 먼저 덮은 다음 벽면을 쌓아올리는 공법을 사용하기도 한다. 현대적 건축공법에는 철제 골조로 기둥을 먼저 올리고 지붕을 만든 다음 벽면을 쌓는 방법도 많이 쓴다. 그러나 전통적 서양 건축공법에서는 사방의 벽면을 다 쌓아 올린 뒤 지붕을 올리는 것이 보통이다. 그들의 건축 공법 속에는 외부와 분리된 독립된 공간을 중시하는 공간 개념이 담겨 있다.

이에 비해 중국 사람들은 외부와 완전히 분리된 공간보다는 외부에 개방적인 공간을 좋아한다. 그 때문에 기둥을 만든 다음 벽면을 만들기 전에 먼저 대들보를 올리고 지붕을 만든다. 중국건물에서는 지붕이 벽보다 훨씬 중요하고 미학적으로도 훨씬 중시된다. 벽은 지붕이 다 완공되고 난 뒤 나중에 채워 넣는데, 매우 단단하고 고착되어 있는 서양의 벽에 비해 훨씬 유동적이고 외부와 쉽게 소통할 수 있게 만들어진다. 때로는 벽면 전체를 다 문짝으로 만들어 유사시에는 위로 들어올리게 하기도 하고, 때로는 아예 벽을 채우지 않기도 한다. 정자나 누각 같은 것이 바로 그것이다. 외부와 분리된 공간보다는 외부와 서로 소통하는 공간을 더욱 선호하는 공간관이 그대로 드러난다.

공간의 관점에서 볼 때 또 하나의 중요한 차이는 서양 사람들은 하나의 건축물 속에서 중앙으로 집중된 거대한 공간을 창조하는 것을 중시한 반면, 중국 사람들은 하나의 건축물이 만들어내는 내부 공간도 중시했지만 건물들과 건물들이 어우러져 만드는 외부 공간 또한 중시했다는 점이다. 로마의 성 베드로 성당이나 콘스탄티노플의 소피아 성당에 들어가 본 사람들은 메인 홀이 만들어내는 엄청난 규모의 공간에 압도당한다. 그 건물 안의 여러 작은 공간들은 모두 이 중앙의 거대한 공간을 위해 존재한다. 이는 중앙 집중식 통일미라고 할 수 있다.

그러나 중국의 건축물에서는 서양 건축물과 같이 그렇게 웅장한 내부

성 베드로 성당의 내부

자금성 내부의 넓은 공간

공간을 지니는 건물은 거의 없다. 자금성에 있는 태화전같이 황제가 거주하는 건물은 보통 건축물에 비해 엄청나게 크고 넓지만 서양건축물과는 비교가 되지 않는다. 그 대신 여러 개의 건물들로 둘러싸인 주변의 넓고 큰 공간이 사람을 압도한다. 태화전 앞마당에 서 있는 사람들은 태화전의 크기도 크기지만, 주변의 담장과 건물들이 만들어내는 가운데의 넓은 공간에 위압당한다. 나아가 하나의 담장 안에서 끝없이 펼쳐진 다양한 건축군 전체가 만들어내는 공간이 사람의 입을 다물지 못하게 한다. 참고로 자금성 전체의 크기는 72만 평방미터다. 세계에서 이렇게 큰 궁전이나 사원은 어디에도 없다. 그들은 건물과 건물 사이의 외부 공간으로 하나의 통일미를 만들어낸다. 이것은 분산된 통일미라고 할 수 있다.

　하나의 거대한 건축물을 짓고 그 속에 거대하고 웅장한 내부 공간을 만들기 좋아하다 보니 서양의 건축물은 입체성이 돋보이는 데 비해, 여러 건축물들을 분산시켜 짓는 것을 좋아하는 중국의 건축물은 다소 평면적이라고 할 수 있다. 서양의 건물은 하늘로 높이 올라가기를 좋아했고, 중국의 건물들은 땅으로 넓게 퍼지기를 좋아했다.

이런 공간 개념의 차이는 회화의 투시와도 관련이 있다. 서양의 회화가 가운데 하나의 초점이 모이는 초점투시를 중시하는 데 비해 중국회화는 초점이 여러 개로 분산되는 산점투시를 중시한다. 이런 투시의 차이를 건축에 적용해보면 쉽게 이해할 수 있을 것이다. 건물 내부에 있는 거대한 하나의 공간과 그 공간을 위해 존재하는 주변의 여러 작은 공간들은 분명 초점투시와 비슷하다. 이에 비해 공간이 한 곳에 집약되기보다는 건물과 건물들에 의해서 분산되는 군체 건축은 산점투시에 더 가깝다.

물론 군체 건축물 중 북경의 자금성이나 산동성 곡부의 공묘처럼 황제의 권위나 종교적 권위를 드러내는 건물들은 뒤에서 설명할 원림 건축에 비해 대칭을 중시하고 기하학적 통일성을 중시하는 편이기 때문에 초점투시에 가깝고 집중된 통일미를 자랑한다. 거대한 중앙 집중형의 공간을 만들기를 좋아하는 서양건축에 비해 상대적으로 산점투시에 더 가깝고 분산된 통일미에 가깝다고 할 수 있다. 참고로 한국의 정궁인 경복궁은 다 같은 궁전이면서도 중국의 자금성에 비해 훨씬 분산된 통일미를 중시한다. 이로 보아 한국인이 중국인에 비해서 대교약졸의 분산된 통일미를 더 선호하였다고 할 수 있다.

하늘로 치솟는 단독 건축, 땅에 퍼지는 군체 건축

앞에서 서양건축이 중국건축에 비해 항구성을 더욱 중시하고 이를 위해 기나긴 시간을 투자하는 것이 종교사상과 관련이 있다고 설명하였는데, 서양이 입체적이고 중앙 집중적인 공간을 더 중시하고 중국이 평면적이고 분산적인 공간을 더 중시하는 것 또한 종교사상과도 매우 밀접한 관련이 있다.

서양인들은 중국인들에 비해 처음부터 종교적인 성향이 강한 편이었다. 기독교의 뿌리인 유대교에서는 처음부터 강력한 유일신에 대한 절대적인 신앙을 강조하였고, 이들보다는 훨씬 인문주의적인 성향이 강한 그리스인 또한 수많은 신들을 숭배하였다. 현재 남아 있는 그리스 건축물의 70% 가까이가 신전이라는 사실이 이를 증명한다. 그러다 보니 오늘날 남아 있는 서양건축의 주요한 건축물들은 신전이나 교회가 많은 편이다. 그리스의 파르테논 신전, 로마의 판테온 신전, 영국의 캔터베리 성당, 프랑스의 노트르담 사원, 콘스탄티노플의 소피아 성당, 로마의 성 베드로 성당 등 얼마나 많은 신전과 교회가 서양건축사를 찬란하게 장식하였던가?

이렇게 신을 숭배하고 찬양하기 위해 지은 건물들은 대부분 그 건물의 가장 중심부에 사람을 압도하는 거대한 내부 공간을 지니고 있다. 신의 영광이나 위엄을 표현하기 위해서는 이러한 웅장한 내부 공간이 필요했던 것이다. 실제로 그 속에 들어간 인간은 자신의 머리 위에 펼쳐진 거대하고 웅장한 공간이 뿜어내는 장엄한 분위기에 압도당하면서 저절로 종교적인 마음이 일어나게 된다. 특히 중세 말기에 나온 고딕 건축물들은 저 높은 곳에 있는 하나님의 영광을 찬미하며 천국의 영생을 꿈꾸었기 때문에 엄청나게 높은 첨탑을 짓고 내부에서도 아주 높은 공간을 만들었다.

하늘로 치솟는 첨탑으로 유명한 밀라노 성당

신의 영광을 드러내고 찬미내기 위해 중앙 집중의 드넓은 공간을 만들기를 좋아하다 보니 왕의 권위와 위엄을 강조할 때에도 그러한 건축 형태를 그대로 빌려오게 되었다. 왕권신수설을 강조하였던 프랑스의 태양왕 루이 14세는 자신의 권위를 드러내기 위해 화려한 베르사유 궁전을 짓고, 그 궁전의 가장 중심부에 사람들을 압도하는 공간을 만들었던 것이다. 다른 왕들도 대부분 자신의 권위와 위엄을 강조하기 위해 중앙 집중형의 공간을 선호하였다.

그러나 중국은 처음부터 종교가 크게 발달하지 않았다. 아득한 고대의 은나라 때에는 원시적 샤머니즘에 바탕을 둔 종교행위가 성행하였지만, 기원전 12세기경 주나라가 주도권을 잡고 난 뒤에는 신보다는 사람을 먼저 생각하는 인본주의가 자리를 잡게 된다. 현실의 실용성을 중시하는 유가사상이 중국의 주된 사상이 되고 난 뒤에는 더욱 그렇다.

고대 중국의 가장 큰 건축물은 지상을 지배하는 왕의 권위를 나타내는 궁전이었다. 그런데 궁전 건축은 아무리 왕의 위엄과 권위를 강조한다 해도 실용성을 완전히 무시할 수는 없었다. 인간 중심적인 편리성을 생각한다면 아무래도 입체적이고 웅장한 내부 공간을 만들기 위해 한 덩어리의 건물을 짓기보다는 땅 위에서 평면적으로 여러 건물로 나누는 것이 훨씬 낫다. 특히 실용성을 중시하고 자연과의 친화를 강조하는 중국인들의 관념에는 이런 평면적인 건물이 더욱더 와 닿았을 것이다.

중국의 건축물들은 초기에 이렇게 평면적인 공간의 분할을 중시했기 때문에 후대에 종교적인 건축물을 지을 때도 이런 경향을 그대로 이어받았다. 중국에서 종교건축물이 본격적으로 만들어지기 시작한 것은 불교가 중국에 널리 성행하기 시작한 위진남북조시대부터다. 대부분 불교사원은 기본적으로 궁전 건축의 개념을 그대로 원용하여 목조로 된 집체 건축의 형태를 지닌다. 목조 건물만이 아니라 방대한 규모의 석굴을 지을

각산사의 전경

때에도 하나의 거대한 굴을 짓기보다는 크고 작은 수많은 석굴을 짓는 것을 선호하였다. 중국은 석굴 사원들도 대부분 군체 건축의 형태를 지니고 있는 것이다.

각산사覺山寺는 원래 위진남북조시대 운강석불과 비슷한 시기에 지어진 사찰인데 그 뒤 오랜 세월을 거치면서 몇 차례 중건되었다. 전경을 보면 오른쪽에 높은 탑이 하나 있고 나머지 건물들은 모두 나지막하게 옹기종기 흩어져 있는 것을 볼 수 있다. 탑은 석가의 사리를 안치하는 공간으로 종교적 의미가 매우 강하기 때문에 다른 건물과는 달리 높이 세우는 것이 일반적이다. 탑이 전체의 균형을 깨트리고 있지만 그 외 나머지 건물들은 전형적인 군체건물의 특징을 따라 여러 건축물들이 적절히 균형을 이루고 있다.

궁전이나 사원만 그런 것이 아니라 일반 개인 집도 마찬가지이다. 동서를 막론하고 큰 집을 지을 능력이 없는 가난한 사람들이야 어쩔 수 없이 작은 오두막집에 만족해야 했지만 벼슬을 하는 고관대작이나 큰돈을 번 재력가들은 자신의 신분과 재력에 맞는 대저택을 원한다. 서양의 고관대작이나 부호들은 대부분 여러 개의 방을 지닌 큰 단독건축을 선호하였지만 전통시기 중국의 대저택은 대부분 여러 채의 건물을 지닌 군체 건축이었다.

교를 추구한 서양건축, 졸을 추구한 중국건축

이상으로 중국건축과 서양건축의 차이점에 대해서 간략하게 살펴보았다. 사실 서양의 건축과 중국의 건축은 처음부터 발전 방향이 달랐기 때문에 평면적인 비교는 불가능하다. 특히 교와 졸을 논하는 것은 애당초 불가능하다. 그럼에도 많은 사람들, 특히 서양 사람들은 서양건축을 더 우수한 것으로 생각하고, 중국건축은 열등하다고 생각하는 경향이 있다.

건축은 단순히 예술의 영역에만 속하는 것이 아니라 과학기술과 밀접한 관계가 있다. 뉴욕 맨해튼에 있는 하늘을 찌를 것 같은 마천루들을 보라. 그것은 서양의 과학기술이 낳은 건축예술이다. 역학과 재료에 대한 고도의 과학기술 없이 그렇게 높은 빌딩은 지을 수가 없다. 현대 건축은 바로 서양의 오랜 건축의 역사에서 나온 것이다. 이 때문에 서양인들의 건축에 대한 자부심은 대단하다. 그들의 눈에는 다른 어떤 지역의 건축문화도 서양의 건축문화에 비하면 수준이 낮은 것으로 보인다.

서양 사람들은 북경의 자금성 안에 펼쳐져 있는, 셀 수 없을 정도로 많은 궁전들을 보고 감탄을 한다. 그러나 그리스의 아크로폴리스의 파르테논 신전이나 로마의 판테온 신전, 그리고 성 베드로 성당에 비해서 우월하다고는 생각하지 않는다. 일단 지어진 지 500년밖에 되지 않았고 단일 건물의 규모로는 그다지 크지 않기 때문이다. 사실 여러 건물들을 많이 짓는 것은 넓은 땅을 확보하고 노동력을 많이 동원하면 되는 것이지만, 높고 거대한 건물을 짓는 것은 그것만으로는 되지 않는다. 고도의 건축기술이 필요하다.

단일 건축물만 비교하자면 중국 건축물은 서양의 건축물에 비해 확실히 작다. 그뿐인가? 건축물의 항구성에서도 서양과 중국의 차이는 엄청나다. 대부분 석조로 이루어진 서양의 건축물들이 몇 천 년의 오랜 세월에도 견디는 데 비해 중국의 건축물들은 대부분 목조 건물이기 때문에 서양의 건축물처럼 그렇게 오랜 세월을 버틸 수가 없다.

이런 웅장함과 항구성은 물론 건축기술과도 관련이 있다. 거대하고 웅장한 건축물을 짓는 것은 아무래도 더 복잡하고 까다로운 기술이 필요하고, 나무로 짓는 것보다는 돌로 짓는 것이 더욱더 많은 기술이 필요하다. 실제로 서양의 중요한 건축물들은 중국의 건축물에 비해 몇 배 이상의 많은 시간이 들었다. 그만큼 정밀하고도 까다로운 기술을 요구하기 때문이다.

이런 점에서 볼 때 중국 건축물은 서양의 건축물에 비해 분명 한 수 아래로, 아직 미발달의 단계에 머물러 있다고 생각할 수 있다. 교와 졸의 관점에서 볼 때 서양건축을 교라고 하고 중국건축을 졸이라고 부르는 것은 당연하다.

그러나 중국의 건축을 단순히 기술의 결핍에 따른 졸로 보는 것은 문제가 있다. 근대 이전까지 제반 과학기술의 발전사를 보면 중국이 결코 서구에 뒤떨어지지 않았다. 종이, 나침반, 화약 등의 주요 발명들은 대부분 중국에서 나왔으며 기원전 3세기의 만리장성이나 6세기 말~7세기 초의 대운하 등 엄청난 규모의 공사를 보았을 때 중국의 토목기술이나 건축기술이 서구에 뒤떨어졌다고 볼 수는 없다.

중국의 건축이 웅장함이나 항구성에서 서구에 비해 뒤떨어진 것은 단순한 기술의 문제가 아니라 앞에서 본 것처럼 건축에 대한 사상이나 미학의 문제에서 나온 것이다. 중국인들은 처음부터 건축에 대한 개념이 서구와는 달랐다. 그들은 생태적인 관점에서 건축을 바라보려 했으며, 아무리 큰 건물을 짓더라도 가급적이면 실제로 인간이 편안하게 살 수 있는 주거 공간이라는 관점에서 벗어나지 않으려고 했다. 그래서 목조를 선호했고 평면 위의 군체 건물을 선호했던 것이다.

미학적인 관점에서 볼 때도 석조보다는 목조가 더욱 섬세하고 치밀한 맛이 있다. 목재구조로 된 건축에서는 대들보 위의 지붕 모습과 장식이 매우 중요한데 중국인들은 이 부분에서 여러 가지 멋을 부리고 있다. 이 부분의 아름다움은 석조 건물처럼 밖으로 드러나는 화려하고 웅장한 아름다움은 아니지만, 석조로는 흉내 낼 수 없는 치밀하면서도 섬세한 아름다움이 있다.

또한 공간의 감각에서도 얼핏 보았을 때는 서양의 웅장하고 장엄한 중앙 집중형의 공간이 훨씬 위압적이고 당당한 느낌을 준다. 집중된 통일미가 훨씬 강력한 느낌을 주는 것은 당연하다. 이에 비해 중국의 건축물들이 만들어내는 공간은 평면적으로 분산되어 있기 때문에 아무래도 평범하고 담담하다고 할 수 있다. 분산된 통일미는 사실 고도의 미감을 요구하는 것으로, 금방 눈에 들어오지는 않는다.

그러나 조금 더 깊게 바라보면 위압적이고 당당한 것은 아직은 덜 익은 것이고, 평범하고 담백한 것이 오히려 더욱 무르익은 것이다. 미적 감각이 덜 성숙했을 때는 무엇인가를 과시하기 위해 위압적이고 화려한 아름다움을 추구하지만, 미적 감각이 성숙되면 겉으로는 담백하지만 속으로는 은은하고 편안한 느낌을 주는 아름다움을 추구한다. 중국의 건축물은 후자의 아름다움을 추구하고 있고 그것은 바로 대교약졸의 미학정신에서 나온 것이다.

정원, 동서양의 미적 안목과
자연관이 녹아 있는 공간

제3의 자연, 정원

정원庭園은 서양의 garden의 일본식 한역어다. 중국에서는 정원이라는 말보다는 주로 원림園林이라는 말이 쓰인다. 영어의 'garden', 이탈리아어의 'giardino', 프랑스어의 'jardin'는 모두 히브리어의 'gan'과 'oden'의 합성어인데 'gan'은 울타리를 가리키고 'oden'은 기쁨을 가리킨다. 울타리 안의 기쁨이라는 뜻이다. 중국의 '園' 자 또한 부수인 'ㅁ'로 보아 울타리로 둘러싸는 것임을 알 수 있다.

정원이란 흙, 돌, 물, 나무 등의 자연재료나 인공물 및 건축물에 의해 미적이고 기능적으로 구성된 특정한 구역을 가리키는 말이다. 정원은 원래 건축의 일부분이었다. 요즈음은 정원을 전문적으로 다루는 조경학이라는 학문 분야가 따로 있지만, 옛날에는 조경과 건축은 분리하여 생각할 수 없는 것이었다.

인간은 원시적인 주거 형태로 생활하고 있을 때도 주위에서 흔히 볼 수 있는 꽃과 나무를 이용해서 자신의 집 주변을 장식했다고 한다. 날카로운 가시를 지닌 나무를 이용하여 외부의 침입자를 막기도 하고, 울타리로 둘러싸인 자신만의 공간을 외부의 자연환경과는 달리 자신들의 미적 감각에 맞추어 가꾸기도 했던 것이다. 이로 보아 정원은 본래 자연으로부터 경계를 설정하고 자연을 문명화하는 행위의 소산임을 알 수 있다. 그래서 정원은 가장 오래된 문명의 표현방식이라고 주장하는 학자도 있다.

그러나 자연으로부터 완전히 격리시켜 인공적인 공간을 만들어내는 일반적인 건축 행위와는 달리 정원을 만드는 것은 자연으로부터의 완전한 단절이 아니다. 그것은 인공과 자연의 절충점으로, 16세기 이탈리아의 어느 문헌에 나와 있는 것처럼 '제3의 자연'이다. '제1의 자연'이란 인간의 손이 닿지 않은 야생의 자연을 말하는 것이고, '제2의 자연'이란 인간의 실용이나 쾌락을 위해 인공적으로 변형된 자연으로 일반적인 건축물을 가리킨다. '제3의 자연'이란 자연과 문화, 환경과 예술이 합일된 문화적 자연으로 바로 정원이다. 그러므로 정원만큼 그 문명권의 자연관을 잘 보여주는 것은 없다.

정원은 일과 활동의 공간이라기보다는 휴식의 공간이자 여흥의 공간이다. 그래서 때로는 현실의 일상에서 벗어나 자신만의 내면세계의 꿈을 펼치는 유토피아의 공간이 되기도 하고, 현실에서 이루고 싶은 꿈을 상징화시켜서 표현하는 공간이 되기도 하였다. 경제적 여력이 별로 없는 서민들이야 자신의 집 울타리 안에다 자신이 좋아하는 꽃과 나무를 심는 정도에 그치고, 그보다 여력이 있는 사람들은 조그마한 연못을 만들고 정자를 지어 나름대로 운치 있는 공간을 만들곤 했다. 하지만 권력과 재력이 있는 사람들은 엄청난 돈을 들여 자신이 상상으로 그리던 꿈의 세계를 현실화시킬 수 있었다. 특히 제왕 가운데서는 막대한 재물과 인력을 동원하여 보통 사람의 상상을 초월하는 정원을 만들기도 하였다.

고대의 7대 불가사의 중 하나였던 바빌론의 공중정원이 그 대표적인 예이다. 네부카드네자르 2세는 메디아 왕국의 공주인 아미티스를 왕비로 맞이하였는데, 산이 많아 과일과 꽃이 풍성한 땅에서 자란 왕비는 평탄하고 건조한 바빌론에 정을 두지 못하고 항상 고향의 아름다운 동산을 그리워 하였다. 그 왕비의 소원을 들어주기 위해 아예 인공의 동산을 하나 만든 것이 바로 공중정원이다.

우선 왕궁의 광장 중앙에 가로, 세로 각각 400미터, 높이 15미터의 토대를 세운 뒤 그 위에 계단식으로 건물을 지어 피라미드 모양으로 계속 높게 쌓아갔다. 물론 사방의 둘레는 다 꽃과 식물로 만든 정원을 조성하였다. 맨 위층의 평면 면적은 60평방미터밖에 되지 않았지만, 전체 높이는 지상으로부터 무려 105미터나 되었는데 오늘날의 약 30층 건물의 높이에 해당한다. 공중정원이라는 이름이 붙여질 만하다. 기록에 따르면 물을 대어야 할 면적이 무려 4,364평이었다고 하는데, 비가 거의 오지 않는 바빌론에서 물을 공급하는 일은 보통 일이 아니었을 것이다. 공중정원은 정말 그 당시에는 보통 사람은 꿈도 꾸지 못할 사치였던 것이다.

오랜 역사를 통해 정원은 대체로 왕족과 귀족들이 많은 돈을 들여 여유와 사치를 표현하는 공간이었지만, 때로 종교인들이 자신의 신앙세계를 상징적으로 표현하는 공간이 되기도 하였다.

중세 때 수도원에는 파라다이스와 클로이스터라는 공간이 있었다. 파라다이스는 교회에 들어가기 전에 통과하는 앞뜰을 가리키는데 하나님의 집 앞에 펼쳐진 공간이어서 명명된 것이다. 클로이스터는 일반인들은 출입할 수 없는 수도사들만의 공간인 수도원의 회랑에 둘러싸인 중정을 가리키는데, 성경의 에덴동산을 상징하여 만든 공간이다. 클로이스터는 기본적으로 정방형에 한가운데 분수나 우물을 두고 십자가 모양의 길을 만들어 정원을 네 구역으로 나누는 형태로 이루어져 있다. 성경의 첫머리인 「창세기」 2장의 "강이 에덴에서 발원하여 정원을 적시고 거기서부터 갈라져 네 근원이 되었으니"라는 구절과 마지막 편인 「요한계시록」 21장에 새

서양 수도원의 클로이스터 중정中庭

료안지의 카레산스이

예루살렘을 묘사한 부분, "그 성은 네모가 반듯하여 장광이 같은지라"라는 구절을 합쳐서 만든 것으로 추정된다.

일본의 선종 사찰에는 카레산스이枯山水라는 이름의 정원이 있는데, 메마른 산수라는 이름 그대로 실제 물이나 나무 대신 생명이 없는 모래와 바위를 이용해서 자연을 추상화시켜 표현한 정원이다. 특히 곱게 쓸어놓은 모래 위에 바위 열다섯 개를 배치시켜 놓되 절대로 한번에 모든 바위를 다 볼 수 없도록 만든 료안지의 정원이 유명하다. 그들의 설명에 따르면 깨달음의 눈이 열리지 않고서는 세상 전부를 한번에 볼 수는 없다는 사상이 담겨 있다고 한다. 원래 일본사람들은 바위로 된 섬에는 신선이 살고 있다는 신앙이 있는데, 그러한 전통신앙에다 선종 특유의 단순함의 미학과 깨달음의 사상을 결합시켜 차안과 피안을 넘나드는 새로운 공간을 창출하였던 것이다.

이처럼 정원은 공간 자체도 상징성이 풍부하지만, 거기에 심는 나무나 꽃들도 제각각 깊은 의미를 지니고 있다. 예를 들어 중세 수도원의 정원에서는 종교적 순수를 상징하는 백합과 성모마리아를 의미하는 장미를 많이 심었고, 수도사들의 무덤이 있는 묘지 정원에는 사과나무를 많이 심었다. 사과나무는 영원한 생명과 부활을 상징한다. 동양인들은 정원에 곧은 절개를 상징하는 대나무, 장수와 굳센 기상을 상징하는 소나무, 순수함을 상징하는 연꽃, 시대를 앞서가는 선구자적 기상을 상징하는 매화, 부를 상징하는 작약, 명예를 상징하는 국화 등을 심기 좋아하였다. 이처럼 정원은 순수한 자연이 아니라 정원을 만든 사람들의 미적 안목과 상징이 녹아 있는 문화적인 자연이다.

정원을 바라보는 두 가지 시선, 두 가지 미학

서양의 정원은 시대와 지역에 따라 많은 변화가 있었다. 고대 서양 정원의 기원은 이집트문명과 메소포타미아문명에서 찾아볼 수 있다. 물론 현존하지는 않지만 고대 이집트 정원양식의 예는 기원전 15세기 무렵 테베의 벽화에서 찾아볼 수 있다. 좌우 대칭형의 공간과 관개를 위한 수로, 정돈된 축 등이 극적 효과를 연출한다. 비슷한 시기에 바빌로니아에서는 세계 7대 불가사의 가운데 하나인 공중정원이 만들어졌다.

고대 그리스는 신전, 아고라 광장, 연극극장 등 시민들이 같이 모여 활동하는 공공의 건축물을 만들고 조경하는 데에는 힘을 쏟았지만 개인적인 사적 공간으로서의 정원은 그다지 발달하지 않았다. 그리스인들은 민주적 성향이 강해서 신분이 높은 사람이라고 해서 지나치게 화려한 개인 저택을 짓지 않았으며, 그래서 대부분 집들은 그리 크지 않은 중정으로 만족하였다. 그리스식 정원으로 유명하고 중요한 것은 아도니스 정원이다. 그리스신화에 따르면 사냥꾼이자 아프로디테의 연인이었던 아름다운 청년 아도니스는 멧돼지의 공격을 받아 죽었다고 하는데 그리스의 부인들은 그에게 제사를 지내기 위해 지붕이나 창가에서 작은 화분에 빨리 자라는 식물을 심어서 아도니스 상을 장식하였다. 오늘날에도 지중해의 여러 나라에서는 옥상이나 테라스 창가 등에 화분으로 꽃을 심어 집을 가꾸는 것을 많이 볼 수 있다. 이러한 습관은 바로 아도니스 정원에서 유래한 것이라 할 수 있다.

로마인들은 그리스인들에 비해 대저택을 선호하는 편이었고 저택의 안에는 잘 가꾸어진 정원들이 있었다. 로마의 주택정원은 대개 세 정원으로 이루어져 있는데 먼저 대문 안을 들어서면 장방형 모양의 정원인 아트리움이 있다. 이곳은 대체로 사방의 회랑에 기둥이 없고, 주로 손님들을 접대하는 공간으로 쓰였다. 중문을 지나면 기둥이 있는 회랑으로 둘러싸인 중정인 페리스틸룸이 나타난다. 이 공간은 주로 가족들이 사용하는 사적 공간이었다. 그리고 아르티움과 페리스틸룸과 같은 연장선상에 있는 뒤뜰에는 과수와 채소를 가꾸는 지스투스가 있다. 이 지스투스의 한가운데는 폭이 꽤 넓은 수로가 흐르고, 수로 사이에는 작은 신전, 뮤즈상 동물상 등이 있고, 수로 양쪽으로는 화단이 대칭으로 조성되어 있고 많은 나무와 꽃들이 있다.

로마에는 황제들이 조성한 크고 화려한 정원들도 있었다. 아드리아누스 황제가 티볼리에 건설한 하드리아누스 빌라는 약 54,000평 규모의 거대한 별장으로 황제가 개인적으로 휴식을 취하거나 신하들을 불러서 파티를 열던 곳이다. 네로 황제 또한 티베르 강 서안에 거대한 이궁을 건설하였는데, 아드리아누스 황제의 별장에 비해 규모가 훨씬 컸다고 한다.

중세 수도원의 정원은 앞에서 언급하였던 파라다이스와 클로이스터와 같이 낙원을 상징하는 정원뿐 아니라 실용적인 공간으로서의 정원도 있었다. 중세의 수도원은 수도사들이 조용히 묵상하고 관상하는 수도의 공간인 동시에 주변 주민들에게 사랑을 베푸는 사회봉사의 공간이었다. 중세에는 병원이 없었고 수도원에서 환자를 치료하기도 하였는데, 이를 위해 약용 식물들을 많이 재배하였다. 또한 수도원의 정원은 수도사 자신들이 먹기 위한 채소나 과일 그리고 교회의 성찬대에 바칠 꽃들을 재배하는 공간으로도 활용되었다. 물론 때로는 조용히 휴양할 수 있는 공간으로도 이용되었으며, 이를 위해 정원을 아름답게 디자인하기도 했다. 중세는 신을 향한 열망이 가득 찬 시기였던 터라 정원의 오락성보다는 실용성이 더욱 강조되는 시기였다.

중세 말과 르네상스 초기 이탈리아의 유명한 인문주의자들인 단테나 페트라르카, 보카치오 등은 자연에 대한 자각을 통해 전원생활의 아름다움을 많이 강조하였다. 그러한 경향은 근대 서양 정원의 발달에 큰 영향을 미쳤다. 르네상스의 선두주자였던 이탈리아에서는 노단건축식露壇建築式 정원이 만들어졌다. 이것은 이탈리아 지형의 특징을 살려 경사지를 계단형으로 만드는 기법으로 근대 유럽 정원의 출발이라고 할 수 있다. 이탈리아 정원이 수직적인 요소를 강조한 것이었다면 17세기 프랑스에서는 평지가 많은 자국의 지형적 특징을 잘 살린 평면 기하학식 정원이 유행했다. 특히 이 시기는 절대왕권을 강조하던 때이고 화려함을 추구하는 바로크 예술이 유행하던 시기여서 정원에서도 추상적이면서도 현란한 기하학적 아름다움이 유행하였다. 베르사유 궁전은 수평적인 기하학적 아름다움을 잘 살린 정원의 대표적인 모델이다.

18세기 영국에서는 프랑스와는 달리 계몽주의와 낭만주의, 그리고 자연회귀사상 등의 영향으로 자연의 풍경을 닮은 목가적 정원이 유행했다. 프랑스의 화려하고 기하학적인 정원에 대한 미학적인 반발이자 새로운 발전이라고 할 수 있다. 이러한 새로운 풍의 정원은 풍경식 정원이라 불렸는데 많은 사람들의 환영을 받아 유럽 전역에 폭발적으로 확산되었다. 영국의 풍경식 정원은 프랑스의 기하학적 정원과 아울러 유럽 정원의 양대 산맥이라고도 한다.

중국에는 일찍부터 임금을 위한 휴식공간인 원림이 발달했다. 전설상의 임금인 황제헌원씨 시대에 이미 동원東園, 아각阿閣, 유囿 등의 원림이 있었다는 기록이 있고, 하나라와 은나라의 마지막 임금들은 그 유명한 주지육림酒池肉林이라는 화려한 원림에서 주색에 빠져 놀다가 망하였다는 기록이 있다. 『시경』에는 문왕이 원림을 지을 때에 공사를 재촉하지 않았지만 백성들이 앞을 다투어 찾아와 공사를 일찍 마쳤다는 내용의 노래가 있다. 황제헌원씨나 하나라는 전설시대이기 때문에 신빙성이 없지만 은나라나 주나라 시대에는 분명 임금의 원림이 있었을 것이다.

춘추전국시대에는 제후들도 원림을 지었다는 기록들이 많이 나온다. 또한 천하를 통일한 진시황은 규모가 엄청난 원림을 지었다. 한나라의 절대 군주였던 한무제도 실로 방대한 원림을 지었는데 당시 궁정 시인 사마상여司馬相如가 남긴 『상림부上林賦』에는 그 원림의 규모가 얼마나 방대한지, 건물들이 얼마나 화려한지, 그 속에 노니는 동물들이 얼마나 많은지가 잘 묘사되어 있다. 문학적 과장을 감안한다 해도 이미 당시에 대규모 원림이 건축되었음을 알 수 있다. 또한 한대에는 군왕과 귀족들 사이에 신선사상이 크게 유행하여 자신의 원림에 신선이 노니는 환상적인 공간을 조성하는 것이 크게 유행하였다. 또한 일반 개인도 사가私家 원림을 짓기 시작하였다는 기록이 있다.

위진남북조에 들면서 정치의 혼란 속에서 일군의 지식인들 사이에서는 현실을 떠나 산림에 은거하려는 사상이 크게 유행하였다. 이에 따라 자연에 대한 심미관이 더욱 깊어졌고 산수를 노래하는 산수시도 출현하였다. 이에 원림에서도 획기적인 변화가 일어난다. 이전의 원림들이 기존의 자연경관을 이용하되 약간의 인공미를 더하는 차원에 머물렀던 데 비해 이 시기에 이르러서는 좋은 터를 찾아서 깊고 그윽한 풍치를 지닌 공간을 적극적으로 만드는 차원으로 나아갔다.

남북조를 통일한 수나라의 양제는 사방 200리나 되는 엄청난 별궁을 짓고, 가운데에는 바다 같은 호수를 만들고 신선들이 사는 산도 만들고 각종 화려한 부속건물들을 지었다. 그리고 겨울에 꽃과 잎이 떨어지면 비단으로 만들고 채색한 인공 꽃과 잎을 붙였다고 한다. 외국 사신들이 올 때는 화려함을 과시하기 위해 현란한 쇼도 펼쳤다고 한다. 당나라에도 수나라의 뒤를 이어 여러 왕들이 웅장하고 화려한 원림들을 지었고 사가 원림도 크게 발달하였다. 기록에 따르면 어느 사가 원림에는 자우정自雨亭이 있었는데 처마에서 저절로 비가 떨어지는 정자로 여름철에도 가을처럼 서늘하였다고 한다. 원림을 조성하는 기술이 크게 발달하였음을 알 수 있다.

송대의 황가 원림은 수대나 당대에 비해 그리 크지는 않았지만 아기자기하고 그윽한 맛에서는 새로운 경지를 개척하였다. 옛날에는 궁전이나 원림 건축의 기본 설계는 주로 화가들이 담당하였다. 앞서 회화에서 살펴보았듯이 송대에는 대교약졸의 미학이 크게 피어난 시기였기 때문에 새로운 변화가 많이 일어났는데, 그러한 변화들이 원림 건축에도 큰 영향을 미쳤다. 그리고 새로운 경향 중 하나로 전국의 기암괴석을 모아서 인공 산을 만드는 것이 유행하였다. 오늘날 우리가 중국정원에서 볼 수 있는 기암괴석의 인공 산은 바로 송대 때부터 본격적으로 시작된 것이다. 사대부들 사이에서도 대교약졸의 담백한 선취禪趣를 지닌 정원이 크게 유행하였다.

원대의 황실은 유목민족의 기상이 강하여 원림 안에서 화초나 식물을 감상하는 것을 그다지 좋아하지 않았다. 이 때문에 원림은 그다지 많이 지어지지 않았다. 명대에는 다시 황가 원림이 크게 유행하였고, 초기자본주의에 이르렀을 정도로 상업이 비약적으로 발달한 강남지역에서는 대규모 사가 원림이 지어졌다. 명대의 사가 원림은 크게 고아한 맛을 추구하는 사대부문인들의 사가 원림과 부유한 상인들이 지은 화려한 상인 원림으로 나뉘지만 서로 융합되기도 하였다. 또한 명대는 원림의 건축과 조성에 대한 이론서도 많이 쏟아져 나왔다. 그만큼 원림에 대한 관심이 널리 퍼졌음을 보여준다.

청대야말로 역대로 원림이 가장 많이 건축되었던 시기이다. 그 중요한 것들은 대부분 지금까지도 보존되고 있다. 청대 황실은 명대 황실이 지어놓은 자금성을 그대로 이어받아 따로 궁전을 지을 필요가 없었다. 이 때문에 원림 건축에 온 힘을 쏟아부을 수 있었다. 북경의 이화원頤和園와 원명원圓明園, 승덕承德의 피서산장避暑山莊 등은 그 규모가 실로 방대하여 입을 다물지 못하게 한다. 사가 원림들도 많이 건축되었는데, 실제적으로 오늘날 남아 있는 원림들은 그 이전 시대에 지어진 것이라 해도 대부분 청대의 개보수를 거쳐 남아 있다.

이상으로 서양의 정원과 중국의 원림의 역사를 간략히 살펴보았다. 중국의 원림은 사실 엄밀하게 말하면 서양의 정원과는 그 맥락을 달리한다. 서양의 정원이 건축물에 딸린 부속품이라는 느낌이 강한 데 비해 중국의 원림은 건축물에 부속된 것이 아니다. 오히려 자연경관을 살리는 원림이 먼저이고 그 속의 건축물들은 원림을 효율적으로 살리기 위해 부속물로 존재하는 것이다. 원림 건축에서 자연경관이 우선인 이유는 그 공간이 실용적인 주거공간이 아니라 오락과 휴식이 위주가 되는 공간이기 때문이다. 그래서 원림은 마치 대자연 속에 있는 느낌을 주도록 설계되었고 건축물들도 자연의 감상에 편리하도록 지어졌다.

기하학적 통일미의 서양 정원, 분산된 아름다움의 중국 원림

서양의 정원은 오랜 역사 속에서 많은 변화가 있었고 지역에 따른 차이도 심한 편이다. 중국의 정원 또한 기나긴 역사 속에서 많은 변화와 발전이 있었기 때문에 양자를 비교하기는 쉽지 않다. 그러나 그 속에서는 서양과 동양의 기본적인 미감 혹은 문화의 차이로 인해 나타나는 굵직한 특징들이 있다. 일단 가장 먼저 들 수 있는 것은 서양 정원은 인위적이고 기하학적인 아름다움을 강조하는 데 비해 중국은 자연적인 아름다움을 더 강조한다는 점이다.

물론 서양의 정원 가운데 영국의 풍경식 정원은 지나치게 인위적이고 기하학적 아름다움을 배격하고 최대한 자연의 원래 형태를 살려가면서 적절한 인공미를 자랑하고, 중국의 원림들 중에서도 반듯하게 정돈이 잘 되어 있어 분산된 통일미를 잘 느낄 수 없는 원림이 있는 것이 사실이다. 그러나 영국의 풍경식 정원은 사실 동방의 자연식 정원에 영향을 받아 생겨난 것으로 전통적이고 전형적인 서양 정원에서는 약간 벗어난 것이다. 가장 전통적이고 전형적인 서양 정원은 역시 기하학적인 통일미를 강조하는 정원이다. 서양에는 고대 로마의 정원에서부터 기하학적 배치를 중시하였고 중세를 거치면서 수도원의 정원 또한 그러한 경향에서 크게 벗어나지 않았다.

기하학적 배치는 주변의 이슬람 국가의 정원에서도 매우 강하게 드러나는 특징 중 하나인데 원래 이슬람에서는 정원만이 아니라 사원 건축에서도 기하학적 문양을 매우 강조한다. 이러한 특성에는 여러 가지 이유가 있겠지만 우상숭배를 철저하게 배격하는 태도가 주원인이라고 할 수 있다.

기하학적 통일미의 베르사유 정원

우상숭배를 피하려다 보니 어떤 구체적인 형상을 지닌 이미지는 사용할 수 없었고. 그러다 보니 자연스럽게 추상적이고 기하학적인 문양을 사용할 수밖에 없었을 것이다. 서양과 이슬람문화는 서로 상극관계에 있으면서 또한 닮은 점이 많다.

서양 정원 가운데 규모가 큰 왕실 정원을 보면 이런 경향은 더욱 두드러진다. 대표적인 것이 바로 프랑스 베르사유 궁전의 정원이다. 베르사유 궁전은 건축물 자체도 화려함의 극치를 달리는 바로크식 건물이고 정원 또한 그 광활한 공간에 기하학적 문양으로 구간 정리를 하여 전체적으로 매우 화려하면서도 집중된 통일미를 느끼게 한다.

베르사유 정원은 일단 공간의 분할도 기하학적 통일미를 느끼게 하지만 나무들의 모양도 인공적인 전지를 통해 기하학적 아름다움을 드러낸다. 이렇게 나무를 특이한 모양으로 인공적으로 전지하는 것을 토피아리라고 하는데, 고대 이집트에서 기원하여 로마의 정원사들에게 전해졌던 것으로 추정된다. 로마시대에 이미 갖가지 동물 모양의 토피아리가 유행하였고, 정원 주인의 이름이나 설계자의 이름 모양의 토피아리를 만들기도 하였다. 그러다 중세를 거쳐 르네상스 이후에 다시 크게 유행하게 된다. 토피아리의 모양은 정원에 따라 천차만별 각양각색이지만 가장 일반적으로 볼 수 있는 것은 원추, 원통 등의 기하학적 형태다.

기하학적 공간 구획, 그리고 토피아리로 잘 다듬어진 나무들 외에 분수 또한 서양 정원의 특징 중 하나다. 물은 위에서 아래로 흐르는 것이 자연의 섭리인데 분수는 바로 이 자연의 섭리를 거스른 것으로 서양 정원의 인공적인 면모를 잘 보여준다. 심지어 꽃의 색깔과 모양까지도 절묘하게 배치하여 인공의 아름다움을 더하는 정원도 있다.

이에 비해 중국의 원림은 자연적인 아름다움을 중시한다. 물론 중국 원림 중에서도 부분적으로는 방형과 원형의 기하학적 아름다움을 드러내는 곳이 있다. 그러나 전체적으로 보았을 때 구불구불하고 이런저런 변화가 있는 공간을 취하고 있으며, 공간 자체도 크기가 일정하지 않게 불규칙적으로 분할하기 때문에 서양의 정원과 같이 큰 틀의 기하학적인 아름다움이 드러나는 원림은 없다. 그리고 간혹 괴이한 모양의 나무가 사람들의 눈길을 끄는 경우는 있지만, 토피아리와 같은 인공적인 전지로 나무를

자연미가 묻어나는 피서산장避暑山庄

기하학적 형태로 만들어놓는 일은 하지 않는다.

중국의 원림에서 가장 인공적인 요소라고 여겨지는 것은 여기저기에 널려 있는 기암괴석 혹은 기암괴석으로 이루어진 자그마한 동산과 동굴들이다. 한중일 가운데 가장 자연미를 중시하는 한국인들의 눈에는 이런 기암괴석과 동산과 동굴들은 때로 눈에 거슬리는 인공적인 아름다움으로 비칠 것이다. 어차피 자연미와 인공미는 상대적인 개념이다. 중국의 원림은 한국인들의 눈에는 인공미로 보이겠지만 서양과 비교한다면 훨씬 자연미에 가깝다. 또한 그 기암괴석들은 인공적으로 만든 것들이 아니라 대부분 자연 상태의 암석을 옮겨다 놓은 것이다. 깊은 산속의 자연을 원림 안으로 가져온 것은 원림을 자연의 축소판으로 생각했던 그들의 관념에서 나온 것이다.

인공적인 아름다움과 자연적인 아름다움은 전형적으로 교와 졸의 대립이다. 노자의 무위자연 사상과 대교약졸 사상에 영향을 받은 중국인들은 인위적인 기교보다는 자연스러운 아름다움을 더욱 중시했다.

일목요연한 서양 정원, 감추려는 중국 원림

서양 정원과는 뚜렷이 구별되는 중국 원림의 또 하나의 특징은 풍경 감추기이다. 서양의 정원에서는 그것이 이탈리아식이든, 프랑스식이든, 영국식이든지 간에 정원의 모든 공간이 한눈에 일목요연하게 드러난다. 물론 정원이 워낙 커서 한눈에 들어오지 않는 경우도 있지만, 대체로 전체를 한눈에 조망하는 것을 좋아하기 때문에 일부러 시야를 벗어나는 공간을 만들지는 않는다.

그러나 중국의 원림에서는 처음부터 공간을 한눈에 볼 수 없다. 중국 원림 건축의 기법 가운데는 '억경抑景'이라는 말이 있다. 풀이하면 '경치를 억누른다'는 뜻이다. 이것은 흔히 선장후로先藏後露의 수법이라고도 하는

소주蘇州 졸정원拙政園

데, 일단 먼저 감추었다가 나중에 드러내는 것을 말한다. 중국의 원림에서는 문에 들어서자마자 경치가 한눈에 다 들어오지 않고 부분의 경치만 보인다. 문이나 담장, 그리고 이런저런 모양의 창뿐만 아니라 기암괴석이나 숲 등의 자연경물이 시선을 가로막아 그 너머의 경치를 보여주지 않는다. 부분의 경치를 보고 난 뒤에 좁은 문을 통해 다음 구역으로 들어갔을 때 비로소 또다시 새로운 경치가 눈앞에 펼쳐진다.

송대의 시인 육유陸游의「유산서촌遊山西村」이라는 시에는 다음과 같은 구절이 있다.

> 산이 겹치고 강이 겹쳐서 아마도 길이 끊어진 듯했으나
> 버드나무 그늘에 꽃이 환하게 피어 있어 또 하나의 마을이 펼쳐지는
> 구나!
> 山重水復疑無路, 柳暗花明又一村

이 시는 산서촌이라는 마을에서 노닐며 느꼈던 후한 인심과 아름다운

자연을 노래한 시인데 이 구절이 특히 유명하여 인구에 회자하였다. 산이 앞에 버티고 있고 물이 가로막혀 있어 마치 더 이상 길이 없는 듯이 보여 그만 돌아가려고 하는데, 좁은 통로를 지나니 갑자기 눈앞에 또 하나의 마을이 펼쳐진다. 그야말로 산수화 한 폭을 보는 느낌이다.

송대 이후 원림을 조성하는 사람들은 바로 이 시에서 느낄 수 있는 맛을 공간적으로 표현하기 위해 여러 가지 방법을 고안하였다. 때로는 폐쇄된 회랑을 지나다가 갑자기 눈앞에 탁 트인 경치가 나타나게 하고, 때로는 그 반대로 확 트인 시계를 만끽한 다음 다시 좁고 폐쇄된 공간으로 지나가도록 원림을 조성한다. 이렇게 함으로써 시선에 다양한 변화를 줄 뿐만 아니라 감상자로 하여금 경이감과 의외성을 느끼게 한다.

모든 것을 겉으로 다 드러내지 않고 우회곡절迂回曲折하면서 조금씩 드러내는 것은 물론 대교약졸의 감추기 사상과도 관련이 있다. 이것은 중국인들의 감정표현 방식과도 통한다. 그들은 자신의 감정을 한꺼번에 다 드러내기를 좋아하지 않는다. 서양인들이 중국인들과 사귈 때 가장 어려움을 느끼는 부분 가운데 하나다.

이런 억경의 수법은 또한 시야를 한 군데로 집중시켜 시각적 통일성을 중시하는 초점투시보다는 시야를 여러 곳으로 분산시키는 산점투시와도 관련이 있다. 그래서 처음 중국 원림을 접하는 사람들은 공간들이 흩어져 있기 때문에 통일성의 아름다움을 발견하기가 어렵다. 그러나 자세히 들여다보면 그 속에는 강약과 음양의 유기적인 조화 속에서 보이지 않는 통일미를 지니고 있다.

10장

발산의 서양문화,
수렴의 동양문화

　앞에서 동서양의 종교과 철학, 문학과 예술을 다루었는데 이 장에서는 고대에서 19세기 말까지의 서양문화사의 흐름과 중국문화사의 흐름을 논하고 앞으로 동아시아문화가 어떻게 흘러갈 것인가에 대해 이야기하고자 한다. 짧은 지면 안에서 동서양의 문화사를 개략적으로 훑어보는 것이 목적이기 때문에 세부적인 사항들은 생략하고 주로 주요한 정치적 사건과 문화적 변화를 중심으로 언급하였다.

　일반적인 문화사 책들은 대체로 고대 부분보다는 근대에 가까이 올수록 양이 많아진다. 근대로 올수록 자료가 더욱 풍성할 뿐만 아니라 현대와 더욱 많은 연관성이 있기 때문이다. 그러나 이 책의 목표는 그냥 문화사를 소개하는 것이 아니라 동양과 서양이 어떻게 서로 다른 패턴의 문화를 만들어내었가를 밝히는 데 있기 때문에 근대보다는 고대에 더 많은 지면을 할애하였다. 한 사람의 인생에도 어릴 때의 환경과 성장 배경이 중요하듯이, 문화라는 유기체도 출발하는 당시의 자연 환경 및 사회 환경과 아울러 그 속에서 형성된 초기의 여러 가지 경향성들이 후대의 발전에 지대한 영향을 미치기 때문이다.

앞에서 서양문학과 중국문학의 마지막 부분에서도 다루었듯이 서양과 중국은 발전의 패턴이 정반대이다. 서양문화는 처음부터 발산적인 경향이 있었고 중세라는 잠시의 침체기를 거친 뒤에는 더욱 강한 빛을 발하면서 세계로 팽창하였다. 이에 비해 중국문화는 처음부터 서양과는 달리 수렴을 중시하는 경향이 있었고 중간에 인도문화라는 다소 이질적인 문화의 영향을 받아 발산을 추구하였지만 결국은 다시 자신들의 본래 속성으로 되돌아가는 패턴을 보여준다.

19세기 중엽 이후 중국을 위시한 동아시아의 여러 국가들은 서세동점의 충격 속에서 서양의 문명과 문화를 답습하기에 여념이 없다. 그러나 문명사에서 영원한 강자는 없고 문화 또한 끊임없이 변화·발전하는 것이다. 앞으로 세계문명사가 어떤 방향으로 흘러갈지 그 속에서 동아시아의 문화가 어떤 방향으로 나아가고 어떤 역할을 할지는 좀 더 두고 보아야 할 것이다.

발산에서 침체를 거쳐
다시 팽창한 서양문화

해안구릉지대에서 일어난 그리스 문명

　고대문명은 대부분 농경에 유리한 큰 강의 유역에서 일어났다. 그중 가장 선두를 달린 문명은 메소포타미아의 수메르 지역에서 일어났다. 기원전 8000년 무렵부터 농경과 목축을 시작하였고, 약 1000년 뒤에 신석기시대가 시작되고, 기원전 4000년 무렵에는 청동기문명이 시작되고, 기원전 3300년 무렵에는 인류 최초로 도시를 건설하였다. 그리고 이집트의 나일강 유역에서는 기원전 2800년 무렵부터 피라미드 공사가 시작되었다.

　서양문화의 뿌리는 그리스문화이다. 기원전 2000년 전에 민족 대이동이 있을 때 인도유럽어족의 한 무리가 흑해와 다뉴브 강을 거쳐 발칸반도 남부인 그리스 지역에 이르게 되었다. 이들이 형성한 문명이 그리스 최초의 문명인 미케네 문명이다.

　당시 발칸반도 남쪽의 에게해의 크레타 섬에는 이들보다 약 1000년 먼저 이집트 문명의 영향을 받아서 크레타 문명이 건설되었는데, 지리적으로 서양에서 형성된 문명 가운데 최초의 문명이라고 할 수 있다. 기원전

1400년 무렵에는 미케네 문명이 크레타 문명을 정벌하고 그 여세를 몰아 주변 지역들을 모두 복속시켜 거대 왕국을 건립하게 된다.

미케네 문명의 건설자인 아카이오스 왕국은 대략 기원전 1200년 무렵에 바다 건너 소아시아 지역의 트로이로 원정을 나가게 된다. 서양문학의 원류인 『일리아스』와 『오디세이아』는 바로 이 시기에 나온 전쟁영웅담을 서사시로 정리한 것이다. 『일리아스』에서는 트로이전쟁의 원인이 헬레네라는 미녀 때문이라고 하지만 실제로는 흑해와 동지중해의 해상무역권을 장악하려는 의도가 더 큰 목적이었다. 미케네는 이 전쟁을 통해 흑해와 에게해의 최강자로 군림할 수 있었다.

그러나 미케네 문명은 얼마 되지 않아 파괴되었고, 그 뒤로 기원전 8세기 중엽까지 그리스는 암흑기에 빠지게 된다. 암흑기에 빠졌다는 말은 우선 이 시기에 대한 기록이나 흔적이 거의 없고 외부와의 교류도 거의 없다는 뜻이다. 또한 한때 흥성하였던 찬란한 문화가 지속적으로 후대에 전해지지 못하였다는 것도 의미한다. 미케네 문명의 갑작스런 몰락과 거의 비슷한 시기에 북방에서 마지막 이주자인 도리아인들이 남하하였다. 때문에 미케네 문명은 도리아인들의 침입으로 망하였다는 설이 있지만 명확한 증거가 없어 이론의 여지는 있다.

미케네 문명과 이후의 그리스 문명은 단절이 심하다. 문화의 성격도 상당히 다를 뿐만 아니라 아예 문자 자체가 다르다. 미케네 시대의 문자는 원시적인 선형문자인데 그 이후의 문자는 페니키아 알파벳을 약간 변형시킨 문자이다. 그럼에도 미케네 문명과 후대 그리스 문명 사이에는 공통점이 있다. 바로 외부와의 교역을 중시하고 해외 식민지 개척에 앞장섰다는 점이다. 그것은 자연환경의 영향 때문일 것이다.

대부분 고대문명이 큰 하천 주변의 평원을 중심으로 발전하였던 데 비해, 그리스 문명은 산악지대가 많아 비옥한 농지가 별로 없는 대신 구불구불한 해안선을 따라 좋은 항구가 많이 발달한 반도를 중심으로 흥기하였다. 그리스의 지형은 각 지역들이 높은 산으로 분리되어 있어 독자적으로 발전하기가 더 용이하다. 때문에 통일된 거대 국가보다는 자그마한 폴리스의 동맹 형식을 유지하면서 발달하였다. 한때 그리스 본토 내 폴리스의 수는 무려 200개가 넘었다. 기후나 토양의 조건상 쌀이나 밀 등 본격적인 농산물보다는 주로 올리브나 포도 등의 농작물을 재배했다. 이러한 여러 가지 환경 때문에 그리스인들은 자체의 농업만으로는 생계를 유지하기 힘들어 일찍부터 수공업이나 상업에 종사하였고 부를 축적하기 위해서는 바다로 나가 다른 지역과 교역할 수밖에 없었다.

자연환경과 산업양식의 차이는 문화의 차이를 낳는다. 큰 강을 낀 넓은 평원에서 일어나 농업을 주요 산업으로 삼은 문명권에서는 대부분 일찍부터 강력한 통일국가가 형성되었고 이를 통해 전제주의적 문화가 발달하였다. 이에 비해 해안 구릉지대에서 일어나 상업과 수공업 중심의 경제구조를 지닌 그리스는 개인의 능력과 창의성을 존중하고 해외무역과 식민지 개척에 나서지 않을 수 없었다. 이러한 사회 분위기 속에서 민주적이면서도 진취적인 발산형의 문화가 발달하였다.

같은 그리스 내에서도 아테네와 스파르타를 비교해보면 자연환경과 산업구조의 차이가 어떤 문화적 차이를 낳는가를 알 수 있다. 아테네가 위치한 아티카 반도는 자갈 많은 토질로 포도와 올리브 경작에는 적합하였지만 곡물 재배에는 부적합하다. 아테네에는 소가 없을 뿐만 아니라 다른 농산물도 부족하지만 석재와 양질의 흙은 풍부하였다. 그들은 좋은 질그릇을 만드는 기술을 발달시켰고 그것을 팔아서 곡물을 사기 위해 상업을 발달시켰다. 그래서 개인의 창의력과 자유를 존중하는 문화를 발달시켰다.

이에 비해 스파르타 지역은 상대적으로 농토가 많았고 농산물이 풍부한 편이었다. 스파르타인들은 이 지역에서 농사를 짓던 원주민들을 정복한 뒤 월등히 수가 많은 원주민들을 제압하기 위해 철저히 통제된 군대조직과 전제주의적 정치체제를 발달시켰고 폐쇄적인 자급자족의 경제체제를 유지하려고 하였다. 물론 또 다른 변수도 있을 것이다. 민족성의 차이도 그중 하나인데, 스파르타는 강건한 도리아인이 세운 폴리스이고 아테네는 부드러운 이오니아인들이 세운 폴리스이다. 아무튼 후대 서구문화에 결정적인 영향을 끼친 철학, 문학, 미술, 음악 등의 고대 그리스의 문화유산은 대부분 아테네인들이 만들어낸 것이다.

찬란한 문화를 꽃피운 고전기 그리스 문화

미케네 문명의 파괴 후 기나긴 암흑기를 거친 끝에 기원전 8, 9세기에 그리스 문명은 새롭게 출발한다. 많은 역사가들이 최초의 고대 올림피아 경기가 열린 것으로 기록된 기원전 776년을 새로운 그리스의 시작 연대로 잡기도 한다. 이 시기부터 아테네의 참주제가 전복되고 민주주의가 시작되는 기원전 510년까지는 아르카익 시대, 흔히 고졸기古拙期라 부른다. 여기서 고졸은 '예스럽고 서툴다'는 뜻으로 아직 제대로 피어나지 못하였다는 의미이다. 그 뒤로부터 알렉산더 대왕이 사망하는 기원전 323년까지는 그리스 문화의 최전성기이자 가장 모범적인 시기이기 때문에 고전기라고 한다.

아테네도 원래는 다른 폴리스와 마찬가지로 왕정으로 출발하였다. 그러나 기원전 750년경에 귀족들이 왕정을 폐지하고 아레이오스 파고스라는 귀족회의를 중심으로 폴리스를 통치하였다. 기원전 7세기 초부터 상인계급이 성장하면서 평민들의 정치적 요구가 점차 커졌다. 이에 기원전 594년에 솔론은 개혁을 실시하여 종래의 귀족 지배를 존속시키면서도 부유한 평민들의 정치 참여의 길을 조금 열어주었다. 그러나 얼마 있지 않아 참주가 나타나 독재정치를 하면서 민주제는 잠시 후퇴하였다.

기원전 510년 참주제를 무너뜨리고 우여곡절 끝에 민주제를 크게 확대 실시한 사람은 클레이스테네스였다. 그는 아테네의 모든 시민이 지위에 상관없이 정치적 권력을 공유하게끔 하는 혁신을 단행하였으며 정치조직의 기본 단위를 이전의 씨족 공동체에서 지역 공동체로 바꾸었다. 또한 오스트라시즘이라는 독특한 제도를 창안하였다. 그것은 도자기 파편에다 비밀투표를 실시하여 참주가 될 가능성이 있는 사람을 10년간 해외로 추방시키는 제도로 도편추방제陶片追放制라고 한다.

아테네 민주정치를 완성한 사람은 기원전 461년에 지도자로 등장한 페리클레스이다. 이 시기에 이르러 시민들이 참여하는 민회가 정식으로 입법권을 행사하였을 뿐만 아니라 행정관료를 감시·고발하여 권력의 남용을 막는 역할도 하였다. 사법제도도 완성되었는데 오늘날 볼 수 있는 민주제도의 기본 틀이 거의 갖추어졌다. 그러나 당시 민주제는 직접 민주제이고 참정권은 노예, 여자, 외국인을 제외한 18세 이상의 남자시민에게만 주어졌다는 점에서 차이가 있다.

그 사이 동방에서는 페르시아가 일어나 통일을 이룬 다음 그리스를 위협하였다. 지중해의 패권을 놓고 그리스와 페르시아는 일전을 치르지 않을 수 없었다. 기원전 490년 페르시아는 아테네를 공격하였다. 아테네는 마라톤에서 페르시아의 대군을 격퇴시켰다. 오늘날 마라톤 경주는 바로 이 전쟁에서 나온 것이다. 10년 뒤 다리우스 왕의 아들 크세르크세스 왕은 50만 육군과 거대한 함대를 이끌고 수륙양면으로 그리스를 침공하였다. 그러나 그리스는 살라미스 해전에서 대승을 거두었고 이후 일련의 전투에서 페르시아 군대를 패퇴시켰다.

이후 아테네는 페르시아의 재침을 방비하기 위하여 델로스 섬에서 200여 개의 폴리스를 가담시킨 동맹체를 구성하고 그 맹주가 되었다. 뒤이어 등장한 페리클레스는 국내적으로 민주제를 확립하고 대외적으로는 델로스동맹을 주도하였고, 막강한 해군력을 바탕으로 해외무역을 확장하여 아테네의 경제력을 정점에 올렸으며, 문학, 예술, 건축 등을 장려하여 아테네를 그리스의 문화적 중심지로 만들었다.

그러나 델로스동맹에서 아테네의 독주가 계속되면서 다른 폴리스들의 불만이 점차 고조되어갔다. 결국 기원전 431년에는 스파르타가 중심이 된 펠로폰네소스동맹과 전쟁에 들어간다. 전쟁 중 페리클레스가 사망하고 델로스동맹의 다른 국가들도 이탈하여 아테네는 기원전 404년 마침내 항복을 하고 만다. 스파르타가 잠시 맹주의 지위에 올랐지만 이번에는 테베가 스파르타를 공격하여 스파르타를 몰락시키고 패권을 장악하였다. 그러나 테베의 패권 또한 오래가지 못하였고 그 후로는 특별한 맹주 없는 소강상태를 유지하였다. 이렇게 오랜 내전으로 인해 그리스 전체의 국력이 쇠잔되자 결국 기원전 338년 북방에서 일어난 마케도니아에게 병합되었고, 그 뒤로는 다시 재기하지 못하였다.

마케도니아의 필리포스 왕이 그리스인에게 암살당하자 젊은 알렉산더가 왕위에 오른다. 알렉산더는 그리스인을 강압적으로 통치하기보다는 그리스인들의 페르시아에 대한 원한을 이용하여 마케도니아-그리스 연합군을 만들어 페르시아 정벌에 나선다. 알렉산더 대왕은 기원전 331년 페르시아를 멸망시키고 원정을 계속하여 인도 서북부까지 점령한다. 하지만 기원전 323년 되돌아오는 길에 바그다드에서 사망한다. 이 뒤로부터는 헬레니즘 시대이다.

후대 서양문화의 원류가 된 그리스의 철학, 문학, 건축, 조각, 음악 등은 모두 이 시기에 등장한 것이다. 그리스 문화를 이야기할 때 빼놓을 수 없는 것은 신화이다. 그리스신화는 다른 어떤 지역의 신화보다 이야기가 풍부하고 상상력이 넘친다. 게다가 그리스의 신들은 인간보다 월등한 힘과 불멸성을 지니고 있지만 욕망, 감정, 생각은 인간과 거의 비슷하기 때문에 사실 신들의 이야기라기보다는 그리스인들의 사랑과 욕망, 용기와 두려움, 꿈과 좌절 등을 그대로 반영한다. 그래서 매우 강렬하면서도 생동감 있게 다가온다.

그리스인들 사이에서 고래로부터 구전으로 내려오던 위대한 신들과 영웅들의 이야기는 고졸기 초부터 문자로 기록되고 예술로 표현되기 시작한다. 호메로스의 『일리아스』와 『오디세이아』, 헤시오도스의 『신통기』를 기점으로 시인들과 극작가들은 신들과 영웅들의 이야기를 아름다운 문체로 멋지게 표현하기 시작하고, 화가와 조각가들은 신화의 인물이나 신화 속의 극적인 장면들을 멋지게 형상화하여 감탄을 자아내게 하였다.

고전기에 들어서면 희곡이 크게 흥성하는데 그리스의 삼대 비극작가인 아이스킬로스, 소포클레스, 에우리피데스 등은 모두 민주주의가 피어나기 시작하는 고전기 초기에서 페르시아전쟁을 거쳐 펠로폰네소스전쟁이 끝날 즈음까지 아테네의 전성기에 활약하였던 작가들이다. 특히 페리클레스의 친구이자 정치가로서도 명성을 떨쳤던 소포클레스는 합창단의 수를 늘리고 여러 가지 소도구를 개발하여 드라마의 공연형식을 크게 발전시켰고, 이야기의 구성에서도 치밀하고 극적인 요소를 강조하여 그리스비극을 최정상에 올렸다. 그가 만들었던 『오이디푸스 왕』과 『안티고네』는 이후 서양 희곡에 지대한 영향을 미쳤고, 지금도 꾸준히 공연되고 있다.

신화의 영향력이 워낙 강하였기 때문에 철학이 서사시나 극시에 비해 발전이 조금 늦었던 것은 어쩌면 당연하다. 그리스철학은 본토가 아니라 해외의 식민지에서 먼저 일어났고 관심의 주대상은 자연이었다. 호메로스나 헤시오도스보다는 약 1세기 뒤에 등장한 탈레스는 젊은 날 이집트를 위시한 동방의 여러 지역을 여행하면서 수학과 자연과학을 두루 배운 뒤 신화적 사유를 벗어난 합리적 자연 탐구를 시작하였다. 아낙시만드로스, 아낙시메네스 등 밀레토스인들이 뒤이어 만물의 아르케에 대한 자신의 학설을 제시하였다.

페르시아가 소아시아 지역을 장악하면서 철학의 중심지는 이탈리아 지역의 식민지로 넘어갔다. 수를 만물의 아르케라고 생각하였던 피타고라스학파는 남부 이탈리아 식민지의 지식인들이었고, 불변하는 존재에 대한 탐구를 본격적으로 시작하였던 페르메니데스와 그의 제자 제논 등도 이탈리아 남부 지역의 엘레아에서 활약하였다. 헤라클레이토스, 엠페도클레스, 데모크리토스 등 그리스 철학의 초기를 장식한 자연철학자들은 대부분 해외식민지 출신의 그리스인들이다.

페리클레스 시대에 아테네가 황금기를 맞이하면서 드디어 철학의 중심이 아테네로 옮겨진다. 인간은 만물의 척도라고 주장하였던 프로타고라스, 불가지론을 강조하였던 고르기아스 등이 바로 이 시기의 대표적인 인물들이다. 이들 또한 아테네 출신이 아니라 부와 명예를 위해 식민지 지역에서 아테네에 온 사람들이다. 이들은 흔히 궤변론자라는 부정적인 이름으로 불리기도 하였지만 긍정적인 역할도 많이 하였다. 철학의 중심을 자연에서 인간으로 돌렸을 뿐만 아니라 상대주의를 주장하여 종교가 지니고 있던 절대적 권위를 약화시켜 사고의 유연성을 더해주었다.

본토가 아니라 해외식민지에서 먼저 철학이 나왔던 이유는 무엇 때문일까? 아마도 본토가 신화의 전통이 훨씬 강하게 남아 있는 데 비해 해외의 식민지는 신화적 전통의 구속이 적어 사색의 자유를 더 많이 보장받았을 수 있었기 때문이 아닐까 생각해본다. 그리스 고유의 문화와 식민지 지역의 이국문화가 서로 충돌하는 가운데 창조적 사유를 할 수 있었던 것도 또 하나의 원인이리라.

아이러니컬하게도 아테네의 영화가 시들어갈 때 철학의 꽃은 찬란하게 피어났다. 원래 철학이란 현실이 낳은 모순과 갈등의 영양분을 섭취하면서 성장하는 것이기 때문이리라. 소크라테스는 황금기에 태어났지만 그의 주된 활약 시기는 펠로폰네소스전쟁 때였다. 그는 소피스트의 상대주의를 반대하면서 진정한 미덕과 절대적 진리를 찾으려고 노력하였지만 아테네의 패전 5년 뒤인 기원전 399년 어리석은 군중에 의해 사형을 선고받는다. 현명하였던 스승이 어리석은 군중에게 죽음을 당하는 비극적 모순을 보면서, 플라톤은 과연 참다운 진리가 무엇인지를 고민하고 그것들을 사회적으로 실현할 수 있는 이상적인 국가를 꿈꾸었다. 그는 이상주의자였으며 합리적 이성도 강조하였지만 영혼의 정화를 통해 현상세계 너머의 영원불변의 진리를 추구한 사람이었다. 그의 제자 아리스토텔레스는 아테네의 황혼을 장식한 최후 최대의 철학자로서 탈레스로부터 내려오던 자연철학과 플라톤이 추구하였던 이상세계를 통합하여 그리스 고전철학의 집대성자가 되었다.

이상으로 그리스문화를 간략하게 정리해보았는데 문학, 철학, 예술, 건축 전반에 걸친 공통적인 특징은 앞에서도 살펴보았듯이 발산의 아름다움에 있다. 신들과 영웅들이 어우러져 펼치는 방대한 스케일의 서사시, 극도의 비극성을 강조하며 카타르시스를 이끌어내는 극시, 육체가 지닌 아름다움을 극대화하여 표현한 조각, 석조 건축이 만들어낼 수 있는 웅장함과 우아함을 과시하는 여러 건축물들, 자연과 인간에 대해 명료하면서도 치밀한 지적 탐구의 금자탑을 쌓아올린 철학, 이 모든 것들은 후대 서양문화의 기초가 되었다. 일부는 중세 때 기독교에 억압되어 침체를 겪기도 했지만 르네상스 이후 다시 유럽문화의 주축이 된다.

동서 문화의 교류가 활발하였던 헬레니즘시대

헬레니즘시대에 대해서는 설이 분분한데 일반적으로 알렉산더 대왕이 지중해에서 인더스 강에 이르는 거대한 제국을 세우고 사망한 기원전 323년에서부터 로마의 옥타비아누스가 악티움 해전을 통하여 명실상부하게 지중해의 패자로 군림한 기원전 31년까지를 이른다. 헬레니즘 이라는 말은 헬라스에서 나온 것으로 그리스 본토를 가리킨다. 즉 그리스 의 문화가 지중해를 중심으로 동방까지 널리 퍼졌던 시기를 말한다.

알렉산더 대왕은 전쟁의 천재로 단기간에 페르시아 제국을 멸망시켰을 뿐만 아니라 동방으로 원정을 계속하여 인도의 서북부 지역까지 영토를 확장하였다. 그러나 그는 단순한 정복자가 아니었다. 그의 원대한 꿈은 그 리스문화를 중심으로 동방과 서방을 문화적으로 통합하는 것이었다. 이 를 위해 원정길에도 많은 학자와 예술가들을 동원하였고 국제결혼을 권 장하고 세계동포주의를 내세웠다. 그리고 가는 곳마다 자신의 이름을 딴 알렉산드리아 시를 건설하여 동서 문화의 융합을 꾀하였다.

알렉산더 대왕이 33세의 젊은 나이에 열병으로 사망하면서 마케도니 아 제국은 혼란에 빠졌다. 결국 제국은 마케도니아와 그리스 본토 지역의 카산드로스 왕조, 이집트 지역의 프톨레마이오스 왕조, 그리고 시리아, 메 소포타미아와 페르시아 지역의 셀레우코스 왕조로 분열된다. 이 중 셀레 우코스는 가장 넓은 영토를 자랑하였지만, 기원전 250년 전후에 지금의 이란 지역에서 파르티아 왕국이 일어나 독립하고 아프가니스탄 지역과 인 도 지역도 독립하면서 영토는 시리아 지역으로 축소된다. 로마에 가장 가 까운 마케도니아 지역이 먼저 합병당하고, 이어서 시리아 지역도 합병당 하고, 악티움 해전이 끝난 직후 이집트 지역도 로마에 의해 차례로 병합 당하면서 정치적인 의미의 헬레니즘 시대는 끝이 난다. 그러나 헬레니즘 문화는 로마에 의해 계승되면서 유럽 문화의 토대가 된다.

헬레니즘시대의 가장 큰 특징 중 하나는 자연과학의 발달이다. 이 시 대에는 그리스, 이집트, 동방 등 여러 지역의 문화가 통합되면서 각 지역 의 장점이 융합되어 자연과학에서 큰 성취를 이루었다. 유클리드가 일찍 이 이집트에서 발달하였던 기하학과 아리스토텔레스의 연역적 논리체계를 접목하여 유클리드 기하학을 완성하였으며, 아르키메데스는 목욕탕에서 부력의 원리를 발견하여 유레카를 외쳤으며, 아리스타르코스는 태양 중심의 지동설을 주장하였고, 에라토스테네스는 놀라울 정도의 정확도를 보이며 지구의 반지름과 태양과 지구의 거리를 추정하였다.

미술에서는 숭고한 미를 중시하던 그리스 고전시기의 풍조가 사라지고 향락적 관능미를 중시하는 풍조가 일어나 극적인 표현을 더욱 중시하였다. 미의 여신인 아프로디테의 나신상들과 트로이인들에게 목마를 경고하려다가 포세이돈이 보낸 바다뱀에 물려죽는 라오콘과 그의 아들을 극적으로 묘사한 「라오콘의 군상」이 대표적인 작품이다. 건축물에서도 간결한 도리아식보다는 화려한 코린트식이 더욱 유행하였으며 사람들을 압도하는 웅장한 건물들이 많이 건축되었다. 고대 세계의 7대불가사의 중 하나인 알렉산드리아의 대등대는 그 높이가 122미터 정도나 되었다. 알렉산더 대왕의 소원대로 헬레니즘의 미술은 세계로 확장되어 인도의 간다라 지역의 불교 조각에도 큰 영향을 주었다. 대략 1,000년 뒤에는 저 멀리 한반도의 동남쪽에 위치한 경주 석굴암의 본존불의 미소에도 영향을 끼쳤다.

이 시기 철학에서는 그리스 철학의 장점인 자연과 인간에 대한 치열한 지적 탐구의 열풍은 사그라지고 대신 마음의 평정이나 무욕 등의 덕행을 추구하는 실천철학적 경향이 많이 나타난다. 견유학파의 대표자인 디오게네스는 욕망과 수치심을 버린 자유자재의 삶을 추구하여 정말 개처럼 아무것도 소유하지 않는 무소유의 삶을 살았으며, 스스로 폴리스나 국가 등의 구속을 벗어난 세계시민임을 선포하였다. 에피쿠로스학파는 인생의 목표를 쾌락에 두었는데, 추구하였던 쾌락은 감각적·관능적 쾌락이 아니라 마음의 평정에서 오는 고차원적인 쾌락이었다. 헬레니즘시대에 등장한 철학 가운데 가장 대표성을 지니고 있고 후대 로마인들에게도 큰 영향을 미쳤던 학파는 스토아학파이다. 스토아학파는 냉철한 이성으로 마음의 평정을 얻어야 함과 아울러 인생의 길흉화복에 상관없이 그저 자신에게 주어진 도덕적 의무를 다해야 함을 주장하였고, 세계동포주의를 제창하였다. 회의주의학파의 유행도 고전시기에 정점에 올랐던 지적 탐구의 쇠락을 잘 보여준다.

헬레니즘시대에는 동서 문화의 교류가 활발하게 이루어졌다. 그리스문화가 동방으로 널리 퍼져갔고, 동시에 페르시아의 문화도 서양으로 밀려들어왔다. 이러한 동서 문화의 교류 중에서 가장 눈여겨보아야 할 것은 유대교의 성장이다. 페르시아 통치하의 팔레스타인 지역의 작은 민족종교에 불과하였던 유대교는 헬레니즘의 영향으로 점차 세련되어갔으며 서양문화에 본격적으로 편입될 준비를 거의 다 갖추게 되었다.

유대교는 히브리 민족이 성립한 일종의 민족종교이다. 고대 대부분 민족들이 다신교를 숭배하였던 데 비해 히브리족은 독특하게도 유일신 신앙을 지니고 있었다. 그러나 그들이 모시는 유일신이 처음부터 우주 창조의 보편적 유일신이었던 것은 아니다. 초기에는 소박한 부족신에서 출발하여 모세 이후 민족신이 되었다가 바빌론유수 시기를 거치면서 보편적 유일신으로 격상된다. 이 시기를 전후하여 일어난 또 하나의 중요한 변화는 사후세계와 종말론의 유입과 메시아 사상의 등장이다. 바빌로니아를 정복한 페르시아의 키루스 왕은 유대인들을 예루살렘으로 귀환시키는 동시에 성전의 재건축을 장려하였고 이에 제2성전시대가 시작되었다. 유대교는 바빌론 유수시기와 제2성전시대 초기에 본격적으로 기틀을 다진다. 구전되던 히브리 경전이 제대로 정리된 것도 바로 이 시기이다.

페르시아시대에 비교적 안정기를 구가하였던 유대교는 헬레니즘시대에 들어서면서 새로운 변화에 부딪히게 된다. 대략적으로 볼 때 헬레니즘시대 전기까지는 프톨레마이오스 왕조의 이집트에 속하였는데 자치권을 보장받으면서 자신들의 종교적 정체성을 지킬 수가 있었다. 그러나 문화적으로는 헬레니즘의 영향을 받지 않을 수 없었다. 당시 유대인들은 유대 지역에만 머물렀던 것이 아니라 여러 지역으로 흩어져 살았는데 이들 디아스포라 유대인들은 모국어인 히브리어를 잊고 당시의 공용어인 그리스어를 사용하였다. 이들을 위해 당시 헬레니즘 문화의 중심지였던 알렉산드리아에서 히브리어 경전을 그리스어로 번역하는 사업이 진행되었고, 그 결과 나온 것이 70인 역 히브리 경전이다. 이 번역 사업을 통해 유대교는 처음으로 서양문화에 모습을 드러낸다.

그런데 중기에 들어 유대 지역이 셀레우코스 왕조의 시리아에 병합되면서 유대교의 시련이 시작된다. 시리아는 이집트와는 달리 유대인들에게 그리스 문화를 강요하는데 특히 안티오코스 4세는 기원전 167년 예루살렘 신전에 제우스신에 대한 제사를 강요하면서 유대교에 강한 압박을 가하였다. 이에 격분한 하시딤들, 즉 유대의 율법을 지키려고 하던 경건한 사람들은 마카비 가문과 힘을 합쳐 반란을 일으켜 기원전 164년 마침내 성전을 회복하고 정치적 독립권을 쟁취한다. 개신교에서는 정경으로 인정하지 않지만 가톨릭에서는 정경에 포함되어 있는 「마카베오서」는 바로 이 시기의 투쟁을 기록한 것이다.

그런데 마카비 가문은 정치권력에 만족하지 않고 기원전 152년에는 대제사장직도 겸하게 되는데, 부당하게 쫓겨 난 대제사장은 반대파를 규합하여 비밀결사집단인 에세네파를 형성하였다. 한때 에세네파의 존재에 대해 많은 논란이 있었으나 20세기 중반 사해 쿰란 동굴의 경전이 발견되면서 이들 집단에 대해 많은 사실들이 밝혀졌다. 마카비 가문의 대제사장직 장악에는 반대하였지만 에세네파에는 동참하지는 않고 대신 경건한 율법주의를 강조하였던 사람들이 바리새파이고, 새로운 대제사장을 인정하면서 권력의 엘리트 계층을 이루었던 사람들이 사두개파이다.

이들은 세계관에서도 큰 차이를 보인다. 에세네파가 종말과 심판, 그리고 이스라엘의 구원에 경도되어 있었던 데 비해 바리새파는 영혼 불멸과 부활은 믿었지만 종말론에는 관심이 없었다. 사실 종말론은 에세네파가 성립되기 전부터 유행하였던 사조 가운데 하나이다. 안티오코스 왕의 박해를 전후로 종말론적 묵시문학이 흥성하였는데 그 대표적인 것이 「다니엘서」이다. 「다니엘서」는 바빌론유수 시기가 시대적 배경이지만 사실은 기원전 165년 마카비 가문의 투쟁 도중에 나온 것이다. 환란, 종말, 심판, 부활을 예언하는 종말론적 묵시문학은 초기 기독교에도 큰 영향을 미쳐 결국 「요한계시록」이 성경의 마지막을 장식하게 만든다.

이들 두 파에 비해 사두개파는 종말론은 물론이고 영혼불멸이나 사후세계 등을 믿지 않았다. 대신 인간의 책임을 강조하고 신은 현세에서 인간의 행위에 합당하게 상과 벌을 주신다는 현세보상론을 주장하였다. 사두개파가 영혼 불멸, 내세, 종말론 등을 배격하였던 것은 그러한 것들이 모세오경에는 전혀 나타나지 않기 때문이다. 그들은 히브리성서 중에서 토라의 권위를 절대적으로 믿고 예언서나 성문서 등은 부차적인 것으로 생각하였으며 구전의 전통은 아예 거들떠보지도 않았다.

기원후 1세기에 활약하였던 유대의 역사학자 요세푸스가 『유대 고대사』에서 에세네파를 피타고라스학파에, 바리새파를 스토아학파에, 사두개파를 에피쿠로스학파에 비유한 것은 물론 헬레니즘 문화권에 속한 독자들을 위한 배려이지만 참 재미있는 관점이라 생각된다. 아무튼 헬레니즘 시대에 형성된 이러한 다양한 종파들과 사조들은 후대 기독교 탄생의 배경이 되었다.

모든 서양사는 로마로 흘러들어갔다가 로마에서 흘러나온다

고대 서양의 최후의 승자는 로마였다. 로마인들의 전설에 따르면 기원전 753년 늑대에게 양육을 받은 로물루스와 레무스 형제 중 로

물루스가 동생을 물리치고 나라를 세움으로써 로마가 시작되었다고 한다. 실제로는 기원전 1500년경부터 북방에서 이탈리아 반도로 들어온 인도유럽어족에 속하는 라틴족이 주류가 되어 그리스에서 건너온 에트루리아인들과 여러 부족들을 통합하여 8세기경 티베르강 북쪽에 도시국가를 세운 것이 로마의 출발이다. 처음에 왕정으로 시작하였으나 그리스에서 민주정이 시작되는 즈음인 기원전 509년에 공화정을 확립한다.

초기에 작은 도시국가에 불과하였던 로마는 주변의 그리스 식민지들을 몰아내고 기원전 272년 이탈리아 반도를 통일하면서 점차 해외원정으로 눈을 돌린다. 로마는 지중해 건너편의 강대국 카르타고와 기원전 264년부터 146년까지 세 차례에 걸쳐 포에니전쟁을 치르면서 영토를 크게 확장한다. 뒤이어 마케도니아와 그리스 지역을 위시한 지중해의 여러 지역을 병합하면서 세력을 키워나가다가 기원전 31년 악티움전쟁을 끝으로 전 지중해 지역을 완전히 통일한다.

영토가 크게 확장된 로마는 공화정에서 황제가 다스리는 제국으로 바뀐다. 최초로 황제가 된 카이사르가 브루투스를 위시한 정적에게 암살당한 뒤 잠시 혼란기가 있었으나 그 상속자인 옥타비아누스가 악티움전쟁을 통해 권력을 완전히 장악하면서 로마는 본격적으로 제정시대에 들어간다. 이후 네로 황제와 같은 폭군도 있었지만 대체로 현명한 황제가 많이 배출되었고, 『명상록』으로 유명한 철학자 황제인 마르쿠스 아우렐리우스가 사망하는 기원후 180년에 이르기까지 약 200년 남짓 전성기를 구가한다. 이 시기를 흔히 '팍스 로마나Pax Romana', 즉 '로마의 평화'라고 부른다.

이후 황제의 권력이 점차 약해지다가 235년에서 284년 사이에는 49년 동안 무려 26명의 군인 황제들이 난립하는 혼란기가 계속되었다. 284년 디오클레티아누스 황제가 군인황제의 혼란기를 종식시키면서 잠시 안정을 찾았다. 뒤이어 콘스탄티누스 황제 때 잠시 중흥기를 맞이하였지만 393년에 결국 로마제국은 서로마제국과 동로마제국으로 분열된다. 그리고 476년 게르만 출신 용병대장 오도아케르에 의해 서로마제국이 멸망함으로써 로마제국의 영화는 끝나게 된다. 동로마제국은 1453년 오스만터키에게 정복당할 때까지 1000년 정도 더 명맥을 유지한다.

로마가 지중해를 통일함으로써 메소포타미아, 이집트, 그리스, 팔레스타인 등에서 피어난 고대문명의 모든 물줄기는 로마로 흘러들어갔다. 로마인들은 각 지역의 문화를 존중하는 편이었는데 특히 그리스문화를 숭상하였다. 그들은 군사력과 행정능력에는 뛰어난 면모를 보였지만 문화예술과 철학 방면에서 그리스인들만큼 독창적인 면모를 보이지는 못하였다. 우선 신화만 보아도 로마신화는 신들의 이름을 그리스어에서 라틴어로 바꾼 것 외에 그 내용은 대부분 그리스신화를 답습한다. 철학에서도 독자적인 철학을 전개하기보다는 대부분 그리스철학을 추종한다. 로마에서 크게 유행하였던 그리스철학은 에피쿠로스학파와 스토아학파의 철학이었는데, 로마인들은 특히 스토아 철학을 사랑하였다. 로마인들이 지적 탐구의 철학보다는 도덕적 실천에 더 매력을 느꼈던 것은 아마도 거대한 제국을 통치하는 데 더 많은 도움이 되었기 때문일 것이다.

라틴어로 된 문학작품은 그리스보다 훨씬 늦어 1차 포에니전쟁이 발발할 즈음에 비로소 태동하였다. 옥타비아누스의 제정시대가 시작되면서부터 베르길리우스, 호라티우스, 오비디우스 등의 대가들이 등장하여 라틴문학의 황금기를 구가한다. 그러나 그 수준에서는 그리스문학을 능가하지는 못한다는 평을 받는다. 그리스인들이 비극과 희극 중 비극을 더 좋아하였던 데 비해 로마인들은 비극보다는 희극을 더 좋아하였다. 그러나 연극 자체가 크게 환영받지 못하였는데, 그 이유는 원형경기장에서 다양한 경기를 관람하는 것을 더 좋아하였기 때문이다. 다만 키케로나 세네카,

아우렐리우스 황제 등이 남긴 철학적 산문은 그리스문학에 없던 새로운 경지를 개척한 것으로 평가받는다. 조각예술에서도 고전 그리스 시기의 작품을 능가하는 작품은 별로 없고 대부분 아류에 그친다.

로마인들이 가장 탁월한 능력을 발휘한 분야는 법률과 건축이다. 법률 분야의 성취에서 가장 높이 평가되는 것은 자연법사상이다. 로마의 법은 자연법, 만민법, 시민법의 세 가지로 이루어져 있는데, 그중 가장 상위개념인 자연법은 모든 인간에게 보편적으로 적용되는 법이다. 로마 자연법의 아버지인 키케로는 진실한 법은 모든 사람들에게 지속적으로 그리고 영구적으로 적용될 수 있는 자연과 일치하는 올바른 이성이며 그것은 국가보다 앞선다고 주장하였다. 로마의 자연법은 그리스의 스토아철학을 법률적으로 응용한 것이다.

로마인들의 토목 건축술 또한 그리스를 능가한다. 그들은 기원전 3세기에 이미 콘크리트 사용법을 발명하였으며, 기원전 1세기경에는 토목 건축의 여러 분야에 널리 사용하였다. 기원전 1세기의 비트로비우스가 지은 『건축십서』는 로마건축술을 집대성한 것으로 로마건축의 우수성을 잘 보여준다. 그리스인들이 건축의 예술미를 더 많이 강조하였다면 로마인들은 실용성에서 탁월한 면모를 보여준다. 특히 도로 건설과 수로 건설에서는 타의 추종을 불허한다. 그들이 만든 도로와 수로 중에는 2000여 년의 세월의 풍상을 견디며 오늘날까지 건재한 것들도 많다. 모든 길은 로마로 통한다는 말은 결코 빈말이 아니다.

로마제국에서 일어난 문화적 사건 가운데서 가장 중요한 것은 기독교의 탄생과 성장이다. 기원전 63년 셀레우코스 왕조가 망하면서 유대는 로마의 지배하에 들어가는데, 계속되는 외세의 침입과 사회적 혼란으로 민중 사이에서 메시아의 출현에 대한 갈망이 점차 높아졌다. 그런 가운데 예수는 기존의 편협한 유대교를 벗어나 보편적 사랑을 바탕으로 새로운 종교운동을 펼친다. 그는 당시 종교적 권력을 장악하고 있던 바리새파와 사두개파를 공격하면서 율법 대신 사랑을 강조하고 현세적 삶의 가치보다는 하나님의 나라를 강조하였다. 복음서에는 에세네파에 대한 언급이 없는데 일부 학자들은 예수가 에세네파와 밀접한 관계가 있었을 것이라 추측하기도 한다. 그의 가르침 속의 종말론적인 요소는 에세네파에서 나왔을 가능성이 높다. 아무튼 예수의 가르침은 헬레니즘시대에 형성된 유대교의 다양한 종파들과 사조들이 만들어놓은 토양 속에서 성장하였지만, 그들의 한계를 넘어 새로운 지평을 열었다고 할 수 있다.

예수가 대중적인 지지를 얻자 유대교의 기득권 세력과 로마총독은 두려움을 느껴 그를 십자가형에 처하였다. 그러나 예수의 제자들이 이에 굴하지 않고 스승의 부활을 주장하며 복음전파에 나선다. 바울이 유대교의 이단인 기독교인을 박해하다가 예수의 환상을 보고 기독교로 개종한 뒤부터 기독교는 큰 전환을 맞이한다. 베드로를 위시한 예수의 제자들은 전도를 하는 데 유대의 율법도 중시하였지만, 바울은 이방인들에게 예수의 가르침을 널리 전하기 위해서는 까다로운 율법보다는 믿음을 더욱더 강조해야 함을 주장하였다. 그리고 그리스문화에 해박한 자신의 장점을 살려 예수의 사상을 그리스적인 용어와 사유체계로 풀이하였다. 이에 예수의 가르침은 유대교의 틀을 넘어 세계 종교의 길을 걷게 된다.

기독교는 유대교의 편협한 율법주의를 극복하고 보편적인 인류애를 주장하였지만, 유일신에 대한 신앙에서는 여전히 배타성을 지니고 있었다. 기독교의 이러한 배타성은 다신교적 전통과 다른 문화에 대한 관용을 강조하는 로마의 사회 분위기와는 어울리지 못하였다. 로마의 통치자들은 로마의 전통종교와 배치되는 기독교에 대해 대체로 부정적으로 생각했으며 일부는 극단적인 탄압정책을 펼치기도 하였다. 네로 황제 때부터 시작된 기독교 박해는 3세기말 디오클레티아누스 황제 때 극에 이른다. 313년 콘스탄티누스 황제가 권력투쟁 중 기독교세력을 자신의 편으로 끌어들이기 위해 기독교를 공인하면서 오랜 박해는 마침내 끝이 났다. 헬레니즘시대에 서방세계와 처음으로 만났던 헤브라이즘은 무려 600년 남짓한 긴 시간을 거쳐서 마침내 로마제국 말기에 주도권을 잡게 된 것이다.

기독교의 공인 이후 시급한 문제로 대두되었던 것은 예수의 신성에 대한 교리의 정립이었다. 사실 기독교는 초기 사도 시절부터 그노시즘을 위시한 여러 가지 다른 사상들로부터 예수 가르침의 정통성을 유지하기 위해 많은 노력을 기울였다. 앞에서도 보았듯이 서양인들은 대체로 대립적 이원론을 선호하는 경향이 있다. 그런데 철학에서의 대립은 학문적인 차이에 그치는 것이지만 배타적 성격이 강한 종교에서 정통과 이단의 대립은 단순한 교리의 차이 문제에 그치지 않는다. 그것은 빛과 어둠, 신의 뜻과 사탄의 뜻의 대립으로 간주되었다. 그래서 교부들은 자신들의 승리를 위하여 사활을 걸고 치열하게 싸우지 않을 수가 없었다. 결국 삼위일체를 주장한 아타나시우스파가 정통으로 인정받고 아리우스파는 이단으로 몰리고 추방당한다.

그 외 많은 교리 논쟁을 거치면서 많은 교부철학가들이 이단으로 몰리기도 하였다. 예를 들어 3세기 초기의 오리게네스 같은 교부는 성서 주석학을 발전시키고 초기 기독교 교리의 정립에 많은 공헌을 하였지만, 제아무리 극악한 악인도 언젠가는 구원을 받는다는 만민구원설을 주장하였다는 이유로 300년 뒤의 제2차 콘스탄티노플 공회의에서 이단으로 정죄받는다. 이러한 교리논쟁은 중세에 들어서 이단재판으로 발전하여 많은 사람들을 화형대에 올리기도 하였다.

유일신에 대한 배타적인 신앙과 경건한 삶을 강조하는 헤브라이즘은 다신교적이고 자유로운 사상과 문예를 추구하는 헬레니즘과는 상극이다. 따라서 기독교의 부상은 헬레니즘의 억압을 의미한다. 361년 제위에 오른

율리아누스 황제는 기독교 세력의 급속한 팽창으로 헬레니즘 문화가 쇠퇴하는 것을 우려하여 기독교의 팽창을 억제하고 헬레니즘 문화를 장려하는 정책을 펼친다. 그러나 그는 제위 2년 만에 전쟁터에서 사망하고 이후 배교자로 낙인찍힌다. 380년 테오도시우스 황제가 기독교를 아예 국교로 삼고 난 이후 기독교는 무소불위의 권력을 휘두르기 시작하며 헬레니즘을 완전히 압도한다. 서양의 고대는 그리스 문명의 개화와 함께 시작하고 그리스 문명의 쇠퇴로 막을 내린다.

침체, 암흑기로 불리는 중세

중세라는 말 속에는 부정적인 느낌이 있다. 즉 찬란하였던 고대문명과 다시 그 고대문명을 부활시키려는 르네상스시대 사이에 끼어 있는 어둡고 침침한 부정적인 시대라는 의미가 담겨 있다. 물론 중세에도 분명 긍정적이고 발전적인 측면이 없지는 않겠지만, 전체적으로 보았을 때 분명 유럽문명의 침체기가 틀림없다. 중세의 시작은 이론이 없지만 중세의 끝은 설이 분분하다. 동로마제국이 멸망한 1453년, 콜럼버스가 신대륙을 발견한 1492년, 루터가 종교개혁을 일으킨 1517년 등 크게 세 가지 설이 있는데 여기서는 첫째 설을 따른다. 중세는 크게 세 시기로 나뉘는데 476년에서 1000년까지를 중세 초기, 1001년에서 1300년까지를 중세 중기, 그리고 1301년부터 1453년까지를 중세 후기라고 한다.

중세 초기는 그야말로 암흑의 시대였다. 고대 말기부터 인구가 급격히 감소하고 도시가 파괴되고 상업과 교역이 쇠퇴하는 현상이 나타나기 시작하였는데, 이러한 현상들은 중세에 들어 급속도로 가속화되었다. 서로마제국이 무너진 뒤 서유럽과 서북부아프리카에는 게르만족이 세운 여러 나라들이 난립하였다. 대부분 나라들은 일찍 망하고 프랑크왕국이 비교적 안정을 구가하였다. 그러나 프랑크왕국은 로마처럼 중앙집권제를 유지할 수 없어 봉건제를 시행하였다. 봉건제란 왕이나 영주로부터 토지를 하사받은 가신이 자신의 토지를 관리하는 대신 왕이나 영주에게 충성을 맹세하는 정치·경제 시스템이다. 이후 봉건제가 널리 퍼지면서 중세에는 사람들 대부분은 봉건 영주의 장원 안에서 자급자족적이고 폐쇄적인 경제 활동을 하게 되었다.

유럽의 침체를 가속화시킨 것은 이슬람의 흥기와 바이킹의 출몰이다. 7세기 초 무함마드는 아라비아 반도의 교역 중심지인 메카에서 가브리엘 천사의 계시를 받고 새로운 종교를 전하기 시작한다. 그러다 박해자들을 피해 메디나로 피신하면서 정치와 종교가 융합된 새로운 공동체인 움마를 건설한다. 이슬람교는 움마가 건립된 622년을 이슬람력의 시작으로 간주한다. 그 뒤 이슬람 공동체는 무서운 속도로 성장하여 메소포타미아 지역, 시리아 지역뿐만 아니라 이집트, 북아프리카를 거쳐 8세기 초엽에는 이베리아 반도까지 점령한다. 유럽으로서는 옛 로마제국 영토의 절반 가까이를 잃은 셈이다. 게다가 8세기 말엽에서 11세기까지 북쪽에 바이킹들이 자주 침몰하여 무자비한 약탈을 자행하면서 문명화된 유럽 사회를 공포에 빠트렸다. 이슬람의 팽창과 바이킹의 출몰 등으로 유럽 세계는 크게 위축되었고 경제활동은 더욱 침체되었다.

그러나 중세 중기에 이르러서는 봉건 장원 경제도 점차 안정되었고, 심경법 등 새로운 농업기술도 점차 개발되면서 생산력도 높아지게 되었다. 외부 세계로부터 직접적인 위협도 많이 줄어 사회 전반적으로 안정감을 찾고 이에 따라 인구도 많이 증가하였다. 잉여생산물이 많아지면서 점차 시장과 도시가 형성되었고, 이를 중심으로 다시 상업과 교역이 조금씩 일어나기 시작하였다. 또한 이베리아 반도에서 기독교 국가들이 영토회복 운동을 벌이면서 이슬람세력에게 빼앗겼던 땅을 상당 부분 되찾게 되었다. 이런 분위기 속에서 오랜 세월 위축되었던 유럽인들의 자신감도 조금씩 회복되기 시작하였다. 때마침 예루살렘 지역에서 셀주크터키가 성지순례를 방해하고 동로마제국을 압박하자 교황과 봉건영주들은 성지 탈환을 목표로 십자군전쟁을 일으킨다.

십자군전쟁은 1095년에서 1270년까지 약 200년 동안 무려 8차에 걸쳐 진행되었는데, 겉으로는 종교적 목적을 내세웠지만 실제로는 약탈을 위한 침략 전쟁이자 잔인함과 탐욕스러움으로 얼룩진 전쟁이었다. 1차원정 때 탈환에 성공한 것 외에 나머지는 다 실패하였으며, 나중에는 소년 십자군으로 동원된 어린아이들을 노예로 팔아버리기도 하고, 같은 기독교 국가인 동로마제국의 콘스탄티노플을 약탈하는 만행을 저지르기도 하였다. 뿐만 아니라 예루살렘을 점령한 뒤에는 유대교인들과 이슬람교인들의 씨를 말리는 극도의 잔인함을 보였다. 이슬람 측이 다시 탈환한 뒤 기독교인들에게 관용을 베풀었던 것과는 대조적이다. 당시는 기독교인들의 의식 수준이 이슬람교인보다 훨씬 저열하였음을 알 수 있다.

십자군전쟁은 우물 안 개구리였던 유럽인들이 다시 넓은 세계에 눈을 뜨게 되는 계기가 되었다. 그리고 전쟁을 주도하였던 교황의 권위를 추락시켰을 뿐만 아니라 봉건 영주와 기사들을 서서히 몰락시켰고, 대신 왕권이 점차 강화되는 결과를 낳았다. 그리고 군수품이 운송되고 동방의 물산이 유입되면서 도시가 발달하였으며, 상업과 수공업이 성장하고 해외교역도 다시 기지개를 켜기 시작하였다. 또한 당시 유럽보다 앞섰던 이슬람의 과학기술과 이슬람이 보존하고 있던 고대 그리스의 학술사상이 유입되면서 학술계도 새로운 활력을 띠게 되었다. 결국 십자군전쟁은 중세 유럽을 좁고 어두운 우물로부터 끄집어낸 전쟁이 된 셈이다.

중세 후기는 기근과 질병으로 시작되었다. 14세기 초부터 이상기후로 인해 흉작이 계속되어 많은 인구가 굶어죽었다. 곧이어 시작된 페스트는 유럽대륙을 공포로 몰아가며 인구의 삼분의 일을 검은 죽음으로 이끌었다. 그런 시련의 와중에서도 역사의 수레바퀴는 쉬지 않고 굴러 중세사회를 점차 해체시키면서 근대사회로 나아갔다. 강력한 국민국가들이 서서히 형성되기 시작하였던 것이다. 그 선두주자로 나선 것이 영국, 프랑스, 포르투갈 그리고 나중에 스페인으로 합쳐지는 카스티야, 아라곤 등이다. 동방에서는 오스만터키가 급성장하면서 동로마제국을 위협하다 결국 1453년 콘스탄티노플을 함락한다.

중세를 거론하면서 빼먹을 수 없는 사항은 교회의 권력이다. 로마를 멸망시키고 새롭게 등장한 나라 가운데 가장 강력하고 오래간 나라는 프랑크왕국이다. 프랑크왕국과 로마교회는 서로 공생관계에 있어 일찍부터 우호적인 관계가 성립되었다. 그러다 프랑크제국 내에 권력 투쟁이 일어나고 재상 피핀이 쿠테타로 권력을 잡는 과정에 교황의 도움을 요청하여 교황이 이를 수락한 뒤로부터 프랑크왕국에서 교황의 권위는 크게 올라갔다. 프랑크왕국이 분열되고 난 뒤에 유럽에는 강력한 나라가 없었다. 왕은 있었지만 중앙집권적인 권력을 발휘할 수 없는 상황이었다. 이 가운데 교회는 세력을 점점 더 키워나가 결국 유럽 전체를 통제할 수 있는 절대 권력을 장악할 수 있었다.

십자군전쟁이 일어나기 직전인 1077년 '카노사의 굴욕'이라는 사건이 벌어진다. 신성로마제국의 황제가 사제 임명권을 놓고 교황의 권위에 도전하였다가 파문을 당한 뒤 용서를 받기 위해 교황에게 무릎을 꿇고 빌었던 사건이다. 그러나 정점에 올랐던 교황의 권위는 십자군전쟁 이후 흔들리게 된다. 1307년에는 교황이 프랑스국왕에 의해 감금되고 조종당하는 아비뇽 유수라는 사건이 생겼다. 70년 만에 교황은 다시 로마교황청으로 돌아갈 수 있었지만, 추락된 교황의 권위는 되돌릴 수 없었고 이후 급속도로 내리막길을 걸었다.

절대 권력은 부패하기 마련이다. 역대 교황 중 존경받을 만큼 훌륭한 교황도 있었지만 권력 암투, 뇌물과 매직, 성적 타락으로 비난 받은 교황도 많다. 특히 904년에 교황이 되었던 세르기우스 3세 시대를 기점으로 몇 십 년간은 타락의 극치였다. 이 시기 교황청을 좌지우지하였던 사람은 어린 나이에 세르기우스 3세의 정부가 되었던 마로치아였는데, 그녀는 자신의 사생아와 손자를 교황으로 앉히기도 하였다. 이에 따라 교황을 비롯한 성직자들 사이에도 성적 문란의 풍조가 크게 유행하였다. 역사가들은 이 시기를 포르노크라시, 즉 '창부정치'의 시대라고 부른다.

중세에는 교회의 부패를 막고 올바른 수도생활을 권장하기 위해 수도원운동이 많이 일어났다. 최초의 수도원은 4세기 초 이집트의 사막에서 시작되었지만, 정식으로 수도원운동이 일어난 것은 6세기 초 베네딕트에 의해서이다. 베네딕트는 적절한 노동과 명상, 그리고 사회봉사활동을 장려하여 건강한 수도원운동의 기틀을 다진다. 이후 13세기에 도미니크 수도회, 프란체스코 수도회 등이 가세하면서 교회의 부패 방지에 노력한다. 중세 수도원의 또 하나의 중요한 역할은 고전문화를 보존하고 연구하는 것이었다. 부분적으로는 부정적인 측면도 있었지만 대체로 수도원은 캄캄한 중세의 밤을 밝히는 등불의 역할을 하였다.

중세 1000년 동안 문화, 예술, 철학은 전반적으로 침체기였다. 고대의 하늘을 찬란하게 빛냈던 그리스철학은 중세에는 신학의 시녀로 전락하였다. 아우구스티누스는 고대 말의 인물이지만 철학사에서는 중세철학의 첫머리를 장식하는데 그의 철학은 신플라톤주의를 기독교식으로 풀이한 것이라고 할 수 있다. 이후 6세기의 보에티우스, 9세기의 존 스코투스 에리우게나, 11세기의 안셀무스 등의 사상가들이 제각각 독자적인 철학을 펼쳤지만 높은 성취는 없었다. 중세 시기에는 아랍 철학자인 아비센나, 아베로에스, 유대철학자인 마이모니데스의 철학이 유럽철학보다 앞서 있었으며 유럽인에게 많은 영향을 미쳤다. 이들 외래사상의 영향과 십자군전쟁 이후 다시 유럽으로 소개된 아리스토텔레스의 저술의 영향 아래 토마스 아퀴나스가 중세의 스콜라철학을 집대성하였다. 대체로 보았을 때 중세 철학은 신학의 간섭이 너무 많아 사유가 제한되어 답답한 느낌을 지울 수가 없다.

중세 문학은 크게 라틴어로 쓰인 정통문학과 자국어로 쓰인 민간문학이 있는데, 문학적 가치가 높은 것은 후자이다. 그중에서도 각 민족의 영웅서사시가 많은 사랑을 받았다. 영어로 쓰인 『베오울프』, 독일어로 된 『니벨룽겐의 노래』, 프랑스어로 된 『롤랑의 노래』, 스페인어로 된 『엘 시드의 노래』 등이 유명하다. 그 외 기사들의 모험과 사랑 이야기를 다룬 로망스 문학이 유행하였고 세속을 풍자하는 우화류의 작품들도 등장하였다. 그러나 중세의 문학은 크게 보았을 때 침체기라 할 수 있다. 중세 말기에 이르러서는 단테의 『신곡』, 보카치오의 『데카메론』, 초서의 『캔터베리 이야기』가 연이어 나오면서 근대를 예고한다. 이 중에서도 경건한 『신곡』에 대비해서 『인곡人曲』이라고도 불리는 『데카메론』은 중세의 종교적 통제 속에서 오랫동안 억눌려왔던 성애에 대한 욕구가 분출되고 있어 근대적인 성격이 더욱 강하다.

중세의 회화나 조각은 고대에 비해 대체로 어둡고 장엄한 편이고, 작품의 소재나 주제도 종교적인 것들이 대부분이었다. 또한 기독교의 경건주의와 금욕주의의 영향으로 고대 그리스 조각에서 보이던 나체상들은 금지되었다. 중세의 건축을 대표하는 건축물들은 교회인데, 로마시대보다 규모가 더 웅장하면서도 화려하고 장식적인 로마네스크 양식이 유행하였다. 지상 최고의 권력을 누리던 곳이 교회였기 때문에 최대한 화려하게 꾸미는 것이 당연하였다. 그리고 후기에 가서는 높은 건물과 하늘을 향해 치솟은 뾰족한 첨탑이 특징적인 고딕양식이 유행하였다. 천국에 대한 열망을 잘 보여주는 건축 양식이라고 할 수 있다.

발산의 본능을 되찾아 팽창으로 나아간 근대

중세의 시기가 헤브라이즘이 헬레니즘을 짓누른 시기였다면 근대는 바로 헬레니즘이 부활하는 시기다. 근대의 시작을 알리는 르네상스라는 말 자체가 재탄생이라는 뜻이고, 그것은 바로 중세 기간 동안 죽어 있는 고대 그리스와 로마 문명이 되살아나는 것을 의미한다. 르네상스가 고대 로마의 중심지였던 이탈리아 반도의 피렌체 등의 도시에서 일어난 것은 시사성이 깊다.

근대 초기의 주요한 동향 세 가지는 고전 예술과 인본주의의 부활, 대항해의 시작, 그리고 종교개혁이다. 그중에서 르네상스와 대항해는 그리스 문화의 부활이고, 종교개혁은 헤브라이즘 자체 내의 투쟁이고 변혁이다. 특히 대항해야말로 해양무역과 식민지 개척을 중시하였던 그리스 문명의 부활을 잘 보여준다. 유럽인들은 대항해시대의 개막으로 드디어 새로운 오디세이아의 꿈을 펼치게 된다.

대항해시대를 먼저 열었던 나라는 이베리아 반도의 포르투갈과 스페인이었다. 이들은 이슬람세력을 축출하면서 형성된 국가였기에 진취적 기상이 있었고, 또한 해양국가로서 바다에 관심이 많았다. 특히 포르투갈은 1415년부터 아프리카 서해안 지역의 탐사를 시작하였으며, 1434년에는 그 이하로 내려가면 돌아올 수 없다는 마의 북회귀선을 넘어 아프리카 남쪽으로 항해를 계속하였고, 마침내 1488년에는 아프리카 최남단 희망봉까지 이르렀다. 포르투갈의 뒤를 이어 대항해에 뛰어든 나라는 스페인이었다. 카스티야와 아르곤의 통합으로 1479년에 탄생한 스페인은 이베리아 반도 내에 이슬람 잔존세력 축출과 해양세력 확대에 힘을 기울여 마침내 1492년에는 이슬람 세력을 완전히 몰아냄과 동시에 콜럼버스를 후원하여 아메리카 대륙을 발견하는 쾌거를 이루었다. 1495년에는 뒤이어 프랑스, 영국, 네덜란드 등도 대항해의 경쟁에 합류한다. 1498년에는 포르투갈의 가마가 아프리카 희망봉을 넘어 마침내 진짜 인도에 도착하고, 1522년에는 포르투갈의 마젤란이 세계일주를 완수한다. 1606년 호주가 발견되고, 1642년 뉴질랜드가 발견됨으로써 대항해의 시대는 대략 막을 내린다.

사실 대항해의 시대를 먼저 연 나라는 중국이었다. 1405년 명나라의 정화는 서양과는 비교가 되지 않을 방대한 규모의 함대와 인원을 이끌고 최초로 항해에 나서 동남아일대를 탐방하였고, 1413~1415년의 제4차 항해에서 아프리카 동해안에 도착하였다. 중국과 포르투갈은 비슷한 시기에 아프리카 동해안과 서해안을 탐사하였지만, 정화가 우호관계를 맺고 신기한 동물 기린을 싣고 돌아왔던 데 비해 포르투갈인들은 황금과 상아를 찾아 약탈을 자행하였고 결국 노예사냥까지 손을 댔다. 중국의 대항해가 중국의 존재를 알리고 우호와 교역을 추구한 순수한 탐험이었다면, 유럽인들의 대항해는 약탈과 침략을 위한 탐욕적인 탐험이었던 것이다. 따라서 서양의 대항해는 그들에게는 발견과 탐험이었지만 원주민들에게는 고통과 불행의 시작이었다.

이후 경쟁적으로 남미로 진출하였던 스페인과 포르투갈은 남미의 원주민 문명을 무자비하게 파괴하고 수많은 원주민들을 잔인하게 학살하면서 결국 남미 전체를 자신들의 식민지로 만들었다. 북미와 호주에 들어간 영국과 프랑스 또한 원주민들을 몰아내고 자신들의 식민지를 세웠다. 아프리카는 유럽의 열강들에 의해 산산조각이 나고 많은 흑인들이 노예사냥꾼의 표적이 되어 노동력이 필요한 북미지역으로 수출되었다. 고도의 문명국이었던 아시아의 많은 국가들 또한 치욕스러운 식민 지배의 고통 아래 신음해야 하는 처지에 놓였다.

서양인들이 대항해에 그렇게 열을 올렸던 것은 경제구조의 변화와도 큰 관계가 있다. 중세의 폐쇄적인 장원경제가 끝나고 도시를 중심으로 상업이 번창하면서 사회 전반적으로 부에 대한 욕망이 크게 높아졌는데, 이국에서 새로운 물자를 들여오는 것은 바로 부의 축적을 의미하는 것이었다. 곧이어 근대 국민국가로 등장한 각국은 국가적인 차원에서 상업을 권장하고 대외무역을 촉진시켰다. 그 결과 대항해는 국가적인 사업이 되었고 바다의 패권은 바로 국운과 직결되었다. 초기에 바다의 패권은 포르투갈과 스페인에게 있었지만 스페인의 무적함대가 1588년 영국의 함대에 궤멸당하면서 주도권은 영국으로 넘어갔다. 이후 영국은 세계 곳곳에 식민지를 건설하여 해가 지지 않는 나라가 되었다.

물질적 영역의 대항해와 아울러 지적 영역에서도 장기간의 침체의 늪을 벗어나 새로운 항해의 열풍이 불었다. 초기에는 많은 과학자들이 교회의 이단심문에 화형을 당하거나 눈치를 보아야 했다. 코페르니쿠스의 지동설은 오랫동안 금서로 묶여 있었으며, 무한우주설을 주장하였던 부르노는 화형을 당했고, 갈릴레이는 교회의 압박에 목숨을 부지하기 위해 지동설을 철회해야 했다. 그렇지만 이미 노쇠해진 교회의 힘으로는 새롭게 분출되는 지적 탐구의 열풍을 계속 틀어막을 수는 없었다.

17세기 전반에는 데카르트가 나타나 인간과 자연, 정신과 물질을 확연히 구분함으로써 근대 과학적 세계관의 토대를 구축하였다. 이에 물질적 자연에 대한 과학적 탐구는 더욱 가속화되었다. 데카르트가 제창한 환원주의와 계량주의는 베이컨의 귀납적 방법론과 함께 서양의 과학적 방법론의 기초가 되었다. 얼마 뒤 뉴턴은 데카르트의 세계관을 역학적·수학적으로 정리하여 1687년 『자연철학의 수학적 원리』를 썼다. 이 책은 근대서양의 과학기술력의 발전에 결정적인 공헌을 했다. 고대 그리스에는 철학과 과학이 하나였지만 근대에 들어 철학과 과학은 분화되기 시작했다. 과학자들은 초기에 철학자들의 도움을 받았지만 나중에는 철학보다 앞서서 자연계에 숨겨진 법칙들을 새롭게 발견하였다. 이러한 법칙을 이용하여 발명가들은 연일 경이로운 발명품들을 만들어내었다.

근대 유럽인들의 두 가지 대항해, 즉 황금을 찾아나선 대항해와 자연 탐구를 위한 지적 항해가 합작하여 만들어낸 것이 바로 산업혁명이다. 대항해와 함께 시작된 식민지 개척사업은 해외로부터 많은 물자와 부를 유럽에 유입시켰다. 이러한 영향으로 유럽사회는 초기 자본주의 사회로 진입한다. 자본이 점차 축적되면서 산업의 규모도 점점 커져갔고, 산업 규모의 확장과 효율성 증대를 위한 경쟁이 계속되면서 새로운 발명품에 대한 사회적 욕구도 높아졌다. 18세기 후반부터는 방적기계들이 발명되어 작업의 효율성을 올리고 생산성을 향상시키면서 마침내 산업혁명이 시작되었다. 그러다 뉴턴의 역학이 나온 지 정확히 100년이 되는 1786년에 제임스 와트가 증기를 이용한 새로운 동력기관을 발명하였다. 이 새로운 동력기관은 제품의 생산력을 획기적으로 향상시켰을 뿐만 아니라 교통과 운송 방면도 비약적으로 발전시켰다. 자본이 세상을 지배하는 본격적인 자본주의시대가 시작된 것이다.

영국에서 시작된 산업혁명이 점차 유럽 대륙으로 퍼져나가면서 유럽의 경제력은 그야말로 폭발적으로 팽창하였다. 19세 중엽에 이르러서는 더 많은 원료 보급 기지와 소비 시장을 확보하기 위해 유럽의 열강들은 경쟁적으로 해외 식민지의 개척에 국력을 기울였다. 한때 유럽을 위협하였던 이슬람도 유럽의 반식민지가 되어버렸고, 급기야는 중국조차도 유럽의 먹잇감으로 전락하였다. 이른바 약육강식의 냉엄한 제국주의시대가 열린 것이다. 서구열강들의 경쟁은 날이 갈수록 치열해졌고 그 결과 1, 2차 세계대전이라는 비극이 일어났다. 또한 산업화로 인한 자연 파괴와 환경오염도 심각한 문제를 야기하면서 근래에는 서구의 과학기술에 대한 비판도 만만치가 않다.

근대 서양의 또 하나의 중요한 흐름은 종교적 권위와 정치적 압제로부터 해방을 쟁취하려는 운동이다. 중세 내내 가톨릭의 권위는 절대적이었고, 그 권력의 정점에서는 황제들도 모두 그 권위에 무릎을 꿇었다. 그러나 십자군전쟁 이후 가톨릭의 세력은 점차 기울어갔다. 결정적인 타격을 가한 것이 1517년에 시작된 루터의 종교개혁운동이다. 이후 칼뱅이 가세하면서 신앙의 자유를 향한 소리가 더욱 커졌고, 결국 많은 사람들이 가톨릭을 벗어나 새로운 신앙을 가지게 되었다. 종교개혁운동은 헤브라이즘 내부의 사건으로 본격적인 이성의 부활이라고 말할 수는 없지만, 획일적인 신앙의 강요로부터 벗어나 신앙의 다양성을 보장받을 수 있게 되었다는 점에서는 분명 이성의 진보라고 할 수 있다. 그러나 그 대가는 만만치가 않았다.

사실 중세 때는 교회의 권위가 워낙 절대적이어서 종교권력으로 인한 인명의 피해는 그다지 크지 않았다. 중세 말기에 종교재판소가 설치되고 화형식도 거행되었지만, 그렇게 많은 사람이 화형대에 오르지는 않았다. 오히려 근대 이후에 가톨릭교회가 위기를 느끼면서 훨씬 가혹한 탄압이 이어졌다. 마녀재판도 극성을 부려 실로 수많은 여자들이 종교의 이름 아래 화형장의 연기로 사라졌다. 또한 구교와 신교의 갈등으로 프랑스의 위그노전쟁, 독일의 30년전쟁 등의 종교전쟁이 발발하여 무수한 사람들이 목숨을 잃었고, 그 뒤로도 종교로 인한 폭력과 갈등은 계속되었다. 초기 계몽주의의 주요한 슬로건 가운데 하나인 관용론도 이성의 힘으로 종교로 인한 폭력과 갈등을 종식시키자는 주장이다. 결국 이 문제는 헤브라이즘 전체의 영향력이 줄어들고 헬레니즘적인 합리적 이성의 힘이 점차 커지면서 자연스럽게 해결될 수 있었다.

근대 초기의 철학자들은 자신의 새로운 사상을 펼칠 때 과학자들과 마찬가지로 교회의 눈치를 보아야 했고 그렇지 않을 경우 이단으로 몰리기도 하였다. 17세기 전반, 범신론적 사상을 펼치던 스피노자는 교회로부터 무신론자로 몰렸다. 스피노자와 친분이 있었던 라이프니츠는 스피노자가 이단으로 몰리자 자신의 안전을 위해 그와의 친분을 감추어야만 했다. 그러나 점차 교회의 힘은 약해지고 이성의 힘이 커지면서 철학자들은 더 이상 교회의 눈치를 보지 않았다. 18세기의 흄은 로크의 경험론을 극단까지 밀고나가 모든 진리를 의심하는 회의론을 펼쳤다. 그 속에는 당연히 기독교적 진리도 포함되어 있었다. 이로 인해 교회의 눈총을 받기는 하였지만 그는 전혀 개의치 않았다. 19세기 후반의 니체는 개신교 목사의 아들로 태어났지만 마침내 신은 죽었다는 과감한 선언을 하였다.

정치적 압제로부터 자유를 획득하는 것 또한 근대에 피어난 합리적 이성의 주요한 과제 중 하나였다. 근대에 들어 봉건 영주의 권력은 몰락하였지만 왕의 권력은 훨씬 강화되었다. 절대왕정은 15세기 말 스페인에 먼저 나타나 영국과 프랑스 등 다른 나라에도 퍼지면서 16세기와 17세기는 절대왕정의 시대가 계속되었다. 그러나 점차 합리적 이성을 바탕으로 자유와 평등을 갈망하는 계몽주의 사상가들이 등장하면서 시민의식도 크게 각성되어 둘의 충돌은 불가피하였다.

첫 충돌은 17세기 중반 영국에서 나타났다. 청교도혁명을 주도하면서 공화정을 주장한 크롬웰과 절대왕권을 주장하는 찰스 1세의 싸움은 크롬웰이 1649년 찰스 1세를 사형시키고 공화제를 실시함으로써 혁명군의 승리로 끝이 났다. 그러나 크롬웰이 죽은 뒤 찰스 1세의 아들, 찰스 2세가 다시 왕위에 복귀함으로써 공화제는 막을 내렸다. 그 뒤 팽팽한 세력싸움이 계속되다 결국 1689년 명예혁명으로 국왕은 군림하지만 통치하지 않는다는 입헌군주제가 성립됨으로써 일단락을 맺었다. 로크는 합리론을 반대하고 경험론을 주장한 철학자로도 유명하지만 계몽적이고 자유주의적인 정치사상가로도 이름을 떨쳤다. 또한 명예혁명을 성공으로 이끄는 데 많은 공헌을 하였다.

영국이 혁명의 물결에 휩싸여 있을 때 프랑스의 루이14세는 짐이 곧 국가라고 외치며 절대왕정을 구가하였다. 그의 영광은 18세기 초까지 이어졌다. 그러나 계몽주의 사상가들의 활약과 왕실의 부패는 영국보다 훨씬 과격한 혁명을 초래하였다. 1789년 루이 16세의 폭정과 구체제를 반대하는 시민세력들이 일으킨 대혁명은 훨씬 급진적이었고 그 변화의 폭도 훨씬 컸다. 이후 프랑스는 공화제, 나폴레옹의 제정, 왕정복귀 등의 혼란을 거치다가 거의 1세기가 지난 1871년에 이르러서야 비로소 공화제가 확립된다. 한편 영국의 식민지였던 아메리카대륙에서 식민지 국가들이 영국과 독립전쟁을 벌인 뒤 자체적으로 공화제를 실시한다. 영국의 명예혁명, 프랑스 대혁명, 미국의 독립은 계몽주의의 승리를 보여주는 3대 시민혁명인데 이들이 확립한 근대적 민주제도는 서서히 전 세계로 확산되어 대부분의 국가들이 그 혜택을 누리게 되었다.

산업혁명과 자본주의가 한창 진행 중이던 19세기 중엽 유물론적 변증법 사상을 주장한 칼 마르크스가 제창한 프롤레타리아 혁명론은 유럽에 또다시 혁명의 물결을 일으켰다. 1848년 프랑스에서 최초로 노동자들이 참여한 혁명이 일어났고, 1871년에는 파리에서 노동자 중심의 혁명이 일시적으로 성공을 거두어 잠시 동안이었지만 사회주의 정권이 성립되기도 하였다. 사회주의 혁명은 결국 1917년 러시아의 볼셰비키 혁명을 통하여 성공하여 한때 자본주의를 위협할 정도로 큰 세력을 떨쳤다. 20세기 말에 이르러서는 동구권의 대부분 국가들이 사회주의를 포기함으로써 정치·경제체제로서의 사회주의는 몰락하였다. 그러나 마르크스가 추구했던 노동의 소외를 극복한 건강한 사회에 대한 꿈은 아직도 유효하다.

문예사조에 따라 흘러간 근대 유럽의 문화와 예술

마지막으로 근대 유럽의 문화, 예술을 살펴보자. 근대 서구문예의 가장 큰 특징은 시기별로 특정한 문예사조가 유행하면서 문예사조

중심으로 문화사가 전개되었다는 것이다. 물론 각 분야마다 자신의 특징에 의해 그 전개양상이 조금씩 다르다. 그러나 대체적으로 볼 때 그 시기를 주도하는 문예사조에 따라 미술, 음악, 건축, 회화 등이 서로 공조하면서 발전하는 양상을 보여준다. 문학과 예술은 사회적 상황과 맞물려 있기 때문이다.

근대 서구 문예사조의 출발은 당연히 르네상스이다. 르네상스는 고대의 부활을 의미하기도 하지만 흔히 15세기 초에서 17세기 초까지 유럽을 휩쓸었던 문예사조를 가리키기도 한다. 중세가 끝나가던 15세기 초에 이탈리아에서는 새로운 예술풍조가 유행한다. 조각에서는 도나텔로가 중세의 양식에서 벗어나 그리스 고전기의 작풍을 추구하면서 누드 조각을 만들기 시작했고, 건축에서는 브루넬레스키가 고딕 건축의 틀을 벗어나 고대 건축의 아름다움을 되살렸으며, 회화에서는 마사초가 원근법을 이용하여 새로운 회화기법을 개척하였다. 이후 15세기 후반에 들어오면 「비너스의 탄생」으로 유명한 보티첼리가 등장하였고, 16세기 초에는 레오나르도 다빈치, 미켈란젤로, 라파엘로 등의 대가들이 활약하면서 이탈리아의 르네상스는 완숙기에 들어간다. 이후 프랑스와 스페인, 영국 등에게 전해지면서 유럽 전체에 퍼지게 된다.

미술과 건축에 발맞추어 음악에서도 큰 변화가 일어난다. 중세의 음악은 단성 음악이었으나 중세 말기에 가면서 서서히 다성 음악이 출현하였다. 그러나 그것은 대체로 완전5도나 한 옥타브 위의 음을 병렬시키는 단순한 형태에 불과하였다. 르네상스에 이르러 여기에서 3도와 6도를 포함시킨 새로운 협화음을 만들어내고, 이것을 바탕으로 새로운 대위법을 발전시켰다. 화성학에서도 3도와 6도까지 협화음으로 사용하기 위해 순정률을 개발하였으며 결국 르네상스 말기에는 평균율의 기초를 다지게 된다. 음악의 내용도 종교적 주제를 벗어나 훨씬 다양화되기 시작한다. 성악에 눌려 제대로 대접을 받지 못하였던 기악 음악이 크게 부상하였다는 것도 눈여겨보아야 할 사항이다.

문학에서는 프랑스의 라블레의 풍자소설 『가르강튀아와 팡타그뤼엘의 이야기』는 근대적 자유의 정신을 잘 표현할 뿐 아니라 형식에서도 근대 유럽의 장편소설 형식의 토대를 마련하였다. 르네상스시대의 마지막을 장식한 대가는 영국의 셰익스피어와 스페인의 세르반테스이다. 셰익스피어의 『햄릿』은 중세를 무대로 고뇌하는 근대적 인간의 전형을 보여주고, 세르반테스의 『돈키호테』는 근대를 맞이하였지만 중세의 기사도에서 헤어나지 못하는 현실부적응자의 모습을 그려내고 있어 대조적이다.

17세기에 이르면 미술에서는 격한 감정, 뚜렷한 명암대비를 특징으로 하는 대담하고 과장된 바로크 양식이 유행하였다. 루벤스와 렘브란트가 대표적인 화가다. 18세기는 약간은 가볍고 장식적인 로코코가 주도하는 시기였으며, 후반에 이르러 계몽주의의 영향으로 신고전주의가 유행하였다. 전자는 티에폴로, 후자는 다비드가 대표적인 화가다. 19세기의 전반은 고전주의에 대한 반동으로 낭만주의가 크게 유행하였고 중기에는 낭만주의에 대한 반발로 사실주의가 유행하였으며 말기에 이르러서는 인상주의를 기점으로 신인상주의, 후기인상주의, 상징주의, 아르누보 등 여러 사조가 연이어 일어나면서 사조의 주기가 무척 짧아진다. 들라크루아, 쿠르베, 밀레, 마네, 모네, 세잔, 고갱, 고흐 등 이름을 열거하기 어려울 정도로 많은 대가들이 등장하여 서양회화 최고의 황금기를 구가한다.

건축도 미술과 거의 비슷한 행보를 걷는다. 17세기에는 바로크 양식이 유행하였으며, 18세기 전기에는 바로크의 뒤를 이은 로코코 양식이 유행한다. 18세기 후반에는 신고전주의와 낭만주의가 유행하다가 19세기에 이르러서는 과거의 모든 건축양식을 절충하여 응용하는 역사주의가 주류를 이루었다. 다만 건축은 회화와 달리 워낙 규모가 크기 때문에 유행과 전파의 속도가 조금 느리다. 미술에서 로코코 양식이 한참 유행할 시기에 건축 분야에서는 대체적으로 바로크가 주류를 이루었고 로코코는 주로 실내 장식에 쓰이는 정도였다. 낭만주의 건축 또한 주류를 이루지는 못하고 일시적·부분적으로 응용되는 정도에 그쳤다. 프랑스와 영국에서는 18세기 후반에 신고전주의가 유행하다 19세기에는 역사주의가 유행하였지만, 독일에서는 19세기에 이르러 비로소 신고전주의가 유행하였다. 그 유명한 로마의 성 베드로 성당과 파리의 베르사유 궁전 등이 바로크를 대표하는 건축물이고, 파리의 개선문은 역사주의 건물의 대표작이다.

음악은 17~18세기 중반까지를 흔히 바로크 음악의 시대라고 한다. 대체로 극적이고 과장된 표현들이 많은데, 특히 인간의 감정을 극대화시키는 음악적 효과를 추구하였다. 이 시기 가장 중요한 변화는 오페라가 탄생하여 서양음악의 중요한 장르로 부상하였다는 것이다. 또한 화성학의 기초가 다져지고 평균율이 완성되어 근대 서양음악의 기본 틀이 갖추어졌다. 대위법의 성격도 크게 바뀌었는데, 이전의 대위법은 동등한 성부들로 구성되었지만 이 시기에 이르러서는 주로 베이스를 강조하게 되었다. 결국 화성법에 바탕을 둔 대위법으로 변모하게 된 것이다. 이 시기의 대표적인 음악가로는 이탈리아의 비발디, 프랑스의 라모, 그리고 바로크 최고이자 최후의 거장 바흐와 헨델이 있다.

18세기 후반에서 19세기 초까지는 고전주의의 시대이다. 거대하고 복잡한 바로크 음악에 대한 반발로 좋은 멜로디에 풍부한 화성을 추구하였다. 음악양식으로는 소나타, 교향곡 등이 중심이었다. 고전주의의 거장으로는 하이든, 모차르트, 베토벤 등이 있다. 그 뒤에는 낭만주의가 등장하는데 개성을 강조하는 낭만주의의 특징에 맞게 서정, 격정, 민족주의 등을 강조하는 경향이 있다. 가곡, 악극 등의 새로운 음악양식도 등장하였다. 베버, 슈베르트, 멘델스존, 쇼팽, 베르디, 리스트, 브람스, 차이코프스키, 바그너 등 무수한 대가들이 등장하여 서양 클래식 음악의 황혼을 아름답게 물들였다.

문학에서도 17세기 초반에는 바로크적인 작품들이 유행하였지만 크게 유명한 작품은 없고, 후반에 신고전주의가 유행하면서 대작들이 나온다. 신고전주의의 출발지는 프랑스인데 루이14세의 절대왕정의 그늘 아래 질서와 조화, 세련되고 우아한 표현들을 추구하였다. 그리스의 고전 비극을 개작한 프랑스 라신느의 『페드라』, 영국의 청교도 작가 밀턴의 『실락원』, 그리고 조금 뒤늦은 독일의 괴테의 『파우스트』 등이 대표작이다. 18세기에는 계몽주의 문학이 유행하였는데 현실 풍자와 아울러 인간 의식의 각성을 추구하는 내용들이 많다. 프랑스 볼테르의 『캉디드』, 영국 스위프트의 『걸리버 이야기』와 디포의 『로빈슨 크루소』 등이 대표작이다.

18세기 말부터는 낭만주의가 유행하였고, 19세기 중기에는 사실주의, 그리고 말기에는 상징주의가 유행한다. 낭만주의는 독일에서 시작되었는데 영국이나 프랑스에 비해 문화적으로 후진국이었던 독일은 18세기 말에 개성, 열정, 몽환, 민족주의적인 색채가 짙은 문학이론과 작품들을 쏟아낸다. 노발리스의 『푸른 꽃』은 몽환적이고 환상적인 분위기를 자아내고, 그림형제는 민간 설화를 수집하여 지금도 어린이들에게 널리 읽히는 『그림 동화』를 출간하였으며, 호프만은 환상적이고 그로테스크한 공포소설 『악마의 영약』으로 유명하다. 영국의 낭만주의는 워즈워드, 콜리지, 바이런 등의 시인들이 주도하였으며 소설로는 스콧의 『아이반호』가 가장 유명하다. 프랑스에서는 빅토르 위고의 『레미제라블』, 뒤마 부자의 『몽테크리스토 백작』, 『삼총사』, 『춘희』 등이 크게 인기를 얻었다. 미국에서도 호손의 『주홍글씨』, 포의 괴기스러운 단편소설들, 멜빌의 『백경』 등 명작이 나오면서 문학적 수준이 격상되어 유럽과 어깨를 나란히 하게 되었다.

사실주의 문학을 앞서서 주도한 나라는 프랑스였고, 정상에 올랐던 나라는 문화의 후발주자였던 러시아였다. 스탕달과 발자크는 둘 다 낭만주의 시대에 살았지만 그들의 대표작『적과 흑』과『인간희극』등은 치밀한 심리묘사와 과학적 분석을 선보이며 모두 사실주의의 선구적 작품이 된다. 뒤를 이어 플로베르의『보바리 부인』은 보바리즘이라는 단어를 낳을 정도로 허영과 사치에 물든 여인이 어떻게 파멸되어가는가를 사실적으로 잘 묘사하였다. 사실주의가 좀 더 심화된 것이 자연주의인데, 졸라의『목로주점』은 알코올중독에 찌든 하층민들의 삶을 마치 실험실에서 관찰하는 과학자의 입장으로 사실적으로 그려내어 자연주의의 대표작이 된다. 영국의 사실주 작품으로는 오스틴의『오만과 편견』, 샤를로트 브론테의『제인 에어』, 에밀리 브론테의『폭풍의 언덕』, 그리고 하디의『테스』가 있다. 사실주의의 대미는 러시아가 장식하는데, 고골리의 사회풍자극『검찰관』을 선두로 세대 간의 갈등을 통해 당시의 사회상을 잘 묘사한 투르게네프의『아버지와 아들』, 인간 내면의 고뇌와 모순을 밀도 있게 해부한 도스토예프스키의『죄와 벌』,『카라마조프가의 형제』, 역사를 움직이는 민중의 힘과 인간에 대한 따스한 신뢰를 잘 묘사한 톨스토이의『전쟁과 평화』,『부활』에 이르러서는 최고조에 이르렀다.

사실주의와 자연주의가 극을 달릴 때 프랑스에서는 이에 대한 반발로 상징주의가 피어났다. 사실주의와 자연주의가 주로 소설에서 강세를 보였다면 상징주의는 주로 시를 중심으로 전개되었다. 보들레르의『악의 꽃』, 말라르메의『목신의 오후』, 베를렌느의『무언의 노래』, 랭보의『지옥에서 보낸 한 철』등은 상징주의를 대표하는 시들인데, 몽환적이고 허무적이고 퇴폐적인 내면세계를 은유적 암시와 리듬 등을 사용하여 상징적으로 표현한다.

이상으로 문예사조의 흐름을 따라 근대 서양의 문화예술을 간략하게 살펴보았다. 20세기 이후의 문화와 예술은 이전 시기와 단절이 심하고 또 아직 진행 중에 있기 때문에 언급을 생략한다. 근대 서양의 문화예술은 문예사조에 따라 그 양상이 상당히 다르다. 하지만 개략적으로 보았을 때 뜨거운 열정과 차가운 이성의 이중주곡이고, 그 기본 특징은 고대 그리스의 문예처럼 교의 미학을 바탕으로 발산적인 성향을 지니고 있다. 중세라는 긴 어둠의 터널을 지난 뒤 다시 되찾은 빛이어서 더욱 강력한 에너지를 발산하면서 인간이 경험할 수 있는 모든 감정들, 시각적·청각적 아름다움을 마음껏 표현하였다. 그 화려하고 다채롭고 농염한 아름다움은 지금도 이어지고 있으며 우리는 아직도 그 그늘 속에 있다.

졸에서 교로,
대교약졸로 나아간 중국문화

상고시대에서 중국문화의 원형이 잡히는 서주까지

인류문명의 발상지 대부분이 그렇듯이 중국문명도 황하라는 대하천 유역의 비옥한 옥토에서 시작되었다. 중국문명은 세계의 다른 문명권에 비하면 그 출발이 상당히 늦은 편이다. 기원전 4000년 전후로 황하에서 앙소仰韶문화가 시작되고, 기원전 2500년 무렵에 용산龍山문화가 시작되는데, 아직 신석기 문명을 벗어나지 못한 상태이다. 기원전 2000년 무렵에 이르러서야 비로소 청동기문명이 시작한다.

황하는 비옥한 옥토를 선물하면서도 동시에 실로 잔인한 강이다. 세계의 어느 하천보다 범람의 규모가 크고 파괴적이어서 한 번 대홍수가 나면 바뀐 강줄기 때문에 지도를 다시 그려야 할 정도였다. 이렇게 황하는 다른 어떤 하천에 비해 다루기가 어려웠기에 황하를 다스리는 것은 생존에 관련된 절대절명의 과제였다. 때문에 결국 치수사업에 성공하는 사람이 세력을 장악할 수 있었다. 중국 고대의 성왕인 요임금, 순임금, 우임금의 공통점은 치수사업에 뛰어난 솜씨를 발휘했다는 데 있다.

또한 이 지역은 몬순기후로 일찍부터 쌀농사가 발달하였다. 쌀농사는 많은 노동력이 필요하다. 이 때문에 가장을 중심으로 가족들이 협동을 하는 것이 매우 중시되었고, 일찍부터 대가족 중심의 가부장적 문화가 발달하기 시작하였다. 집약적인 노동력이 필요한 농경문화, 그리고 하천의 범람을 막기 위해 대규모 토목공사가 필요한 자연조건 속에서 중국문화의 원형이 서서히 형성되었다.

고대의 성군 요임금과 순임금은 고대국가의 왕이라기보다는 부족공동체의 의장 정도로 생각하면 될 것이다. 중국 최초의 세습왕조는 우임금이 세운 하나라로 대략 기원전 21세기 정도에 세워졌다. 하나라의 다음 왕조는 탕왕이 세운 상나라로 기원전 17세기 무렵에 건립되었다고 하는데, 마지막 수도의 지명을 따서 은나라라고도 한다. 요순임금이나 하나라에 대한 기록들은 전설에 가까워 역사적 자료라고 볼 수 없다. 하지만 은나라는 갑골문의 발굴 덕에 그 존재가 명확히 증명된 왕조로 사실상 최초의 왕조라고 할 수 있다. 갑골문은 거북의 껍질과 소의 견갑골이나 넓적다리 뼈에 새겨진 글자로서 국가의 중대사에 대한 복점을 치는 데 사용되었다. 불을 태워 글자가 갈라지는 모습을 보고 길흉을 판단했다고 한다.

은나라의 왕위 계승은 부자상속만이 아니라 형제상속도 병행했다. 은나라 때까지는 종교와 정치의 구분이 애매했고 샤머니즘과 복점이 유행했다. 갑골문에는 전쟁과 국가의 대소사뿐만 아니라 왕실의 혼인이나 질병 등 일상적인 내용들도 있다. 이로 보아 거의 모든 일을 복점에 의지했음을 알 수 있다. 그리고 전 세계 대부분 원시부족들이 그랬듯이 하늘 신, 땅 신, 곡식 신 등 여러 신들에게 제사를 지냈다. 특이한 것은 조상신에 대한 제사를 매우 강조하고 있다는 점인데, 이것은 동북아시아 지역의 제사문화의 원형이 된다.

은나라를 멸망시키고 새로운 천하를 연 주나라는 서쪽에서 일어난 나라이다. 주나라의 왕족은 이른바 서쪽의 유목민족과 때로는 투쟁하고 때로는 연합하면서 힘을 키워갔다. 그중 강씨 성의 서융족은 주나라 왕실과 협력하면서 주나라의 천하통일에 많은 도움을 주었다. 주나라 왕실의 모계에 강씨가 자주 등장하는 것이나 호숫가에서 낚시하던 강태공이 은나라 정벌전쟁의 사령관이 되었다는 고사는 이를 잘 말해준다. 왕위계승에서 부자와 형제 계승이 뒤섞여 있던 은나라와는 달리 주나라는 장자계승의 원칙을 확립했다. 아울러 방대한 지역을 효율적으로 다스리기 위해 수도와 그 주변만 직속으로 다스리고 나머지 영토는 왕실의 친족들에게 나누어주어 지배를 맡기는 봉건제도를 실시했다.

각 지방의 제후들은 자신의 영역을 독자적으로 통치하되 중앙의 천자를 대종자大宗子로 모셨다. 그리고 제후들은 다시 자기의 도읍을 직속으로 다스리고 나머지 영역을 경대부卿大夫들에게 나누어주었는데, 경대부들은 제후를 종자宗子로 모셨다. 경대부들은 자신들의 땅을 일반 백성들에게 분배하고 일반 백성은 경대부를 종자로 모셨다. 이것이 바로 주나라의 종법제도宗法制度인데 기본적으로 가부장적 가족제도를 국가 단위로 확장한 것이다.

종법제도를 중심으로 사회의 시스템 전체를 총괄하는 말이 예다. 예는 원래 고대의 제례의식에서 출발한 것이지만 주대에 와서 그 의미가 크게 확장된다. 주대의 예는 단순히 제례의식이나 그것을 행하는 공경스러우면서도 정성스러운 마음가짐뿐만이 아니라 신분질서와 사회규범, 나아가 여러 가지 문물제도까지 포괄적으로 아우르는 것이다. 이는 중국이 제정일치의 종교적인 사회시스템에서 인문제도를 바탕으로 하는 보다 합리적인 사회시스템으로 전환되었음을 의미한다. 대부분 문명권에서 주술적이고 미신적인 종교의 지배 아래 있었던 기원전 11세기 무렵에 세계를 인간 중심으로 바라보고 인문주의적 사회시스템을 만들어냈다는 것은 매우 특기할 만한 일이다.

은나라와 주나라의 문화적 차이를 보여주는 또 하나의 결정적인 증거는 점복의 변화이다. 앞에서도 보았듯이 은나라에서는 전쟁이나 제사에 관련된 중대한 문제를 거북의 배와 소의 넓적다리뼈에 글을 새긴 다음 불로 태워 갈라지는 모습을 보면서 점을 쳤는데, 주나라에서는 그보다 훨씬 세련된 팔괘와 육십사괘를 통해 점복을 쳤다. 주나라 사람들의 점복서, 즉 『주역』은 형식상으로 세련되었을 뿐만 아니라 내용상에서도 큰 비약이 있다. 점사의 길흉보다는 그 길흉에 대처하는 인간의 능동적 자세를 더욱 중시한다는 것이다.

『주역』의 전편을 흐르는 것은 우환의식이다. 좋은 괘가 나왔다고 방심하지 않고, 나쁜 괘가 나왔다고 실망하지 않고, 어떤 괘와 효에 상관없이 걱정하고 미리 준비하는 정신이다. 그것은 사유의 중심이 하늘에서 인간으로 옮겨졌음을 말해준다. 『주역』이 일개 점복서임에도 훌륭한 철학서인 동시에 수양서가 될 수 있었던 것은 바로 이 때문이다. 주나라의 예와 주나라의 역이 후대 중국문화에 끼친 영향은 실로 심대하다.

백가쟁명의 시대에서 중국문화의 기틀을 잡은 한대까지

기원전 8세기 무렵 서북쪽의 유목민족의 침략으로 수도가 황폐화되자 왕실은 동쪽으로 수백 킬로미터 떨어진 낙양으로 수도를 옮긴다. 수도를 동천하였기에 이 이후의 시기를 동주시대라고 한다. 동주시대는 주나라의 영향력이 크게 줄어들어 각 지역의 제후들이 서로의 이익을 위해 패권을 다투던 시기다. 동주시대부터 진나라가 천하를 통일하기 전까지를 흔히 춘추전국시대라고 부른다.

춘추시대(기원전 770~403)는 공자가 정리했다고 하는 노나라의 역사서 『춘추』에서 이름을 따온 것인데, 제후들이 서로 패권을 다투고 전쟁도 했지만 명목상으로는 종주국인 주나라를 존중했고, 전쟁의 규모와 양상도 그리 심각하지 않았다. 전국시대(기원전 403~221)는 『전국책』에서 이름을 따온 것인데, 춘추시대 강국의 하나였던 진晉나라가 신하들의 반란으로 조趙나라, 한韓나라, 위魏나라로 분열된 것을 기점으로 진秦나라가 천하를 통일할 때까지를 말한다. 이 시기에는 주 왕조의 권위는 완전히 땅에 떨어지고 각 제후국들은 노골적으로 자국의 실리를 추구하면서 치열하게 전쟁을 했는데, 전쟁의 규모도 엄청났고 그 피해 또한 치명적이었다.

흔히 사람들은 춘추전국시대를 대혼란기로 규정한다. 그러나 사실 춘추전국시대는 단순한 혼란기가 아니라 중국이 새로운 단계로 비약하는 데 필요했던 위대한 창조적 혼란기였다. 우선 지리적으로 보아 중국문명의 영역이 폭발적으로 확장되었다. 서주시대만 해도 중국의 영역이란 황하 중류와 하류를 중심으로 하는 북중국 평원 일대에 그치는 것이었다. 그러나 동주시대에 들어 바다가 있는 동쪽과 강력한 유목민족들이 있는 북쪽으로는 큰 변화가 없었지만 서쪽과 남쪽으로는 크게 확장되었다.

서쪽에는 뒤에 중국을 통일하는 진나라가 편입되었고, 사천성도 진나라에 편입되면서 중국문화권 안으로 들어오게 되었다. 특히 남쪽으로의 확장이 돋보인다. 춘추 후기에 이르러 장강 중류 유역의 초나라가 중국문명권에 흡수되었고, 전국시대 초기에 이르러서는 장강 하류의 오나라와 지금의 절강성 일대에 자리 잡은 월나라가 중국문명권에 흡수되었다. 이들은 서주시대에는 모두 남쪽 오랑캐인 남만족에 속했지만 춘추전국시대를 거치면서 중국문명권으로 들어오게 된 것이다.

춘추전국시대가 위대한 시대로 불리는 또 하나의 중요한 이유는 중국 사상의 기틀이 바로 이 시기에 형성되었기 때문이다. 춘추 말기에서부터 제후들의 경쟁이 치열해지고 사회의 변동과 혼란도 극심해지자 이를 해결하기 위해서 수많은 학파와 사상가들이 나타났다. 이들을 흔히 제자백가라고 한다. 백가는 중국사람들의 상투적인 과장법이고 『한서예문지』에 의

하면 실제로는 십가 정도에 그치는데, 유가, 도가, 법가, 묵가, 음양가, 명가, 병가, 종횡가, 잡가, 농가, 소설가가 바로 그것이다.

이 가운데 제대로 사상체계를 갖춘 학파라고 일컬을 수 있는 것은 유가, 도가, 법가, 묵가이다. 묵가는 모든 사람이 서로 사랑해야 한다는 겸애사상과 전쟁의 반대를 주장하는 반전사상으로 무장된 일종의 종교집단인데, 한때는 그 세력이 대단했지만 한대 이후에는 금지사상으로 지목되어 역사의 무대에서 사라져버렸다. 법가는 진시황에게 채택되어 천하를 통일하는 데 결정적인 공헌을 했지만 형법과 술수를 지나치게 강조한 나머지 오히려 쇠퇴하여 결국 유가와 도가만이 살아남게 되었다.

이들 제자백가는 서로 다른 다양한 사상적 성향을 지니고 있지만 그 속에는 공통점이 있다. 그들은 영겁의 윤회에서 벗어나 영원한 해탈을 구하는 길은 무엇인가, 초월적 절대자의 섭리를 따르는 길은 무엇이고 하나님의 나라에 가려면 어떻게 해야 하는가 등의 종교적 진리를 탐구하기보다는 현세를 중시하고 현실적인 인간사회에 더 많은 관심을 보이고 있다는 것이다. 또한 그리스철학처럼 만물의 근원이란 무엇인가, 변화하지 않는 영원한 진리란 무엇인가 등의 진리 자체에 대한 관심보다는 인간과 인간 사이의 관계 및 사회통합에 대한 문제에 더 많은 관심을 보인다. 즉 다른 지역에 비해 정치사상과 사회윤리가 크게 발달하였다.

정치사상으로 볼 때 노자사상은 백성들에 대한 작위적인 간섭을 최소화한 무위의 정치를 강조했고, 법가는 가혹하리만큼 철저한 법의 집행을 통한 법치주의를 강조했으며, 유가는 인의와 예악제도에 바탕을 둔 왕도정치를 강조했다. 그러나 공자사상의 한 맥을 이어받은 순자의 문하에서 법가사상 최대의 이론가인 한비자와 최대의 실천가인 이사李斯가 나온 사실이나 한비자가 노자사상에 관심을 가지고 노자에 대한 최초의 주석서를 남겼던 사실을 볼 때 유가, 도가, 법가 사이의 거리는 그리 멀지 않다는 것을 알 수 있다.

기원전 221년 진나라는 법가사상의 힘을 빌려 어지러운 천하를 통일했다. 진나라의 왕 영정嬴政은 삼황오제를 줄여 처음으로 황제라는 호칭을 쓰기 시작했다. 즉 시황제始皇帝가 된 것이다. 이로부터 실제적인 의미의 강력한 제국인 중국이 시작되었다고 할 수 있다. 그리고 진나라는 유럽에 중국의 존재를 최초로 알린 왕조다. 오늘날의 차이나China는 바로 진에서 나온 이름이다.

진시황은 이사의 건의로 당시까지 서로 약간씩 차이를 보이던 문자와 도량형, 수레바퀴의 크기를 통일하고 분서갱유를 통해 사상도 통제했다. 그리고 주나라와 같은 봉건제도가 아니라 전국을 36개 군으로 나누고 군 아래에 현을 두는 군현제郡縣制를 실시했다. 군현제는 중앙에서 관리를 파견하여 다스리게 하는 강력한 중앙집권제였다. 다소 가혹한 면도 있었지만 진시황의 통합정책은 단일문명권을 형성하는 데 결정적인 공헌을 했다. 진시황은 또한 북쪽의 유목민족들의 침략을 막기 위해 만리장성의 축조하는 대규모 토목사업을 벌였다.

진시황의 가혹한 통치행위와 대규모 토목사업은 백성들의 반발을 샀고, 결국 진나라는 15년 만에 몰락하고 천하는 다시 혼란에 빠진다. 항우와 유방의 치열한 싸움 끝에 유방이 천하를 통일하여 한나라를 세웠다. 기원전 206년에 한나라를 건국한 유방은 진시황의 정책을 타산지석으로 삼아 제국의 토대를 튼튼히 하는 데 힘썼다. 일단 진시황이 추구했던 군현제가 현실적으로 시행하기 어렵다는 것을 알고 봉건제와 군현제를 절충한 형태를 취했다. 그리고 사상에서도 법가의 가혹한 통치에 지친 백성들의 긴장을 풀어주기 위해 노자의 무위의 정치사상을 적절히 활용하였다. 정국이 어느 정도 안정된 무제 때 이르러 중도적인 유가가 관학으로 채택되었다. 한나라는 중간에 왕망王莽이라는 외척이 황당한 도참사상으로 사람들을 현혹시켜 나라를 잠시 빼앗은 15년을 빼고 무려 400년이 넘게 존속했다. 진나라가 중국을 통일한 이래 최장수 통일 왕조다. 이 기간 동안 오늘날 우리가 말하는 중국문화의 토대가 거의 완성되었다. 그 영향으로 지금도 한족, 한문화, 한자, 한어 등의 용어가 널리 사용된다.

상고시대에서 한대에 이르기까지는 중국문화의 기본 틀이 잡힌 시기다. 이 시기까지는 중국문화사에서 고대에 해당한다. 중국인들은 상고에서 한대까지를 흔히 삼대양한三代兩漢이라고 일컫는다. 삼대란 하나라, 은나라, 주나라를 가리키고, 양한이란 서한과 동한을 말한다. 처음 유방이 나라를 세워 외척인 왕망에게 망하기 전까지가 서한이고, 이후 광무제가 다시 일으킨 나라가 동한이다. 흔히 전한, 후한이라고도 한다. 주나라가 망하고 동쪽 낙양으로 천도한 뒤로 중국에서는 앞의 왕조에다 서를 붙이고 뒤의 왕조에다 동을 붙이는 경향이 있었다.

사실 한대에만 이르러도 중국문화의 수준은 당시 세계 어디에 내놓아도 손색이 없는 높은 경지에 이르렀다. 한대를 대표하는 문학 장르인 부賦 작품들을 보면 상당한 수준의 수사기교를 뽐내고 있으며 심지어 현란하다 싶을 정도로 한자가 주는 멋을 추구한다. 한대 왕족의 분묘에서 발견된 금으로 만든 옷과 장식품들은 실로 화려한 기교를 뽐내고 있을 뿐만 아니라 고분에서 출토된 회화작품들도 이미 상당한 경지에 이르렀다고 할 수 있다. 음악에 대한 기록과 자료를 보아도 한대는 놀라운 규모와 수준을 자랑한다. 1,000명에 가까운 음악전문가를 둔 음악기관은 당시 어디에서도 찾을 수 없는 규모였다. 건축은 대부분 목조 건물로 지었기 때문에 현재 남아 있는 구체적 유물은 없지만 기록을 통해 보았을 때 한대의 건축도 꽤 높은 수준의 성취를 이루었다고 짐작된다. 그러나 중국문화사의 긴 흐름으로 보았을 때 한대의 문화와 예술은 아직 소박한 수준, 즉 졸의 단계이고 사상에서도 범속함을 추구하는 단계다.

교를 추구하기 시작한 위진남북조시대

　　2세기 말인 동한 말기에 부패한 환관들의 횡포에 백성들은 도탄에 빠지게 되고, 각지에서는 농민반란이 일어나기 시작한다. 그 가운데서『삼국지연의』를 통해 익히 알려진 황건적의 난은 쓰러져가는 한 왕조에 치명적인 타격을 가했으며 전국은 마침내 군웅할거의 시대로 들어간다. 유명한 적벽대전을 계기로 천하의 대세는 대략 셋으로 나뉘고, 220년을 전후로 천하는 위나라, 촉나라, 오나라의 삼국시대가 된다.『삼국지연의』에서는 유비劉備가 세운 촉나라가 정통으로 그려지고 있지만 그것은 소설 속의 이야기고, 실제 현실에서의 정통 왕조는 조조의 아들 조비가 세운 위나라다.

　　약 60년 동안 계속된 분열시대는 위나라의 신하였던 사마염司馬炎의 쿠데타에 의해 세워진 진晉나라가 천하를 통일함으로써 마감하게 된다. 그러나 통일시기도 잠시, 왕실 내부의 권력 다툼으로 나라가 혼란에 빠진 사이 북쪽에서 내려온 유목민족의 침략으로 수도 낙양이 몰락하게 된다. 진나라 왕실은 중원을 유목민족에게 내주고 지금의 남경으로 내려가서 왕조를 계속 이어간다. 중국역사에서 최초로 남북조시대가 된 것이다. 수도는 분명 서쪽이 아니라 남쪽으로 옮겨갔지만 서주·동주의 전례에 따라 낙양을 수도로 삼았던 통일 진나라를 서진, 수도를 남경으로 옮긴 뒤의 진나라를 동진이라고 부른다.

　　이후 589년 수隋나라가 다시 천하를 통일할 때까지 강남에는 진나라에 이어 송宋나라, 제齊나라, 양梁나라, 진陳나라의 한족 왕조가 계속되었다. 원래 중국문명의 발흥지인 중원은 초기에 다섯 개의 유목민족들이 세운 열여섯 개의 나라가 흥망성쇠를 거듭하다가 나중에 북위北魏가 북쪽 지역을 통일했고, 이후 북제北齊와 북주北周를 거쳐 수나라에 이르게 된다. 삼국시대에서 수나라가 다시 통일하기까지의 시기를 흔히 위진남북조라 부르기도 하고 한족 왕조인 위, 진, 송, 제, 양, 진 여섯 왕조를 정통으로 삼아 육조시대라고 부르기도 한다.

위진남북조는 흔히 중국역사에서 춘추전국시대에 이은 두 번째의 분열 기라고 일컫는다. 그러나 분열 기간 동안 중원에 있던 한족 왕조가 남방으로 이주하면서 남방이 경제적으로나 문화적으로 새로운 중심지로 부상했고, 북방은 북방대로 새로운 유목민족이 대량 유입되어 긴 시간을 거치면서 중국문화에 동화되어갔기 때문에, 전체적으로 볼 때 이 시기는 중국문화의 힘이 남북으로 고르게 퍼져간 시기라고 할 수 있다. 게다가 인도에서 들어온 불교문화로부터 새로운 활력을 공급받아 문화의 수준 자체가 한 차원 상승한다.

이 시기의 가장 큰 변화는 일단 사상에서 찾을 수 있다. 위진시대에는 정치적 혼란기 속에서 많은 지식인들이 유가사상의 속박에서 벗어나 도가사상을 추구하기 시작했다. 대표적인 사상가로는 『노자』, 『주역』의 주석으로 탁월한 업적을 남긴 중국철학사상 최고의 천재였던 왕필과 『논어』를 도가적 관점에서 주석을 단 하안何晏, 『장자』를 새롭게 해석하여 자신의 독창적인 사상을 펼친 곽상 등이 있다. 그리고 대나무 숲에서 술을 마시며 유가적 예교를 무시하고 도가적 청담淸談과 자유로움을 구가하던 죽림칠현 등이 있다.

위진시대는 지식인층에서 도가사상이 유행했을 뿐만 아니라 민간에도 도교라고 하는 민족종교가 서서히 퍼져나갔다. 『삼국지연의』에 부정적으로 묘사되어 있는 장각이 이끄는 황건적은 사실 태평교太平敎라는 민간종교의 신도들이다. 태평교는 장도릉張道陵이 창시한 오두미도五斗米道와 아울러 중국 도교의 시원이다. 이들은 모두 주술적이고 샤머니즘적 요소가 강한 민간종교인데, 부족한 사상체계를 보완하기 위해 도가사상의 창시자인 노자를 자신들의 교주로 삼고 도가사상을 흡수함으로써 도교라는 이름이 붙게 되었다.

위진시대에서 남북조시대로 넘어오면서 불교가 서서히 각광을 받기 시작한다. 원래 불교는 동한시대에 서역으로부터 수입되었는데 위진시대를 거쳐 서서히 지식인들의 관심을 끌기 시작하면서 세력을 확장하다가 남북조시대에 이르러서는 중국사상계를 완전히 장악한다. 수많은 불경들이 번역되었으며 이에 따라 수많은 종파들이 세워졌다. 불교는 종교로서 위력도 대단하여 체계적인 고등 종교를 처음으로 접한 중국 민중의 열렬한 환영을 받았다. 민족종교인 도교나 유교의 저항이 없지는 않았지만 전반적으로 볼 때는 불교의 시대였다. 사상으로 볼 때 초기의 범속함에서 성스러움의 맛을 알고 성스러움을 열심히 추구하는 시기이다.

위진남북조시기는 문학이나 예술 전반에 걸쳐서도 기교미에 대한 자각이 일어나기 시작했다. 문학에서는 동한시대에 발명된 종이가 보편화되기 시작하면서 개인의 창작이 활발해졌고, 문인들은 앞을 다투어 화려하고 장식적인 글로 자신의 문학적 기량을 뽐내기 시작했다. 특히 남조의 시문은 중국문학사에서 가장 화려한 유미주의적인 시풍과 문풍으로 알려져 있다. 이 시기의 시는 구절을 대칭적으로 배열하는 대구, 발음상 음양의 조화를 추구하는 평측 등 다양한 수사기교가 고도로 발달했고, 문장에서도 시 못지않게 자구를 정제하고 대구와 평측을 강구하는 변려문이 크게 유행했다.

이 시기는 또한 최초로 본격적인 문학평론에 관한 글이 나오기 시작한 시기로, 문학에 대한 다양한 심미규율과 창작론, 비평론 등이 쏟아져 나왔다. 문학이 비로소 정치와 윤리의 속박에서 벗어나 독자적인 지위를 확보했다. 이런 다양한 문학이론들은 남조 말기에 이르러 『문심조룡』이라고 하는 아름다운 이름의 책에 집대성되었는데, 이 책은 중국문학비평사에서 전무후무한 문학평론서다.

회화도 문학과 마찬가지로 이 시기에 들어서야 비로소 본격적으로 독자적인 이론이 등장하기 시작했다. 회화의 기법 또한 비약적으로 발달하기 시작했다. 불교의 수입으로 불화들이 대량으로 제작되어 중국회화에 신선한 충격을 주었다. 한 가지 특기할 점은 종교적 신앙의 대상으로 불상조각이 크게 흥성했다는 것이다. 중국은 고대부터 조각이 발달했던 그리스와는 달리 조각이 그다지 발달하지 않았다. 진한대의 조각이라고 해보았자 겨우 흙으로 빚은 토용 정도였다. 그러나 불교가 수입되면서 불상을 조각하는 풍조가 유행하여 전국적으로 수많은 바위와 동굴에 불상이 제작되었다. 이 시대 불상들은 대부분 화려하고 웅장한 규모로 교의 미학을 마음껏 뽐낸다. 건축에서도 하늘을 찌르는 높은 탑들과 바위를 뚫고 들어가는 깊은 석굴들이 등장하였는데, 모두 이전에는 없던 새로운 기교를 잘 보여준다. 또한 음악에서도 인도를 비롯한 여러 서역의 악기와 악률 등이 대폭 수입되면서 새로움을 추구하는 것이 유행했다. 당시에 제작된 많은 석굴들의 벽화에는 이전에 볼 수 없었던 새로운 악기들이 많이 등장하는데, 이것들은 중국의 음악을 실로 풍성하게 만들었다.

　　앞에서 말했듯이 위진남북조 시기는 문학, 예술, 사상 전반에 걸쳐 기교미와 성스러움을 자각하던 시기였다. 문화와 예술, 사상 전반에 새로운 발전이 일어났던 것은 여러 가지 사회상황과도 많은 관련이 있겠지만, 특히 불교의 전래에 따른 인도문화의 수입에서 말미암는 바가 크다. 회화, 음악, 건축은 물론이거니와 문학에서도 불교의 영향력은 무시할 수 없다. 사성과 평측에 대한 자각이 일어난 것이 범어의 영향이라는 설이 있고, 중국 최고의 문학비평서인『문심조룡』또한 그 논리 구조가 인도불교의 논리학인 인명학에서 빌려온 것이다. 아무래도 새로움의 발견은 외부의 충격과 그 영향으로 인한 자신에 대한 자각에서 오는 것이다. 졸에서 교, 범에서 성을 추구하는 경향은 오랜 분열을 극복하고 강력한 통일왕조를 이룬 수나라와 당나라 시대까지 이어졌다.

남북을 통일한 수나라, 세계제국의 번영을 누린 당나라

581년 북주를 이어받은 수나라는 10년도 채 되지 않은 589년 남방의 진陳나라를 멸망시키고 한나라가 망한 뒤 약 400년 가까이 계속되던 혼란과 분열의 시대를 종식시켰다. 수나라를 창건한 문제文帝는 귀족문벌세력을 억제하고 황제의 권력을 강화하기 위해 공정한 국가고시를 통해 관리를 선발하는 과거제도를 시행했다. 그 이전까지는 학식과 인품과 덕망을 기준으로 사람을 아홉 등급으로 나누고 그 등급에 따라 관리를 선발하는 구품중정제九品中正制라는 제도가 시행되었다. 구품중정제는 등급을 나누는 실제적인 기준에서 개인적인 학식과 능력보다는 가문과 배경을 더욱 중시했기 때문에 사실 공정하지 못한 제도였다. 과거제도는 가문과 배경보다는 개인의 학식과 능력을 중시하는 제도로, 근대 서구의 지식인들이 찬탄해마지 않았던 제도다.

문제의 뒤를 이은 양제煬帝는 남북을 연결하는 대운하사업과 무리한 고구려 정벌 등으로 국력을 과도하게 소비했다. 또한 황음무도한 정치를 펼치다가 결국 나라를 파탄으로 몰고 간다. 천하의 대세는 618년에 건국한 당나라로 넘어가게 된다. 오랜 분열의 시기를 마치고 새로운 에너지가 넘치는 통일제국을 건립했으나 무리한 정책으로 그 에너지를 갈무리하지 못하고 진秦나라와 같은 운명의 길을 걷게 된 것이다. 진나라를 뒤이어 등장한 한나라가 진나라를 타산지석으로 삼아 번영을 구가했듯이 수나라를 이어 등장한 당나라 역시 수나라를 타산지석으로 삼아 훌륭한 정치를 펼쳐 분열을 통해 축적된 새로운 활력을 잘 활용하고 한족 왕조로서는 최고의 번영을 구가했다.

당나라의 건국에 결정적 역할을 했던 셋째아들인 태종은 권력을 잡기 위해 형제들을 살육하는 잔혹함을 보였지만, 중국역사에서 보기 드문 훌륭한 정치를 펼쳐 당나라의 기초를 다지는 데 결정적 공헌을 했다. 그의 정치는 그의 연호를 따 정관貞觀의 정치라고 하는데 후대 황제들에게 정치의 모범답안 역할을 했다. 그도 대국의 위엄을 과시하고 영토를 확장하기 위해 수양제처럼 고구려 침략전쟁을 벌였지만 고구려의 굳센 저항에 성공하지 못하였다. 그러나 정치적·경제적 안정을 얻은 상태에서 치러진 전쟁이었기 때문에 국가의 안녕에는 전혀 문제가 되지 않았다. 이렇게 초기에 정치적 안정을 잘 구축한 덕에 당나라는 후대 측천무후則天武后에게 정권을 빼앗기고 안록산의 난과 황소의 난 등 여러 차례 굵직한 난을 겪으면서도 약 300년 가까이 유지될 수 있었다.

태종의 아들 고종은 앞서 두 차례에 걸쳐 패배한 고구려 침략전쟁에서 마침내 승리한다. 당시 고구려는 중국과의 몇 차례 전쟁으로 국력이 소진한 상태였고, 당나라는 새롭게 부상한 신라와 군사동맹을 맺은 상태였기에 오랜 숙원을 쉽게 달성할 수 있었다. 당나라와 신라 연합군이 660년에 백제, 668년에 고구려를 멸망시킨 뒤, 대동강 이남은 신라가 차지하였지만 고구려의 영토 대부분은 당나라에 귀속되었다. 그러나 당나라가 만주와 한반도의 북쪽을 지배한 것은 20년밖에 되지 않았다. 고구려의 유민 대조영이 발해를 건국하였기 때문이다. 이후 당나라는 이쪽 지역의 지배를 포기하고 발해와 평화로운 관계를 유지하였다.

고종 시대에 또 하나 주목해야 할 것은 중국 역사상 최고의 여걸이라고 할 수 있는 측천무후의 등장이다. 측천무후는 원래 태종의 후궁이었다. 하지만 고종의 눈에 들어 애첩이 되었다가 대단한 정치적 야심과 수완을 발휘하여 자신이 낳은 아들마저 죽이고 마침내 황제에 올랐다. 중국역사상 전무후무한 여성 황제였던 그녀는 고대 중국의 이상적인 왕조인 주나라를 국호로 택했으며 그리 이상적이지는 않았지만 그런대로 무난한 통치를 했다. 후대의 사가들은 그녀를 무황제로 부르지 않고 측천무후라고 부르는데, 남존여비의 사회적 분위기 속에서 여자를 황제로 부르기를 꺼려했기 때문이다. 약 15년을 끌던 주나라는 측천무후 말기에 쿠데타에 의해 다시 당 왕조로 복귀하게 된다. 그러나 그 뒤로도 몇 년 동안 궁중암투가 계속되다 현종에 이르러서야 왕실은 안정을 되찾았다.

현종은 몇 십 년 동안 훌륭한 정치를 펼쳐 당나라의 위세를 만방에 과시했다. 그의 통치기인 개원開元시기는 정관시기를 능가하는 태평성대로 당나라 최고의 황금기라고 할 수 있다. 당시 당 제국은 군사력과 생산력, 문화의 힘에서 타의 추종을 불허하는 세계 최고의 제국이었다. 특히 서역 정벌에 힘을 써 당시 최대의 무역로인 실크로드 주변의 군소 제국들을 합병하였는데, 이 때문에 동서 간의 교역은 더욱 활발해졌다. 당시 당나라의 수도 장안은 세계 최고의 국제도시였다.

당나라는 외래문물에 대해 매우 관용적이었으며 종교에 대해서도 포용적이었다. 수많은 외교사절과 상인들뿐만 아니라 각 종교의 선교사들이 장안에서 포교활동을 벌였다. 중국 전통종교인 도교와 이미 안방자리를 차지한 불교 외에 신생종교인 이슬람교, 머나먼 유럽에서 전래된 기독교, 심지어 페르시아의 배화교까지 전파되어 실로 종교의 백화점과 같았다.

물론 이 가운데서 가장 빛을 발한 종교는 불교였다. 남북조시대부터 본격적으로 개화하기 시작한 불교는 이 시기에 이르러 최고조에 이르렀다. 위진남북조시기 불경의 수입에 주력하던 중국인들은 당대에 이르러서는 의지하는 경전을 중심으로 다양한 종파를 성립시키면서 새로운 국면을 창출했다. 정토종淨土宗, 천태종天台宗, 화엄종華嚴宗, 법상종法相宗 등의 온갖 종파가 성립하여 중국사상사를 풍성하게 했고, 불립문자를 내세우며 중국적 특징을 듬뿍 지닌 선종 또한 이 시기에 이르러 서서히 세력을 드러내기 시작했다. 그야말로 온갖 꽃들이 저마다의 아름다움을 자랑하는 백화제방의 형국이었다.

불교뿐만이 아니라 당시 문화의 전반적인 분위기는 다채로움과 화려함을 마음껏 구가한 시기였다. 위진시대 이래로 내려오던 교의 추구가 이 시대에 이르러서는 정점에 이르렀다. 시는 화려한 외형적 기교만 추구하던 단계에서 벗어나 세련된 형식에다 다양한 사상과 깊은 감정을 실어 최고의 황금기를 구가하였다. 산문에서도 육조시대 이래 계속된 기교적인 변려문이 더욱 정형화되고 세련된 양식인 사륙문으로 발전하였다. 거의 모든 구절을 넉자와 여섯자의 대구로 만들고 심지어 시에서 추구하는 압운과 평측마저 갖추고 있는 사륙문은 산문과 운문의 구분을 무색하게 만들 정도였다.

위진시대 이래 크게 발전한 회화도 당나라에 이르러서는 더욱 화려하고 세련된 기교를 뽐내면서 산수화, 인물화, 불화 할 것 없이 새로운 경지를 개척하게 되었다. 인물화가 훨씬 풍성해진 것은 물론 산수화에서는 웅장한 산수를 화려한 황금빛과 푸른빛으로 색칠하는 금벽金碧 산수화가 유행하면서 사람들의 눈을 크게 뜨게 만들었다. 불화에서도 위진남북조시대에 무작정 인도풍을 모방하던 단계에서 벗어나 날렵하면서도 세련된 선을 강조하는 중국적 불화를 완성한다. 건축은 남아 있는 유물이 별로 없지만 기록된 자료에 따르면 웅장함과 화려함의 극치를 달렸음을 알 수 있다. 특히 수도 장안의 바둑판식 도시 구획은 오늘날의 뉴욕 맨해튼을 방불케 한다.

음악은 문학이나 회화, 건축 등에 비해 외래문화의 영향에 더욱 개방적이어서 실로 다양함과 화려함이 넘쳐났다. 국제도시 장안에는 외국에서 건너온 온갖 종류의 노래와 춤을 보고 들을 수 있었으며 궁중 음악에서도 종묘제례에 쓰이던 아악보다는 임금과 신하의 연회에 쓰이던 연악이 더욱 흥성하였다. 민간의 속악도 크게 발전하였다. 현종은 중국의 역대 황제 가운데 음악적 재능이 가장 뛰어난 군주였는데, 악기 연주에도 뛰어났지만 작곡의 기량도 높았다. 그는 「예상우의곡」이라는 대형 악곡도 창작하였는데 곡을 절반쯤 완성하였을 때 어느 신하가 인도에서 건너온 「바라문곡」을 바치자 거기서 창작의 영감을 얻어 곡을 완성하였다고 한다. 황제가 외국음악을 활용하여 작곡을 할 정도였으니 당나라의 음악의 개방성과 융성함을 가히 짐작할 수 있다.

현명한 군주였던 현종은 예순 살이 넘어서 양귀비를 만난 뒤부터는 향락에 젖어 정사를 돌보지 않게 되고, 그로 인해 안록산의 난이 일어나자 세계 최고의 국제도시로 번영을 누리던 장안은 폐허가 되었다. 현종은 촉 지방으로 피난을 가게 되고 피난 도중 군사들의 요구로 양귀비는 결국 자살한다. 당 현종과 양귀비의 로맨스는 중국 문인들이 즐겨 다루는 소재일 뿐만 아니라 사실 중국문화사의 한 획을 긋는 중대한 사건이다. 둘의 사랑이 계기가 되어 일어난 안록산의 난은 귀족문벌세력을 몰락시키는 데 결정적인 역할을 했다. 그로부터 중국은 서서히 세습 문벌귀족이 아니라 과거제도를 통해 선발된 지식인 관료들이 중심이 되는 사회로 나아가게 된다. 과거를 통해 새로운 지배계층으로 등장한 이들을 흔히 사대부라고 부른다.

수나라 때부터 시행된 과거제도는 문벌귀족들의 강력한 반발 때문에 실제적인 효력을 발휘하지 못했다. 현종 때의 유명한 시인 두보는 과거를 통해 관료로 진출하기를 강력히 희망했으나 이미 나라의 모든 인재가 조정에 다 들어와 있어 과거를 시행할 필요가 없다는 문벌귀족 재상의 주장 때문에 아예 시험을 칠 기회조차 박탈당했다. 당시 신분 상승을 꿈꾸던 사람들에게는 방 안에서 열심히 글을 읽고 과거시험을 준비하기보다는 문벌귀족에게 아부하거나 전쟁터에 나가 공을 세우는 것이 훨씬 빠른 길이었다. 그러나 안록산의 난이 끝난 뒤에는 수많은 인재들이 과거시험을 통해 관료가 되었다.

이렇게 경제·사회구조가 바뀌면서 문화예술 및 사상에도 새로운 변화들이 일어난다. 대교약졸의 미학이 서서히 나타나기 시작한다. 문학에서는 위진시대 이래 계속되어왔던 화려한 문풍을 반대하고 소박한 고문으로 돌아가자고 외치는 고문운동이 일어났으며, 회화에서도 화려한 채색 위주의 금벽산수에서 서서히 수묵화로 변해갔다. 사상적으로도 큰 변화가 있었는데 불교 내에서는 교종이 서서히 쇠락하고 선종이 본격적으로 피어나기 시작하였으며, 지식인들 사이에서는 불교를 반대하고 다시 유학으로 되돌아가자는 움직임도 나타났다. 고문운동의 주창자인 한유는 신유학의 선구자이기도 하다.

당나라는 후기로 갈수록 지방의 군권을 장악하고 있던 절도사들이 점차 중앙정부의 간섭에 별로 영향을 받지 않는 독자적인 세력권을 강화하면서 사실상 군웅할거에 가까운 시대가 되었다. 잦은 절도사들의 반란과 황소黃巢의 난 등 농민반란까지 겹쳐 나라는 점차 황폐해져갔다. 그러다 급기야 907년에 이르러 당 왕조는 몰락하고 천하는 중국역사에서 세 번째 분열기인 오대십국시대로 접어든다. 그러나 오대십국시대는 춘추전국시대나 위진남북조시대와는 달리 그리 오래가지 않았다. 오대십국시대는 세습 문벌귀족 중심의 사회체제에서 과거를 통해 새롭게 등장한 사대부 중심의 사회체제로 나아가는 과도기에 불과했다.

대교약졸의 문화를 꽃피웠던 송나라

960년에 건국한 송나라는 979년 마침내 70여 년 동안 계속되던 오대십국의 혼란을 극복하고 다시 천하를 통일한다. 송나라는 건국 초부터 당의 몰락에서 교훈을 받아 천하의 군권을 중앙으로 집중시켰을 뿐만 아니라 무인세력을 억압하고 문인을 우대하는 숭문정책崇文政策을 펼쳤다. 특히 과거제도를 크게 개선하여 최종시험은 황제가 직접 주관할 수 있도록 하였을 뿐만 아니라 공정한 경쟁을 위한 여러 가지 제도를 완비하였다. 이렇게 과거의 권위와 공정성이 크게 향상되자 정치사회의 주도권은 세습 문벌귀족으로부터 문인관료 사대부에게로 확실하게 넘어가게 되었다.

아울러 사회 전체적으로 지식인들의 지위는 크게 향상되었다. 당대에는 벼슬을 구하는 길이 주로 전쟁터에 나가는 것이었다면 송대에 벼슬을 구하는 가장 빠른 길은 책을 읽는 것이었다. 이것은 인류 지성사의 관점에서 볼 때 대단한 진보였다. 당시 유럽을 비롯한 대부분 문명권은 철저한 신분제사회에 머물러 있었고, 신분 상승을 위한 가장 빠른 길은 전쟁에서 공을 세우는 것이었다.

그러나 송나라 초기부터 진행된 문인 우대정책은 결과적으로 군사력의 약화를 불러왔고, 이로 말미암아 송나라는 대외적으로 주변 국가들에게 시종 열세를 면치 못했다. 북경을 비롯한 동북지역은 거란족이 세운 요遼나라가 차지하고 있었고, 섬서성의 일부 지역과 돈황을 비롯한 서쪽 지역은 서하西夏가 차지하고 있었으며, 운남성 지역은 대리大理가 버티고 있었다. 그 가운데 가장 위협적인 존재는 요나라였으며, 서하 또한 만만치 않은 존재였다.

송나라는 요나라에게 빼앗긴 북경 지역을 되찾기 위해 요나라 동북쪽의 만주지방에서 새롭게 일어난 여진족이 세운 금나라와 손을 잡고 요나라를 공격했다. 그러나 금나라는 요나라를 함락시킨 뒤 송나라에 대해서도 야심을 품고 남하하여 수도 변경汴京(개봉開封)을 함락한다. 황제 부자가 포로로 만주지방으로 끌려간 뒤 황실은 1127년 남쪽으로 내려와 임안臨安(항주杭州)을 수도로 삼게 되었다. 중국역사에서 두 번째로 남북조시대가 된 것이다. 변경을 수도로 삼았던 처음의 왕조를 북송이라고 하고 임안을 수도로 삼았던 나중의 왕조를 남송이라고 한다.

남송 초기에는 북벌을 주장하는 패기 있는 사람들이 있었지만 현실적으로 남송의 군사력은 북방의 금나라를 당할 수가 없었다. 남송은 이전의 남북조시대가 그랬듯이 대략 회수淮水를 경계로 금나라와 국경선을 유지했다. 그것도 그냥 얻어진 것이 아니라 비단과 황금을 바치면서 얻어낸 화평이었다. 그러다가 13세기 초 북방의 사막과 초원지역에서 일어난 몽골이 급속도로 확장을 거듭하여 서하를 멸망시키고 난 뒤 금나라를 정벌하기 위해 동맹을 요구하자 어리석게도 남송은 몽골의 청을 받아들인다. 남송과 손을 잡고 금나라를 삼킨 몽골은 잠시 숨을 돌려 유럽과 중동 지역을 정벌한 뒤 얼마 지나지 않아 남송을 침략하여 1279년 남송은 결국 멸망하게 된다.

이렇듯 송나라는 320년 가까이 나라를 유지하는 동안 군사력이 약해 줄곧 유목민족의 침략에 시달리다가 결국은 당시 세계 최강의 군대였던 몽골군에게 정복당했다. 그러나 당대 이후 계속된 경제 발전으로 도시가 흥성하고 상업이 발달하여 경제적으로 매우 안정되어 있었고, 중앙집권이 효율적으로 이루어져 큰 내환 없이 정치적으로도 안정되었다. 그 덕에 문화에서 매우 큰 진보가 있었다. 세계문명사를 바꾼 화약, 인쇄술, 나침반 등의 발명은 모두 송대에 이루어진 것이다. 이런 정치적·경제적 안정과 물질문명의 발달에 힘입어 송대는 문화, 예술, 사상 전반에 걸쳐 비약적인 발전이 이루어졌다. 그리고 대교약졸의 미학 또한 이 시기에 이르러 비로소 본격적으로 피어나기 시작했다.

노장사상이 본격적으로 유행하기 시작한 것은 분명 위진시대였다. 당시 지식인들 사이에서 『도덕경』은 필독서였다. 그럼에도 그 당시의 미적 취향이나 종교사상은 전반적으로 졸박미보다는 기교미, 범속함보다는 성스러움을 추구했다. 진정으로 대교약졸을 이해하고 대성약범을 체현하려면 먼저 기교미와 성스러움의 과정을 거쳐야 하기 때문이다. 명나라의 시인이자 화가인 동기창은 "시문과 서화는 젊어서는 교묘하고 늙어서는 담백해야 하는데 교묘하지 않으면 또한 어떻게 담백하게 할 수 있겠는가?"라는 말을 했는데 참으로 일리 있는 말이다. 교묘함을 거치지 않은 담백함은 그저 밋밋한 담백함에 불과하다. 대교약졸의 졸박함을 제대로 체득하려면 반드시 기교미를 거쳐야 한다.

위진시대부터 중국의 국력이 눈부시게 빛나는 당대 전기에 이르기까지는 외향적 기교의 아름다움에 대한 추구가 계속되었다. 화려함이 극에 달한 당나라 중기에 이르러서야 비로소 서서히 대교약졸에 대한 자각이 조금씩 일어나기 시작했던 것이다. 그러나 그때는 화려함을 추구하는 대세를 뒤집기에는 역부족이었고, 송대에 이르러서야 비로소 본격적으로 대교약졸의 아름다움을 수용하기 시작했다.

졸에서 교, 다시 교에서 졸로 나아가는 과정은 졸이라는 품평용어에 대한 관점의 변화를 살펴보면 잘 알 수 있다. 한참 교를 추구하던 위진남북조시대에서 당대에 이르기까지는 졸이란 그리 높은 품평용어가 아니었다. 대체로 무언가 기교가 부족하여 어설픈 것을 가리키는 용어로 사용되었다. 물론 「귀거래사」로 유명한 시인 도연명은 졸을 지키기 위해서 전원으로 돌아갔고, 실제로 졸의 미학으로 문학작품을 지었다. 그러나 도연명의 졸의 미학은 교의 미학이 득세하던 남북조시대에서 당대까지는 제대로 이해받지 못하였다.

송대에 이르자 교와 졸을 보는 안목이 바뀌기 시작했다. 북송대의 시인인 진사도의 "차라리 졸할지언정 교묘해서는 안 되고, 차라리 질박할지언정 화려해서는 안 된다"라는 말이나 나대경의 "글씨를 쓰는 데는 졸필이 가장 어려우며, 시를 짓는 데는 졸구가 가장 어렵다. 졸에 이르게 되면 혼연히 천연스럽고 온전해지니 인공적 기교는 말할 것이 못된다"라는 말에서 알 수 있듯이 위진시대에서 당대까지 어설프다는 의미로 쓰인 고졸이라는 용어는 송대에 이르러서는 최고의 품평용어로 환골탈태하게 된 것이다.

본격적으로 대교약졸의 미학을 이해하기 시작한 송대에 이르자 중국문화는 각 방면에서 활짝 피어나기 시작한다. 당대 중기에 시작되었지만 외로운 선구자의 외침에 그쳤던 고문운동은 북송 중기에 이르러 문인들의 전폭적인 지지를 받으면서 마침내 완성된다. 그리고 시에서도 당시의 화려하고 농염한 풍격을 넘어 평담함이 주가 되는 새로운 시풍을 개척했다.

회화에서도 마찬가지이다. 당대 중기부터 산수화가 발달하기 시작하고 단순하고도 담백한 아름다움을 중시하는 수묵화도 등장했지만, 당대까지는 과도기였고 송대에 이르러 수묵산수화가 회화의 주류로 자리 잡게 된다. 아울러 송대는 대교약졸의 미학의 극치인 문인화나 선화가 본격적으로 피어난 시기다. 말 중심의 동물화에서 화조화가 새롭게 등장한 것도 송대이고 여백의 미, 그림 속의 시가 등장한 것도 바로 송대다. 도자 공예에서도 당대와 송대의 차이는 뚜렷하다. 당대에는 화려하고 당당한 삼채색 도자기가 유행했으나 송대에는 은은하고 맑은 비취색을 띠는 청자와 담백한 맛의 백자가 더 많은 애호를 받았다.

건축에서도 송대는 외양적인 웅장함보다는 자그마한 규모 속에서 아기자기한 아름다움을 더 중시했으며, 엄격하고 방정한 건축보다는 꾸불꾸불하고 통일미가 없는 것 같으면서도 깊은 통일미를 추구하고 대자연의 깊은 정취를 집 안에 끌어들인 원림 건축이 본격적으로 유행한 시기다. 음악에서도 송대는 그 사이 유행했던 화려하고 다채로운 악풍을 배격하고, 고대 주나라의 아악을 이상으로 삼아 깊이 있는 궁중음악을 완성한 시기다.

이 모든 것들은 기본적으로 대교약졸의 미학 정신 아래에서 이루어진 것이다. 이런 점에서 볼 때 송대의 문학과 예술은 전반에 걸쳐 비약적인 발전이 이루어진 시기이자 사실 최고봉에 이른 시기이다. 왜냐하면 그 뒤로도 문예의 창작은 계속되었고 부분적으로 발전은 있었지만, 거시적인 관점에서 볼 때 미학적인 새로운 발전은 별로 없었기 때문이다. 물론 민간 문예가 활성화되면서 새로운 활력을 불어넣기도 하였지만, 적어도 사대부 계층의 고급문화에서는 미학적으로 비약적인 발전은 없었다.

또한 송대는 종교와 사상 면에서 대성약범의 정신이 활짝 피어난 시기이다. 위진시대 이래로 초월적인 세계, 성스러움의 세계로 열심히 나아가던 중국인들은 점차 대성약범의 범속함을 이해하기 시작했다. 이에 불교 내에서 먼저 화광동진을 중시하는 선종이 흥기했다. 선종은 남북조시대 말기 달마대사로부터 시작되었다고 하지만 실제로 선종이 세력을 얻기 시작한 것은 중당 무렵부터다. 이후 당나라 말기와 오대십국을 거치면서 지속적으로 발전해온 선종은 송대에 이르러 불교의 모든 종파 가운데 가장 중요하고 영향력 있는 종파가 되었다.

대성약범의 본격적인 개화는 유교의 부흥에서 찾을 수 있다. 유교야말로 진정한 의미에서 일상성을 중시하는 사상이고 예 문화에 가장 부합하는 사상이다. 중당대 한유가 제창한 유교 부흥운동은 아직은 덜 익은 분위기 속에서 메아리 없는 적막한 외침에 그쳤지만, 북송 중기의 주돈이와 정이에 이르러서는 무르익은 분위기를 타고 요원의 불길처럼 퍼져나갔다. 이후 중국사상사의 주도권은 다시 유교로 넘어왔으며 남송대의 주희에 이르러서는 천하의 선비 가운데 열에 여덟, 아홉은 다시 유교로 돌아오게 되었다. 결국 중국사상은 범에서 성을 거쳐 다시 범으로 돌아오게 된 것이다. 그리고 유교의 우세는 청나라가 끝날 때까지 큰 변화가 없이 지속된다. 송대에 확립된 대교약졸의 미학과 대성약범의 정신은 이후 봉건왕조가 끝날 때까지 큰 변화 없이 지속된다.

파괴, 복고, 정리의 원·명·청 시대

　　남송 중기인 13세기 초 북쪽의 초원지대에서 일어난 몽골제국은 세계사에서 유례를 찾아보기 어려울 정도로 막강한 군사력을 무기로 무서운 속도로 팽창하기 시작했다. 몽골은 서하와 금나라를 함락시킨 뒤 1279년 마침내 남송도 멸망시켰다. 위진남북조시대 이래 중원 지역이 이민족의 지배 아래에 들어간 적은 있었지만 중국 전역이 완전히 이민족의 지배 아래 들어간 것은 처음이었다. 칭기즈칸의 후예들이 세운 몽골제국은 중국만이 아니라 서남쪽으로는 지금의 이란과 이라크까지, 서쪽으로는 러시아, 헝가리, 폴란드까지 확장되었는데 그 가운데 몽골과 중국 전체를 원元나라라 부르고 나머지 지역을 네 개의 봉국으로 삼았다.

　　원나라는 춘추시대 이래로 지역 이름을 나라 이름으로 사용하던 관습을 깨고 최초로 의미로써 나라 이름을 삼은 왕조다. 이후 명과 청도 이러한 새로운 관행을 따랐다. 또한 원나라는 북경에 수도를 삼은 최초의 통일왕조다. 이후 북경은 중국의 중심이 되었다.

　　원은 몽골 초원에서 짧은 기간에 급성장한 나라로, 전투력은 막강했지만 문화의 깊이는 오랜 역사를 자랑하는 중국과 비교가 되지 않았다. 게다가 그들은 중국의 문화를 철저하게 무시했다. 원대에는 몽골인을 1등급, 중앙아시아의 푸른 눈의 색목인色目人을 2등급, 금나라 지역에 속한 중국인을 3등급, 송나라 지역에 속한 중국인을 4등급으로 분류했다. 사대부들의 지위 또한 크게 격하되어 비참한 삶을 살아야 했다. 물론 시간이 지나면서 한족 지식인들 가운데 일부는 관리가 되기도 했지만 그 비율은 실로 미미했다.

　　이런 암담한 분위기 속에서 송대까지 번영을 구가하였던 한족의 문화는 크게 위축되었다. 특히 대교약졸의 미학이 피어났던 사대부문화 영역은 심하게 파괴되었다. 중국문학사를 보면 원대에는 정통문학인 시문 분야는 거의 볼 것이 없다. 대신 희곡이 크게 성행하고 발달했는데 몰락한 문인들이 서민들과 동고동락하면서 생업을 위해 희곡 대본의 집필에 종사하였기 때문이다. 원대 이후 시와 문은 답보적인 상태에 머물렀고 대신 새롭게 등장한 희곡과 소설이 문학사의 주류가 된다.

원대에는 그렇지 않아도 쇠퇴하던 선종이 라마교의 유행에 의해 더욱 위축되었다. 원래 몽골인들은 샤머니즘 외에 고등 종교가 없었는데 티베트를 침공하면서 도리어 티베트의 라마교에 매료되어 라마교를 신봉하기 시작하였다. 중국의 선종과 티베트의 라마교는 같은 불교라고 하지만 그 성향은 극과 극이다. 선종이 일상적이면서도 무색무취의 담백한 정신세계를 추구한 반면, 라마교는 인도의 후기 대승불교의 하나인 탄트라 불교와 티베트 특유의 샤머니즘적인 뵌교가 융합된 것으로 비의적인 요소가 많고 시각적으로나 청각적으로나 강렬한 색채를 지니고 있다. 원대에는 왕실에서 라마교를 적극 권장하였기 때문에 라마교가 크게 번창하였고 선종은 자연히 뒷전으로 밀리게 되었다. 남송대에 활짝 피어난 신유학 또한 원대에 들어서는 새로운 발전 없이 명맥만 유지할 수 있었다. 물론 원대에 들어 주자가 집필한 『사서집주』가 과거시험의 교재로 채택되면서 주자학이 새로운 관학으로 등장하기는 하였지만 사상사적인 측면에서 새로운 깊이가 더해진 것은 없다.

건축 또한 마찬가지다. 원래 몽골인들은 초원에서 천막을 치고 살던 민족이기 때문에 건축에 대한 안목은 그다지 높지 않다. 그들은 라마교의 화려하고 장식적인 건축양식을 선호하였다. 이에 따라 원대에는 티베트풍 건축이 널리 유행하였다. 티베트풍 건축의 유행은 중국 건축에 다채로움을 더해주기는 하였지만, 그런 가운데 고아함과 깊은 정취가 담겨 있던 송대의 건축은 잊혀지고 건축에 대한 심미안도 도리어 퇴보하게 되었다. 음악에서도 몽골이 유라시아대륙의 절반 이상을 차지하면서 구축한 방대한 교역망을 통해 다양한 외래음악이 들어와 새로운 변화를 불어넣었지만. 송대에 완성하였던 격조 있는 아악은 철저하게 무시당하면서 잊혀져 버렸다.

사대부문화 가운데서 유일하게 송대에 비해 나은 영역은 회화이다. 후대의 많은 평론가들이 원대의 그림이 송대에 비해 훨씬 탈속적이고 고아한 중국회화의 정신을 잘 드러내고 있다고 평한다. 원대의 그림이 송대에 비해 나은 이유는 아이러니컬하게도 문인들이 몽골인들의 천시를 받으며 초야에 묻혀 그림에 전념했기 때문이라는 설이 있다. 실제로 원대의 대가들 중에는 조맹부趙孟頫를 제외하고 오진吳鎭, 황공망, 예찬倪贊 등은 모두 은둔화가들이다. 이 중 황공망은 새로운 화법을 창안하여 후대 산수화에 결정적인 영향을 미쳤다. 그가 무려 3년에 걸쳐 그렸다는 「부춘산거도」는 폭 33센티미터에 길이가 6미터가 넘는 대작으로 중국 산수화의 백미로 평하는 사람들이 많다.

이민족 왕조로는 중국역사에서 최초로 중국 전역을 지배했던 원 왕조는 1300년대 후반에 들어 서서히 몰락하기 시작했다. 폭정에 못 이긴 농민반란이 여기저기서 일어났으며 오랜 영화에 부패하고 무기력해진 몽골 관료와 군대는 이전처럼 강력하게 대처하지 못했다. 여러 반란군 가운데 미륵불 신앙을 지닌 백련교 집단에 속한 주원장朱元璋이 점차 세력을 키워나가다 1368년에는 마침내 몽골인들을 다시 몽골 초원으로 내몰고 명나라를 건립했다. 명나라는 처음에는 남경에 수도를 잡았다가 얼마 뒤 북경으로 천도했다.

다시 한족 왕조를 세운 명대에는 한 세기 가까이 지속된 몽골의 통치에 의해 파괴된 한족문화를 회복하는 것이 가장 큰 당면과제였다. 그리하여 명대에는 복고주의의 바람이 거세게 불었다. 그러나 명대의 복고주의는 송대의 복고주의와는 성격이 완전히 달랐다. 송대 사람들이 추구하였던 복고주의가 위진남북조에서 당대까지 발전해온 화려한 기교미를 내재화시켜 한 단계 높은 졸박함으로 나아가기 위한 나선형적 복고주의라면, 명대의 복고주의는 이민족에 의해 파괴된 문화를 다시 복구하는 평면적인 복고주의였다. 즉 새로운 발전이 별로 없었다.

문학에서 명대는 사대부의 정통문학인 시와 문이 다시 문학사의 주요 장르로 등장한다. 명대 시문의 주된 흐름은 복고주의였다. 전칠자前七子라고 불리는 한 무리의 문인들과 이들보다 약간 뒤에 출현한 후칠자後七子라고 불리는 한 무리의 문인들은 시는 반드시 성당盛唐 시기의 시를 본받아야 하며 문장은 진나라와 한나라의 문장을 따라야 한다고 주장했다. 이들은 옛 것으로 돌아가자는 복고의 정도를 넘어 옛 것을 그대로 모방하는 의고擬古의 수준에 머물렀다. 물론 의고주의를 반대하고 문학의 진화와 개인의 독창성을 강조하는 문인들이 등장하기는 했지만, 그들의 작품 또한 그다지 새로운 면모는 없었다. 명대 문학에 가장 주목할 만한 장르는 소설이었다. 이른바 사대기서라고 불리는 『삼국지연의』, 『수호전』, 『서유기』, 『금병매』가 등장하여 문학사의 밤하늘을 빛냈다.

회화나 건축 등의 분야에서도 미학적인 관점에서 새로운 발전은 거의 없었고, 종교에서도 유·불·선 통합이 활발하게 이루어졌다는 것을 제외하고는 특기할 만한 것은 없다. 다만 사상 부분에서는 다소 새로운 발전이 있었다. 그것은 바로 양명학의 출현이다. 송대에 흥성한 신유학은 원대라는 소강기를 거쳐 명대 후기의 왕양명에 이르러 다시 한 번 새로운 흥성기를 맞이한다. 그러나 좀 더 거시적인 관점에서 볼 때 명대 신유학의 전반적인 수준은 송대 신유학의 다양성과 활발함에 비하면 다소 뒤떨어지는 느낌이 있다.

물론 문명은 역사의 흐름에 따라 진보하는 것이다. 원대에는 송대보다 더 발달한 면이 있고, 명대는 사회적·경제적으로 원대보다 더욱 발전하였다. 일부 역사학자들은 중국은 명대에 이미 상업자본주의의 초기 단계에 들어섰다고 주장한다. 그러나 문화의 깊이, 심미안의 수준은 반드시 물질 문명의 발달과 비례하는 것은 아니다. 명대의 문화의 깊이는 분명 원대에 비해서는 나아진 것은 사실이지만 전체적으로 볼 때 송대의 수준을 넘어서지 못했다.

명나라는 후기에 이르러 한나라와 마찬가지로 환관의 전횡으로 나라가 어지러워졌다. 게다가 일본의 침략을 받은 조선을 원조하기 위해 전쟁을 치르면서 국력은 더욱 쇠약해졌다. 이를 틈타 1616년 만주 지역에서는 후금後金이라는 만주족 국가가 건립되었다. 송나라 때의 금을 이었다는 뜻이다. 그 뒤 그들은 나라 이름을 청으로 바꾸고 점차 세력을 확장하기 시작했다. 그러나 명나라는 내부의 혼란 때문에 제대로 대처할 수 없었다. 명나라의 부패는 날이 갈수록 심해지다가 마침내 1644년 이자성李自成이 이끄는 농민반란군에게 망하게 된다. 이때를 틈타 청은 별다른 저항 없이 북경을 접수하게 된다. 중국은 또다시 이민족의 지배 아래에 놓이게 된 것이다.

청을 세운 만주족은 막강한 군사력으로 영토를 확장하기 시작했다. 내몽골과 외몽골, 티베트와 신장지역까지 복속시켜 명나라에 비해 무려 세 배 이상의 영토를 차지했다. 이 방대한 영토는 나중에 청 왕조가 망하면서 결국 고스란히 한족의 손에 들어갔다. 한족은 만주족 덕분에 유사 이래 가장 방대한 영토를 소유하게 된 것이다.

청나라는 국토만 크게 확장하였던 것이 아니라 국내정치에도 심혈을 기울여 이민족 왕조임에도 매우 안정적인 정치를 할 수 있었다. 특히 전기에는 강희제, 옹정제, 건륭제 등 영명한 군주들이 연이어 나와 국력을 크게 신장했다. 청나라가 번영을 구가할 수 있었던 것은 중국 봉건왕조의 오랜 전통의 하나인 장자상속제를 폐지하고 능력 있는 아들에게 왕위를 물려주는 제도를 확립하였기 때문이다.

청나라는 18세기까지 팽창을 지속하다가 19세기에 들어서 부패와 무능으로 서서히 약해지기 시작했다. 다만 스스로 모르고 있을 뿐이었다. 1842년 영국과의 아편전쟁에서 패하자 곪은 상처가 드러났고, 스스로 예수의 동생이라고 주장한 홍수전洪秀全이 일으킨 태평천국太平天國의 난에 뿌리가 흔들렸다. 이후 일본에게까지 패하는 수모를 겪다가 결국 1911년 신해혁명으로 망하게 된다.

청은 원의 단명을 타산지석으로 삼아 무작정 한족을 탄압하거나 한족의 문화를 무시하지 않았다. 채찍과 당근을 사용하여 한편으로 청 왕조에 불온한 생각을 지닌 지식인들을 탄압했지만, 다른 한편으로는 한족 지식인들을 달래고 포용하면서 청 왕조에 복종하도록 만들었다. 문화정책에서도 만주족 복장이나 변발 등을 한족에게 강요하기도 했지만 대체로 한족의 문화를 존중하고 잘 보존하려고 했다. 오히려 만주족 스스로 한족문화를 적극적으로 배우려고 했다. 그러나 청대의 전반적인 문화 역량은 깊이를 새롭게 더하기에는 역부족이었다. 때문에 대체로 창조적으로 새로운 경지를 열기보다는 기존의 전통문화를 보존하면서 종합적으로 정리하려는 방향으로 나아갔다.

문학사를 보아도 청대에는 새로운 미학적 깊이를 더하기보다는 기존에 진행되어왔던 모든 장르들을 종합적으로 정리하는 분위기다. 사대부들의 정통문학으로 자리 잡은 시와 문뿐만 아니라 송대와 원대에 걸쳐 발달했던 운문이었던 사와 곡, 그리고 원대와 청대에 크게 흥성했던 희곡과 소설 등이 모두 그만그만한 수준에서 집대성되는 경향이 있었다. 심지어 송대의 고문운동 이후 쇠퇴한 변려문조차도 다시 부활하여 집대성의 목록 가운데 하나를 장식했다.

이 가운데 가장 주목할 분야는 소설인데『홍루몽』이나『유림외사』등은 사대기서의 문학적 성과를 넘어섰다. 사대기서가 대체로 개인적인 창작이라기보다는 송대부터 축적되어온 설화인들의 이야기를 정리한 것이라면 이들은 순수하게 새로운 창작이었던 것이다. 이 외에도 『요재지이』, 『아녀영웅전』 등 많은 소설들이 출현하였다. 이 중에서 특히 『홍루몽』은 주제의 깊이나 문체의 유려함, 이야기의 방대함과 구성의 치밀함 등 여러 가지 면에서 중국 고전 소설의 최고봉이라고 할 수 있다.

종합적인 정리의 경향을 잘 보여주는 것은 바로 총서의 발간이다. 청대에는 역대 중요한 전적을 정리하여 전집으로 발간하는 것이 유행했다. 약 5만 수에 가까운 당나라의 시를 집대성한 『전당시全唐詩』, 기존의 자전들의 성과를 바탕으로 약 5만 자에 가까운 방대한 어휘를 총 정리하여 발간한 『강희자전康熙字典』도 놀랍지만 당시까지 발간되었던 천하의 모든 책을 다 모아 경전, 역사서, 철학서, 문집 등 네 개의 분야로 나누어 집대성한 『사고전서四庫全書』는 정말 입을 다물지 못하게 한다. 『사고전서』에는 무려 약 3,500종에 가까운 책이 수록되었고 권수는 8만 권에 가깝다. 그 당시 세계 최대 규모의 출간사업이었을 뿐만 아니라 지금도 감히 흉내 내기 어려운 전무후무한 출간사업이다.

청대는 학술사상에서 새로운 변화가 일어난 시기다. 명대까지 이어져온 신유학은 공리공담이라는 비판을 받으면서 몰락하고, 대신 경세치용을 강조하고 이理보다는 기氣를 중시하는 학풍이 일어났다. 그러나 청대 학술사상의 가장 큰 특징은 역시 고증학이라는 새로운 학문의 등장에 있다. 청대의 학자들은 엄밀한 고증을 바탕으로 경전을 비롯한 많은 문헌들에서 숨겨진 오류들을 발견하여 고치는 개가를 이루었다. 아무래도 이민족 지배 아래에 있던 한족 지식인들로서는 필화의 부담이 큰 사상 쪽보다는 고전 정리에 직접적인 도움이 되는 고증학이 더 매력적으로 다가왔을 것이다. 그러나 이런 것들은 사상적으로는 그다지 큰 의미가 없다.

이상으로 원, 명, 청의 문화사를 개략적으로 살펴보았는데 각 시대마다 분명 과학기술력이나 경제력, 민간 문예의 발달 등에서 분명 전대를 앞서는 면이 있기는 하지만 미학적 깊이에서는 송대를 뛰어넘을 만큼의 역량을 보여주지는 못한다. 위진남북조에서 당대에 이르는 시기처럼 외부로부터 신선하고 새로운 자극이 주어지지 않았기 때문이다. 그 때문에 파괴와 단순한 복구, 그리고 정리의 차원에 머물렀던 것이다. 새로운 자극은 19세기말 서양으로부터 주어지기 시작하였고 20세기에 들어서는 새로운 배움이 진행되고 있는 중이다.

새로운 대교약졸을
기대하며

중국문화는 용광로와 같다

　　이상으로 동서 문화사의 흐름을 개략적으로 살펴보았다. 서양은 처음 출발할 때부터 발산적이다. 그리스인들은 일찍부터 교역과 식민지 개척을 위해 미지의 바다를 넘어 항해하였고, 발칸반도의 자그마한 도시국가의 연합에 불과하였지만 지중해와 흑해 연안에 방대한 식민지를 개척하였다. 뒤를 이어 로마인들은 유럽과 아프리카 북부 그리고 근동지역을 아우르는 거대제국을 건설하여 최고의 번영을 누렸다. 서로마의 몰락 이후 유럽인들은 아프리카와 근동지역은 물론이고 이베리아 반도까지 빼앗긴 채 침체의 시간을 보냈다. 그러다 근대 이후 대항해시대를 열면서 다시 팽창하기 시작했는데, 이번에는 지중해가 아니라 오대양으로 진출하였으며 식민지의 규모도 수십 배나 늘어났다.

　　그들의 문화 또한 마찬가지다. 그리스인들은 철학, 문학, 미술, 음악, 건축 할 것 없이 문화예술 전반에 걸쳐 강렬한 발산의 미학을 추구하였다. 그들이 남긴 치밀한 지적 탐구, 웅장한 영웅서사시와 강렬한 극시, 눈이 부시도록 찬란한 조각과 건축들은 서양문화의 토대가 되었다. 서구문명의 외곽지대에 있다가 로마시대 말기에 가서 절대적 권력을 잡고 중세 내내 헬레니즘을 억압하면서 절대 권력을 누렸던 헤브라이즘 또한 그 본질은 발산적이다. 초월적인 성스러움에 대한 빛을 너무 강하게 발산하였기에 현세적인 아름다움을 발산하는 그리스문화와 충돌하였을 뿐이다. 서로 닮은 두 형제의 싸움은 르네상스 이후에는 다시 형에게로 주도권이 넘어가는데, 이들은 내부에서는 치열한 패권 다툼을 벌였지만 외부에서는 서로 협력하면서 유럽의 세계 제패에 많은 공헌을 했다.

중국 또한 팽창을 위한 정벌전쟁을 하지 않았던 것은 아니다. 그러나 대체로 보았을 때 중국은 문화의 힘을 바탕으로 주변의 지역을 마치 블랙홀처럼 빨아들이면서 성장하였다. 서주시대만 해도 중국문화의 영향권은 황하를 중심으로 하는 북중국에 국한되어 있었다. 춘추전국시대에 들어 장강유역의 초나라, 오나라, 월나라 등이 자발적으로 중원문화에 편입되면서 중국문화권은 크게 확장되었다. 진나라가 천하통일을 이룩하고 그것을 이어받은 한나라가 400년에 걸친 긴 세월 동안 안정적으로 발전시키자 중국문화의 기본 틀과 기본 권역이 대략 갖추어지게 되었다.

그 뒤 중국은 많은 이민족의 침략을 받았지만 중국문화는 붕괴되지 않았고, 오히려 자신을 침략한 이민족을 그 문화의 용광로 속에 녹여버렸다. 위진남북조 시대에 중원을 침략하였던 여러 유목민족들은 나중에는 오히려 자신들의 문화적 정체성을 잃어버리고 중국문화에 동화되어버렸다. 지금 세계문화유산으로 기록된 운강 석굴과 용문 석굴의 그 웅장하고 화려한 석불들을 남겨놓은 위대한 통치자 선비족은 이제 남아 있지 않다. 이미 오래전에 한족이 되어버렸기 때문이다.

나중에는 중국 전역을 지배하는 이민족도 나타나게 되었지만 중국문화의 틀은 변함없었다. 오히려 지배자들의 운명이 문제가 되었다. 짧은 기간을 지배하였던 원나라의 몽골족은 자신들의 언어와 문화를 보존할 수 있었던 반면 긴 시간을 지배하였던 청나라의 만주족은 언어와 문화적 정체성도 다 잃어버렸다. 현재 천만 남짓의 만주족 중에서 만주어를 구사할 줄 아는 사람은 거의 남아 있지 않다. 중원을 지배한 적이 없는 외곽지대의 소수민족들이 아직도 자신들의 언어와 문화적 정체성을 지키고 있는 것과는 크게 대조된다. 중국문화의 흡수력은 그렇게도 무섭다.

중국이 통일제국을 이루기 전에 중동과 지중해에서는 바빌로니아, 페르시아, 마케도니아 등의 대제국이 등장하였으며 진나라와 비슷한 시기에 로마가 부상하여 지중해와 유럽을 장악하며 통일제국을 유지하였다. 그러나 로마는 오래전에 사라져버렸고 유럽은 수많은 국가로 나누어졌다. 그 뒤 강력한 이슬람제국이 등장하여 꽤 오랜 세월 번영을 구가하였지만 결국 역사의 저편으로 사라지고 말았다. 고대의 대제국 가운데 중국 외에 아직도 통일국가를 유지하고 있는 나라는 비록 종교적 이유로 파키스탄, 방글라데시, 스리랑카가 분리되어 나갔지만 인도가 유일하다. 그러나 영토의 규모에서나 통일의 기간에서나 인도는 중국과 비할 바가 못 된다.

중국이 이렇게 몇 천 년에 걸쳐 강고한 통일제국을 유지하고, 한족이 단일 민족으로는 세계에서 가장 많은 인구를 지니게 된 것은 무엇 때문일까? 역시 문화의 힘 때문이 아닌가 생각한다. 사실 한족은 인종적·민족적 개념이 아니라 문화적 개념이다. 한자를 사용하고 한어를 사용하며 그들의 문화에 동화되면 그냥 한족이 되어버린다. 오랜 세월에 걸쳐 한족은 그런 식으로 주변의 민족들을 흡수하면서 덩치를 키워왔던 것이다. 중국문화는 참으로 용광로와 같은 엄청난 용해력을 지니고 있다. 연속성과 흡수력이라는 관점에서 본다면 중국문화는 세계문화사에서 타의 추종을 불허하는 압도적 우위를 지니고 있다.

이런 중국문화의 저변에 흐르는 가장 주요한 문화적 코드가 바로 대교약졸과 대성약범의 미학이요, 수렴의 미학이다. 헤르더와 헤겔이 비웃었던 유치한 상형문자인 한자 속에는 표음문자에서는 볼 수 없는 심오한 아름다움이 있다. 그러한 한자로 만들어낸 중국문학은 오랜 세월의 흐름 속에서 큰 변화 없이 은은하면서도 깊은 아름다움을 발한다. 또한 방언이 심해서 언어적 소통이 불가능하였던 그 방대한 제국을 하나의 문화권으로 묶어둘 수 있었을 뿐만 아니라 아예 언어가 달랐던 한국, 일본, 베트남 등의 주변국들도 그 속에 편입시킬 수 있었다.

초월적 세계가 아니라 범속한 일상의 윤리를 강조하며 개인적 수양과 사회적 실천의 통합을 강조하는 유교는 오랜 세월 중국인들뿐만 아니라 동아시아인 전체에게 윤리와 도덕의 기초를 제공하였다. 대립적 이원론이 아니라 태극도에서 볼 수 있는 것처럼 상보적 이원론을 강조하는 사상체계는 대립이 아니라 통합을 가져다주었다. 서양이 배타적 신앙심 때문에 이웃의 타종교와 싸우고 자기들끼리도 서로 분열하여 수많은 피를 흘렸던 것과는 대조적으로 동아시아 역사에는 종교전쟁 자체가 없었다. 유가와 도가, 그리고 새롭게 유입된 불교조차도 때로는 대립하였지만 기본적으로는 서로 화합하면서 잘 지냈다.

대교약졸에 담긴 또 하나의 주요한 의미는 외래문화의 주체적 수용이다. 중국인들은 원래 중화사상을 지니고 있어 문화적 자존심이 무척 강하다. 그러나 위진남북조 이후 불교를 통해 인도문화를 열심히 학습하였다. 인도문화는 중국문화에 비하면 교의 성질에 더 가까운 것으로 중국인들에게는 상당히 이질적인 문화였다. 그러나 그들은 열성을 지니고 교의 문화를 진지하게 수용하고 학습하였다. 수백 년이 지나 송대에 이르러 마침내 교의 문화를 내재화시키면서 다시 자신들의 장점인 졸의 문화로 되돌아온다. 이런 면에서 볼 때 대교약졸은 외래문화의 장점을 흡수하여 자신의 문화를 더욱 풍성하게 한다는 의미도 지니고 있다.

제2의 대교약졸을 기대하며

근대 이전까지 중국과 서양은 부분적인 왕래는 있었지만 전면적인 교류는 없었다. 그러다 1840년 아편전쟁 이후 서양과 중국의 본격적인 교류가 시작되었다. 중국인들은 처음에는 서양에 연전연패하면서도 문화적 자존심에 취해 서양문화를 거들떠보지도 않았다. 기껏해야 대포와 군함을 만드는 과학기술만 배우면 된다고 생각했다. 그러나 서구화에 성공한 일본에 패하면서부터 생각이 바뀌었다. 서양의 기술문명뿐만 아니라 그들의 사회제도, 그리고 문화에 대해서도 관심을 갖기 시작하였다.

그리하여 1911년 신해혁명에 의해 마침내 수천 년 계속되던 왕조체제가 무너지고 서양에서 들어온 공화국체제가 들어서게 되었다. 1919년 5·4운동이 일어나면서 문화, 예술, 사상 전반에 걸쳐 빠른 속도로 서구화가 진척되었다. 전통을 고수하려는 사람들의 저항이 없었던 것은 아니지만 전체적으로는 서구화의 거대한 파도를 막을 수가 없었다.

앞에서도 살펴보았듯이 서양문화는 중국문화와 상당히 다른 성격을 지니고 있다. 중국은 문화, 예술, 사상 전반에 걸쳐 아름다움을 밖으로 발산하기보다는 안으로 감추고, 분화된 개성을 강하게 주장하기보다는 전체와의 조화를 중시한다. 심지어 감정의 표현방식이나 처세술에서도 이러한 경향은 뚜렷하게 드러난다. 이에 비해 서양은 아름다움을 화려하게 발산하고 각 부분의 개성을 최대한 발휘할 것을 강조한다. 감정의 표현방식도 무척 적극적이고 처세술에서도 이런 경향은 비슷하게 드러난다. 중국인의 관점에서 볼 때 서양문화는 인도문화보다 훨씬 더 강력한 교의 문화이기 때문에 이질감도 훨씬 더 클 것이다.

그럼에도 불구하고 지금 중국인들은 서양의 교의 문화를 열심히 배우고 있다. 지금 배움의 열성은 과거 인도문화를 배울 때의 그것과 비할 바가 아니다. 과거에는 종교사상과 문화예술의 일부를 배웠을 뿐이었지만 지금은 정치, 경제, 문화, 예술, 과학, 기술, 윤리, 도덕 전반에 걸쳐 열심히 서구화를 추구하고 있다. 그럴 수밖에 없는 것이 인도는 뜨거운 사막과 높은 산맥 너머의 먼 이방으로서 현실적인 이해관계가 없던 나라였지만 근대 이후 유럽은 중국을 침탈하였고 중국의 자존심에 치명적인 상처를 주었기 때문이다.

그러다 보니 전통문화에 대한 경시도 이전보다 더욱 심하다. 옛날 인도의 불교를 배울 때에는 유교에 없는 종교성에 감탄하면서 열심히 추종하였지만 유교 자체를 무시하거나 배제하지는 않았다. 문화의 다른 영역에서도 마찬가지다. 자신들에게 없던 교의 요소를 보충하였을 뿐 자신들의 전통문화 자체를 부정하지는 않았다. 그러나 지금의 배움은 그렇지가 않다. 전통문화에 대하여 노골적으로 무시하면서 열심히 서양의 문화를 추종하고 있다. 특히 60년대의 문화대혁명 당시는 광적으로 일체의 전통문화를 철저하게 타파할 것을 주장했으며 공자를 전통문화의 상징으로 지목하여 공자에 관련된 많은 문화유적을 파괴하기도 하였다.

1980년대 개혁개방 이후 사상적 통제가 완화되면서 다시 문화에 대한 다양한 논의가 불붙었다. 황하는 이미 죽었다고 외치며 중국의 전통문화를 부정하고 철저하게 새로운 문화를 건설하자는 철저재건론徹底再建論, 중국문화를 본체로 삼고 서양의 과학기술을 활용하자고 주장하던 19세기 말의 중체서용론中體西用論과는 정반대로 서양을 근본으로 중국의 전통을 활용하자는 서체중용론西體中用論, 중국 전통문화의 장점을 비판적으로 건설하여 새로운 사회주의를 건설하자는 비판계승론 등의 다양한 주장들이 나왔다. 심지어 중국 전통문화의 중심에 있던 유교를 새롭게 부활시켜야 한다는 유교부흥론도 나타났다. 물론 전통문화의 부흥을 주장하는 사람은 그리 많지 않았다. 마치 당나라 중기에 한유가 고문운동을 주장하고 유교부흥을 외쳤을 때처럼.

그로부터 이삼십 년이 지난 지금 중국은 경제적으로 고도성장을 거듭하였고 국제사회에서의 영향력도 점차 커지고 있다. 많은 전문가들이 앞으로 미국과 경쟁할 수 있는 유일한 국가로 중국을 들고 있으며, 몇몇 전문가들은 2050년경이면 중국이 미국을 추월할 것이라고 예측하기도 한다. 물론 이에 대한 반론도 많지만 오랜 세월 강대국이었던 중국이 잠시 잃어버렸던 위상을 다시 되찾아가고 있다는 것은 틀림없는 사실이다.

이렇게 중국의 위상이 조금씩 올라가면서 전통문화에 대한 태도도 조금씩 바뀌고 있는 중이다. 이러한 분위기를 가장 잘 보여주는 것은 공자에 대한 태도의 변화이다. 60년대 말 문화대혁명 당시 공자는 구시대의 악을 대표하는 인물로서 타파의 대상이었고, 80년대 개혁개방의 초기만 해도 공자사상에 대한 관심은 미미하였다. 그러나 근래에는 학계에서도 공자에 대한 연구가 활발하게 진행되면서 공자를 재평가하고 있을 뿐만 아니라 국가에서 거금을 들여 공자를 주인공으로 하는 대하드라마를 만들고 공자아카데미를 만들어 전 세계의 유학생들에게 장학금을 지급하는 단계에 이르게 되었다. 참으로 엄청난 변화가 일어났다고 할 수 있다.

그러나 그 속을 들여다보면 아직도 중국인들은 서양의 문화를 좇아가기에 여념이 없다는 것을 알 수 있다. 그 대표적인 예가 북경올림픽 당시 북경 시내의 자그마한 골목에 있던 수많은 전통가옥들을 철거하고 고층빌딩으로 바꾼 것이다. 그 외 문화 전반에 걸쳐 아직도 서양문화에 대한 맹목적인 학습은 계속되고 있다. 졸을 중시하는 자신의 전통문화를 주축으로 삼아 서양문화의 교를 나선형적으로 수용하여 새로운 대교약졸의 통합을 이루는 것은 요원한 이야기이고, 도리어 남의 발걸음을 흉내 내느라 자기의 발걸음도 잊어버리는 한단지보邯鄲之步의 상태에 머물러 있는 것은 아닌가 하는 생각이 든다.

그러나 몇 천 년을 지속시켜온 중국문화에는 강한 저력이 있다. 아직은 외래문화의 학습에 여념이 없기 때문에 주체성을 생각할 겨를이 별로 없지만, 시간이 흘러가면 자연스럽게 그 옛날 인도의 교의 문화를 자신들의 졸의 문화 속으로 용해시켰듯이 언젠가는 서양의 교 또한 새로운 차원의 대교약졸 속에 담을 것이라 기대해본다.

대교약졸은 수렴의 문화이고 성숙의 문화이다

오랜 세월 동아시아 문화의 중심지였던 중국은 아편전쟁 이후 서구열강의 노리갯감이 되었고 심지어 변두리의 섬나라 일본으로부터 침략을 당하는 수모를 겪기도 했다. 그리고 중화인민공화국 건립 이후에는 상당 기간 '죽의 장막' 속에서 고립되고 낙후되었다. 그러다 근래에 들어 서서히 구겨진 자존심을 다시 회복하고 있는 중이다.

그런데 지금 중국 사람들이 되찾으려고 하는 것은 다소 유치한 대국주의적인 자존심에 그치는 것이 아닌가 생각된다. 현재 중국의 외교정책이나 여러 가지 정책들을 보고 있으면, 군사력이나 경제력 등에서 중국의 힘을 과시하면서 이제는 과거의 종이호랑이가 아님을 강조하는 수준에 머물고 있다는 느낌을 지울 수가 없다. 개혁개방 이후에 시작된 중국 역사학계의 서남공정, 동북공정 등은 물론 복잡한 정치적인 문제에 대한 고려도 있지만 기본적으로는 대국주의의 발로이다. 티베트가 중국의 지방정부였음을 주장하는 서남공정이나 고구려가 중국의 지방정부였다고 주장하는 동북공정은 결국 티베트, 만주 등이 먼 옛날부터 줄곧 중국 땅이었다는 것을 강조하는 대국주의적 발상이 아니고 무엇이겠는가. 그리고 최근 가속화되고 있는 상고사의 과장은 중국이 아득한 고대로부터 얼마나 위대한 문명국이었는가를 과시하려는 것이다.

그것은 시대착오적인 발상이다. 당나라 때 유명한 시인 유우석劉禹錫은 "산의 명성은 높이에 있는 것이 아니라 신선이 있어야 명산이 되는 것이고, 물의 명성은 깊이에 있는 것이 아니라 용이 살아야 영험해진다"라는 말을 하였다. 마찬가지로 대국의 명성은 땅의 넓이, 인구의 수 혹은 군사력에 있는 것이 아니다. 그리고 과거의 찬란했던 영화의 흔적을 자랑하는 차원에 있는 것도 있다. 지금 현재 세계 문화를 주도할 수 있는 문화의 깊이가 있어야 진정한 대국이다.

군사력이나 경제력과 달라 문화는 힘으로 강요할 수 있는 것이 아니다. 그 문화의 수준이 높으면 사람들은 저절로 따르게 된다. 군사력으로 중원을, 혹은 중국 전체를 지배하였던 이민족들이 대부분 한족 문화에 동화되어버렸던 것은 한족의 문화 수준이 훨씬 높았기 때문이다. 로마가 그리스를 점령하였지만 로마의 귀족들이 그리스인 가정교사를 두고 그리스어를 배우고, 그 뒤로도 몇 백 년 동안이나 주요한 서적들이 대부분 그리스어로 쓰였던 것은 문화예술이나 철학사상 방면에서는 그리스가 로마를 압도하였기 때문이다. 과거 중국의 주변국들이 중국의 문화를 따랐던 것, 예컨대 고려가 중국의 불교를 수용하였던 것이나 조선이 중국의 성리학을 국가의 이념으로 삼은 것은 중국이 강요한 것이 아니라 자신들이 앞장서서 수입하여 열심히 배웠던 것일 뿐이다.

19세기가 군사력이 바로 국력인 제국주의의 시대였고, 20세기가 경제력이 최우선시되는 자본주의시대였다면, 21세기는 지식정보, 디자인, 문화예술 등이 더욱 중시되는 문화산업의 시대라고 한다. 영토의 크기와 군사력으로 국가의 힘을 뽐내는 것은 구시대적 발상이다. 이제는 문화의 힘으로 경쟁하는 시대이다. 과거의 영화를 자랑하는 문화유산도 소중한 문화적 자산이 되겠지만 더욱 중요한 것은 이 시대의 사람과 공감할 수 있고 인류 문명을 선도할 수 있는 새로운 사상과 문화예술, 그리고 과학기술을 창출해내는 것이다.

이제 막 잠에서 깨어난 용이 어디로 갈 것인가에 대해 많은 세계인들이

주시하고 있다. 중국에 인접해 있는 우리도 지대한 관심을 가지고 주목하지 않을 수 없다. 나는 중국이 군사적 강대국으로 나아가기보다는 문화강국으로 나아가기를 기대한다. 중국이 문화강국으로 나아가기 위해서는 현재 대국주의 지향의 발산의 기운을 좀 더 수렴하여 차분하게 자신 속에 있는 대교약졸의 미학을 발현시켜야 할 것이다.

중국인들이 새로운 차원의 대교약졸을 이룩하기 위해서 꼭 알아야 할 것이 하나 있다. 그것은 대교약졸의 미학은 강대국을 지향하는 팽창주의와는 정반대라는 사실이다. 대교약졸은 밖으로 발산하는 에너지를 다시 내면으로 수렴할 수 있을 때 나타나는 고도의 미학이다. 중국의 긴 왕조사에서 대교약졸의 미학이 가장 깊어지고 문화가 가장 성숙된 시기는 통일 중국으로는 영토가 가장 왜소했고 군사적으로도 가장 약한 송대였다는 것은 많은 것을 시사해준다.

송대에 대교약졸이 피어났던 데는 실로 많은 내적·외적 요인이 있다. 일단 숭문정책과 과거제도의 완비 등을 통한 지식인들의 지위 향상, 전대에 이미 축적하였던 화려함의 경험, 경제의 번영, 정치의 안정, 굵직한 외부의 침략은 몇 차례 있었지만 내부적으로는 비교적 평온을 오랫동안 유지할 수 있었던 점 등을 들 수 있다.

그러나 영토의 축소 또한 중요한 요소 중 하나이다. 외적으로 영토 확장을 위한 팽창정책을 추구하고 그를 위해 국가적 에너지를 군사력에만 쏟는다면 아무래도 내적인 성숙을 추구하는 사회적 분위기는 조성되기 어렵다. 실제로 세계제국의 번영을 누렸다는 당나라는 절정의 시간이 너무나 짧았고 그 후유증으로 인해 긴 시간 동안 나락과 붕괴의 길을 걸어갔다. 이에 비해 송나라는 군사적으로는 취약하였지만 문화적으로는 높은 자존심을 지니고 여러 분야에서 내실을 다졌다. 그 덕에 문화의 수준을 비약적으로 격상시킬 수 있었고 대교약졸의 미학을 구현할 수 있었다.

중국 사람들에게 과거 여러 왕조 중에서 어떤 왕조를 가장 선호하는가를 물어보면 많은 사람들이 당나라를 든다. 해외의 수많은 차이나타운을 당나라 사람들의 거리라는 뜻의 '탕런졔唐人街'라고 부르는 것만 보아도 당나라에 대한 그들의 호감도를 잘 알 수 있다. 당나라의 강성한 국력과 드넓은 영토도 그렇지만 당나라 문화의 웅장하고 화려한 기상을 좋아하기 때문이 아닌가 생각된다.

송대를 선호하는 사람은 의외로 적은데 일단 송나라는 국력이 약해서 영토가 협소하였고 또한 이민족의 침략을 많이 받았던 것이 큰 원인 중 하나이다. 특히 남송대에 이르러서는 중원을 다 빼앗기고 대륙의 남쪽에서 궁색하게 버텼기 때문에 더욱 답답한 마음이 일어난다. 그러나 남송이 군사적으로는 약소국이었지만 문화적으로 얼마나 높은 성취를 이루었던가에 대해서는 잘 모른다. 대국을 지향하는 중국인들의 자존심을 충분히 채워주지 못하기 때문에 그런 성취들이 눈에 잘 들어오지 않는다.

송대의 문화적 기상이 그다지 강한 호소력을 가지지 못한 것도 그 원인 중 하나이다. 송대 문화의 각 영역을 이야기해보면 앞에서도 보았듯이 분명 대부분 최정상에 이르렀다고 할 수 있다. 그런데도 그 시대의 전체적인 문화적 기상에 대해 호감도가 높지 못한 것은 무엇 때문일까? 우선 일반인들에게는 아무래도 고졸스러움과 소박함을 더 숭상하는 대교약졸의 미학보다는 웅장함과 화려함을 자랑하는 교의 미학이 더 강하게 끌리기 때문일 것이다. 대교약졸의 미학은 감추기의 미학이기 때문에 안목이 성숙되지 않으면 잘 보이지가 않는다. 게다가 대국지향적인 성향이 있을 때는 더욱 알아차리기 힘들다.

일찍이 소동파는 여산廬山의 참모습을 알지 못하는 것은 자신이 여산 속에 있기 때문이라고 이야기하였는데, 현재 중국인들이 자신들의 문화의 장점을 제대로 이해하지 못하는 것도 중국은 대국이어야 한다는 생각에 집착하기 때문이 아닌가 여겨진다. 웅장함과 화려함을 과시하려는 마음, 밖으로 팽창하고 발산하는 에너지를 차분히 내면으로 수렴시켜 문화적 안목이 성숙되었을 때 비로소 대교약졸의 깊은 맛을 이해할 수 있을 것이다.

지금은 인류문명사적인 차원에서도 대교약졸이 필요하다

앞에서도 언급했듯이 헤겔은 동양의 역사를 세계사의 유년기라고 간주하고 이어서 그리스 시대를 청년기, 로마 시대를 장년기, 그리고 로마 말기 게르만족의 대이동으로부터 자신의 시대까지를 노년기라고 정의하였다. 한편으로는 일리가 없는 것은 아니지만 사실 자기중심적인 관점을 크게 벗어나지 못하고 있다. 나는 좀 더 거시적이고 객관적인 관점에서 인류의 문명사를 네 시기로 나누어보려고 한다.

기원전 8000년 전 농경과 목축의 시작으로부터 축의 시대까지가 유년기이다. 채집과 수렵의 시대에도 인류는 존재하였지만 문명이라 할 만한 것은 나타나지 않았다. 농경과 목축, 특히 농경이 시작되면서 문명은 시작된다. 사람들은 농사를 통해 시간의 의미를 이해하였고 미래를 준비하는 법을 배우기 시작했다. 또한 안정된 주택을 짓기 시작했으며 서서히 촌락을 만들고 도시를 형성하기 시작하였다. 도시를 중심으로 생산물과 노동력이 모이고 군사력과 권력도 집중되면서 점차 국가가 형성되었다. 지역에 따라 엄청난 규모의 대형건축도 출현하였다. 그러나 본격적인 고등종교나 철학, 문학 등이 나타나기에는 아직 이른 시기였다. 이 시기의 선두주자는 메소포타미아 지역과 이집트 지역이다.

기원전 5세기를 전후하여 축의 시대에 들어서면서 인류문명은 청년기에 접어든다. 몇 세기 앞서 철기가 개발되면서 생산력이 비약적으로 증대하였고 이를 바탕으로 도시의 규모도 빠른 속도로 커졌고 동아시아, 인도, 중동, 유럽 등의 각 지역에서 강력한 고대제국이 출현할 수 있는 조건이 형성되어가고 있었다. 이에 따라 새로운 시대에 알맞은 고등종교와 철학사상이 나타났고 문화와 예술에 있어서도 이전과는 비교가 되지 않을 정도의 높은 수준을 자랑하게 되었다. 곧이어 세계의 각 지역에서 고대제국이 출현하였으며 그 뒤 수많은 나라들이 흥망성쇠를 거듭하였다. 그러나 청년기 초기에 나타난 종교와 철학사상의 패러다임은 아직도 바뀌지 않고 있으며 특히 종교에 있어서는 더욱 굳건하다.

18세기 후반 산업혁명이 일어나면서 인류문명은 왕성한 힘을 과시하는 장년기에 접어든다. 장년기는 물론 유럽이 주도권을 쥐고 있었다. 증기기관의 발명으로 본격적인 대량생산이 시작되었고 교통과 통신의 발전으로 세계는 점차 지구촌이 되어갔다. 과학이 획기적으로 발전하면서 인류의 생산력은 그 이전과는 비교가 되지 않을 만큼 폭발적으로 증대했다. 그러나 과학기술의 어두운 그림자가 서서히 나타나기 시작했다. 특히 핵무기의 등장과 환경문제 등으로 인류문명 전체가 위협에 처하게 되었다.

20세기 후반 구미 곳곳에서 일어난 68혁명을 계기로 유럽에서는 새로운 문명의 조류가 나타나기 시작한다. 68혁명은 처음에는 젊은 학생들의 정치운동에서 출발하였지만 점차 근대 서구문명에 대한 근본적인 반성으로 나아갔다. 반전운동, 환경운동, 새로운 영성운동 등이 일어났으며 많은 젊은이들과 진보적 지식인들이 동양의 지혜에 관심을 기울이기 시작하였다. 나는 이것을 중년기의 시점으로 본다.

유년기의 인류는 아직 미성숙하였기에 자연에 대해 두려움을 지니고 있었다. 그러다 문명이 성장할수록 인류는 점차 자연에 대한 인간의 우위를 과시하기 시작한다. 메소포타미아 지역의 지구라트, 공중정원, 이집트의 피라미드 등이 그 대표적인 예다. 이후 청년기에 접어들면서 이러한 경향은 더욱 강화된다. 자연 앞에서 인간의 위대함을 과시하는 발산미를 추구한다. 그러나 청년기에는 인류의 기술력이 아직은 미약하였기에 아무리 그 힘을 과시해도 그다지 문제가 되지 않았다. 문제는 장년기 이후다. 인류의 기술력이 비약적으로 증대하면서 이제 인류는 지구상의 전 생명체를 다 몰살시킬 수 있는 핵무기를 소유하게 되었다. 그뿐인가? 무한탐욕으로 계속되고 있는 자연에 대한 착취는 이미 그 도를 넘어선 상태이고 인류문명의 미래를 위협하는 단계에 이르렀다. 20세기가 끝날 무렵 많은 전문가들이 앞으로 인류문명 최대의 화두는 지속가능성이라고 단언하였다.

의식이 성숙된 일부의 선각자들은 여러 객관적 조건으로 볼 때 이제 인류문명은 중년기에 접어들었으므로 하루 빨리 안정을 취해야 한다고 주장하고 있다. 그러나 대다수의 인류는 주관적인 욕심에만 사로잡혀 아직은 장년기라 생각하면서 무리를 감행하고 있다. 체력이나 객관적인 조건을 고려하지 않고 주관적인 욕심에만 사로잡혀 에너지를 발산하면서 무리를 계속하다 보면 언제 쓰러질지도 모른다. 달리 비유하자면 엄청난 무기를 지니고 있는 사람들이 성숙된 지혜를 보이지 않고 젊은 혈기에 날뛰다 보면 자타공멸의 결과를 초래할지도 모른다.

음악이나 영화, 티브이 등 지금의 대중문화 또한 발산의 극치를 보여주고 있다. 자극적인 소재, 말초신경을 흥분시키는 표현들이 주류를 이루고 있으며 그 강도는 날이 갈수록 심해지고 있는 편이다. 고급문화의 영역에서는 그나마 인간에 대한 진지한 탐구가 담겨 있다고 하지만 하급문화는 그저 감각적 쾌락에만 치중하고 있다. 말초신경에 대한 자극의 강도가 높아질수록 우리의 감각은 더욱 무디어지고 더욱 자극적인 것을 바라게 된다. 노자의 표현에 의하면 결국 우리의 감각기관을 망가뜨리고 생명력을 고갈시키는 결과에 이르게 된다. 발산형 문화의 폐단 중 하나다. 이제 인류문명은 힘을 과시하고 발산미에 탐닉하는 청장년기가 아니라 차분한 지혜와 수렴미가 필요한 중년기에 이르렀다.

이러한 관점에서 볼 때 대교약졸은 많은 것을 시사하고 있다. 왜냐하면 대교약졸에는 발산의 아름다움을 성숙시켜서 다시 수렴으로 되돌리는 지혜가 있기 때문이다. 특히 전경의 아름다움만을 부각시키기보다는 배경과의 조화미를 고려하는 점은 이 시대에 꼭 필요한 미학 사상이다. 이제는 대교약졸의 미학을 단순히 동아시아라는 한 지역문화의 특징으로 볼 게 아니라 보다 거시적으로 인류문명사적인 관점에서 바라볼 필요가 있다.

새로운 대교약졸은 중국인들의 것만은 아니다

이 시점에서 짚고 넘어가야 할 중요한 사항이 하나 있다. 대교약졸의 사상은 그 뿌리가 중국에서 나온 것이고, 인도와 중국의 두 문화의 장점을 잘 융합하여 대교약졸의 미학을 완성한 것도 중국인들이 이룩해 낸 위대한 업적이었다. 그러나 앞으로 새롭게 펼쳐질 제2의 대교약졸이 반드시 중국인들의 몫이 되라는 법은 없다.

과거 오랫동안 항상 중국으로부터 문화적 자양분을 공급받던 일본과 한국은 이미 한 세기 반 혹은 한 세기 전부터 문화적으로 중국의 영향권을 벗어나 서구로부터 직접 문화를 수입하게 되었다. 이들은 과거 중국에서 수입하여 긴 세월에 걸쳐 자신의 방식으로 체화시킨 자국의 문화와 근래 새롭게 받아들인 서양문화를 융합하여 새로운 문화를 창조하려고 노력하고 있다. 중국이 대국주의의 꿈에 젖어 문화적 역량을 키우는 것을 소홀히 하고 과거 찬란하였던 문화강국의 영광에만 빠져 현재 새로운 문화를 창조하는 것을 게을리하면, 동서 문화가 융합된 새로운 대교약졸의 문화 창달은 이웃나라의 몫이 될지도 모른다.

20세기 전반에 일본의 선학자 스즈키 다이세쓰는 선불교의 미학으로 일본문화를 소개하는 『선과 일본문화Zen and the Japanese Culture』라는 책을 출간했다. 그의 이름인 '다이세쓰大拙'라는 말이 보여주듯이 그 내용 중 많은 부분이 대교약졸의 미학과 관련이 있다. 이 책은 지금도 구미에서 꾸준히 판매되고 있는 스테디셀러로 일본문화를 구미사회에 전파하는 데 많은 공헌을 하였다. 일본인들은 경제적 성공에 힘입어 일본의 문화를 상품화하여 서구에 널리 전하는 데 성공하였다. 이러한 여파로 한때 구미의 상류사회에서는 젠 스타일의 정원과 인테리어, 젠 스타일의 디자인이 유행하기도 하였다. 지금도 구미사회에서 일본문화의 영향력은 막강하다.

한국은 오랜 전통의 문화강국 중국과 19세기 후반에 새롭게 주목받기 시작한 일본 사이에 끼어 그 사이 구미사회에서는 그다지 알려지지 않았다. 많은 서구인들은 일본의 문화가 중국의 영향을 받았지만 자신만의 독창성을 지니고 있는 데 비해 한국의 문화는 중국의 축소판이라고 생각한다. 그래서 한국을 소중화小中華라고 부르기도 한다. 일견 그렇게 보일지도 모른다.

그러나 눈을 뜨고 제대로 바라보면 우리문화 속에는 같은 동아시아에 속하면서 중국이나 일본과는 다른 우리만의 고유한 아름다움이 많이 있다. 그 속에는 지극히 정적이고 고아한 아름다움이 있는가 하면, 심장이 뛰고 어깨를 들썩거리게 만드는 역동성도 있고, 마음을 편안하게 하는 여유와 입가에 미소를 절로 띠게 만드는 해학도 있다. 문제는 외국인들이 제대로 알아주지 않는 것은 차치하고 우리 스스로도 잘 모르고 있다는 데 있다.

또한 대교약졸의 관점에서 보아도 한국문화는 중국문화의 영향을 많이 받았지만 어떤 부분에서는 원산지보다 더욱 뛰어난 부분이 있다. 대표적인 것이 고려청자와 조선백자다. 청자와 백자의 기술은 분명 중국에서 수입된 것이지만 고려와 조선의 도공은 중국의 도자기보다 훨씬 깊고 은은한 아름다움을 창출해냈다. 이른바 '청출어람청어람'인 셈이다. 도자기뿐만 아니라 상당히 많은 분야에서 중국에서 수입한 문화를 더욱 깊게 소화하여 새로운 아름다움을 창출하였다. 이전의 저서 『대교약졸』에서 이 부분에 대해 소략하나마 언급하였다. 장차 여력이 되면 대교약졸의 관점에서 한중일 삼국의 문화를 비교하는 책을 기술할 생각이다.

우리가 과거의 문화와 역사를 공부하는 것은 단순히 과거의 영화를 되찾고 자랑으로 삼기 위해서가 아니다. 지금 우리 속에 감추어져 보이지 않는 역량들을 잘 들여다보고 그것을 끄집어내어 미래를 향한 새로운 문화를 창출하기 위해서다.

근래 대중음악이나 드라마, 영화 등의 대중예술에서 한류가 유행하고 있는데 오랜 세월 중국, 일본, 서양으로부터 문화를 수입하기만 했던 우리나라가 문화의 수출국이 된 것은 참으로 놀라운 일이다. 그러나 나의 관점에서 볼 때 그것은 우리가 지닌 역량의 아주 작은 일부가 겨우 드러난 것일 뿐이다. 우리가 제대로 우리 속에 감추어진 잠재적 역량을 일깨워서 그 힘으로 새로운 문화를 창출할 수 있다면, 지금의 대중문화의 수준을 더욱 격상시킬 수 있을 뿐만 아니라 고급예술, 학술, 철학 등에서도 충분히 세계적 수준의 문화를 창달할 수 있다고 본다.

문화의 원류가 어디인가를 따지는 것은 그다지 의미가 없다. 문화는 서로 교류하고 발전하면서 끊임없이 흘러가는 것이기 때문이다. 중요한 것은 여기저기서 수집한 다양한 소스를 잘 활용하여 많은 사람들이 공감할 수 있는 새로운 아름다움을 창조해내는 것이다. 미국문화의 원류를 따지는 것이 무슨 의미가 있는가? 영국의 문화와 프랑스의 문화의 원류도 결국 모두 그리스로마문화에서 나온 것이 아닌가? 서양문화의 원류인 그리스문화 또한 찬란하였던 고대 이집트와 메소포타미아 문명으로부터 많은 영향을 받으면서 그리스인들이 새롭게 창출해낸 것이 아닌가?

또 하나, 문명의 중심지는 이동한다. 서양만 보아도 고대에는 그리스와 로마가, 그리고 근대 초기에는 포르투갈과 스페인이 잠시 주도하다 프랑스와 영국이 주도권을 장악하였다. 그 뒤 독일이 뛰어들어 삼파전을 벌이다 1, 2차 세계대전으로 유럽의 힘이 쇠하자 주도권은 미국으로 넘어갔다. 근대는 서양의 시대이므로 이들이 세계의 문명을 주도하였다. 그러나 근래에는 미국을 위시한 서양 문명 전체의 역동성이 점차 떨어지면서 태평양 너머의 동아시아가 새로운 부상지로 부각되고 있다.

19세기에 들어 서세동점이 한창일 때만 해도 과학 기술력이나 문화의 힘에서 서양과 동아시아의 차이는 엄청났다. 그러나 이제 그 차이는 상당히 줄었고 이미 오래전에 역전이 된 분야도 많다. 최근 급속하게 부상하고 있는 동아시아의 힘을 보건대 이 지역에서 미래의 인류문명을 주도하는 새로운 문명이 창출될 가능성이 충분히 있다. 아니 그렇게 되기를 희망하고 또 그렇게 되기 위해 노력해야 한다.

동아시아의 오랜 강자 중국, 19세기 후반에 부상하여 세계를 깜짝 놀라게 한 일본, 그리고 20세기말부터 급속도로 부상하고 있는 한국, 어느 나라에서 동서 문화가 융합된 더 큰 보편성을 지닌 새로운 문화가 나올 것인지 아직은 모른다. 각자 선의의 경쟁을 하며 노력할 일이다.

'나'를 잘 들여다보고 '세상'을 잘 내다보자

공자는 일찍이 "배우기만 하고 생각하지 않으면 얻는 것이 없고, 생각하기만 하고 배우지 않으면 위태롭다"라는 말을 했다. 배움이란 외부로부터 이런저런 지식과 경험을 쌓는 것을 가리키고, 생각이란 깊게 사색하며 체화하는 것을 가리킨다. 우리가 인문학을 공부하는 것은 단순히 지적 탐구만을 위한 것이 아니라 결국 나의 삶을 제대로 살기 위해서다. 지식만 쌓고 그것에 대한 체화의 과정이 없다면 그것들은 내 의식의 표피에 머물 뿐 내 삶에 아무런 도움이 되지 않는다. 그러나 한편으로 새로운 것을 공부하지 않고 사색에만 빠져 있는 것은 위태롭다. 세상과의 소통이 단절되어 자기 독단에 빠지기 쉽기 때문이다.

나는 젊은 날 명상과 사색에 빠져 독서와 세상 경험을 쌓는 것을 게을리하였다. 위태로운 단계까지는 가지 않았지만 세상에 대한 지식이 많이 부족한 편이었다. 나이를 먹으면서 철이 들어 열심히 독서하며 많은 경험을 쌓으려고 노력하는 중이다. 그 사이 꾸준히 해온 명상과 사색은 이런저런 지식과 경험을 꿰뚫는 안목을 열어주는 데 많은 도움이 되었다. 이

제야 들여다보기와 내다보기가 조금씩 조화를 이루어가는 느낌이다.

앞에서 대교약졸이라는 하나의 구절을 놓고 그 사이 공부하였던 인문학적 지식들을 펼쳐보았는데, 꽤 방대한 분야를 다루고 꽤 거대담론을 펼친 셈이다. 그러나 그 핵심은 단순하다. 동서 문화의 다양한 장르의 뒤에 숨겨져 있는 수렴미와 발산미라는 아름다움의 두 가지 기본 틀을 끄집어내어 비교하는 것이다.

비교의 과정에서 대체로 서양의 발산미보다는 동양의 수렴미를 치켜올리는 표현을 많이 사용하였다. 그러나 발산미에 대한 수렴미의 절대 우위를 주장하려는 것은 아니다. 상대적으로 볼 때 대부분의 사람들이 발산미에 대해서는 잘 알고 있지만 수렴미는 너무 잘 모르기 때문에 균형을 맞추기 위해 그렇게 하였을 뿐이다. 그리고 동양과 서양이 두부 자르듯이 수렴미와 발산미로 나뉘어지는 것도 아니다. 당연히 동양 속에도 발산적인 부분이 있고 서양에도 수렴적인 부분이 있다. 전체적으로 볼 때 동양이 수렴성이 조금 더 강하고 서양이 발산성이 조금 더 강할 뿐이다.

이 책에서 동서양의 종교, 철학, 문학, 예술, 문화사 전체의 아름다움들을 계속 비교하고 거론하였던 것은 일차적으로는 동서양의 인문학을 꿰뚫는 아름다움에 대한 통찰을 얻기 위함이다. 그러나 더 나아가서는 결국 지금 여기 우리 자신이 추구하는 아름다움을 제대로 알기 위함이다.

스스로에게 질문해보자. 나는 평소 어떤 아름다움을 추구하고 있는가? 처음부터 고원한 영역을 찾을 필요는 없다. 그보다는 아주 일상적인 영역부터 시작해보자. 예컨대 나는 짝을 구할 때 어떤 아름다움의 이성을 찾는지, 영화를 보거나 음악을 들을 때 어떤 아름다움의 영화나 음악을 선택하는지, 음식을 먹을 때 나는 어떤 맛의 음식을 선호하는지 등을 스스로 점검해보는 것이다. 그리고 컴퓨터 앞에서 시간이 날 때 무엇을 하는지 살펴보자. 조금 깊이 들어간다면 나는 어떤 아름다움의 종교를 추구하고 있는지를 스스로에게 물어보자.

대부분의 경우 이성을 구할 때는 외모의 아름다움을 더 많이 밝히고, 영화를 보거나 음악을 들을 때는 시각과 청각을 쉴 새 없이 자극하는 화끈하고 짜릿한 아름다움을 선택하고, 음식을 먹을 때도 대체로 자극적인 음식을 선호할 것이다. 그리고 컴퓨터 앞의 손은 나도 모르게 게임이나 말초적인 재미를 주는 사이트를 찾아 헤맨다. 깊고 담백한 것들은 그다지 눈과 귀를 끌지 못한다. 왜냐하면 이 시대의 문화는 끊임없이 감각적 쾌락을 자극하면서 소비를 부추기고 있고, 우리의 감각기관은 거기에 길들여져 있기 때문이다. 심지어 종교에 있어서도 상당수의 사람들이 차분하게 내면의 평화와 고요를 찾기보다는 당장의 외로움과 갈증을 해결하기 위해 집단최면이 만들어내는 작위적인 정서적 고양 속에서 자기 위안을 찾는다.

게다가 지금 우리 사회의 분위기는 사람들로 하여금 차분히 자신이 진정으로 원하는 아름다움이 무엇인지를 생각할 수 있는 시간을 주지 않는다. 교육이나 산업구조나 생활양식 자체가 사람들에게 쉴 틈을 주지 않는다. 어릴 때부터 좋은 대학을 향해 열심히 공부해야 되고 대학에 들어가서는 좋은 직장을 위해 열심히 취업준비를 해야 된다. 그리고 직장을 구한 뒤에는 보다 나은 미래를 위해 정신없이 달려야 하고 직장을 못 구한 사람들은 낙오자라는 정신적 압박감 속에서 괴로워해야 한다. 이렇게 지치고 힘들기 때문에 아무런 생각 없이 말초적 쾌락만을 추구하게 된다.

과연 이렇게 사는 것이 아름다운 삶인가? 그리고 우리로 하여금 이렇게 살도록 들볶는 이 사회가 아름다운 사회인가? 무엇 때문에 우리의 삶이 이렇게 피곤하고 힘든 추한 삶이 되어버렸는가? 우리의 사회를 이렇게 아름답지 못한 사회로 만든 것은 누구의 책임인가? 우리의 자그마한 일상의 문제 하나라도 깊게 들여다보면 그 속에는 사회와 문명 전반의 문제들이 그물코처럼 서로 얽혀 있음을 볼 수가 있다. 부분과 전체는 서로 유기적으로 연관성이 있기 때문이다.

그렇게 심각하게 파고들지 않아도 된다. 이 책에서 익힌 미적 안목을 차분하게 곱씹어가면서 틈틈이 자신의 삶을 성찰해보자. 화려하고 다채롭고 농염한 아름다움에 쏠려 소박하고 단순하고 평담한 아름다움을 놓치고 있지는 않는지, 삶의 한 부분의 아름다움을 가꾸는 데 치우쳐 전체와의 조화미를 놓치고 있지는 않는지. 이렇게 틈틈이 자신의 삶의 아름다움에 대해 성찰하고 사색할 수 있을 때 삶은 점점 성숙되어갈 것이다.

삶이 성숙될 때 마음의 여유도 생기면서 시야가 점차 깊어진다. 시야가 깊어지면 자연스럽게 나와 사회와의 관계에 대해 눈이 떠지게 된다. 그럴 때 사회와 문명의 진보를 위해 자신의 역량 안에서 자그마한 것이라도 실천하면 되는 것이다. 그것은 결국 자신의 삶의 아름다움을 더욱 깊게 만들어준다. 이렇게 각자가 대교약졸의 미학을 삶 속에서 구현할 때 이 사회도 그리고 문명의 방향도 변화될 수 있을 것이다.

| 참고문헌 |

▶ 『도덕경』 관련서

김광하, 『노자도덕경』, 너울북, 2005

김홍경, 『노자』, 들녘, 2003

許抗生, 유희재 옮김, 『노자평전』, 미다스북스, 2003

오석명, 『백서노자』, 청계, 2003

王弼, 임채우 옮김, 『왕필의 노자』, 예문서원, 1999

河上公, 이석명 옮김, 『노자도덕경하상공장구』, 소명출판, 2005

임헌규, 『노자도덕경해설』, 철학과 현실사, 2005

김학주, 『장자』(상·하), 을유문화사, 2001

이강수, 『노자와 장자』, 길, 2005

이석명, 『노자와 황로학』, 소와당, 2010

최진석, 『노자의 목소리로 듣는 도덕경』, 소나무, 2001

이즈쓰 도시히코, 박석 옮김, 『의식과 본질』, 위즈덤하우스, 2013

▶ 미학 관련서

플라톤, 천병희 옮김, 『소크라테스의 변론, 크리톤, 파이돈, 향연』, 숲, 2012

먼로 C. 비어슬리, 이성훈·안원현 옮김, 『미학사』, 이론과실천, 1996

W. 타타르키비츠, 손효주 옮김, 『미학의 기본개념사』, 미진사, 1990

W. 타타르키비츠, 손효주 옮김, 『미학사1·2』, 미술문화, 2006

N. 하르트만, 전원배 옮김, 『미학』, 을유문화사, 1995

베르너 융, 장희창 옮김, 『미메시스에서 시뮬라시옹까지』, 경성대출판부, 2006

진중권, 『미학 오딧세이 세트』, 휴머니스트, 2004

김갑수, 『장자와 문명』, 논형, 2004

李澤厚, 윤수영 옮김, 『미의 역정』, 동문선, 1991

李澤厚, 윤수영 옮김, 『화하미학』, 동문선, 1999

徐復觀, 권덕주 옮김, 『중국예술정신』, 동문선, 1990

張法, 유중하 외 옮김, 『동양과 서양, 그리고 미학』, 푸른숲, 2001

張法, 백승도 옮김, 『중국미학사』, 푸른숲, 2012

李炳海, 신정근 옮김, 『동아시아의 미학』, 동아시아, 2010

조민환, 『중국철학과 예술정신』, 예문서원, 1998

한흥섭, 『장자의 예술정신』, 서광사, 1999

▶ **기독교 유교 관련서**

루돌프 옷토, 길희성 옮김, 『성스러움의 의미』, 분도출판사, 1999

M. 엘리아데, 이은봉 옮김, 『성과 속』, 한길사, 1998

미르치아 엘리아데, 이용주 외 옮김, 『세계종교사상사』, 이학사, 2010

카렌 암스트롱, 정영목 옮김, 『축의 시대』, 교양인, 2011

카렌 암스트롱, 배국원·유지황 옮김, 『신의 역사 I·II』, 동연, 1999

존 콜린즈, 유연희 옮김, 『히브리 성서 개론』, 한국기독교연구소, 2011

베르너 H. 슈미트, 차준희 외 옮김, 『구약성서입문』, 대한기독교서회, 2009

제임스 던, 차정식 옮김, 『예수와 기독교의 기원』(상·하), 새물결플러스, 2012

존 도미니크 크로산, 김준우 옮김, 『역사적 예수』, 한국기독교연구소, 2000

차정식, 『바울신학탐구』, 대한기독교서회, 2005

알버트 슈바이처, 조남홍 옮김, 『바울의 신비주의』, 한들출판사, 2012

레이몬드 E. 브라운, 김근수 외 옮김, 『신약개론』, 기독교문서선교회, 2009

G.달 사쏘, 이재룡 옮김, 『신학대전 요약』, 가톨릭대학교출판부, 2001

위 디오니시우스, 엄성옥 옮김, 『위 디오니시우스 전집』, 은성, 2007

버나드 맥긴, 방성규 외 옮김, 『서방기독교 신비주의의 역사』, 은성, 2000

H. G. 크릴, 이성규 옮김, 『공자, 그 인간과 신화』, 지식산업사, 1997

런지위 주편, 금장태 외 옮김, 『유교는 종교인가1, 2』, 지식과교양, 2011

금장태, 『유교개혁사상과 이병헌』, 예문서원, 2003

임수무 외, 『공부론』, 예문서원, 2007

금장태, 『유교사상과 종교문화』, 서울대출판부, 1997

천웨이핑, 신창호 옮김, 『공자평전』, 미다스북스, 2002

카이즈카 시게키, 박연호 옮김, 『공자, 생애와 사상』, 서광사, 1991

황준연, 『중국철학과 종교의 탐구』, 학고방, 2010

송희식, 『인류의 정신사1·2』, 삼성경제연구소, 2001

▶ 불교와 선종 관련서

길희승, 『인도철학사』, 민음사, 1994

라다크리슈난, 이거룡 옮김, 『인도철학사 I·II·III·IV』, 한길사, 2009

박지명·이서경 주해, 『베다』, 동문선, 2010

이재숙 옮김, 『우파니샤드1·2』, 한길사, 2010

스가누마 아키라, 문을식 옮김, 『힌두교』, 도서출판여래, 2003

폴커 초츠, 김경연 옮김, 『붓다』, 한길사, 1997

카렌 암스트롱, 정영목 옮김, 『스스로 깨어난 자 붓다』, 푸른 숲, 2012

마스다니 후미오, 반영규 옮김, 『붓다 그 생애와 사상』, 대원정사, 1992

카지야마 유이치, 권오민 옮김, 『인도불교철학』, 민족사, 1994

아서 F. 라이트, 최효선 옮김, 『불교와 중국지성사』, 예문지, 1994

아베 쵸이치 외, 최현각 옮김, 『인도의 선, 중국의 선』, 민족사, 1991

세끼구찌 신다이, 이영자 옮김, 『선종사상사』, 홍법원, 1989

葛兆光, 정상홍 외 옮김, 『선종과 중국문화』, 동문선, 1991

吳經熊, 서돈각·이남영 옮김, 『선학의 황금시대』, 천지, 1997

스즈키 다이세쓰, 심재룡 옮김, 『아홉 마당으로 풀어 쓴 선』, 현음사, 1987

고형곤, 『선의 세계』, 삼영사, 1981

변상섭, 『선, 신비주의인가, 철학인가?』, 컬처라인, 2000

박재현, 『깨달음의 신화-원형과 모방의 선불교사』, 푸른역사, 2002

▶ 동서철학 관련서

라이프니츠, 이동희 편역, 『라이프니츠가 만난 중국』, 이학사, 2003

송영배, 『동서철학의 충돌과 융합』, 사회평론, 2012

박상환, 『동서철학의 소통과 현대적 전환』(상), 2010

陳衛平 외, 고재욱 외 옮김, 『일곱 주제로 만나는 동서비교철학』, 예문서원, 2001

세계평화교수협의회 엮음, 『동서사상의 만남과 한국』, 일념, 1983

마르셀 그라네, 유병태 옮김, 『중국사유』, 한길사, 2010

牟宗三, 정병석 옮김, 『동양철학과 아리스토텔레스』, 2001

스털링 P. 램프레히트, 김태길 외 옮김, 『서양철학사』, 을유문화사, 2011

버트란드 러셀, 서상복 옮김, 『서양철학사』, 을유문화사, 2009

사무엘 E. 스텀프, 이광래 옮김, 『서양철학사』, 종로서적, 1994

마이클 루, 박제철 옮김, 『형이상학 강의』, 아카넷, 2010

馮友蘭, 박성규 옮김, 『중국철학사』(상·하), 까치, 1999

勞思光, 정인재 옮김, 『중국철학사: 고대 편, 한당 편, 송명 편』, 탐구당, 1988

가노 나오키, 오인환 옮김, 『중국철학사』, 을유문화사, 1991

알프레드 포르케, 양재혁 외 옮김, 『중국고대철학사』, 소명, 2004

알프레드 포르케, 최해숙 옮김, 『중국중세철학사』, 예문서원, 2012

張立文, 김교빈 외 옮김, 『기의 철학』, 예문서원, 2004

벤자민 슈월츠, 나성 옮김, 『중국고대사상의 세계』, 살림, 1996

I. 칸트, 이석윤 옮김, 『판단력 비판』, 박영사, 1989

아리스토텔레스, 김진성 옮김, 『형이상학』, 이제이북스, 2010

데카르트, 소두영 옮김, 『방법서설 성찰 철학의 원리 정념론』, 동서문화사, 2007

G. W. F. 헤겔, 권기철 옮김, 『역사철학강의』, 을유문화사, 2008

▶ 동서문학 관련서

호메로스, 천병희 옮김, 『일리아스』, 단국대학교출판부, 2005

호메로스, 천병희 옮김, 『오뒷세이아』, 단국대학교출판부, 2004

소포클레스, 천병희 옮김, 『소포클레스의 비극』, 단국대학교출판부, 2004

아리스토텔레스 지음, 천병희 옮김, 『시학』, 문예출판사, 2002

김학주, 『신완역 시경』, 명문당, 2002

장기근, 『신역 굴원』, 명문당, 2003

천병희, 『그리스 비극의 이해』, 문예출판사, 2002

조동일, 『세계문학사의 허실』, 지식산업사, 1996

조동일, 『세계문학사의 전개』, 지식산업사, 2002

김혜니, 『서양문학연구』, 푸른사상, 2010

호튼·호퍼 공저, 고양성 옮김, 『서양문학의 배경』, 강원대출판부, 1997

버넌 홀 2세, 이재호 외 옮김, 『서양문학비평사』, 탐구당, 2003

마틴 호제, 김남우 옮김, 『희랍문학사』, 작은이야기, 2005

앤드루 샌더즈, 정규환 옮김, 『옥스포드 영문학사』, 동인, 2003

김회진, 『영문학사의 이해』, 지문당, 1999

김붕구 외, 『새로운 프랑스문학사』, 일조각, 1989

랑송, 정기수 옮김, 『불문학사』(상·하), 을유문화사, 1990

허창운, 『독일문예학』, 서울대학교출판부, 2000

호프만·뢰쉬 공저, 『독일문학사』, 일신사, 1994

D. P. 미르스끼, 이항재 옮김, 『러시아문학사』, 써네스트, 2008

고려대 스페인 라틴아메리카, 『스페인문학사』, 고려대출판부, 2008

김학주, 『중국문학사』, 신아사, 1990

김학주, 『중국문학의 이해』, 신아사, 2003

오태석, 『중국문학의 인식과 지평』, 2001

랴오번, 오수경 외 옮김, 『중국고대극장의 역사』, 2007

이병한 편저, 『중국고전 시학의 이해』, 1992

▸ 동서 회화 관련서

H. W. 잰슨, 권영필 외 옮김, 『미술의 역사』, 삼성출판사, 1982

H. W. 잰슨·A. F. 잰슨, 최기득 옮김, 『서양미술사』, 미진사, 2008

E. H. 곰브리치, 백승길 옮김, 『서양미술사』, 예경, 2003

DK편집부, 김숙 외 옮김, 『세계미술의 역사』, 시공사 2009

최승규, 『서양미술사 100장면』, 한명, 2005

윤익영, 『서양미술의 꽃, 누드』, 참터미디어, 2012

조중걸, 『서양미술사 철학으로 읽기』, 한권의책, 2013

진중권, 『진중권의 서양미술사 세트』, 휴머니스트, 2013

양신 외, 정형민 옮김, 『중국회화삼천년』, 학고재, 1999

장훈, 노승현 옮김, 『중국미술사 101장면』, 가람기획, 1999

J. 케힐, 조선미 옮김, 『중국회화사』, 열화당, 2002

葛路, 강관식 옮김, 『중국회화이론사』, 미진사, 1989

김병종, 『중국회화연구』, 서울대학교출판부, 1997

양회석, 『소리 없는 시, 소리 있는 그림』, 전남대학교출판부, 2005

▶ **중국음악 관련서**

플라톤, 박종현 역주, 『플라톤의 국가』, 서광사, 2012

플라톤, 박종현 외 역주, 『플라톤의 티마이오스』, 서광사, 2011

아리스토텔레스, 천병희, 『정치학』, 2012

그라우트 외, 민은기 외 옮김, 『서양음악사』(상·하), 이엔비플러스, 2013

도널드 H. 반 에스, 안정모 옮김, 『서양음악사』, 다라, 2005

홍정수 외, 『두길 서양음악사1·2』, 나남, 2006

김홍인, 『김홍인 화성』, 현대음악출판사, 2010

에드워드 로스스타인, 장석훈 옮김, 『수학과 음악』, 경문사, 2002

로베르 주르댕, 채현경 외 옮김, 『음악은 왜 우리를 사로잡는가』, 궁리, 2005

양인리우, 이창숙 옮김, 『중국고대음악사』, 솔, 1999

리우짜이성, 김예풍 외 옮김, 『중국음악의 역사』, 2004

리우쑤, 홍희 옮김, 『예의 정신-예악문화와 정치』, 동문선, 1994

조남권 외 옮김, 『악기-동양의 음악사상』, 민속원, 2005

한만영 외, 『동양음악』, 삼호출판사, 1996

한흥섭, 『중국 도가의 음악사상』, 서광사, 1997

▶ **서약건축 중국건축 관련서**

정영철, 『서양건축사』, 기문당, 2005

임석재, 『서양건축사』, 북하우스, 2012

리우뚠정, 정옥근 외 옮김, 『중국고대건축사』, 세진사, 2004

리우칭시, 이주로 옮김, 『중국 고건축 기행』, 컬처라인, 2002

리원허, 이상해 외 옮김, 『중국고전건축의 원리』, 시공사, 2003

윤장섭, 『중국의 건축』, 서울대출판부, 1999

이하라히로시, 조관희 옮김, 『중국중세도시기행』, 학고방, 2012

정영선, 『서양조경사』, 누리에, 2001

한국조경학회, 『서양조경사』, 문운당, 2007

계성, 김성우 외 옮김, 『원야-중국건축 및 조경』, 예경, 1993

박경자, 『중국의 정원』, 학연문화사. 2010

박희성, 『원림, 경계없는 자연』, 서울대학교출판문화원, 2011

정기호 외, 『유럽, 정원을 거닐다』, 글항아리, 2013

고정희, 『신의 정원, 나의 천국』, 나무도시, 2011

▶ 서양문화사, 중국문화사 관련서

E. H. 곰브리치, 박민수 옮김, 『곰브리치 세계사』, 비룡소, 2010

김정환, 『음악의 세계사』, 문학동네, 2011

궈팡 편저, 『역사가 기억하는 세계사 시리즈』, 꾸벅, 2013

세계사신문편찬위원회, 『세계사신문1·2·3』, 사계절, 1999

피터 왓슨, 남경태 옮김, 『생각의 역사1·2』, 들녘, 2011

차하순, 『서양사 총론1·2』, 탐구당, 2005

배영수, 『서양사강의』, 한울아카데미, 2013

민석홍·나종일, 『서양문화사』, 서울대학교출판문화원, 2011

서울대학교동양사학연구실 편, 『강좌 중국사1~7』, 지식산업사, 1989

신성곤 외, 『한국인을 위한 중국사』, 서해문집, 2004

존 킹 패어뱅크 외, 김형종 외 옮김, 『신중국사』, 까치, 2005

중국사학회, 강병매 옮김, 『중국역사박물관』, 범우사, 2004

조관희, 『중국사 강의』, 궁리, 2011

라이샤워, 전해종 옮김, 『동양문화사』(상), 을유문화사, 1989

존 K. 페어뱅크, 김한규 옮김, 『동양문화사』(하), 을유문화사, 1992

찰즈 허커 지음, 『중국문화사』, 한길사, 1987

조너선 D. 스펜스, 김희교 옮김, 『현대중국을 찾아서1·2』이산, 2001

한국철학사상연구회, 『현대중국의 모색』, 동녘, 1994

| 찾아보기 |

미케네 문명 512, 513, 515

밀레토스 학파 309

ㅂ

바로크 450, 456, 465, 466, 499, 504, 545, 546, 547

바루나 187

바리새파 136, 141, 524, 525, 529

바빌론유수 140, 141, 169, 523, 525

바이샤 197

반야심경 215, 216

백거이 331

베단타 철학 232

베르길리우스 327, 370, 527

베이컨 280, 283, 539

보디사트바 198

볼테르 244, 246, 247, 250, 547

부동의 원동자 이론 165

부르노 539

브라만 130, 187, 196, 197, 198, 232, 233

브루넬레스키 402, 544

ㅅ

사고전서 579

사두개파 136, 524, 525, 529

사마천 16, 17, 18, 19, 23, 25, 56, 188, 343

사마타 194

사성제 192

사실주의 335, 545, 547, 548

사원소설 303, 304

산업혁명 249, 253, 540, 543, 593

산점투시 105, 367, 400, 401, 404, 405, 414, 415, 486, 508

삼국지연의 337, 366, 367, 558, 559, 576

삼법인 192, 193, 195

삼분손익법 427, 428, 437

삼위일체 136, 167, 168, 402, 530

상좌부불교 198, 201

상징주의 335, 388, 389, 545, 547, 548

서로마제국 351, 527, 531

서유기 204, 337, 353, 576

서체중용 586

선문답 211, 212, 213, 231

선불교 46, 595

선장후로 506

선종 8, 46, 75, 184, 185, 201, 206, 207, 208, 210, 211, 212, 214, 215, 216, 217, 218, 219, 220, 221, 223, 224, 226, 227, 228, 229, 230, 231, 232, 233, 234, 235, 236, 237, 264, 273, 286, 298, 496, 497, 564, 567, 572, 574

성선설 291

세친 264

셀레우코스 521, 524, 528

셰익스피어 326, 339, 371, 545

소동파 97, 114, 235, 352, 389, 591

쇼펜하우어 290

수도원운동 535

수드라 197

수양론 26, 38, 39, 132, 133, 134, 157, 158, 159, 163, 170, 172, 292

순자 17, 109, 170, 171, 172, 282, 286, 301, 310, 555

스즈키 다이세쓰 46, 595

스토아철학 344, 528

스토아학파 257, 258, 289, 291, 522, 525, 527

스콜라철학 253, 536

스피노자 242, 281, 289, 541

시경 20, 328, 329, 331, 333, 340, 352, 356, 357,